སྙིང་ཐིག་སྔོན་འགྲོའི་ཁྲིད་ཡིག

ཀུན་བཟང་བླ་མའི་ཞལ་ལུང་།

བོད་ལྗོངས་བོད་ཡིག་དཔེ་རྙིང་དཔེ་སྐྲུན་ཁང་།

སྙིང་ཐིག་སྔོན་འགྲོའི་ཁྲིད་ཡིག

ཐུས་འགོད། བོད་ལྗོངས་ཞེན་ལི་དཔལ་འབྱོར་རིག་གནས་འཕེལ་རྒྱས་ཚད་ཡོད་ཀུང་སི།

དཔེ་སྐྲུན། བོད་ལྗོངས་བོད་ཡིག་དཔེ་རྙིང་དཔེ་སྐྲུན་ཁང་།

སྦྲག་ཨང 850000

བརྒྱུད་འཚོང་། ཞིན་ཧྭ་དཔེ་ཁང་།

དེབ་ཚད། 710mm×1000mm 1/16

དཔར་ཤོག 27.5

པར་གཞི། 2013ལོའི་ཟླ 2 པར་པར་གཞི་དང་པོ་བསྒྲིགས།

དཔར་ཐེངས། 2013ལོའི་ཟླ 2 པར་པར་ཐེངས་དང་པོ་དཔར།

དཔེ་རྟགས། ISBN 978-7-80589-230-6

རིན་གོང་། སྒོར48.00

དཀར་ཆག

དཔེ་སྐྲུན་གསལ་བཤད།

༄༅། །དེང་དཔེ་སྐྲུན་ཁང་གིས་༡༩༨༨ལོར་སྔོན་འགྲོའི་ཁྲིད་ཡིག་ཀུན་བཟང་བླ་མའི་ཞལ་ལུང་གི་དེབ་འདི་པར་སྐྲུན་བྱས་ནས་བཟུང་། ད་བར་ཐེངས་དྲུག་ཡང་པར་བྱས་ཡོད། རྗེས་སུ་ལྷུགས་པར་མཁོ་མེད་བྱས་ནས་བཟུང་སྒྱུར་པར་ཐུབ་མེད། ཀློག་པ་པོ་རྣམས་ཀྱིས་སྐད་དང་ཡིག་འཕྲིན་གྱིས་སྒོ་ནས་དཔེ་དེབ་འདི་མཁོ་གལ་ཆེ་ཚུལ་གྱི་དགོངས་འཆར་མང་པོ་བཏོན་བྱུང་བར་བརྟེན། དེང་དཔེ་སྐྲུན་ཁང་གིས་ཀློག་པ་པོ་རྣམས་ཀྱི་རེ་འདོད་སྐོང་ཆེད་དུ་དེང་རབས་འཕྲུལ་ཆས་སྟེང་ཡིག་གཟུགས་སྒྱུར་བསྒྲིགས་བྱས་ཡོད།

ད་ལྟ་ཤོག་སྤུས་ལེགས་པ་དང་། དཔེ་གཞི་དྭངས་བ། ཡིག་གཟུགས་སྒྲིས་པ་བཅས་ཁྱད་ཆོས་དང་ལྡན་པར་གྱུར་ཡོད་པ་མ་ཟད། སྔར་མ་མཐོང་བའི་ཡིག་ནོར་གྱི་ཆ་ཀུན་ཅི་ནུས་ཀྱིས་དག་བཅོས་བྱས་ནས་སླར་ཡང་སྒྱུར་དུ་བསྐྲུན་པའོ། །རྒྱལ་བའི་བཀའ་འགྱུར་གྱི་ལུང་དང་སྒྲ་རིག་པ་གསན། བཀའ་བསྟན་འགྱུར་རོ་ཅོག་དང་རྙིང་མའི་ཀུན་མཁྱེན་ཡབ་སྲས། ས་པཎ། རྗེ་ཙོང་ཁ་པ་སོགས་གསར་རྙིང་སྐྱེས་ཆེན་རྣམས་ཀྱིས་ལེགས་པར་བཤད་པའི་གནས་མཐའ་དག་ལ་གསན་བསམ་ཕྱོགས་མེད་དང་དཔེ་གཟིགས་རྟག་འགྲུས་སུ་མཛད་པས་མཁས་པའི་ཕ་རོལ་ཏུ་ཕྱིན། འཇིགས་མེད་རྒྱལ་བའི་མྱུ་གུ་ལས་ཀློང་ཆེན་སྙིང་ཐིག་གི་སྔོན་འགྲོའི་ལམ་ཁྲིད་སྔ་ཕྱིར་ལན་གྲངས་ཉེར་ལྔ་གསན་པར་མ་ཟད། ཁྲིད་སྦྱོང་དེ་སྙིད་ཅིག་གྲུབ་པར་མཛད། གཞན་ཡང་རྩ་རླུང་དང་རྫོགས་ཆེན་གྱི་ཁྲིད་སོགས་དང་། སྔ་འགྱུར་བཀའ་མ་ཆོས་སྐོར་རྣམས་མང་དུ་གསན། མདོ་མཁྱེན་བརྩེ་ཡེ་ཤེས་རྡོ་རྗེ་ནས་བརྟུལ་ཞུགས་ཐབས་ཀྱི་སྤྱོད་པས་རིག་པ་བཅར་ཐོག་གི་ཚུལ་དུ་ངོ་འཕྲོད། ཀློང་ཆེན་སྙིང་ཐིག་གི་རྩ་རླུང་གི་ཁྲིད་སྦྱོང་རྒྱུན་རིང་དུ་བསྐྱངས། རྫོགས་ཆེན་རིན་པོ་ཆེ་མི་འགྱུར་ནམ་མཁའི་རྡོ་

རྫེ་སོགས་ལས་ཆོས་ཀྱི་བདུད་རྩི་མཐའ་ཡས་པ་བཞེས། ཊུ་དམ་ཡང་དབེན་གཤིན་རྗེ་སྒྲུབ་ཕུག་དང་། ཚེ་རིང་ཕུག་སོགས་རྫོགས་ཆེན་གྱི་གདན་སར་ཡུན་རིང་དུ་བཞུགས་ཏེ་བསྒོམ་བསྒྲུབ་ལ་གཞོལ་བས་རྟོགས་པ་ནམ་མཁའ་དང་མཉམ་པ་བརྙེས། དགུང་ལོ་སུམ་ཅུའི་ནང་ནས་གསེར་ཐར་ཡར་ལུང་པད་མ་བཀོད་སོགས་སུ་ཕེབས་ཏེ་སྐལ་ལྡན་རིག་པ་འཛིན་པའི་ཚོགས་ལ་རྒྱུད་གསང་བ་སྙིང་པོའི་ལྷུགས་ཁྲིད་རྒྱས་པར་གནང་། གསེར་ཐར་དང་རྫོ་སྟོད་སྨད་ཀྱི་འདུས་སྡེ་ཡོངས་ལ་སྤྱོད་འཇུག་དང་། མ་ཎི་བཀའ་འབུམ། བདེ་སྨོན་སོགས་ཀྱི་ཆོས་སྦྱིན་གྲངས་མེད་བསྩལ། རྒྱན་ཧྲག་གི་རྒྱུན་བཅད། དམར་སྟོན་གྱི་སྲོལ་བསྣུབས། དེ་ནས་ཛམ་ཐང་དུ་ཕེབས་ཏེ་གཙང་པ་ངག་དབང་ཆོས་འབྱོར་ལས་སྦྱོར་དྲུག་གསན། མི་ཉག་གི་ཡུལ་དུ་ཕྱིན་ཏེ་འདྲ་དགེ་བཤེས་ཚུལ་ཁྲིམས་རྣམ་རྒྱལ་ལ་ཕར་ཕྱིན་སྐོར་གྱི་དྲི་བ་དང་བགྲོ་གླེང་མང་དུ་མཛད་པ་སོགས་གནས་ངེས་མེད་དུ་ཀུན་སྤངས་བྱ་བཏང་གི་མཛད་པས་འགྲོ་དོན་ཕྱོགས་མེད་དུ་བསྐྱངས། རྫོགས་ཆེན་ཀློ་སེང་ཆོས་གྲྭ་དང་། པད་མའི་ཐང་སོགས་སུ་བྱམས་ཆོས་དང་། དབུ་མ། མངོན་པ། རྒྱུད་གསང་སྙིང་། ཡོན་ཏན་མཛོད། སྡོམ་གསུམ་རྣམ་ངེས་སོགས་ཆོས་ཀྱི་འཁོར་ལོ་བར་མེད་དུ་བསྐོར། ལྷག་པར་དུ་ལོ་བསྟུད་མར་སྤྱོད་འཇུག་ལྷུགས་ཁྲིད་གནང་བས་རྫོགས་ཆེན་ཤྲཱི་སེང་གི་ཉེ་འགྲམ་དུ་མེ་ཏོག་སེར་ཆེན་འདབ་མ་སུམ་ཅུ་དང་ལྔ་བཅུ་ཅན་མང་དུ་སྐྱེས་པ་ལ་སྤྱོད་འཇུག་མེ་ཏོག་ཏུ་གྲགས་པ་བྱུང་། གཏེར་སྟོན་མཆོག་གྱུར་བདེ་ཆེན་གླིང་པས་རྫོགས་ཆེན་གངས་ཁྲོད་ནས་བདེ་མཆོག་སངས་རྒྱས་མཉམ་སྦྱོར་གྱི་གཏེར་ཁ་བཞེས་སྐབས་རྫེ་ཉིད་ཆོས་སྐོར་དེ་དང་རིགས་གསུམ་སྙིང་ཐིག་སོགས་ཀྱི་ཆོས་བདག་ཏུ་མངའ་གསོལ་ཞིང་དེ་དག་གི་དབང་ལུང་ཁྲིད་ཡོངས་རྫོགས་བརྙེས་ཆོས་སུ་བསྩལ། ཀཿཐོག་རྫོ་རྗེ་གདན་དུ་ཕེབས་ཏེ་དམ་གཙང་བྱམས་གསུམ་གྱི་གདུང་འབུམ་ལ་ཕྱག་སྐོར་མཛད། སི་ཏུ་མཆོག་སྤྲུལ་ཆོས་ཀྱི་བློ་གྲོས་སོགས་ཀྱིས་གསོལ་

བ་བཏབ་པ་ལྟར་བསྟུས་སྟེ་ཡོངས་ལ་སྤྱོད་འཇུག་གི་བཤད་ཁྲིད་རྒྱས་པར་གནང་། སེར་ཤུལ་དགོན་དང་། ཡབ་ཁྲི་འདུ་དགོན། ཚུ་ཧོར་དགོན་སོགས་རི་བོ་དགེ་ལྡན་པའི་དགོན་ཆེན་དག་ཏུ་ཕྱིན་ནས་སྤྱོད་འཇུག་སོགས་ཀྱི་བཤད་པ་རྒྱ་ཆེར་མཛད་ཅིང་། དེ་དག་ཀྱང་ཞལ་གསལ་ལ་སྦྲ་དག་པ་ཚིག་ཉུང་ལ་དོན་བསྡུས་པ། གདན་ཉམས་ལེན་གྱི་སྙིང་དུ་བསྐོར་ནས་གསུང་པས་དགེ་བཤེས་ལྷ་རམས་པ་མང་པོས་ཀྱང་བསྔགས་བརྗོད་ཀྱི་མེ་ཏོག་འཐོར་ཞིང་གུས་པས་བཏུད། རྫ་རྒྱལ་དགོན་གྱི་ཉེ་སྐོར་དུ་ཆོས་འཁོར་གྱི་གདན་ས་མཛད། སྐུ་ཐོག་གོང་མ་དཔལ་དགེ་བསམ་གཏན་ཕུན་ཚོགས་ཀྱིས་བཞེངས་པའི་རྡོ་འབུམ་ཆེན་མོ་དེར་ཁ་གསོའི་ཚུལ་དུ་སྔོན་གྱི་རྡོ་འབུམ་ལས་ཀྱང་རྒྱ་ཆེ་ཞིང་དཔངས་མཐོ་བ། འཕྱོན་སྤྲོས་ཤིང་སྤུས་ལེགས་པ་ཞིག་བཞེངས་ཏེ་དཔལ་སྤྲུལ་རྡོ་འབུམ་ཞེས་སུ་གྲགས་པ་བྱུང་། རྗེ་འདི་ཉིད་ཀྱི་སྐུ་ཚེ་ཧྲིལ་པོར་རང་དོན་དུ་ཐོས་བསམ་སྒོམ་གསུམ་དང་། གཞན་དོན་དུ་འཆད་རྩོད་རྩོམ་གསུམ་གྱི་མཛད་པ་ཁོ་ནས་རྣམ་ཐར་བསྐྱངས་ཏེ་ཁམས་སྟོད་སྨད་བར་གསུམ་དུ་སྤྱོད་འཇུག་དང་། བྱམས་ཆོས། སྡོམ་གསུམ། ཡོན་ཏན་མཛོད་སོགས་ཀྱི་འཆད་ཉན་ས་དར་ཇེ་དར་དུ་གྱུར་པ་དང་། ལྷག་པར་དུ་རྒྱུད་གསང་བ་སྙིང་པོའི་བཤད་རྒྱུན་དང་། ཀློང་ཆེན་སྙིང་ཐིག་གི་ཙ་རླུང་དང་ཁྲིད་སོགས་ཀྱི་ཆོས་རྒྱུན་རྣམས་སྣུམ་ཟད་ཀྱི་མར་མེ་བཞིན་དུ་འགྱུར་བ་ན། རྗེ་འདི་ཉིད་ཀྱི་བཀའ་དྲིན་ལ་བརྟེན་ནས་སླར་ཡང་ཆེས་ཆེར་དར་བར་གྱུར་ཏེ་འོད་གསལ་རྡོ་རྗེ་སྙིང་པོའི་བསྟན་པའི་རིང་ལུགས་འཛིན་སྐྱོང་སྤེལ་བར་མཛད་པའི་རྗེ་ཡི་ཞལ་སློབ་ཏུ་གྱུར་པ་གཙོ་བོ་ཀཿཐོག་སི་ཏུ་མཆོག་སྤྲུལ་ཆོས་ཀྱི་བློ་གྲོས། རྫོགས་ཆེན་སྐུ་ཕྲེང་ལྔ་པ་ཐུབ་བསྟན་ཆོས་རྡོར། རྒྱ་རོང་ནམ་སྤྲུལ་ཀུན་བཟང་ཐེག་མཆོག་རྡོ་རྗེ། རྡོ་གྲུབ་སྐུ་ཕྲེང་གཉིས་པ་འཇིགས་མེད་ཕུན་ཚོགས་འབྱུང་གནས་དང་། སྐུ་ཕྲེང་གསུམ་པ་འཇིགས་མེད་བསྟན་པའི་ཉི་མ། མདོ་མཁྱེན་བརྩེའི་སྤྲུལ་པ་བདེ་ཆེན་རིག་པའི་རལ་གྲི། མཆོག་སྤྲུལ་གཞན་ཕན་

ཆོས་ཀྱི་སྣང་བ། ཨ་འཛོམ་འབྲུག་སྤྱིལ་འགྲོ་འདུལ་རྡོ་རྗེ། གཏེར་སྟོན་ལས་རབ་གླིང་པ། འཇུ་མི་ཕམ་རྣམ་རྒྱལ། མཁན་ཆེན་པད་མ་དམ་ཆོས་འོད་ཟེར། སྨྱོ་ཤུལ་ལུང་རྟོགས། ཨ་ལགས་མདོ་སྔགས་རྒྱ་མཚོ་སོགས་རྙིང་མའི་མཁས་གྲུབ་ཀྱི་སྐྱེས་བུ་རྣམས་དང་། གཞན་ཡང་སེ་རའི་གྲྭ་སར་མཁས་གྲགས་ཀྱི་རྒྱལ་མཚན་ཐོབ་པའི་སེར་ཤུལ་ལྷ་རམས་པ་ཐུབ་བསྟན། དཔལ་སྤྲུངས་བླ་མ་བཀྲ་ཤིས་འོད་ཟེར། འཇུ་བླ་མ་གྲགས་པ་རྒྱལ་མཚན་སོགས་ས་དགེ་བཀའ་བརྒྱུད་ཀྱི་སྐྱེས་ཆེན་དེ་དག་གི་གཙོས་སློབ་མ་བསྟན་འཛིན་གྱི་སྐྱེས་བུ་དམ་པ་མང་དུ་བསྐྲུངས་པའི་མཐར། རབ་བྱུང་བཅོ་ལྔ་པའི་མེ་ཕག་ལོའི་ས་ག་ཟླ་བའི་ཚེས་བཅོ་བརྒྱད་ཉིན་རེ་ཞིག་གཟུགས་སྐུའི་བཀོད་པ་ཆོས་ཀྱི་དབྱིངས་སུ་ཉེ་བར་བསྡུ་བའི་ཚུལ་བསྟན།

དམ་པ་འདི་ཉིད་ཀྱིས་གདུལ་བྱ་རང་རང་གི་མོས་ངོར་འགྲོ་བའི་བློ་དང་འཚམ་པའི་ལྡོགས་རྩོམ་མཐའ་ཡས་པ་ཞིག་གནང་མོད། དེ་དག་ནི་སོ་སོས་གཙིགས་ཆེན་བྱས་ཏེ་ཉར་ཚགས་བྱས་པ་ལས། རྗེ་རང་ཉིད་དང་། ཉེ་གནས་རྣམས་ཀྱིས་གཅིག་ཏུ་བསྡུ་ཉར་མ་བྱས་པས་མང་ཤོས་ཞིག་འཛོར་ནས་པར་དུ་འཁོད་མ་ཐུབ་པར་སྣང་། སྔོན་མར་པར་དུ་འཁོད་ཅིང་། དེང་སྐབས་མིག་གི་བདུད་རྩིར་གྱུར་པ་ནི་གླེགས་བམ་ཕྱིན་དྲུག་གི་གྲངས་ཀྱིས་བརྒྱན་པ་རྣམས་སོ། །གསུང་རྩོམ་དེ་དག་གི་ཁྲོད་དུ་བྱམས་ཆོས་དང་། སྤྱོད་འཇུག་ཡོན་ཏན་མཛོད་སོགས་ཀྱི་གཞུང་འགྲེལ་དང་ས་བཅད་ཡོད་ལ། སྔོན་འགྲོའི་ཁྲིད་ཡིག་ཀུན་བཟང་བླ་མའི་ཞལ་ལུང་སོགས་གདམས་ཟབ་གནད་ཀྱི་མན་ངག་གི་ཉམས་ཁྲིད་སྐོར་དང་། གཏམ་པད་མའི་ཚལ་གྱི་ཟློས་གར་སོགས་གཏམ་ཚོགས་དང་ཞལ་གདམས། བསྟོད་ཚོགས་སོགས་རིགས་སྣ་ཚོགས་ཤིག་མཛད་པ་ཐམས་ཅད་མཁས་ངོམ་གྱི་སྤྲོས་པ་མ་མཛད་པར་གདུལ་བྱའི་རྒྱུད་དང་བསྟུན་ནས་གསུངས་པས་ཐུན་མིན་ཁྱད་ཆོས་བླ་ན་མེད་པ་ཞིག་ཡོད་པ་ནི་རྗེ་གྲུབ་འཛིགས་མེད་བསྟན་པའི་ཉི་མས་མཛད་པའི་དཔལ་ལ་རྣམ་ཐར་ལས་འདི་སྐད་ཅེས་གསུངས་

ཏེ་མཁས་པས་བརྟགས་ན་དོན་བཟང་བ། ཐུན་པོས་ཉན་ཡང་གོ་སླ་བ། གནད་བསྡུས་ལ་འཛིན་བདེ་བ། རན་ལ་འབྲེལ་ཆགས་པ། སྙན་ལ་རོ་ཉམས་དང་ལྡན་པ། འཇམ་རྩུབ་ཇི་ལྟར་བཤད་ཀྱང་གདམ་ངག་གི་རོ་གཅིག་ཏུ་མཐུན་པར་འགྱུར་བས་མཁས་རློངས་བར་མའི་སྐྱེ་བོ་མཐའ་དག་གི་ཡིད་དབང་འཕྲོག་པ་ཡོད་གསུངས་པ་ལྟར་ལགས་སོ། །

ཐུབ་བསྟན་ཉི་མས་བྲིས།

༄། །རྫོགས་པ་ཆེན་པོ་ཀློང་ཆེན་སྙིང་
ཏིག་གི་སྔོན་འགྲོའི་ཁྲིད་ཡིག་ཀུན་
བཟང་བླ་མའི་ཞལ་ལུང་ཞེས་
བྱ་བ་བཞུགས་སོ། །

རྗེ་བཙུན་བླ་མ་དམིགས་པ་མེད་པའི་ཐུགས་རྗེ་ཆེན་པོ་དང་ལྡན་པ་རྣམས་ལ་ཕྱག་འཚལ་ལོ། །

མགོ་ རྩོམ།

རྒྱལ་བའི་དགོངས་པ་རིག་འཛིན་བརྡ་ཡིས་བརྒྱུད། །
གང་ཟག་མི་ལས་སྐལ་བ་རབ་གྱུར་པས། །
དམ་པའི་རྗེས་ཟིན་དོན་གཉིས་མཐར་ཕྱིན་པ། །
བརྒྱུད་གསུམ་བླ་མ་རྣམས་ལ་ཕྱག་འཚལ་ལོ། །

ཆོས་ཟད་བློང་དུ་ཆོས་སྐུའི་དགོངས་པ་བརྙེས། །
འོད་གསལ་དབྱིངས་སུ་ལོངས་སྐུའི་ཞིང་སྣང་གཟིགས། །
གདུལ་བྱའི་སྣང་ངོར་སྤྲུལ་སྐུའི་འགྲོ་དོན་མཛད། །
ཀུན་མཁྱེན་ཆོས་ཀྱི་རྒྱལ་པོ་ལ་ཕྱག་འཚལ། །

མཁྱེན་པས་ཤེས་བྱ་ཀུན་གྱི་དེ་ཉིད་གཟིགས། །
ཐུགས་ྂབརྗེའི་འོད་ཟེར་གདུལ་བྱའི་དཔལ་དུ་ཤར། །
ཟབ་ལམ་ཐིྂག་རྗེྂའི་བསྟྂན་པ་གསལ་མཛད་པ། །
རིག་འཛིན་འཇིགས་མེད་གླིང་པ་ལ་ཕྱག་འཚལ། །

སྤྱན་རས་གཟིགས་དབང་བཤེས་གཉེན་ཚུལ་བཟུང་ནས། །
གསུང་གི་སྣང་བས་འཁྲིལ་ཚད་ཐར་ལམ་དགོད། །
གང་ལ་གང་འདུལ་མཛད་པ་མཐའ་ཡས་པ། །

དྲིན་ཆེན་རྩ་བའི་བླ་མ་ལ་ཕྱག་འཚལ། །

བསྟན་པ་ཡོངས་རྫོགས་ཀུན་མཁྱེན་བརྒྱུད་པའི་གཞུང་། །
མན་ངག་སྙིང་པོ་ཚེ་གཅིག་སངས་རྒྱས་ཆོས། །
ལམ་གྱི་སྔོན་འགྲོ་ཐུན་མོང་ཕྱི་དང་ནང་། །
གདམས་པའི་ཆ་ལག་ཉེ་ལམ་འཕོ་བར་བཅས། །

གསལ་ལ་གོ་བདེ་དོན་ཟབ་སྙད་དུ་སྦྱང་། །
མཚུངས་མེད་བླ་མའི་བཀའ་ལུང་མ་ནོར་བ། །
རང་བློར་ཇི་བཞིན་ངེས་བཞིན་འདིར་བཤད་ཀྱིས། །
ལྷ་དང་བླ་མས་བདག་རྒྱུད་བྱིན་གྱིས་རློབས། །

འདིར་རྫོགས་པ་ཆེན་པོ་ཀློང་ཆེན་སྙིང་ཏིག་གི་ཐུན་མོང་ཕྱི་ནང་གི་སྔོན་འགྲོ་རྣམས་མཚུངས་མེད་བླ་མ་དམ་པའི་ཞལ་རྒྱུན་ཇི་ལྟ་བ་བཞིན་བརྗོད་པར་བྱ་བ་འདི་ལ་གསུམ། ཐུན་མོང་ཕྱིའི་སྔོན་འགྲོ། ཐུན་མིན་ནང་གི་སྔོན་འགྲོ། ཉམས་ལེན་དངོས་གཞིའི་ཆ་ལག་ཉེ་ལམ་འཕོ་བའི་དང་གསུམ་ལས།

ཐུན་མོང་ཕྱིའི་སྔོན་འགྲོ།

དང་པོ་ལ་འདང་། དལ་འབྱོར་རྙེད་པར་དཀའ་བ། ཚེ་མི་རྟག་པ། །འཁོར་བའི་ཉེས་དམིགས། ལས་རྒྱུ་འབྲས། ཐར་པའི་ཕན་ཡོན། བཤེས་གཉེན་བསྟེན་པ་དང་དྲུག

དང་པོ། དལ་འབྱོར་རྙེད་པར་དཀའ་བ།

དང་པོ་དལ་འབྱོར་རྙེད་པར་དཀའ་བའི་ཁྲིད་ལ། ཁྲིད་ཉན་པའི་ཚུལ་དང་། བཤད་བྱའི་ཆོས་ཀྱི་རིམ་པ་གཉིས།

1 ཁྲིད་ཉན་པའི་ཚུལ།

དང་པོ་ལ་འདང་ཀུན་སློང་དང་། ཀུན་སྤྱོད་གཉིས། དང་པོ་ཀུན་སློང་ལ་འདང་། བསམ་པ་རྒྱ་ཆེ་བ་བྱང་ཆུབ་སེམས་ཀྱི་ཀུན་སློང་དང་། ཐབས་རྒྱ་ཆེ་བ་གསང་བ་སྔགས་ཀྱི་ཀུན་སློང་གཉིས་ཡོད། དང་པོ་བསམ་པ་རྒྱ་ཆེ་བ་བྱང་ཆུབ་སེམས་ཀྱི་ཀུན་སློང་ནི། འདི་ལྟར་འཁོར་བ་ན་གནས་པའི་སེམས་ཅན་ཐམས་ཅད་རང་གི་ཐོག་མ་མེད་པའི་དུས་ནས་ཕ་མ་མ་བྱས་པ་ནི་གཅིག་ཀྱང་མེད། ཕ་མ་བྱས་པའི་དུས་སུ་དྲིན་ཆེན་པོས་བསྐྱངས། ཟས་ཀྱི་ཕུད་བྱིན། གོས་ཀྱི་རྩེ་གཡོགས། ཤིན་ཏུ་བྱམས་པས་བསྐྱེད་བསྲིངས་པའི་དྲིན་ཅན་ཤ་སྟག་ཡིན་ལ། དྲིན་ཅན་དེ་དག་ཐམས་ཅད་འདོད་པ་བདེ་བ་འདོད་ཀྱང་བདེ་བའི་རྒྱུ་ཆོས་དགེ་བ་བཅུ་སྒྲུབ་མི་ཤེས། སྡུག་བསྔལ་མི་འདོད་ཀྱང་། དེའི་རྒྱུ་མི་དགེ་བ་བཅུ་སྤང་མི་ཤེས་པར། ཞེ་འདོད་དང་ལག་ལེན་ཕྱིན་ཅི་ལོག་ཏུ་སོང་ནས། ལམ་ལོག་མགོ་རྨོངས་སུ་གྱུར་པ་ཡོང་བ་ཐང་དཀྱིལ་དུ་ལུས་པ་ལྟ་བུའི་སེམས་ཅན་འདི་རྣམས་སྙིང་རེ་རྗེ། བདག་གིས་ད་རེས་དམ་པའི་ཆོས་ཟབ་མོ་ཉན་ནས་ཉམས་སུ་བླངས་ཏེ་འདི་རྣམས་ཀྱི་

དོན་སྒྲུབ་ཏུ་ཡོད་པས་ཕ་མར་གྱུར་པའི་སེམས་ཅན་རིགས་དྲུག་གི་སྡུག་བསྔལ་གྱིས་གདུང་བ་འདི་རྣམས་རིགས་དྲུག་སོ་སོའི་ལས་སྣང་སྡུག་བསྔལ་བག་ཆགས་ཐམས་ཅད་དང་བྲལ་ཏེ་རྣམ་མཁྱེན་སངས་རྒྱས་ཀྱི་གོ་འཕང་ཐོབ་པར་བྱའོ་སྙམ་པ་འདི་ཡིན། འདི་ལྟ་བུའི་ཀུན་སློང་ནི། ཆོས་ཉན་དུས་སྒྲུབ་དུས་ཐམས་ཅད་ལ་གཅེས་པ་ཡིན་ཏེ། དགེ་བའི་རྩ་བ་རྒྱ་ཆེ་ཆུང་ཇི་ལྟ་བུ་ཞིག་སྒྲུབ་ཀྱང་། དགེ་རྩ་དེ་ཐབས་ཀྱིས་ཟིན་པར་བྱེད་པ་སྦྱོར་བ་སེམས་བསྐྱེད་དམ་པ། དགེ་བ་རྐྱེན་གྱིས་མི་བཤིག་པར་བྱེད་པ་དངོས་དམིགས་པ་མེད་པ། དགེ་བ་གོང་ནས་གོང་དུ་འཕེལ་བར་བྱེ་པ་མཇུག་བསྔོ་བའི་རྒྱས་ཡོངས་སུ་ཐེབས་པ་སྟེ་དམ་པ་གསུམ་གྱི་རྗེས་ཟིན་པ་འདི་མེད་པའི་ཐབས་མེད། དེས་ན་ཆོས་ཉན་པ་ལའང་། དང་པོ་ཉན་པའི་ཚུལ་གཙོ། དེ་ལས་ཀྱང་ཀུན་སློང་འདི་གཙོ་ཆེ་སྟེ། ཇི་སྐད་དུ། བསམ་པ་དགེ་དང་མི་དགེའི་བྱེ་བྲག་ལས། །དགེ་སྡིག་གཟུགས་བརྙན་ཆེ་ཆུང་རྗེས་མི་འགྲོ །ཞེས་པ་ལྟར་རང་ཉིད་ཆེ་འདོད་དང་གྲགས་འདོད་ལ་སོགས་འཇིག་རྟེན་ཚེ་འདི་དོན་དུ་གཉེར་བའི་ཀུན་སློང་གིས། ཆོས་ཇི་ཙམ་ཉན་ཀྱང་ཡང་དག་པའི་ཆོས་སུ་མི་འགྲོ་བས་དང་པོར་ཁ་ནང་དུ་ལོག་སྟེ་རང་གི་ཀུན་སློང་བཅོས་པ་འདི་གཙོ་ཆེ། ཀུན་སློང་འདི་ལྟར་བཅོས་ཤེས་ན་དགེ་བ་ཐབས་ཀྱིས་ཟིན་ཏེ་སྐྱེས་བུ་ཆེན་པོའི་ལམ་བསོད་ནམས་ཚད་མེད་པའི་འཇུག་རྟོགས་སུ་འགྱུར། །དེ་ལྟར་ཀུན་སློང་བཅོས་མ་ཤེས་ན་ཆོས་ཉན་པོ་དང་སྒྲུབ་པོ་བྱས་ཀྱང་ཆོས་ཀྱི་གཟུགས་བརྙན་དུ་འགྲོ་བས་ཆོས་ཉན་དུས་སྒྲུབ་དུས། ལྷ་བསྒོམས་ཀྱང་། སྔགས་བཟླ་ཡང། ཕྱག་འཚལ་ཀྱང་། བསྐོར་བ་བྱེད་ཀྱང་། ཐ་ན་མ་ཎི་འབྲུ་གཅིག་འདོན་ཀྱང་ཀུན་སློང་བྱང་ཆུབ་སེམས་ཀྱི་རྗེས་ཟིན་པ་འདི་གལ་ཆེ།

གཉིས་པ་ཐབས་རྒྱ་ཆེ་བ་གསང་བ་སྔགས་ཀྱི་ཀུན་སློང་ནི། ཚུལ་གསུམ་སྒྲོན་མེ་ལས། དོན་གཅིག་ན་ཡང་མ་རྨོངས་དང་། །ཐབས་མང་དཀའ་བ་མེད་པ་དང་། །དབང་པོ་རྣོན་པོའི་དབང་བྱས་པས། །སྔགས་ཀྱི་ཐེག་པ་ཁྱད་པར་

འཕགས། །ཞེས་པ་ལྟར་གསང་སྔགས་རྡོ་རྗེ་ཐེག་པ་འདི་ར། འཇུག་སྒོའི་ལམ་མང་པོ། ཚོགས་བསགས་པའི་ཐབས་མང་པོ། དཀའ་བ་ཆེན་པོ་རང་སྤྱད་མི་དགོས་པར་འབྲས་བུ་མངོན་དུ་བྱེད་པའི་ཐབས་ཟབ་མོ་ཡོད་པ་ཡིན་ལ། དེ་དག་གི་རྩ་བ་ཡང་འདུན་པ་བསྒྱུར་བ་ལ་ཐུག་སྟེ། ཇི་སྐད་དུ། ཆོས་རྣམས་ཐམས་ཅད་རྐྱེན་ཡིན་ཏེ། །འདུན་པའི་རྩེ་ལ་རབ་ཏུ་གནས། །ཞེས་པ་ལྟར་ཆོས་འཆད་པའི་གནས་དང་སྟོན་པ་ལ་སོགས་ཐ་མལ་མ་དག་པའི་སྣང་བ་འདི་ལྟར་མི་བལྟ་བར་ཕུན་སུམ་ཚོགས་པ་ལྔ་གསལ་བཏབ་ནས་ཉན། དེ་ཡང་གནས་ཕུན་སུམ་ཚོགས་པ་འོག་མིན་ཆོས་ཀྱི་དབྱིངས་ཀྱི་ཕོ་བྲང་། སྟོན་པ་ཕུན་སུམ་ཚོགས་པ་ཆོས་སྐུ་ཀུན་ཏུ་བཟང་པོ། འཁོར་ཕུན་སུམ་ཚོགས་པ་རྒྱལ་བའི་དགོངས་བརྒྱུད། རིག་འཛིན་བརྡ་བརྒྱུད་སེམས་དཔའ་སེམས་མ། ལྷ་དང་ལྷ་མོའི་རང་བཞིན་དུ་གསལ་གདབ། ཡང་ན་ཆོས་འཆད་པའི་གནས་དེ་ཉིད་ཟངས་མདོག་དཔལ་གྱི་རི་བོ་པདྨ་འོད་ཀྱི་ཕོ་བྲང་། ཆོས་འཆད་པའི་བླ་མ་དེ་ཉིད་ཨོ་རྒྱན་པདྨ་འབྱུང་གནས། རང་རེ་ཆོས་ཉན་པའི་འཁོར་རྣམས་ཀྱང་རིག་འཛིན་བརྒྱུད་རྗེ་འབངས་ཉེར་ལྔ། དཔའ་བོ་མཁའ་འགྲོའི་རང་བཞིན་དུ་གསལ་གདབ། ཡང་ན་གནས་ཕུན་སུམ་ཚོགས་པ་ཤར་ཕྱོགས་མངོན་པར་དགའ་བའི་ཞིང་ཁམས་སུ། སྟོན་པ་ཕུན་སུམ་ཚོགས་པ་ལོངས་སྤྱོད་རྫོགས་པའི་སྐུ་རྡོ་རྗེ་སེམས་དཔའ། འཁོར་རྡོ་རྗེ་རིགས་ཀྱི་ལྷ་ཚོགས། སེམས་དཔའ་དང་སེམས་མའི་རང་བཞིན་དུ་གསལ་གདབ། ཡང་ན་གནས་ཕུན་སུམ་ཚོགས་པ་ནུབ་ཕྱོགས་བདེ་བ་ཅན་གྱི་ཞིང་ཁམས། སྟོན་པ་ཕུན་སུམ་ཚོགས་པ་སངས་རྒྱས་སྣང་བ་མཐའ་ཡས། འཁོར་ཕུན་སུམ་ཚོགས་པ་པདྨ་རིགས་ཀྱི་ལྷ་ཚོགས། སེམས་དཔའ་དང་སེམས་མ། ལྷ་དང་ལྷ་མོའི་རང་བཞིན་དུ་གསལ་གདབ། གང་ལྟར་ཡང་། ཆོས་ཐེག་པ་ཆེན་པོ། དུས་རྟག་པ་རྒྱུན་གྱི་འཁོར་ལོ་ཡི་ནས་ཡིན་པ་ལ་ཡིན་པར་ཤེས་པའི་བློ་བཞག དེ་ལྟར་གསལ་བཏབ་པ་དེ་དག་ཀྱང་དེ་ལྟར་ཡིན་པ་ལ་ཡིན་པར་ཤེས་པར་བྱེད་པ་ལས་མ་ཡིན་པ་ཞིག་གཟོད་

གསལ་འདེབས་པ་མིན་ཏེ། བླ་མ་ནི་དུས་གསུམ་གྱི་སངས་རྒྱས་ཐམས་ཅད་འདུས་པའི་བདག་ཉིད། སྐུ་དགེ་འདུན། གསུང་དམ་ཆོས །ཐུགས་སངས་རྒྱས་ཀྱི་ངོ་བོ་སྟེ་དཀོན་མཆོག་ཀུན་འདུས། སྐུ་བླ་མ།གསུང་ཡི་དམ།ཐུགས་མཁའ་འགྲོ་སྟེ་རྩ་གསུམ་ཀུན་འདུས། སྐུ་སྤྲུལ་སྐུ། གསུང་ལོངས་སྐུ། ཐུགས་ཆོས་སྐུ་སྟེ་སྐུ་གསུམ་ཀུན་འདུས། འདས་པའི་སངས་རྒྱས་ཐམས་ཅད་ཀྱི་སྤྲུལ་པ། མ་འོངས་པའི་སངས་རྒྱས་ཐམས་ཅད་ཀྱི་འབྱུང་ཁུངས། ད་ལྟའི་སངས་རྒྱས་ཐམས་ཅད་ཀྱི་རྒྱལ་ཚབ། བསྐལ་པ་བཟང་པོའི་སངས་རྒྱས་སྟོང་གིས་ཀྱང་མ་ཐུལ་པའི་རང་རེ་སྙིགས་མའི་སེམས་ཅན་རྣམས་རྗེས་སུ་འཛིན་པའི་ཐུགས་རྗེ་དང་བཀའ་དྲིན་གྱི་ངོས་ནས་སངས་རྒྱས་ཐམས་ཅད་ལས་ཀྱང་ལྷག་པ་ཡིན་ཏེ། ཇི་སྐད་དུ། བླ་མ་སངས་རྒྱས་བླ་མ་ཆོས། །དེ་བཞིན་བླ་མ་དགེ་འདུན་ཏེ། །ཀུན་གྱི་བྱེད་པོ་བླ་མ་ཡིན། །བླ་མ་དཔལ་ལྡན་རྡོ་རྗེ་འཆང་། །ཞེས་པ་ལྟར་དང་། རང་རེ་ཆོས་ཉན་པའི་འཁོར་རྣམས་ཀྱང་། གཞི་བདེ་གཤེགས་སྙིང་པོ། རྟེན་མི་ལུས་རིན་ཆེན། རྐྱེན་དགེ་བའི་བཤེས་གཉེན། ཐབས་དའོ་གདམས་ངག་གིས་ཟིན་པས་མ་འོངས་པའི་སངས་རྒྱས་ཡིན་ཏེ། རྒྱུད་བརྟགས་གཉིས་ལས། སེམས་ཅན་རྣམས་ནི་སངས་རྒྱས་ཉིད། །འོན་ཀྱང་གློ་བུར་དྲི་མས་བསྒྲིབས། དྲི་མ་དེ་བསལ་སངས་རྒྱས་དངོས། །ཞེས་པ་ལྟར་རོ། །

གཉིས་པ་ཀུན་སྤྱོད་ལའང་། སྤང་བྱའི་ཀུན་སྤྱོད་དང་། བླང་བྱའི་ཀུན་སྤྱོད་གཉིས། དང་པོ་ལའང་། སྣོད་ཀྱི་སྐྱོན་གསུམ་དྲི་མ་དྲུག མི་འཛིན་པ་ལྔ་དང་བཅས་པ་ལས།

དང་པོ་སྣོད་ཀྱི་སྐྱོན་གསུམ་ནི། རྣ་བ་མི་གཏད་ཁ་སྦུབས་ལྟ་བུའི་སྐྱོན། །ཡིད་ལ་མི་འཛིན་ཞབས་རྡོལ་ལྟ་བུའི་སྐྱོན། །ཉོན་མོངས་དང་འདྲེས་དུག་ཅན་ལྟ་བུའི་སྐྱོན། །ཞེས་པ་ལྟར་གསུམ།

དང་པོ་ནི། ཆོས་ཉན་པའི་དུས་སུ། རང་གི་རྣ་བའི་ཤེས་པ་ཡུལ་གཞན་དུ་མི་

ཡིངས་པར་ཆོས་འཆད་པའི་སྒྲ་དེ་ལ་གཏད་ནས་ཉན་དགོས། དེ་ལྟར་མ་ཉན་ན་སྟོད་ཁ་སྒྲུབས་པའི་སྣེང་དུ་བཅུད་བླུགས་པ་དང་འདྲ་སྟེ་ལུས་ཆོས་གྲལ་ན་ཡོད་ཀྱང་ཆོས་ཚིག་གཅིག་ཀྱང་རང་གིས་མི་ཐོས།

གཉིས་པ་ནི། དེ་ལྟར་ཐོས་པའི་ཆོས་དེ་ཡང་གོ་ལོ་དང་ཐོས་ལོར་བཞག་ནས་ཡིད་ལ་མ་བཟུང་ན་སྣོད་ཞབས་རྗོལ་དུ་བཅུད་ཅི་ཙམ་བླུགས་ཀྱང་ཆགས་རྒྱུ་མེད་པ་དང་འདྲ་སྟེ་ཆོས་ཅི་ཙམ་ཉན་ཀྱང་རྒྱུད་ཐོག་ཏུ་བཀལ་ནས་ཉམས་སུ་ལེན་མི་ཤེས།

གསུམ་པ་ནི་ཆོས་ཉན་པའི་དུས་སུ་རང་ཉིད་ཆེ་འདོད་དང་གྲགས་འདོད་ལ་སོགས་ཀུན་སློང་སྐྱོན་ཅན་གྱིས་ཉན་པའམ། ཆགས་སྡང་རྨོངས་གསུམ་སོགས་དུག་ལྔའི་རྟོག་པ་དང་འདྲེས་ཏེ་ཉན་ན་ཆོས་ཀྱིས་སེམས་ལ་མི་ཕན་པར་མ་ཟད་ཆོས་ཀྱང་ཆོས་མིན་དུ་འགྲོ་སྟེ་དུག་ཅན་གྱི་སྣོད་དུ་བཅུད་བཟང་པོ་བླུགས་པ་དང་འདྲ། དེས་ན་རྒྱ་གར་དམ་པས་ཀྱང་། ཆོས་ཉན་པའི་དུས་སུ་རི་དྭགས་སྒྲ་ལ་ཉན་པ་ལྟ་བུ་ཞིག་དགོས། བསམ་པའི་དུས་སུ་བྱང་པས་ལུག་འབྲིག་པ་ལྟ་བུ་ཞིག་དགོས། བསྒོམ་པའི་དུས་སུ་ལྐུགས་པས་རོ་མྱོང་བ་ལྟ་བུ་ཞིག་དགོས། བསྒྲུབ་པའི་དུས་སུ་གཡག་ལྟོགས་ཀྱིས་རྩྭ་ཟ་བ་ལྟ་བུ་ཞིག་དགོས། འབྲས་བུའི་དུས་སུ་ཉི་མ་སྤྲིན་ལས་གྲོལ་བ་ལྟ་བུ་ཞིག་དགོས། ཞེས་གསུངས་པ་ལྟར། ཆོས་ཉན་པའི་དུས་སུ་རི་དྭགས་ཕི་ཝང་གི་སྒྲ་ལ་ཆགས་ཏེ་ཟུར་ནས་རྔོན་པས་དུག་མདའ་བསྣུན་ཀྱང་མི་གོ་བར་སིམ་མེར་ཉན་པ་དང་འདྲ་བར། ལུས་བ་སྤུ་གཡོ་མིག་མཆི་མ་འཁྲུགས། ལག་ཐལ་མོ་སྦྱར་ཏེ་རྣམ་རྟོག་གཞན་གྱིས་བར་མ་ཆོད་པར་ཉན་དགོས་པ་ལས། ལུས་ཆོས་གྲལ་དུ་བསྡད་ཀྱང་། སེམས་རྣམ་རྟོག་གི་ཕྱི་ལ་འབྲང་། དག་འཕྲུལ་གྱི་གཏེར་སྒོ་ཕྱེ། ཁ་ཡིངས་དང་མིག་ཡིངས་བྱས་ནས་ཉན་པས་མི་འོང་བས་འདིའི་སྐབས་སུ་ཁ་ཏོན་དང་། བགྲང་ཕྲེང་སོགས་དགེ་སྦྱོར་གྱི་རྣམ་པ་རྣམས་ཀྱང་བཞག་ནས་ཉན་དགོས། དེ་ལྟར་ཉན་ནས་ཀྱང་བཤད་

པའི་དོན་དེ་དག་ཡིད་ལ་བཟུང་སྟེ་མ་བརྗེད་པར་བྱས་ནས་རྒྱུན་དུ་ཉམས་སུ་ལེན་དགོས་ཏེ། ཐུབ་པ་ཆེན་པོས་ཀྱང་། ངས་ནི་ཁྱོད་ལ་ཐར་པའི་ཐབས་བསྟན་གྱི། །ཐར་པ་རང་ལ་རག་ལས་ཤེས་པར་གྱིས། །ཞེས་པ་ལྟར། བླ་མས་སློབ་མ་ལ་ཁྲིད་འཆད་པ་དེ། ཆོས་ཉན་ཚུལ་སྒྲུབ་ཚུལ། སྡིག་པ་སྤོང་ཚུལ། དགེ་བ་སྒྲུབ་ཚུལ། ཉམས་སུ་ལེན་ཚུལ་རྣམས་སློབ་པ་ཡིན་པས། སློབ་མས་ཀྱང་དེ་རྣམས་མ་བརྗེད་པར་ཡིད་ལ་བཟུང་ནས་ཉམས་སུ་བླངས་ཏེ་མངོན་དུ་བྱེད་དགོས་ཀྱི། ཡིད་ལ་མ་བཟུང་ན་ཆོས་ཐོས་པའི་ཕན་ཡོན་ཙམ་ཡོད་སྲིད་ཀྱང་། ཆོས་ཀྱི་ཚིག་དོན་ཙུང་ཟད་ཀྱང་མི་ཤེས་པས་ཆོས་མ་ཐོས་པ་དང་ཁྱད་མེད། ཡིད་ལ་བཟུང་ཡང་ཉོན་མོངས་པ་དང་འདྲེས་ན་ཆོས་ཡང་དག་པར་མི་འགྲོ་སྟེ། མཉམ་མེད་དྭགས་པོས། ཆོས་ཆོས་བཞིན་མ་སྒྲུད་ན། ཆོས་ཀྱིས་སྔར་ངན་སོང་དུ་འགྲོ་བའི་རྒྱུ་བྱེད། ཅེས་པ་ལྟར་ཡར་བླ་མ་དང་ཆོས་ལ་ལོག་རྟོག་བར་མཆེད་གྲོགས་ལ་ཟུར་བ། ང་རྒྱལ་དང་ཁྱད་གསོད་ལ་སོགས་མི་དགེ་བའི་རྟོག་པ་དང་བཅས་པས་ནི། ངན་སོང་གི་རྒྱུ་བྱེད་པས་དེ་དག་སྤངས་དགོས།

གཉིས་པ་དྲི་མ་དྲུག་ནི། རྣམ་བཤད་རིག་པ་ལས། ང་རྒྱལ་དང་ནི་མ་དད་དང་། །དོན་དུ་གཉེར་བ་མེད་ཉིད་དང་། །ཕྱི་རོལ་རྣམ་གཡེངས་ནང་དུ་སྡུད། །སྐྱོ་བས་ཉན་པ་དྲི་མ་ཡིན། །ཞེས་པ་ལྟར། ཆོས་འཆད་པའི་བླ་མ་ལས་ཀྱང་ང་ལྷག་སྙམ་པའི་ང་རྒྱལ། ཆོས་དང་བླ་མ་ལ་མ་དད་པ། ཆོས་ལ་དོན་གཉེར་མེད་པ། སེམས་ཕྱི་རོལ་གྱི་ཡུལ་ལ་རྣམ་པར་གཡེང་བ། དབང་པོ་སྒོ་ལྔ་ནང་དུ་སྡུད་པ། ཆོས་ཐུན་རིང་དྲགས་པ་སོགས་ཀྱིས་སྐྱོ་བ་སྟེ་དྲི་མ་དྲུག་པོ་འདི་སྤང་དགོས། དེ་ཡང་ཉོན་མོངས་པ་རྣམས་ལས་ང་རྒྱལ་དང་། ཕྲག་དོག་གཉིས་པོ་འདི་ངོས་ཟིན་དཀའ་བས་རང་རྒྱུད་ལ་ཞིབ་ཏུ་བརྟགས་ནས། རང་ལ་ཆོས་དང་འཇིག་རྟེན་གང་ཐད་ནས་ཡོན་ཏན་ཕྲན་བུ་རེ་ཡོད་པ་ལའང་། ང་རང་དེ་དང་དེ་ལྟ་བུ་ཡིན་ནོ་སྙམ་ནས་ཆེད་དུ་འཛིན་ན་རང་རྒྱུད་ཀྱི་སྐྱོན་མི་མཐོང་། གཞན་

གྱི་ཡོན་ཏན་མི་ཤེས་པ་ཡིན་པས། ང་རྒྱལ་སྤངས་ནས་རྟག་ཏུ་དམན་ས་འཛིན། དད་པ་མེད་ན་ཆོས་ཀྱི་འཇུག་སྒོ་འགགས་པ་ཡིན་པས་དད་པ་རྣམ་པ་བཞིའི་ནང་ནས་མི་ལྡོག་པའི་དད་པ་འཆང་། ཆོས་ལ་དོན་གཉེར་བྱེད་པ་ནི་ཡོན་ཏན་ཐམས་ཅད་ཀྱི་རྟེན་གཞི་ཡིན་པས་དོན་གཉེར་རབ་འབྲིང་ཐ་གསུམ་ལས་ཆོས་པ་རབ་འབྲིང་ཐ་གསུམ་འོང་། ཆོས་ལ་དོན་གཉེར་མ་བྱས་ན་ཆོས་རྩ་བ་ནས་མི་འགྲུབ། འཇིག་རྟེན་པའི་ཁ་སྐད་ལའང་། ཆོས་བདག་མེད་ལ་སྙིང་རུས་གང་ཆེ་ཟེར་བ་ལྟར་ཡིན། བདག་ཅག་གི་སྟོན་པས་ཀྱང་ཆོས་ཚིག་བཞི་རེའི་ཕྱིར་དུ་ལུས་ལ་ཤའི་ཀོང་བུ་བྲུས་ཏེ་འབྲུ་མར་གྱི་སྡོང་བུ་སྡོང་གཟུགས་པ་དང་། སྐུ་ལུས་མེ་དོང་དུ་མཆོང་བ་དང་། ལུས་ལ་ལྕགས་ཀྱི་གཟེར་བུ་སྟོང་བཏབ་པ་སོགས་དཀའ་བ་བརྒྱ་ཕྲག་གི་སྒོ་ནས་ཆོས་ཞུས་པ་ཡིན་པས། མེ་ཚོགས་སྤུ་གྲིའི་སོ་ཡང་བརྒལ་ནས་ནི། །འཆི་མཐར་ཐུག་གི་བར་དུ་དམ་ཆོས་བཙལ། །ཞེས་པ་ལྟར་དོན་གཉེར་ཆེན་པོས་དཀའ་ཚེགས་ཚ་གྲང་ཐམས་ཅད་ཁྱད་དུ་བསད་དེ་ཉན་དགོས། ཕྱི་ཚོགས་དྲུག་གི་ཡུལ་ལ་རྣམ་ཤེས་གཡེངས་པ་ནི་འཁོར་བའི་འཁྲུལ་སྣང་ཐམས་ཅད་ཀྱི་རྩ་བ་སྡུག་བསྔལ་ཐམས་ཅད་ཀྱི་འབྱུང་ཁུངས་ཡིན་ཏེ། དཔེར་ན་མིག་ཤེས་གཟུགས་ལ་ཆགས་པས་ཕྱེ་སླེབ་མར་མེར་འཆི། རྣ་བ་སྒྲ་ལ་ཆགས་པས་རི་དྭགས་རྫོན་པས་གསོད། སྣ་དྲི་ལ་ཆགས་པས་བུང་བ་མེ་ཏོག་ཏུ་འཐུམ། ལྕེ་རོ་ལ་ཆགས་པས་ཉ་མོ་ལྕགས་ཀྱུས་འཛིན། ལུས་རེག་བྱ་ལ་ཆགས་པས་གླང་པོ་འདམ་དུ་བྱིང་བ་ལྟ་བུ་དང་། གཞན་ཡང་སྔོན་སོང་བག་ཆགས་ཀྱི་རྗེས་དཔྱོད་པ། མ་འོངས་པ་ཉོན་མོངས་པའི་མདུན་བསུ་བ། ད་ལྟ་རྟོག་པ་རྒྱུན་ཡུལ་དུ་ཤོར་བ་གསུམ་པོ་འདི་དག་ཆོས་ཉན་འཆད་སྒོམ་སྒྲུབ་གང་གི་སྐབས་སུ་ཡང་སྤང་དགོས་ཏེ། རྒྱལ་སྲས་རིན་པོ་ཆེས། སྔོན་སྤྱོད་བདེ་སྡུག་ཆུ་ཡི་རི་མོ་འདྲ། །ཟིན་པ་རྗེས་མེད་ཡིན་གྱི་རྗེས་མ་གཅོད། །ཅིས་ཀྱང་དྲན་ན་འབྱོར་རྒྱུད་འདུ་འབྲལ་སེམས། །ལྡོས་ཐུབ་ཆོས་ལས་འདུག་གེ་མ་ཏེ་བ། །ཕྱི་ཆོས་གྲུབ་ཤེམ་གྲོག་སྐམ་

ཉ་རྒྱ་འདྲ། །བསམ་པའི་ཐོག་ཏུ་མི་འབབ་འདོད་འདུན་སྐྱུངས། །ཅིས་ཀྱང་དྲན་ན་ནམ་འཆི་ཆ་མེད་སོམས། །ཆོས་མིན་བྱ་ལོང་འདུག་གེ་མ་ཙེ་བ། །འཕྲལ་གྱི་བྱ་གཞག་རྫི་ལམ་སོ་ཚོས་འདྲ། །འབད་པ་དོན་མེད་ཡིན་གྱིས་སྐྱུར་ལ་ཐོངས། །ཆོས་མཐུན་ཟས་ཀྱང་ཞེན་མེད་རྒྱ་ཡིས་ཐོབ། །བྱ་བྱེད་སྙིང་པོ་མེད་དོ་མ་ཁི་བ། །རྗེས་ཐོབ་དུག་གསུམ་རྟོག་པའི་འདུལ་སྦྱོང་འདི། །དྲན་སྣང་ཐམས་ཅད་ཆོས་སྐྱུར་མ་ཤར་བར། །མེད་ཐབས་མེད་དོ་དགོས་དུས་དྲན་པར་གྱིས། །འཁྲུལ་རྟོག་ཡན་པར་མ་བཏང་མ་ཁེ་བ། །ཞེ་ས་དང་། གཞན་ཡང་། །མ་འོངས་པ་ཡི་མདུན་མ་བསུ། །མ་འོངས་པ་ཡི་མདུན་བསུས་ན། །ཟླ་བ་གྲགས་པའི་ཕ་དང་འདྲ། །ཞེས་གསུངས། སྟོན་མི་དབུལ་པོ་ཞིག་གིས་ནས་མང་དུ་རྙེད་པ་སྣོད་དུ་བླུགས་ནས་སྟེང་དུ་བཏགས། ཁོ་རང་དེའི་འོག་ཏུ་ཉལ་ནས་ད་ངས་ནས་འདི་ལ་གཞི་བྱས་ལོངས་སྤྱོད་མང་པོ་འོང་། དེ་ཚེ་ཆུང་མ་ཞིག་ཀྱང་བསུ། དེར་བུ་ཞིག་ཀྱང་ངེས་པར་སྐྱེ་སྟེ་བུ་དེའི་མིང་གང་འདོགས་སྙམ་ཅན་ཟླ་བ་ཤར་བྱུང་བས་ངས་བུ་དེའི་མིང་ཟླ་བ་གྲགས་པར་གདགས་དགོས་སྙམ་པའི་སྐབས་ནས་སྣོད་ཀྱི་ལུང་ཆི་བས་ཟོས་ཏེ་ཆད་ནས་ཁོ་རང་གི་སྟེང་དུ་ལྷུང་བས་ཤི་བ་ཡིན། དེ་ལྟར་འདས་མ་འོངས་པའི་རྟོག་ཚོགས་མང་པོ་ཐོག་ཏུ་ཁེལ་དུས་མེད་ཅིང་རང་རྒྱུད་གཡེངས་པའི་རྒྱུ་ཡིན་པས་ལེགས་པར་སྤངས་ཏེ་དྲན་ཤེས་བག་ཡོད་དང་ལྡན་པས་ཉན། ཧ་ཅང་ནང་དུ་སྡུད་ཆེས་པ་དང་། ཆོས་ཀྱི་ཚིག་དོན་རེ་རེ་ནས་སྤྱར་ཟིན་བྱེད་པ་ནི་དྲེད་མོས་ཕྱི་བ་བཀོ་བ་ལྟར་རེ་རེ་ཟིན་དུས་རེ་རེ་བརྗེད་འགྲོ་བ་ལས་ཐམས་ཅད་ཤེས་པའི་དུས་མི་འོང་། ཧ་ཅང་སྡུད་ཆེ་ན་གཉིད་རྨུགས་ལ་སོགས་པའི་སྐྱོན་ཀྱང་འཇུག་པ་ཡིན་པས་གྲིམ་ལྷོད་རན་པར་བྱ་སྟེ། སྟོན་གྲོ་བཞིན་སྐྱེས་ལ་ཀུན་དགའ་བོས་སྒོམ་བསླབས་པས། ཁོང་གི་རིས་འགའ་ནི་གྲིམས་ཆེས། རེ་འགའ་ནི་ལྷོད་ཆེ་བས་སྒོམ་ཡང་དག་པ་སྐྱེར་མ་བཏུབ། བཅོམ་ལྡན་འདས་ལ་ཞུས་པས། ཚེ་དང་ལྡན་པ་ཁྱོད་ཁྱིམ་ན་གནས་པའི་ཚེ་པི་ཝང་སྦྲེང་

བ་ལ་མཁས་སམ་གསུངས། དེ་ཤིན་ཏུ་མཁས་ཞུས་པས། ཁྱོད་ཀྱི་པི་ཝང་གི་སྒྲ་དེ་རྒྱུད་ཧ་ཅང་གྲིམས་པ་ལས་བྱུང་ངམ་ཧ་ཅང་ལྷོད་པ་ལས་བྱུང་གསུངས། དེ་གཉིས་ཀ་མ་ལགས་ཏེ་གྲིམ་ལྷོད་རན་པ་ལས་བྱུང་བར་ཞུས་པས། འོ་ན་ཁྱོད་ཀྱི་སེམས་ཀྱང་དེ་དང་འདྲ་བར་གསུངས་པས་འབྲས་བུ་ཐོབ་པ་དང་། མ་ལབ་སྒྲོན་གྱིས་ཀྱང་། གྲིམས་ཀྱིས་སྒྲིམ་ལ་ལྷོད་ཀྱིས་གློད། །དེ་ན་ལྟ་བའི་གནད་ཅིག་ཡོད། །གསུངས་པ་ལྟར་སེམས་ཧ་ཅང་གྲིམས་ཏེ་ནང་དུ་མི་ཐུད་པར་གྲིམ་ལྷོད་རན་པར་བྱས་ཏེ་དབང་པོ་བག་ཡངས་སུ་བཞག ཆོས་ཐུན་རིང་དྲགས་པས་བཀྲེས་པ་དང་སྐོམ་པས་ཉེན་པའམ། རླུང་དང་ཉི་ཆར་སོགས་ཀྱིས་གདུང་བ་ལྟ་བུས་སེམས་སྐྱོ་སྟེ་ཆོས་ཉན་མི་མོས་པ་སྤྱངས་ཏེ། ད་རེས་དལ་འབྱོར་གྱི་མི་ལུས་ཐོབ། མཚན་ལྡན་གྱི་བླ་མ་དང་མཇལ། ཟབ་མོའི་གདམས་ངག་ཉན་དུ་ཡོད་པ་འདི་རེ་དགའ། བསྐལ་པ་གྲངས་མེད་པའི་བར་དུ་ཚོགས་བསགས་པའི་འབྲས་བུ་ད་རེས་ཟབ་མོའི་དམ་ཆོས་ཉན་པ་འདི་ཚེ་གང་དུས་བརྒྱའི་ཟ་མ་ལན་ཅིག་ཡིན་པས་ཆོས་འདིའི་ཆེད་དུ་དཀའ་ཚེགས་ཚ་གྲང་ཅི་བྱུང་ཡང་བཟོད་པར་བྱ་དགོས་སྙམ་དུ་དགའ་བཞིན་སྤྲོ་བཞིན་དུ་ཉན་དགོས་པ་ཡིན།

གསུམ་པ་མི་འཛིན་པ་ལྔ་ནི། ཚིག་འཛིན་ལ་དོན་མི་འཛིན་པ། དོན་འཛིན་ལ་ཚིག་མི་འཛིན་པ། བརྡ་མ་འཕྲོད་པར་འཛིན་པ། གོང་འོག་ནོར་ནས་འཛིན་པ། ལོག་པར་འཛིན་པ་དང་ལྔ་སྤང་དགོས། དེ་ཡང་ཚིག་སླན་སླན་ལེགས་ལེགས་རེ་བྱུང་ན་དེ་ཉིད་ཆེད་དུ་འཛིན་ཞིང་དོན་ཟབ་མོ་རྣམས་ལ་རྟོག་དཔྱོད་མི་འཇུག་ན་བྱིས་པ་མེ་ཏོག་བཏུ་བ་དང་འདྲ་སྟེ་ཚིག་གི་ན་ཡམ་གྱིས་སེམས་ལ་ཕན་མི་ཐོགས། བཤད་པ་ནི་ཚིག་གི་རོ་ཡིན་པས་དེས་ཅི་བྱ་སྙམ་སྟེ་ཁྱད་དུ་བསད་ནས་དོན་ཟབ་མོར་སྤྱར་ཞེན་བྱས་ཀྱང་ཚིག་ལ་མ་བསྟེན་པར་དོན་མི་འབྱུང་བས་ཚིག་དོན་ཡ་བྲལ། དྲང་ངེས་ལྡེམ་དགོངས་ཀྱི་གསུང་སྣ་ཚོགས་པ་རྣམས་བརྡ་མ་འཕྲོད་པར་བཟུང་ན་ཚིག་དང་དོན་དུ་འཛོལ་ནས་ཡང་དག་པའི་ཆོས་དང་

རྒྱབ་འགལ། གོང་འོག་ནོར་ནས་བཟུང་ན་བསྟན་པའི་བབས་དང་འགལ་ཏེ་ཉན་འཆད་སྒོམ་པ་གང་གི་དུས་སུ་ཡང་འགལ་བ་འདུ། དོན་ལོག་པར་བཟུང་ན་ལོག་རྟོག་རྒྱུན་འཁྱམས་ནས་རང་རྒྱུད་ཆུད་ཟོས་སུ་འགྱུར་ཞིང་བསྟན་པའི་ཁང་འདྲེན་པ་ཡིན་པས་དེ་དག་སྤངས་ཏེ་ཚིག་བཟང་དོན་གོང་འོག་ཐམས་ཅད་མ་ནོར་བ་ཡང་དག་པའི་ལམ་ནས་འཛིན། གང་དཀའ་དཀའ་དང་མང་བ་ཡང་མི་ཟིན་སྙམ་དུ་སྙིད་མི་ལུག་པར་སྙིང་རུས་ཀྱིས་འཛིན། གང་སླ་བ་དང་ཉུང་བ་ཡང་སླ་ཚེས་ཀྱིས་བརྙས་བཅོས་མི་བྱེད་པར་མི་བརྗེད་པར་འཛིན། གོང་འོག་གི་བབས་འབྲེལ་མ་ནོར་བར་ཚིག་དོན་ཐམས་ཅད་ཡང་དག་པར་འཛིན་དགོས་པ་ཡིན་ནོ། །

གཉིས་པ་བླང་བྱའི་ཀུན་སྤྱོད་ལ། འདུ་ཤེས་བཞི་བརྟེན་པ། ཕར་ཕྱིན་དྲུག་དང་ལྡན་པ། སྤྱོད་ལམ་གཞན་བརྟེན་པ་དང་གསུམ། དང་པོ་ནི། སྡོང་པོ་བཀོད་པ་ལས། རིགས་ཀྱི་བུ་ཁྱོད་ཀྱིས་བདག་ཉིད་ལ་ནད་པའི་འདུ་ཤེས་བསྐྱེད་པར་བྱའོ། །ཆོས་ལ་སྨན་གྱི་འདུ་ཤེས་བསྐྱེད་པར་བྱའོ། །དགེ་བའི་བཤེས་གཉེན་ལ་སྨན་པ་མཁས་པའི་འདུ་ཤེས་བསྐྱེད་པར་བྱའོ། །ནན་ཏན་ཉམས་སུ་ལེན་པ་ནི་ནད་ཉེ་བར་འཚོ་བའི་འདུ་ཤེས་བསྐྱེད་པར་བྱའོ། །ཞེས་གསུངས་པ་ལྟར། རང་ཉིད་ཐོག་མ་མེད་པའི་དུས་ནས་འཁོར་བ་སྡུག་བསྔལ་གྱི་རྒྱ་མཚོ་ཆེན་པོ་འདིར་རྒྱུ་དུག་གསུམ་དང་འབྲས་བུ་སྡུག་བསྔལ་གསུམ་གྱི་ནད་ཀྱིས་མནར་བའི་ནད་པ་ལྟ་བུ་ཡིན། དཔེར་ན་ནད་ཚབས་པོ་ཆེས་བཏབ་པའི་ནད་པ་དེས་སྨན་པ་མཁས་པ་ཞིག་བསྟེན། སྨན་པ་དེས་ཇི་ལྟར་བསྒོ་བ་བཞིན་བསྒྲུབས་ནས་གང་ཕྱིན་པའི་སྨན་བཅུད་སྟེ་ནད་ལས་གྲོལ་བའི་བདེ་བ་དོན་དུ་གཉེར་བ་ལྟར། སྨན་པ་མཁས་པ་ལྟ་བུ་མཚན་ཉིད་དང་ལྡན་པའི་བླ་མས་ཅི་གསུང་གི་བཀའ་བསྒྲུབ་དམ་པའི་ཆོས་ཀྱི་སྨན་བཅུད་བས་ལས་ཉོན་སྡུག་བསྔལ་གྱི་ནད་ལས་གྲོལ་བར་བྱེད་དགོས་པ་ཡིན། བླ་མ་བསྟེན་ཀྱང་བླ་མའི་བཀའ་བཞིན་མ་བསྒྲུབས་ན་སྨན་པའི་

བསྒོ་བ་མི་ཉན་ན་སྨན་པས་ནད་པར་ཕན་འདོགས་ཐབས་མེད་པ་དང་འདྲ། དམ་པའི་ཆོས་ཀྱི་སྨན་རང་གིས་བཏུང་སྟེ་ཉམས་སུ་མ་བླངས་ན་ནད་པ་ཞིག་གི་ཕྲས་སུ་སྨན་དང་སྨན་ཡིག་གྲངས་མེད་པ་ཡོད་ཀྱང་རང་གིས་སྨན་མ་བཏུང་ན་ནད་ལ་མི་ཕན་པ་དང་འདྲ། ལར་ད་ལྟའི་དུས་ན་བླ་མའི་ཐུགས་རྗེས་གཟིགས་ཟེར་ནས་རེ་ཆེན་པོ་བྱེད་ཅིང་རང་གིས་མི་དགེ་བའི་ལས་དུ་མ་བསགས་ཀྱང་དེའི་འབྲས་བུ་སྨྱོང་མི་དགོས་པར་བླ་མའི་ཐུགས་རྗེས་དག་པའི་ཞིང་ཁམས་སུ་རྗོ་འཕེན་འཕེན་བྱེད་རྒྱུ་ཡོད་སྙམ་པ་འདུག་སྟེ། བླ་མའི་ཐུགས་རྗེས་བཟུང་ཟེར་བ་དེ། བརྩེ་བས་རྗེས་སུ་བཟུང་། ཟབ་མོའི་གདམས་ངག་བསྟན། ཐུང་བླང་གི་དམིགས་ཕྱེ། རྒྱལ་བའི་བཀའ་དང་བསྟུན་ནས་ཐར་པའི་ལམ་སྟོན་པ་དེ་ལས་ལྷག་པའི་ཐུགས་རྗེ་ཅི་ཡང་མེད། ཐུགས་རྗེ་དེ་ལ་བརྟེན་ནས་ཐར་པའི་ལམ་དུ་འགྲོ་མི་འགྲོ་རང་ལ་རག་ལས་ཤིང་། དེ་ལས་ཀྱང་ད་རེས་དལ་འབྱོར་གྱི་མི་ལུས་ཐོབ། བླང་དོར་གྱི་གནད་ཤེས། རང་ལ་རང་དབང་ཡོད་པའི་དུས་འདིར་འདུན་མ་གཏན་ལེགས་དང་གཏན་ཉེས་ཀྱི་སོ་མཚམས་ཡིན་པས་བླ་མས་ཇི་ལྟར་བསྒོ་བ་བཞིན་ཉམས་སུ་བླངས་ནས་འཁོར་འདས་ཀྱི་འཕྲུལ་ཐག་ཆོད་པ་ཞིག་བྱེད་པ་གལ་ཆེ། དེ་ལས་གཞན་དུ་གྲོང་ཆོག་པ་རྣམས་ཤི་བོའི་རོ་ཕྲས་སུ་ཕྱིན་ནས་ཡར་འགྲོ་མར་འགྲོའི་ས་མཚམས་ཧ་ཁ་སྲུབ་ཀྱིས་བསྒྱུར་བ་དང་འདྲ་ཞེས་ཟེར་གྱིན་འདུག་སྟེ། ལམ་སྦྱངས་པ་སྟོན་སོང་གི་གང་ཟག་ཞིག་ཡིན་ན་མ་གཏོགས་དེ་སྐབས་ལས་ཀྱི་རླུང་དམར་གྱིས་རྒྱབ་ནས་དེད། འཇིགས་པའི་མུན་ནག་གིས་མདུན་ནས་བསུས། བར་དོའི་འཕྲང་རིང་གི་མཐའ་ལ་གཅུར། གཤིན་རྗེའི་སྐྱེས་བུ་བསམ་གྱིས་མི་ཁྱབ་པས་སོད་སོད་དང་ཀྱོབ་ཀྱོབ་ཀྱི་ངང་ལ་དེད་ནས། ཐོས་ས་དང་གབ་ས་སྐྱབས་དང་རེ་ལྟོས་ཐམས་ཅད་ཟད་ནས་ཅི་བྱ་གཏོལ་མེད་པའི་སྐབས་སུ་ཡར་འགྲོ་མར་འགྲོའི་ས་མཚམས་ཇི་ལྟར་ཡིན་ཏེ། ཨོ་རྒྱན་ཆེན་པོས་ཀྱང་། མཚན་བྱང་མགོ་ལ་དབང་བསྐུར་བྱེད་ཙ་འཕྲིས། །རྣམ་ཤེས་བར་དོར་

ཁྲི་སྒྲིན་བཞིན་དུ་འཁྲུམས། །མཐོ་རིས་དྲན་ཏེ་དེ་ལ་དགའ་ལས་ཡོད། །ཅེས་གསུངས། དེས་ན་ཡར་འགྲོ་མར་འགྲོའི་ས་མཚམས་ཧ་ཁ་སྲུབ་ཀྱིས་བསྒྱུར་བ་དང་འདྲ་ངེས་པ་དེ་ད་རེས་གསོན་པའི་སྐབས་འདི་ཉིད་ཡིན། མིའི་ལུས་རྟེན་འདིའི་སྟེང་ནས་ཡར་དགེ་བའི་ལས་ཞིག་སྒྲུབ་ཀྱང་གཞན་ལས་སྟོབས་ཆེ་སྟེ་ད་རེས་ཀྱི་སྐྱེ་བ་འདིར་ཐོད་པ་བོར་ཆོག་མ་ཞིག་བྱས་ཆོག མར་མི་དགེ་བའི་ལས་བསགས་ཀྱང་སེམས་ཅན་གཞན་གྱིས་བསྒྲུབ་པ་ལས་ནུས་པ་ཆེ་བས་ངན་སོང་གི་གཏིང་ནས་མི་ཐར་བའི་རྒྱུ་བྱེད་ངེས་པས་ད་རེས་སྐབས་པ་མཁས་པ་ལྟ་བུའི་བླ་མ་དམ་པ་དང་མཇལ། སྐལ་ཤེ་གསོས་ཀྱི་བདུད་རྩི་ལྟ་བུའི་དམ་པའི་ཆོས་དང་མཇལ་བའི་སྐབས་འདིར་ཡང་དག་པའི་འདུ་ཤེས་བཞི་བསྟེན་ཏེ་རང་གི་ཐོས་པའི་ཆོས་ཉམས་སུ་བླངས་ནས་ཐར་པའི་ལམ་དུ་འགྲོ་བ་ཞིག་དགོས། དེའི་མི་མཐུན་ཕྱོགས་ལོག་པའི་འདུ་ཤེས་བཞི་སྤང་དགོས་ཏེ། ཡོན་ཏན་མཛོད་ལས། མི་གཞི་ངན་པའི་ཐོལ་སྦྱོར་ཐ་གུས་སླེས། །བླ་མ་སྤོས་ཀྱི་སྣང་པོ་ལྟར་བསླེན་ནས། །དམ་ཆོས་སྣ་རྩིའི་རྟེད་པ་ཐོབ་ནས་སླར། །ཧོན་ལ་ཡང་དག་སྦྲོ་བས་དམ་ཚིག་འཕེན། །ཞེས་གསུངས་པ་ལྟར་བླ་མ་ལ་སྣ་བའི་འདུ་ཤེས། ཆོས་ལ་སྣ་རྩིའི་འདུ་ཤེས། རང་ལ་རྗོན་པའི་འདུ་ཤེས། ནན་ཏན་ཉམས་སུ་ལེན་པ་ལ་མདའམ་རྣིས་སྣ་བ་གསོད་ཐབས་ཀྱི་འདུ་ཤེས་བཞག་ནས་ཆོས་ཞུས་ཏེ་ཉམས་སུ་མི་ལེན་ཞིང་། བླ་མའི་བཀའ་དྲིན་ལ་མི་རྩི་བ་རྣམས་ནི་ཆོས་ལ་བརྟེན་ནས་སྡིག་པའི་ལས་བསགས་ཏེ་ངན་སོང་གི་གཏིང་རྫ་བྱེད་པ་ཡིན་ནོ། །

གཉིས་པ་ཕ་རོལ་ཏུ་ཕྱིན་པ་དྲུག་དང་ལྡན་པར་བྱ་བ་ནི། ཆོས་སྤྱོད་ཐམས་ཅད་ཀྱི་མན་ངག་མངོན་པར་རྟོགས་པའི་རྒྱུད་ལས། མེ་ཏོག་སྤྲན་སོགས་རབ་འབུལ་ཞིང་། །ས་ཕྱོགས་སྤྱོད་ལམ་སྟོམ་པ་དང་། །སྲོག་ཆགས་ཀུན་ལ་འཚེ་མི་བྱ། །བླ་མ་ལ་ནི་ཡང་དག་དད། །མ་ཡེངས་བླ་མའི་གདམས་ངག་ཉན། །དོགས་སེལ་ཕྱིར་ན་སྐྱོན་ཚིག་དྲི། །ཉན་པོ་ཡན་ལག་དྲུག་དང་ལྡན། །ཞེས་པ་ལྟར། ཆོས་

ཀྱི་ཁྲི་བཤམས་ཤིང་སྟན་འདིང་བ་དང་མཎྜལ་མེ་ཏོག་སོགས་འབུལ་བ་སྦྱིན་པ། ཕྱོགས་ཕྱག་དར་དང་ཆག་ཆག་ལ་སོགས་ལེགས་པར་བྱ་ཞིང་རང་གི་སྤྱོད་ལམ་མ་གུས་པ་ལ་སོགས་པ་སྤོམ་པ་ཚུལ་ཁྲིམས། སྲོག་ཆགས་ཕྲ་མོ་ཚུན་ཆད་ལ་གནོད་པ་མི་བྱེད་ཅིང་། དཀའ་ཚེགས་དང་ཚ་གྲང་ཐམས་ཅད་བཟོད་པ། བླ་མ་དང་ཆོས་ལ་ལོག་ལྟ་སྤངས་ནས་ཡང་དག་པའི་དད་པས་སྤྲོ་བཞིན་དུ་ཉན་པ་བརྩོན་འགྲུས། བླ་མའི་གདམས་ངག་ལས་སེམས་གཞན་དུ་མ་ཡེངས་པར་ཉན་པ་བསམ་གཏན། ཐེ་ཚོམ་གྱི་དོགས་སེལ་ལ་སོགས་པ་དྲི་ཞིང་སྒྲོ་འདོགས་ཐམས་ཅད་གཅོད་པ་ཤེས་རབ་སྟེ། ཉན་པ་པོ་ཕ་རོལ་ཏུ་ཕྱིན་པ་དྲུག་དང་ལྡན་པར་བྱའོ། །

གསུམ་པ་སྤྱོད་ལམ་གཞན་བརྟེན་པ་ནི། འདུལ་བ་ལུང་ལས། མ་གུས་པ་ལ་ཆོས་མི་བཤད། མི་ན་བཞིན་དུ་མགོ་གཡོགས་དང་། གདུགས་དང་འཁར་བ་མཚོན་ཐོགས་དང་། །མགོ་བོ་དཀྲིས་པ་དག་ལ་མིན། །ཞེས་དང་། སྐྱེས་རབས་ལས། རབ་ཏུ་དམའ་བའི་ས་ལ་འདུག །དུལ་བའི་དཔལ་ནི་རྣམ་པར་བསྐྱེད། །དགའ་དང་ལྡན་པའི་མིག་གིས་བལྟ། །ཚིག་གི་བདུད་རྩི་འཐུང་བ་བཞིན། །རབ་ཏུ་བསྒྲིམས་ཏེ་ཆོས་ཉོན་ཅིག །ཅེས་སོགས་གསུངས་པ་ལྟར་མ་གུས་པའི་སྤྱོད་ལམ་ཐམས་ཅད་སྤང་བར་བྱའོ། །

2 བཤད་བྱའི་ཆོས་ཀྱི་རིམ་པ།

གཉིས་པ་བཤད་བྱའི་ཆོས་ཀྱི་རིམ་པ་དལ་འབྱོར་རྙེད་དཀའ་བའི་ཁྲིད་ལ། ངོ་བོ་དལ་བ་བསམ་པ། ཁྱད་པར་གྱི་ཆོས་འབྱོར་བ་བསམ་པ། རྙེད་དཀའི་དཔེ་ལ་བསམ་པ། གྲངས་ཀྱི་ཁྱད་པར་བསམ་པ་དང་བཞི་ལས།

(1) ངོ་བོ་དལ་བ་བསམ་པ།

དང་པོ་ངོ་བོ་དལ་བ་བསམ་པ་ནི། ཕྱིར་མི་ཁོམས་པའི་གནས་བརྒྱད་དུ་མ་སྐྱེས་པར་དམ་པའི་ཆོས་བསྒྲུབ་པར་ཁོམས་པ་ནི་དལ་བ་ཞེས་བྱ། མི་དལ་བ་ནི་མི་ཁོམས་པའི་གནས་བརྒྱད་དེ། ཇི་སྐད་དུ། དམྱལ་བ་ཡི་དྭགས་དུད་འགྲོ་དང་། །ཀླ་ཀློ་ཚེ་རིང་ལྷ་དང་ནི། །ལོག་ལྟ་སངས་རྒྱས་ཀྱིས་སྟོང་པ། །ལྐུགས་པ་འདི་དག་མི་ཁོམས་བརྒྱད། །ཅེས་གསུངས་པ་ལྟར། དམྱལ་བར་སྐྱེས་ན་ཚ་གྲང་གི་སྡུག་བསྔལ་ལ་ཁོར་མོར་སྤྱོད་པས་ཆོས་བྱེད་དུ་མི་ཁོམས། ཡི་དྭགས་ནི་བཀྲེས་སྐོམ་གྱི་སྡུག་བསྔལ་ལ་སྤྱོད་པས་ཆོས་བྱེད་དུ་མི་ཁོམས། དུད་འགྲོ་ནི་བཀོལ་སྤྱོད་དང་ཕན་ཚུན་འཚེ་བའི་སྡུག་བསྔལ་ལ་སྤྱོད་པས་ཆོས་བྱེད་དུ་མི་ཁོམས། ལྷ་ཚེ་རིང་པོ་ནི་འདུ་ཤེས་མེད་པའི་ངང་དུས་གྱོན་ནས་ཆོས་བྱེད་དུ་མི་ཁོམས། ཡུ་མཐའ་འཁོབ་ཏུ་སྐྱེས་ན་སངས་རྒྱས་ཀྱི་བསྟན་པ་མེད་པས་ཆོས་བྱེད་དུ་མི་ཁོམས། མུ་སྟེགས་བྱེད་དམ་དེ་དང་རྗེས་མཐུན་པའི་ལོག་ལྟ་ཅན་དུ་སྐྱེས་ན་རང་རྒྱུད་ལོག་ལྟས་བསླད་པས་ཆོས་བྱེད་དུ་མི་ཁོམས། མུན་པའི་བསྐལ་པ་ལ་སྐྱེས་ན་དཀོན་མཆོག་གསུམ་གྱི་སྒྲ་ཙམ་ཡང་མི་གྲགས་ཤིང་དགེ་སྡིག་ངོ་མི་ཤེས་པས་ཆོས་བྱེད་དུ་མི་ཁོམས། ལྐུགས་པར་སྐྱེས་ན་རྣམ་ཤེས་ལས་སུ་མི་རུང་བས་ཆོས་བྱེད་དུ་མི་ཁོམས་པ་སྟེ་བརྒྱད་ལས། ངན་སོང་གསུམ་ནི་རྟག་པར་རང་རང་གི་སྔོན་བསགས་ལས་ངན་གྱི་འབྲས་བུས་འཕངས་པའི་ཚ་གྲང་བཀྲེས་སྐོམ་ལ་སོགས་པའི་སྡུག་བསྔལ་ལ་འཁོར་ཡུག་ཏུ་སྤྱོད་པས་ཆོས་བྱེད་དུ་མི་ཁོམས། ཀླ་ཀློ་ཞེས་པ་ནི་ཀློ་ཁ་ཁྲ་ཞེས་པ་ལ་སོགས་མཐའ་འཁོབ་སུམ་ཅུ་རྩ་གཉིས་ཡོད་པར་བཤད་པ་རྣམས་དང་། འཚེ་བ་ཆོས་སུ་སྒྲ་བ་ཀླ་ཀློའི་ཆོས་ལུགས་ཞེས་སྲོག་བཅད་པ་དགེ་བར་རྩི་བ་རྣམས་ཏེ། མཐའ་འཁོབ་ཀྱི་ཀླ་ཀློ་རྣམས་ཀྱང་རང་བཞིན་མི་གཟུགས་ལྟ་བུར་ཡོད་ཀྱང་བློ་ལས་སུ་མ་རུངས་པས་དམ་པའི་ཆོས་ཀྱི་ཕྱོགས་སུ་བསྒྱུར་མི་བཏུབ། མ་བག་མར་ལེན་པ་ལ་སོགས་རང་གི་ཕ་མེས་ཀྱི་

སྤྲོལ་ངན་པའི་རྗེས་སུ་འབྲང་བས་ཆོས་མཐུན་གྱི་སྤྱོད་པ་དང་རྒྱབ་འགལ། སྲོག་ཆགས་གསོད་པ་དང་རི་དྭགས་བཤོར་བ་ལ་སོགས་མི་དགེ་བའི་ལས་ཐབས་ལ་ལྷག་པར་མཁས་ཤིང་སྡིག་པ་འབའ་ཞིག་ལ་སྤྱོད་པས། ཤི་མ་ཐག་ངན་སོང་དུ་འགྲོ་བ་མང་བས་མི་ཁོམས་པའི་གནས་ཡིན། ལྷ་ཚེ་རིང་པོ་ཞེས་པ་ནི་འདུ་ཤེས་མེད་པའི་ལྷ་སྟེ་དགེ་སྡིག་གང་གི་ཡང་འདུ་ཤེས་མེད་པའི་བསམ་གཏན་ལ་ཐར་པར་བཟུང་ནས་བསྒོམས་པས་འདུ་ཤེས་མེད་པའི་ལྷར་སྐྱེས་ཏེ་ང་རེ་འཛིན་དེའི་ངང་དུ་བསྐལ་ཆེན་མང་པོའི་བར་དུ་གནས་ནས་འཕེན་བྱེད་ཀྱི་ལས་ཟད་པ་ན་ལོག་ལྟའི་རྒྱུས་ངན་སོང་དུ་སྐྱེ་བས་ཆོས་བྱེད་དུ་མི་ཁོམས་པ་ཡིན། ལོག་པར་ལྟ་བ་ནི། ཕྱིར་སངས་རྒྱས་ཀྱི་བསྟན་པ་ལས་ཕྱི་རོལ་དུ་གྱུར་པའི་ལྟ་ལོག་ཅན་རྟག་ཆད་དུ་ལྟ་བ་རྣམས་ཏེ། དེ་དག་ནི་རང་གི་རྒྱུད་ལོག་ལྟས་བསླད་ནས་ཡང་དག་པའི་ཆོས་ལ་མོས་པ་མི་སྐྱེ་བས་དམ་པའི་ཆོས་བྱེད་དུ་མི་ཁོམས་པ་ཡིན་ཀྱང་། བོད་འདིར་ཨོ་རྒྱན་སངས་རྒྱས་གཉིས་པས་བོད་སྐྱོང་བརྟན་མ་བཅུ་གཉིས་ལ་གཏད་པས་མུ་སྟེགས་པ་དངོས་སུ་མི་འཇུག་དེ་དང་ཆ་འདྲ་བའི་ཡང་དག་པའི་ཆོས་དང་གང་ཟག་ལ་ལོག་པར་རྟོགས་པའི་རིགས་ཅན་ཡིན་ན་ཡང་དམ་པའི་ཆོས་ཚུལ་བཞིན་སྒྲུབ་པ་ལ་མི་ཁོམས་པ་ཡིན་ཏེ། དཔེར་ན་དགེ་སློང་ལེགས་པའི་སྐར་མ་ལོ་ཉེར་ལྔའི་བར་དུ་བཅོམ་ལྡན་འདས་ཀྱི་ཞབས་འབྲིང་དུ་བསྡད་ཀྱང་དད་པ་ཙུང་ཟད་མེད་པར་ལོག་ལྟ་ཁོ་ན་བྱས་པས་མཐར་མེ་ཏོག་ལྡུམ་རར་ཡི་དྭགས་སུ་སྐྱེས་པ་ལྟ་བུ་ཡིན། སངས་རྒྱས་ཀྱིས་སྟོང་པ་ནི་མུན་པའི་བསྐལ་པར་སྐྱེས་པ་སྟེ། སངས་རྒྱས་མ་བྱོན་པའི་ཞིང་སྟོང་པ་རྣམས་སུ་སྐྱེས་ན་དཀོན་མཆོག་གསུམ་གྱི་སྒྲ་ཙམ་ཡང་མི་གྲགས་ཤིང་དམ་པའི་ཆོས་ཀྱི་སྣང་བ་དང་བྲལ་བས་མི་ཁོམས་པའི་གནས་ཡིན། ལྐུགས་པར་སྐྱེས་ན་རང་རྒྱུད་ལས་སུ་མ་རུངས་པས་ཆོས་ཉན་འཆད་སྒོམ་སྒྲུབ་གང་ཡང་བྱེད་མི་ནུས། ལྐུགས་པ་ཞེས་པ་ཕྱིར་ངག་ལྐུགས་པ་ལ་ཟེར་བ་དེ་ཡང་ སྐྲ་ཤེས་དོན་གོ་བ་མིའི་མཚན་ཉིད་མ་ཚང་བས་མི་

ཁོམས་པའི་གནས་ཡིན་ཀྱང་ཡིད་ཀྱི་དབང་པོ་ལྐུགས་ཏེ་ཤིན་ཏུ་བླུན་རྫོངས་སུ་གྱུར་པས་ཆོས་ཀྱི་གོ་བརྡའ་མི་འཕྲོད་པ་རྣམས་ཀྱང་མི་ཁོམས་པ་ཡིན་ནོ། །

(2) ཁྱད་པར་གྱི་ཆོས་འབྱོར་པ་བསམ་པ།

གཉིས་པ་ཁྱད་པར་གྱི་ཆོས་འབྱོར་པ་བསམ་པ་ལ། རང་འབྱོར་ལྔ་དང་། གཞན་འབྱོར་ལྔ་ལས། དང་པོ་རང་འབྱོར་ལྔ་ནི། ཀླུ་སྒྲུབ་ཀྱིས། མི་ཉིད་དབུས་སྐྱེས་དབང་པོ་ཚང་། །ལས་མཐའ་མ་ལོག་གནས་ལ་དད། །ཅེས་གསུངས་པ་ལྟར། མི་ལུས་མ་ཐོབ་ན་ཆོས་དང་མི་མཇལ་བས་མིའི་ལུས་རྟེན་གྱི་འབྱོར་པ། ཆོས་མེད་པའི་ཡུལ་མཐའ་འཁོབ་ཏུ་སྐྱེས་ན་ཆོས་དང་མི་མཇལ་བ་ལ། ད་རེས་ཆོས་ཚོགས་ཀྱི་ཡུལ་དབུས་སུ་སྐྱེས་པས་ཡུལ་གྱི་འབྱོར་པ། དབང་པོ་མ་ཚང་ན་ཆོས་ཀྱི་གེགས་སུ་གྱུར་པ་ལས་ད་རེས་དེ་འདྲའི་སྐྱོན་དང་བྲལ་བས་དབང་པོ་ཡོན་ཏན་གྱི་འབྱོར་པ། ལས་ཀྱི་མཐའ་ལོག་ན་རྟག་ཏུ་མི་དགེ་བ་ལ་སྤྱོད་ཅིང་ཆོས་ལ་རྒྱབ་ཀྱིས་ཕྱོགས་པ་ལས། ད་རེས་དགེ་བ་ལ་སེམས་པ་བསམ་པའི་ཁྱད་པར་གྱི་འབྱོར་པ། དད་པའི་གནས་སངས་རྒྱས་ཀྱི་བསྟན་པ་ལ་མ་དད་ན་ཆོས་ལ་ཡིད་མི་ཕྱོགས་པ་ལས། ད་རེས་བློ་ཆོས་ལ་ཕྱོགས་ནུས་པས་དད་པའི་འབྱོར་པ་སྟེ་ལྔ་པོ་འདི་རང་ངོ་ལ་ལྟོས་ནས་ཚང་དགོས་པས་རང་རྒྱུད་སྐལ་བའི་འབྱོར་པ་ལྔ་ཞེས་བྱ། དེ་ཡང་ཡང་དག་པའི་དམ་པའི་ཆོས་རྣལ་མ་ཞིག་བསྒྲུབ་པ་ལ་ནི་མིར་གྱུར་པ་ཞིག་ངེས་པར་དགོས་ཏེ། མིའི་ལུས་རྟེན་ཞིག་མ་ཐོབ་ན་ནི་ངན་སོང་གསུམ་ལས་བཟང་ཤོས་དུད་འགྲོ་ཡིན་ཀྱང་ད་ལྟ་མི་ཡུལ་ན་ཡོད་པའི་དུད་འགྲོ་གཟུགས་མཛེས་པ་དང་རིན་ཐང་ཆེ་བ་ལ་སོགས་ཇི་ཙམ་བཟང་བར་བརྩི་བ་ཞིག་ལ་ཡང་ད་ལྟ་ཁྱོད་ཀྱིས་ཨོཾ་མ་ཎི་པདྨེ་ཧཱུྃ་ཞེས་ཚར་གཅིག་བརྗོད་ན་ཁྱོད་སངས་རྒྱས་པར་འགྱུར་རོ། །ཞེས་སྨྲས་ཀྱང་དེའི་ཚིག་ཀྱང་མི་གོ་དོན་ཡང་མི་ཤེས་སྨྲ་ཡང་མི་ནུས་ཐ་ན་ད་ལྟ་ཉིད་དུ་འཁྱག་གིར་འཆི་ཡང་སྐྱུར་རེ་སྟོད་པ་ལས་ཐབས་གཞན་

ཕྲན་བུ་ཙམ་ཡང་བསམ་མི་ཤེས། མི་ཞིག་ཡིན་ན་ཇི་ལྟར་ཞན་ཀྱང་ཁོ་རང་གང་ཕྱུག་གམ་ཤིང་དྲུང་ལྟ་བུ་ཞིག་ཏུ་ཕྱིན། མེ་ཤིང་འཐུས་ནས་མེ་སྒོང་བཏང་སྟེ་ཁ་ལག་བསྐྱོ་ཤེས་པ་དེ་ཙམ་ཡང་དུད་འགྲོ་ལ་མེད་ན་ཆོས་བསླབ་པའི་བསམ་བློ་ལྟ་ཅི་སྨོས། ལྷ་ལ་སོགས་པ་ལུས་རྟེན་བཟང་ཤོས་ཡིན་ཀྱང་སོ་ཐར་གྱི་སྡོམ་པ་མཚན་ཉིད་པའི་སྣོད་དུ་མ་གྱུར་པས་བསྟན་པ་ཡོངས་སུ་རྫོགས་པ་རང་རྒྱུད་ལ་ཐོབ་པའི་སྐལ་བ་དང་མི་ལྡན་པ་ཡིན། ཡུལ་དབུས་ཞེས་པ་འདི་ལ་ས་ཚིགས་ཀྱི་དབུས་དང་། ཆོས་ཚིགས་ཀྱི་ཡུལ་དབུས་གཉིས་ལས། དང་པོ་ནི། སྤྱིར་ལྷོ་འཛམ་བུའི་གླིང་གི་ཡུལ་གྱི་དབུས་རྒྱ་གར་རྡོ་རྗེ་གདན། བསྐལ་པ་བཟང་པོའི་སངས་རྒྱས་སྟོང་སངས་རྒྱ་བའི་གནས། བསྐལ་པ་སྟོང་ཡང་མི་འཇིག་པར་འགྱུར་བའི་གནོད་པ་དང་བྲལ་ཏེ་གནམ་ལ་ཟོ་བ་བཏགས་པ་ལྟར་གནས་པ་དབུས་སུ་བྱང་ཆུབ་ཀྱི་ཤིང་གིས་བརྒྱན་པར་བཤད་པ། དེ་ཉིད་གཙོ་བོར་བྱས་པའི་འཕགས་ཡུལ་གྱི་གྲོང་ཁྱེར་རྣམས་ལ་ས་ཚིགས་ཀྱི་ཡུལ་དབུས་ཟེར། ཆོས་ཚིགས་ཀྱི་ཡུལ་དབུས་ནི་སངས་རྒྱས་ཀྱི་བསྟན་པ་དམ་པའི་ཆོས་གང་དུ་གནས་པ་དེ་ཡིན་ལ། དེ་མ་ཡིན་པ་རྣམས་ལ་མཐའ་འཁོབ་ཅེས་བྱ། དེས་ན་སྟོན་སངས་རྒྱས་འཇིག་རྟེན་དུ་བྱོན་པ་ནས་བཟུང་སྟེ་རྒྱ་གར་ན་བསྟན་པ་ཇི་ཙམ་གནས་ཀྱི་བར་དུ་ས་ཚིགས་དང་ཆོས་ཚིགས་གཉིས་ཀའི་ཡུལ་དབུས་ཡིན་ཀྱང་། ད་ལྟར་རྒྱ་གར་རྡོ་རྗེ་གདན་ཀྱང་མུ་སྟེགས་པས་བཟུང་ནས་རྒྱལ་བསྟན་མེད་པར་བཤད་པས་ཆོས་ཚིགས་ཀྱི་མཐའ་འཁོབ་ཡིན། བོད་གངས་ཅན་གྱི་ཡུལ་འདི་ནི་སྟོན་སངས་རྒྱས་འཇིག་རྟེན་དུ་བྱོན་སྐབས་མིའི་འགྲོ་བའང་ཆེར་མེད་ཅིང་བསྟན་པ་མ་དར་བས་མཐའ་འཁོབ་བོད་ཀྱི་ཡུལ་ཞེས་གྲགས་ཀྱང་། ཕྱིས་སུ་མིའི་འགྲོ་བ་རིམ་པར་མཆེད་དེ་སྤྲུལ་པའི་རྒྱལ་པོ་དུ་མ་བྱོན་པ་ལས། ལྷ་ཐོ་ཐོ་རི་གཉན་བཙན་གྱི་སྐུ་རིང་ལ་སྤང་སྐོང་ཕྱག་རྒྱ་པ་དང་སྣཚྪའི་བཀོས་ཕོར་སོགས་ཁང་སྟེང་དུ་བབས་ཏེ་དམ་པའི་ཆོས་ཀྱི་དབུ་བརྙེས། རྒྱལ་རབས་ལྔ་ན་དེའི་དོན་ཤེས་པ་

འབྱུང་བར་ལུང་བསྟན་པ་བཞིན་འཕགས་པ་ཐུགས་རྗེ་ཆེན་པོ་སྤྲུལ་པའི་རྒྱལ་པོའི་ཚུལ་བཟུང་བ་ཆོས་རྒྱལ་སྲོང་བཙན་སྒམ་པོའི་སྐུ་རིང་ལ་ལོ་ཙྪ་བ་ཐོན་མི་སཾ་བྷོ་ཊ་རྒྱ་གར་དུ་བཏང་ངས་ཏེ་སྒྲ་དང་ཡི་གེ་ལ་སོགས་པ་བསླབས་ནས་བོད་ཡི་གེ་མེད་པ་ལ་ཡི་གེའི་སྲོལ་བཏོད། སྤྱན་རས་གཟིགས་ཀྱི་མདོ་རྒྱུད་ཉི་ཤུ་རྩ་གཅིག་དང་གཉན་པོ་གསང་བ་ལ་སོགས་བོད་སྐད་དུ་བསྒྱུར། རྒྱལ་པོའི་སྤྲུལ་པའི་རྣམ་རོལ་དུ་མ་དང་བློན་པོ་མགར་སྟོང་བཙན་ཡུལ་སྲུང་གི་འཕྲུལ་ཐབས་སྣ་ཚོགས་ལ་བརྟེན་ཏེ་རྒྱ་དང་བལ་པོའི་རྒྱལ་པོའི་སྲས་མོ་གཉིས་བཙུན་མོར་བསུས་པའི་རྗོངས་སུ། སྟོན་པའི་རྒྱལ་ཚབ་ཇོ་ཤཱཀ་རྣམ་གཉིས་ལ་སོགས་རྟེན་གསུམ་དུ་མ་བྱོན་ཞིང་ར་ས་འཕྲུལ་སྣང་གི་གཙུག་ལག་ཁང་གི་གཙོས་མཐའ་འདུལ་དང་ཡང་འདུལ་གྱི་གཙུག་ལག་ཁང་དུ་མ་བཞེངས་ཏེ་དམ་པའི་ཆོས་ཀྱི་སྲོལ་བཏོད། དེའི་རྒྱལ་རབས་ལྔ་པ་ལྷ་སྲས་ཁྲི་སྲོང་ལྡེའུ་བཙན་གྱི་སྐུ་རིང་ལ་ས་གསུམ་ན་འགྲན་ཟླ་དང་བྲལ་བའི་རིགས་སྔགས་འཆང་ཆེན་པོ་ཨོ་རྒྱན་གྱི་མཁན་པོ་པདྨ་འབྱུང་གནས་ལ་སོགས་པཎྜི་ཏ་བརྒྱ་དང་རྩ་བརྒྱད་གདན་དྲངས། བསམ་ཡས་མི་འགྱུར་ལྷུན་གྱིས་གྲུབ་པའི་གཙུག་ལག་ལ་སོགས་སྐུ་རྟེན་གཙུག་ལག་གི་ཁང་པ་བཞེངས། ལོ་ཆེན་བཻ་རོ་ཙ་ན་ལ་སོགས་ལོ་ཙྪ་བརྒྱ་དང་རྩ་བརྒྱད་ལ་ལོ་ཙྪ་བསླབས་ཏེ་རྒྱ་གར་འཕགས་པའི་ཡུལ་ན་ཇི་ཙམ་དར་བའི་མདོ་རྒྱུད་བསྟན་བཅོས་ཀྱིས་གཙོས་པའི་གསུང་རྟེན་དམ་པའི་ཆོས་བསྒྱུར། སད་མི་མི་བདུན་ལ་སོགས་རབ་ཏུ་བྱུང་སྟེ་ཐུགས་རྟེན་དུ་དགེ་འདུན་གྱི་སྡེ་བཙུགས་པ་སོགས་སངས་རྒྱས་ཀྱི་བསྟན་པ་ཉི་མ་ཤར་བ་ལྟར་མཛད་པ་ནས་བཟུང་དུས་ད་ལྟའི་བར་དུ་བསྟན་པ་ལ་འཕེལ་འགྲིབ་ཅི་རིགས་པ་བྱུང་ཡང་དོན་དུ་རྒྱལ་བའི་ལུང་རྟོགས་ཀྱི་བསྟན་པ་མ་ཉམས་པར་ཡོད་པས་ཆོས་ཚོགས་ཀྱི་ཡུལ་དབུས་ཡིན། དབང་པོ་སྔོ་ལྡུ་གང་ཟུང་མ་ཚང་ན་རབ་བྱུང་གི་སྡོམ་པའི་སྣོད་དུ་མ་གྱུར་ཅིང་། མོས་གུས་ཀྱི་རྟེན་རྒྱལ་བའི་སྐུ་གཟུགས་ལ་སོགས་མཇལ་བ་དང་ཐོས་བསམ་གྱི་ཡུལ་

གསུང་རབ་རིན་པོ་ཆེ་བལྟ་བ་དང་། ཉན་པ་ལ་སོགས་པའི་སྐལ་བ་དང་མི་ལྡན་པས་ཆོས་ཡང་དག་གི་སྣོད་དུ་མི་རུང་བ་ཡིན། ལས་མཐའ་ལོག་པ་ཞེས་རྫོན་པ་དང་སྨད་འཚོང་ལ་སོགས་པའི་རིགས་བརྒྱུད་དུ་སྐྱེས་པས་ཆུང་དུ་ནས་ལས་ཀྱི་མཐའ་ལོག་པའི་ལམ་དུ་ཞུགས་པ་ལ་ཟེར་ཡང་དོན་དུ་སྡོ་གསུམ་ཆོས་འགལ་གྱི་བྱ་བ་བྱེད་ཚད་ལས་མཐའ་ལོག་པར་ཞུགས་པ་ཡིན་པས་འདི་ལྟ་བུར་དང་པོ་མ་སྐྱེས་ཀྱང་ཕྱིས་སུ་འབྱུང་ཉེ་བ་ཡིན་པས་རང་རྒྱུད་དམ་པའི་ཆོས་དང་མི་འགལ་བ་ཞིག་བྱེད་དགོས། དད་པའི་གནས་སངས་རྒྱས་ཀྱི་བསྟན་པ་ལ་མ་དད་ན་ནི་གཞན་འཇིག་རྟེན་གྱི་ལྷ་བྲ་མཐུ་བོ་ཆེ་ལ་སོགས་པ་རྣམས་དང་ཕྱི་རོལ་མུ་སྟེགས་པའི་བསྟན་པ་སོགས་ལ་ཇི་ཙམ་དུ་དད་པར་བྱས་ཀྱང་འཁོར་བ་དང་ངན་སོང་གི་སྡུག་བསྔལ་ལས་སྐྱོབ་པར་མི་ནུས་པས་རྒྱལ་བའི་བསྟན་པ་ལུང་དང་རྟོགས་པའི་བདག་ཉིད་ཅན་ལ་རྒྱུ་མཚན་ཤེས་པའི་དད་པ་ཐོབ་པ་ནི་ཡང་དག་པའི་ཆོས་ཀྱི་སྣོད་མ་ནོར་བ་ཡིན་པས་རང་འབྱོར་ལྔའི་གཙོ་བོ་ཡིན་ནོ། །

གཉིས་པ་གཞན་འབྱོར་ལྔ་ནི། སངས་རྒྱས་བྱོན་དང་དེས་ཆོས་གསུངས། །བསྟན་པ་གནས་དང་དེའི་རྗེས་འཇུག །གཞན་ཕྱིར་སྙིང་ནི་བརྩེ་བའོ། །ཞེས་པ་ལྟར། སངས་རྒྱས་འཇིག་རྟེན་དུ་བྱོན་པའི་སྐྲོན་བསྐལ་ལ་མ་སྐྱེས་ན་ཆོས་ཀྱི་མིང་ཡང་མེད་པ་ལ། ད་རེས་སངས་རྒྱས་བྱོན་པའི་བསྐལ་པ་དང་ཐུག་པས་སྟོན་པ་ཁྱད་པར་ཅན་གྱི་འབྱོར་པ། བྱོན་ཀྱང་ཆོས་མ་བསྟན་ན་མི་ཕན་པ་ལས། ཆོས་འཁོར་རིམ་པ་གསུམ་བསྟན་པས་བསྟན་པ་དམ་པའི་ཆོས་ཀྱི་འབྱོར་པ། ཆོས་བསྟན་ཀྱང་བསྟན་པ་ནུབ་ན་མི་ཕན་པ་ལས་ད་ལྟ་བསྟན་པའི་གནས་ཚད་མ་རྫོགས་པས་དུས་ཀྱི་འབྱོར་པ། བསྟན་པ་གནས་ཀྱང་དེ་ལ་མ་ཞུགས་ན་མི་ཕན་པ་ལས། བསྟན་པའི་སྒོར་ཞུགས་པ་རང་གི་སྐལ་བའི་འབྱོར་པ། ཞུགས་སུ་ཟིན་ཀྱང་མཐུན་པའི་རྐྱེན་དགེ་བའི་བཤེས་གཉེན་གྱིས་མ་ཟིན་ན་ཆོས་ཀྱི་དེ་ཉིད་མི་ཤེས་པས་དེས་ཟིན་པ་ལྷག་པའི་ཐུགས་རྗེའི་འབྱོར་པ་སྟེ། ལྔ་

པོ་ནི་གཞན་རྐྱེན་ལ་ལྟོས་ནས་ཚང་དགོས་པས་གཞན་འགྱུར་ལྔ་ཞེས་བྱ། དེ་ཡང་སྲིད་པ་ཆགས་གནས་འཇིག་སྟོང་བཞིའི་ཡུན་ལ་བསྐལ་པ་ཞེས་གྲགས་པ་ལས། རྫོགས་པའི་སངས་རྒྱས་འཇིག་རྟེན་དུ་བྱོན་ན་སྒྲོན་བསྐལ་དང་། སངས་རྒྱས་མ་བྱོན་པའི་བསྐལ་པ་ལ་མུན་བསྐལ་ཞེས་གྲགས་པ་ལས། སྔོན་འདས་པའི་དུས་ན་བསྐལ་པ་ཆེན་པོ་མངོན་པར་དགའ་བ་ལ་སངས་རྒྱས་སུམ་ཁྲི་སུམ་སྟོང་བྱོན། དེའི་འོག་ཏུ་མུན་པའི་བསྐལ་པ་བརྒྱ་བྱུང་། དེ་ནས་བསྐལ་པ་རྫོགས་ལྡན་ཞེས་བྱ་བ་ལ་སངས་རྒྱས་བྱེ་བ་ཕྲག་བརྒྱད་ཅུ་བྱུང་། དེའི་འོག་ཏུ་མཐའ་ཡོབ་ཀྱི་བསྐལ་པ་བརྒྱ་བྱུང་། དེའི་འོག་ཏུ་བསྐལ་པ་བཟང་ལྡན་ཞེས་བྱ་བ་ལ་སངས་རྒྱས་བྱེ་བ་ཕྲག་བརྒྱད་ཅུ་རྩ་བཞི་བྱུང་། དེའི་འོག་ཏུ་མུན་པའི་བསྐལ་པ་ལྔ་བརྒྱ་བྱུང་། དེ་ནས་བསྐལ་པ་མཛོད་ན་དགའ་བ་ལ་སངས་རྒྱས་བྱེ་བ་ཕྲག་བརྒྱད་ཅུ་བྱུང་། དེ་ནས་མུན་བསྐལ་བདུན་བརྒྱ་བྱུང་། དེ་ནས་བསྐལ་པ་དགའ་བ་དང་ལྡན་པ་ལ་སངས་རྒྱས་སྟོང་ཕྲག་དྲུག་ཅུ་བྱུང་། དེའི་རྗེས་ལ་བསྐལ་པ་བཟང་པོ་འདི་ཉིད་བྱུང་བ་ཡིན་ཏེ། བསྐལ་པ་འདི་མ་ཆགས་པའི་སྔོན་རོལ་དུ་སྟོང་གསུམ་ཐམས་ཅད་ཆུའི་རྒྱ་མཚོ་ཆེན་པོ་གཅིག་ཏུ་གྱུར་ཏེ་ཡོད་པ་ལ་མེ་ཏོག་པདྨ་འདབ་མ་སྟོང་ལྡན་སྟོང་སྐྱེས་ནས་འདུག་པ་གཙང་རིས་ཀྱི་ལྷ་རྣམས་ཀྱིས་རྒྱུ་མཚན་ཅི་ཡིན་ཞེས་མངོན་ཤེས་ཀྱིས་བརྟགས་པས་ད་རེས་ཀྱི་བསྐལ་པ་འདི་ལ་སངས་རྒྱས་སྟོང་འབྱོན་པར་དེའི་དོན་གྱིས་ཡིན་པར་ཤེས་ཏེ་ད་རེས་ཀྱི་བསྐལ་པ་འདི་ནི་བསྐལ་པ་བཟང་པོ་ཡིན་ནོ་ཞེས་བསྐལ་པའི་མིང་བཟང་པོ་བཏགས་པ་བཞིན། སྐྱེ་དགུ་རྣམས་ཀྱི་ཚེ་ལོ་བརྒྱད་ཁྲི་ཐུབ་པའི་དུས་སུ་སངས་རྒྱས་འཁོར་བ་འཇིག་བྱོན་པ་ནས་བཟུང་སྟེ་མཐར་སྐྱེ་དགུ་རྣམས་ཀྱི་ཚེ་ལོ་དཔག་མེད་ཐུབ་པའི་དུས་སུ་སངས་རྒྱས་མོས་པ་བྱོན་པའི་བར་དུ་སངས་རྒྱས་སྟོང་འཇིག་རྟེན་གྱི་ཁམས་འདིའི་འཛམ་བུའི་གླིང་གི་ཡུལ་དབུས་རྡོ་རྗེ་གདན་དུ་བྱོན་ཏེ་མངོན་པར་རྫོགས་པ་སངས་རྒྱས་ནས་ཆོས་ཀྱི་འཁོར་ལོ་བསྐོར་བར་འགྱུར་བས་སྒྲོན་མེའི་བསྐལ་པ་

ཡིན། འདིའི་འོག་ཏུ་མཐའ་འཁོབ་ཀྱི་བསྐལ་པ་རིགས་ངན་དྲུག་ཅུ་འབྱུང་། དེའི་འོག་ཏུ་བསྐལ་པ་གྲངས་ལྡན་ལ་སངས་རྒྱས་སྟོང་ཕྲག་བཅུ་འབྱུང་། དེའི་འོག་ཏུ་རིགས་ངན་གྱི་བསྐལ་པ་སྟོང་ཕྲག་བཅུ་འབྱུང་། དེ་དག་ལ་སོགས་མུན་པའི་བསྐལ་པ་དང་སྒྲོན་མེའི་བསྐལ་པ་འདྲེས་མར་འབྱུང་བ་ལས། མུན་པའི་བསྐལ་པ་དང་འཕྲད་ན་དཀོན་མཆོག་གསུམ་གྱི་སྒྲ་ཙམ་ཡང་མེད། དེ་ལས་ཀྱང་གསང་སྔགས་རྡོ་རྗེ་ཐེག་པའི་བསྟན་པ་ནི་རེས་འགའ་ཙམ་ལས་མི་འབྱུང་སྟེ། ཨོ་རྒྱན་ཆེན་པོས་སྔོན་བསྐལ་པ་ཐོག་མ་ལ་བསྐལ་པ་ཀུན་བཀོད་ཅེས་བྱ་བ་འབྱུང་བའི་ཚེ། སངས་རྒྱས་སྟོན་བྱུང་གི་རྒྱལ་པོ་ཞེས་བྱ་བའི་བསྟན་པ་ལ་གསང་སྔགས་རྒྱ་ཆེར་བསྒྲགས་སོ། །ད་ལྟའི་སངས་རྒྱས་ཤཱཀྱ་ཐུབ་པའི་བསྟན་པ་འདི་ལ་གསང་སྔགས་བྱོན་ལ། ད་སྟེ་བསྐལ་པ་བྱེ་བ་འདས་པའི་འོག་ཏུ་བསྐལ་པ་མེ་ཏོག་བཀོད་པ་ཞེས་བྱ་བ་འབྱུང་བའི་ཚེ། སངས་རྒྱས་འཇམ་དཔལ་དབྱངས་ཞེས་བྱ་བ་ད་ལྟའི་ང་དང་ཚུལ་མཐུན་པ་ཞིག་འབྱུང་སྟེ། དེས་གསང་སྔགས་རྒྱ་ཆེར་སྟོན་པར་འགྱུར་རོ། །བསྐལ་པ་དེ་གསུམ་ནི་འགྲོ་བ་རྣམས་སྣོད་དུ་རུང་བའི་ཕྱིར་རོ། །བསྐལ་པ་དེ་གསུམ་མ་ཡིན་པར་དུས་ནམ་ཡང་གསང་སྔགས་མི་འབྱུང་སྟེ་སེམས་ཅན་རྣམས་སྣོད་དུ་མི་རུང་བའི་ཕྱིར་རོ། །ཞེས་གསུངས་པ་ལྟར། ད་རེས་བསྐལ་པ་བཟང་པོ་འདིའི་སྐྱེ་དགུ་རྣམས་ཀྱི་ཚེ་ལོ་བརྒྱ་པའི་དུས་འདིར་རྫོགས་པའི་སངས་རྒྱས་ཤཱཀྱ་ཐུབ་པ་འཇིག་རྟེན་དུ་བྱོན་པས་སྒྲོན་མེའི་བསྐལ་པ་ཡིན་ནོ། །

སངས་རྒྱས་བྱོན་ཀྱང་དེའི་ཆོས་མི་གསུང་བར་སངས་རྒྱས་མཉམ་བཞག་ལ་བཞུགས་པའི་སྐབས་སུ་བབས་ན་སངས་རྒྱས་བྱོན་ཀྱང་བསྟན་པ་དམ་པའི་ཆོས་ཀྱི་སྣང་བ་མེད་པས་སངས་རྒྱས་མ་བྱོན་པ་དང་ཁྱད་མེད་དེ། བདག་ཅག་གི་སྟོན་པས་ཀྱང་རྡོ་རྗེ་གདན་བྱང་ཆུབ་ཀྱི་ཤིང་དྲུང་དུ་མངོན་པར་རྫོགས་པར་སངས་རྒྱས་པའི་ཀོ་འཕང་མངོན་དུ་མཛད་ནས། ཟབ་ཞི་སྤྲོས་བྲལ་འོད་གསལ་

འདུས་མ་བྱས། །བདུད་རྩི་ལྟ་བུའི་ཆོས་ཞིག་བདག་གིས་རྙེད། །སུ་ལ་བསྟན་ཀྱང་གོ་བར་མི་འགྱུར་བས། །མི་སྨྲ་ནགས་འདབས་ཉིད་དུ་གནས་པར་བྱ། །ཞེས་གསུངས་ནས་བདུན་ཕྲག་བདུན་དུ་ཆོས་མ་གསུངས་པར་བཞུགས་པས། ཚངས་པ་དང་བརྒྱ་བྱིན་གྱིས་ཆོས་ཀྱི་འཁོར་ལོ་བསྐོར་བར་གསོལ་བ་བཏབ་པ་ལྟ་བུ་ཡིན་ནོ། །དེར་མ་ཟད་བསྟན་འཛིན་གྱི་སྐྱེས་བུ་རྣམས་ཀྱང་ཡང་དག་པའི་དམ་པའི་ཆོས་ཀྱི་འཆད་ཉན་མ་མཛད་ན་ནི་སེམས་ཅན་ལ་དངོས་སུ་ཕན་ཐོགས་པར་དཀའ་སྟེ། དཔེར་ན་རྒྱ་གར་གྱི་ཇོ་བོ་སྨྲ་ཏི་ཛྙཱ་ན་བོད་དུ་མ་ཉི་ཚེ་བའི་དམྱལ་བར་སྐྱེས་པའི་དོན་ལ་བྱོན་པའི་ལམ་དུ་ལོ་ཙཱ་བ་ཤཱི། སྨྲ་ཏི་ཁམས་སུ་འཁྱམས་ཏེ་སྐད་བཟང་མ་འཕྲོད་པས་ལུག་རྫི་ཡང་མཛད། ཆོས་ཀྱིས་འགྲོ་ཕན་ཆེར་མ་བྱུང་བའི་ངང་ནས་གྲོངས་སོང་བས། ཕྱིས་སུ་ཇོ་བོ་རྗེ་ལྷ་གཅིག་བོད་དུ་བྱོན་སྐབས་དེའི་ཚུལ་གསན་པས། ཨ་ཙམ་ཁྱེད་བོད་བསོད་ནམས་རེ་ཆུང་། ངེད་རྒྱ་གར་ཤར་ནུབ་གཉིས་ན་པཎྜི་ཏ་གཅིག་ལ་ཇོ་བོ་སྨྲ་ཏི་ཛྙཱ་ན་ལས་ལྷག་པ་མེད་གསུངས་ཕྱག་ཐལ་མོ་སྦྱར་ཏེ་སྤྱན་ཆབ་ཕྱུང་བར་འདུག དེས་ན་ད་རེས་སངས་རྒྱས་ཤཱཀྱ་ཐུབ་པས་ཆོས་ཀྱི་འཁོར་ལོ་རིམ་པ་གསུམ་དུ་བསྐོར་ཏེ་གདུལ་བྱའི་སྐལ་བ་དང་འཚམས་པའི་སྐུའི་བཀོད་པ་བསམ་གྱིས་མི་ཁྱབ་པ་བསྟན་ནས་ཐེག་པ་རིམ་པ་དགུའི་ཆོས་ཀྱིས་གདུལ་བྱ་སྨིན་གྲོལ་དུ་མཛད་པ་ཡིན། སངས་རྒྱས་བྱོན་ནས་ཆོས་གསུངས་ཀྱང་བསྟན་པའི་ གནས་ཚད་རྫོགས་ནས་བསྟན་པ་དམ་པའི་ཆོས་ནུབ་ན་མུན་བསྐལ་དང་ཁྱད་མེད་དེ་སངས་རྒྱས་སྟོང་མའི་བསྟན་པ་རྫོགས། ཕྱི་མའི་བསྟན་པ་མ་བྱུང་བའི་བར་དུ་བསྟན་པའི་སྟོང་ཞེས་བྱ་སྟེ། སྐལ་བ་དང་ལྡན་པའི་བསོད་ནམས་ཀྱི་ཞིང་དུ་རང་སངས་རྒྱས་རྣམས་འབྱོན་པ་ལས་ཆོས་འཆད་ཉན་གྱི་ཉམས་སུ་ལེན་པ་མེད་པ་ཡིན་པ་ལ། ད་རེས་སངས་རྒྱས་ཤཱཀྱ་ཐུབ་པའི་བསྟན་པ་འདི་ལ་སྤྱིར་ཀུན་བཟང་ཐུགས་ཀྱི་བསྟན་པའམ་འབྲས་བུའི་བསྟན་པ་ལྔ་བརྒྱ་ཕྲག་གསུམ། སྒྲུབ་པའི་དུས་ལྔ་བརྒྱ་ཕྲག་གསུམ།

ལུང་གི་དུས་ལྔ་བརྒྱ་ཕྲག་གསུམ། རྟགས་ཙམ་འཛིན་པ་ལྔ་བརྒྱ་ཕྲག་གཅིག་སྟེ་ལྔ་བརྒྱ་ཕྲག་བཅུ་ཡོད་པ་ལས། ད་ལྟ་ལྔ་བརྒྱ་ཕྲག་བདུན་པའམ་བརྒྱད་པ་ཙམ་ལ་སླེབ་དུས་དང་། དུས་དང་སེམས་ཅན་དང་། ཚེ་དང་ལྟ་བ་དང་ཉོན་མོངས་པའི་སྙིགས་མ་སྟེ་སྙིགས་མ་ལྔ་བདོ་བའི་དུས་ལ་སླེབས་ཉུང་ལུང་རྟོགས་ཀྱི་བསྟན་པ་དངོས་མ་ནུབ་པར་ཡོད་པས་བསྟན་པ་དམ་པའི་ཆོས་ཀྱི་འཁོར་བ་ཡང་ཚང་། བསྟན་པ་གནས་ཀྱང་རང་ཉིད་བསྟན་པའི་སྒོར་མ་ཞུགས་ན། དཔེར་ན་འཛིག་རྟེན་དུ་ཉི་མ་ཤར་ཀྱང་དམུས་ལོང་ལ་ཕན་གནོད་ཙུང་ཟད་མེད་པའམ། རྒྱ་མཚོའི་འགྲམ་དུ་ཕྱིན་ཀྱང་རང་གི་མ་བཏུང་ན་སྐོམ་པ་མི་སེལ་བ་དང་འདྲ་བར་ལུང་རྟོགས་ཀྱི་བསྟན་པ་རང་རྒྱུད་ལ་མི་ཡོན། ཞུགས་པ་དེ་ཡང་ཚེ་འདིའི་ནད་གདོན་ལ་སོགས་པ་ཞི་བའི་ཆེད་དམ། ཕྱི་མ་ངན་སོང་གི་སྡུག་བསྔལ་ཙམ་ལ་སྐྲག་ནས་བསྟན་པ་ལ་ཞུགས་ཀྱང་འཇིགས་སྐྱོབ་ཀྱི་ཆོས་ཞེས་བྱ་སྟེ་ལམ་ཞུགས་དངོས་སུ་མི་ཉུང་། ཡང་ཚེ་འདིའི་ལྟོ་གོས་ལ་སོགས་པའི་ཕྱིར་རམ་ཕྱི་མ་ལྷ་མིའི་བདེ་འབྲས་ཙམ་དོན་དུ་གཉེར་བས་བསྟན་པ་ལ་ཞུགས་ཀྱང་ལེགས་སྨོན་གྱི་ཆོས་ཞེས་བྱ་སྟེ། འཁོར་བ་མཐའ་དག་ལ་སྙིང་པོ་མེད་པར་ཤེས་ནས་ཐར་པའི་ལམ་དོན་དུ་གཉེར་བས་ཆོས་སྒོར་ཞུགས་ན་ནི་ལམ་གྱི་སྐེ་ཐེན་བསྟན་པའི་སྒོར་ཞུགས་པ་ཞེས་བྱ། བསྟན་པ་ལ་ཞུགས་ཀྱང་དགེ་བའི་བཤེས་གཉེན་གྱིས་མ་ཟིན་ན་མི་ཕན་ཏེ། སྡུད་པ་ལས། སངས་རྒྱས་ཆོས་རྣམས་དགེ་བའི་བཤེས་ལ་བསྟེན་ཏོ་ཞེས། །ཡོན་ཏན་ཀུན་གྱི་མཆོག་མངའ་རྒྱལ་བས་དེ་སྐད་གསུངས། །ཞེས་པ་ལྟར་བཀའ་རྒྱ་ཆེ། ལུང་གྲངས་མང་། ཤེས་བྱའི་མཐའ་ལ་ཟད་དུས་མེད་པས་བླ་མའི་མན་ངག་ལ་མ་བསྟེན་པར་ཆོས་ཐམས་ཅད་ཀྱི་གནད་བསྡུས་ནས་ཉམས་སུ་ལེན་མི་ཤེས་ཏེ། སྟོན་ཛོ་བོ་བོད་དུ་བྱོན་དུས་ཁུ་རྔོག་འབྲོམ་གསུམ་གྱིས། རྗེན་གྱི་གང་ཟག་གཅིག་ཐར་པ་དང་ཐམས་ཅད་མཁྱེན་པའི་གོ་འཕང་ཐོབ་པར་བྱེད་པ་ལ་བཀའ་བསྟན་བཅོས་ཀྱི་གཞུང་དང་། བླ་མའི་གདམས་ངག་གཉིས་གང་

གཙོ་ཆེ་ཞུས་པས་ དེ་བླ་མའི་གདམས་ངག་གཙོ་ཆེ་གསུངས། དེ་ཅི་ལགས་ཞུས་པས་སྡེ་སྣོད་གསུམ་ཁ་ཏོན་དུ་འཆད་ཤེས་ཤིང་ ཆོས་ཐམས་ཅད་ཀྱི་མཚན་ཉིད་ལ་མཁས་ཀྱང་ཉམས་སུ་ལེན་པའི་དུས་སུ་བླ་མའི་གདམས་ངག་གི་ལག་ལེན་མེད་ན་ཆོས་དང་གང་ཟག་ཡ་བྲལ་དུ་འགྲོ་གསུངས། ཡང་བླ་མའི་གདམས་ངག་གི་ལག་ལེན་ཕུབ་ཀྱིས་དྲིལ་ན་སྡོམ་པ་གསུམ་ལ་གནས་པར་བྱ་བ་དང་སྒོ་གསུམ་དགེ་བ་ལ་འབད་པར་འདུས་པར་གདའ་ཡེ་ཞུས་པས། ཇོ་བོའི་ཞལ་ནས། དེས་ཆུང་མི་ཕན་གསུངས། འོ་ན་ཇི་ལྟར་ལགས་ཞུས་པས། སྡོམ་པ་གསུམ་ལ་གནས་ཤིང་དག་ཀྱང་ཁམས་གསུམ་འཁོར་བ་ལས་ཡིད་མ་བྱུང་ན་སླར་འཁོར་བའི་རྒྱུ་བྱེད། ཉིན་མཚན་དུ་སྒོ་གསུམ་དགེ་བ་ལ་འབད་ཀྱང་རྫོགས་པའི་བྱང་ཆུབ་ཏུ་བསྔོ་མ་ཤེས་ན་ཕྱིན་ཅི་ལོག་གི་རྟོག་པ་འགའ་ཞིག་གིས་འཛད། མཁས་བཙུན་སྟོན་སྒོམ་དུ་ཡོད་ཀྱང་འཇིག་རྟེན་ཆོས་བརྒྱད་ལ་བློ་མ་ལོག་ན་ཅི་བྱས་ཚེ་འདིའི་འདུན་མར་སོང་ནས་ཕྱི་མའི་ལམ་མི་ཐེད་ ཅེས་གསུངས་པས་བླ་མ་དགེ་བའི་བཤེས་གཉེན་གྱིས་ཟིན་པ་ནི་དེ་ལྟར་གལ་ཆེ་བ་ཡིན་ནོ། དེ་ལྟར་དལ་བ་བརྒྱད་འབྱོར་པ་བཅུ་དང་བཅོ་བརྒྱད་པོ་དེ་རང་རྒྱུད་ལ་བརྟགས་པས་ལེགས་པར་ཚང་ན། དལ་འབྱོར་བཅོ་བརྒྱད་དང་ལྡན་པའི་མི་ལུས་ཞེས་བྱ་བ་དེ་ ཡིན་ཀྱང་། ད་དུང་ཡང་ཀུན་མཁྱེན་ཆོས་ཀྱི་རྒྱལ་པོས་ཡིད་བཞིན་རིན་པོ་ཆེའི་མཛོད་དུ་གསུངས་པ་བཞིན། འཕྲལ་བྱུང་རྐྱེན་གྱི་མི་ཁོམས་པ་བརྒྱད་དང་། རིས་ཆད་བློ་ཡི་མི་ཁོམས་པ་བརྒྱད་པོ་འདི་དག་གི་དབང་དུ་མ་གྱུར་པའང་གཅེས་ཏེ། ཇི་སྐད་དུ། ཡིད་བཞིན་མཛོད་ལས། དུག་ལྔ་འཁྲུགས་དང་བླུན་རྗོངས་བདུད་ཀྱི་ཟིན། །ལེ་ལོ་ཅན་དང་ལས་ངན་མཚོ་ཆེན་རྫོལ། །གཞན་དབང་འཇིགས་སྐྱོབ་ཆོས་ལྟར་བཅོས་པ་སྟེ། །འཕྲལ་བྱུང་རྐྱེན་གྱི་མི་ཁོམས་རྣམ་པ་བརྒྱད། །ཅེས་དང་། འཆིང་བ་དམ་ལྡན་ཀུན་སྤྱོད་ཤིན་ཏུ་ངན། །འཁོར་བར་མི་སྐྱོ་དད་པ་ཅུང་ཟད་མེད། །མི་དགེ་སྡིག་སྤྱོད་ཆོས་ལ་སེམས་པ་བྲལ། སྡོམ་དང་དམ་ཚིག་འཆལ་པ་ཞེས་བྱ་བ། །རིས་

ཚད་བློ་ཡི་མི་ཁོམས་རྣམ་པ་བརྒྱད། །ཅེས་གསུངས་པ་བཞིན་དང་པོ་འཕྲལ་བྱུང་རྐྱེན་གྱི་མི་ཁོམས་པ་བརྒྱད་ནི། དགྲ་ལ་ཞེ་སྡང་དང་གཉེན་ལ་ཆགས་སེམས་ལ་སོགས་པ་དུག་ལྔའི་ཉོན་མོངས་པ་ཤིན་ཏུ་རགས་པའི་རིགས་ཅན་རྣམས་ནི། ཆོས་ཡང་དག་པ་ཞིག་སྒྲུབ་འདོད་ཀྱི་བློ་རེས་འགའ་ཙམ་སྐྱེས་ཀྱང་། རང་རྒྱུད་ཀྱི་དུག་ལྔ་དབང་ཆེ་བས་ཕལ་ཆེར་དེའི་དབང་དུ་སོང་སྟེ་ཆོས་ཡང་དག་པ་མི་འགྲུབ། ཤིན་ཏུ་བླུན་པའི་རིགས་ཅན་ཤེས་རབ་ཀྱི་སྣང་བ་ཙུང་ཟད་ཀྱང་མེད་པ་དེ་ནི་ཆོས་སྒོར་ཞུགས་ཀྱང་ཆོས་ཀྱི་ཚིག་དོན་ཕྲན་བུ་ཡང་ཤེས་མི་ནུས་ཏེ་ཐོས་བསམ་སྒོམ་གསུམ་བྱེད་པའི་སྐལ་བ་མེད། ལྟ་སྤྱོད་ཕྱིན་ཅི་ལོག་ཏུ་སྟོན་པའི་བདུད་ཀྱི་བཤེས་གཉེན་གྱིས་ཟིན་ན་རང་བློ་ལོག་ལམ་དུ་བསྒྱུར་བས་ཡང་དག་པའི་ཆོས་དང་རྒྱབ་འགལ། ཆོས་ལ་སློབ་པར་འདོད་ཀྱང་བརྩོན་འགྲུས་ཙུང་ཟད་ཀྱང་མེད་པའི་ལེ་ལོ་ཅན་ནི་ལེ་ལོ་དང་ཕྱི་བཤོལ་གྱི་དབང་དུ་སོང་སྟེ་ཆོས་མི་འགྲུབ། ཆོས་ལ་བརྩོན་འགྲུས་བྱས་ཀྱང་རང་རྒྱུད་ལ་ཡོན་ཏན་མི་སྐྱེ་བའི་སྡིག་སྒྲིབ་ཅན་ལས་ངན་གྱི་མཚོ་ཆེན་རྫོལ་བ་ནི་རང་བྱས་ཀྱི་ལས་འབྲས་མི་ཤེས་པར་ཆོས་ལ་ཡི་ཚད་སྐྱེ། རང་ལ་རང་དབང་མེད་པར་གཞན་གྱི་ བྲན་དུ་བཀོལ་བ་རྣམས་ནི་ཆོས་བྱེད་འདོད་ཡོད་ཀྱང་གཞན་དབང་དུ་སོང་ནས་བསྒྲུབ་ཏུ་མི་སྟེར། ཚེ་འདིའི་ལྟོ་གོས་སམ་གནོད་པ་གཞན་གྱིས་འཇིགས་ནས་དེའི་ཆེད་དུ་ཆོས་ལ་ཞུགས་ཀྱང་ཞེ་ཐག་པ་ནས་ཆོས་ལ་ངེས་ཤེས་མེད་པས་སྔོན་གྱི་བག་ཆགས་ཉིང་པས་ཆོས་མ་ཡིན་པ་ལ་སྤྱོད། ཆོས་སུ་བཅོས་ནས་ཡོ་བྱད་དང་བསྙེན་བཀུར་དང་། སྙན་གྲགས་སྒྲུབ་པའི་ཆོས་ཀྱི་གཟུགས་བརྙན་པ་རྣམས་ནི་གཞན་སྣང་དུ་ཆོས་པ་ལྟར་བཅོས་ཀྱང་རང་བློར་ཚེ་འདི་ཁོ་ན་དོན་དུ་གཉེར་བས་ཐར་པའི་ལམ་དང་བྲལ་བ་དང་བརྒྱད་པོ་དེ་ཡང་ཆོས་སྒྲུབ་པའི་གནས་སུ་མི་ཁོམས་པ་ཡིན་ནོ། །

རིས་ཆད་བློའི་མི་ཁོམས་པ་བརྒྱད་ནི། ཚེ་འདིའི་ནོར་རྫས་ལོངས་སྤྱོད་བུ་ནོར་གཉེན་འདུན་ལ་སོགས་པའི་འཆིང་བ་དམ་པོས་བཅིངས་པས་དེ་དག་གི་

དོན་དུ་འབད་པའི་རྩོལ་སྒྲུབ་ཀྱིས་གཡེངས་པས་ཆོས་བྱེད་ལོང་མེད། རང་རྒྱུད་ངན་པས་མི་གཞི་ཧྲིལ་འབྲུ་ཙམ་མེད་ཅིང་ཀུན་སྤྱོད་ལ་ཡར་སྐྱིད་འདོན་དུ་མེད་ན་སྟོན་གྱི་དམ་པ་དག་གི་གསུང་ལས། སློབ་མའི་ཡོན་ཏན་འཚོས་ཤེས་ཀྱང་། མི་གཞི་འཚོས་མི་ཤེས་གསུངས་པ་ལྟར་ཡང་དག་པའི་བཤེས་གཉེན་དང་འཕྲད་ཀྱང་དམ་པའི་ལམ་དུ་བསྒྱུར་དཀའ། ངན་སོང་དང་འཁོར་བའི་ཉེས་པ་བཤད་དམ་ཚེ་འདིའི་སྡུག་བསྔལ་ཇི་ལྟ་བུ་ལའང་སྐྲག་པའི་བློ་གཏན་ནས་མི་སྐྱེ་ན་ཆོས་ལ་འཇུག་པའི་རྒྱུ་ངེས་འབྱུང་གི་བློ་རྩ་བ་ནས་མི་སྐྱེ། ཡང་དག་པའི་ཆོས་དང་བླ་མ་ལ་དད་པ་ཅུང་ཟད་ཀྱང་མེད་ན་བསྟན་པའི་འཇུག་སྒོ་འགགས་ཏེ་ཐར་པའི་ལམ་དུ་མི་ཚུད། མི་དགེ་སྡིག་སྤྱོད་ལ་དགའ་བས་སྒོ་གསུམ་ཉེ་བར་མ་ཞི་བ་ནི་དམ་པའི་ཡོན་ཏན་དང་བྲལ་ཏེ་ཆོས་ལས་ཕྱིར་ཕྱོགས། ཡོན་ཏན་དགེ་བ་དང་དམ་ཆོས་ཀྱི་སྣང་བ་མེད་པ་ཁྲིའི་མདུན་དུ་རྫ་བཞག་པ་ལྟར་གྱུར་ན་ཆོས་ལ་སྦྱོ་བ་མེད་པས་རང་རྒྱུད་ལ་ཡོད་ཏན་མི་སྐྱེ། ཐུན་མོང་གི་ཐེག་པ་ལ་ཞུགས་ནས་སེམས་བསྐྱེད་དང་སྡོམ་པ་རལ་ན་ངན་སོང་ལས་འགྲོ་ས་མེད་པས་མི་ཁོམས་པའི་གནས་ལས་མི་ཐར། གསང་སྔགས་ཀྱི་ཐེག་པ་ལ་ཞུགས་ནས་བླ་མ་དང་མཆེད་གྲོགས་ལ་དམ་ཚིག་ཉམས་ན་རང་གཞན་ཞུང་ལ་སྨྱོར་བས་དངོས་གྲུབ་ཀྱི་སྐལ་བ་ཆད་པ་སྟེ་བརྒྱད་པོ་འདི་ནི་དམ་པའི་ཆོས་ལས་རིང་ཞིང་ཐར་པའི་སྐྲོན་མེ་ནུབ་པ་ཞེས་བྱའོ། །

དེ་ལྟ་བུའི་མི་ཁོམས་པའི་གནས་བཅུ་དྲུག་པོ་འདི་ལ་ལེགས་པར་མ་བརྟགས་ན་དེང་སང་སླེགས་མའི་དུས་འདིར་དལ་འབྱོར་ཚང་བ་དང་། ཆོས་བྱེད་པའི་གཟུགས་བརྙན་དུ་ཡོད་ཀྱང་། ཁྲི་ཐོག་གི་དཔོན་པོ། གདུགས་ཞབས་ཀྱི་བླ་མ། རི་ཁྲོད་ཀྱི་ཆོས་པ། རྒྱལ་ཁམས་ཀྱི་བྱ་བཏང་བཟང་པོར་རློམ་པ་ཐམས་ཅད་ཀྱང་མི་ཁོམས་པའི་རྒྱུ་འདི་དག་གི་དབང་དུ་སོང་ནས་ཆོས་བྱེད་ལོ་བྱས་ཀྱང་ཡང་དག་པའི་ལམ་དུ་མི་འགྲོ་བ་དེ་བྱུང་བ་ཡིན་པས། ཅབ་ཅོབ་ཏུ་ཆོས་

ཀྱི་གཟུགས་བརྙན་ལ་འཇུག་སྟེ་ཅིག་ཅར་དུ་འབྱུང་། ཅེས་དང་། ཐེག་པ་ལས་དང་པོ་རང་རྒྱུད་ལ་ལེགས་པར་བརྟགས་ཏེ་དལ་འབྱོར་གྱི་རང་བཞིན་ཉི་ཤུ་རྩ་བཞི་པོ་འདི་དག་ཚང་ངམ་མི་ཚང་ལེགས་པར་བརྟགས། ཚང་བར་འདུག་ན་དགའ་བ་བསྒོམ་ཞིང་ད་རེས་འདི་ལྟ་བུའི་རྙེད་པར་དཀའ་བའི་དལ་འབྱོར་རྙེད་པ་འདི་ཆུད་ཟོས་སུ་མ་སོང་བར་ཡང་དག་པའི་ཆོས་ཤིག་ཅིས་ཀྱང་བསྒྲུབ་དགོས་སྙམ་དུ་ཞེ་ཐག་པ་ནས་ཡང་ཡང་བསམ། མི་ཚང་བར་འདུག་ན་ཐབས་སྣ་ཚོགས་ཀྱི་སྒོ་ནས་ཚང་བའི་ཐབས་ལ་ཅི་ནས་ཀྱང་འབད། དུས་དང་རྣམ་པ་ཐམས་ཅད་དུ་རང་རྒྱུད་ལ་དལ་འབྱོར་གྱི་ཡོན་ཏན་འདི་དག་ཚང་མི་ཚང་བརྟགས་པ་ལ་བརྩིམས་ཏེ་འབད་དགོས། དེ་ལྟར་མ་བརྟགས་ན་དལ་འབྱོར་གྱི་ཡོན་ཏན་འདི་དག་ལས་གལ་ཏེ་གཅིག་ཙམ་ཞིག་མ་ཚང་ཡང་ཆོས་རྣལ་མ་སྒྲུབ་པའི་སྐལ་བ་མེད་པ་ཡིན་ཏེ། ཐ་ན་འཛིག་རྟེན་པའི་འཕྲུལ་གྱི་དགོས་པ་ཕྲན་ཚེགས་རེ་སྒྲུབ་པ་ལའང་རྒྱུ་རྐྱེན་རྟེན་འབྲེལ་མང་པོ་ཚོགས་དགོས་ན། ཕུགས་ཀྱི་འདུན་མ་དམ་པའི་ཆོས་བསྒྲུབ་པ་ལ་རྒྱུ་རྐྱེན་རྟེན་འབྲེལ་མང་པོ་ཚོགས་ཅིའི་ཕྱིར་མི་དགོས། དེ་ཡང་དཔེར་ན་ལམ་འགྲུལ་ཞིག་གི་ཚ་ཇ་གཅིག་བསྐོལ་བ་ལའང་། བསྐོལ་རྒྱུའི་ཇ་དེའི་སྣོད་ཆུ་ཤིང་མེ་ལ་སོགས་པ་མང་པོ་འཛོམས་དགོས་ཤིང་། དེའི་ནང་ནས་མེ་གཅིག་པུ་དེ་ཡང་། མེ་ཆ་མེ་རྡོ་སྤྲ་བ་ལག་པ་ལ་སོགས་པའི་རྒྱུ་རྐྱེན་མང་པོ་མ་འཛོམས་པར་མི་འབྱུང་། དེ་དག་ཐམས་ཅད་ལས་སྤྲ་བ་ལྟ་བུ་གཅིག་མ་འཛོམ་ན་གཞན་ཐམས་ཅད་འཛོམས་ཀྱང་ཕན་པ་ཅུང་ཟད་མེད་པ་ཇ་བསྐོལ་རྒྱུ་རྩ་བ་ནས་བསྒྱུར་དགོས་པ་དང་འདྲ་བར་དལ་འབྱོར་གྱི་ཡོན་ཏན་འདི་དག་ལས་གལ་ཏེ་གཅིག་ཙམ་མ་ཚང་ཡང་ཆོས་རྣལ་མ་སྒྲུབ་པའི་སྐལ་བ་རྩ་བ་ནས་མེད། དེས་ན་རང་རྒྱུད་ལ་ལེགས་པར་བརྟགས་ན་དལ་འབྱོར་བཅོ་བརྒྱད་ཙམ་ཡང་ཚང་བ་ངེས་པར་དཀའ་སྟེ། དལ་བ་ལས་ཀྱང་འབྱོར་པ་བཅུ་ཚང་བ་དཀོན། དེ་ཡང་མིར་གྱུར་དབང་པོ་ཚང་ཡུལ་དབུས་སུ་སྐྱེས་པ་ཙམ་ཡོད་སྲིད་ཀྱང་། ལས་ཀྱི་མཐའ་ལོག་ལམ་ལ་ཞུགས་ཤིང་

རྒྱལ་བའི་བསྟན་པ་ལ་མ་དད་ན་གསུམ་ལས་མེད། དེ་གཉིས་གང་རུང་གཅིག་མ་ཚང་ན་བཞི་ལས་མེད། དེ་ལས་ཀྱང་ལས་ཀྱི་མཐའ་མ་ལོག་པ་འདི་ཤིན་ཏུ་དཀའ་སྟེ། སྒོ་གསུམ་མི་དགེ་བའི་ལས་ལ་སྤྱོད་ཅིང་ཅི་བྱེད་ཚེ་འདིའི་འདུན་མར་སོང་ན་ཚེ་འདིར་བཟང་པོ་དང་མཁས་པ་སོགས་སུ་གྲགས་ཀྱང་དོན་དུ་ལས་མཐའ་ལོག་པ་ཡིན། གཞན་འཁོར་ལྔ་ལས་ཀྱང་། སྟོན་པ་བྱོན་ཆོས་གསུངས། བསྟན་པ་གནས་སུ་ཟིན་ཀྱང་། རང་བསྟན་པའི་སྒོར་མ་ཞུགས་ན་གསུམ་ལས་མེད། བསྟན་པའི་སྒོར་ཞུགས་པ་དེ་ཡང་ཆོས་ཞུས་ལོ་དང་ཐོབ་ལོ་ཙམ་གྱིས་བསྟན་པའི་སྒོར་ཞུགས་པར་མི་འགྲོ། ཐར་པའི་ལམ་སྣེ་ཟིན་པ་ལ་འཁོར་བ་མཐའ་དག་ལ་སྙིང་པོ་མེད་པར་ཤེས་པའི་ངེས་འབྱུང་གི་བློ་བཅོས་མ་མ་ཡིན་པ་ཞིག་དང་། ཐེག་ཆེན་གྱི་ལམ་དུ་འགྲོ་བ་ལ་བཅོས་མ་མ་ཡིན་པའི་བྱང་སེམས་རྒྱུད་ལ་སྐྱེས་པ་ཞིག་དགོས། ཐ་ནའང་དཀོན་མཆོག་རིན་པོ་ཆེ་རྣམ་པ་གསུམ་ལ་ཡིད་ཆེས་པའི་དད་པ་སྲོག་ལ་བབས་ཀྱང་མི་ལྡོག་པ་ཞིག་མེད་ན་ཁ་ཧོན་བྱེད་ལོ་དང་སེར་གོས་གྱོན་པ་ཙམ་བསྟན་པའི་སྒོར་ཞུགས་ཡིན་པའི་ངེས་པ་མེད། དེས་ན་དལ་འབྱོར་གྱི་རང་བཞིན་འདི་དག་ཇི་བཞིན་པ་མ་ནོར་བར་ཤེས་ནས་བརྟག་དཔྱད་བྱེད་པ་གལ་ཆེ་བ་ཡིན་ནོ། །

(3) རྙེད་དཀའི་དཔེ་ལ་བསམ་པ།

གསུམ་པ་རྙེད་དཀའི་དཔེ་ལ་བསམ་པ་ནི། ཐབས་ཆེན་པོས་རྣམ་པར་དཀྲུགས་པའི་རྒྱ་མཚོའི་སྟེང་གི་གཉའ་ཤིང་གི་བུ་ག་དང་། ཞབས་ཀྱི་རུས་སྦལ་གྱི་མགྲིན་པ་འཕྲད་པ་ལས་ཀྱང་མི་ལུས་ཐོབ་དཀའ་བར་བཅོམ་ལྡན་འདས་ཀྱིས་གསུངས་ཏེ། དེ་ཡང་སྟོང་གསུམ་འདི་རྒྱ་མཚོ་ཆེན་པོ་གཅིག་ཏུ་གྱུར་པ་དེའི་ཁར་རྐྱོས་སྣང་གི་ར་སྦྲིལ་བའི་ཤིང་ལ་གཉའ་ཤིང་དུ་གྲགས་པ་དེ་ལྟ་བུ་བུ་ག་གཅིག་པ་ཞིག་ཤར་གྱི་རླབས་ཀྱིས་ནུབ་དང་། ནུབ་ཀྱི་རླབས་ཀྱིས་ཤར་དུ་དེད་

པ་སོགས་སྐད་ཅིག་ཀྱང་མི་སྡོད་པར་འགྲོ་བ་ཞིག་ཡོད་ལ། མཚོ་དེའི་གཏིང་ན་རུས་སྦལ་ལོང་བ་ལོ་བརྒྱ་རེ་ན་མཚོ་ཁར་ལན་རེ་འོང་བ་ཞིག་ཡོད་པ་དེ་གཉིས་འཕྲད་པ་ནི་ཤིན་ཏུ་དཀའ་སྟེ། གཉའ་ཤིང་སེམས་མེད་ལ་རུས་སྦལ་ཚོལ་བའི་བློ་མེད། རུས་སྦལ་ལོང་བ་ལ་གཉའ་ཤིང་བལྟ་བའི་མིག་མེད། གཉའ་ཤིང་དེ་ཡང་ཕྱོགས་གཅིག་ཏུ་སྡོད་ན་འཕྲད་སྲིད་པ་ལས། དུས་རྒྱུན་པར་སྐད་ཅིག་ཀྱང་མི་སྡོད། རུས་སྦལ་དེ་ཡང་རྟག་ཏུ་མཚོ་ཁར་ཞུགས་ནས་འགྲོ་ན་འཕྲད་སྲིད་པ་ལས། ལོ་བརྒྱ་རེ་ན་མཚོ་ཁར་ལན་རེ་ལས་མི་འབྱུང་བས་དེ་གཉིས་འཕྲད་པ་ཤིན་ཏུ་དཀའ་ཡང་། སྐྱེས་དབང་གིས་གཉའ་ཤིང་གི་བུ་གར་རུས་སྦལ་གྱི་མགྲིན་པ་ཆུད་པ་ཡང་སྲིད་མོད་ཀྱི། དལ་འབྱོར་གྱི་མི་ལུས་རྙེད་པ་ནི་དེ་ལས་ཀྱང་དཀའ་བར་མདོ་ལས་གསུངས་པའི་དོན་མགོན་པོ་ཀླུ་སྒྲུབ་ཀྱིས། རྒྱ་མཚོ་ཆེར་གཡེངས་གཉའ་ཤིང་བུ་ག་དང་། །རུས་སྦལ་འཕྲད་པ་བས་ཀྱང་དུད་འགྲོ་ལས། །མི་ཉིད་ཆེས་ཐོབ་དཀའ་བས་མི་དབང་གིས། །དམ་ཆོས་སྤྱོད་པས་དེ་འབྲས་མཆིས་པར་མཛོད། །ཅེས་རྒྱལ་པོ་བདེ་སྤྱོད་ལ་གདམས་པ་དང་། ཞི་བ་ལྷས་ཀྱང་། རྒྱ་མཚོ་ཆེར་གཡེངས་གཉའ་ཤིང་གི། །བུ་གར་རུས་སྦལ་མགྲིན་ཆུད་ལྟར། །མི་ཉིད་ཤིན་ཏུ་རྙེད་དཀའ་གསུངས། །ཞེས་པ་ལྟར་དང་། གཞན་ཡང་གྱང་ལོགས་ཀྱི་ཞལ་བ་འཇམ་པོ་ལ་སྲན་མ་གཏོར་བ་ཆགས་དཀའ་བའི་དཔེ་དང་། ཁབ་རྩེ་གྱེན་དུ་བསྟན་པ་ལ་སྲན་མ་སྤུངས་ཀྱང་རེ་རེ་ཙམ་ཡང་ཆགས་དཀའ་བའི་དཔེ། མྱང་འདས་ལས་གསུངས་པ་སོགས་ཀྱིས་མཚོན་ནས་ཤེས་པར་བྱའོ། །

(4) གྲངས་ཀྱི་ཁྱད་པར་བསམ་པ།

བཞི་པ་གྲངས་ཀྱི་ཁྱད་པར་བསམ་པ་ནི། སེམས་ཅན་གྱི་གྲངས་དང་རིམ་པ་ལ་ལྟོས་ན་མི་ལུས་ཐོབ་པ་ནི་སྲིད་པ་ཙམ་སྟེ། འདི་ལྟར་དམྱལ་བ་ནི་མཚན་མོའི་སྐར་མ་ཙམ་ལ། ཡི་དྭགས་ནི་ཉིན་མོའི་སྐར་མ་ཙམ། ཡི་དྭགས་ནི་མཚན་མོའི་

སྐར་མ་ཙམ་ལ་དུད་འགྲོ་ཉིན་མོའི་སྐར་མ་ཙམ། དུད་འགྲོ་མཚན་མོའི་སྐར་མ་ཙམ་ལ་བདེ་འགྲོ་ཉིན་མོའི་སྐར་མ་ཙམ་ལས་མེད་པར་གསུངས་པ་དང་། གཞན་ཡང་དམྱལ་བ་ནི་ས་ཆེན་པོའི་རྡུལ་ཙམ། ཡི་དྭགས་ནི་གནྜའི་སྨྱུང་གི་བྱེ་མ་ཙམ། དུད་འགྲོ་ནི་ཆང་འབག་གི་སྦང་མ་ཙམ། ལྷ་མ་ཡིན་ནི་ཁ་བ་བུ་ཡུག་འཚུབས་པ་ཙམ། ལྷ་དང་མི་ནི་སེན་མོའི་སྟེང་གི་རྡུལ་ཙམ་ལས་མེད་པར་གསུངས་པས། སྤྱིར་མཐོ་རིས་ཀྱི་ལུས་རྟེན་དཀོན་ཞིང་། དེ་ལས་ཀྱང་དལ་འབྱོར་གྱི་མི་ལུས་དཀོན་པ་ཡིན་ཞིང་། ད་ལྟ་རང་རེས་བརྟགས་ཀྱང་དབུར་ཀའི་དུས་ན་ས་གཞི་མཐུ་བ་ཙམ་ལ་སྲོག་ཆགས་གནས་པ་དང་། གྲོག་ཚང་གཅིག་གི་གྲོག་མ་ཙམ་འཛམ་གླིང་གི་མི་ལ་མེད་པ་ལྟ་བུའི་མི་དང་དུད་འགྲོའི་མང་ཉུང་མཐོང་ཆོས་སུ་གྱུར་ཅིང་། མི་ལའང་བསྟན་པའི་སྣང་བ་མེད་པའི་མཐའ་འཁོབ་ཀྱི་འགྲོ་བའི་གྲངས་ལ་བརྟགས་ན་དམ་པའི་ཆོས་དར་སར་སྐྱེས་པའི་མི་ནི་ཤིན་ཏུ་དཀོན་ཞིང་། དེ་ལས་ཀྱང་དལ་འབྱོར་དང་ལྡན་པའི་མི་ལུས་ནི་རེ་རེ་ཙམ་ལས་མེད་པ་སོགས་ལ་བསམས་ནས་རང་གིས་དལ་འབྱོར་ཡང་དག་པ་རྙེད་པ་ལ་དགའ་བ་བསྒོམ་མོ། །དེ་ལྟར་དལ་འབྱོར་གྱི་ཡོན་ཏན་ཐམས་ཅད་ལེགས་པར་ཚང་ན་ནི་མི་ལུས་རིན་པོ་ཆེ་ཞེས་འབོད་དུ་རུང་བ་དེ་ཉི་མ་དེ་རིང་ནས་མངོན་དུ་གྱུར་པ་ཡིན་ལ། དེ་དག་མ་ཚང་ན་འཇིག་རྟེན་གྱི་ཕྱོགས་ལ་རྣམ་རིག་སྐྱུང་གྲུང་དུ་འཛོམ་ཡང་མི་ལུས་རིན་པོ་ཆེ་ནི་མ་ཡིན་ཏེ། མི་ལུས་ཕལ་པའམ། ཙམ་པོ་བ་ཞེས་བྱ། བྱུར་པོ་ཆེ་ཞེས་བྱ། སྙིང་མེད་པོ་ཞེས་བྱ། སྟོང་ལོག་མཁན་ཞེས་བྱ་སྟེ། ཡིད་བཞིན་གྱི་ནོར་བུ་ལག་ཏུ་ལོན་པ་ཆུད་ཟོས་སུ་བྱེད་པའམ་རིན་པོ་ཆེ་གསེར་གྱི་གླིང་ནས་སྟོང་ལོག་བྱེད་པ་ལྟ་བུ་སྟེ། ཇི་སྐད་དུ། མི་ལུས་རིན་ཆེན་རྙེད་པ་འདི། །ནོར་བུ་རྙེད་པའི་དོ་མ་ཡིན། །སྐྱོ་ཤས་མེད་པའི་མི་རྣམས་ཀྱིས། །སྟོང་ཟད་བྱས་པ་མཐོང་ལགས་སམ། །བླ་མ་དམ་པ་མཇལ་བ་འདི། །རྒྱལ་སྲིད་ཐོབ་པའི་དོ་མ་ཡིན། །མོས་གུས་མེད་པའི་མི་རྣམས་ཀྱིས། །མཉམ་འགྲོགས་བྱས་པ་མཐོང་ལགས་སམ། །སེམས་

བསྐྱེད་སྒོམ་པ་ཞུས་པ་འདི། །སྡེ་དཔོན་ཐོབ་པའི་དོ་མ་ཡིན། །སྙིང་རྗེ་མེད་པའི་མི་རྣམས་ཀྱིས། །ཁུར་རྫོར་འཕངས་པ་མཐོང་ལགས་སམ། །རྒྱུད་སྡེའི་དབང་བསྐུར་ཐོབ་པ་འདི། །འཁོར་ལོས་སྒྱུར་བའི་དོ་མ་ཡིན། །དམ་ཚིག་མེད་པའི་མི་རྣམས་ཀྱིས། །ཆུ་ལ་བསྐུར་བ་མཐོང་ལགས་སམ། །སེམས་ཉིད་རང་ངོ་མཐོང་བ་འདི། །སངས་རྒྱས་མཐོང་བའི་དོ་མ་ཡིན། །སྙིང་རུས་མེད་པའི་མི་རྣམས་ཀྱིས། །འབྲུལ་དུ་བཙུག་པ་མཐོང་ལགས་སམ། །ཞེས་གསུངས། དེ་ལྟ་བུའི་དལ་འབྱོར་དེ་ཡང་སྟེས་དབང་དང་། སྟབས་ལེགས་ལྟ་བུས་ཐོབ་པ་མ་ཡིན། བསྐལ་པ་མང་པོར་ཚོགས་གཉིས་བསགས་པའི་འབྲས་བུ་ཡིན་ཏེ། པཎ་ཆེན་གྲགས་པ་རྒྱལ་མཚན་གྱིས། དལ་འབྱོར་མི་ལུས་རྙེད་པ་འདི། །ཕོ་སྙོ་མཐོ་བས་མ་ལགས་ཏེ། །བསོད་ནམས་བསགས་པའི་འབྲས་བུ་ཡིན། ། ཞེས་གསུངས། མི་ལུས་ཙམ་ཐོབ་ཀྱང་ཆོས་ཀྱི་སྣང་བ་མེད་པར་མི་དགེ་འབའ་ཞིག་ལ་སྤྱོད་པ་ནི། ངན་སོང་ལས་ཀྱང་ཐ་ཆད་དེ། རྗེ་མི་ལས། ཁྱི་ར་མགོན་པོ་རྗེ་རྗེ་ལ། སྤྱིར་དལ་འབྱོར་མི་ལུས་དཀོན་གསུངས་ཏེ། །ཁྱོད་འདྲ་བ་མཐོང་ན་དཀོན་རྒྱུ་མེད། །ཅེས་གསུངས་པ་ལྟར་ངན་སོང་གི་གཏིང་རྫོ་བྱེད་པ་ལ་མི་ལས་ཐུ་བ་མེད་དེ། ད་རེས་གང་ལྟར་བྱས་ཀྱང་རང་དབང་ཡོད་པ་ཡིན་པས། ཇི་སྐད་དུ། ལེགས་ན་ཐར་པའི་གྲུ་གཟིངས་ལུས་འདི་ཡིན། །ཉེས་ན་འཁོར་བའི་གཏིང་རྫོ་ལུས་འདི་ཡིན། །དགེ་སྡིག་ཀུན་གྱི་གཡོག་པོ་ལུས་འདི་ཡིན། །ཞེས་གསུངས། དེས་ན་སྔོན་བསགས་བསོད་ནམས་ཀྱི་མཐུ་ལས་ད་རེས་དལ་འབྱོར་བཅོ་བརྒྱད་དང་ལྡན་པའི་མི་ལུས་ཤིག་རྙེད་པ་འདི་ལ་སྙིང་པོ་དམ་པའི་ལྷ་ཆོས་ཤིག་མ་ལོན་པར། ཚེ་འདིའི་ལྟོ་གོས་དང་། འཇིག་རྟེན་གྱི་ཆོས་བརྒྱད་སྒྲུབ་པའི་ངང་ལ་དལ་འབྱོར་དོན་མེད་དུ་ཟད་དེ། འཆི་ཁ་བྲང་ལག་འཐབ་པ་ནི་ཕོ་མ་སྐྱེས། འདུན་པ་མ་ལེགས་པ་ཡིན་ཏེ། སྤྱོད་འཇུག་ལས། འདི་འདྲའི་དལ་བ་རྙེད་གྱུར་ནས། །བདག་གིས་དགེ་གོམས་མ་བྱས་ན། །འདི་ལས་བསླུས་པ་གཞན་མེད་དེ། །འདི་ལས་རྨོངས་པའང་གཞན

མེད་དོ། །ཞེས་གསུངས། དེས་ན་ད་རེས་ཀྱི་སྐྱེ་བ་འདི་ནི་འདུན་མ་གཏན་ལེགས་དང་གཏན་ཉེས་ཀྱི་སོ་མཚམས་ཡིན་པས་ད་རེས་ཚེ་འདིར་བཙན་ས་ཟིན་པ་ཞིག་མ་བྱས་ན། ཕྱི་ནས་འདི་འདྲའི་དལ་བ་རྙེད་པར་དཀའ་ཞིང་ངན་སོང་གི་གནས་རིགས་ལྔ་བུར་སྐྱེས་ན་ཆོས་ཀྱི་སྣང་བ་མེད། སྤང་བླང་གི་གནས་ལ་རྨོངས་འོག་ནས་འོག་ཏུ་ངན་སོང་མུ་མཐའ་མེད་པར་ལྟུང་བར་འགྱུར་བ་ཡིན་པས། ད་རེས་འབད་དགོས་སྙམ་དུ་སྦྱོར་བ་སེམས་བསྐྱེད་དངོས་གཞི་དམིགས་མེད་མཇུག་བསྔོ་བ་སྟེ་དམ་པ་གསུམ་གྱིས་ཟིན་པའི་སྒོ་ནས་ཡང་དང་ཡང་དུ་བསྒོམ་ཞིང་ཉམས་སུ་བླང་དགོས་སོ། །དེ་ལྟར་ཉམས་སུ་བླངས་པས་རྒྱུད་ལ་སྐྱེས་པའི་ཚད་ནི། དགེ་བཤེས་སྤྱན་སྔ་བ་ལྟ་བུ་ཞིག་དགོས་པ་ཡིན་ཏེ། ཁོང་མནལ་ཡེ་མ་ཡོག་པར་དགེ་སྦྱོར་ཁོ་ན་མཛད་པས། དགེ་བཤེས་སྟོན་པས། བུ་ཁམས་དུབ་པ་རེ་སང་། ཁམས་ཡོག་ཉེན་ཡོད་གསུངས་པས། ཁམས་སང་བ་ཡང་དེ་ག་ལགས་ཏེ། བདག་གིས་དལ་འབྱོར་རྙེད་དཀའ་འདི་བསམ་ཙ་ན་ཁམས་སང་ཡོང་མི་འདུག་གསུངས། ཁོང་གིས་མི་གཡོ་བའི་བསྙེན་པ་དུང་ཕྱུར་དགུ་གསུངས་པ་ཡིན་ཏེ། མི་ཚེ་ལ་མནལ་ཡེ་མ་ཡོག་པ་ཡིན་ནོ། །དེ་ལྟར་ངེས་པར་རྒྱུད་ལ་མ་སྐྱེས་ཀྱི་བར་དུ་བསྒོམ་པར་བྱའོ། །དལ་བ་ཐོབ་ཀྱང་སྙིང་པོའི་ཆོས་ཀྱིས་དབུལ། ། ཆོས་སྒོར་ཞུགས་ཀྱང་ཆོས་མིན་སྤྱོད་པས་གཡེངས། །བདག་དང་བདག་འདྲ་རྨོངས་པའི་སེམས་ཅན་རྣམས། །དལ་འབྱོར་སྙིང་པོ་ལོན་པར་བྱིན་གྱིས་རློབས། །དལ་འབྱོར་རྙེད་པར་དཀའ་བའི་ཁྲིད་དོ། །

གཉིས་པ། ཚེ་མི་རྟག་པ།

སྲིད་གསུམ་མི་རྟག་སྒྱུ་མའི་ཚུལ་དུ་གཟིགས། །
ཚེ་འདིའི་བྱ་གཞག་མཆིལ་མའི་ཐལ་བཞིན་བོར། །
དཀའ་སྤྱད་མཛད་པས་གོང་མའི་རྗེས་སུ་སློགས། །
མཚུངས་མེད་བླ་མའི་ཞབས་ལ་ཕྱག་འཚལ་ལོ། །

གཉིས་པ་ཚེ་མི་རྟག་པའི་ཁྲིད་ལ། ཆོས་ཉན་པའི་ཚུལ་རྣམས་དལ་འབྱོར་རྙེད་དཀའི་སྐབས་དང་འདྲ། བཤད་བྱའི་ཆོས་ལ། ཕྱི་སྣོད་ཀྱི་འཇིག་རྟེན་ལ་བསམས་ཏེ་མི་རྟག་པ་བསྒོམ་པ། ནང་བཅུད་ཀྱི་འགྲོ་བ་ལ་བསམས་ཏེ་མི་རྟག་པ་བསྒོམ་པ། དམ་པའི་སྐྱེས་བུ་ལ་བསམས་ཏེ་མི་རྟག་པ་བསྒོམ་པ། སྐྱེ་དགུའི་བདག་པོ་ལ་བསམས་ཏེ་མི་རྟག་པ་བསྒོམ་པ། དཔེ་དོན་སྣ་ཚོགས་ལ་བསམས་ཏེ་མི་རྟག་པ་བསྒོམ་པ། འཆི་རྐྱེན་ངེས་མེད་ལ་བསམས་ཏེ་མི་རྟག་པ་བསྒོམ་པ། འདུན་པ་དྲག་པོ་ལ་བསམས་ཏེ་མི་རྟག་པ་བསྒོམ་པ་དང་བདུན་ནོ། །

1 ཕྱི་སྣོད་ཀྱི་འཇིག་རྟེན་ལ་བསམས་ཏེ་མི་རྟག་པ་བསྒོམ་པ།

དང་པོ་ཕྱི་སྣོད་ཀྱི་འཇིག་རྟེན་ལ་བསམས་ཏེ་མི་རྟག་པ་བསྒོམ་པ་ནི། འདི་ལྟར་སྤྱི་མཐུན་གྱི་བསོད་ནམས་ལས་གྲུབ་པའི་ཕྱི་སྣོད་ཀྱི་འཇིག་རྟེན་གླིང་བཞི་རི་རབ་ལྷ་གནས་དང་བཅས་པའི་ར་བ་སྲ་ཞིང་འཐས་པ་བསྐལ་པའི་བར་དུ་གནས་པ་འདི་དག་ཀྱང་མི་རྟག་པར་མཐར་མེ་བདུན་དང་ཆུ་གཅིག་གིས་ངེས་པར་འཇིག་པར་འགྱུར་བ་ཡིན་ཏེ། དེ་ཡང་བསྐལ་པ་ཆེན་པོ་འདི་ཉིད་འཇིག་པའི་དུས་ལ་བབ་པའི་ཚེ། ནང་བཅུད་ཀྱི་འགྲོ་བ་རྣམས་མས་རིམ་གྱིས་སྟོང་ནས་བསམ་གཏན་དང་པོའི་ལྷ་གནས་ཕྱིན་ཆད་ན་སེམས་ཅན་གཅིག་ཀྱང་མེད་པར་འགྱུར་ལ། དེ་ནས་རིམ་པས་མཁའ་ལ་ཉི་མ་བདུན་འཆར་བར་འགྱུར་ཏེ། ཉི་མ

གཅིག་གིས་རྩི་ཤིང་དང་ནགས་ཚལ་ཐམས་ཅད་བསྲེགས། གཉིས་པ་ཤར་བས་ཆུ་ཀླུང་དང་ལྟེང་ཀ་མ་ལུས་པར་སྐེམས། གསུམ་པས་ཆུ་ཀླུང་ཆེན་པོ་ཐམས་ཅད་སྐེམས། བཞི་པས་མཚོ་ཆེན་པོ་མ་དྲོས་པའང་སྐེམས། ལྔ་པས་ཕྱིའི་རྒྱ་མཚོ་ཆེན་པོ་ཟབས་སུ་དཔག་ཚད་བརྒྱ་སྐེམས་པ་ནས་བཟུང་རིམ་བཞིན་ཉིས་བརྒྱ་དང་། བདུན་བརྒྱ་དང་། སྟོང་དང་ཁྲི་དང་། བརྒྱད་ཁྲིའི་བར་དུ་སྐེམས་པའི་ལྷག་མ་དཔག་ཚད་དང་རྒྱང་གྲགས་ནས་མཐར་རྫིག་རྗེས་ཀྱི་ཆུ་ཙམ་ཡང་མ་ལུས་པ་སྐེམས་པར་བྱེད། ཉི་མ་དྲུག་ཤར་བས། ས་ཆེན་པོ་གངས་རི་དང་བཅས་པ་བསྲེགས། བདུན་གྱིས་རིའི་རྒྱལ་པོ་རི་རབ། གླིང་བཞི་གླིང་ཕྲན་བརྒྱད། གསེར་གྱི་རི་བདུན། ཁོར་ཡུག་གི་ལྕགས་རི་དང་བཅས་པ་བསྲེགས་ནས་མེ་ལྕེ་གཅིག་ཏུ་གྱུར་ཏེ། ཐུར་དུ་འཁྱིལ་ཞིང་འབར་བས་དམྱལ་བའི་གནས་ཐམས་ཅད་བསྲེགས་ཤིང་། མེ་ལྕེ་གྱེན་དུ་གཡོས་པས་ཚངས་པའི་གཞལ་ཡས་ཁང་སྟོང་པ་རྣམས་ཀྱང་བསྲེགས་པས། འོད་གསལ་གྱི་ལྷ་བུ་གཞོན་ནུ་རྣམས་སྐྲག་ཅིང་། འདི་ལྟ་བུའི་མེ་ཆེན་པོ་འབར་ཞིང་བྱུང་ངོ་ཞེས་སྐྲོགས་པ་ན། ལྷ་རྙན་པོ་དག་གིས་འདི་ནི་སྔར་ཡང་ཚངས་པའི་འཇིག་རྟེན་གྱི་བར་དུ་བྱུང་ནས་སླར་ལོག་པ་ཡིན་གྱི་སྐྲག་མི་དགོས་སོ་ཞེས་དབུགས་འབྱིན་པར་བྱེད། དེ་ལྟར་མེ་ཡིས་ལན་བདུན་ཞིག་པའི་རྗེས་སུ། བསམ་གཏན་གཉིས་པའི་ལྷ་གནས་སུ་སྤྲིན་ཆུའི་སྙིང་པོ་ཅན་ཆགས་པ་ལས་ཆར་གྱི་རྒྱུན་གཉའ་ཤིང་ཙམ་དང་། བཞོལ་མདའ་ཙམ་དུ་བབ་པས་འོད་གསལ་གྱི་ལྷ་གནས་ཕྱིན་ཆད་ལན་ཚྭ་ཆུ་ལ་ཐིམ་པ་ལྟར་འཇིག དེ་ལྟར་ཆུས་འཇིག་པ་བདུན་རྫོགས་ནས། འོག་གཞིའི་རླུང་རྗེ་རྗེ་རྒྱ་གྲམ་གྱེན་དུ་ལངས་ཏེ་བསམ་གཏན་གསུམ་པའི་ལྷ་གནས་མན་ཆད་ཐལ་བ་རླུང་གིས་གཏོར་བ་ལྟར་གཏོར་ནས་འཇིག དེ་ལྟར་གླིང་བཞི་རི་རབ་ལྷ་གནས་དང་བཅས་པ་བྱེ་བ་ཕྲག་བརྒྱ་སྟོང་གསུམ་འཇིག་རྟེན་གཅིག་གི་ནང་དུ་ཆུད་པ་ཐམས་ཅད་མཉམ་དུ་ཞིག་ནས་མཐར་ཐམས་ཅད་ཀྱང་ནམ་མཁའ་གཅིག་ཏུ་གྱུར་ཏེ་སྟོང་པའི་གནས་

སྐབས་དེ་ལྟ་བུ་ཡོད་པ་ཡིན་ན། རང་རེ་མིའི་ལུས་རྟེན་ནམ་གཞུག་གི་སྣང་བ་ལྟ་བུ་འདི་ལ་རྟག་པ་དང་བརྟན་པ་ཅི་ཡོད་སྙམ་དུ་སྙིང་ཐག་པ་ནས་བསྒོམ་མོ། །

2 ནང་བཅུད་ཀྱི་སེམས་ཅན་ལ་བསམས་ཏེ་མི་རྟག་པ་བསྒོམ་པ།

གཉིས་པ་ནང་བཅུད་ཀྱི་སེམས་ཅན་ལ་བསམས་ཏེ་མི་རྟག་པ་བསྒོམ་པ་ནི། འདི་ལྟར་མཐོ་སྟེ་སྲིད་པའི་རྩེ་མོ་ཁྱིན་ཆད་ནས། དམའ་སྟེ་དམྱལ་བའི་གདན་ལ་ཐུག་པ་ཡན་ཆད་ན་སེམས་ཅན་ཡོད་དོ་ཅོག་ལ་འཆི་བའི་གནས་ལས་ཐར་བ་ནི་གཅིག་ཀྱང་མེད་དེ། མྱ་ངན་བསལ་བའི་སྤྲིངས་ཡིག་ལས། སའམ་འོན་ཏེ་མཐོ་རིས་ན། །སྐྱེས་ནས་ལ་ལ་མ་ཤི་བ། །འགའ་ཞིག་ཁྱོད་ཀྱིས་མཐོང་བའམ། །ཐོས་སམ་འོན་ཏེ་ཐེ་ཚོམ་ཟ། །ཞེས་པ་ལྟར། སྐྱེ་བ་ཡོད་ན་འཆི་བའི་ཆོས་ཅན་ཡིན་པས་མཐོ་རིས་ལྷའི་འཇིག་རྟེན་ཁྱིན་ཆད་ན། འདི་ནི་སྐྱེས་ནས་མ་ཤིའོ་ཞེས་བྱ་བ་དེ་ལྟ་བུ་མཐོང་བའམ་ཐོས་པ་ལྟ་ཅི་སྨོས། དེ་ཤིའམ་མ་ཤི་སྙམ་དུ་ཐེ་ཚོམ་ཟ་བ་ཙམ་ཡང་མེད་པར་ངེས་ཤིང་། ཁྱད་པར་རང་རེ་འཛམ་བུ་གླིང་པ་ཚེ་ལ་ངེས་པ་མེད་པའི་གནས་སུ་དུས་ཀྱི་ཐ་མར་སྐྱེས་པས་ད་ནི་མྱུར་དུ་འཆི། དང་པོ་སྐྱེས་པའི་ནུབ་མོ་ནས་བཟུང་སྟེ་འཆི་བ་ལ་ཇེ་ཉེ་ཇེ་ཉེར་འགྲོ་བས་ཚེ་ནི་བསྣོན་པ་མེད་པར་འབྲི་བ་དང་བཅས་ཤིང་འཆི་བདག་གི་བདུད་པོ་ནི། སྐད་ཅིག་ཀྱང་མི་སྡོད་པར་ནུབ་ཀའི་གྲིབ་སོ་བཞིན་ཚུར་ཚུར་འོང་བས་ནམ་འཆི་དང་འདིར་འཆིའི་ངེས་པ་ནི་མེད། སང་ཙམ་འཆིའམ། དོ་ནུབ་ཙམ་འཆིའམ། ད་ལྟ་དབུགས་ཕྱི་ནང་དུ་འབྱིན་འཇུག་བྱེད་པའི་བར་ཙམ་ལའང་མི་འཆི་བའི་ངེས་པ་མེད་དེ། ཆེད་དུ་བརྗོད་པའི་ཚོམས་ལས། སང་ཙམ་འཆི་ཡང་སུས་ཤེས་ཀྱི། །དེ་རིང་ཉིད་དུ་བརྩོན་ཏེ་བྱ། །འཆི་བདག་སྡེ་ཆེན་དེ་དང་ནི། །ཁྱོད་ཉིད་བཤེས་པ་མ་ཡིན་ནོ། །ཞེས་དང་། མགོན་པོ་ཀླུ་སྒྲུབ་ཀྱིས། ཚེ་འདི་གནོད་མང་རླུང་གིས་བཏབ་པ་ཡི། །ཆུ་ཡི་ཆུ་བུར་བས་ཀྱང་མི་རྟག་ན། །དབུགས་དབྱུང་དབུགས་རྔུབ་གཉིད་ཀྱིས་ལོག

པ་ལས། །སད་ཁོམས་གང་ལགས་དེ་ནི་ངོ་མཚར་ཆེ། །ཞེས་གསུངས་པ་ལྟར། མི་དག་གཉིད་ཀྱི་བདེ་བ་ལ་ཆགས་ཤིང་དབུགས་ཕྱི་ནང་དུ་དལ་བུས་འབྱུང་འཇུག་བྱེད་པའི་བར་ལའང་མི་འཆི་བའི་ངེས་པ་མེད་པ་ཡིན་པས་དེར་མ་ཤི་བར་བདེ་བར་སད་ཁོམས་པ་ཡང་ངོ་མཚར་བའི་རང་བཞིན་དུ་འཛིན་པར་འོས་པ་ཙམ་ཡིན། དེས་ན་ད་ལྟ་རང་རེ་རྣམས་ནམ་ཞིག་འཆི་དགོས་སྙམ་པ་ཙམ་ཡོད་ཀྱང་། ནམ་འཆི་ངེས་མེད་ཀྱི་འདུ་ཤེས་རྒྱུད་ལ་མ་སྐྱེས་པས་རྟག་འཛིན་ཕྱི་ཆོས་ཀྱི་རེ་དོགས་ཁོ་ན་ལ་གཡེངས། ཚེ་འདིའི་བདེ་སྐྱིད་སྣན་གསུམ་བསྒྲུབ་པའི་བྱ་རྩོལ་ལ་ཞེན་པའི་སྐབས་འདིར། གློ་བུར་དུ་འཆི་བདག་གི་བདུད་པོ་ཁོས་ཞགས་ནག་བཟུང་། ཨམ་གཙིགས་བསྟམས། སོ་ཞོ་ངོམས་ནས་དྲུང་དུ་སླེབ་ཙ་ན། དཔའ་བའི་དཔུང་། བཙན་པོའི་ཤེད། ཕྱུག་པོའི་རྒྱུ། མཁས་པའི་གཏམ། མཛེས་མའི་གཟུགས། མགྱོགས་པའི་བང་གང་གིས་ཀྱང་མི་ཕན་ཏེ། ལུགས་ཀྱི་སྨམ་ཆུང་སྤུབ་མེད་པ་ཞིག་ཏུ་བཅུག་ནས་དཔའ་བའི་སྐྱེས་བུ་རྣོ་བའི་མཚོན་ཐོགས་པ་འབུམ་ཕྲག་ཏུ་མས་མདའ་རྩེ་དང་མདུང་རྩེ་ཕྱི་ལ་བསྟན་ནས་བསྐོར་ཏེ་བསྲུང་ཀྱང་བསྲུང་རྒྱུ་དང་གབ་རྒྱུ་སྦུ་རྩེ་ཙམ་ཡང་མེད་པར་འཆི་བདག་གི་གཤིན་རྗེ་ཁོས་ཞགས་ནག་དེ་སྙེ་ལ་བཞག གདོང་སྡོ་ཧམ་མེ་མིག་མཆི་མ་སྐྱ་ཙ་རེ། མགོ་རྐང་ལག་ལྷུས་ཡོབ་ཡོབ་བྱེད་བཞིན་ཚེ་ཕྱི་མའི་ལམ་པོ་ཆེར་ཁྲིད་འགྲོ་བ་མ་གཏོགས། དཔའ་བོས་བཀྱེ་ས་མེད། བཙན་པོས་བསྐྱོ་ས་མེད། རྒྱུ་ཟས་ཀྱིས་བསླུ་ས་མེད། བྲོས་ས་དང་གབ་ས་མེད། སྐྱབས་དང་སྐྱོབ་པ། མགོན་དང་དཔུང་གཉེན། ཐབས་དང་ཐུགས་རྗེ་གང་ཡང་མེད་དེ། སྨན་པའི་རྒྱལ་པོ་དངོས་སུ་བྱོན་ཀྱང་ཚེ་ཟད་པའི་འཆི་བ་ལ་བཟློལ་མི་ཐུབ་པ་ཡིན་པས། དུས་ད་ལྟ་ཉིད་དུ་ལེ་ལོ་དང་ཕྱི་བཟློལ་གྱི་དབང་དུ་མི་འགྲོ་བར་འཆི་ཁར་ཕན་ངེས་པའི་དམ་པའི་ཆོས་ཡང་དག་པ་ཞིག་བསྒྲུབ་དགོས་སྙམ་དུ་ཞེ་ཐག་པ་ནས་བསམ་མོ། །

3 དམ་པའི་སྐྱེས་བུ་ལ་བསམས་ཏེ་མི་རྟག་པ་བསྒོམ་པ།

གསུམ་པ་དམ་པའི་སྐྱེས་བུ་ལ་བསམས་ཏེ་མི་རྟག་པ་བསྒོམ་པ་ནི། འདི་ལྟར་ད་ལྟའི་བསྐལ་པ་བཟང་པོ་འདི་ལ་སྔོན་གྱི་དུས་སུ་བྱོན་པའི་སངས་རྒྱས་རྣམ་པར་གཟིགས་དང་། གཙུག་ཏོར་ཅན་ལ་སོགས་པ་སངས་རྒྱས་རབས་བདུན་འཁོར་ཉན་ཐོས་དགྲ་བཅོམ་པའི་ཚོགས་དང་བཅས་པ་བསམ་གྱིས་མི་ཁྱབ་པ་ཞིག་བྱོན། ཐེག་པ་གསུམ་གྱི་ཆོས་ཀྱིས་གདུལ་བྱའི་སྐྱེ་བོ་དཔག་ཏུ་མེད་པའི་དོན་མཛད་པ་དེ་དག་ཀུང་ད་ལྟ་རྒྱལ་བ་ཤཱཀྱ་ཐུབ་པའི་བསྟན་པའི་ལྷག་ཞབས་ཙམ་ལུས་པ་འདི་ག་མ་གཏོགས་སངས་རྒྱས་ཐམས་ཅད་ཀྱང་མྱ་ངན་ལས་འདས། བསྟན་པ་དམ་པའི་ཆོས་ཀྱང་རིམ་གྱིས་ནུབ། ད་ལྟའི་བསྟན་པ་འདི་ལ་ཉན་ཐོས་ཆེན་པོ་རེ་རེ་ཡང་འཁོར་དགྲ་བཅོམ་པ་ལྔ་བརྒྱའི་ཚོགས་དང་བཅས་པ་དུ་མ་ཞིག་བྱོན་པ་དེ་དག་ཀྱང་རིམ་གྱིས་ཕུང་པོ་ལྷག་མ་མེད་པའི་དབྱིངས་སུ་མྱ་ངན་ལས་འདས། དེ་ལས་གཞན་ཡང་། རྒྱ་གར་འཕགས་པའི་ཡུལ་དུ་བཀའི་བསྡུ་བ་མཛད་པའི་དགྲ་བཅོམ་ལྔ་བརྒྱ། རྒྱན་དྲུག་མཆོག་གཉིས། གྲུབ་ཐོབ་བརྒྱད་ཅུ་སོགས་ས་དང་ལམ་གྱི་ཡོན་ཏན་ལ་དབང་འབྱོར་པ། མངོན་ཤེས་དང་རྫུ་འཕྲུལ་ལ་ཐོགས་པ་མེད་པ་དུ་མ་ཞིག་བྱོན་ཀྱང་། ད་ལྟ་ནི་སྔར་དེ་ལྟ་བུ་བྱོན་ནོ་ཞེས་པའི་ལོ་རྒྱུས་ཙམ་ལས་གཅིག་ཀྱང་མི་བཞུགས། བོད་གངས་ཅན་གྱི་ལྗོངས་འདིར་ཡང་ཨོ་རྒྱན་སངས་རྒྱས་གཉིས་པས་སྨིན་གྲོལ་གྱི་ཆོས་འཁོར་བསྐོར་བའི་སྐབས་སུ་རྗེ་འབངས་གྲུབ་ཆེན་ཉེར་ལྔ། ཡེར་བའི་གྲུབ་ཆེན་བརྒྱད་ཅུ་ལ་སོགས་བྱོན། ཕྱིས་སུ་ཡང་། ཉིང་མའི་སོ་ཟུར་གནུབས་གསུམ། གསར་མའི་མར་མི་དྭགས་གསུམ་ལ་སོགས་མཁས་ཤིང་གྲུབ་པ་བརྙེས་པའི་སྐྱེས་བུ་བསམ་གྱིས་མི་ཁྱབ་པ་བྱོན་ཞིང་། དེ་དག་ཕལ་ཆེ་བ་གྲུབ་པའི་གོ་འཕང་བརྙེས། འབྱུང་བ་བཞི་ལ་རང་དབང་བསྒྱུར། དངོས་པོ་དངོས་མེད་དང་དངོས་མེད་དངོས་པོར་བྱེད་པའི་རྫུ་འཕྲུལ་ཡ་མ་ཟུང་སྟོན། མེས་མི་ཚིག ཆུས་མི་ཁྱེར། སས་མི་ནོན། གཡང་ལ་མི་

ལྷུང་། འབྱུང་བཞིའི་གནོད་པ་དང་བྲལ་བ་ཤ་སྟག་ཡིན་ཏེ། དཔེར་ན། རྗེ་བཙུན་མི་ལ་བལ་ཡུལ་གྱི་སྐྱེ་ཤང་ཀ་ཏའི་ཕུག་ན་གསུང་བཅད་དེ་བཞུགས་སྐབས། ཇོན་པ་མང་པོ་འོངས་ནས་ཁྱོད་མི་ཡིན་ནམ་འདྲེ་ཡིན་ཞེས་འདྲི་བ་ལ་གསུང་མ་གནང་བར་ལྟ་སྟངས་ཀྱི་ངང་ལ་བཞུགས་པས་ཁོང་ཚོས་དང་པོར་དུག་མདའ་མང་པོ་བརྒྱབ་ཀྱང་མ་ཕུག ཆུ་དང་གཡང་ལ་བསྐུར་ཀྱང་གྱེན་དུ་ལོག་ནས་སྔར་གྱི་གནས་དེ་ཉིད་དུ་བཞུགས། སྐུ་ལུས་ཀྱི་སྟེང་དུ་ཤིང་སྤུངས་ཏེ་མེ་སྤར་ཀྱང་མེས་མ་ཚིག་པ་དེ་ལྟ་བུའི་གྲུབ་བརྙེས་ཀྱི་སྐྱེས་བུ་དུ་མ་བྱོན་པ་ཡང་མཐར་ཐམས་ཅད་མི་རྟག་པའི་ཚུལ་བསྟན་ཏེ་ད་ལྟ་ནི་ལོ་རྒྱུས་ཙམ་ལས་མི་འདུག་ན། རང་རེ་ལས་ངན་གྱི་རྒྱུ་བྱུས་རྐྱེན་ངན་གྱི་རླུང་གིས་དེད། བག་ཆགས་ངན་པས་མཚམས་སྦྱོར་འབྱུང་བ་བཞིའི་གདོས་པོས་བཅིངས། མི་གཙང་བའི་འཁྲུལ་འཁོར་ལ་སེམས་ཀྱི་རྒྱུད་བསྡོམ་པ་སྒྱུ་ལུས་ཀྱི་ཐོ་ཡོར་འདི་ལ་ནམ་འཇིག་དང་འདིར་འཇིག་གི་ངེས་པ་མེད་པས། ད་ལྟ་ཉིད་ནས་སྒོ་གསུམ་དགེ་བ་ལ་བསྐུལ་དགོས་སྙམ་དུ་བསྒོམ་མོ། །

4 སྐྱེ་དགུའི་བདག་པོ་ལ་བསམས་ཏེ་མི་རྟག་པ་བསྒོམ་པ།

བཞི་པ་སྐྱེ་དགུའི་བདག་པོ་ལ་བསམས་ཏེ་མི་རྟག་པ་བསྒོམ་པ་ནི། ཚེ་བསྐལ་པར་ཐུབ་ཅིང་གཟི་བརྗིད་ཕུན་སུམ་ཚོགས་པའི་ལྷ་དང་དྲང་སྲོང་རྣམས་ཀྱང་འཆི་བའི་གནས་ལས་མ་ཐར་ཏེ། འདི་ལྟར་སྐྱེ་དགུའི་བདག་པོ་ཚངས་པ་དང་། དབང་པོ་དང་། ཁྱབ་འཇུག་དང་། དྲག་པོ་ལ་སོགས་པ་བསྐལ་པའི་བར་དུ་གནས་པའི་ཚེ་དང་། དཔག་ཚད་དང་རྒྱང་གྲགས་ཙམ་དུ་སླེབས་པའི་ལུས་དང་། ཉི་མ་དང་ཟླ་བའང་ཟིལ་གྱིས་གནོན་པའི་གཟི་བརྗིད་མངའ་བ་རྣམས་ཀྱང་འཆི་བའི་གནས་ལས་ཐར་བ་མེད་དེ། ཡོན་ཏན་མཛོད་ལས། ཚངས་དབང་བདེ་འབྱུང་འཁོར་ལོས་སྒྱུར་རྣམས་ཀྱང་། །འཆི་བདག་བདུད་ལས་བཟླར་བའི་

ཐབས་མི་བསམ། །ཞེས་དང་། གཞན་ཡང་ལྷ་དང་མི་ཡི་དྲང་སྲོང་མངོན་པར་ཤེས་པ་ལྔ་དང་ལྡན་པ། རྫུ་འཕྲུལ་གྱི་མཐུས་ནམ་མཁའི་ལམ་ལ་འགྲོ་བ་རྣམས་ཀྱང་མཐར་འཆི་བའི་གནས་ལས་འདའ་མི་ནུས་ཏེ། མྱ་ངན་བསལ་བ་ལས། དྲང་སྲོང་ཆེན་པོ་ལྔ་མངོན་ཤེས། །མཁའ་ལ་རྒྱང་རིང་འགྲོ་བ་ཡང་། །གང་དུ་འཆི་མེད་སྤྱོད་ཡུལ་བའི། །ས་དེར་འགྲོ་བར་མི་ནུས་སོ། །ཞེས་གསུངས། འཛིག་རྟེན་མི་ཡུལ་འདིར་ཡང་སྟོབས་དང་འབྱོར་པས་མངོན་པར་མཐོ་བ་འཁོར་ལོས་སྒྱུར་བའི་རྒྱལ་པོ་རྣམས་དང་། གཞན་ཡང་རྒྱ་གར་འཕགས་པའི་ཡུལ་དུ་མང་པོས་བཀུར་བའི་རྒྱལ་བརྒྱུད་ལས་འཛམ་གླིང་ལ་མངའ་དབང་བྱེད་པའི་རྒྱལ་པོ་བསམ་གྱིས་མི་ཁྱབ་པ་བྱོན་ཞིང་། གཞན་ཡང་པཱ་ལ་རྣམ་གསུམ་ཅན་དྲ་སོ་བདུན་ལ་སོགས་པ། རྒྱ་གར་ཤར་ནུབ་ཀྱི་རྒྱལ་པོ་མངའ་ཐང་དང་སྟོབས་འབྱོར་རྒྱས་པ་དུ་མ་བྱོན། བོད་གངས་ཅན་གྱི་ལྗོངས་སུའང་། རྗེ་གཉའ་ཁྲི་བཙན་པོ་བྱང་ཆུབ་སེམས་དཔའ་སྒྲིབ་པ་རྣམ་སེལ་གྱི་སྤྲུལ་པ་ལྷའི་རྒྱལ་པོ་བྱོན་པ་ནས་བཟུང་སྟེ། གནམ་ལ་ཁྲི་བདུན། ས་ལ་ལེགས་དྲུག བར་ལ་སྡེ་བརྒྱད། ཚིགས་ལ་བཙན་ལྔ། སྨྲིད་པའི་གདུང་རབས་ཕྱེད་དང་བཅུ་གསུམ། ཤིན་ཏུ་སྐྲིད་པའི་གདུང་རབས་ལྔ་ལ་སོགས་པ་བྱོན་ཞིང་། ཆོས་རྒྱལ་སྲོང་བཙན་སྒམ་པོའི་རིང་ལ་སྟོད་བལ་པོའི་ཡུལ་ནས་སྨད་རྒྱ་ནག་གི་ཡུལ་ཁམས་ཡན་ཆད་སྤྲུལ་པའི་དམག་གིས་བཏུལ། ལྷ་སྲས་ཁྲི་སྲོང་ལྡེའུ་བཙན་གྱི་སྐུ་རིང་ལ། འཛམ་བུའི་གླིང་གི་སུམ་གཉིས་མངའ་འོག་ཏུ་བསྡུས། ཆོས་རྒྱལ་རལ་པ་ཅན་གྱི་རིང་ལ། རྒྱ་གར་ཆུ་བོ་གང་གཱའི་འགྲམ་དུ་ལྕགས་ཀྱི་རྡོ་རིང་བཙུགས་ཏེ་རྒྱ་བོད་ཀྱི་ས་མཚམས་མཛད། རྒྱ་གར་རྒྱ་ནག་གེ་སར་སྟག་གཟིག་ལ་སོགས་པ། རྒྱལ་ཁབ་མང་པོ་མངའ་ཞབས་སུ་བསྡུས་ནས། ལོ་གསར་གྱི་སྟོན་མོ། ལྷ་སའི་གླིང་དུ་ཉིན་གཅིག་ལ་སླེབ་དགོས་པའི་མངའ་ཐང་ཡོད་པ་སོགས་ཀྱང་། ད་ལྟ་དེ་ལྟ་བུ་བྱུང་བའི་གཏམ་ཙམ་མ་གཏོགས་ཅི་ཡང་མེད་པའི་གནས་སྐབས་ལ་བསམ་ན། རང་རེའི་ད་ལྟའི་གནས་

ཁང་དང་། ཡོངས་སྤྱོད། འཁོར་དང་། མངའ་ཐང་ལ་སོགས་ཅི་ཙམ་བཟང་བར་བསྒྲི་བ་རྣམས་ཀུན་སྒྱུ་མ་རྣམས་ལ་དཔགས་ན། སྤྲང་མའི་ཚང་ཙམ་ལས་མེད་ན། འདི་ལྟ་བུ་ལ་རྟག་པ་དང་བརྟན་པ་ཅི་ཡོད་སྙམ་དུ་བསྒོམ་མོ། །

5 དཔེ་དོན་སྣ་ཚོགས་ལ་བསམས་ཏེ་མི་རྟག་པ་བསྒོམ་པ།

ལྔ་པ་དཔེ་དོན་སྣ་ཚོགས་ལ་བསམས་ཏེ་མི་རྟག་པ་བསྒོམ་པ་ནི། སྤྱིར་བསྐལ་པའི་འཕེལ་འགྲིབ་ལ་བསམས་ཀྱང་མི་རྟག་སྟེ། སྔོན་བསྐལ་པ་དང་པོའི་དུས་སུ། མི་ཐམས་ཅད་ཀྱང་རང་རང་གི་འོད་ཀྱིས་སྣང་བ་ལས་མཁའ་ལ་ཉི་ཟླ་མེད། རྫུ་འཕྲུལ་གྱིས་ནམ་མཁའ་ལ་འགྲོ། ལུས་བོངས་ཀྱང་དཔག་ཚད་མང་པོ་ལྡན། བདུད་རྩིའི་ཟས་ཟ། བདེ་སྐྱིད་ཕུན་སུམ་ཚོགས་པ་ལྷ་རྣམས་ལ་འགྲན་པར་ཡོད་ཀྱང་། ཉོན་མོངས་པ་དང་མི་དགེ་བའི་དབང་གིས་རིམ་གྱིས་ནུབ་སྟེ་ད་ལྟའི་འདི་ལྟ་བུར་གྱུར། ད་དུང་ཡང་མི་རྣམས་ཉོན་མོངས་པ་ཇེ་རགས་སུ་གྱུར་པའི་དབང་གིས་ཚེ་ཚད་དང་བསོད་ནམས་ཐམས་ཅད་མར་མར་གྲི་སྟེ་མཐར་ཚེ་ལོ་བཅུ་པའི་བར་དུ་ཚེ་ཚད་ཀྱང་ཇེ་ཐུང་དུ་འགྲོ། ནད་དང་མཚོན་དང་མུ་གེའི་བསྐལ་པ་གསུམ་དར་ནས་འཛམ་གླིང་གི་འགྲོ་བ་རྣམས་ཕལ་ཆེར་ཟད་པར་བྱེད་ཅིང་ལྷག་མ་ལུས་པ་རྣམས་ལ་རྒྱལ་བ་བྱམས་པའི་སྤྲུལ་པས་སྲོག་གཅོད་སྤོང་བའི་ཆོས་བསྟན་པས་བོངས་ཚད་ཀྱང་ཁྲུ་གང་དུ་གྱུར་པ་དང་། ཚེ་ལོ་ཉི་ཤུ་པར་འགྱུར་བ་སོགས་རིམ་གྱིས་འཕེལ་ཏེ། མི་རྣམས་ཀྱི་ཚེ་ལོ་བརྒྱད་ཁྲི་ཐུབ་པའི་དུས་སུ། མགོན་པོ་བྱམས་པ་བྱོན་ནས་སངས་རྒྱས་ཏེ་ཆོས་ཀྱི་འཁོར་ལོ་བསྐོར། དེ་ལྟར་འཕེལ་འགྲིབ་ཀྱི་ཁུག་པ་བཅོ་བརྒྱད་རྫོགས་ནས། སྐྱེ་དགུ་རྣམས་ཀྱི་ཚེ་ལོ་དཔག་མེད་ཐུབ་པའི་དུས་སུ། སངས་རྒྱས་མོས་པ་བྱོན་ནས་སྔོན་གྱི་བསྐལ་པ་བཟང་པོའི་སངས་རྒྱས་སྟོང་པོ་དེ་དག་གི་སྐུ་ཚེའི་ཚད་བསྡོམས་པའི་ཡུན་དུ་བཞུགས་ཤིང་དེ་དག་གི་འགྲོ་དོན་གྱི་མཛད་པ་ཇི་སྙེད་པ་བསྡོམས་པ་ཙམ་མཛད་ཅིང་།

མཐར་བསྐལ་པ་འདི་ཡང་འཛད་པར་འགྱུར་བ་སོགས་བསྐལ་པའི་འཕེལ་འགྲིབ་ལ་བརྟགས་ཀྱང་། མི་རྟག་པའི་རང་བཞིན་ལས་མ་འདས། ཕྱི་བྲག་ནམ་ཟླ་དུས་བཞིའི་འགྱུར་ལྡོག་ལ་བལྟས་ཀྱང་མི་རྟག་སྟེ། དབྱར་གྱི་དུས་སུ་སྤང་ཐམས་ཅད་ཀྱང་སྔོ་ལྗང་དུ་སྣང་། ཆར་ཐམས་ཅད་ཀྱང་བདུད་རྩི་ལྟ་བུར་འབེབས། སྐྱེ་དགུ་ཀུན་ཀྱང་བདེ་སྐྱིད་ཀྱི་དཔལ་ལ་ལོངས་སྤྱོད། མེ་ཏོག་གི་རིགས་དཀར་སེར་དམར་ལྗང་དུ་བཀྲ་བ་དཔག་ཏུ་མེད་པ་སྐྱེས་པས་ལྷ་ཡུལ་ལྟ་བུ་ཡོད་པ་དེ། སྟོན་གྱི་དུས་སུ་སེར་བུའི་ངད་ལངས། སྤང་ལྗང་གི་མདོག་འགྱུར། མེ་ཏོག་དང་རྩི་ཐོག་ཐམས་ཅད་ཀྱང་རིམ་གྱིས་སྐམ། དགུན་གྱི་དུས་སུ་ས་ཐམས་ཅད་ཀྱང་རྡོ་བ་ལྟར་གྱུར། ཆུ་ཐམས་ཅད་འཁྱགས་རོམ་དུ་སོང་། གྲང་ལྷགས་ཀྱི་ངད་པ་རྒྱས། ཧ་ལམ་ཉི་མ་མང་པོའི་བར་དུ་བཙལ་ཀྱང་སྔར་དབྱར་དུས་སུ་སྐྱེས་པའི་མེ་ཏོག་དེ་ལྟ་བུ་ཞག་མ་གཅིག་ཀྱང་རྙེད་རྒྱུ་མེད་པ་དེ་ལྟར་གྱུར་པ་སོགས་དབྱར་རྗེས་སུ་སྟོན། སྟོན་རྗེས་སུ་དགུན། དགུན་རྗེས་སུ་དཔྱིད་ལ་སོགས་རིམ་པར་འབྱུང་བས་སྔ་མ་ཕྱི་མའི་དུས་ཀྱི་གནས་སྐབས་ཐམས་ཅད་ལས་གཞན་དུ་འགྱུར་ཏེ། མི་རྟག་ཅིང་ཁ་སང་དང་དེ་རིང་ད་ནངས་དང་དོ་དགོང་ད་ལོ་དང་སང་ཕོད་ལ་སོགས་ཐམས་ཅད་ཀྱང་རིམ་པར་མི་རྟག་པའི་ཚུལ་ལ་དཔག་ན་གང་ལའང་ཡིད་རྟོན་དུ་མི་རུང་། ཁྱད་པར་རང་རེ་གང་དུ་གནས་པའི་ཡུལ་གྲོང་དང་སྡེ་དགོན་སོགས་ན་ཡང་། སྔོན་འབྱོར་ཞིང་དར་བ་རྣམས་ནི། ད་ལྟ་རྒུད་པའི་གནས་སྐབས་སུ་གྱུར། སྔོན་དབུལ་པོ་དང་ཉམ་ཆུང་ལ་སོགས་པ་རྣམས། ད་ལྟ་ཁ་དྲག་དང་སྟོབས་འབྱོར་དུ་འཛོམས་པ་སོགས། མི་རྟག་པའི་རང་བཞིན་ལས་མ་འདས། རང་རེ་ཁྱིམ་ནང་གཅིག་གི་མི་ཡང་ཕ་རབས་ཀྱི་ཕ་དང་མེས་པོ་ཡང་མེས་ལ་སོགས་པ་སྐྱེས་སོ་ཅོག་ཀྱང་རིམ་པར་ཤི་སྟེ་ད་ལྟ་ནི་མིང་གི་ལྷག་མ་ཙམ་དུ་གྱུར། རང་གི་སྤུན་དང་སྲིང་མོ་ལ་སོགས་པ་དུ་མ་ཡང་ཤི་ཞིང་། དུས་ལ་བབས་ཏེ་ད་ལྟ་གར་ཡོད་དང་འདིར་ཡོད་ཙམ་ཡང་མི་ཤེས། ལོ་ཕྱི་མ་ལ་བཙན་ཕྱུག་འཕན་

དར་དུ་འཛོམས་པའི་མི་ཡུལ་ཁམས་ཀྱི་རྒྱན་ལྟ་བུ་རྣམས་ཀྱང་། ད་ལོ་མིང་གི་ལྷག་མ་ཙམ་ལས་མེད་པ་ཡང་དུ་མ་ཡོད། ད་ལྟ་བཙན་ཕྱུག་ཁེ་དྲག་འཛོམས་པ་ཐལ་པའི་ཡིད་སྨོན་གྱི་ཡུལ་དུ་གྱུར་པ་འདི་རྣམས་ཀྱང་སང་ཕོད་ད་ཚོད་དམ་ཟླ་བ་ཕྱི་མ་ཙམ་ལའང་ཡོད་དམ་མེད་སུས་ཀྱང་མི་ཤེས། ཐ་ན་རང་གི་སྒོ་ཕྱུགས་ར་ལུག་ཁྱི་ལ་སོགས་པ་སྔར་ཅི་ཙམ་ཞིག་ད་ལྟ་ཅི་ཙམ་ཡོད། དེ་ཐམས་ཅད་ཀྱང་མཐར་ཅིར་འགྱུར་བརྟག་ན་མི་རྟག་པའི་རང་བཞིན་ལས་མ་འདས། སྔོན་ཆད་ལོ་བརྒྱའི་གོང་དུ་ཡོད་པའི་མི་དེ་དག་ཐམས་ཅད་ལས་ད་ལྟ་མ་ཤི་བར་ལུས་པ་གཅིག་ཀྱང་མེད། ད་ལྟའི་འཛམ་གླིང་གི་འགྲོ་བ་འདི་ཐམས་ཅད་ཀྱང་ལོ་བརྒྱ་ཚུན་ལ་ཐམས་ཅད་ཀྱང་འཆི་སྟེ་གཅིག་ཀྱང་ལུས་པར་མི་འགྱུར། དེས་ན་ཕྱི་ནང་སྣོད་བཅུད་ཀྱི་ཆོས་འདི་དག་ཐམས་ཅད་ལ་རྟག་པ་དང་བརྟན་པ་གཅིག་ཙམ་ཡང་མེད་དེ། སྐྱེས་པ་ཐམས་ཅད་མི་རྟག་སྟེ་འཆི། བསགས་པ་ཐམས་ཅད་མི་རྟག་སྟེ་འཛད། འདུས་པ་ཐམས་ཅད་མི་རྟག་སྟེ་འབྲལ། བརྩིགས་པ་ཐམས་ཅད་མི་རྟག་སྟེ་འགྱེལ། མཐོན་པོ་ཐམས་ཅད་མི་རྟག་སྟེ་ལྟུང་། དེ་བཞིན་དུ་དགྲ་གཉེན་དང་སྐྱིད་སྡུག་བཟང་ངན་དང་རྣམ་རྟོག་ཐམས་ཅད་ཀྱང་མི་རྟག་སྟེ། མགྲོན་པོ་གནས་ལྟ་བུ། བཙན་པོ་ཐོག་ལྟ་བུ། ཕྱུག་པོ་ཟླུ་ལྟ་བུ། མཛེས་པོ་ཞྭ་ལྟ་བུ། འཁོར་པོ་འཇའ་ཚོན་ལྟ་བུ། སུ་དང་གང་ལ་ཡང་འཆི་བ་གློ་བུར་དུ་སླེབ་ཙ་ན་ར་ང་དབང་སྐད་ཅིག་ཀྱང་མེད་པར་གཅེར་བུ་ལག་སྟོང་མཚན་དུ་བཙུག་ནས་རྒྱ་ནོར་རྫས་གཉེན་ཉེ་འབྲེལ་འཁོར་སློབ་མ་སྡེ་མངའ་རིས་བཟའ་བཏུང་ལོངས་སྤྱོད་ཐམས་ཅད་འབྲལ་མི་ཕོད་བཞིན་དུ་ཤུལ་དུ་བསྐྱུར་ཏེ་མར་གྱི་དཀྱིལ་ནས་སྐྲ་བཏོན་པ་བཞིན་དུ་འགྲོ། གྲྭ་སྟོང་ཕྲག་མང་པོའི་འགོ་དཔོན་གྱི་བླ་མ་ཡིན་ཀྱང་གྲྭ་པ་གཅིག་ཙམ་ཡང་ཁྲིད་ས་མེད། སྡེ་ཁྲི་ཕྲག་མང་པོའི་དཔོན་པོ་ཡིན་ཀྱང་གཡོག་པོ་མི་གཅིག་ཀྱང་ཁྲིད་ས་མེད། འཛམ་བུ་གླིང་གི་རྒྱ་རྫས་ལོངས་སྤྱོད་ཀྱི་བདག་པོ་ཡིན་ཀྱང་ཁབ་སྐུད་པ་གཅིག་ཙམ་ཡང་ཁྱེར་དབང་མེད། ཐ་ན་རང་

གིས་གཅེས་པར་བསྐྱངས་པའི་ལུས་ཀྱང་ཤུལ་དུ་བསྐྱུར་ནས་འགྲོ་དགོས་ཏེ། དེ་ཙ་ན་གསོན་པའི་དུས་སུ་ལུས་དར་ཟབ་ཀྱི་སྒྲུབས་ན། ཁ་ཇ་ཆང་གི་ངང་དུ་ཡོད་པའི་མཐོན་པོ་དང་མཛེས་པ་ལྷ་སྐུ་ལྟ་བུའི་ལུས་ཀྱང་རོ་ཞེས་བྱ་བ། མཐོང་ན་འཇིགས་པ་ངམ་གནག་པ། ལྷི་ཡོར་ཡོར་བ་དེར་གནས་གྱུར་པ་ཡིན་ཏེ། རྗེ་མི་ལས། རོ་ཞེས་བྱ་མཐོང་ན་འཇིགས་པ་དེ། །དུས་ད་ལྟ་ལུས་ཀྱི་རྒྱ་ན་གདའ། །ཞེས་གསུངས། དེའི་དུས་སུ་ཐ་གུས་བསྡམས། ཡོལ་བས་བསྒྲིབ། ས་དང་རྡོ་བས་བརྟེན། ཁ་ཕོར་དེ་མགོ་སྟེས་སུ་སྒྲུབས་ནས། གཅེར་དཀྱུ་དམར་དཀྱུ་ཇི་ལྟ་བུ་ཞིག་ཡིན་ཀྱང་། ཡ་ང་བ་དང་སྐྱུག་བྲོ་བའི་གནས་སུ་བྱེད། ད་ལྟ་ཚར་གོས་དང་ལྷགས་སྒྲུ་འཛམ་པོས་བརྩིགས་པའི་སྟེང་དུ་སྟེས་བྱས་ན་ཡང་གཉིད་ཐུན་གཅིག་བརྒྱབ་འཕྲལ་མི་བདེ་བ་སྐྱེས་ཏེ་གཞོགས་གཡས་གཡོན་སྒྱོ་དགོས་ཀྱང་། དེའི་དུས་སུ་རྡོའམ་སྒྱོ་ཏོ་ཞིག་འགྲམ་འོག་ཏུ་བཙུག་ནས་མགོ་ས་ཁ་ལེ་ཡོད་པ་དེ་ལྟ་བུ་ལས་མ་འདས། ད་ལྟ་རང་རེས་བཟའ་དཔོན་ནམ་དྲག་ཤོས་ལྟ་བུ་ང་རང་མེད་ན་ཤུལ་མི་འདི་དག་ལྟོགས་གྲིའམ་འཁྱག་གྲིར་འཆི་བའམ་དགྲ་ཞིག་ཆུས་ཁྱེར་དུ་འགྲོ་བ་ལས་འོས་མེད། ད་ལྟ་འདི་རྣམས་ལ་ལོངས་སྤྱོད་དང་བདེ་སྐྱིད་སོགས་འདི་དང་འདི་ལྟ་བུ་ཡོད་པ་འདི་ཐམས་ཅད་ཀྱང་ང་རང་ཕོ་ནའི་བེད་ཡིན་སྙམ་པ་རྣམས་ཀྱང་ཤི་ཙ་ན་ཁོང་ཚོས་རོ་དེ་མི་ལ་བསྒྲིགས་སམ་ཆུ་ལ་བསྐྱུར་རམ་དུར་ཁྲོད་དུ་འདོར་རམ་མེད་པར་བྱེད་ཐུབ་ནས་བློ་བདེ་བའི་ངང་ལ་གནས་པ་ལས་ཅི་ཡང་མེད། འཆི་ཙ་ན་རང་གཅིག་པུ་བར་དོའི་གནས་སུ་གྲོགས་མེད་གཅིག་པུར་འཁྱམས་དགོས་པ་ཡིན་པས། དེའི་ཚེ་དམ་པའི་ཆོས་ཉག་གཅིག་སྐྱབས་སུ་གྱུར་པས་ད་ལྟ་ཉིད་ནས་དམ་པའི་ལྷ་ཆོས་ཉག་མ་རེ་ཨེ་འགྲུབ་ཅི་ནས་ཀྱང་འབད་དགོས་སྙམ་དུ་ཡང་ནས་ཡང་དུ་བསམ། དེ་བཞིན་དུ་བསགས་པ་ཐམས་ཅད་འཛད་པའི་ཆོས་ཅན་ཡིན་ཏེ། འཛམ་གླིང་ལ་དབང་བྱེད་པའི་རྒྱལ་པོ་ལྟ་བུ་ཡང་མཐར་སྤྲང་པོར་འགྱུར་བའི་དུས་ཀྱང་ཡོད། ཚེ་སྟོད་ལོངས་

སྐྱིད་ཕུན་སུམ་ཚོགས་པ་མང་པོ་ཚེ་སྨད་རྒྱུ་ཟས་ལོངས་སྤྱོད་ཐམས་ཅད་ཟད་དེ་ལྟོགས་གྲིར་ཤི་བ་དང་། ན་ནིང་གནག་ཕྱུགས་བརྒྱ་ཕྲག་མང་པོ་ཡོད་པ་ཡང་གངས་ཞོད་དང་གོད་ཁས་ཉེན་ནས་ད་ལོར་སྤྲང་པོར་གྱུར་པ་དང་། ཁར་སང་མངའ་ཐང་ལོངས་སྤྱོད་དུ་འཛོམས་པའི་ཕྱུག་པོ་ཡང་དགྲས་བརླག་ནས་དེ་རིང་སྤྲང་མོ་བྱེད་པ་སོགས་དུ་མ་རང་རེས་མཐོང་ཆོས་སུ་གྱུར་པ་ཡིན་ན། ལོངས་སྤྱོད་ནོར་རྫས་ལ་ཡང་རྟག་པར་དབང་རྒྱུ་མི་འོང་བས། སྦྱིན་པའི་རྒྱགས་ཕྱེ་བསྒྲུབ་དགོས་སྙམ་དུ་ཡང་ཡང་བསམ། འདུས་པ་ཐམས་ཅད་ཀྱང་མི་རྟག་པར་བྲལ་ཏེ་ཡུལ་ཁམས་ཀྱི་ཚོང་འདུས་ཆེན་པོའམ། ཆོས་ར་ཆེན་པོ་རེ་རེར་ཡུལ་ཐ་དད་པའི་མི་སྟོང་ཕྲག་གམ་ཁྲི་ཕྲག་མང་པོར་འདུས་ཀྱང་དེ་དག་ཐམས་ཅད་ཀྱང་མཐར་རང་རང་སོ་སོའི་ཡུལ་དུ་འགྲེས་པ་བཞིན། ད་ལྟ་རང་རེ་བླ་སློབ་བམ་དཔོན་གཡོག་ཡོན་མཆོད་གྲོགས་མཆེད་སྤུན་ཟླ་བཟའ་ཚང་ལ་སོགས་བསྡེབ་བས་འགྲོགས་པ་རྣམས་ཀྱང་མཐར་ཅིས་ཀྱང་མི་འབྲལ་བའི་ཐབས་མེད། འཆི་བའམ་འཕྲལ་རྐྱེན་དྲག་པོ་གློ་བུར་དུ་བྱུང་ན་ད་ལྟ་རང་ཡང་མི་འབྲལ་བའི་ངེས་པ་མེད། དེས་ན་མཆེད་གྲོགས་དང་བཟའ་ཚོ་ལ་སོགས་ད་ལྟ་ལྷན་ཅིག་ཏུ་འདུས་པ་འདི་རྣམས་ཀྱང་འཕྲལ་འཕྲལ་སོ་སོར་འབྲལ་བར་འགྱུར་བ་ཡིན་པས། ཁོང་ཁྲོ་དང་འཐབ་རྩོད་ངན་ཤགས་དང་འཐབ་མོ་སོགས་མི་བྱེད་པར་ཡུན་རིང་འགྲོགས་པའི་ངེས་པ་མེད་པས་འཕྲལ་སྣང་ཡུད་ཙམ་པ་འདིར་བསྡེབ་བས་འགྲོགས་ཤིང་སྐྱོང་དགོས་སྙམ་དུ་བསམས་ཏེ། ཕ་དམ་པས། བཟའ་ཚང་མི་རྟག་ཚོང་དུས་མགྲོན་པོ་འདྲ། །ངན་ཤགས་འཐབ་མོ་མ་བྱེད་དིང་རི་བ། །ཞེས་གསུངས། བརྩིགས་པའི་མཁར་ཐམས་ཅད་ཀྱང་འཇིལ་བར་འགྱུར་བ་ཡིན་ཏེ། སྟོན་དར་ཞིང་རྒྱས་པའི་གྲོང་སྡེ་དང་། དགོན་གནས་སྟོང་པའི་ཤུལ་འདི་དག་ལའང་སྟོན་སྐྱེས་བུའི་བདག་བཟང་པོ་རེ་ཡོད་པ་ཡིན་ཏེ། ད་ལྟའི་གནས་སྐབས་ན། བྱ་དང་བྱིའུའི་ཚང་དུ་སོང་། ལྷ་སྲས་ཁྲི་སྲོང་ལྡེའུ་བཙན་གྱི་རིང་ན། སྤྲུལ་པའི་བཟོ་བོས་

བཞེངས་ཤིང་། ཨུ་རྒྱན་སངས་རྒྱས་གཉིས་པས་རབ་གནས་མཛད་པའི་བསམ་ཡས་དབུ་རྩེ་རིམ་གསུམ་ལྟ་བུ་ཡང་མེའི་གནོད་པས་ཞག་གཅིག་ལ་ཞིག ཆོས་རྒྱལ་སྲོང་བཙན་སྒམ་པོའི་དུས་སུ་དམར་པོའི་རི་ཡི་ཕོ་བྲང་རྣམ་རྒྱལ་ཁང་བཟང་ལ་འཕྲུན་པ་ལྟ་བུ་ཡོད་པའང་ད་ལྟ་རྨང་རྗེ་ཙམ་ཡང་མ་ལུས་པ་ཡིན་ན། རང་རེའི་གྲོང་ཁྱིམ་དང་དགོན་གནས་འབུ་ཚང་ལྟ་བུ་འདི་ལ་གཅེས་སྤྲས་སུ་བྱས་ནས་ཅི་ཞིག་བྱེད། དེས་ན་བཀའ་བརྒྱུད་གོང་མའི་རྣམ་ཐར་བཞིན། ཕ་ཡུལ་རྒྱབ་ཏུ་བསྐྱུར། མི་ཡུལ་དང་དུ་བླངས། གནས་བྲག་རྩ་ཏུ་བསྟད། གྲོགས་རི་དྭགས་དང་འགྲོགས། ཀྱིང་ལྟོ་གོས་གཏམ་གསུམ་ལ་བསྐྱུར་ནས་བློ་ཕུགས་ཆོས་ལ་གཏད། ཆོས་ཕུགས་སྤྲང་ལ་གཏད། སྤྲང་ཕུགས་ཤི་ལ་གཏད། ཤི་ཕུགས་གྲོག་སྟོང་ལ་གཏད་དེ། ཇོ་བོ་བཀའ་གདམས་པའི་གཏད་ས་བཞི་པོ་འདི་མཐར་འཁྱོལ་བ་ཞིག་བྱེད་དགོས་སྙམ་དུ་སྙིང་ཐག་པ་ནས་བསམ། མཐོན་པོའི་ཐོབ་དང་དཔའ་བོའི་དཔུང་ཡང་མི་རྟག་པ་ཡིན་ཏེ། འཁོར་ལོས་སྒྱུར་བའི་རྒྱལ་པོ་ང་ལས་ནུ་ལྟ་བུ་གླིང་བཞི་ལ་དབང་བའི་གསེར་གྱི་འཁོར་ལོས་སྒྱུར་བ། སུམ་ཅུ་རྩ་གསུམ་གྱི་ལྷ་ཡུལ་ལའང་དབང་བྱས། ལྷའི་དབང་པོ་བརྒྱ་བྱིན་དང་སྟན་གཅིག་ལ་སྡོད། ལྷ་མ་ཡིན་གྱི་གཡུལ་ངོ་བཟློག་ནུས་པ་ཡང་མཐར་ས་སྟེང་དུ་ལྷུང་སྟེ། འདོད་པ་རྣམས་ཀྱིས་མ་ངོམས་བཞིན་དུ་ཤི་བ་ཡིན། ད་ལྟ་རང་རེས་མཐོང་ཆོས་ལའང་རྒྱལ་པོའམ། བླ་དཔོན་གྱི་དྲུང་འཁོར། ཡུལ་སྡེའི་དཔོན་པོ་སོགས། ཐོབ་ཐང་དང་ཁེ་དྲག་ཡོད་པ་ཐམས་ཅད་ཀྱང་རྟག་པར་དེ་གའི་ངང་དུ་བསྡད་པ་གཅིག་ཀྱང་མེད། སྡར་ལོ་ཁྲིམས་ལུང་གཞན་ལ་སྟོན་པའི་བཙན་པོ་རྣམས་ཀྱང་། ད་ལོ་བཙོན་ཁང་དུ་ཉལ་དགོས་པ་དུ་མ་མཐོང་བས་རྟག་པ་མེད་པའི་མངའ་ཐང་གིས་ཅི་བྱེད། དེ་བས་དུས་རྟག་ཏུ་རྒུད་པ་དང་ཉམས་པ་མེད་པར་འགྲོ་བ་ལྷ་དང་བཅས་པའི་མཆོད་འོས་སུ་གྱུར་པ་རྫོགས་པའི་སངས་རྒྱས་ཀྱི་གོ་འཕང་ཞིག་སྒྲུབ་དགོས་སྙམ་དུ་བསམ། དེ་བཞིན་དུ་དགྲ་གཉེན་ཀྱང་མི་རྟག་སྟེ། སྔོན་

འཕགས་པ་ཀ་ཏྱ་ན་བསོད་སྙོམས་ལ་ཐེབས་པས་ཁྱིམ་བདག་ཞིག་གིས་བུ་ཞིག་པང་ན་བཟུང་། ཉ་ཤ་ཞིག་ཞིམ་ཞིམ་ལྟར་ཟ། ཁྱི་མོ་ཞིག་རྡུས་པ་འཆའ་བ་ལ་རྡོ་རྡེག་པར། འཕགས་པས་མངོན་ཤེས་ཀྱིས་གཟིགས་པས། ཉ་དེ་སྐྱེ་བ་ད་རེས་ཀྱི་ཕ་དང་། ཁྱིམ་མོ་དེ་མའི་སྐྱེ་བ་ཡིན་ཞིང་། ཚེ་སྔོན་རང་གསོད་པའི་དགྲ་དེ་སྔོག་ལན་ཆགས་ནས། བུར་སྐྱེས་པ་ཡིན་པར་གཟིགས་པས། ཕ་ཤ་ཟ་ཞིང་མ་ལ་རྡེག ། གསོད་པའི་དགྲ་བོ་པང་ན་བཟུང་། །ཙུང་མས་ཕྱི་ཡི་རྡུས་པ་འཆའ། །འཁོར་བའི་ཆོས་ལ་གད་མོ་བྲོ། །ཞེས་གསུངས་པ་ཡིན། ཚེ་འདིར་ཡང་དགྲ་མི་ཤ་བོར་གྱུར་པ་རྣམས་ཀྱང་། ཕྱིས་སུ་མཐུན་པའི་གྲོགས་བྱས། གཉེན་དང་ཉེ་བར་སྦྲེལ། །མཛའ་མཐུན་གཞན་ལས་ལྷག་པ་ཡང་དུ་མ་འདུག ཕ་མ་དང་སྤུན་ཟླ་ཡིན་ཀྱང་རྒྱུ་རྫས་དང་ལོངས་སྤྱོད་ཕྲ་མོ་རེའི་ཆེད་དུ་འཁོན་ནས་གཅིག་གིས་གཅིག་ལ་ཅི་གནོད་བྱེད་པ་དང་། བཟའ་ཚོ་དང་ཉེ་འབྲེལ་ཡིན་ཡང་འཕྲལ་རྐྱེན་ཕྲན་བུ་རེས་དགྲར་གྱུར་ཏེ་གཅིག་གིས་གཅིག་གསོད་པ་ཡང་མཐོང་བས་དགྲ་གཉེན་གང་ཡང་ཧག་པ་མེད་པས་ཐམས་ཅད་བྱམས་པ་དང་སྙིང་རྗེས་སྐྱོང་དགོས་སྙམ་དུ་ཡང་ཡང་བསམ། སྲིད་སྡུག་གི་གནས་སྐབས་ཀྱང་མི་ཧག་སྟེ་ཚེ་སྟོད་འབྱོར་ཞིང་སྐྱིད་པ་དུ་མ་ཚེ་སྨད་དབུལ་ཞིང་སྡུག་བསྔལ་བ་དང་། ཚེ་སྟོད་སྡུག་བསྔལ་བ་དུ་མ་ཚེ་སྨད་ལ་སྐྱིད་པ་ཡང་ཡོད་ཅིང་། ཚེ་སྟོད་སྤྲང་པོར་གྱུར་པ་ཡང་ཚེ་སྨད་རྒྱལ་པོ་བྱས་པ་ཡང་དུ་མ་ཡོད། རྗེ་བཙུན་མི་ལའི་ཨ་ཁུ་ལྷ་བུ། སྤ་དྲོ་མནའ་མ་བསུས་ཏེ་སྐྱིད་པའི་སྟོན་མོ་བྱེད་པ་ལ་ཕྱི་དྲོ་ཁང་པ་བརྡིབས་ཏེ་སྡུག་བསྔལ་གྱི་སྨྲེ་སྔགས་འདོན་པ་ཡང་བསམ་གྱིས་མི་ཁྱབ། ཆོས་ཕྱིར་དཀའ་བ་སྤྱད་དེ་སྡུག་བསྔལ་གྱི་རྣམ་གྲངས་དུ་མ་མྱོང་ཡང་མཐར་བདེ་སྐྱིད་བླ་ན་མེད་པ་ཐོབ་སྟེ། སྟོན་པ་ཐུབ་པ་གྱི་རྒྱལ་བ་གོང་མ་རྣམས་དང་རྗེ་བཙུན་མི་ལ་ལྟ་བུ་ཡིན། སྔོག་པས་བསགས་པའི་ལོངས་སྤྱོད་ཀྱིས་སྐྱིད་པོར་བྱས་ཀྱང་མཐར་སྡུག་བསྔལ་མུ་མཐའ་མེད་པར་འགྱུར་ཏེ། སྟོན་ཉེ་འོག་གི་རྒྱལ་ཁབ་ཏུ་དང་པོ་ཞག་བདུན་འབྲུའི་ཆར་བབས། དེ་ནས་ཞག

བདུན་གོས་ཀྱི་ཆར་བབས། དེ་ནས་ཞག་བདུན་རིན་པོ་ཆེའི་ཆར་བབས། མཐར་སའི་ཆར་བབས་ཏེ་ཐམས་ཅད་ས་འོག་ཏུ་ཤི་ནས་ངན་སོང་དུ་སྐྱེས་པ་ལྟ་བུ་ཡིན་པས། སྲིད་སྡུག་རྟག་པ་མེད་པ་ལ་རེ་དོགས་ཀྱི་འཛིན་འཁྲིས་མི་བྱེད་པར་འཇིག་རྟེན་ཚེ་འདིའི་བདེ་སྐྱིད་ལོངས་སྤྱོད་ཐམས་ཅད་མཆིལ་མའི་ཐལ་བ་བཞིན་དོར། ཆོས་ཕྱིར་དཀའ་སྤྱད་དང་སྙིང་རུས་ཀྱི་སྡུག་བསྔལ་དང་དུ་བླངས་ནས་རྒྱལ་བ་གོང་མའི་གཤེགས་ཤུལ་སྙེགས་པ་ཞིག་བྱེད་དགོས་སྙམ་དུ་ཞེ་ཐག་པ་ནས་བསྒོམ། བཟང་པོ་དང་ངན་པ་ཡང་མི་རྟག་སྟེ། འཇིག་རྟེན་གྱི་ཕྱོགས་ནས་ཀྱང་། ཁ་དྲག་དང་གཏམ་བཤད། ཤེས་རྒྱ་དང་ཟེར་ཡོད། དཔའ་རྩལ་དང་སྤྱང་གྲུང་འཛོམས་པ་རྣམས་ཀྱང་རྒུད་པའི་དུས་ལ་བབས། སྔོན་བསགས་ཀྱི་བསོད་ནམས་ཟད་ཅ་ན་བསམ་བློ་ཐམས་ཅད་ཕྱིན་ཅི་ལོག་ཏུ་སྐྱེ། བྱ་བ་ཐམས་ཅད་ལམ་དུ་མི་འགྲོ། མིས་འཕྱ། རང་སྡུག་གཞན་གྱིས་བརྙས་བཅོས་བྱེད་པ་ཁོ་ནར་གྱུར། སྔར་གྱི་ཡོན་ཏན་ཐྲན་བུ་རེ་ཡོད་པ་རྣམས་ཟད་པ་ལྟར་གྱུར་ནས་ཅི་ཡང་མེད་པ་ཡང་དུ་མ་ཡོད། སྔར་ཤེས་མེད་དང་བསམ་མེད་ཁྲམ་པ་དང་རྫུན་མ་ཡིན་ཟེར་བ་མང་པོ་ཕྱིས་ལོངས་སྤྱོད་དང་འབྱོར་པ་ཐོབ། ཁྲམ་པ་རྒས་པ་གཙོ་བོ་ཟེར་བའི་དཔེ་བཞིན་གཞན་གྱིས་བློ་གཏད་བྱེད། བཟང་པོ་དང་བསམ་ཡོད་དུ་བརྩི་བ་ཡང་དུ་མ་ཡོད། ཆོས་ཕྱོགས་ནས་ཀྱང་། རྟོགས་ལྡན་རྒས་པའི་སློབ་གཉེར། ཞིན་ལོག་རྒས་པའི་གསོག་འཇོག སྔོན་པ་རྒས་པའི་བཟའ་དཔོན་ཟེར་བ་བཞིན་ཚེ་སྟོད་འཇིག་རྟེན་གྱི་བྱ་གཞག་ཐམས་ཅད་བློས་བཏང་བའི་བྱ་བཏང་ཡང་ཚེ་སྨད་རྒྱུ་ཟས་ཀྱི་གསོག་འཇོག་རེམ་པ་དང་། ཚེ་སྟོད་གཞན་ལ་ཆོས་བཤད་བྱེད་པའི་སློབ་དཔོན་ཡང་ཚེ་སྨད་ཇོན་པ་དང་རྐུན་ཇག་བྱེད་པ་དང་། ཚེ་སྟོད་འདུལ་འཛིན་གྱི་མཁན་པོ་ཡང་ཚེ་སྨད་ཕྲུ་གུ་མང་པོའི་ཕ་མ་བྱེད་པ་སོགས་ཡོད་ཅིང་། ཚེ་སྟོད་སྡིག་པའི་ལས་ཁོ་ན་བྱེད་པ་ཡང་ཚེ་སྨད་དམ་པའི་ཆོས་ཁོ་ན་སྒྲུབ་ཅིང་གྲུབ་པ་ཐོབ་པའམ། མིན་ཀྱང་འཆི་ཁར་ལམ་སྣ་ཟིན་པ་སྐྱེ་བ་གོང་འཕེལ་དུ་གྱུར་

པ་སོགས་དུ་མ་ཡོད་པ་ཡིན་པས་ད་ལྟ་བཟང་ངན་གྱི་སྣང་བ་སྐད་ཅིག་མ་ལ་རྟག་པ་དང་བརྟན་པ་གང་ཡང་མེད་ཀྱང་ རང་ལ་ངེས་འབྱུང་དང་སྐྱོ་ཤས་སད་སྲུད་སྐྱེས། ལྟར་སྣང་གི་ཆོས་ཞིག་སྒྲུབ་ལོ་བྱས། གཞན་འཛིག་རྟེན་པས་བཟང་པོར་བསྟིས་ཏེ། ཡོན་བདག་དང་སློབ་མས་ཞབས་ནས་བཏེག་ཙ་ན་རང་གིས་རང་རྒྱུད་ཞིབ་ཏུ་མི་བརྟག་པར་ང་ནི་དེ་དང་དེ་ལྟ་བུ་ཡིན་ནོ་སྙམ་ནས་ང་རྒྱལ་གྱིས་རྒྱ་སྒྲོས། སྣང་བ་ཡུར་ལངས་ངས་གང་བྱས་ཀྱང་ཚོག་སྙམ་པའི་བློ་སྐྱེ་བ་ནི། བདུད་ཀྱིས་མངོན་སུམ་དུ་བསླུས་པ་ཡིན་ཞིང་། བདག་འཛིན་ཡུལ་ཕུད། བདག་མེད་ཀྱི་ཡེ་ཤེས་སྐྱེས། འཕགས་པའི་ས་མ་ཐོབ་ཀྱི་བར་དུ་བཟང་ངན་གྱི་སྣང་བ་ལ་རྟག་པ་མེད་པས། དུས་རྟག་ཏུ་འཆི་བ་མི་རྟག་པ་བསྒོམ། རང་རྒྱུད་ཀྱི་སྐྱོན་ལ་རྟོག་རྟག་ཏུ་དམན་ས་འཛིན། ངེས་འབྱུང་དང་སྐྱོ་ཤས་བསྐྱེད། ཞི་དུལ་དང་བག་ཡོད་ལ་བསླབ། འདུས་བྱས་མི་རྟག་པ་དང་། འཁོར་བའི་སྡུག་བསྔལ་ལ་བསམས་ནས་དུས་རྟག་ཏུ། ཡི་མུག་དུང་ངེ་། སེམས་སྐྱོ་ཚད་དེ་བ་ཞིག་ལ་བསླབ་དགོས་ཏེ། རྗེ་མི་ལས། མི་མེད་ལུང་པའི་བྲག་ཕུག་ན། །སྐྱོ་ཚད་དེ་བ་ལ་སངས་དུས་མེད། །བླ་མ་དུས་གསུམ་སངས་རྒྱས་ལ། །ཡིད་དུང་ངེ་བ་ལ་འབྲལ་བ་མེད། །ཅེས་གསུངས་པ་ལྟར་ཉམས་སུ་བླངས་དགོས། དེ་ལྟར་ཉམས་སུ་མ་བླངས་ན། འཕྲལ་གྱི་རྣམ་རྟོག་འདི་ཡང་མི་རྟག་པ་ཡིན་པས་ཅིར་འགྱུར་གཏོལ་མེད་དེ། སྔོན་ཉེ་བ་དཀར་ལངས་པའི་མི་ཞིག་ཕྱིས་སུ་ཆོས་སྒོར་ཞུགས་ནས། སྒྲུབ་པ་བྱས་པའི་དགེ་སློང་ཐང་པ་ཞེས་བྱ་སྟེ། རླུང་སེམས་ལ་རང་དབང་ཐོབ་ནས་ནམ་མཁར་འཕུར་ནུས་ཙ་ན། ཉིན་གཅིག་གཏོར་ཟན་ཟ་བ་ལ་ཕུག་རོན་མང་པོ་འདུས་པས། ང་ལ་འདི་ལྟ་བུའི་དམག་སྡེ་ཡོད་ན་དགྲ་བོ་དེ་རྣམས་ཚར་གཅོད་ནུས་སྙམ་པའི་རྣམ་རྟོག་ངན་པ་ཞིག་ལམ་དུ་མ་བསླངས་པས། ཕྱིས་ཡུལ་དུ་བབས་ནས་དམག་དཔོན་བྱེད་པ་ཞིག་བྱུང་བ་ཡིན། དེ་བཞིན་དུ་འཕྲལ་དུ་བླ་མ་དང་དགེ་བའི་གྲོགས་པོའི་རྐྱེན་ལས། ཆོས་ཀྱི་སྣང་བ་ཙམ་ཐོབ་ཀྱང་། སོ་སོའི་སྐྱེ་བོའི་འདུ་ཤེས་ལ་རྟག

པ་མེད་པས་རང་མགོ་ཉི་མ་ཚོས་ཀྱིས་བཏོན་ཏེ། ཚེ་དང་སྒྲུབ་པ་སྒོམས་པ་ཞིག་བྱེད་དགོས་སྙམ་དུ་བསམ་མོ། །དེ་ལྟར་དཔེ་དོན་དུ་མ་ལ་བསམས་ཀྱང་། ཡ་གི་སྲིད་པའི་རྩེ་མོ་ནས། མ་གི་དམྱལ་བའི་གནས་རིས་ཡན་ཆད་རྟག་པ་དང་བརྟན་པ་ཙུང་ཟད་ཀྱང་མེད་པ་འཕོ་འགྱུར་འཕེལ་འགྲིབ་ཀྱི་རང་བཞིན་དུ་ཡིད་ཆེས་པར་བྱའོ། །

6 འཆི་རྐྱེན་ངེས་མེད་ལ་བསམས་ཏེ་མི་རྟག་པ་བསྒོམ་པ།

དྲུག་པ་འཆི་རྐྱེན་ངེས་མེད་ལ་བསམས་ཏེ་མི་རྟག་པ་བསྒོམ་པ་ནི། རང་རེ་འཛམ་བུ་གླིང་པའི་མི་རྣམས་སྐྱེས་པ་ཙམ་ནས་འཆི་བ་ངེས་ཀྱང་། འཆི་ལུགས་འཆི་རྐྱེན་འཆི་བའི་དུས་ཚོད་མ་ངེས་ཤིང་། ནམ་འཆི་དང་འདིར་འཆི། འདི་ལྟར་འཆི་དང་གང་གིས་འཆི་བ་ནི་སུ་ལའང་ངེས་པ་མེད་དེ། འཇིག་རྟེན་འདིར་འཚོ་བའི་རྐྱེན་ནི་ཉུང་ཞིང་འཆི་བའི་རྐྱེན་ནི་མང་བས། སློབ་དཔོན་ཨཱརྱ་དེ་ཝས། འཆི་བའི་རྐྱེན་ནི་ཤིན་ཏུ་མང་། །འཚོ་བའི་རྐྱེན་ནི་ཤིན་ཏུ་ཉུང་། །དེ་ཡང་འཆི་བའི་རྐྱེན་ཏུ་འགྱུར། །ཞེས་གསུངས་པ་ལྟར། མེ་དང་། ཆུ་དང་། དུག་དང་། གཡང་ས་དང་། མི་རྒོད་དང་། གཅན་གཟན་ལ་སོགས་འཆི་བའི་རྐྱེན་ནི་ཤིན་ཏུ་མང་ཞིང་། འཚོ་བའི་རྐྱེན་ནི་ཉུང་ཟད་ཙམ་ལས་མེད་ལ། འཚོ་བའི་རྐྱེན་དུ་རློམ་པའི་ཟས་དང་གོས་ལ་སོགས་པ་རྣམས་ཀྱང་འཆི་བའི་རྐྱེན་དུ་འགྱུར་བ་ཡང་ཡོད་དེ། དུག་ཅན་གྱི་བཟའ་བ་ཟོས་པའམ། མིན་ཀྱང་འཕྲལ་དུ་ལུས་ལ་ཕན་པར་རློམ་ནས་ཟས་ཟོས་པ་ཡང་གྱུར་དུག་གམ་མི་འཕྲོད་པར་གྱུར་ནས་འཆི་བའི་རྐྱེན་བྱེད་པ་ཡང་མང་ཞིང་། ཁྱད་པར་ད་ལྟའི་དུས་སྐབས་ན་སྐྱེ་བོ་ཕལ་ཆེར་ཤའི་ཟས་ལ་སྲེད་པ་ཆེ་བས། ཤ་ཁྲག་གི་ཟས་བག་མེད་དུ་སྤྱོད་པ་ལ་བརྟེན་ནས་དམར་གདོན་ནམ་ཤ་སྦྲེན་གྱིས་ནད་དུ་མ་གྱུར་པ་མེད་པ་ལྟ་བུ་དང་། གཞན་ཡང་ཟས་དང་སྤྱོད་ལམ་ཉེས་པས། སྐྲན་དང་བད་ཀན་ཆུ་ནད་བསྐྱེད་དེ་འཆི་བའི་རྐྱེན་བྱས་པ་ནི་གྲངས་

ཀྱིས་མི་ཚད། དེ་བཞིན་དུ་ལོངས་སྤྱོད་དང་སྙན་གྲགས་ལ་སོགས་དོན་དུ་གཉེར་བས་ཕ་རོལ་གྱི་གཡུལ་ངོར་ཕྱིན་པའམ། གཅན་གཟན་མ་རུངས་པའི་དྲུང་དུ་འགྲོ་བ། ཆུ་ལ་བག་མེད་དུ་བརྐྱལ་བ་སོགས་འཆི་བའི་རྐྱེན་དུ་གྱུར་པ་ཡང་གྲངས་ཀྱིས་མི་ཚད། གཞན་ཡང་འཆི་རྐྱེན་རྣམ་པ་སྣ་ཚོགས་པས་འཆི་དུས་ངེས་པ་མེད་པར་འཆི་བ་ཡིན་ཏེ། ཁ་ཅིག་མ་ཡི་མངལ་དུ་འཆི་བ་ཡང་ཡོད། ཁ་ཅིག་སྐྱེས་མ་ཐག་ཏུ་འཆི་བ་ཡང་ཡོད། ཁ་ཅིག་གོག་པོ་འགོག་ཙམ་ན་འཆི་བ་ཡང་ཡོད། ཁ་ཅིག་དར་ལ་བབས་ནས་འཆི་བ་ཡང་ཡོད། ཁ་ཅིག་རྒས་ཤིང་འཁོགས་ནས་འཆི་བ་ཡང་ཡོད། ཁ་ཅིག་སྨན་དང་སྲུང་བ་བྱེད་ལོང་མེད་པར་འཆི་བ་ཡང་ཡོད། ཁ་ཅིག་ལོ་ནད་སྟན་ལ་འགྱུར་ནས་ཤི་མིག་གསོན་ལ་བལྟས་ཏེ་རུས་མགོ་ལྤགས་ཀྱིས་གཡོགས་ཏེ་འཆི་བ་ཡོད། ཁ་ཅིག་གདོང་ཐུག་ལྟ་བུས་ཟས་ཟ་འཕྲོ་གཏམ་བཤད་འཕྲོ་ལས་ཀ་བྱེད་འཕྲོ་ལ་ཤི་བ་དུ་མ་ཡོད། ཁ་ཅིག་རང་གིས་རང་གསོད་པ་ཡོད་པ་ཡིན་ལ། དེ་ལྟར་འཆི་བའི་རྐྱེན་གྲངས་མང་བའི་དབུས་ན་འཚོ་བའི་ཚེ་ནུས་པ་ཆུང་བ་རླུང་གསེབ་ཀྱི་མར་མེ་ལྟར་གནས་པ་ཡིན་པས་དུས་ད་ལྟ་ཙམ་འཆི་བ་གློ་བུར་དུ་སླེབ་སྟེ། སང་གི་ཉི་མ་ཙམ་ལ་མགོའམ་ཁ་ལ་རྣ་ཅོ་སྐྱེས་པའི་དུད་འགྲོ་ཞིག་ཏུ་སྐྱེས་མེད་པའི་ངེས་པ་ཡང་མེད་པས། ནམ་འཆི་ཆ་མེད་དང་གར་སྐྱེ་ངེས་མེད་ལ་ཡིད་ཆེས་ཐོབ་པར་བྱའོ། །

7 འདུན་པ་དྲག་པོ་ལ་བསམས་ཏེ་མི་རྟག་པ་བསྒོམ་པ།

འདུན་པ་དྲག་པོ་ལ་བསམས་ཏེ་མི་རྟག་པ་བསྒོམ་པ་ནི། དུས་དང་གནས་སྐབས་ཐམས་ཅད་དུ་འཆི་བ་ཁོ་ན་བསྒོམ་ཞིང་འགྲོ་འདུག་ཉལ་གསུམ་ཐམས་ཅད་ལ་འཇིག་རྟེན་འདིའི་སྤྱོད་ལམ་གྱི་ཐ་མ་ཡིན་ནོ། །ཞེས་དག་ཏུ་ཡང་བརྗོད། ཡིད་ལའང་དུང་ངེ་བསྒོམ། གནས་གཞན་དུ་འགྲོ་ནའང་དེར་འཆིའམ་གནས་འདིར་ཨེ་ལོག་ཆ་མེད་དོ་སྙམ་པ་དང་། ལམ་དུ་ཞུགས་པའམ་ངལ་སྟེགས་ལ་

སྒོད་ནའང་འདིར་འཆིའམ་སྙམ་པ་དང་། གང་ན་འདུག་ཀྱང་འདིར་འཆིའམ་སྙམ་པ་དང་། མཚན་མོ་ཉལ་བའི་དུས་ཀྱང་དོ་ནུབ་ཉལ་ས་འདིར་འཆིའམ་སང་ཉིད་ལྡང་བའི་ངེས་པ་མེད་དོ་སྙམ་པ་དང་། ནངས་མོ་ལྡང་བའི་དུས་ཀྱང་དེ་རིང་གི་ཉིན་གང་འདིར་འཆིའམ་དོ་ནུབ་ཉལ་བའི་ངེས་པ་མེད་དོ་སྙམ་དུ་འཆི་བ་འབའ་ཞིག་སྙིང་ཐག་པ་ནས་དྲན་དྲན་བསྒོམ་ཞིང་། སྔོན་བཀའ་གདམས་པའི་དགེ་བཤེས་རྣམས་མཚན་མོ་གཟིམས་པའི་ཚེ་ནངས་པར་མེ་བཏང་རྒྱུ་ཨེ་འོང་མི་ཤེས་སྙམ་དུ་མེ་མི་སྦར་བ་དང་། གསོལ་ཞལ་ཡང་ཁ་སྦུབས་ནས་འཇོག་པ་སོགས་འཕྲལ་དང་འཕྲལ་ལ་འཆི་བའི་ཐུགས་འདུན་འབའ་ཞིག་མཛད་པ་བཞིན་ཉམས་སུ་བླངས་། འཆི་བ་ཙམ་བསྒོམས་པས་ཀྱང་མི་འོང་སྟེ་འཆི་ཁར་ཕན་པ་དམ་པའི་ཆོས་ཁོ་ན་ཡིན་པས། དུས་རྟག་ཏུ་དྲན་པ་དང་ཤེས་བཞིན་མ་བྲལ་བའི་ངང་ནས་འཁོར་བའི་བྱ་གཞག་ཐམས་ཅད་མི་རྟག་སྙིང་པོ་མེད་པར་ཤེས་པས་ཡང་དག་པའི་ཆོས་ལ་བསྐུལ་དགོས་ཏེ། ཕྱིར་ལུས་སེམས་ཀྱི་ཚོགས་པ་མི་རྟག་པས་གཡར་པོ་ལ་བདག་ཏུ་མི་འཛིན། འགྲོ་ན་ལམ་མི་རྟག་པས་(སྐྱུད་པ་ལས། གཉའ་ཤིང་གང་ཙམ་ལྟ་ཞིང་འགྲོ་ལ་སེམས་འཁྲུལ་མེད།)གོམ་པ་ཆོས་ཕྱོགས་སུ་འདོར། འདུག་ན་གནས་མི་རྟག་པས་དག་པའི་ཞིང་ཁམས་ཡིད་ལ་བྱ། བཟའ་བཏུང་དང་ལོངས་སྤྱོད་མི་རྟག་པས་ཏིང་ངེ་འཛིན་ཟས་སུ་ཟ། ཉལ་ན་གཉིད་མི་རྟག་པས་འཁྲུལ་པ་འོད་གསལ་དུ་སྦྱངས། འབྱོར་ན་ནོར་མི་རྟག་པས་འཕགས་པའི་ནོར་བདུན་བསྙེན། གཉེན་གྲོགས་དང་སྲིད་སྡེ་མི་རྟག་པས་དབེན་པར་ངེས་འབྱུང་ལ་བསྐུལ། ཆེ་བཙན་དང་སྙན་གྲགས་མི་རྟག་པས་རྟག་ཏུ་དམན་ས་བཟུང་། སྨྲ་བའི་ཚིག་མི་རྟག་པས་བཟླས་བརྗོད་དང་ཁ་ཏོན་ལ་བསྐུལ། དད་པ་དང་ངེས་འབྱུང་མི་རྟག་པས་དམ་བཅའ་བརྟན་པོ་ལ་བརྩོན། འདུ་ཤེས་དང་རྣམ་རྟོག་མི་རྟག་པས་མི་གཞི་བཟང་པོ་ལ་བསླབ། ཉམས་དང་རྟོགས་པ་མི་རྟག་པས་ཆོས་ཉིད་ཟད་ས་ལ་སྐྱོལ་དང་། དེའི་དུས་སུ་སྐྱེ་འཆིའི་

བར་ལག་འགྱེལ། འཆི་བྲོད་ཀྱི་གདེང་ཚད་རྙེད། འཆི་མེད་ཀྱི་བཙན་ས་ཟིན། བྱ་རྒོད་པོ་ནམ་འཕངས་ཚོད་པ་དང་འདྲ་བས། འཆི་ཡོང་སྙམ་པའི་ཡི་མུག་དེ་དུས་དེ་ནས་བསྒོམས་མི་དགོས་ཏེ། རྗེ་མི་ལས། ང་འཆི་བས་འཇིགས་ནས་རི་ལ་ཕྱིན། །ནམ་འཆི་ཆ་མེད་བསྒོམས་བསྒོམས་པས། །འཆི་མེད་གཉུག་མའི་བཙན་ས་ཟིན། །ད་འཆི་བའི་འཇིགས་པ་བོར་ཏེ་ཐལ། །ཞེས་དང་། མཉམ་མེད་དྭགས་པོ་རིན་པོ་ཆེའི་ཞལ་ནས། དང་པོ་སྐྱེ་འཆིའི་འཇིགས་པས་དེད་པ་ཤ་བ་བཙོན་དོང་ནས་འབྲོས་པ་ལྟ་བུ་ཞིག་དགོས། བར་དུ་ཤི་ཡང་མི་འགྱོད་པ་ཞིང་པས་སོ་ནམ་རྨ་པ་ལྟ་བུ་ཞིག་དགོས། ཐ་མ་བློ་བདེ་བ་བྱ་བ་རླབས་ཆེན་ཟིན་པའི་སྐྱེས་བུ་ལྟ་བུ་ཞིག་དགོས། དང་པོ་ལོང་མེད་དུ་ཤེས་པ་སྐྱེས་བུའི་གནད་ལ་མདའ་ཕོག་པ་ལྟ་བུ་ཞིག་དགོས། བར་དུ་ཡེངས་མེད་དུ་བསྒོམ་པ་བུ་གཅིག་ཤུ་ཤི་བའི་མ་ལྟ་བུ་ཞིག་དགོས། ཐ་མ་བྱར་མེད་དུ་ཤེས་པ་ཕྱུགས་མ་དགྲས་དེད་པའི་རྫི་བོ་ལྟ་བུ་ཞིག་དགོས། ཞེས་གསུངས། དེ་ལྟ་བུ་མ་བྱུང་གི་བར་དུ་འཆི་བ་མི་རྟག་པ་འདི་ཁོ་ན་བསྒོམ་དགོས་ཏེ། བཅོམ་ལྡན་འདས་ཀྱིས་ཀྱང་། མི་རྟག་པ་མང་དུ་བསྒོམས་ན་སངས་རྒྱས་ཐམས་ཅད་ལ་མཆོད་པ་བྱས་པ་ཡིན་ནོ། །མི་རྟག་པ་མང་དུ་བསྒོམས་ན་སངས་རྒྱས་ཐམས་ཅད་ཀྱིས་དབུགས་ཕྱུང་བ་ཡིན་ནོ། །མི་རྟག་པ་མང་དུ་བསྒོམས་ན་སངས་རྒྱས་ཐམས་ཅད་ཀྱིས་ལུང་སྟོན་པ་ཡིན་ནོ། །མི་རྟག་པ་མང་དུ་བསྒོམས་ན་སངས་རྒྱས་ཐམས་ཅད་ཀྱིས་བྱིན་གྱིས་བརླབས་པ་ཡིན་ནོ། །དཔེར་ན་རྗེས་རྣམས་ཀྱི་ནང་ན་གླང་པོ་ཆེའི་རྗེས་མཆོག་ཡིན་ནོ། །དེ་བཞིན་དུ་ནང་པ་སངས་རྒྱས་པའི་བསྒོམ་པའི་འདུ་ཤེས་ཐམས་ཅད་ཀྱི་ནང་ན་མི་རྟག་པ་བསྒོམ་པའི་འདུ་ཤེས་ཁོ་ན་མཆོག་ཡིན་ནོ། །ཞེས་གསུངས་པ་དང་། འདུལ་བ་ལུང་ལས། ངའི་འཁོར་བུམ་པ་བཟང་པོ་ལྟ་བུ། དགེ་སློང་ཤཱ་རིའི་བུ་དང་། མཽའུ་འགལ་གྱི་བུ་དང་འདྲ་བ་བརྒྱ་ལ་གདུགས་ཚོད་ཡོན་དང་བཅས་པ་བྱིན་པ་བས། འདུས་བྱས་མི་རྟག་པ་སྐད་ཅིག་མ་གཅིག་དྲན་པ་མཆོག་ཡིན་ནོ། །ཞེས་གསུངས། དེ་བཞིན་

ཏུ་དགེ་བའི་བཤེས་གཉེན་པུ་ཏོ་བ་ལ་དགེ་བསྙེན་གཅིག་གིས་ཆོས་གཅིག་ཏུ་བྱ་བ་ལ་གལ་གང་ཆེ་ལགས་ཞུས་པས། པུ་ཏོ་བའི་ཞལ་ནས། ཆོས་གཅིག་ཏུ་བྱ་བ་ལ་མི་རྟག་པ་བསྒོམ་པ་འདི་གལ་ཆེ་སྟེ། འཆི་བ་མི་རྟག་པ་འདི་བསྒོམས་ན། དང་པོ་ཆོས་ལ་འཇུག་པའི་རྒྱུ་བྱེད། བར་དུ་དགེ་སྦྱོར་ལ་སྐུལ་བའི་རྐྱེན་བྱེད། ཐ་མ་ཆོས་མཉམ་པ་ཉིད་དུ་རྟོགས་པའི་གྲོགས་བྱེད། ཡང་མི་རྟག་པ་འདི་བསྒོམས་ན། དང་པོ་ཚེ་འདིའི་གདོས་ཐག་ཆོད་པའི་རྒྱུ་བྱེད། བར་དུ་འཁོར་བ་མཐའ་དག་ལ་ཞེན་པ་ལྡོག་པའི་རྐྱེན་བྱེད། ཐ་མ་མྱ་ངན་ལས་འདས་པའི་ལམ་དུ་འཇུག་པའི་གྲོགས་བྱེད། ཡང་མི་རྟག་པ་འདི་བསྒོམས་ན། དང་པོ་དད་པ་སྐྱེ་བའི་རྒྱུ་བྱེད། བར་དུ་བརྩོན་འགྲུས་རྩོམ་པའི་རྐྱེན་བྱེད། ཐ་མར་ཤེས་རབ་སྐྱེ་བའི་གྲོགས་བྱེད། ཡང་མི་རྟག་པ་འདི་བསྒོམས་ཤིང་རྒྱུད་ལ་སྐྱེས་ན། དང་པོ་ཆོས་ཚོལ་བའི་རྒྱུ་བྱེད། བར་དུ་ཆོས་སྒྲུབ་པའི་རྐྱེན་བྱེད། ཐ་མ་ཆོས་མཐར་ཕྱིན་པའི་གྲོགས་བྱེད། ཡང་མི་རྟག་པ་འདི་བསྒོམས་ཤིང་རྒྱུད་ལ་སྐྱེས་ན། དང་པོ་གོ་ཆའི་བརྩོན་འགྲུས་རྩོམ་པའི་རྒྱུ་བྱེད། བར་དུ་སྦྱོར་བའི་བརྩོན་འགྲུས་རྩོམ་པའི་རྐྱེན་བྱེད། ཐ་མར་ཕྱིར་མི་ལྡོག་པའི་བརྩོན་འགྲུས་རྩོམ་པའི་གྲོགས་བྱེད། གསུངས་ཤིང་། ཕ་དམ་པའི་ཞལ་ནས་ཀྱང་། མི་རྟག་པ་འདི་རྒྱུད་ལ་སྐྱེས་ན། དང་པོ་ཆོས་ལ་འཇུག་པའི་རྒྱུ་བྱེད། བར་དུ་བརྩོན་འགྲུས་ཀྱི་ལྕག་བྱེད། མཐར་འོད་གསལ་ཆོས་སྐུ་ཐོབ་པར་བྱེད་གསུངས། དེས་ན་མི་རྟག་པའི་འདུ་ཤེས་བཅོས་མ་མ་ཡིན་པ་ཞིག་རྒྱུད་ལ་མ་སྐྱེས་ན་ཆོས་ཞུ་ལོ་དང་བྱེད་པོ་ཇི་ཙམ་བྱས་ཀྱང་མཐར་ཆོས་དྲིད་ཀྱི་རྒྱུར་འགྱུར་བ་ཡིན་ཏེ། དམ་པའི་ཞལ་ནས། བོད་ཀྱི་ཆོས་བྱེད་པ་ལ་ཤི་སྙམ་པ་ནི་གཅིག་ཀྱང་མི་སྣང་བ་ལ། ལུས་པ་ནི་གཅིག་ཀྱང་མ་མཐོང་། ལར་སེར་གོས་གྱོན་ནས་ནོར་བསགས་པ་ལ་དགའ་ཚད་འདིས་འཆི་བདག་གཤིན་རྗེ་ལ་ཟས་ནོར་འཇལ་བ་ཨེ་ཡིན་སྙམ། ནོར་བཟང་བཟང་ཐམས་ཅད་ཚགས་བྱེད་ལུགས་ལ། དམྱལ་བ་ལ་ལྐོག་འདུན་འཇལ་བ་ཨེ་ཡིན་སྙམ། བོད་ཀྱི་ཆོས་པ་འདི་ཚོ་མཐོང་ན་དགོད་རེ་བྲོ་ཏ་ཏ། ཐོས་པ་སུ་

ཚེ་ང་རྒྱལ་ཚེ། །སྒོམ་པ་སུ་བཟང་ཟས་ནོར་གསོག །དབེན་པ་སུ་བརྟེན་འདུ་འཛི་མང་། །རང་ཡུལ་གང་སྤངས་ངོ་ཚ་མེད། །དེ་ཚོ་ཆོས་ལ་དྲེད་པ་ཡིན། །དེ་ཚོ་སྡིག་ལ་དགའ་བ་ཡིན། །ཕ་རོལ་པོ་ཤི་བ་མཐོང་ཡང་རང་འཆི་བ་མི་ཤེས་པས་ལེ་ལན་དང་པོ་དེ་ལ་ཐུག་ཅེས་གསུངས། དེའི་ཕྱིར་མི་རྟག་པའི་འདུ་ཤེས་བསྒོམ་པ་ནི་ཆོས་ཉམས་སུ་ལེན་པ་ཐམས་ཅད་ཀྱི་སྔོན་འགྲོ་སྒོ་འབྱེད་པ་ཡང་ཡིན་ཏེ། དགེ་བཤེས་པུ་ཏོ་བ་ལ་རྒྱན་ངན་སྤྱོད་ཚུལ་གྱི་གདམས་ངག་ཞུས་པས། པུ་ཏོ་བའི་ཞལ་ནས། ཁྱོད་ཀྱིས་འཆི་བ་མི་རྟག་པ་མང་དུ་སོམས་དང་། དེར་འཆི་ངེས་པའི་བློ་གཅིག་བྱུང་ན། སྡིག་པ་སྤོང་བ་ལ་དཀའ་རྒྱུ་མེད། དགེ་བ་སྒྲུབ་པ་ལ་དཀའ་རྒྱུ་མེད་པ་ཞིག་འོང་གི། དེའི་སྟེང་དུ་ཁྱོད་ཀྱིས་བྱམས་པ་དང་སྙིང་རྗེ་མང་དུ་སྒོམས་དང་། དེ་རྒྱུད་ལ་སྐྱེས་ན། སེམས་ཅན་གྱི་དོན་བྱེད་པ་ལ་དཀའ་རྒྱུ་མེད་པ་ཞིག་འོང་གི། དེའི་སྟེང་དུ་ཁྱོད་ཀྱིས་ཆོས་རྣམས་ཀྱི་གནས་ལུགས་སྟོང་པ་ཉིད་མང་དུ་སྒོམས་དང་། དེ་རྒྱུད་ལ་སྐྱེས་ན། འཁྲུལ་བ་སྤྱོང་བ་ལ་དཀའ་རྒྱུ་མེད་པ་ཞིག་འོང་གི། ཞེས་གསུངས། དེ་ལྟར་མི་རྟག་པ་རྒྱུད་ལ་སྐྱེས་ན། འཇིག་རྟེན་ཚེ་འདིའི་བྱ་གཞག་ཐམས་ཅད་ལ་ཞེན་པ་གཏིང་ནས་ལོག་པ་སྨྱུག་ནད་ཅན་ལ་བཙོ་ཟན་བྱིན་པ་ལྟ་བུ་ཞིག་འོང་བ་ཡིན་ཏེ། རྗེ་བླ་མའི་ཞལ་ནས་ཀྱང་ ངས་འཇིག་རྟེན་འདིའི་མཐོན་པོ་དང་བཙན་པོ་ཕྱུག་པོ་དང་འབྱོར་པོ་ཇི་ལྟ་བུ་ཞིག་མཐོང་ཡང་དེ་ལ་ཡིད་སྨོན་མི་འཆོར་བར་དམ་པ་གོང་མའི་རྣམ་ཐར་ལ་ལྟ་བ་འདི་མི་རྟག་པ་ཙུང་ཟད་རེ་རྒྱུད་ལ་སྐྱེས་པའི་དོན་གྱིས་ཡིན། ང་ལ་འདི་ལས་ལྷག་པའི་གདམས་ངག་གང་ཡང་སྟོན་རྒྱུ་མེད། ཅེས་ཡང་ཡང་གསུངས། དེ་ལྟ་བུའི་མི་རྟག་པ་རྒྱུད་ལ་སྐྱེས་པའི་ཚད་ཇི་ལྟ་བུ་ཞིག་ཡིན་ན། དགེ་བཤེས་ཁ་རག་སྒོམ་ཆུང་ལྟ་བུ་ཞིག་དགོས་པ་ཡིན་ཏེ། ཁོང་གཙང་གི་ཇོ་མོ་ཁ་རག་གི་རི་ཁྲོད་དུ་སྒྲུབ་པ་བྱེད་པ་ལ་བྱོན་པས་བྲག་ཕུག་གི་སྒོ་ན་ཚེར་ཕུང་ཞིག་འདུག་པ་ལ་ན་བཟའ་ཐོགས་པས་དང་པོ་བཅད་དམ་སྙམ་པ་ལ་རྗེས་སུ། ཨ་ཙང་ང་བྲག་ཕུག་གི་ནང་འདིར་འཆི་བ་ལས་སླར་ཨེ་ལྡོག་

མི་ཤེས་དེ་བས་དགེ་སྦྱོར་རང་བྱས་ན་ཁེབས་ཆེད་དགོངས་ནས་བཅད་པ་མ་བྱུང་། ཡང་སྐོར་ཕྱིན་སྐབས་ཀྱང་དེ་བཞིན་བྱུང་བ་ལ་ང་སྐོ་ནས་ནང་དུ་ཨེ་ལྷོག་མི་ཤེས་དགོངས་ཏེ །དེ་ལྟར་མང་པོའི་བར་དུ་བཞུགས་བླ་མ་གྲུབ་པ་ཐོབ་སྟེ་སོང་ཡང་ཚེར་ཕུང་གཙོད་པ་མ་བྱུང་བ་ཡིན། དེ་བཞིན་དུ་རིག་འཛིན་འཇིགས་མེད་གླིང་པ་ལའང་སྟོན་རི་ཁྲིའི་ཚེ་ཆུ་གཟིམས་ཀྱི་ཐེང་བུ་ཞིག་ཡོད་པ་ལ་ཐེམ་སྐས་མེད་པས་འཕྱོན་བཞུགས་ཤིན་ཏུ་དཀའ་བར་ཡོད་པ་འདིར་ཐེམ་སྐས་ཞིག་བགྱིས་ན་ཞུས་པས། སང་ཕོད་འདིར་ཨེ་ཉལ་མི་ཤེས་དེ་འདྲའི་དཀའ་ལས་ཀྱིས་ཅི་བྱེད་ཅེས་གསུངས་པ་ཡིན་ཏེ། དུས་རྟག་ཏུ་མི་རྟག་པའི་གསུང་ཁོ་ན་འཁྱོན་པ་ཡིན་གསུངས། དེས་ན་རང་རེ་རྣམས་ཀྱང་དེ་ལྟ་བུ་རེ་རྒྱུད་ལ་ངེས་པར་མ་སྐྱེས་ཀྱི་བར་དུ་སྦྱོར་བ་སེམས་བསྐྱེད། དངོས་གཞི་ཐབས་སྣ་ཚོགས་ཀྱིས་བློ་བཙོས་ཏེ་མི་རྟག་པ་གཤའ་མ་ཞིག་རྒྱུད་ལ་མ་སྐྱེས་ཀྱི་བར་དུ་བསྒོམ། མཇུག་བསྔོ་བའི་རྒྱས་ཐེབས་པར་བྱ་བ་དང་བཅས་ཉམས་སུ་བླངས་ནས་དམ་པ་གོང་མའི་རྗེས་ཤུལ་སྙེགས་པ་ཞིག་ལ་ཅི་ནས་ཀྱང་འབད་དགོས་པ་ཡིན་ནོ། །མི་རྟག་མངོན་དུ་གྱུར་ཀྱང་རྟག་པར་འཛིན། ཀ་བའི་གྲོང་སྐོར་སློབས་ཀྱང་གཞོན་པར་རློམ། །བདག་དང་བདག་འདྲ་ལོག་རྟོག་སེམས་ཅན་རྣམས། །མི་རྟག་རྒྱུད་ལ་སྐྱེ་བར་བྱིན་གྱིས་རློབས། །ཚེ་མི་རྟག་པའི་ཁྲིད་དོ། །

གསུམ་པ། འཁོར་བའི་ཉེས་དམིགས།

འཁོར་བའི་བྱ་གཞག་སྙིང་པོ་མེད་པར་དགོངས། །
སྙིང་རྗེ་ཆེན་པོས་གཞན་དོན་འབའ་ཞིག་གཉེར། །
སྲིད་ཞིར་མ་ཞེན་ཐེག་ཆེན་གཞུང་བཞིན་མཛད། །
མཚུངས་མེད་བླ་མའི་ཞབས་ལ་ཕྱག་འཚལ་ལོ། །

དོན་གསུམ་པ་འཁོར་བའི་ཉེས་དམིགས་ཀྱི་ཁྲིད་ལ་འང་གཉིས་ལས། དང་པོ་ཆོས་ལ་ཉན་འཆད་བགྱིད་པའི་ཚུལ་སྔར་དང་འདྲ། གཉིས་པ་བཤད་བྱའི་ཆོས་ལ་འཁོར་བའི་སྡུག་བསྔལ་སྤྱིར་བསམ་པ་དང་། བྱེ་བྲག་རིགས་དྲུག་སོ་སོའི་སྡུག་བསྔལ་བསམ་པ་དང་གཉིས།

1 འཁོར་བའི་སྡུག་བསྔལ་སྤྱིར་བསམ་པ།

དང་པོ་ནི་སྔར་བཤད་པ་དེ་ལྟར་རྙེད་པར་དཀའ་བའི་དལ་འབྱོར་རྙེད་ཀྱང་ཡུན་རིང་སྡོད་ལོང་མེད་པར་མི་རྟག་འཆི་བའི་དབང་དུ་འགྲོ། ཤི་ནས་ཀྱང་མེ་ཤི་བའམ་ཆུ་སྐམ་པ་ལྟ་བུ་ཞིག་ཡིན་ན་དེ་ག་ལས་གཞན་མི་འདུག་ཀྱང་ཤི་ནས་མེད་དུ་མི་འགྲོ་ཞིང་སྐྱེ་བ་ལེན་དགོས་པ་ཡིན། སྐྱེ་བ་ཞིག་བླངས་ཕྱིན་ཆད་འཁོར་བའི་གནས་ལས་མ་འདས་ཏེ། སྤྱིར་འཁོར་བ་ཞེས་བྱ་བ་དེ་རྫ་མཁན་གྱི་འཕང་ལོའང་། ཟོ་ཆུན་གྱི་ཁྱུད་མོའམ། བུམ་ནང་གི་བུང་བ་བཞིན་གཅིག་ནས་གཅིག་ཏུ་འཁོར་བས་ཏེ། དེའང་བུམ་ནང་དུ་བུང་བ་བཙུག་ནས་ཁ་བཙད་པ་ན་བུང་བ་དེ་གང་དུ་འཕུར་ཡང་བུམ་ནང་ལས་གཞན་དུ་འགྲོ་མི་ནུས། དཔེ་དེ་བཞིན་དུ་འཁོར་བའི་གནས་འདི་མཐོ་དམན་གང་དུ་སྐྱེས་ཀྱང་འཁོར་བའི་གནས་རིས་ལས་མི་འདའ་སྟེ། བུམ་པའི་སྟོད་ལྟ་བུ་མངོན་མཐོ་ལྷ་མིའི་གནས་

དང་། སྨད་ལྷ་བུ་ངན་སོང་གསུམ་གྱི་གནས་རིས་ཡིན། དེ་ལྟར་འགྲོ་བའི་གནས་རིགས་དྲུག་པོ་འདིར་ཟག་བཅས་ཀྱི་ལུས་དགེ་བ་དང་མི་དགེ་བའི་རྒྱུས་གཅིག་ནས་གཅིག་ཏུ་སྐྱེ་ཞིང་འཁོར་བས་ན་འཁོར་བ་ཞེས་བྱ། རང་རེ་འཁོར་བའི་གནས་འདིར་ཐོག་མ་མེད་པའི་དུས་ནས་འཁྱམས་ཏེ། འཁོར་བའི་སེམས་ཅན་འདི་ཐམས་ཅད་ཕན་ཚུན་ཕ་མ་དང་དགྲ་གཉེན་བཏང་སྙོམས་གསུམ་མ་བྱས་པ་གཅིག་ཀྱང་མེད། འདིའི་མ་ནི་འདིའོ། །དེའི་མ་ནི་འདིའོ། །ཞེས་སེམས་ཅན་གཅིག་གི་མ་རྒྱུད་པའི་གྲངས་ས་ཆེན་པོ་འདི་རིལ་བུ་རྒྱ་ཤུག་གི་ཚི་གུ་ཙམ་དུ་དྲིལ་ཏེ་བགྲངས་ཀྱང་ས་ཆེན་པོ་འདི་ཐམས་ཅད་ཟད་པར་འགྱུར་གྱི། སེམས་ཅན་རེ་རེའི་མ་བྱས་ཤིང་བརྒྱུད་པའི་གྲངས་མི་ཟད་པ་མདོ་ལས་གསུངས་པའི་དོན། མགོན་པོ་ཀླུ་སྒྲུབ་ཀྱིས། མ་ཡིན་ཐུག་མཐའ་རྒྱ་ཤུག་ཚི་གུ་ཙམ། །རིལ་བུར་དྲིལ་ཀྱང་ས་ཡིས་ལངས་མི་འགྱུར། །ཞེས་གསུངས། དེ་བཞིན་དུ་འཁོར་བ་ཐོག་མ་མེད་པ་ནས། ད་ལྟའི་བར་དུ་སྐྱེ་བ་འདི་མ་བླངས་བྱ་བ་མེད་པས་འདོད་པའི་ཕྱིར་མགོ་དང་ཡན་ལག་བཅད་པའང་གྲངས་ཀྱིས་མི་ཚད། གྲོག་སྦུར་ལ་སོགས་སྲོག་ཆགས་ཕྲ་མོར་སྐྱེས་པའི་ཡན་ལག་རྣམས་ད་ལྟ་གཅིག་ཏུ་བསྡོམ་རྒྱུ་ཡོད་ན་རི་ཡི་རྒྱལ་པོ་རི་རབ་ལས་ཀྱང་མཐོ། ཁ་ལ་ཟས་མེད། རྒྱབ་ལ་གོས་མེད། འཁྱག་ལྟོགས་སྐོམ་གསུམ་ལ་སོགས་པའི་སྡུག་བསྔལ་མྱོང་ནས་དྲུས་པའི་མཆི་མ་ཐམས་ཅད་མ་སྐམ་པར་བསགས་ན་མཐའི་རྒྱ་མཚོ་ཆེན་པོ་ལས་ཀྱང་མང་། དམྱལ་བའི་གནས་སུ་སྐྱེས་ཏེ་ཟངས་ཞུན་ཁོལ་མ་ཁོ་ནའང་མྱིགས་ཀྱི་རྒྱ་མཚོ་ཆེན་པོ་བཞི་ལས་མང་བ་ཞིག་བཏུང་བ་ཡིན་ཀྱང་། ད་དུང་འཁོར་བའི་གནས་རིས་འདི་ལ་སྐྱོ་བའི་བློ་སྐད་ཅིག་ཀྱང་མི་སྐྱེ་བར་ཞེན་ཅིང་ཆགས་པས་བཅིངས་པ་རྣམས། འཁོར་བ་མཐའ་མེད་དུ་སྔར་གྱི་སྡུག་བསྔལ་དེ་ལས་ཀྱང་མང་བར་མྱོང་དགོས་པ་ཡིན། གལ་སྲིད་བསོད་ནམས་ཆ་མཐུན་གྱི་དགེ་འབྲས་ཕྲན་བུ་རེས་ཚངས་པ་དང་ལྷའི་དབང་པོ་ལྟ་བུ་ཚེ་རིང་ཞིང་གཟུགས་དང་དཔལ་འབྱོར་ཕུན་སུམ་

ཚོགས་པའི་ལུས་རྟེན་ཐོབ་ཀྱང་མཐར་འཆི་བའི་གནས་ལས་མ་འདས། ཤི་ནས་ཀྱང་ངན་སོང་གི་སྡུག་བསྔལ་ཉམ་ཐག་པ་ལ་སྤྱོད་པ་ཡིན་ན། ལུས་རྟེན་འདིར་དབང་ཕྱུག་དང་ནད་མེད་པ་ལ་སོགས་པའི་བདེ་བ་ཙུང་ཟད་ཙམ་པ་ནི་ལོ་ཤས་དང་ཟླ་བ་ཞག་འགའ་ཙམ་པས་མགོ་བསྐོར་ཏེ་མཐོ་རིས་ཀྱི་བདེ་འབྲས་ཟད་ནས་ཤིན་ཏུ་དབུལ་ཞིང་ཉམ་ཐག་པའམ་ངན་སོང་གི་སྡུག་བསྔལ་བཟོད་དཀའ་བ་ལ་མི་འདོད་བཞིན་དུ་སྤྱོད་དགོས་པས་ད་ལྟའི་བདེ་སྐྱིད་རྫི་ལམ་བདོ་འཕྲོ་ལ་སད་པ་ལྟ་བུ་འདི་ལ་སྙིང་པོ་ཅི་ཞིག་ཡོད། འཕྲུལ་དུ་དགེ་འབྲས་ཕྲན་བུ་རེས་བདེ་ཞིང་སྐྱིད་པ་ལྟར་སྣང་བ་རྣམས་ཀྱང་འཕེན་བྱེད་ཀྱི་ལས་ཟད་ནས་སྐད་ཅིག་མ་གཅིག་ཀྱང་སྡོད་དབང་མེད་པ་ཡིན་ཏེ། རིན་པོ་ཆེའི་ཁྲི་ལ་ལྷའི་གོས་བཏིངས་པའི་སྟེང་ན་གནས་ཤིང་འདོད་པའི་ཡོན་ཏན་ལྔས་དགའ་མགུར་རྩེ་བའི་ལྷའི་དབང་པོ་རྣམས་ཀྱང་ཚེའི་ཚད་རྫོགས་ནས་མིག་འཕྲིད་འཛུམ་ཙམ་གྱི་ཡུན་ལ་དམྱལ་གནས་ལྕགས་བསྲེགས་ཀྱི་ས་གཞིའི་སྟེང་དུ་མགོ་ཐུར་དུ་བསྟན་ནས་ལྷུང་སྟེ་སྡུག་བསྔལ་ལ་སྤྱོད་པའང་ཡོད། གླིང་བཞི་འོད་ཀྱིས་སྣང་བར་བྱེད་པའི་ཉི་མ་དང་ཟླ་བ་གཉིས་ཀྱང་མཐར་གླིང་བར་མུན་པ་མུན་ནག་གི་ནང་དུ་སྐྱེས་ཏེ་རང་གི་ཡན་ལག་བརྐྱང་བསྐུམ་ཙམ་ཡང་མི་མཐོང་བའི་གནས་སྐབས་དེ་ལྟ་བུ་ཡོད་པ་ཡིན་པས། ལྟར་སྣང་འཁོར་བའི་བདེ་བ་ལ་བློ་གཏད་མི་འདུག དེས་ན་ད་རེས་ཀྱི་སྐྱེ་བ་འདིར་འཁོར་བ་སྡུག་བསྔལ་གྱི་རྒྱ་མཚོ་ཆེན་པོ་ལས་ཐར་ཏེ་གཏན་དུ་བདེ་བ་རྫོགས་པའི་སངས་རྒྱས་ཀྱི་གོ་འཕང་ཐོབ་པ་ཞིག་ཅི་ནས་ཀྱང་བྱེད་དགོས་སྙམ་དུ་སྦྱོར་དངོས་རྗེས་གསུམ་ཚང་བར་ཉམས་སུ་བླང་ངོ་། །

2 རིགས་དྲུག་སོ་སོའི་སྡུག་བསྔལ་བྱེ་བྲག་ཏུ་བསམ་པ།

གཉིས་པ་རིགས་དྲུག་སོ་སོའི་སྡུག་བསྔལ་བྱེ་བྲག་ཏུ་བསམ་པ་ལ་དྲུག

(1)དམྱལ་བ།

དང་པོ་དམྱལ་བ་ལ་སྤྱི་ཚན་བཅོ་བརྒྱད་ཡོད་པ་ལས། ཚ་དམྱལ་བརྒྱད་ནི། ཡང་སོས་ནས་རིམ་པ་བཞིན་འོག་ནས་འོག་ཏུ་མནར་མེད་པ་ལ་མ་ཐུག་གི་བར་དུ་ཁང་པའི་ཐོག་སོ་བཞིན་བརྩེགས་ནས་ཡོད་པ་ཡིན་ལ། དེ་དག་ཐམས་ཅད་ཀྱང་གཞི་དང་ཁོར་ཡུག་ཐམས་ཅད་མགར་གྱི་ལྕགས་བསྲེགས་ལྟ་བུ་རྗོག་པ་བཞགས་ཙམ་གྱི་བདེ་བར་མཛོན་པ་ཡང་མེད་པར་མེ་ལྕེ་འབར་བའི་གློང་ཤིན་ཏུ་དབའ་ཚ་བ་ཁོ་ན་ཡིན།

དེ་ལས་དང་པོ་ཡང་སོས་ནི། ལྕགས་བསྲེགས་ཀྱི་ས་གཞིའི་སྟེང་མདག་མེ་འབར་བའི་གློང་དུ་དམྱལ་བའི་སེམས་ཅན་ཁ་བ་དང་བུ་ཡུག་འཚུབས་པ་ལྟ་བུ་གྲངས་མེད་པ་ལས་ཀྱི་དབང་གིས་ལྷན་ཅིག་ཏུ་བསྡུས་ཏེ། དེ་དག་ཀྱང་འཕེན་བྱེད་ཞེ་སྡང་གི་ལས་ཀྱིས་འཕངས་པས། དེའི་བྱེད་པ་རྒྱུ་མཐུན་ལས། ཐམས་ཅད་ཀྱང་དགྲ་མི་ཤ་བོ་མཐོང་བ་ལྟ་བུར་ཕན་ཚུན་ཁོང་ཁྲོའི་སེམས་སྐྱེས་ཏེ་འཐབ་པ་ན། ལས་ཀྱིས་སྤྲུལ་པའི་མཚོན་ཆ་བསམ་གྱིས་མི་ཁྱབ་པ་ལག་ཏུ་ལོན་པས་གཅིག་གིས་གཅིག་ལ་བརྡེགས་ནས་ཐམས་ཅད་ཀྱང་ཤི་ཞིང་། ནམ་མཁའ་ལས་ཡང་སོས་པར་གྱུར་ཅིག་ཅེས་པའི་སྒྲ་གྲགས་མ་ཐག་ཐམས་ཅད་ཡང་སོས་ཏེ་སྔར་བཞིན་འཐབ་པ་སོགས་ཤི་སོས་རེས་མོས་བྱེད་པས་སྡུག་བསྔལ་བའོ། །ཚེ་ཚད་ནི་མི་ལོ་ལྔ་བཅུ་རེ་ལ་ལྷ་རྒྱལ་ཆེན་རིགས་བཞིའི་ཞག་གཅིག དེ་སུམ་ཅུ་ལ་ཟླ་བ། དེ་བཅུ་གཉིས་ལ་ལོར་བརྩིས་པའི་ལྷའི་ལོ་ལྔ་བརྒྱ་ལ་དམྱལ་བ་ཡང་སོས་ཀྱི་ཞག་གཅིག དེ་ལྟར་བརྩིས་པའི་ཞག་སུམ་ཅུ་ལ་ཟླ་བ་དང་། ཟླ་བ་བཅུ་གཉིས་ལ་ལོར་བྱས་པའི་རང་ལོ་ལྔ་བརྒྱའི་བར་དུ་སྡུག་བསྔལ་མྱོང་བའོ། །

གཉིས་པ་ཐིག་ནག་ནི། ལྕགས་བསྲེགས་ཀྱི་ས་གཞིའི་སྟེང་དུ་གཤིན་རྗེའི་ལས་མཁན་རྣམས་ཀྱིས་དམྱལ་བའི་སེམས་ཅན་དེའི་ལུས་མགལ་དུམ་ལྟར་བསྒྱེལ། ཐིག་ནག་པོ་བཞི་བརྒྱད་བཅུ་དྲུག་སུམ་ཅུ་སོ་གཉིས་ལ་སོགས་པ་བཏབ

པའི་སྟེང་དུ་ལྕགས་ཀྱི་སོག་ལེ་མེ་འབར་བས་དྲ་བར་བྱེད་ཅིང་། བཅད་ཟིན་པ་རྣམས་དེ་མ་ཐག་འབྱར་བ་ཡང་དང་ཡང་དུ་གཤོག་ཅིང་གཅོད་པས་སྡུག་བསྔལ་ལོ། །ཚེ་ཚད་ནི་མི་ལོ་བརྒྱ་ལྷ་སུམ་ཅུ་རྩ་གསུམ་པའི་ཞག་གཅིག་ཏུ་བརྩིས་པའི་ལྷའི་ལོ་སྟོང་ཕྲག་གཅིག དམྱལ་བ་ཐིག་ནག་གི་ཞག་གཅིག་ཏུ་བྱས་པའི་རང་ལོ་སྟོང་ཐུབ་པའོ། །

གསུམ་པ་བསྡུས་འཇོམས་ནི། ལྕགས་ཀྱི་གཏུན་ཆེན་པོ་ཡུལ་ཁྱོན་ཙམ་པ་རེའི་ནང་དུ་དམྱལ་བའི་སེམས་ཅན་གྲངས་མེད་པ་བླུགས་ནས། ལྕགས་བསྲེགས་ཀྱི་ཐོ་བ་རི་རབ་ཙམ་པ་རེ་གཤིན་རྗེའི་ལས་མཁན་རྣམས་ཀྱིས་ཟླད་ལ་བསྙོར་ནས་བརྡུངས་པས་ཐམས་ཅད་ཀུང་དུ་ཅོ་དིར་རེ་གནད་གཅོད་ཀྱི་སྡུག་བསྔལ་དང་འཇིགས་སྐྲག་བསམ་གྱིས་མི་ཁྱབ་པའི་ངང་དུ་ཤི། ཐོ་བ་བཏེག་པ་ན་སླར་སོས་ཏེ་སྔར་བཞིན་སྡུག་བསྔལ་མྱོང་བ་དང་། གཞན་ཡང་ལུང་པ་ཕན་ཚུན་གྱི་རི་ཐམས་ཅད་སྔར་རང་གིས་གང་བསད་པའི་སྲོག་ཆགས་ཤ་བ་དང་། དགོ་བ་དང་། ར་ལུག་ལ་སོགས་པའི་མགོ་བརྙན་དུ་གྱུར་པའི་ར་རྩེ་ན་མེ་འབར་བས་རྡུང་ཁ་བཀྱེ་པའི་བར་དུ་དམྱལ་བའི་སེམས་ཅན་གྲངས་མེད་པ་ལས་དབང་གིས་དེད་དེ་བརྒྱབ་པས་ཕན་ཚུན་བརྡུངས་པའི་ཚེ་ཐམས་ཅད་ཤི། སླར་སྤྱི་བའི་ཚེ་སོས་པ་ཡང་སྔར་ལྟར་འཇོམས་པ་སོགས་ཀྱི་སྡུག་བསྔལ་མི་ལོ་ཉིས་བརྒྱ་ལྷ་འཐབ་བྲལ་གྱི་ཞག་གཅིག་ཏུ་བརྩི་ཞིང་། ལྷའི་ལོ་གཉིས་སྟོང་བསྡུས་འཇོམས་ཀྱི་ཞག་གཅིག་བྱས་པའི་རང་ལོ་སྟོང་ཕྲག་གཉིས་ཀྱི་བར་དུ་མྱོང་བའོ། །

བཞི་པ་ངུ་འབོད་ནི། ལྕགས་བསྲེགས་ཀྱི་ཁང་པ་སྒོ་མེད་པའི་ནང་དུ་འཚེད་ཅིང་སྡུག་བསྔལ་བ། འདི་ནས་ཐར་པའི་དུས་མི་འོང་སྙམ་དུ་འོ་དོད་དྲག་པོ་འབོད་པ་སྟེ། མི་ལོ་བཞི་བརྒྱ་ལྷ་དགའ་ལྡན་གྱི་ཞག་གཅིག དགའ་ལྡན་གྱི་ལོ་བཞི་སྟོང་ངུ་འབོད་ཀྱི་ཞག་གཅིག་ཏུ་བརྩིས་པའི་རང་ལོ་སྟོང་ཕྲག་བཞི་ཐུབ་པའོ། །

ལྔ་པ་ངུ་འབོད་ཆེན་པོ་ནི། གཤིན་རྗེའི་ལས་མཁན་མཚོན་ཆ་ཐོགས་པ་

འཇིགས་སུ་རུང་བ་མང་པོས་དམྱལ་བའི་སེམས་ཅན་གྲངས་མེད་པ་དེད་དེ་ལྕགས་ཀྱི་ཁྲིམ་མེ་འབར་བ་གཉིས་རིམ་དུ་བཙུག་ནས་ཐོ་བ་ལ་སོགས་པས་རྡེག་ཅིང་། སྒོ་ཕྱི་ནང་གཉིས་ཀ་ལྕགས་ཞུན་གྱི་ཞལ་བ་བྱས་པས་ནང་མ་ལས་ཐར་ཀྱང་ཕྱི་མ་ལས་མི་ཐར་སྐམ་དུ་འོ་དོད་ཆེན་པོ་འབོད་པའོ། །ཚེ་ཚད་ནི་མི་ལོ་བརྒྱད་བརྒྱ་ལྷ་འཕྲུལ་དགའི་ཞག་གཅིག་བྱས་པའི་ལྷའི་ལོ་བརྒྱད་སྟོང་དུ་འབོད་ཆེན་པོའི་ཞག་གཅིག་སྟེ། དེ་ལྟ་བུའི་ལོ་སྟོང་ཕྲག་བརྒྱད་ཐུབ་པའོ། །

དྲུག་པ་ཚ་བ་ནི། ལྕགས་ཀྱི་སྟོད་ཆེན་པོ་སྟོང་གསུམ་ཙམ་པར་ཁྲོ་ཆུ་ཁོལ་མའི་ནང་དུ་དམྱལ་བའི་སེམས་ཅན་གྲངས་མེད་པ་འཚོད་པས་སྡུག་བསྔལ་ཞིང་སྙིང་དུ་ཐོན་པའི་རེས་ལ་ལས་མཁན་རྣམས་ཀྱིས་ལྕགས་ཀྱུས་བཟུང་སྟེ། མགོ་ལ་ཐོ་ལུམ་གྱིས་བརྡུན་པས་དྲན་པ་ཉམས་པའི་ཚེ་སྡུག་བསྔལ་གྱི་ཚོར་བ་མ་མྱོང་བ་ཙམ་བདེ་བར་བསྒོམ་ཞིང་ཤིན་ཏུ་སྡུག་བསྔལ་བ། མི་ལོ་སྟོང་ཕྲག་གཅིག་དང་དྲུག་བརྒྱ་ལྷ་གཞན་འཕྲུལ་དབང་བྱེད་ཀྱི་ཞག་གཅིག །ལྷའི་ལོ་ཁྲི་དྲུག་སྟོང་ཚ་བའི་ཞག་གཅིག་ཏུ་བྱས་པའི་རང་ལོ་ཁྲི་ཕྲག་གཅིག་དང་སྟོང་ཚོ་དྲུག་ཐུབ་པའོ།

བདུན་པ་རབ་ཏུ་ཚ་བ་ནི། ལྕགས་ཀྱི་ཁྲིམ་མེ་འབར་བའི་ནང་དུ་ལས་མཁན་རྣམས་ཀྱིས་ལྕགས་ཀྱི་གསལ་ཤིང་རྩེ་གསུམ་པ་མེ་འབར་བས་རྐང་མཐིལ་གཉིས་དང་འོག་སྒོ་ནས་འཛུགས་ཤིང་ཕྲག་པ་གཉིས་དང་སྤྱི་བོ་ནས་ཐལ་མར་འབྱིན། ལྕགས་བསྲེགས་ཀྱི་སྣམ་བུས་ལུས་ཀྱི་ཕྱི་ནས་དཀྲིས་པས་ཤིན་ཏུ་སྡུག་བསྔལ་བའོ། །ཚེ་ཚད་ནི་བར་གྱི་བསྐལ་པ་ཕྱེད་ཐུབ་པ་སྟེ། མི་ལོའི་གྲངས་ཀྱིས་གཞལ་བའི་ཡུལ་ལས་འདས་པའོ། །

བརྒྱད་པ་མནར་མེད་པ་ནི། ལྕགས་ཁྲིམ་མེ་འབར་བ་ཉེ་འཁོར་ལྷག་པ་བཅུ་དྲུག་གིས་བསྐོར་བའི་ནང་དུ་གཤིན་རྗེའི་ལས་མཁན་རྣམས་ཀྱིས་ལྕགས་བསྲེགས་ཀྱི་དུམ་བུ་སོལ་བ་ལྟ་བུ་རི་ཙམ་དུ་སྤུངས་པའི་དབུས་སུ་དམྱལ་བའི་སེམས་ཅན་གྲངས་མེད་པ་བཙུག་ནས། ཕྱག་གཟིག་གི་སྦུད་པ་བུས་པས་མེ་

དང་ལུས་གཉིས་མེད་དུ་སྲེག སྡུག་བསྔལ་གྱི་ཚོར་བ་ཤིན་ཏུ་རགས་ཤིང་འོ་དོད་འབོད་པའི་སྒྲ་ཙམ་ལས་ལུས་དངོས་ལྟར་མི་མངོན། ཐར་བར་འདོད་པའི་བློ་རྒྱུན་ཆད་མེད་པར་སྐྱེ་ཡང་ཐར་པའི་དུས་ནི་མེད། སྐབས་རེར་མེ་སྒོ་ཅུང་ཟད་རེ་ཕྱེ་བས་ཐྲོས་པར་རློམ་པ་ན། ལས་མཁན་རྣམས་ཀྱིས་མདའ་པོ་ཆེ་དང་། དབྱུག་པ་དང་། ཐོ་བ་ལ་སོགས་པས་བསྣུན་ཅིང་། ཁྲོ་ཆུ་ཁོལ་མ་ཁར་བླུགས་པ་སོགས་དམྱལ་བ་སྔ་མ་བདུན་པོའི་སྡུག་བསྔལ་ཀུན་ཚང་བར་མྱོང་དགོས། ཚེ་ཚད་བར་གྱི་བསྐལ་པ་གཅིག་ཐུབ་པ་སྟེ། དེ་ལས་ལྷག་པ་མནར་རྒྱུ་མེད་པས་མནར་མེད་ཅེས་བྱ། འདི་ནི་མཚམས་མེད་པའི་ལས་བྱས་པའི་སེམས་ཅན་དང་། སྔགས་སུ་ཞུགས་ནས་རྡོ་རྗེ་སློབ་དཔོན་ལ་ལོག་ལྟ་སྐྱེས་པ་སོགས་སྐྱེ་བའི་གནས་ཡིན་ཏེ། ལས་གཞན་གྱིས་འདིར་སྐྱེ་མི་ནུས།

དེའི་འཁོར་ཉེ་འཁོར་བ་ནི། མནར་མེད་ཀྱི་ཕྱོགས་བཞི་སོ་སོ་ན། མེ་མ་མུར་གྱི་འོབས། རོ་མྱགས་ཀྱི་འདམ། མཚོན་ཆའི་ཐང་། རལ་གྲི་ལོ་མའི་ནགས་ཚལ་བཞི་པོ། ཤར་ན་བཞི། ལྷོ་ན་བཞི། ནུབ་ན་བཞི། བྱང་ན་བཞི་དང་བཅུ་དྲུག ཤར་ལྷོ་མཚམས་ན་ལྕགས་ཀྱི་ཤལ་མ་ལིའི་སྡོང་པོ་གཅིག དེ་བཞིན་ལྷོ་ནུབ། ནུབ་བྱང་། བྱང་ཤར་རྣམས་ནའང་རེ་རེ་དང་བཅས་པ་ཡོད་པ་ལས།

དང་པོ་མེ་མ་མུར་གྱི་འོབས་ནི། དམྱལ་བ་མནར་མེད་ཀྱི་ལས་སྦྱང་པ་དག་ཕྱིར་ཐོན་པའི་ཚེ་རྒྱང་རིང་མོ་ནས་གྲིབ་མ་ནག་ངམ་མེ་བའི་འོབས་མཐོང་ནས་དགའ་སྤྲོ་ཕྱིན་པས། ཐལ་ཚན་གྱི་མདག་མེ་རབ་ཏུ་འབར་བའི་འོབས་སུ་ཚུད་དེ་ཤ་རུས་ཚིག་ཅིང་སྡུག་བསྔལ་བའོ།

གཉིས་པ་རོ་མྱགས་ཀྱི་འདམ་ནི། དེ་བཞིན་དུ་རྒྱང་རིང་པོ་ན་ཆུ་ཀླུང་མཐོང་སྟེ། སྔར་བསྐལ་པ་ཆེན་པོ་ཞིག་འཛིག་གི་བར་དུ་མེ་དཔུང་དུ་བཙོས་པས་སྐོམ་ཚད་ཀྱིས་ཆུ་མཐོང་བ་ལ་དགའ་སྤྲོ་འཕྲང་དུ་ཕྱིན་པས་དེ་ན་ཆུ་ཞིག་ཅི་ལ་ཡོད། མི་རོ་རྟ་རོ་ཁྱི་རོ་ལ་སོགས་རོ་རུལ་བ་ཤིན་ཏུ་དྲི་ང་བ་འབུས་གཡེང་བ་འབབ་

ཞིག་གི་འདམ་དུ་ཚུད་དེ་སྡིེ་བོའི་བར་དུ་ནུབ། སྲིན་བུ་ལྷགས་ཀྱི་མཆུ་རྣོན་ཅན་རྣམས་ཀྱིས་ཟ་བས་སྡུག་བསྔལ་བའོ། །

གསུམ་པ་སྲུ་གྲིའི་ཐང་ནི། ཡང་དེ་ནས་ཐར་ཏེ་ཕྱིན་པས་ཐང་སྔོན་པོ་ཉམས་དགའ་བ་ཞིག་མཐོང་བ་ལ་ཕྱིན་པས་མཚོན་ཆའི་ཐང་དང་ཐུག ས་གཞི་ཐམས་ཅད་ལྕགས་བསྲེགས་ཀྱི་ཐུར་མ་རྣོན་པོ་རྩ་ལྟར་སྐྱེས་པའི་སྟེང་དུ་རྐང་པ་གཡས་བཞག་ན་གཡས་ཞུག་གཡོན་བཞག་ན་གཡོན་ཞུག་པ་བཏེག་པའི་ཚེ་སོས་ཤིང་། བཞག་ན་སྔར་ལྟར་ཞུག་པས་སྡུག་བསྔལ་བའོ། །

བཞི་པ་རལ་གྲིའི་ཚལ་ནི། ཡང་དེ་ལས་ཐར་ཏེ་ནགས་ཚལ་ཉམས་དགའ་བ་མཐོང་བ་ལ་དགའ་ནས་རྒྱུག་པས་དེར་ནགས་ཚལ་ཉམས་དགའ་བ་ཞིག་ཅི་ལ་ཡོད། རལ་གྲི་ལོ་མའི་ནགས་ཚལ་དང་འཕྲད་དེ། ལྕགས་ཀྱི་སྡོང་པོ་ལ་རལ་གྲི་མང་པོ་ལོ་མ་ལྟར་སྐྱེས་པ་རླུང་གིས་བསྐྱོད་པས་ལུས་དུམ་བུར་དུམ་བུར་གཅོད་ཅིང་ཡང་སྔར་ལྟར་འགྱུར་ནས་གཅོད་པའི་སྡུག་བསྔལ་མྱོང་བའོ། །

ལྕགས་ཀྱི་ཤལ་མ་ལི་ནི། བཙུན་འཆལ་སྡོམ་ཉམས་ཚངས་སྤྱོད་ཉམས་པ་རྣམས་དང་འདོད་ལོག་སྤྱོད་པ་རྣམས་སྐྱེ་བའི་གནས་ཡིན་ཏེ། ལས་ཀྱི་དབང་གིས་ལྕགས་ཀྱི་ཤལ་མ་ལི་འཛིགས་སུ་རུང་བའི་དྲུང་དུ་སླེབ་པ་ན། རི་རྩེ་ན་སྔར་རང་ལ་དགའ་གདུང་ཡོད་པའི་གྲོགས་དེས་འབོད་པར་མཐོང་ནས་ཕྱིན་པས་ལྕགས་ཀྱི་སྡོང་པོ་སྐྱེས་པའི་ལོ་མ་ཐམས་ཅད་ཐུར་དུ་བསྟན་པས་འབིགས་ཤིང་རི་རྩེར་སླེབ་ཚེ་ཁྭ་དང་བྱ་རྒོད་ལ་སོགས་པས་མིག་ཆོལ་འབྲུ། ཡང་རིའི་རྩ་བ་ན་འབོད་པར་མཐོང་ནས་སྔར་བཞིན་ཕྱིན་པ་དང་། ལོ་མ་ཐམས་ཅད་གྱེན་དུ་བསྟན་པས་བྲང་གཞུང་ནས་རྒྱབ་གཞུང་དུ་ཐལ་མར་འབིགས་ཤིང་། རིའི་རྩ་བར་ཕྱིན་པས་ལྕགས་ཀྱི་སྐྱེས་པ་དང་། བུད་མེད་འཛིགས་སུ་རུང་བས་འཁྱུད་ནས་མགོ་བོ་ཁར་བཙུག་སྟེ་བལྡད་པས་འགྲམ་ཁུག་གཉིས་ནས་ཀླད་པ་སྐྱ་ཅེར་གྱིས་འོང་བ་སོགས་ཀྱིས་སྡུག་བསྔལ་བའོ། །

དེ་ལྟར་ཚ་བའི་དམྱལ་བ་བརྒྱད། འཁོར་ལྟག་པ་བཅུ་དྲུག་ལྟུགས་ཀྱི་ཤལ་མ་ལི་ལ་སོགས་པ་དེ་དག་གི་སྡུག་བསྔལ་རང་གིས་ཞིགས་པར་དཔྱད་ནས། དབེན་པར་སོང་སྟེ་མིག་བཙུམ་ཞིང་རང་ཉིད་དམྱལ་བའི་གནས་དེར་མངོན་སུམ་དུ་སྐྱེས་པར་བསྒོམ། འཇིགས་སྐྲག་དང་སྡུག་བསྔལ་གྱི་སྣང་བ་མངོན་སུམ་ལྟ་བུར་སྐྱེས་པ་ན། ག་རེ་ང་ད་རེས་དེར་སྐྱེས་པ་མིན་ཀྱང་དེའི་སྡུག་བསྔལ་སེམས་ཐོག་ཏུ་བླངས་པ་ཙམ་ལ་ཡང་འཇིགས་སྐྲག་དང་སྡུག་བསྔལ་དེ་ཙམ་འདུག ད་ལྟ་དེར་སྐྱེས་པའི་སེམས་ཅན་གྲངས་ཀྱིས་མི་ཆོད་པ་ཡོད། དེ་ཐམས་ཅད་ཀྱང་རང་གི་སྐྱེ་བ་སྔོན་མའི་ཕ་མ་ཤ་སྟག་ཡིན། སྐྱེ་བ་འདིའི་ཕ་མ་དང་ཉེ་དུ་མཛའ་བཤེས་སོགས་དུ་མ་ཤི་བ་དེ་དག་ཀྱང་དེར་སྐྱེས་མེད་པའི་ངེས་པ་མེད། གནས་རིས་དེ་དག་ཏུ་སྐྱེ་བའི་རྒྱུའི་གཙོ་བོ་ནི་ཞེ་སྡང་གི་ལས་ཡིན། རང་རེས་ཀྱང་ཚེ་རབས་འདི་དང་གཞན་དུ་ཉོན་མོངས་པ་ཞེ་སྡང་གི་ལས་བསགས་པ་ལ་གྲངས་ཀྱིས་མི་ཆོད་པ་ཡོད་པས་སྐྱེ་བ་གཞན་དུ་དམྱལ་བའི་གནས་དེ་དག་ཏུ་སྐྱེ་ངེས། དེས་ན་ད་རེས་རང་གིས་དལ་འབྱོར་གྱི་མི་ལུས་ཐོབ། མཚན་ལྡན་གྱི་བླ་མ་མཇལ། ཟབ་མོའི་གདམས་ངག་ཉན། སངས་རྒྱས་ཀྱི་གོ་འཕང་སྒྲུབ་ཏུ་ཡོད་པའི་དུས་འདིར། ཁྱིན་ཆད་ངན་སོང་གི་གནས་དེ་དག་ཏུ་གཏན་ནས་མི་སྐྱེ་བའི་ཐབས་འབད་དགོས་སྙམ་དུ་ཡང་ཡང་བསམ། སྔར་བྱས་ཀྱི་ལས་ངན་པ་རྣམས་ལ་འགྱོད་པ་དྲག་པོས་བཤགས་པ་དང་། ཕྱིན་ཆད་དམྱལ་བ་དེ་དག་ཏུ་སྐྱེ་བའི་ལས་སྡིག་ལ་བབས་ཀྱང་བསགས་རེ་ཤི་སྙམ་པའི་དམ་བཅའ་དྲག་པོ་བྱ། ད་ལྟ་དེར་སྐྱེས་པའི་སེམས་ཅན་རྣམས་ལ་སྙིང་རྗེ་དྲག་པོ་བསྒོམ། དེ་དག་ཐམས་ཅད་ད་ལྟ་ཉིད་དུ་ངན་སོང་གི་གནས་རིས་ལས་ཐར་བར་གྱུར་ཅིག་སྙམ་དུ་སྨོན་ལམ་གདབ་པ་སོགས་སྦྱོར་དངོས་རྗེས་གསུམ་ཚང་བར་ཉམས་སུ་བླང་ངོ་། །

གཉིས་པ་གྲང་དམྱལ་བརྒྱད་ནི། སྤྱི་མཐུན་དུ་གཞི་དང་འཁོར་ཡུག་ཐམས་ཅད་གངས་རི་དང་ཆབ་རོམ་གྱི་ཁྲོད། བྲུ་ཡུག་འབབ་ཞིག་གིས་བསྒྲིབས་པའི་

གནས་སུ་གཅེར་བུ་གྲང་བའི་སྡུག་བསྔལ་གྱིས་ཉེན་པས་ལུས་ལ་ཆུ་བུར་ཐོལ་ཐོལ་རྡོལ་བ་ནི་ཆུ་བུར་ཅན། ཆུ་བུར་དེ་དག་རྡོལ་ནས་རྣག་སོང་བ་ཆུ་བུར་རྡོལ་བ། གྲང་བའི་ཟུག་རྔུ་བསྲན་མི་བཟོད་པར་སོ་འཆོར་བས་སོ་ཐམ་ཐམ་པ། སྨྲེ་སྔགས་རྒྱུན་མི་ཆད་པ་འདོན་པས་ཨ་ཆུ་ཆུ། སྐད་ཀྱི་གདངས་ཆག་པས་ཤུགས་རིང་དུ་ཀྱི་ཧུད་ཅེས་འདོན་པ་ཀྱི་ཧུད་འདོན་པ། ཕྱིའི་ལྤགས་མདོག་སྔོན་པོར་སོང་སྟེ་བཞི་ཚལ་དུ་གས་པ་ཨུཏྤལ་ལྟར་གས་པ། ནང་གི་ཤ་དམར་པོར་མདོན་པ་ཡང་གྲང་བས་འཁྱགས་ནས་བརྒྱད་ཚལ་དུ་གས་པ་པདྨ་ལྟར་གས་པ། དེ་ལས་ཀྱང་དམར་ནག་ཏུ་གྱུར་ཏེ་བཅུ་དྲུག་དང་། སོ་གཉིས་གྲང་མེད་པར་གས་པ་པདྨ་ཆེན་པོ་ལྟར་གས་པ། དེ་ལྟར་གས་པའི་རྨ་ནང་དུ་སྲིན་བུ་ལྕགས་ཀྱི་མཆུ་ཅན་མང་པོ་ཞུགས་ནས་ཟ་ཞིང་གྲང་བའི་སྡུག་བསྔལ་མྱོང་བ་ལས། སྡུག་བསྔལ་མི་འདྲ་བ་བརྒྱད་ལ་མིང་བརྒྱད་དུ་ཆགས་པ་གྲང་བའི་དམྱལ་བ་བརྒྱད་ཅེས་བྱ། དེ་དག་གི་ཚེ་ཚད་ནི། གྲོང་ཁྱེར་ཀོ་ས་ལའི་བྲེས་གཞལ་བའི་བཅུ་ཚད་ཏི་ལ་ཤོང་བའི་གཞོང་པ་ཏིལ་གྱིས་གང་བ་ལས་ཆུ་བུར་ཅན་གྱི་ལོ་བརྒྱ་རེ་ན་ཏིལ་རེ་རེ་ཕྱུངས་པས་ཏིལ་ཐམས་ཅད་ཟད་པ་ན་ཆུ་བུར་ཅན་གྱི་ཚེ་ཚད་རྫོགས་པ་ཡིན་ལ། ལྷག་མ་རྣམས་དེ་ལས་རིམ་པར་ཉི་ཤུ་རེའི་འགྱུར་གྱིས་ཚེ་ཇེ་རིང་སྡུག་བསྔལ་ཇེ་ཆེ་ཡིན་ཏེ། ཆུ་བུར་ཅན་གྱི་ཚེ་ཚད་ཙམ་པ་ཉི་ཤུ་ཆུ་བུར་བརྡོལ་བས་ཐུབ། དེའི་ཚེ་ཚད་ཙམ་པ་ཉི་ཤུ་སོ་ཐམ་པས་ཐུབ་པ་སོགས་འགྲེ་བར་བྱའོ། །དེ་དག་གི་སྡུག་བསྔལ་ཡང་སྔར་ལྟར་རང་རྒྱུད་ལ་བླངས་ནས་བསྒོམ་ཞིང་། ད་ལྟ་མི་ཡུལ་འདིར་དགུན་གྱི་དུས་སུ་གཅེར་བུར་སྐད་ཅིག་ཙམ་སྡོད་པའི་གྲང་ལྷགས་ཀྱི་སྡུག་བསྔལ་ཡང་བཟོད་མི་ནུས་ན། དེར་སྐྱེས་ན་ཇི་ལྟར་བཟོད་སྙམ་དུ་རང་རྒྱུད་ཀྱི་ཉེས་པ་ལ་བཤགས་སྡོམ་དང་། གནས་དེར་སྐྱེས་པའི་སེམས་ཅན་ལ་སྙིང་རྗེ་སྒོམ་པ་སོགས་སྔར་ལྟར་སྦྱོར་དངོས་རྗེས་གསུམ་ཚང་བས་ཉམས་སུ་བླང་ངོ་། །

ཉེ་ཚེ་བ་ནི། གནས་ཀྱང་ངེས་མེད་སྡུག་བསྔལ་ཡང་ངེས་མེད་ཡིན་ཏེ།

བྲག་གི་བར་དུ་བཙིར་བ་དང་། རྡོ་ཡི་ནང་དུ་འཐུམ་པ་དང་། ཆབ་རོམ་གྱི་ནང་དུ་རིངས་པ་དང་། ཆུ་ཚན་གྱི་ནང་དུ་འཚོད་པ་དང་། མེ་ནང་དུ་སྲེག་པ་དང་། ཤིང་སྡོང་ལ་བཅད་གཏུབ་བྱས་པས། རང་ཉིད་ཀྱི་ཡན་ལག་དང་ཉིང་ལག་བཅད་པར་ཉེར་ལེན་བྱས་ཏེ་སྡུག་བསྔལ་བ་དང་། གཏུན་དང་། ཕྱགས་མ་དང་། ཕྲུ་བ་དང་། སྒོ་དང་། ཀ་བ་དང་། སྐྱིད་ཕུ་དང་། ཐག་པ་ལ་སོགས་པ་རྟག་ཏུ་བཀོལ་ཞིང་སྤྱོད་པའི་གཟུགས་སུ་འདུ་ཤེས་པས་སྡུག་བསྔལ་དེ་དག་མྱོང་བ་སྟེ། དཔེར་ན་འགྲོ་མགོན་གླིང་རྗེ་རས་པས་ཡར་འབྲོག་མཚོ་ནང་ན་ཉ་གཟིགས་པ་དང་། གྲུབ་ཐོབ་ཐང་སྟོང་རྒྱལ་པོས་རྡོ་ནང་ན་སྦལ་པ་གཟིགས་པ་སོགས་ཡིན། དེ་ཡང་ཡར་འབྲོག་གཡུ་མཚོ་སྔོན་མོ་དེ་ནི། སྔོན་མཁའ་འགྲོ་ཡེ་ཤེས་མཚོ་རྒྱལ་སྒྲུབ་པ་ལ་བཞུགས་སྐབས་བོན་པོས་གསེར་བཙོ་ཞོ་གང་འཕངས་པ་མཚོར་བསྒྱུར་བ་ཡིན་ཏེ། གྲགས་པའི་མཚོ་ཆེན་བཞིའི་གཅིག་ཡིན།མཚོ་མགོ་དེར་ལུང་གངས་ཆེན་དང་། མཚོ་གཞུག་ཟམ་མ་རྒྱ་རུ་ལ་ཐུག་ནས་ཉིན་ལམ་མང་པོའི་བར་དུ་ཡོད་པ་ལ། གྲུབ་ཆེན་གླིང་རྗེ་རས་པས་མཚོ་ནང་དེར་གཟིགས་ནས་བཤུམ། ཨ་ཁ་ཁ་དཀོར་མ་ཟ་དཀོར་མ་ཟ་ཞེས་གསུངས། དེ་ཅི་ལགས་ཞུས་པས། མཚོ་ནང་འདིར་བླ་མ་དཀོར་ཟན་ཞིག་གི་རྣམ་ཤེས། ཉེ་ཚེ་བའི་དམྱལ་བར་སྐྱེས་ཏེ་སྡུག་བསྔལ་མང་པོ་མྱོང་གིན་འདུག་གསུངས། དེ་སྐོན་པར་ཞུས་པས་རྫུ་འཕྲུལ་གྱིས་མཚོ་དེ་སྐད་ཅིག་ལ་བསྐམ་ཙ་ན། ཉ་ཆེན་པོ་ཞིག་གི་ལུས་ཀྱིས་མཚོ་དེས་གར་སླེབ་ཏུ་སླེབ་པ་ལ་སྲིན་ཆགས་གྲངས་མེད་པས་གོ་མཚམས་མེད་པར་གཏམས་ཏེ་ཟོས་པའི་སྡུག་བསྔལ་མི་བཟོད་པས་འགྲེ་ལྡོག་ལྡོག་བྱེད་ཀྱིན་འདུག འདི་ལྟ་བུའི་ལས་ངན་པ་སུ་ཞིག་གི་སྐྱེ་བ་ལགས་ཞུས་པས། འདི་གཙང་བླ་རྟ་ནག་ཙན་གྱི་སྐྱེ་བ་ཡིན་གསུངས། གཙང་བླ་རྟ་ནག་ཙན་བྱ་བ་དེ། དག་ནུས་དང་བྱིན་རླབས་ཤིན་ཏུ་ཆེ་ཞིང་། འདྲེ་གདོན་གྱིས་ཉེན་པ་རྣམས་ལ་ལྟ་སྔངས་བྱས་པ་ཙམ་གྱིས་ཕན་པ་སོགས་བྱུང་བས་དབུས་གཙང་དུ་བཞིའི་མཆོད་གནས་སུ་

གྱུར་ཏེ། གཉིས་པོའི་འབུལ་བ་བྱས་པ་སོགས་ལ་ཕཏ་ཤར་རེ་བསྒྲགས་ནས་རྟ་ཟོག་མང་པོ་བླངས་འགྲོ་བ་ཞིག་ཡོད་པ་དེ་ཡིན། གྲུབ་ཐོབ་ཐང་སྟོང་རྒྱལ་པོས་རྗེ་ཕ་བོང་ཆེན་པོ་ཞིག་གི་སྟེང་དུ་རྩ་རླུང་གི་འཁྲུལ་འཁོར་མཛད་པས། རྗེ་དེ་ཕྱིད་ཚལ་དུ་གས་པའི་ནང་ན་སྦྲུལ་པ་ཆེན་པོ་ཞིག་གི་ལུས་ལ་སྲོག་ཆགས་ཆུང་ངུ་གྲངས་མེད་པ་འབྱུར་ནས་ཟོས་པས་སྡུག་བསྔལ་མི་བཟོད་པར་ཁ་ནག་དེང་དེང་འདུག་པ་འདི་ཅི་ལགས་ཞུས་པས། འདི་དམར་ཆོག་བྱེད་པའི་བླ་མ་གཅིག་གི་སྐྱེ་བ་ཡིན་གསུངས། ད་ལྟ་བླ་མ་རྣམ་པ་ཚོ་ཡང་། ཡོན་བདག་གི་བཤའ་ལུག་ཚོ་བ་དང་རྒྱགས་པ་རེ་བཤས་ནས་མེད་པ་དང་མཆོར་པ་སོགས་ཤ་ཁྲག་གིས་གཡོས། ཚང་འབྲོང་གི་རྩིབ་ཤ་འདར་ཚུམ་མེ་བའི་སྟེང་དུ་བཞག་ནས་དྲངས་ཅ་ན། མནབས་གཟན་དེ་དབུ་ལ་འཐེན་ནས། ནང་ཆ་རྣམས་བྱིས་པས་ནུ་མ་ནུ་ནུ་མཛད། ཕྱག་ཤན་དེ་ཁ་ཞིག་བླངས་ནས་ཕྱི་ཤ་རྣམས་དལ་བུས་གསོལ། བཞེས་པ་ཟིན་ཙ་ན་ཞལ་རྩུམ་ཆིལ་ལེ། དབུ་རླངས་པ་ཕལ་ལེ། སྤར་གྱི་དེ་མ་ཡིན་པའི་རྒྱ་དམར་ཅིག་གེ་བ་ཞིག་བྱས་ནས་དབུ་བཏེག་འོང་བར་འདུག་སྟེ། ཚེ་འདིར་གསོལ་གསོལ་བའི་བུ་ལོན་ཕྱི་མ་སྐྱ་ལུས་ཀྱི་སྟེང་ནས་འཇལ་དགོས་བྱུང་ཙ་ན། ཉེ་ཚེ་བའི་དམྱལ་གནས་སུ་འོ་བརྒྱལ་ཆེན་པོ་ཡོད་པར་འདུག དེ་བཞིན་དུ་ངོར་མཁན་ཆེན་དཔལ་ལྡན་ཆོས་སྐྱོང་སྐུ་དགེ་ན་བཞུགས་སྐབས། ཉིན་གཅིག་དེ་རིང་དཏུལ་མདའི་ཆུ་ནང་འདིར་གང་བྱུང་ཡང་གཏོང་མི་ཉན་ཞེས་གྲྭ་པ་མང་པོ་སྒྲུག་ཏུ་བཅུག ཕྱི་དྲོ་ཙམ་ན་ཤིང་སྡོང་དུམ་ཆེན་པོ་ཞིག་ཆུས་ཁྱེར་བྱུང་བ་དེ་བླངས་ནས་དེ་ལས་གཞན་གང་ཡང་མ་བྱུང་ཞུས་པས་དེ་ཡིན། སྡོང་དུམ་དེ་གཤགས་དང་གསུངས། སྡོང་དུམ་གཤགས་པའི་ནང་ན་སྦྲུལ་པ་ཆེན་པོ་ཞིག་ལ་སྲོག་ཆགས་མང་པོས་ཟ་གྱིན་འདུག་པ་དེ་ལ་ཁྲུས་ཆོག་སོགས་མཛད། དེ་སྐེ་དགེའི་གཉེར་པ་བོ་རྒྱས་བྱ་བ་ཞིག་གི་སྐྱེ་བ་ཡིན་གསུངས། དེས་ན་མི་དཔོན་ཁ་དྲག་ཅན་སྡེ་ཟ་བ་རྣམས་ཀུང་ད་ལྟ་དབང་ཆེ་ཡང་དམྱལ་གནས་འདི་དག་ལ

བསམས་ནས་སྐབས་གཟབ་བྱེད་དགོས་པར་འདུག དེ་བཞིན་དུ་སྟོན་བཅོམ་ལྡན་འདས་བཞུགས་སྐབས་གནས་པའི་གྲོང་གི་ཤན་པ་ཞིག་གིས་མཚན་མོ་སྲོག་མི་གཅོད་པའི་ཁྲིམས་བླངས་པ་ཉི་ཚེ་བའི་དམྱལ་བར་སྐྱེས་ཏེ། མཚན་མོ་ཁང་བཟང་ཉམས་དགའ་བའི་ནང་དུ་བུད་མེད་མཛེས་མ་བཞིས་བཟའ་བཏུང་དང་ལོངས་སྤྱོད་ཀྱིས་མཆོད་ཅིང་ཤིན་ཏུ་སྐྱིད་པ་ལ། ཉིན་མོ་ཁང་པ་ཡང་ལྕགས་བསྲེགས་ཀྱི་ཁང་པར་གནས་པར་འགྱུར། བུད་མེད་བཞི་ཕྱི་སྲེ་བོ་འཛིགས་སུ་རུང་བར་གྱུར་ནས་ཟ་བར་བྱེད་པ་དང་། ཡང་བྱི་པོ་བྱེད་པ་ཞིག་ཉིན་མོ་བྱི་བོ་མི་བྱེད་པའི་སྡོམ་པ་བླངས་པས་ཉིན་མཚན་གྱི་སྐྱིད་སྡུག་སྔར་གྱི་དེ་ལས་ལྡོག་པར་མྱོང་བ་གྲོ་བྱིན་སྐྱེས་རྣ་བ་བྱེ་བ་རིས་གཟིགས་པ་དང་། གཙུག་ལག་ཁང་ཡིད་དུ་འོང་བར་དགེ་སློང་ལྔ་བརྒྱ་ཙམ་གནས་པ་ཉིན་གུང་ཙམ་ལ་གཎྜི་བརྡུངས་ནས་གདུགས་ཚོད་ལ་འདུས་ཚེ་གཙུག་ལག་ཁང་ལྕགས་བསྲེགས་ཀྱི་ཁང་པ་དང་། ལྷུང་བཟེད་དང་ཕོར་པ་སོགས་མཚོན་ཆར་གནས་གྱུར་ནས་རྗེས་རེས་འབབ་ཞིག་བྱེད། གདུགས་ཚོད་ཡོལ་བའི་ཚོད་ལ་སྔར་བཞིན་གྱིས་ཏེ་གནས་པ། སྟོན་འོད་སྲུང་གི་དུས་སུ་དགེ་སློང་མང་པོ་གུང་ཚོགས་ཀྱི་སྐབས་ཚིག་གི་རྩོད་པ་བྱས་པའི་རྣམ་སྨིན་ཡིན་པར་བཤད་པ་ལ་སོགས་པ་རྣམས་ཡིན་ནོ། །དེ་ལྟར་ཚ་དམྱལ་བརྒྱད། གྲང་དམྱལ་བརྒྱད་དང་བཅུ་དྲུག ཉི་ཚེ་ཉེ་འཁོར་གཉིས་དང་བཅོ་བརྒྱད་པོ་ལ། དམྱལ་ཁམས་བཅོ་བརྒྱད་ཅེས་བྱ་སྟེ། དེ་དག་གི་གྲངས་དང་ཚེ་ཚད་སྡུག་བསྔལ། དེར་སྐྱེ་བའི་རྒྱུ་ལ་སོགས་པ་ཞིབ་ཏུ་ཤེས་པར་བྱས་ནས། དེར་སྐྱེ་བའི་སེམས་ཅན་ལ་སྙིང་རྗེ་བསྒོམ། རང་གཞན་ཐམས་ཅད་ཕྱིན་ཆད་དེར་མི་སྐྱེ་བའི་ཐབས་འབད་དགོས་པ་ཡིན། དེ་ལྟར་མ་ཡིན་པ་གོ་ལོ་དང་ཐོས་ལོར་བཞག་ནས་ཉམས་སུ་མ་བླངས་ན། སྔར་ཆོས་དྲེད་ང་རྒྱལ་གྱི་རྒྱུར་འགྲོ། དམ་པས་སྨོད་ཅིང་མཁས་པས་ཁྲེལ་བའི་གནས་སུ་འགྱུར་ཏེ། སྟོན་བླ་མ་ཞང་རིན་པོ་ཆེའི་དྲུང་དུ། དགེ་སློང་སྤྱོད་ལམ་མཛེས་པ་ང་རྒྱལ་ཆེ་བ་ཞིག་མཇལ་དུ་

བྱུང་བ་ལ། དགེ་སློང་ཁྱོད་ཀྱིས་ཆོས་ཅི་ཤེས་གསུངས་པས། ཆོས་མང་པོ་ཐོས་པ་ཡིན་ཞེར། འོ་ན་དལ་འབྱོར་ཁམས་བཅོ་བརྒྱད་བྱ་བ་དེ་གང་ཡིན་གསུངས་པས། ཚེ་དལ་བརྒྱད། གྲང་དམྱལ་བརྒྱད་དང་བཅུ་དྲུག ཀཱ་པ་ཞྭ་དམར་ནག་གཉིས་དང་བཅོ་བརྒྱད་ཡིན་ཟེར་སྐད། ཁོང་ཀཱ་པ་ལ་མི་གུས་པས་དམྱལ་བའི་གྲངས་སུ་བཅིས་པ་མ་ཡིན་ཀྱང་། ཉི་ཚེ་དང་ཉེ་འཁོར་གཉིས་ཀའི་མིང་ནི་བརྗེད། ཀཱ་པ་ཞྭ་དམར་ནག་གཉིས་ནི་དེ་དུས་གྲགས་ཆེན་པོ་ཡོད་པས་བབ་ཅོལ་དུ་བགྲང་བར་འདུག དེ་ལྟ་བུར་གྱུར་ན་ཆོས་ཞུས་ནས་ཉམས་སུ་ལེན་པ་ལྟ་ཅི། ཚིག་ཙམ་ཡང་མི་ཤེས་པ་ནི་ངོ་ཚ་བའི་གནས་ཡིན་ནོ། །

(2) ཡི་དྭགས།

ངན་སོང་གི་གནས་གཉིས་པ། ཡི་དྭགས་ཀྱི་སྡུག་བསྔལ་བསམ་པ་ནི། སྤྱིར་ཡི་དྭགས་ལ་གྱིང་ན་གནས་པ་དང་། མཁའ་ལ་རྒྱུ་བའི་ཡི་དྭགས་གཉིས་ཡོད།

དང་པོ་ལ་འང་ཕྱིའི་སྒྲིབ་པ་ཅན། ནང་གི་སྒྲིབ་པ་ཅན། ཟས་ཁུར་གྱི་སྒྲིབ་པ་ཅན་ལ་སོགས་པ་ཡོད་པ་ལས།

ཕྱིའི་སྒྲིབ་པ་ཅན་ནི། ལོ་གྲངས་བརྒྱ་ཕྲག་མང་པོའི་བར་དུ་ཆུའི་མིང་ཙམ་ཡང་ཐོས་མ་མྱོང་བས་ཤིན་ཏུ་བཀྲེས་ཤིང་སྐོམ་པས་གདུངས། དུས་རྟག་ཏུ་བཟའ་བཏུང་ཞིག་དོན་དུ་གཉེར་ནས་འགྲོ་ཡང་ཅུང་ཟད་ཀྱང་མི་རྙེད། རེས་འགའ་རྒྱང་རིང་པོ་ན་ཆུ་ཀླུང་སྔོན་པོ་རེ་འབབས་པ་མཐོང་ནས། ཡན་ལག་གི་ལྷུ་ཚིགས་འཁྲོལ་ཞིང་ལྟོ་བ་མི་ཐེག་པར་སྡུག་བསྔལ་བཞིན་ཐང་ཆད་དུ་ཕྱིན་པས་དྲུང་དུ་སླེབ་ཙེ་ཆུ་ཐམས་ཅད་སྐམ་ནས། གྲམ་པ་ཙམ་ལུས་ནས་ཤིན་ཏུ་སྡུག་བསྔལ་བ་དང་། ཡང་རྒྱང་རིང་པོ་ནས་ལྗོན་ཤིང་ཐོག་གུ་ཅན་མཐོང་བས་སྔར་བཞིན་སོང་སྟེ་དྲུང་དུ་སླེབ་པ་ན་སྐམ་ནས་ཁྲ་མའི་སྡོང་པོ་ཆེན་པོར་འགྱུར་བ་དང་། ཡང་བཟའ་བཏུང་ལོངས་སྤྱོད་བཟང་པོ་མང་པོ་མཐོང་ཡང་། དྲུང་དུ

ཕྱིན་པའི་ཚེ་སྐྱེས་བུ་གོ་མཚོན་དང་ལྡན་པ་མང་པོས་སྲུང་བས་དེད་ནས་མཚོན་ཆས་རྡེག་ཅིང་སྡུག་བསྔལ་བ་དང་། དབྱར་གྱི་དུས་སུ་ནི་ཟླ་བ་ཡང་ཚ་ཞིང་སྲེག་པ་དང་། དགུན་ནི་ཉི་མ་ཡང་ཤིན་ཏུ་གྲང་ཞིང་བསིལ་བས་ལྷག་པར་གདུང་བ་སོགས་ཏེ། སྔོན་གྲོ་བྱིན་སྐྱེས་ཡི་དྭགས་ཀྱི་ཡུལ་དུ་བྱོན་པས། ཡི་དྭགས་ཀྱི་སེར་སྣའི་དུག་གི་ཚད་པས་ཐོག་སྐྱེ་ཁོང་ཞལ་ཤིན་ཏུ་སྐོམ་ནས་ལྕགས་ཀྱི་མཁར་ཆེན་པོ་ཞིག་གི་སྒོ་ན་སྐྱེས་བུ་མདོག་ནག་ལ་མིག་དམར་བ་འཇིགས་སུ་རུང་བ་ཞིག་འདུག་པ་ལ། ཆུ་གར་ཡོད་ཅེས་དྲིས་པས། ཡི་དྭགས་སྡོང་དུམ་མེས་འཚིག་པ་འདྲ་བ་མང་པོ་འདུས་ནས་སྐྱེས་བུ་ཆེན་པོ་ཕུན་སུམ་ཚོགས་པ་ཆུ་སྩོལ་ཟེར། ཁོང་གིས་ངས་ཀྱང་ཆུ་མ་རྙེད་པ་ཡིན་ཆུ་སྩོལ་བྱས་པས། ཁྱེད་ཅི་ཟེར་ངེད་རྣམས་ལུང་པ་འདིར་སྐྱེས་ནས་ལོ་གྲངས་བརྒྱ་གཉིས་ཡིན་ཀྱང་། ཆུའི་མིང་ཙམ་ཡང་ད་རེས་ལས་ཐོས་མ་མྱོང་ཟེར་བ་ལྟ་བུའོ། །

ནང་གི་སྒྲིབ་པ་ཅན་ནི། ཁ་ཁབ་ཀྱི་མིག་ཙམ་པས་རྒྱ་མཚོ་ཆེན་པོའི་ཆུ་བཏུང་ཡང་མགྲིན་པ་རྟ་རྔ་ཙམ་པའི་ནང་དུ་མ་ཚུད་པའི་བར་ལ་ཁའི་དུག་གིས་སྐམ་པ་དང་། ཅུང་ཟད་རེ་མགྲིན་པར་ཚུད་ཀྱང་ལྟོ་བ་ཡུལ་ལྗོངས་ཙམ་ཡོད་པས་མི་ཁེངས་པ་དང་། ལྟོ་བདེ་ཙམ་རེ་ལྟོ་བར་སོང་ན་མཚན་མོའི་རིང་དེ་ལ་མེ་འབར་ནས་གློ་སྙིང་ནང་ཁྲོལ་ཐམས་ཅད་བསྲེགས་པས་སྡུག་བསྔལ་བ་དང་། འགྲོ་བར་འདོད་པའི་ཚེ་ལྟོ་བ་ཡུལ་ལྗོངས་ཙམ་པ་ཡན་ལག་འཇག་སྨྱུ་ཙམ་གྱིས་མི་ཐེག་པར་ཤིན་ཏུ་སྡུག་བསྔལ་བའོ། །

སྐོམ་ཁུར་གྱི་སྒྲིབ་པ་ཅན་ནི། ཡི་དྭགས་རེ་རེའི་ལུས་ལ་མང་པོའི་ཚང་བཅས་ནས་ཟ་བར་བྱེད་པ་ལ་སོགས་པ་ཡིན་ལ། དེ་ལས་གཞན་ཡང་སྐྱིད་སྡུག་གི་རྣམ་གྲངས་མ་ངེས་པའང་དུ་མ་ཡོད་དེ། སྔོན་གྲོ་བྱིན་སྐྱེས་རྟ་བ་བྱེ་བ་རི་ཡི་དྭགས་ཀྱི་ཡུལ་དུ་བྱོན་སྐབས་གཞལ་མེད་ཁང་ཞིག་ན་བུད་མེད་གཟུགས་བཟང་བ། མཛེས་པ། ལྟ་ན་སྡུག་པ། རིན་པོ་ཆེའི་རྒྱན་གྱིས་སྤྲས་པ་ཞིག་གི་ཁྲིའི་རྐང་པ་བཞི་ལ་ཡི་དྭགས

བཞི་བཏགས་ཤིང་འདུག དེས་ གྲོ་བྱིན་སྐྱེས་ལ་ཟན་བྱིན་ནས་ཡི་དྭགས་འདི་རྣམས་ཁྱེད་ལ་ཟན་སློང་ན་ཅུང་ཟད་ཀྱང་མ་སྦྱིན་ཅིག་ཟེར། གྲོ་བྱིན་སྐྱེས་ཀྱིས་ཟན་ཟ་བའི་ཚེ་ཡི་དྭགས་སློང་བ་ལས། གཅིག་ལ་བྱིན་པས་ཕུབ་མར་གྱུར། ཡང་གཅིག་ལ་བྱིན་པས་ལྕགས་ཀྱི་ཐོ་ལུམ་ཟ་བར་གྱུར། དེ་བཞིན་དུ་གཅིག་ལ་རང་གི་ཤ་དང་། གཅིག་ལ་རྣག་ཁྲག་གྱུར་པས། བུད་མེད་དེ་འོངས་ནས་ཁྱོད་ལ་ཁོ་མོས་མ་སྦྱིན་མ་སྨྲས་སམ། ཁོ་མོའི་སྙིང་རྗེ་ལས་ཁྱོད་ཀྱི་སྙིང་རྗེ་ལྷག་གམ་ཟེར་བ་ལ། འདི་དག་ཁྱོད་དང་ཅི་ཉེ་བྱས་པས། འདི་ནི་ཁོ་མོའི་ཁྱིམ་ཐབ་ཡིན། འདི་ནི་བུ་ཡིན། འདི་ནི་མནའ་མ་ཡིན། འདི་ནི་བྲན་མོ་ཡིན་ཟེར། ཁྱེད་ཅག་ལས་གང་གིས་འདིར་སྐྱེས་བྱས་པས། འཛམ་བུ་གླིང་གི་མི་རྣམས་ནི་ཡིད་ཆེས་པར་དཀའ་བ་ཡིན་པས་ཡིད་མི་ཆེས་སོ་ཟེར། ཁོ་བོས་མངོན་སུམ་དུ་མཐོང་ན་ཇི་ལྟར་ཡིད་མི་ཆེས་བྱས་པས། དེ་ན་རེ་ཁོ་མོ་གནས་པའི་གྲོང་གི་བྲམ་ཟེ་མོ་ཡིན་ཏེ། རྒྱུ་སྐར་ལ་བབས་པའི་ནུབ་མོ་ཟས་བཟང་པོ་དག་སྔ་གོན་བྱས་པ་ལ། འཕགས་པ་ཀཱ་ཏྱཱ་ན་ཆེན་པོ་བསོད་སྙོམས་ལ་བྱོན་པར་ཁོ་མོ་དད་པ་སྐྱེས་ནས་བསོད་སྙོམས་ཕུལ་ཏེ། ཁྱིམ་ཐབ་རྗེས་སུ་ཡི་རང་བ་འབུལ་དུ་བཅུག་ན་དགའ་བར་འོང་སྙམ་ནས། རྗེའི་སྲས་འཕགས་པ་ཀཱ་ཏྱཱ་ན་ཆེན་པོ་ལ་བསོད་སྙོམ་དུ་ཕུལ་བས་རྗེས་སུ་ཡི་རང་བ་ཕུལ་ཅིག་བྱས་པས། དེ་ཁྲོས་ནས་ཇི་སྲིད་བྲམ་ཟེ་རྣམས་ལ་མ་ཕུལ། གཉེན་བཤེས་རྣམས་ཀྱི་སྤྲོ་ཞུ་མ་བགྱིས་པར། ཁྱོད་ཀྱིས་དགེ་སློང་མགོ་རེག་དེ་ལ་བསོད་སྙོམས་ཀྱི་ཕུད་སྦྱིན་ནམ། མགོ་རེག་དེ་ཕུབ་མ་ཅི་ཕྱིར་མི་འགམ་ཟེར། དེ་བཞིན་དུ་བུ་ལ་བྱས་པས་དེ་ཡང་ཁྲོས་ཏེ། མགོ་རེག་དེ་ཅི་ཕྱིར་ལྕགས་ཀྱི་ཐོ་ལུམ་མི་ཟ་ཟེར། དེའི་ནུབ་མོ་ཁོ་མོའི་གཉེན་དག་གིས་ཁོ་མོ་ལ་ཟ་མ་བཟང་པོ་རྣམས་བསྐུར་བ་མནའ་མས་མོ་རང་གིས་ཟོས་ནས། ངན་པ་རྣམས་ང་ལ་བྱིན། ངས་ཟ་མ་བཟང་པོ་རྣམས་ཟོས་ནས་ངན་པ་རྣམས་ང་ལ་མ་བྱིན་ནམ་དྲིས་པས། དེས་ངས་ཁྱོད་ཀྱི་ཟས་ཟ་བ་ལས་རང་གི་ཤ་ཅི་ཕྱིར་མི་ཟ་ཞེས་རྫུན་སྨྲ་ཞིང་། དེ་

བཞིན་དུ་ཕོ་མོའི་གཉེན་རྣམས་ལ་ཟས་བསྐུར་བ་སྤར་བཞིན་བྲན་མོས་ཟོས་ནས། ངས་ཁྱོད་ཀྱི་ཟ་མ་ཀྱུ་བ་ལས་རྣག་ཁྲག་ཅི་ཕྱིར་མི་འབྱུང་ཞེས་སྨྲ་བ་རྣམས་ལ། བདག་གིས་སེམས་ཅན་འདི་དག་རང་རང་གི་ལས་ཀྱི་འབྲས་བུ་ཉམས་སུ་མྱོང་བ་དེར་སྐྱེ་ཞིང་ལྟ་བར་གྱུར་ཅིག་སྙམ་པས། ཡི་དྭགས་མཐུ་མོ་ཆེར་སྐྱེས། དེ་མིན་ན་འཕགས་པར་བསོད་སྙོམས་ཕུལ་བས་སུམ་ཅུ་རྩ་གསུམ་གྱི་ལྷར་སྐྱེ་བ་ཡོད་པ་ཡིན། ཁྱེད་ཀྱང་གནས་པའི་གྲོང་དུ་འགྲོ་ན་བདག་གི་བུ་མོ་སྨད་འཚོང་བྱེད་པ་དེ་ལ། ཁྱོད་ཀྱི་ཕ་མ་སོགས་ངས་མཐོང་བས་དེ་དག་ན་རེ། ལས་འདིའི་འབྲས་བུ་ནི་ཡིད་དུ་མི་འོང་བ་ཡིན་ཀྱིས་དམ་པ་མ་ཡིན་པའི་ཆོས། སྡིག་པ་དེ་སྤོངས་ཤིག་ཟེར་རོ། །ཞེས་གསུངས་ཤིང་དེ་ཡིད་མི་ཆེས་ན་ཁྱོད་ཀྱི་སྔོན་གྱི་ཕའི་ཁང་པ་ན་ལྕགས་ཟངས་གསེར་གྱིས་གང་བ་བཞི་དང་། གསེར་གྱི་འཁར་བ་དང་། རིལ་བ་སྤྱི་བླུགས་ཡོད་ཀྱི། དེ་དག་ཕྱུང་ལ་དུས་དུས་སུ་འཕགས་པ་ཀ་ཏྱ་ཡ་ན་ཆེན་པོ་ལ་བསོད་སྙོམས་ཕུལ་ནས་བདག་ཅག་གི་མིང་ནས་ཕྱུང་སྟེ་ཡོན་བསྔོ་བ་གྱིས་ཤིག་དང་། དེས་ལས་དེ་སྲབ་པ་དང་། ཡོངས་སུ་ཟད་པར་འགྱུར་རོ། །ཞེས་ཟེར་རོ། །དེ་བཞིན་དུ་སློབ་དཔོན་ཛེ་ཏཱ་རི་ལྗོངས་རྒྱུར་བྱོན་པས། ཡི་དྭགས་མོ་གཟུགས་མི་སྡུག་པ་ཕྲུ་གུ་ལྔ་བརྒྱའི་ཨ་མར་གྱུར་པ་ཞིག་གིས་སློབ་དཔོན་ལ། ངའི་ཁྱོ་ཕོ་རྡོ་རྗེ་གདན་དུ་ཟས་ཚོལ་བ་ལ་སོང་ནས་ལོ་བཅུ་གཉིས་ཡིན་ཀྱང་མ་བྱུང་། ཁྱེད་དེར་བྱོན་ན་ཁྱོད་མྱུར་དུ་མ་འོངས་ན་ཕྲུ་གུ་རྣམས་བཀྲེས་ནས་འཆིའོ་གསུངས་ཤིག་ཟེར། ཁྱོད་ཀྱི་ཁྱོ་ཕོ་དེ་ཇི་ལྟ་བུ་ཞིག་ཡོད། ཡི་དྭགས་ཐམས་ཅད་འདྲ་བར་འདུག་པས་ངས་ཤེས་སམ་གསུངས་པས། ནོར་མི་དགོས་ཏེ། ཁ་ཆེ་བ་སྣ་ཉག་པ་མིག་ཞར་བ་གཟུགས་མི་སྡུག་པའི་མཚན་མ་དགུས་བརྒྱན་པ་ཞིག་ཡོད་ཟེར། ཁོང་རྡོ་རྗེ་གདན་དུ་བྱོན་པས། དགེ་ཚུལ་ཞིག་གིས་གཏོར་ཆུ་དང་གཏོར་ཟན་མང་པོ་ཞིག་དོར་ནས་སོང་བ་ལ། ཡི་དྭགས་མང་པོས་རུབ་བརྒྱབ་པའི་ཁྲོད་ན་ཁོ་རང་འདུག ཆུང་མའི་འཕྲིན་བསྐུར་རྣམས་བསྐྱལ་བས། ངས་ལོ་བཅུ་གཉིས་སུ་ཙུལ་

ཡང་། སྔོར་གཅིག་དགེ་སློང་ཡང་དག་པ་ཅིག་གིས་སྟབས་ལུད་ཞིག་དོར་བ་ལ་ངེད་ཡི་དྭགས་མང་པོའི་ཊུབ་བརྒྱབ་པས་ཅུང་ཟད་རྙེད་པ་ལས་གང་ཡང་མ་རྙེད་པ་ལ་ཟེར། ཁོ་རང་སྟབས་ལུད་རྗོད་ས་ནས་ཡི་དྭགས་གཞན་གྱིས་ལུས་ལ་རྨ་མང་པོ་གཏོད་འདུག་གསུངས། དེ་བཞིན་དུ་ཡི་དྭགས་ཀྱི་གནས་རིས་གང་དུ་སྐྱེས་ཀྱང་བཀྲེས་སྐོམ་གཙོ་བོར་གྱུར་པའི་སྡུག་བསྔལ་སྣ་ཚོགས་ཀྱིས་གདུངས་པའི་ཚུལ་སེམས་ཐོག་ཏུ་བླང་། ད་ལྟ་རང་རེས་སྤྲ་དྲོ་ཙམ་ཟས་མ་ཟོས་ཀྱང་། སྡུག་བསྔལ་ཅི་འདྲ་བ་ཞིག་འདུག ལོ་གྲངས་མང་པོའི་བར་དུ་ཆུ་ཡི་མིང་ཙམ་ཡང་མི་ཐོས་པའི་གནས་སུ་སྐྱེས་ན་ཇི་ལྟར་བྱེད། དེར་སྐྱེ་བའི་རྒྱུའི་གཙོ་བོ་ནི་སེར་སྣ་དང་། འཇུར་གེགས་ཡིན་པས་བདག་གིས་ཀྱང་དེ་ལྟ་བུའི་ལས་བསགས་པ་གྲངས་ཀྱིས་མི་ཚད། ད་ནི་དེ་ལྟ་བུའི་གནས་རིས་སུ་ཅི་ནས་ཀྱང་མི་སྐྱེ་བ་ཞིག་བྱེད་དགོས་སྙམ་པ་སོགས་སྙིང་ཐག་པ་ནས་སྦྱོར་དངོས་རྗེས་གསུམ་ཚང་བར་བསྒོམ་མོ། །

གཉིས་པ་མཁའ་ལ་རྒྱུ་བ་ནི། བཙན་དང་རྒྱལ་པོ་ཤི་འདྲེ་འབྱུང་པོ། མ་མོ་ཐེའུ་རང་ལ་སོགས་པ་རྣམས་ཏེ། དེ་དག་ཀྱང་དུས་རྟག་ཏུ་འཇིགས་སྐྲག་དང་འཁྲུལ་སྣང་འབའ་ཞིག་ལ་སྤྱོད། རྟག་ཏུ་བསམ་པ་ངན་པ་ལ་གནས་པས་གཞན་ལ་གནོད་པའི་ལས་ཁོ་ན་ལ་བརྩོན་ཅིང་ཤི་མ་ཐག་དམྱལ་བ་སོགས་ངན་སོང་གི་གཏིང་དུ་འགྲོ་བ་མང་། ཁྱད་པར་ཞག་བདུན་ཕྲག་རེའི་མཚམས་སུ་སྔར་རང་ཉིད་ནད་དང་མཚོན་དང་འགགས་ལ་སོགས་པ་གང་གིས་ཤི་བའི་སྡུག་བསྔལ་དེ་ཉིད་མྱོང་ནས། དེ་གཞན་ལ་སྤོ་བར་འདོད་པས་གང་དུ་ཕྱིན་པ་དེར་ཡང་གནོད་ཅིང་རང་ལ་མི་ཕན། སྔོན་གྱི་མཛའ་བཤེས་དང་ཉེ་དུ་ལ་སོགས་པའི་དྲུང་དུ་དགའ་བས་ཕྱིན་ཀྱང་དེ་དག་ལ་ནད་དང་སྨྱོ་འབོགས་ལ་སོགས་མི་འདོད་པའི་སྡུག་བསྔལ་འབྱུང་། སྔགས་པ་ནུས་པ་ཅན་གྱིས་མནན་བསྲེགས་འཕངས་གསུམ་བྱས་པས། ས་འོག་མུན་པའི་གནས་སུ་བསྐལ་པའི་བར་དུ་མནན་པ་

དང་། སྤྲིན་སྤྲིག་གི་མེ་ལ་སྲེག་པ་དང་། ཡུངས་ཐུན་དང་རྡོ་ཐེ་སོགས་ཀྱིས་བྲབས་པ་བརྒྱབ་པ་ན་མགོ་བོ་ཚལ་པ་བརྒྱར་གས་ཤིང་ལུས་དུམ་བུ་སྟོང་དུ་འགྲོ་བ་སོགས་རྟག་ཏུ་སྡུག་བསྔལ་བ་ཁོ་ན་ལས་མ་འདས། དགུན་ཉི་མ་གྲང་ཞིང་དབྱར་ཟླ་བའང་ཚ་བ་སོགས་ལོག་པའི་སྣང་བ་རྣམས་ཀྱང་ཡི་དྭགས་སྤྱི་དང་མཐུན་པར་འཆར། ཁ་ཅིག་བྱ་དང་ཁྱི་ལ་སོགས་པའི་གཟུགས་སུ་ཡོད་པས་གཟུགས་བྱད་ཡིད་དུ་མི་འོང་བ་སོགས་སྡུག་བསྔལ་གྱི་རྣམ་གྲངས་བསམ་གྱིས་མི་ཁྱབ་པ་ལ་སྤྱོད་པ་ཡིན་པས་དེ་དག་གི་སྡུག་བསྔལ་ཡང་རང་ཐོག་ཏུ་བླངས་ཏེ། དེར་སྐྱེས་པའི་སེམས་ཅན་ལ་བྱམས་པ་དང་སྙིང་རྗེ་བསྒོམ་པ་སོགས་སྦྱོར་དངོས་རྗེས་གསུམ་ཚང་བར་ཉམས་སུ་བླང་ངོ་། །

(3) དུད་འགྲོ།

ངན་སོང་གི་གནས་གསུམ་པ་དུད་འགྲོ་ལའང་ཕྱིང་ན་གནས་པ་དང་ཁ་འཐོར་བ་གཉིས་ལས།

དང་པོ་ནི་མཐའི་རྒྱ་མཚོ་ཆེན་པོའི་ནང་ན་ཉ་དང་། ཆུ་སྲིན་དང་། དུང་དང་། སྦལ་པ་དང་། འབུ་སྲིན་ལ་སོགས་པ་ཆང་འཐག་གི་སྙང་མ་བཞིན་ལྡིག་ལྡིག་ཡོད་པ་ལ་སྦྲུལ་དང་ཆུ་སྲིན་ལ་སོགས་པ་ཆེ་བ་རི་རབ་ལ་ལན་མང་པོའི་བར་དཀྲིས་པ་དང་། ཆུང་བ་རྡུལ་ཕྲན་དང་ཁབ་རྩེ་ལྟ་བུའི་བར་དུ་ཡོད་ཅིང་། ཆེ་ཆེས་ཆུང་ཆུང་རྣམས་ཁྱུར་མིད་བྱེད། ཆུང་ཆུང་གིས་ཆེན་པོ་རྣམས་ཐལ་མར་འབིགས་ཤིང་ཟ། སྲོག་ཆགས་ཆེ་བ་རེ་རེའི་ལུས་ལ་ཆུང་བ་དུ་མས་ཚང་བཅས་ནས་ཁ་ཟས་སུ་བྱེད་པ་དང་། གླིང་བར་ཉི་མ་མི་འཆར་བའི་གནས་སུ་སྐྱེས་པས་རང་གི་ཡན་ལག་དང་ཉིང་ལག་བརྐྱང་བསྐུམ་བྱེད་པ་ཙམ་ཡང་མི་མཐོང་བར་ཤིན་ཏུ་སྡུག་བསྔལ། ལྷུན་ཞིང་གཏི་མུག་པས་སྤང་བླངས་ཀྱི་གནས་ཐམས་ཅད་ལ་རྨོངས་ཏེ་སྡུག་བསྔལ་མུ་མཐའ་མེད་པའི་གནས་སུ་སྐྱེ་བ་ཡིན། ཁ་འཐོར་བའི་

དུད་འགྲོ་ལྷ་དང་མི་ཡི་ཡུལ་ན་ཡོད་པ་རྣམས་ཀྱང་ བླུན་རྨོངས་དང་བཀོལ་སྤྱོད་ཀྱི་སྡུག་བསྔལ་བོ་ན་ལ་སྤྱོད། ཀླུ་སོགས་ལ་མཁའ་ལྡིང་གི་གནོད་པ་དང་། བྱེ་ཚན་གྱི་ཆར་འབབས་པ། བླུན་ཞིང་གཏི་མུག་པ། གདུག་རྩུབ་དང་དུག་སོགས་ཡོད་པས་ཉམ་ཐག་པའོ། །

ཁྱད་པར་མི་ཡུལ་གྱི་དུད་འགྲོ་མིས་བདག་ཏུ་མ་བཟུང་བའི་རི་དྭགས་ལ་སོགས་པ་རྣམས་ནི་འཇིགས་སྐྲག་གི་སྣང་བ་བོ་ན་ལ་སྤྱོད། ཟས་ཁམ་གང་ཟ་ཡང་བག་མི་ཕེབ་བཞིན་དུ་ཟ། གཅིག་གིས་གཅིག་ལ་ཟ་ཞིང་། རྔོན་པ་དང་གཅན་གཟན་ལ་སོགས་གསོད་པ་པོ་གྲངས་མང་། ཁྲས་བྱིའུ་དང་བྱིའུས་འབུ་གསོད་པས་མཚོན། གཅིག་གིས་གཅིག་གསོད་པའི་ལས་ངན་པ་བོ་ན་རྟག་ཏུ་གསོག རྔོན་པ་ལ་སོགས་པ་རྣམས་ནི་སེམས་ཅན་དེ་དག་མནར་ཞིང་གསོད་པའི་ལས་ཐབས་ལ་མཁས་པས། རྒྱ་དང་རྙི་དང་གོག་ཚེ་དང་མེ་མདའ་ལ་སོགས་གནོད་པ་དུ་མས་འཕྲུལ་དུ་སྒྲོག་ལ་རྔོལ། ཁ་ཅིག་རང་གི་ལུས་ལ་སྐྱེས་པའི་རྣ་དང་སྤུ་དང་པགས་པ་ལ་སོགས་པའི་ཆེད་དུ་གསོད་དེ། མུ་ཏིག་གི་ཆེད་དུ་ཉ་ཕྱིས་གསོད་པ་དང་། མཆེ་བ་དང་རུས་པ་ལ་སོགས་པའི་ཆེད་དུ་གླང་པོ་ཆེ་གསོད་པ་དང་། པགས་པའི་ཆེད་དུ་སྟག་གཟིག་དང་། སྲམ་དང་ཝ་སོགས་གསོད་པ་དང་། གླ་རྩིའི་ཆེད་དུ་གླ་བ་དང་། ཤ་དང་ཁྲག་གི་ཆེད་དུ་རྒྱུད་འབྲོང་ལ་སོགས་པ་གསོད་པ་སོགས་རང་གི་ལུས་ཉིད་ཀྱང་རང་ཉིད་གསོད་པའི་རྒྱུར་སྐྱེས་པས་ཤིན་ཏུ་སྡུག་བསྔལ། མི་ལ་བརྟེན་པའི་དུད་འགྲོ་རྣམས་ནི་བླུན་ཞིང་གཏི་མུག་པས་གསོད་པའི་གཤེད་མས་རལ་གྲི་ཐོགས་ཏེ་དྲུང་དུ་སླེབས་ཀྱང་མིག་སྔོ་ཅེ་རེ་ལྟ་བ་ལས་བྲོས་པ་ཙམ་ཡང་མི་ཤེས། དེ་བཞིན་དུ་འོ་བཞོ་བ་དང་། ཁལ་འགེལ་བ་དང་། བྲེ་གཙོད་པ་དང་། སྣ་འབིགས་པ་དང་། རྨོས་རྨོ་བ་སོགས་བཀོལ་སྤྱོད་ཀྱི་རྣམ་གྲངས་འདི་མ་མྱོང་སྐྲམ་པ་གཅིག་ཀྱང་མེད། རྟ་ཁལ་སོགས་རྒྱབ་ཐམས་ཅད་རྨར་སོང་ཡང་ད་དུང་ཡང་ཁལ་འགེལ་བ་དང་། བཞོན་ནས

འགྲོ་བ་སོགས་བྱེད། འགྲོ་མ་ནུས་ཙ་ན་ལྕུག་གིས་བྲབ་ཅིང་རྫོས་རྫེག དེ་རྣམས་ལ་དཀའ་ཚེགས་དང་ན་ཚ་ཡོད་སྙམ་པ་ནི་མི་བྱེད། གནག་ཕྱུགས་དང་ར་ལུག་རྣམས་ནི་རྒས་ནས་འཆི་བ་ལ་མ་ཐུག་གི་བར་དུ་བེད་སྤྱད། རྒས་ཙ་ན་རང་གིས་གསོད་པའམ་གཞན་ལ་འཚོངས་པ་གང་ཡིན་ཀྱི་སྒོ་ནས་ཐམས་ཅད་ཀྱང་བཤས་སུ་ཕབ་ནས་རང་བཞིན་གྱིས་འཆི་བ་ནི་གཅིག་ཀྱང་མེད། དེ་ལྟ་བུའི་སྡུག་བསྔལ་བསམ་གྱིས་མི་ཁྱབ་པ་ལ་སྤྱོད་པ་ཡིན་པས། དེ་ལྟར་སྡུག་བསྔལ་བའི་སེམས་ཅན་མཐོང་ཙ་ན་དེ་རང་ཉིད་ཡིན་པའི་བློ་བཞག་ནས་སྡུག་བསྔལ་ཅི་ཙམ་འདུག་ལ་སོགས་པ་ཞིབ་ཏུ་བསམས་ནས། དུད་འགྲོའི་གནས་སུ་སྐྱེས་པ་སྤྱི་ལ་སྙིང་རྗེ་དྲག་པོ་བསྒོམ་ཞིང་ཁྱད་པར་རང་ལ་བསྟེན་པའི་དུད་འགྲོ་སོགས་ཡོད་ན་བྱམས་བརྩེས་སྐྱོང་བ་དང་། ཐ་ན་འབུ་སྲིན་དང་སྲོག་ཆགས་ཕྲ་མོ་ཚུན་ཆད་ལའང་བདེ་སྡུག་གི་ཚོར་བ་མེད་པ་ནི་གཅིག་ཀྱང་མེད་ལ། དེ་ཐམས་ཅད་ཀྱང་རང་གི་ཕ་མ་མ་བྱས་པའང་མེད་པས་ཐམས་ཅད་ལ་བྱམས་པ་དང་སྙིང་རྗེ་བསྒོམ་པ་སོགས་སྦྱོར་དངོས་རྗེས་གསུམ་ཚང་བར་ཉམས་སུ་བླང་ངོ་། །

དེ་ལྟར་ངན་སོང་གི་གནས་གསུམ་པོ་ནི། གང་དུ་སྐྱེས་ཀྱང་སྡུག་བསྔལ་གྱི་རྣམ་གྲངས་དོས་དྲག་ལ་རྒྱུན་རིང་། བླུན་ཞིང་གཏི་མུག་ལ་ཆོས་ཀྱི་སྣང་བ་མེད་པས་སླར་ཡང་ངན་སོང་གི་རྒྱུ་སྒྲུབ་པ་ཁོ་ན་ལས་མེད། དེ་དག་ཏུ་སྐྱེས་ན་ཕྱི་ནས་ཐར་བ་དཀའ་ཞིང་། རང་རྒྱུད་ལ་ངན་སོང་དེ་དག་ཏུ་སྐྱེ་ངེས་པའི་ལས་ཚེ་རབས་འདི་དང་གཞན་དུ་བྱས་པ་དུ་མ་ཡོད་པ་ཡིན་པས། སྔར་བྱས་ཀྱི་ལས་ལ་འགྱོད་པ་དང་ཕྱིན་ཆད་ཀྱི་བཤགས་སྡོམ་སོགས་ལ་སྙིང་ཐག་པ་ནས་འབད། དེར་སྐྱེས་པའི་སེམས་ཅན་རྣམས་ལ་སྙིང་རྗེ་དྲག་པོ་བསྒོམ། རང་གིས་དུས་གསུམ་དུ་བསགས་པའི་དགེ་འབྲས་ཐམས་ཅད་ངན་སོང་དེ་དག་ཏུ་སྐྱེས་པའི་སེམས་ཅན་རྣམས་ཀྱི་ཆེད་དུ་བསྔོ་བ་བྱ། གནས་ངན་དེ་དག་ལས་ཐར་པའི་སྨོན་ལམ་གདབ། བདག་གིས་ད་རེས་ཐེག་པ་ཆེན་པོའི་ཆོས་དང་མཇལ་ནས།

རང་གཞན་གྱི་དོན་གཉིས་འགྲུབ་པའི་ལམ་སྒྲུབ་ཏུ་ཡོད་པ་ཡིན་པས་ཆོས་ཕྱིར་དཀའ་བ་སྤྱད་ཅིང་བརྩོན་པས་ཉམས་སུ་བླངས་ཏེ། ངན་སོང་གི་སེམས་ཅན་དེ་དག་ཐམས་ཅད་དག་པའི་ཞིང་དུ་དྲང་བར་བྱའོ་སྙམ་པའི་སེམས་བསྐྱེད། དེ་ལྟར་བྱེད་ནུས་པར་བླ་མ་དང་དཀོན་མཆོག་གིས་བྱིན་གྱིས་རློབས་ཤིག་སྙམ་དུ་ལྷ་དང་བླ་མ་ལ་གསོལ་བ་འདེབས་པ་དང་། རམ་བྲླར་སྟོན་པ་སོགས་བྱ། དེ་ལྟར་བྱས་པའི་དགེ་བའང་སེམས་ཅན་གྱི་དོན་དུ་བསྔོ་བ་སོགས་དམ་པ་གསུམ་གྱིས་ཟིན་པར་ཉམས་སུ་བླང་ངོ་། །

(4) མི།

དེ་ལྟར་ན་ངན་སོང་གསུམ་དུ་སྐྱེས་ན་སྡུག་བསྔལ་གྱི་རང་བཞིན་ཡིན་ཀྱང་མཐོ་རིས་རྣམ་གསུམ་ནི་བདེ་ཞིང་སྐྱིད་པ་ཡིན་ནམ་སྙམ་ན། མཐོ་རིས་ནའང་བདེ་བ་མེད་དེ།

དང་པོ་མིའི་སྡུག་བསྔལ་ནི། མི་རྣམས་ལ་རྩ་བའི་སྡུག་བསྔལ་ཆེན་པོ་གསུམ། སྐྱེ་རྒ་ན་འཆིའི་སྡུག་བསྔལ་གྱི་ཆུ་བོ་ཆེན་པོ་བཞི། དགྲ་སྡང་བ་དང་ཕྲད་ཀྱི་དོགས་པའི་སྡུག་བསྔལ། གཉེན་བྱམས་པ་དང་བྲལ་གྱི་དོགས་པའི་སྡུག་བསྔལ། མི་འདོད་པ་ཐོག་ཏུ་འབབ་པའི་སྡུག་བསྔལ། འདོད་པ་ཐོག་ཏུ་མི་ཐེལ་བའི་སྡུག་བསྔལ་རྣམས་ཡོད་པ་ལས།

རྩ་བའི་སྡུག་བསྔལ་གསུམ་གྱི་དང་པོ་འགྱུར་བའི་སྡུག་བསྔལ་ནི། ད་ལྟ་སྐད་ཅིག་མར་བདེ་བར་ཡོད་འཁྲོ་ལ་སྡུག་བསྔལ་དུ་འགྱུར་བ་སྟེ། ལུས་ལ་ཕན་པའི་ཟས་ཟོས་ནས་ངོམས་ཤིང་འགྲངས་ཏེ་སྐྱིད་པར་ཡོད་པ་ལས་སྲིན་པོ་བར་ལངས་ནས། གླང་ཐབས་ཀྱི་ནད་དྲག་པོ་གློ་བུར་དུ་བྱུང་སྟེ་སྡུག་བསྔལ་བ་དང་། ད་ལྟར་སྐྱིད་པར་ཡོད་འཁྲོ་ལ། ནོར་ཕྱུགས་དགྲས་དེད་པ་དང་། ཁང་གཞི་མེས་འཚིག་པ། ནད་གདོན་དྲག་པོ་གློ་བུར་དུ་བྱུང་བ། ཕྱི་རོལ་གྱི་གདམ་ངན་ཐོས་པ་

སོགས་འཕྲལ་དུ་སྡུག་བསྔལ་བར་གྱུར་པ་རྣམས་ཏེ། སྤྱིར་འཁོར་བའི་གནས་རིས་འདིས་བདེ་སྐྱིད་སྐལ་གསུམ་ལྟར་སྣང་བ་གང་ལ་ཡང་རྟག་པ་དང་བརྟན་པ་སྤུ་ཙམ་ཡང་མེད་ཅིང་མཐར་སྡུག་བསྔལ་བ་ཁོ་ན་ལས་མ་འདས་པ་ཡིན་པས་སྐྱོ་བ་བསྐྱེད་དོ། །

གཉིས་པ་སྡུག་བསྔལ་གྱི་སྡུག་བསྔལ་ནི། སྡུག་བསྔལ་སྔ་མ་མ་སངས་བཞིན་དུ་ཕྱི་མས་ནོན་པ་མཛེ་ཐོག་ཏུ་ཐོལ་བྱུང་བ། ཐོལ་ཐོག་ཏུ་རྫ་གཏུགས་པ། ཕ་ཤི་བའི་སྟེང་དུ་མ་ཤི་བ། དགྲས་དེད་པའི་སྟེང་དུ་མི་གཅེས་པ་ཤི་བ་ལྟ་བུ་སྟེ། འཁོར་བའི་གནས་འདི་གང་དུ་སྐྱེས་ཀྱང་སྡུག་བསྔལ་གྱི་སྟེང་དུ་སྡུག་བསྔལ་བརྩེགས་པ་ཁོ་ནས་དུས་འདའ་བ་ལས་བདེ་བའི་གོ་སྐབས་སྐད་ཅིག་མ་ཙམ་ཡང་མེད་པ་ཡིན་ནོ། །

གསུམ་པ་འདུ་བྱེད་ཀྱི་སྡུག་བསྔལ་ནི། ད་ལྟ་རང་རེས་བདེ་བར་རློམ་པ་རྣམས་ཀྱང་དངོས་སུ་སྡུག་བསྔལ་ལྟར་མི་མངོན་ཀྱང་དོན་དུ་སྡུག་བསྔལ་གྱི་རྒྱུ་ཁོ་ན་ལས་མ་འདས་ཏེ། ཟས་ཟོས་པ་གོས་གྱོན་པ་གནས་ཁང་དང་ལོངས་སྤྱོད་རྒྱན་དང་སྟོན་མོ་ལ་སོགས་པ་ཐམས་ཅད་ཀྱང་སྡིག་པའི་རྒྱུས་སྒྲུབ་པ། བྱ་བྱེད་ཐམས་ཅད་ཀྱང་སྡིག་པའི་གཡོ་བཀོལ་འབའ་ཞིག་ལས་མི་འདུག་པས། འདི་ཐམས་ཅད་ཀྱི་འབྲས་བུ་ནི་སྡུག་བསྔལ་བ་ཁོ་ན་ཡིན། དཔེར་ན་ཇ་དང་རྩམ་པ་ལྟ་བུ་ལ་མཚོན་ན། ཇ་ནི་རྒྱ་ཡུལ་དུ་བཏབ་པའི་ལྗུམ་བུ་ཡིན་ཏེ། དེའི་ས་བོན་འདེབས་པ་དང་། ལོ་མ་འབྲེག་པ་སོགས་ཀྱི་དུས་སྲོག་ཆགས་བསད་པ་ཡང་གྲངས་ཀྱིས་མི་ཆོད། དར་རྩེ་མདོ་མན་ཆད་ནས་མི་ཡི་ཁུར་རྫལ་བྱས་འོངས་སྐབས་མི་རེ་རེས་ཀྱང་ཁལ་དྲུག་ཅུ་གཉིས་རེ་ཁུར་ནས་འོང་། དེ་ཐམས་ཅད་ཀྱང་མགོ་ལ་བརྟེན་ནས་ཁུར་བས་དཔྲལ་བའི་པགས་པ་ཟད་དེ་རུས་པ་སྐྲ་སང་ངེ་མཐོང་ཡང་ད་དུང་ཡང་ཁུར། མདོ་ཐོག་ཡན་ཆད་དུ་མཛོ་གཡག་དྲེའུ་སོགས་ལ་བཀལ་ནས་འོངས་སྐབས། དེ་ཐམས་ཅད་ཀྱང་རྒྱབ་ཆད་སློ་བུག་སྤུ་བྱི་

བཀོལ་སྤྱོད་ཀྱི་སྡུག་བསྔལ་བསམ་གྱིས་མི་ཁྱབ་པ་གཏད། ཛ་དེ་ཉི་ཚོང་གི་དུས་ཀྱང་མནའ་དང་ཁྲིལ་ལ་མི་བརྩི་གཡོ་སྒྱུ་དང་རྫོད་པ་པོ་ནས་ཚོང་བྱས། ཚོང་ཟོང་ཡང་ཕལ་ཆེར་ལུག་གི་བལ་དང་ཚ་རྡ་སོགས་ལ་བྱས། བལ་དེ་ཡང་དབྱར་ཁའི་དུས་ལུག་ཤིག་དང་ཞོ་སྐྱེས་སོགས་སྲོག་ཆགས་དང་སྲུ་ཉག་མང་ཉུང་མེད་པ་ཡོད་པ་ལ། དེ་དག་ལས་ཕལ་ཆེར་ནི་གྲིས་འབྲེག་པའི་དུས་མགོ་བཙད་སྐེད་པ་སྡུམ། ནང་ཆ་ཕྱུང་སྟེ་བསད། མ་ཤི་བ་རྣམས་ཀྱང་བལ་དང་ལྷན་དུ་གཙུས་དབུགས་འཐུམ་ལ་ངན་སོང་པོ་ན་བྱས་པ་ཡིན། ཚ་རྡ་ཡང་ལུ་གུ་འཕྲལ་དུ་སྐྱེས་པ་དེ་དབང་པོ་ཐམས་ཅད་རྫོགས། བདེ་སྡུག་གི་ཚོར་བ་དང་ལྡན། ལུས་ཀྱང་ཉམས་བརྟས། གསོན་པའི་དང་པོ་སྐྱིད་པར་ཡོད་པའི་དུས་སུ་འཕྲལ་དུ་བསད་པ་ཡིན། རྫོངས་པ་དུད་འགྲོ་ཡིན་ཀྱང་འཆི་བ་ལ་ནི་འཛེར། གསོན་པ་ལ་ནི་དགའ། གནད་གཅོད་ཀྱི་སྡུག་བསྔལ་ནི་མྱོང་། ཕྲུ་གུ་བསད་པའི་མ་རྣམས་ཀྱང་སྡུག་བསྔལ་ནི་བུ་གཅིག་པུ་ཤི་བའི་མ་ཇི་ལྟར་མཐོང་ཚོས་སུ་གྱུར་པ་དེ་ཡིན། དེ་ལྟ་བུའི་རྒྱུ་རྐྱེན་ཉེས་པ་སོགས་ལ་བསམས་ན་ཁམ་གཅིག་ཙམ་བཏུང་ཡང་ངན་སོང་གི་རྒྱུ་བྱེད་པ་ལས་མི་འདུག ཙམ་པ་ཡང་། དང་པོ་ཞིང་ལ་སློག་བརྒྱབ་པའི་གནས་སྐབས། ས་འོག་གི་འབུ་ཐམས་ཅད་ས་སྟེང་དུ་ཕྱུང་། ས་སྟེང་གི་འབུ་ཐམས་ཅད་ས་འོག་མནན། རྫོས་གླང་གར་སོང་གི་རྗེས་སུ་བྱ་རོག་དང་བྱིའུ་སོགས་ཁ་དལ་ཁོམས་མེད་པར་འབུ་རྐྱུམ་གྱིན་འགྲོ་བ་དེ་ཡིན། དེ་བཞིན་དུ་ཞིང་ལ་ཆུ་འདྲེན་སྐབས། རླན་ལ་གནས་པའི་སྲོག་ཆགས་ཐམས་ཅད་སྐམ་ལ་བཀྲམ། སྐམ་ལ་གནས་པའི་སྲོག་ཆགས་ཐམས་ཅད་གཤེར་གྱིས་བསད། དེ་བཞིན་དུ་ས་བོན་འདེབས་པ་འབྲེག་པ་བརྡུང་བ་སོགས་ཀྱི་དུས་བསད་པའང་གྲངས་ཀྱིས་མི་ཚད། དེ་དག་ལ་བསམས་ན་འབུ་སྦྲང་པོ་ན་ཕྱེ་བྱས་པ་འགམ་པ་དང་འདྲ། དེ་བཞིན་དུ་མར་དང་འོ་མ་སོགས་ཀྱང་དཀར་གསུམ་དང་མངར་གསུམ་ཞེས་སྡིག་མེད་དང་གཙང་མར་བརྩི་ཡང་། རྟོ་ལི་དང་བེའུ་ལུ་གུ་སོགས་ཕལ་ཆེ་བ་

ནི་བསད། མ་བསད་པ་རྣམས་ཀྱང་། སྐྱེས་མ་ཐག་ནས་མ་འོ་མངར་མོ་ཁམ་གང་ཡང་ནུ་ལོང་མེད་པར་སྐྱེ་ལ་ཐག་པ་བཞག སྡོད་ན་གདང་ལ་བཏགས། འགྲོ་ན་པན་ཚུན་སྦྲེལ། དེ་ཐམས་ཅད་ཀྱི་ཟས་སྐལ་དང་འཐུང་སྐལ་འོ་མ་ཁམ་གང་ཡོད་པ་དེ་འཕྲོག་ནས་ཉིད་ཁུར་བྱས། མའི་ལུས་ཀྱི་བཅུད། བུའི་སྲོག་གི་རྒྱུངས་ཕྲོགས་པས་མ་ཤི་མ་གསོན་ཙམ་དུ་གྱུར་ཏེ། མ་འབྲི་རྐོད་པོ་དག་ཀྱང་དཔྱིད་ཀའི་དུས་ཉལ་མལ་ནས་ལྡང་མི་ནུས་པ་ཙམ་དུ་རྒྱུངས་ཟད། བིས་ལུག་རྣམས་ཀྱང་ཕལ་ཆེར་ནི་ལྡུ་གེ་ཁོ་ནས་ལྟོགས་གྲིར་འཆི། མ་ཤི་བ་རྣམས་ཀྱང་རྐེ་བ་སྐམ་པ་ཉམ་ཆུང་བ། འགྲོས་གུམ་གུམ་པ་ཤི་ལ་ཁད་པ་ཡོག་ཐོད་ཙམ་རེ་ལས་མེད་པ་བྱས་པ་དེ་ཡིན། དེ་བཞིན་དུ་ད་ལྟ་རང་རེས་སྤྱིད་པོར་བརྩི་བ་ཐམས་ཅད་ཁ་ལ་ཟ་རྒྱུ། རྒྱབ་ལ་གྱོན་རྒྱུ། རྒྱུ་ཟས་དང་ལོངས་སྤྱོད་ཐམས་ཅད་གང་ལ་བསམས་ཀྱང་སྡིག་པ་ཁོ་ནས་བསྒྲུབས་པ་ཞིག་མ་གཏོགས་མེད་པས། འདི་ཐམས་ཅད་ཀྱི་འབྲས་བུ་མཐར་ནི་ངན་སོང་གི་སྡུག་བསྔལ་མུ་མཐའ་མེད་པ་ལ་སྤྱོད་དགོས་པ་ཡིན་པས། ད་ལྟ་སྐྱིད་པོར་སྣང་བ་ཐམས་ཅད་ཀྱང་འདུ་བྱེད་ཀྱི་སྡུག་བསྔལ་ཡིན་ནོ། །

སྐྱེ་རྒ་ན་འཆི་བཞི་ལས། དང་པོ་སྐྱེ་བའི་སྡུག་བསྔལ་ནི། འདི་ལྟར་འཛམ་བུ་གླིང་པའི་མི་རྣམས་ནི། མངལ་ནས་སྐྱེ་བ་ཡིན་པས། ཕ་མ་ཁུ་ཁྲག་གི་དབུས་སུ་དྲི་ཟ་ཉེ་བར་ལེན་པའི་རྣམ་ཤེས་ཞུགས་ཏེ། མེར་མེར་དང་། ནུར་ནུར་དང་། ལྟར་ལྟར་དང་། མཁྲང་འགྱུར་དང་། གོར་མོ་སོགས་འགྱུར་བའི་གནས་སྐབས་ཀྱི་སྡུག་བསྔལ་ཉམས་སུ་མྱོང་། ཡན་ལག་ཉིང་ལག་དང་དབང་པོ་ཐམས་ཅད་རྫོགས་པའི་གནས་སྐབས་ན། མའི་མངལ་གྱི་ནང་དོག་ཅིང་དྲི་ང་བ་མུན་ནག་གི་ནང་། བཙོན་ཁང་དུ་ཚུད་པ་ལྟ་བུའི་སྡུག་བསྔལ་མྱོང་། མས་ཁ་ཟས་ཚ་མོ་ཟོས་པས་མེ་ནང་དུ་བསྲེགས་པ་ལྟ་བུའི་སྡུག་བསྔལ། གྲང་མོ་ཟོས་པས་ཆུ་གྲང་དུ་བསྐྱུར་བ་ལྟ་བུའི་སྡུག་བསྔལ། ཉལ་བ་ན་རིས་ནོན་པ་ལྟ་བུའི་སྡུག་བསྔལ། འགྲངས་པ་ན་བྲག་གི་བར་དུ་བཙིར་བ་ལྟ་བུའི་སྡུག་བསྔལ། བཀྲེས་པ་ན་གཡང་ལ་ལྷུང་བ་ལྟ་བུའི

སྡུག་བསྔལ། འགྲོ་འདུག་བསྒུལ་བསྐྱོད་བྱས་པ་ན་རླུང་གིས་ཁྲིར་བ་ལྟ་བུའི་སྡུག་བསྔལ་སོགས་ཡོད། དེ་ནས་ཟླ་བའི་གྲངས་རྫོགས་ནས། བཙའ་བའི་དུས་སྲིད་པ་ལས་ཀྱི་རླུང་གིས་མགོ་མཇུག་བསྒྱུར་ཏེ། བཙའ་སྒོར་དྲངས་པ་ན་གྲུད་སྟོབས་པོ་ཆེ་ཞིག་གིས་རྐང་པ་ནས་བཟུང་སྐྱེ་རྩིག་ངོར་བརྒྱབ་པ་ལྟ་བུའི་སྡུག་བསྔལ་ཡོད། རུས་པའི་འབྲུལ་འཁོར་གྱི་བར་ནས་འབྱུང་བའི་ཚེ། ལྕགས་ཀྱི་འཇུར་མིག་ནས་དྲངས་པ་ལྟ་བུའི་སྡུག་བསྔལ་ཡོད། བཙའ་སྒོ་དོག་པ་རྣམས་བཙའ་མི་ནུས་པར་དེ་ཉིད་དུ་འཆི་བའམ། ཡང་ན་མ་བུ་གཉིས་ཀ་འཆི་བ་དང་། མིན་ཀྱང་ཤི་ལ་ཐུག་པའི་སྡུག་བསྔལ་མྱོང་སྟེ། ཨུ་རྒྱན་ཆེན་པོས། མ་བུ་གཉིས་ཀ་གཤིན་ཡུལ་གོམ་ཕྱེད་པོར། །མ་ཡི་ཁ་རུས་མ་གཏོགས་རུས་ཚིགས་བྱེ། །ཞེས་གསུངས། བཙས་ནས་ཀྱང་སྟན་གྱི་སྟེང་དུ་ལྷུང་དུས་ཚེར་མའི་དོང་དུ་ལྷུང་བ་ལྟ་བུ། རྒྱབ་ཀྱི་ཕྲུ་མ་བཤུ་དུས་གསོན་པོར་པགས་པ་བཤུས་པ་ལྟ་བུ། མི་གཙང་བ་ཕྱི་དོར་བྱེད་དུས་ཚེར་མའི་ལྕུག་གིས་བྲབས་པ་ལྟ་བུ། མའི་པང་དུ་བླངས་དུས་ཁྱིའུ་ཕྲུག་ཁྲས་ཁྲིར་བ་ལྟ་བུ། སྤྱི་བོར་མར་བྱུག་དུས་བཀྱིགས་ནས་དོང་དུ་འཕང་བ་ལྟ་བུ་ལ་སོགས་པའི་སྡུག་བསྔལ་མྱོང་། དེ་ནས་ཅོག་པུར་བསླལ་ཏེ་འཛོག་པའི་དུས་སུ། མི་གཙང་བའི་འདམ་དུ་ཚུད། ལྟོགས་སྐོམ་ན་ཚ་ལ་སོགས་པའི་སྡུག་བསྔལ་ཅི་ལྟ་བུ་བྱུང་ཡང་ངུ་བ་ཁོ་ན་ལས་མེད། དེ་ལྟར་སྐྱེས་ནས་ལང་ཚོ་སྨིན་པའི་ཚེ་ན་རེ་ཞིག་འཕེལ་བ་ལྟར་སྣང་ཡང་། དོན་དུ་ཚེ་ནི་ཉིན་རེ་བཞིན་ཟད་ཅིང་འཆི་བ་ལ་ཐག་ཇེ་ཉེར་འགྲོ། འཇིག་རྟེན་ཚེ་འདིའི་བྱ་གཞག་གྲུབ་པ་དང་ཟིན་པའི་དུས་མེད་པ་ཆུའི་གཉེར་མ་ལྟ་བུ་གཅིག་རྗེས་སུ་གཅིག་འབྱུང་བ་ལ་སྤྱོད། དེ་དག་ཐམས་ཅད་ཀྱང་སྡིག་པ་འབའ་ཞིག་དང་འབྲེལ་བས་ངན་སོང་གི་རྒྱུ་བྱེད་པ་ཡིན་པས་ཤིན་ཏུ་སྡུག་བསྔལ་ལོ། །

དེ་ནས་རྒས་པའི་སྡུག་བསྔལ་ནི། དེ་ལྟར་འཁོར་བའི་བྱ་གཞག་སྙིང་པོ་མེད་ཅིང་ཟིན་པའི་དུས་མེད་པ་ལ་སྤྱོད་པའི་ངང་དུ་མ་ཚོར་བཞིན་དུ་རྒས་པའི་སྡུག་

བསྡུལ་གྱིས་གདུགས། ལུས་ཀྱི་སྟོབས་ཐམས་ཅད་རིམ་གྱིས་ཉམས། ཞིམ་པོར་ཟོས་པའི་ཁ་ཟས་ཐམས་ཅད་ཀྱང་མི་འཇུ། མིག་གི་དབང་པོ་ཉམས་པས་ཐག་རིང་དང་ཆུང་བའི་གཟུགས་མི་མཐོང་། རྣ་བའི་དབང་པོ་ཉམས་པས་སྒྲ་སྐད་རྣམས་ཇི་བཞིན་པ་མི་ཐོས། ལྕེའི་དབང་པོ་ཉམས་པས་བཟའ་བཏུང་གི་རོ་མི་ཚོར་ཞིང་སྨྲ་ངག་གི་ཤེབ་མི་ཐོན། ཡིད་ཀྱི་དབང་པོ་ཉམས་པས་དྲན་པ་རྨོངས་ཤིང་བརྗེད་ངས་དང་བྱིང་འཐིབས་ཆེ། ཁའི་སོ་ཕྲེང་ལྷུང་པས་སྲ་བའི་ཟས་མི་ཆོམས་ཞིང་ཚིག་ལྷབ་ལྷིབ་ཏུ་སྨྲ། ལུས་ཀྱི་དྲོད་ཞེར་བས་གོས་སྲབ་ན་མི་དྲོས་ཤིང་། འདེགས་བྱེད་ཀྱི་སྟོབས་ཉམས་པས་ལྡིང་ན་མི་ཐེག འདོད་པའི་ལོངས་སྤྱོད་ལ་དགའ་ཡང་སྤྱོད་པའི་མཐུ་མེད། ལུས་ཀྱི་རྩ་རླུང་རྒུད་པས་བློ་སྲབ་ཅིང་བཟོད་སྲན་ཆུང་། ཀུན་གྱིས་བརྙས་བཅོས་བྱེད་པས་ཡི་མུག་དང་སྡུག་བསྔལ་སྐྱེ། ལུས་ཀྱི་འབྱུང་བ་འཁྲུགས་པས་ནད་དང་གནོད་པ་མང་། འགྲོ་འདུག་དང་འགུལ་བསྐྱོད་ཐམས་ཅད་ཀྱང་མི་ནུས་བཞིན་དུ་དཀའ་བས་བྱེད་དགོས་པ་ཡིན་ཏེ། རྗེ་མི་ལས། བརྗོད་ཕྱུར་འདོན་པའི་ལྡངས་ལུགས་དང་གཅིག་བྱ་ལ་འཛབ་པའི་འགྲོ་ལུགས་དང་གཉིས། །ས་དོ་ཆད་པའི་སྡོད་ལུགས་དང་གསུམ། །གསུམ་འདི་གསུམ་འཛོམས་པའི་དུས་ཚོད་ན། །ཨ་ཕྱི་སྒྱུ་ལུས་རྒུད་པའི་ཡིད་ཕམ་མ། ཕྱི་པགས་པ་འདུས་པའི་གཉེར་མ་དང་། གཅིག །ནང་ཤ་ཁྲག་ཟད་པའི་འབུར་གོབ་དང་གཉིས། །བར་གླེན་ལྐུགས་འོན་ལོང་ཐོམ་ཡོར་དང་གསུམ། །གསུམ་འདི་གསུམ་འཛོམས་པའི་དུས་ཚོད་ན། །ཨ་ཕྱི་མི་སྡུག་སྟོན་པའི་ཕྲོ་གཉེར་ཅན། །ཁྱི་ལ་རྟུལ་བའི་དུག་པོ་དང་གཅིག །གྲང་ལ་ཉོག་པའི་བཟའ་བཏུང་དང་གཉིས། །པགས་པོ་བཞི་སྦྱོར་གྱི་མལ་ས་དང་གསུམ། །གསུམ་འདི་གསུམ་འཛོམས་པའི་དུས་ཚོད་ན། །ཨ་ཕྱི་མིས་འགོམ་ཁྱིས་འགོམ་གྱི་རྗོགས་ལྡན་མ། །ཞེས་གསུངས་པ་ལྟར། ལྡངས་པའི་ཚེ་རང་བཞིན་གྱིས་འཕྲལ་དུ་ལྡངས་མི་ནུས་པར་ལག་པ་གཉིས་ཀ་ས་ལ་བཙུགས་ནས་ས་སྲ་བ་ལས་བརྗོད་ཕྱུར་འདོན་པ་ལྟར་ལྡངས། འགྲོ་བའི་ཚེ་རྐེད་པ་སྒུར་

བས་མགོ་བོ་བཏེག་མི་ནུས་ཤིང་གོམ་པའི་འདེགས་འཛེག་ཀྱང་མྱུར་དུ་བྱེད་མི་ནུས་པར་དལ་བུས་བྱིས་པ་བྱ་ལ་འཇབས་པ་ལྟར་འགྲོ། སྨོད་པའི་ཚེ་རྐང་ལག་གི་ལྷུ་ཚིགས་ཐམས་ཅད་ན་བས་དལ་བུས་སྨོད་མི་ནུས་པར་ལུས་ཀྱི་ལྡིད་ཐབ་སྟེ་ས་དོ་ལུང་ཚད་པ་བཞིན་སྨོད། ལུས་ཀྱི་ཤ་ཟད་པས་པགས་པའི་སྐྱི་འདུས་ཏེ་ལུས་དང་ཁ་དོ་ཐམས་ཅད་གཉེར་མས་གང་། ནང་གི་ཤ་ཁྲག་བྲི་བས་རུས་པའི་ཚིགས་ཐམས་ཅད་མངོན་ཏེ་འགྲམ་རུས་དང་ལྷུ་མགོ་ཐམས་ཅད་ཕྱི་ལ་འབུར། ཡིད་ཀྱི་དྲན་པ་ཉམས་པས་བློན་ལྐུགས་དང་འོན་ལོང་དུ་གྱུར་ནས་སེམས་མི་གསལ་ཞིང་ཐོམ་ཡོར་རེ་སྨོད། ལུས་ཀྱི་སྟོབས་ཉམས་ཤིང་མཛེས་འདོད་ཀྱི་གནས་སྐབས་ཉམས་པས་གོས་ཐམས་ཅད་ལྷི་ལ་རྟུལ། ཟས་སྐོམ་གྱི་ལྷག་ཞབས་ལ་སྤྱོད་ཅིང་ལྟེའི་རོ་མི་ཚོར་བས་ཟས་ཐམས་ཅད་གྲང་ལ་ཉོག ལུས་ལྕི་བས་གང་ལྟར་བྱས་ཀྱང་མི་བདེ་བས་ཕྱོགས་བཞིར་རྟེན་པ་བྱས་ཤིང་དུས་རྒྱུན་དུ་མལ་ནས་ལྡང་མི་ནུས། དེའི་ཚེ་ཕྱིའི་སྤྱུ་ལུས་རྒུད་པས་ནང་དུ་ཡིད་ཕམ་ཞིང་སྡུག་བསྔལ་ཆེ། བཞིན་རས་ཀྱི་མཛེས་བཀྲག་ཉམས་ནས་པགས་པའི་གཉེར་མ་མང་བས་མི་སྡུག་པའི་ཁྲོ་གཉེར་སྟོན། ཀུན་གྱིས་བརྙས་བཅོས་བྱེད་ཅིང་མགོ་ཐོག་ཏུ་འགོམ་ནས་སོང་ཡང་སྔང་མི་ནུས་པས་གཅང་བཙོག་མེད་པར་རྗོགས་ལྷན་ལྟར་སྨོད་པ་སོགས་ཡིན་ཞིང་། རྒས་པའི་སྡུག་བསྔལ་མི་བཟོད་པར་འཆི་བར་སྨོན་ཡང་། དོན་དུ་འཆི་བ་ལ་ཉེ་བས་ཤིན་ཏུ་སྐྲག་པ་སོགས་རྒས་པའི་སྡུག་བསྔལ་ངན་སོང་གི་འགྲོ་བ་དང་འདྲ་བར་སྨྱོང་བ་ཡིན་ནོ། །

ན་བའི་སྡུག་བསྔལ་ནི། ལུས་འདི་ཉིད་འབྱུང་བཞི་འདུས་པའི་བདག་ཉིད་ཅན་ཡིན་པས། དེ་དག་ཕན་ཚུན་ཆ་མ་མཉམ་པ་ལས་རླུང་དང་མཁྲིས་པ་དང་བད་ཀན་ལ་སོགས་ནད་སྣ་ཚོགས་པས་གཟིར་བའི་སྡུག་བསྔལ་གྱི་ཚོར་བ་འཆར། ལུས་དང་དབང་པོ་ཐམས་ཅད་དར་ལ་བབས་ཏེ་སྟོབས་དང་གཟི་མདངས་རྒྱས་པའི་མི་རྐྱང་ཞིག་ཡིན་ཀྱང་ན་བའི་ཟུག་གཟེར་གྱིས་བཏབ་མ་ཐག་ནས་བྱིཙ་ལ

རྗེ་ཐོག་པ་བཞིན་ལུས་སྟོབས་ཤོར། མལ་གྱི་གཏིང་དུ་ལྷུང་། ལུས་འགུལ་བསྐྱོད་ཙམ་བྱེད་པ་ཡང་དཀའ། ཁྱོད་ཅི་ན་ཞེས་དྲིས་པའི་ལན་ཙམ་ཡང་མྱུར་དུ་བཤད་པའི་ནུས་པ་མེད་པར་ཁོང་པའི་གཏིང་ནས་སྐད་མི་ཐོན་བཞིན་དུ་སྨྲ། གཡས་གཡོན་མདུན་རྒྱབ་གང་དུ་ཉལ་ཡང་བདེ་བའི་དུས་མེད། ཟས་སྐོམ་གྱི་ཞེན་པ་དང་བྲལ། མཚན་མོ་གཉིད་མི་འོང་། ཉིན་པར་ཉིན་རིང་། མཚན་མོ་མཚན་རིང་། སྨན་གྱི་རོ་ཁ་ཚ་སྐྱུར་གསུམ་དང་། གཏར་སྲེག་གི་སྡུག་བསྔལ་ལ་སོགས་མི་འདོད་བཞིན་དུ་སྤྱོད་དགོས། ན་བ་ལ་བརྟེན་ནས་འཆི་བ་ཡང་གློ་བུར་དུ་འོང་སྙམ་ནས་འཇིགས་ཤིང་སྐྲག གདོན་བགེགས་དང་རྒྱབ་བརྟེན་ངན་པའི་དབང་གིས་ལུས་སེམས་ལ་རང་དབང་མི་འདུས། འཁྲུལ་སྣང་ལས་ཀྱང་འཁྲུལ་སྣང་ཁོ་ན་ལ་སྤྱོད། རང་གིས་རང་གསོད་པ་དང་། ལྟེབ་པ་སོགས་ཀྱང་བྱེད། མཛེ་དང་གཟའ་ལ་སོགས་པས་ཟིན་ན། གསོན་པ་ཉིད་ནས་ཤི་བ་དང་འདྲ། མིའི་ཁྱུ་ནས་སྤུད། རང་ངོ་རང་གིས་མཐོང་། སྤྱིར་ནད་པ་ཐམས་ཅད་རང་གཡོག་རང་གིས་མི་ནུས། ནད་ཚིག་ཟློས་པས་གཞན་གྱི་བྱ་བ་ཐམས་ཅད་མིག་སྟོར་མི་འབབས། རྒྱུད་སྟོར་ལས་གྱོང་། ནད་ཡུན་རིང་དྲགས་ན། ནད་གཡོག་བྱེད་པ་ཡང་སུན་ནས་ཇི་བཞིན་མི་ཉན། དུས་རྟག་ཏུ་ན་བའི་ཚོར་བས་ཉེན་ནས་སྡུག་བསྔལ་བའོ། །

འཆི་བའི་སྡུག་བསྔལ་ནི། ལུས་མལ་དུ་ལྷུང་ནས་ལྡང་མི་ཤེས། ཟས་སྐོམ་མཐོང་ཡང་ཡི་གར་མི་འོང་། འཆི་བའི་ཚོར་བས་གདུངས་པས་སྙིང་མི་དགའ། ཕོ་ཚོད་དང་སྙེམས་པའི་གདེང་ཤོར། འཁྲུལ་སྣང་གི་སུན་མས་གདུགས། སྐྱེས་ཆེན་པོ་འདེགས་པ་ལ་ཐུག གཉེན་བཤེས་ཀྱིས་མཐའ་བསྐོར་ཡང་བཤོལ་ནི་མི་ཐེབས། གནད་གཅོད་ཀྱི་སྡུག་བསྔལ་རང་གཅིག་པུས་མྱོང་། ལོངས་སྤྱོད་དཔག་ཏུ་མེད་པ་ཡོད་ཀྱང་ཁྱེར་དབང་ནི་མེད། གློས་ནི་མི་ཐོང་། རྗེས་སུ་ནི་མི་འབྲང་། སྔར་བྱས་ཀྱི་སྡིག་པ་དྲན་པས་འགྱོད་པ་སྐྱེ། ངན་སོང་གི་སྡུག་བསྔལ་དྲན་ནས་འཇིགས་ཤིང་

སྐྲག འཆི་བ་སློ་བུར་དུ་སླེབ་པས་ཉམ་ང་། གསོན་པའི་སྣང་བ་ནུབ་པས་བག་གྲང་། མི་སྡིག་པ་ཅན་འཆི་བ་ན་འཆི་ཁར་བྲང་ལག་འཐབ་ཅིང་བྲང་སེན་རྗེས་ཀྱིས་བཀང་ནས་འཆི་སྟེ། སྔར་སྡིག་པ་བྱས་པའི་ལས་དྲན་ཏེ་ངན་སོང་དུ་སྐྱེ་བ་ལ་འཇིགས་ཤིང་སྐྲག རང་ལ་རང་དབང་ཡོད་པའི་དུས་སུ་འཆི་ཁར་ཕན་པའི་ཆོས་ཤིག་མ་འགྲུབ་སྙམ་དུ་འགྱོད་ནས་སྙིང་ལ་ཟུག་གཟེར་སྐྱེས་ཏེ་བྲང་ལ་སྤར་མོ་བཏབ་པས་བྲང་སེན་རྗེས་ཀྱིས་བཀང་ནས་འཆི་བ་ཡིན་ཏེ། ཇི་སྐད་དུ། མི་སྡིག་ཅན་འཆི་བ་མཐོང་ཙ་ན། །ལས་རྒྱུ་འབྲས་སྟོན་པའི་སློབ་དཔོན་ཡིན། །ཞེས་གསུངས། དེ་ལྟ་བུ་དག་མ་ཤི་བའི་གོང་ནས་ངན་སོང་གི་སྣུན་མས་བསླེབས་ཏེ། སྣང་བ་ཐམས་ཅད་འཇིགས་སྐྲག་དང་། ཚོར་བ་ཐམས་ཅད་སྡུག་བསྔལ་དུ་སྐྱེས། ལུས་ཀྱི་འབྱུང་བ་སྡུད། དབུགས་ནི་ངར། ཡན་ལག་ནི་གཡོབ། འདུ་ཤེས་འཁྲུལ། མིག་སྐྱ་ལོག་གེ་ཚེ་ཕ་རོལ་དུ་འགྲོ། གཤིན་རྗེའི་སྣུན་མས་སླེབ། བར་དོའི་སྣང་བ་ཤར། མགོན་དང་སྐྱབས་ནི་མེད། གཅེར་བུ་ལག་སྟོང་དུ་འགྲོ་བའི་དུས་དེ་དེ་རིང་གི་ཉི་མ་ཙམ་ལ་མི་འོང་བའི་གདེང་མེད། དེའི་དུས་སུ་ཕན་ངེས་པ་ནི་དམ་པའི་ཆོས་ཁོ་ན་ལས་སུ་ཡང་སྐྱབས་སུ་འགྱུར་བ་མེད་པས། ཇི་སྐད་དུ། ཆོས་སེམས་ཨ་མའི་མངལ་ནས་སྐྱེས། །སྐྱེས་མ་ཐག་ཏུ་འཆི་ཆོས་དྲན། །ཞེས་གསུངས་པ་ལྟར། རྣམ་གཞོན་ཀུན་ལ་འཆི་བ་གློ་བུར་དུ་འོང་བས་སྐྱེས་པ་ཙམ་ནས་འཆི་ཁར་ཕན་པའི་ཆོས་དགོས་པ་ཡིན་པ་ལ། ད་ལྟ་ཕན་ཆད་འཆི་བ་མ་དྲན་པས་དགྲ་འདུལ་གཉེན་སྐྱོང་གནས་མལ་དང་ཟང་ཟིང་ལ་ཕྱི་ཚོས། ཉེ་དུ་དང་འབྲེལ་ཅན་ལ་སོགས་པའི་དོན་དུ་ཆགས་སྡང་རྟོངས་གསུམ་གྱིས་དུས་འདའ་བ་འདི་མཚང་རེ་ཆེ་སྙམ་དུ་བསམ་མོ། །

དེ་བཞིན་དུ་དགྲ་སྣང་བ་དང་འཕྲད་ཀྱིས་དོགས་ཏེ། ཉིན་གྱི་བྱ་ར་མཚན་གྱི་མེལ་ཚེ་རྒྱུན་གྱི་འཚོ་སྐྱོང་སོགས་བྲེལ་དོ་ཁོ་ནའི་ངང་དུ་དུས་འདའ་ཡང་། ཕན་པ་མེད་པར་ལོངས་སྤྱོད་དང་འཁོར་པ་ཐམས་ཅད་ཀྱང་དགྲ་དང་ཐུན་མོང་

དུ་འགྱུར། ཉིན་གྱི་ཇག་པ། མཚན་གྱི་རྐུན་མ། འཕར་སྤྱང་དང་གཅན་གཟན་ལ་སོགས་གློ་བུར་གློ་བུར་དུ་འོངས་ནས་འཚེ་བར་བགྱིད་དེ། ཕྱིར་ལོངས་སྤྱོད་དང་འབྱོར་པ་ནི་ཅི་ཙམ་ཡོད་པ་དེ་ཙམ་དུ་དེ་བསགས་པ་དང་བསྲུང་བ་དང་སྤེལ་བ་སོགས་སྡུག་བསྔལ་མཐའ་ཡས་པའི་རང་བཞིན་ཡིན་ཏེ། མགོན་པོ་ཀླུ་སྒྲུབ་ཀྱིས། བསགས་དང་བསྲུང་དང་སྤེལ་བས་ཉམ་ཐག་པས། །ནོར་ནི་ཕུང་ཁྲོལ་མཐའ་ཡས་ཤེས་པར་བྱ། །ཞེས་དང་། རྗེ་མི་ལས་ཀྱང་། ནོར་དང་པོ་བདག་སྐྱིད་གཞན་སྨོན་པོ། །ཅི་ཙམ་ཡོད་ཀྱང་ཚོག་ཤེས་མེད། །བར་དུ་སེར་སྣའི་མདུད་པས་བཅིངས། །དགེ་བའི་ཕྱོགས་སུ་གཏོང་མི་ཕོད། །དགྲ་འདྲེ་གཉིས་ཀྱི་གཡབ་མོ་ཡིན། །རང་གིས་བསགས་པ་མི་ཡིས་སྤྱོད། །ཐ་མ་སྒྲིག་གི་བདུད་དུ་འོང་། །དགྲ་བོའི་ནོར་གཉེར་སེམས་ལ་གཟན། །འཁོར་བའི་བསླུ་རྫས་ཕྱུངས་པ་ཡིན། །བདུད་ཀྱི་མགོ་སྐོར་དེ་ང་མི་འདོད། །ཅེས་གསུངས་པ་ལྟར། འབྱོར་པ་ཅི་ཙམ་དུ་ཆེ་བ་དེ་ཙམ་དུ་སྡུག་བསྔལ་ཆེ་ཞིང་། དཔེར་ན་རྟ་གཅིག་ཡོད་ཀྱང་། དེ་དགྲས་ཁྱེར་དོགས། རྐུན་མས་རྐུ་དོགས། རྩྭ་གཟན་མ་འབྱོང་གིས་དོགས་པ་སོགས་སྡུག་བསྔལ་རྟ་ཙམ་པ་མང་པོ་ཡོད། དེ་བཞིན་དུ་ལུག་གཅིག་ཡོད་ཀྱང་སྡུག་བསྔལ་ལུག་ཙམ། ཐ་ན་ཇ་འཁོར་ཞིག་ཡོད་ཀྱང་། སྡུག་བསྔལ་ཇ་འཁོར་ཞིག་ཙམ་ངེས་པར་ཡོད། ནོར་མེད་ཅ་ན་དགྲ་དང་བྲལ། ཞེས་པ་ལྟར། འབྱོར་པ་མེད་ན་དགྲ་དང་བྲལ་ཏེ། སྐྱིད་པ་ཡིན་པས་སྟོན་ཁྱོན་རྒྱལ་བ་གོང་མའི་རྣམ་ཐར་བཞིན་ལོངས་སྤྱོད་ནོར་གྱི་ཆགས་ཞེན་ཐམས་ཅད་སྤ་བ་ནས་བཅད། འཚོ་བ་བྱ་ཚོལ་ལ་བསྟེན་ནས་དམ་པའི་ཆོས་ཁོ་ན་བསྒྲུབ་དགོས་སྙམ་དུ་བསྒོམ་མོ། །གཉེན་བྱམས་པ་དང་བྲལ་གྱི་དོགས་པའི་སྡུག་བསྔལ་ནི། འཇིག་རྟེན་འཁོར་བའི་སེམས་ཅན་ཐམས་ཅད་རང་ཕྱོགས་ལ་ཆགས། གཞན་ཕྱོགས་ལ་སྡང་། ཉེ་དུ་འཁོར་འབངས་གཉེན་དང་མཛའ་བཤེས་ཀྱི་ཕྱོགས་སུ་ལྟུང་བ་ཡིན་པས། དེ་དག་གི་ཆེད་དུ་སྡུག་བསྔལ་དུ་མ་ལ་སྤྱོད། ཉེ་དུ་དང་གཉེན་བཤེས་སུ་

འབྲེལ་བ་དེ་དག་ཀྱང་མི་རྟག་པར་འགྱུར་བའི་ཆོས་ཅན་ཡིན་པས། ཕལ་ཆེར་ཤི་བའམ་ཡུལ་ཕྱོགས་གཞན་དུ་འཁྱུར་བ་དགྲ་དང་གནོད་པ་ལ་སོགས་པས་ཉེན་པ་ན། དེ་དག་གི་སྡུག་བསྔལ་དེ་རང་ལ་བྱུང་བ་ལས་ཀྱང་ཐུ། ཁྱད་པར་ཕ་མ་ནི་བུ་ལ་བརྩེ་ཞིང་གདུང་བས། དེ་འཁྱགས་ཀྱིས་དོགས།ལྟོགས་ཀྱིས་དོགས། སྐོམ་གྱིས་དོགས། ན་ཡིས་དོགས། ཤི་ཡིས་དོགས། བུ་ན་བ་ལས་རང་ཉིད་འཆི་བ་འདོད་ནུས་པ་ཙམ་དུ་སྙིང་བརྩེ་ཞིང་དེའི་ཆེད་དུ་སེམས་ནད་ཁོ་ན་བྱེད་པས་སྡུག་བསྔལ། དེ་བཞིན་དུ་གཉེན་དང་ཉེ་འབྲེལ་བརྩེ་བ་ལ་སོགས་པ་དེ་རྣམས་དང་བྲལ་དུ་དོགས་པའི་སྡུག་བསྔལ་སྤྱོད་པ་ཡིན་ཀྱང་། ལེགས་པར་བརྟགས་ན་གཉེན་ཀྱང་གཉེན་དུ་མ་ངེས་ཏེ། ཕ་མ་སོགས་བུ་ལ་བརྩེ་བར་རློམ་ཡང་བརྩེ་ལུགས་ཕྱིན་ཅི་ལོག་ཏུ་སྒྱུར་ནས་ཕུགས་སུ་གནོད་པ་བསླུལ་བ་ཡིན་ཏེ། རྒྱུ་ཟས་དང་ལོངས་སྤྱོད་བྱིན། གཏན་གྲོགས་ཀྱི་ཆུང་མ་བསྒུས་ནས་འཁོར་བའི་འཆིང་ཐག་དང་སྦྲེལ། དགྲ་འདུལ་ལུགས། གཉེན་སྐྱོང་ལུགས། ལོངས་སྤྱོད་སྤེལ་ལུགས་སོགས་མི་དགེ་བའི་ལས་ཐབས་དུ་མ་བསླབས། ངན་སོང་གི་གཏིང་ནས་མི་ཐར་བ་ཞིག་བྱེད་པ་ཡིན་པས་དེ་དག་ལས་གནོད་ཚབས་ཆེ་བ་མེད། བུ་དང་བུ་མོ་ལ་སོགས་པ་ཡང་དང་པོ་ལུས་ཀྱི་བཅུད་འཕྲོག་བར་དུ་ཁ་ཡི་ཟས་འཕྲོག་ཐ་མ་ལག་གི་ནོར་འཕྲོག   ཕར་ལ་བརྩེ་བར་བྱས་ཀྱང་ཚུལ་ལ་རྐོལ། རང་གི་ཚེ་གང་སྡིག་སྡུག་གཏམ་ངན་ཐམས་ཅད་ཁྱད་དུ་བསད་དེ་བསགས་པའི་རྒྱུ་ཟས་ལོངས་སྤྱོད་ཐམས་ཅད་ཕངས་པ་མེད་པར་བྱིན་ཀྱང་ངོ་སོ་ཙུང་ཟད་ཀྱང་མེད། མི་ཕལ་པ་ཞིག་ལ་ཇ་འདེབས་གཅིག་བྱིན་པའི་དགའ་སྤྲོ་ཙམ་རང་གི་བུ་ལ་རྒྱ་དངུལ་རྗེའུ་ཚད་བྱིན་ཀྱང་མེད་དེ། ང་རང་གི་ཨ་ཕའི་རྒྱུ་རྫས་ང་རང་གི་ལོས་ཡིན་སྙམ་པ་ལས་མེད། བུ་སྲིང་དང་བུ་མོ་སོགས་ཀྱང་རང་དོན་ལ་རབ་ཐོབ་བྱེད། བྱིན་པ་ལ་ངོ་སོ་མེད། ཡང་བྱིན་ཀྱང་ཡང་སློང་། ཐ་ན་ཕྲེང་བའི་གྲངས་འཛིན་གྱི་སྡོ་ནི་ལེགས་པོ་ཞིག་ཡོད་ཀྱང་བསླངས་ནས་ཁྱེར། ལེགས་ན་གཞན་གྱི་དཔལ་བསྐྱེད

ཅིང་། རང་ཕྱོགས་ལ་ཕན་པ་མེད། ཉེས་ན་ཕ་མིང་གི་གོ་ཁར་ལྷུང་ནས་སྡུག་ལ་སྦྱོར། གཉེན་གཞན་ཐམས་ཅད་ཀྱང་། རང་འབྱོར་ཞིང་སྐྱིད་ལ་ཕུན་སུམ་ཚོགས་པའི་དུས་ན་ནི་ཐམས་ཅད་ཀྱང་ལྷ་བཞིན་དུ་ལྟ། ཕན་ཇི་ཐོགས་བྱེད། མི་དགོས་ཀྱང་རྒྱུ་ཟས་དང་ལོངས་སྤྱོད་སྟེར། རང་རྒུད་པར་གྱུར་ན་ནི་ཉེས་པ་ཙུང་ཟད་ཀྱང་མ་བྱས་ཀྱང་ཚུར་ལ་དགྲ་བཞིན་དུ་ལྟ། ཕན་བཏགས་པའི་ལན་དུ་གནོད་པ་སྐྱེལ། དེ་ལྟར་བུ་དང་། བུ་མོ་གཉེན་དང་ཉེ་བ་རྣམས་ལ་སྙིང་པོ་ཙུང་ཟད་ཀྱང་མེད་པ་ཡིན་ཏེ། རྗེ་མི་ལས། བུ་དང་པོ་ལྷ་བུ་ཡིད་འོང་པོ། །སྙིང་བརྩེ་བའི་སེམས་ལ་བཟོད་གླགས་མེད། །བར་དུ་བུ་ལོན་འདེད་དྲག་པོ། །ཐམས་ཅད་བྱིན་ཀྱང་མགུ་དུས་མེད། །མི་ཡི་བུ་མོ་ནང་དུ་བཅུག །དྲིན་ཆེན་ཕ་མ་ཕྱི་རུ་ཕུད། །ཕ་ཡིས་བོས་ཀྱང་ལན་མི་སྟེར། །མ་ཡིས་བོས་ཀྱང་ཨ་མི་ཁུག །ཐ་མ་ཁྱིམ་མཚེས་སྙིང་རིང་པོ། །ཁྲམ་པའི་ཁ་ཚོས་བྱས་པས་ཕུད། །རང་སྐྱེས་ཀྱི་དགྲ་བོ་སེམས་ལ་གཟན། །འཁོར་བའི་བཤལ་ཐག་སྤྱངས་པ་ཡིན། །འཇིག་རྟེན་གྱི་བུ་ཚ་ང་མི་འདོད། །ཅེས་དང་། བུ་མོ་དང་པོ་ལྷ་སྲུག་འཇུམ་ཁ་མོ། །ནོར་གང་དམར་ཁྱེར་བའི་དབང་མོ་ཆེ། །བར་དུ་ལན་ཆགས་འཁོར་མེད་མ། །ཕ་ལ་དངོས་སུ་བསླངས་ནས་ཁྱེར། །མ་ལ་ཕྱོག་ཏུ་བརྐུས་ནས་ཁྱེར། །བྱིན་པ་ངོ་སོ་མི་བྱེད་པ། །དྲིན་ཆེན་ཕ་མ་སྙིང་ཞྭང་སློང་། །ཐ་མ་སྲིན་མོ་གདོང་དམར་མ། །ལེགས་ན་གཞན་གྱི་དཔལ་སྐྱིད་མ། །ཉེས་ན་རང་གི་བྱུར་སྟུད་མ། །ཕུང་བྱེད་ཀྱི་སྲིན་མོ་སེམས་ལ་གཟན། །སངས་མེད་ཀྱི་མྱ་ངན་སྤྱངས་པ་ཡིན། །ཕུང་གཞིའི་བུ་མོ་ང་མི་འདོད། །ཅེས་དང་། གཉེན་དང་པོ་འཕྲད་དགའ་མཛོང་འཇུམ་པོ། །འདིར་གྱོན་དང་འདིར་བཞུགས་ཀྱི་ལུང་པ་འགེངས། །བར་དུ་ཤ་ཆང་གི་ཟས་ལན་ཅན། །ཕར་གཅིག་ལན་དུ་ཚུར་གཅིག་སྟེར། །ཐ་མ་ཆགས་སྡང་གི་གྱོད་གཞི་ཅན། །སྡུག་གྲོགས་ཀྱི་གྱོད་ཙ་སེམས་ལ་གཟན། །སྐྱིད་ཚེའི་ཟ་གྲོགས་དེ་སྤྱངས་པ་ཡིན། །འཇིག་རྟེན་གྱི་ཉེ་དུ་ང་མི་འདོད། །ཅེས་གསུངས་པ་ལྟར་ཡིན་ནོ། །

དེ་བཞིན་དུ་འདོད་པ་ཐོག་ཏུ་མི་ཁེལ་བའི་སྡུག་བསྔལ་ནི། འཛིག་རྟེན་གྱི་ཁམས་འདི་ན་རང་བདེ་ཞིང་སྐྱིད་པ་མི་འདོད་པ་ནི་གཅིག་ཀྱང་མེད་མོད་དེ། དེ་ལྟར་འདོད་པ་ལྟར་འོང་བ་ནི་སུ་ཡང་མེད། སྐྱིད་དུ་རེ་ནས་མཁར་བརྩིགས་པ་ཡང་ཞིག་ནས་རང་བསད་པ་དང་། འགྲངས་སུ་རེ་ནས་ཟས་ཟོས་པ་ཡང་ནད་དུ་གྱུར་ཏེ་སྲོག་ལ་རྐོལ་བ་དང་། རྒྱལ་དུ་རེ་ནས་གཡུལ་ངོར་ཕྱིན་པས་འཕྲལ་དུ་བསད་པ་དང་། ཁེ་སྤོགས་འདོད་པས་ཚོང་ལ་ཕྱིན་པ་ན་དགྲས་བཅོམ་སྟེ་སྨྲང་པོར་གྱུར་པ་སོགས་ཚེ་འདིའི་བདེ་སྐྱིད་དང་ལོངས་སྤྱོད་འབྱུང་དུ་རེ་བས་འབད་རྩོལ་དང་རྩོལ་སྒྲུབ་ཇི་ཙམ་བྱས་ཀྱང་། རང་ལ་སྔོན་གྱི་ལས་དབང་ཞིག་མེད་ན་འཕྲལ་དུ་ལྟོ་འགྲངས་པ་ཙམ་ཡང་མི་འོང་ཞིང་རང་གཞན་སྡུག་ལ་སྦྱར། གྲུབ་ངེས་པ་ངན་སོང་གི་གཏིང་ནས་མི་ཐར་བ་ཞིག་གྲུབ་པ་མ་གཏོགས་ཅི་ཡང་མེད། དེས་ན་འབད་རྩོལ་རི་བོ་ཙམ་བྱེད་པ་ལས་བསོད་ནམས་མེ་སྟག་ཙམ་བསགས་པ་དགའ་བ་ཡིན་པས་གྲུབ་དུས་མེད་པ་འཁོར་བའི་བྱ་བྱེད་ཀྱིས་ཅི་བྱ། དེ་ལྟ་བུའི་ལས་ལ་འཁོར་བ་ཐོག་མ་མེད་པའི་དུས་ནས་ཅི་ཙམ་འབད་པ་ཡིན་ཀྱང་འབྲས་བུ་སྡུག་བསྔལ་བ་ཁོ་ན་ལས་མི་འདུག དེ་སྔོན་འཛིག་རྟེན་ཚེ་འདིའི་ཆེད་དུ་མི་ཚེ་གཅིག་གི་སྔོད་སྣང་ལ་འབད་པ་ཙམ། དམ་པའི་ཆོས་ལ་འབད་ན་ད་ཙམ་འཚང་རྒྱ་བའམ་མི་རྒྱ་ཡང་ངན་སོང་གི་སྡུག་བསྔལ་གཏན་ནས་སྤྱོང་མི་དགོས་པ་ཞིག་ནི་འགྲུབ་ངེས། ད་རེས་སྤྱང་བླང་གི་ས་མཚམས་ཤེས་པའི་སྐབས་འདིར་འགྲུབ་དུས་མེད་པ་འཁོར་བའི་བྱ་གཞག་ལ་རེ་མི་ཆེ་བར་འགྲུབ་པར་ངེས་པ་དམ་པའི་ཆོས་གཤའ་མ་ཞིག་བསྒྲུབ་དགོས་སྙམ་དུ་བསམ་མོ། །

མི་འདོད་པ་ཐོག་ཏུ་འབབས་པའི་སྡུག་བསྔལ་ནི། དེ་ལྟ་བུའི་སྡུག་བསྔལ་གྱི་རྣམ་གྲངས་དེ་དག་ཐམས་ཅད་འདོད་པའི་གང་ཟག་ནི་གཅིག་ཙམ་ཡང་འཛིག་རྟེན་གྱི་ཁམས་འདི་ན་མེད་ཀྱང་། མི་འདོད་བཞིན་དུ་སྡུག་བསྔལ་དེ་དག་ཁོ་ན་ལ་ལོངས་སྤྱོད། སྔོན་གྱི་ལས་དབང་ལས་རྒྱལ་པོའི་མངའ་རིས་དང་། ཕྱུག་པོའི་

ཐན་འཁོར་ལྷ་བུ་རྣམས་རང་དབང་སྐད་ཅིག་ཀྱང་མེད་པར་མི་འདོད་བཞིན་དུ་དེ་དག་གི་དབང་དུ་གྱུར། ཉེས་པ་ཅུང་ཟད་རེའི་ཕྱིར་སྡུག་བསྔལ་དུ་མ་གཏང་ཀྱང་བྱ་ཐབས་བྲལ། ད་ལྟ་གསོད་སར་ཁྲིད་ཀྱང་། རང་བསམ་གྱིས་འགྲོ་བ་ལས་འབྲོས་པ་ཙམ་ཡང་མི་ནུས་པས་མཚོན། མི་འདོད་པ་ཁོ་ན་ཐོག་ཏུ་འབབས་ཏེ། ཀུན་མཁྱེན་ཆེན་པོས། བཟའ་ཚང་ཉེ་འབྲེལ་འདི་དང་དུས་རྟག་ཏུ། །མི་འབྲལ་འགྲོགས་པར་འདོད་ཀྱང་འབྲལ་བར་ངེས། །བཟང་པོའི་གནས་མལ་འདི་ཏུ་དུས་རྟག་ཏུ། །མི་འབྲལ་འདུག་པར་འདོད་ཀྱང་འགྲོ་བར་ངེས། །བདེ་སྐྱིད་ལོངས་སྤྱོད་འདི་དང་དུས་རྟག་ཏུ། །མི་འབྲལ་སྤྱོད་པར་འདོད་ཀྱང་བོར་བར་ངེས། །དལ་འབྱོར་མི་ལུས་མཆོག་འདི་དུས་རྟག་ཏུ། །མི་འབྲལ་རྟག་པར་འདོད་ཀྱང་འཆི་བར་ངེས། །བཟང་པོའི་བླ་མ་འདི་དང་དུས་རྟག་ཏུ། །མི་འབྲལ་ཆོས་ཉན་འདོད་ཀྱང་བྲལ་བར་ངེས། །དམ་པའི་གྲོགས་བཟང་རྣམས་དང་དུས་རྟག་ཏུ། །མི་འབྲལ་འགྲོགས་པར་འདོད་ཀྱང་འབྲལ་ངེས་པས། །དེ་རིང་ཉིད་ནས་བརྩོན་པའི་གོ་བགོས་ཏེ། །འབྲལ་མེད་བདེ་ཆེན་གླིང་དུ་བགྲོད་རེ་རན། །སྐྱོ་ཤས་གཏིང་ནས་སྐྱེ་བའི་གྲོགས་རྣམས་ལ། །ཆོས་མེད་སྤྲང་པོ་བདག་གིས་དེ་སྐད་བསྐུལ། །ཞེས་གསུངས། དེས་ན་ནོར་དང་ལོངས་སྤྱོད་བདེ་སྐྱིད་དང་སྙན་གྲགས་ལ་སོགས་འབྱུང་བའི་རྒྱུ། རང་ལ་སྔོན་བསགས་ཀྱི་དགེ་འབྲས་ཤིག་ཡོད་ན་ནི་མི་འདོད་ཀྱང་ཤུགས་ཀྱིས་འབྱུང་། དེ་མེད་ན་ཅི་ཙམ་འབད་རྩོལ་དང་རྩོལ་སྒྲུབ་བྱས་ཀྱང་འདོད་པ་མི་འགྲུབ་ཅིང་མི་འདོད་པ་ཁོ་ན་འདུ་བས། ནོར་ཟད་པ་མེད་པ་ཆོག་ཤེས་ཀྱི་ནོར་ལ་བརྟེན་ནས་ཡང་དག་པའི་དམ་ཆོས་མ་བསྒྲུབས་ན། ཆོས་སྐོར་ཞུགས་ནས་འཇིག་རྟེན་ཚེ་འདིའི་བྱ་གཞག་སྒྲུབ་པ་ནི་རང་སྡུག་ལ་དམ་པས་ཁྲེལ་བ་ཡིན་ཏེ། རྗེ་མི་ལས། ཕྱིར་རྒྱལ་བ་མི་ཡི་དབང་པོ་དེས། །ཆོས་རྣམས་ཆོས་བརྒྱད་འཇོམས་ཕྱིར་གསུངས། །ང་ལྟ་མཁས་པར་རློམ་པ་རྣམས། །ཆོས་བརྒྱད་ཆེ་རུ་མ་སོང་ངམ། །རྒྱལ་བས་ཚུལ་ཁྲིམས་སྲུང་

བ་དེ། །འཇིག་རྟེན་བྱ་བ་སྤང་ཕྱིར་གསུངས། །ད་ལྟའི་ཁྲིམས་སྲུང་བཙུན་པ་རྣམས། །བྱ་གཞག་མང་དུ་མ་སོང་ངམ། །སྔོན་དུས་དྲང་སྲོང་ཚ་ལུགས་དེ། །ཉེ་དུའི་འབྲེལ་ཐག་བཅད་ཕྱིར་གསུངས། །ད་ལྟའི་དྲང་སྲོང་ཚ་ལུགས་རྣམས། །ངོ་བསྲུང་ཆེ་རུ་མ་སོང་ངམ། །མདོར་ན་འཆི་བ་མ་དྲན་པའི། །དམ་ཆོས་ཅི་བྱེད་ཀྱི་ནར་གདའ། །ཞེས་གསུངས་སོ། །ད་ལྟ་མི་ཡུལ་གླིང་བཞིའི་འཇིག་རྟེན་སྤྱི་དང་བྱེ་བྲག་རང་རེ་འཛམ་བུའི་གླིང་པར་སྐྱེས་པ་རྣམས་ད་ལྟ་སྙིགས་མའི་དུས་འདིར་བདེ་བའི་གནས་སྐབས་སྤུ་ཙམ་ཡང་མེད་པར་སྡུག་བསྔལ་ཁོ་ན་ལ་སྤྱོད། ད་དུང་ལོ་དང་ཟླ་བ་ཞག་དང་ཟ་མ་སྔ་དྲོ་དང་ཕྱི་འཕྲེད་ཙམ་སོང་བཞིན་དུས་ཇི་སྙིགས། བསྐལ་པ་ཇི་ངན། སངས་རྒྱས་ཀྱི་བསྟན་པ། སེམས་ཅན་གྱི་བདེ་སྐྱིད་ཐམས་ཅད་རིམ་པ་བཞིན་ཉམས་དམའ་བ་ལ་བསམས་ནས་སྐྱོ་བ་བསྐྱེད། གཞན་ཡང་འཛམ་གླིང་ལས་ཀྱི་ས་པ་ཡིན་ཕྱིར། བཟང་ངན། སྐྱིད་སྡུག ལེགས་ཉེས། མཐོ་དམན་ཆོས་དང་ཆོས་མིན་ཐམས་ཅད་མ་ངེས་པ་ཡིན་པས། དེ་དག་གི་ཚུལ་མངོན་སུམ་དུ་མཐོང་བ་ལ་བལྟས་ནས་རང་རྒྱུད་ལ་སྤང་བླང་བྱེད་དགོས་པ་ཡིན་ཏེ། ཀུན་མཁྱེན་བླ་མས། སྐབས་སུ་རང་སྣང་མཐུན་པའི་རྐྱེན་གྲོགས་ལྟོས། །རང་སྣང་ཤེས་པས་ཉམས་སྣང་གྲོགས་སུ་འཆར། །སྐབས་སུ་མི་མཐུན་གནོད་པའི་རྐྱེན་སྣང་ལྟོས། །འཁྲུལ་བ་ཞེན་ལོག་གནད་དུ་ཆེ་བ་ཡིན། །སྐབས་སུ་གྲོགས་དང་གཞན་གྱི་བླ་མར་ལྟོས། །བཟང་ངན་ཤེས་པས་ཉམས་ལེན་བསླུ་མ་ཡིན། །སྐབས་སུ་མཁའ་ལ་འབྱུང་བཞིའི་ཆོ་འཕྲུལ་ལྟོས། །སེམས་ཉིད་ངང་དུ་འབབ་རྩོལ་ཞིག་པ་ཤེས། །སྐབས་སུ་རང་གི་ཡུལ་མཁར་ལོངས་སྤྱོད་ལྟོས། །སྒྱུ་མར་ཤེས་པས་འཁྲུལ་སྣང་ཞེན་པ་ལོག །སྐབས་སུ་གཞན་གྱི་ནོར་དང་ལོངས་སྤྱོད་ལྟོས། །སྙིང་རྗེར་ཤེས་པས་འཁོར་བའི་འདོད་པ་སྤོངས། །མདོར་ན་སྣ་ཚོགས་སྣང་བའི་ཆོས་རྣམས་ལ། །རང་བཞིན་བརྟག་པས་བདེན་ཞེན་འཁྲུལ་བ་འཇིག །ཅེས་གསུངས་པ་ལྟར་ཉམས་སུ་བླང་ངོ། །

(5) ལྷ་མིན།

མཐོ་རིས་ཀྱི་གནས་གཉིས་པ། ལྷ་མིན་གྱི་སྡུག་བསྔལ་ནི། ཕྱིར་དཔལ་འབྱོར་ལོངས་སྤྱོད་ལྷ་རྣམས་ལ་འགྲན་པ་ཙམ་ཡོད་ཀྱང་། སྔོན་མི་དགེ་ཕྲག་དོག་དང་འཐབ་རྩོད་ལ་གོམས་ཤིང་ལས་དེས་འཕངས་པས་ལུས་རྟེན་དེ་བཟུང་བ་ཙམ་ནས་ཕྲག་དོག་གི་འདུ་ཤེས་རགས། རང་གི་གནས་ནའང་གནས་དང་སྡེ་རིས་རྩོད་ཅིང་། ཕན་ཚུན་མི་མཐུན་པས་འཐབ་རྩོད་པོ་ནས་དུས་འདའ། ཡར་ལྷ་ལ་བལྟས་པས་དཔལ་འབྱོར་དང་ལོངས་སྤྱོད་ཕུན་སུམ་ཚོགས་ཤིང་། དགོས་འདོད་ཐམས་ཅད་དཔག་བསམ་ཤིང་ལས་འབྱུང་བར་མཐོང་བས་ཤིང་དེའི་རྩ་བ་ལྷ་མིན་གྱི་ཡུལ་ན་ཡོད་པ་སོགས་ལ་བལྟས་ནས་ཕྲག་དོག་མི་བཟོད་པ་སྐྱེས་ཏེ་གོ་ཆ་གྱོན་མཚོན་ཆ་ཐོགས་ནས་ལྷ་རྣམས་དང་འཐབ་ཏུ་འགྲོ། དེའི་ཚེ་ལྷ་རྣམས་ནི་རྒྱལ་འགྱུར་གྱི་ཚལ་དུ་སོང་སྟེ་གོ་མཚོན་དག་བླངས་ནས། ལྷའི་གླང་པོ་ཆེ་རབ་བརྟན་གྱི་མགོ་བོ་སུམ་ཅུ་རྩ་གཉིས་ལ་ཉེ་དབང་སུམ་ཅུ་རྩ་གཉིས་དང་། དབུས་ཀྱི་མགོ་བོ་ལ་ལྷའི་དབང་པོ་བརྒྱ་བྱིན་ཞོན། ལྷ་ཡི་དམག་ཚོགས་བསམ་གྱིས་མི་ཁྱབ་པས་བསྐོར་ནས་ཀུ་བསོ་ཆ་སྒྲ་སྒྲོགས་ཤིང་གཟི་བྱིན་བཟོད་པར་དཀའ་བ་ཙམ་དུ་འོང་བ་དང་། འཐབ་པའི་ཚེ་ལྷ་རྣམས་ཀྱི་རྡོ་རྗེ་དང་འཁོར་ལོ་དང་། མདུང་ཐུང་དང་མདའ་བོ་ཆེ་ལ་སོགས་པ་ཆར་བཞིན་དུ་འབེབས་ཤིང་། ལྷ་རྫུ་འཕྲུལ་དང་ལྡན་པས་རི་ཆེན་པོ་རྣམས་ཀྱང་བང་པས་བརྡེགས་ནས་འཕེན་པར་བྱེད། སྔོན་གྱི་ལས་དབང་ལས་ལྷ་རྣམས་ནི་མི་འགྲེང་བདུན་ཙམ་གྱིས་མཐོ་ལ། ལྷ་མ་ཡིན་རྣམས་ནི་དམའ་ཞིང་། ལྷ་རྣམས་ནི་མགོ་བོ་བཅད་པ་མ་གཏོགས་ལུས་ལ་རྨ་ཅི་ཙམ་བྱུས་ཀྱང་དེ་མ་ཐག་ལྷའི་བདུད་རྩིས་གསོ་བས་མི་འཆི་ལ། ལྷ་མ་ཡིན་རྣམས་ནི་མི་ལ་སོགས་པ་བཞིན་དུ་གནད་ཆེ་ས་གང་དུ་ཕོག་ཀྱང་འཆི་བས་རྟག་ཏུ་གཡུལ་ཕམ་པ་མང་། ལྷའི་གླང་པོ་ཀུན་སྐྱོང་སྨྱོས་པའི་སྣ་ལ་རལ་གྲིའི་འཁོར་ལོ་བཏགས་ཏེ་མངགས་པ་སོགས་ཀྱིས་ལྷ་མ་ཡིན་འབུམ་ཕྲག་ཏུ་མ་

གསོད་ཅིང་། དེ་དག་གི་རྔ་རི་རབ་ཀྱི་ངོས་ནས་ཐབ་ཏུ་བསྒྲིལ་ཏེ་རོལ་པའི་མཚོ་ཆེན་རྣམས་ཀྱི་ནང་དུ་ལྷུངས་པས། མཚོ་རྣམས་ཁྲག་གི་མདོག་ཏུ་སྣང་བ་སོགས་རྟག་པར་འཐབ་རྩོད་ཁོ་ན་ལ་སྤྱོད་པས། ལྷ་མ་ཡིན་གྱི་གནས་ན་ཡང་སྡུག་བསྔལ་གྱི་རང་བཞིན་ལས་མ་འདས་པའི་ཚུལ་སྙིང་ཐག་པ་ནས་བསམ་མོ། །

(6) ལྷ།

མཐོ་རིས་ཀྱི་གནས་གསུམ་པ་ལྷའི་གནས་ནི། སྤྱིར་གསོན་པའི་དུས་སུ་བདེ་སྐྱིད་དང་ལོངས་སྤྱོད་ཕུན་སུམ་ཚོགས་པ་ཡོད་ཀྱང་། རྣམ་གཡེང་ཁོ་ནའི་ངང་དུ་དུས་འདའ་བས་དམ་པའི་ཆོས་སྒྲུབ་པའི་བློ་མི་སྐྱེ་ཚེ་བསྐལ་པའི་བར་དུ་གནས་ཀྱང་སྐད་ཅིག་མ་གཅིག་གི་སྣང་བ་ཡང་མེད་པར་ཡེངས་མ་ལམ་ལ་ཚེ་ཟད་དེ་འཆི་བ་ལ་ཐུག ཀྱ་ཆེན་རིགས་བཞི་ནས་གཞན་འཕྲུལ་དབང་བྱེད་ཀྱི་བར་འདོད་ལྷའི་གནས་རིགས་དྲུག་པོ་གང་ཡིན་ཀྱང་འཆི་འཕོ་བའི་སྡུག་བསྔལ་མྱོང་དགོས། དེའང་ལྷ་རྣམས་འཆི་བར་ཉེ་བ་ན་ལྷ་རྣམས་རང་རང་གི་འོད་ཀྱིས་དཔག་ཚད་དང་རྒྱང་གྲགས་སོགས་སུ་སྣང་བ་ཡིན་པ་ལ། ལུས་ཀྱི་འོད་བཀྲག་ཉམས་པ་དང་། ལྷའི་སྟན་ལ་ཅི་ཙམ་བསྡད་ཀྱང་མི་དགའ་བ་མེད་པ་ལ། སྟན་ལ་སྡོད་སྙིང་མི་འདོད་ཅིང་མི་བདེ་བ་སྐྱེས་པས་མི་དགའ་བ་དང་། ལྷའི་མེ་ཏོག་གི་ཕྲེང་བ་ཅི་ཙམ་སོང་ཡང་རྙིད་རྒྱུ་མེད་པ་ལ། མེ་ཏོག་གི་ཕྲེང་བ་རྙིད་པ་དང་། ལྷའི་གོས་ཇི་ཙམ་བགོས་ཀྱང་དྲི་མ་ཆགས་རྒྱུ་མེད་པ་ལ་གོས་རྙིང་ནས་དྲི་མ་ཆགས་པ་དང་། ལྷའི་ལུས་ལ་རྔུལ་འབྱུང་རྒྱུ་མེད་པ་ལ། ལུས་ལ་རྔུལ་ཆུ་འབྱུང་བ་སྟེ། འཆི་འཕོའི་སྔ་ལྟས་ལྔ་ཤར་བས་རང་ཉིད་ཀྱིས་ཀྱང་འཆི་བར་ཤེས་ཏེ་སྡུག་བསྔལ། ལྷ་གྲོགས་པོ་རྣམས་དང་ལྷའི་བུ་མོ་རྣམས་ཀྱིས་ཀྱང་དེ་འཆི་བར་ཤེས་ནས་དྲུང་དུ་ཉེ་མི་ནུས་ཤིང་། རྒྱང་རིང་པོ་ནས་མེ་ཏོག་འཐོར་ཏེ། ཁྱོད་འདི་ནས་ཤི་འཕོས་ཏེ། མི་ཡུལ་དུ་སྐྱེས། ལས་དགེ་བ་ལ་སྤྱོད་དེ། སླར་ཡང་ལྷ་ཡུལ་དུ་སྐྱེ་བར་ཤོག་ཅིག ཅེས་སྨོན་

ལམ་བཏབ་ནས་འགྲོ། རང་གཅིག་པུར་ལུས་པས་ཤིན་ཏུ་སྡུག་བསྔལ་ཞིང་ཕྱི་མ་གར་སྐྱེ་ལྷའི་མིག་གིས་བལྟས་པས་སྡུག་བསྔལ་བའི་གནས་སུ་སྐྱེ་བར་མཐོང་ན་ནི། འཕོ་བའི་སྡུག་བསྔལ་མ་སངས་པའི་གོང་དུ་ལྟུང་བའི་སྡུག་བསྔལ་གྱིས་ནོན་ཏེ་སྡུག་བསྔལ་ཉིས་འགྱུར་དང་སུམ་འགྱུར་གྱིས་ཉམ་ཐག་པས་འོ་འདོད་འབོད་བཞིན་ལྷའི་ཞག་བདུན་དུ་སྡོད་དགོས་ཏེ། སུམ་ཅུ་རྩ་གསུམ་པ་རྣམས་ཀྱི་ཞག་བདུན་དེ་མི་ལོ་བདུན་བརྒྱ་ཡིན། དེའི་བར་དུ་སྔར་གྱི་བདེ་སྐྱིད་དྲན་ཀྱང་སྡོད་དབང་མེད་པ་འཕོ་བའི་སྡུག་བསྔལ། ཕྱི་མའི་གནས་རིས་མཐོང་བས་ཉམ་ང་བ། ལྟུང་བའི་སྡུག་བསྔལ་དང་གཉིས་ཀྱིས་མྱ་ངན་སེམས་ལ་ཟུག་པ་དམྱལ་བ་ལས་ཀྱང་ཐུ་བ་ཡིན། ཁམས་གོང་མ་གཉིས་ན་འཆི་འཕོའི་སྡུག་བསྔལ་མངོན་གྱུར་པ་མེད་ཀྱང་། འཕེན་བྱེད་ཀྱི་ལས་ཟད་ནས་གཉིས་སད་པ་བཞིན་དུ་གནས་རིས་འོག་མར་ལྷུངས་ནས་སྡུག་བསྔལ་བ་ཡིན་ཏེ། མགོན་པོ་ཀླུ་སྒྲུབ་ཀྱིས། ཚངས་ཉིད་ཆགས་བྲལ་བདེ་བ་ཐོབ་ནས་སླར། །མནར་མེད་མེ་ཡི་བུད་ཤིང་གྱུར་པ་ཡི། །སྡུག་བསྔལ་རྒྱུན་མི་ཆད་པ་བསྙེན་འཚལ་ལོ། །ཞེས་གསུངས། དེ་ལྟར་འགྲོ་བའི་གནས་རིགས་དྲུག་པོ་འདི་དག་གང་དུ་སྐྱེས་ཀྱང་སྡུག་བསྔལ་གྱི་རང་བཞིན། སྡུག་བསྔལ་གྱི་ཡོ་ལངས། སྡུག་བསྔལ་གྱི་འབྲུལ་འཁོར་ཁོ་ན་ལས་མ་འདས་པས། མེའི་འོབས་ལྟ་བུ། སྲིན་མོའི་གླིང་ལྟ་བུ། རྒྱ་མཚོའི་གློང་ལྟ་བུ། མཚོན་ཆའི་རྩེ་ལྟ་བུ། མི་གཙང་བའི་ཁང་པ་ལྟ་བུ་བདེ་བའི་གོ་སྐབས་སྐྲ་ཙམ་ཡང་མེད་པ་ཡིན་ཏེ། དྲན་པ་ཉེར་བཞག་ལས། སེམས་ཅན་དམྱལ་བ་དམྱལ་མེས་ཉམས། །ཡི་དྭགས་བཀྲེས་ཤིང་སྐོམ་པས་ཉམས། །དུད་འགྲོ་གཅིག་ལ་གཅིག་ཟས་ཉམས། །མི་དག་འཚོ་བ་ཐུང་བས་ཉམས། །ལྷ་མིན་འཐབ་ཅིང་རྩོད་པས་ཉམས། །ལྷ་དག་བག་མེད་པ་ཡིས་ཉམས། །འཁོར་བ་ཁབ་ཀྱི་རྩེ་ཙམ་ལ། །བདེ་བ་ནམ་ཡང་ཡོད་མ་ཡིན། །ཞེས་དང་། མགོན་པོ་བྱམས་པས། འགྲོ་ལྔ་དག་ན་བདེ་བ་མེད། །མི་གཙང་ཁང་པར་དྲི་ཞིམ་མེད། །ཅེས་དང་། ཨོ་རྒྱན་ཆེན་པོས། འཁོར་བ་འདི་

ལ་ཁབ་ཀྱི་རྩེ་ཙམ་ཡང་། །བདེ་བ་ནམ་ཡང་ཡོད་མ་ཡིན། །ཞེས་གསུངས། ཙུང་ཟད་བདེ་ཡང་འགྱུར་བའི་སྡུག་བསྔལ་ཡོད། །ཅེས་སོགས་གསུངས་པ་ལ་བསམས་ནས། འཁོར་བའི་གནས་རིས་འདི་ལ་ཡ་གི་སྲིད་པའི་རྩེ་མོ་མན་ཆད་ནས་མ་གི་དམྱལ་བ་གདན་ལ་ཐུག་པ་ཡན་ཆད་གང་དུ་སྐྱེས་ཀྱང་སྐྱིད་པ་དང་བདེ་བའི་གོ་སྐབས་ཙུང་ཟད་ཀྱང་མེད་ཅིང་སྙིང་པོ་མི་འདུག་སྙམ་དུ་ཞེན་པ་གཏིང་ནས་ལོག་པ་མཁྲིས་ནད་ཅན་ལ་བཙོ་ཟན་བྱིན་པ་ལྟ་བུ་ཞིག་དགོས་པས། འཁོར་བའི་སྡུག་བསྔལ་འདི་དག་གོ་ལོ་ཐོས་ལོར་མི་བཞག་པར་སྡུག་བསྔལ་སེམས་ཐོག་ཏུ་བླངས་ཏེ་ཡིད་ཆེས་པར་ཉམས་སུ་བླང་། དེ་ལྟར་ཡིད་ཆེས་སྐྱེས་ན་སྡིག་ལ་འཛེམ་པ་དང་། དགེ་ལ་སྒྲོ་བའང་འབད་མི་དགོས་པར་ཤུགས་ཀྱིས་སྐྱེས་སྲི། སྟོན་བཅོམ་ལྡན་འདས་ཀྱིས་གཅུང་དགའ་བོ་ཆུང་མ་ལ་ཆགས་ནས་རབ་ཏུ་བྱུང་མ་འདོད་པ་ཐབས་ཀྱིས་ཆོས་སྒོར་བཙུད་ནས་རབ་ཏུ་བྱུང་ཡང་བསླབ་པ་ལ་མི་སློབ་པར་བྲོས་པར་རྩོམ་པ་ན། བཅོམ་ལྡན་འདས་ཀྱིས་རྫུ་འཕྲུལ་གྱིས་རི་གངས་ཅན་དུ་ཁྲིད་ནས་དེ་ན་སྤྲ་མོ་ཞར་བ་ཞིག་འདུག་པ་བསྟན་ཏེ། འདི་དང་ཁྱོད་ཀྱི་ཆུང་མ་སུནྡ་རཱི་ཀ་གཉིས་གང་མཛེས་ཞེས་གསུངས་པས། དེ་ནི་བརྒྱ་དང་སྟོང་གི་ཆར་ཡང་མི་ཉེ་སྲི། ངའི་ཆུང་མ་མཛེས་ཞུས་པས། འོ་ན་ལྷ་ཡུལ་དུ་འདོང་གསུངས། ལྷ་ཡུལ་དུ་ཁྲིད་དེ་བཅོམ་ལྡན་འདས་ཕྱོགས་གཅིག་ཏུ་བཞུགས་ནས། ཁྱོད་སོང་ལ་ལྟོས་ཤོག་གསུངས། བལྟས་ཙ་ན་ལྷ་ཐམས་ཅད་རང་རང་གི་གཞལ་མེད་ཁང་ན་ལྷའི་བུ་མོ་དུ་མས་བསྐོར་ནས་བདེ་སྐྱིད་ལོངས་སྤྱོད་བསམ་གྱིས་མི་ཁྱབ་པ་ལ་སྤྱོད་ཅིང་འདུག གཞལ་མེད་ཁང་ཞིག་ན་ལྷའི་བུ་མོ་དུ་མ་འཁོད་ཅིང་། ལྷའི་བུ་སུ་ཡང་མི་འདུག་པས་དེའི་རྒྱུ་མཚན་དྲིས་པས། མི་ཡུལ་ན་བཅོམ་ལྡན་འདས་ཀྱི་གཅུང་དགའ་བོ་ཚུལ་ཁྲིམས་སྲུང་བ་དེ་ལས་དེས་ལྷ་རྣམས་ཀྱི་ནང་དུ་སྐྱེ་བར་འགྱུར་བ་དེའི་གཞལ་ཡས་ཁང་ཡིན་ཟེར། དགའ་ནས་སླར་ལོག་སྲི། བཅོམ་ལྡན་འདས་ཀྱི་དྲུང་དུ་ཕྱིན་པས་ཁྱོད་ཀྱིས་ལྷ་ཡུལ་མཐོང་

ངམ་གསུངས། མཐོང་ལགས་ཞུས་པས། ལྷའི་བུ་མོ་རྣམས་དང་ཁྱོད་ཀྱི་ཆུང་མ་གཉིས་གང་མཛེས་གསུངས། དེ་ནི་ལྷའི་བུ་མོ་རྣམས་མཛེས་ཏེ་སྤྲེར་སྤྲ་མོ་ཞར་མ་དང་པུཎྜ་རཱི་ཀའི་ཁྱད་ཙམ་ཡོད་དོ་ཞུས། སླར་མི་ཡུལ་དུ་འོངས་ནས་ཚུལ་ཁྲིམས་ཡང་དག་པ་བསྲུངས་ཏེ་བསྡད་པ་ན། བཅོམ་ལྡན་འདས་ཀྱིས་དགེ་སློང་རྣམས་ལ། དགའ་བོ་ནི་མཐོ་རིས་ཀྱི་ཆེད་དུ་རབ་ཏུ་བྱུང་བ་ཡིན། ཁྱེད་རྣམས་ནི་མྱ་ངན་ལས་འདས་པའི་བསམ་པས་རབ་ཏུ་བྱུང་བས་ལམ་ཐ་དད་དུ་ཞུགས་པ་ཡིན་པས། ཁྱེད་རྣམས་ཀྱིས་དགའ་བོ་དང་གཏམ་འདྲི་བར་མི་བྱ། ཕེབས་པར་སྨྲ་བར་མི་བྱ། སྟན་གཅིག་ལ་འདུག་པར་མི་བྱ་བ་སོགས་གསུངས་པས་དགེ་སློང་ཐམས་ཅད་ཀྱིས་དེ་བཞིན་བྱས་པས་དགའ་བོ་ཤིན་ཏུ་སྡུག་བསྔལ་ཏེ། དགེ་སློང་གཞན་གྱིས་བདག་སྤངས་ཀྱང་། ཀུན་དགའ་བོ་ནི་བདག་གི་ནུ་བོ་ཡིན་པས་དེས་བརྩེ་བར་བགྱིད་དམ་སྙམ་དུ་ཀུན་དགའ་བོའི་དྲུང་དུ་ཕྱིན་པ་ན། དེ་ཡང་སྟན་ལས་ལངས་ཏེ་དེངས་པ་ལ་རྒྱུ་མཚན་དྲིས་པས་བཅོམ་ལྡན་འདས་ཀྱིས་གསུངས་ཚུལ་རྣམས་སྨྲས། དེར་དགའ་བོ་མྱ་ངན་གྱིས་གདུངས་པ། བཅོམ་ལྡན་འདས་བྱོན་ནས་དགའ་བོ་ཁྱོད་དམྱལ་བའི་གནས་བལྟའམ་གསུངས། དེ་བལྟ་ལགས་ཞུས་པས་རྫུ་འཕྲུལ་གྱིས་དམྱལ་བའི་གནས་སུ་ཁྲིད་དེ་ལྟོས་གསུངས་པས། དགའ་བོ་དེ་དག་ཏུ་ཕྱིན་ནས་བལྟས་པས་དམྱལ་བའི་གནས་རྣམས་མཐོང་ཞིང་། ཕྱོགས་གཅིག་ན་ཟངས་སྟོང་པ་ཞིག་གི་ནང་ན་མེ་ལྷབ་ལྷབ་འབར་ཞིང་ལས་མཁན་མང་པོས་བསྐོར་ནས་འདུག་པ་ལ། དེ་ན་སེམས་ཅན་གཞན་མེད་པའི་རྒྱུ་མཚན་དྲིས་པས། བཅོམ་ལྡན་འདས་ཀྱི་གཅུང་དགའ་བོ་ལྷའི་བདེ་བ་དོན་དུ་གཉེར་ནས་ཚུལ་ཁྲིམས་སྲུང་བ་དེ་ལྷ་ཡུལ་དུ་སྐྱེས་ནས་བདེ་བ་མྱངས་ཏེ། དགེ་འབྲས་ཟད་པ་དང་འདིར་སྐྱེ་བ་ཡིན་ཟེར་བས་སྐྲག་ནས་སླར་ལོག དེ་ཕྱིན་ཆད་ལྷ་ཡུལ་དུ་སྐྱེས་ཀྱང་མཐར་ངན་སོང་དུ་སྐྱེ་བས་སྙིང་པོ་མི་འདུག་དགོངས་ནས་ངེས་འབྱུང་གི་བསམ་པ་སྐྱེས། དམྱལ་བ་མངོན་སུམ་དུ་མཐོང་བས་བསླབ་པའི་གནས་ཕྲ་མོ་ལ་ཡང་མི་

འགལ་བར་བྱེད་པས། བཅོམ་ལྡན་འདས་ཀྱིས་དབང་པོའི་སྒོ་བསྡམས་པ་རྣམས་ཀྱི་མཆོག་ཏུ་བསྟན་པ་ཡིན་ནོ། །

དེ་ལྟར་དམྱལ་བ་མངོན་སུམ་དུ་མཐོང་བ་ལྟ་ཅི། དམྱལ་བ་རི་མོར་བྲིས་པ་ཙམ་མཐོང་ཡང་འཇིགས་སྐྲག་གི་བློ་སྐྱེ་ཞིང་ངེས་འབྱུང་གི་གསོས་འདེབས་པས། བཅོམ་ལྡན་འདས་ཀྱིས་ཀུང་དགེ་འདུན་གྱི་གཙུག་ལག་ཁང་གི་སྒོར་འཁོར་བའི་འཁོར་ལོ་ཆ་ལྔ་པ་བྲི་བར་གསུངས། མགོན་པོ་ཀླུ་སྒྲུབ་ཀྱིས་ཀྱང་། དམྱལ་བ་བྲིས་པ་མཐོང་དང་ཐོས་པ་དང་། །དྲན་དང་ཀློག་དང་གཟུགས་སུ་བགྱིས་པས་ཀྱང་། །འཇིགས་པ་སྐྱེ་བར་བྱེད་ན་མི་བཟད་པའི། །རྣམ་སྨིན་ཉམས་སུ་མྱོང་རྣམས་ཅི་འགྱུར་ཡོད། །ཅེས་གསུངས། དེ་ལྟར་རྣམ་གྲངས་དུ་མས་འཁོར་བའི་སྡུག་བསྔལ་ལ་བསམས་ཏེ་འཇིག་རྟེན་ཚེ་འདིའི་བྱ་བ་ཐམས་ཅད་ལ་བློ་གཉིང་ནས་ལོག་པ་ཞིག་དགོས། ཚེ་འདིའི་བྱ་བ་བློས་མ་ཐོང་ན་ཆོས་བྱེད་ལོ་བྱས་ཀྱང་ཡང་དག་པའི་ཆོས་སུ་མི་འགྲོ་སྟེ། ཇོ་བོ་འདའ་ཁར་རྣལ་འབྱོར་པས། ཇོ་བོ་གཤེགས་པའི་འོག་ཏུ་བདག་གིས་སྒོམ་བྱེད་པར་ཞུ་ཞུས་པས། བསྒོམས་ཀྱང་ཆོས་སུ་འགྲོ་ཡི་གསུངས། འོ་ན་འཆད་པར་ཞུ་ཞུས་པས། སྔར་བཞིན་གསུངས། འོ་ན་ཇི་ལྟར་བགྱི་ཞུས་པས། ཁྱེད་ཐམས་ཅད་ཀྱིས་སྟོན་པ་ལ་བསྙེན་ལ་ཚེ་འདི་བློས་ཐོང་གསུངས། བཙུན་པ་གཅིག་རྭ་སྒྲེང་ལ་ཕྱི་སྐོར་བྱེད་པ་དང་། དགེ་བཤེས་སྟོན་པ་དང་མཇལ་བས། སྟོན་པའི་ཞལ་ནས། ཇོ་བོ་བསྐོར་བ་བྱེད་པ་ཡང་སྐྱོ་བ་དགའ་སྟེ། དེ་བས་ཆོས་ཤིག་རང་བྱས་ན་མི་དགའ་འམ་གསུངས། དེར་ཇོ་བོ་དེའི་བསམ་པ་ལ། བསྐོར་བ་བྱས་པ་ལས་ཀྱང་ཐེག་པ་ཆེན་པོའི་མདོ་ཀློག་པ་ཁེབས་ཆེའམ་སྙམ་ནས། ཀུན་དགའ་ར་བའི་ཁྱམས་སུ་མདོ་བཀླགས་པས། སྟོན་པའི་ཞལ་ནས། ཆོས་ཀློག་པ་ཡང་སྐྱོ་བ་དགའ་སྟེ། དེ་བས་ཀྱང་ཆོས་ཤིག་རང་བྱས་ན་མི་དགའམ་གསུངས། ཡང་ཁོའི་བསམ་པ་ལ། ཀློག་པ་བས་ཀྱང་ཏིང་ངེ་འཛིན་བསྒོམ་པ་ཁེབས་ཆེ་བའི་བཟ་ཡིན་སྙམ་ནས། ཀློག་པ་བཞོལ་ནས་མལ་དུ

མིག་ཟིམ་མེ་བསྡད་པས། སྟོན་པའི་ཞལ་ནས་བསྒོམ་པ་ཡང་སྒོ་བ་དགའ་སྟེ། དེ་བས་ཀྱང་ཆོས་ཤིག་རང་བྱས་ན་མི་དགའམ་གསུངས། དེར་ཁོས་གཞན་བྱ་ཐབས་མ་རྙེད་ནས། དགེ་བཤེས་ལགས། འོ་ན་བདག་གིས་ཆོས་ཇི་ལྟ་བུ་ཞིག་བགྱི་ཞུས་པས། སྟོན་པའི་ཞལ་ནས། ཇོ་བོ་ཚེ་འདི་བློས་ཐོང་། ཚེ་འདི་བློས་ཐོང་གསུངས་སྐད། དེས་ན་འཇིག་རྟེན་ཚེ་འདིའི་བྱ་གཞག་ཐམས་ཅད་ནི། འདི་དང་གཏན་དུ་འཁོར་བ་སྡུག་བསྔལ་གྱི་གནས་རིས་ལས་མི་ཐར་བར་བྱེད་པ་ཡིན་པས། ཚེ་འདིའི་གདོས་ཐག་བཅད་དེ་ཕྱི་མའི་བྱང་ཆུབ་སྒྲུབ་པ་ལ་བསླབ་བྱ་ལེགས་པར་སྟོན་པ་ནི་མཚན་ལྡན་གྱི་བླ་མ་མ་གཏོགས་སུ་ཡང་མེད་པས་ཚེ་འདིའི་ཕ་མ་དང་ཉེ་འབྲེལ། གཉེན་དང་མཛའ་བཤེས་ཟས་ནོར་དང་ལོངས་སྤྱོད་ཐམས་ཅད་མཆིལ་མའི་ཐལ་བ་བཞིན་པོར། ཟས་གོས་སོགས་གང་བྱུང་དེས་ཆོག་ཙམ་དུ་དམ་པའི་ཆོས་འབའ་ཞིག་བསྒྲུབ་དགོས་ཏེ། རྒྱ་གར་དམ་པས། དངོས་པོ་འདི་སྤྲིན་དང་ན་བུན་འདྲ་བ་ཡིན་པས་དེ་ལ་རྟག་པར་མ་འཛིན། སྣང་གྲགས་ཐམས་ཅད་བྲག་ཆ་དང་འདྲ་བ་ཡིན་པས་སྣང་གྲགས་མ་སྒྲུབས་ཆོས་ཉིད་སྒྲུབས། གོས་བཟང་པོ་འཇའ་ཚོན་དང་འདྲ་བ་ཡིན་པས་དུགས་པོ་ཀུན་ལ་ཉམས་སུ་ལོངས། རང་གི་ལུས་འདི་རྣག་ཁྲག་ཆུ་སེར་གྱི་རྐྱལ་པ་ཡིན་པས་གཙེས་པར་མ་འཛིན། ཞིམ་པོ་ཟོས་ཀྱང་མི་གཙང་བའི་རྒྱུ་ཡིན་པས་ལྟོ་ལ་ཆེད་དུ་མ་བལྟ། སྣང་བ་དགྲར་ལངས་པ་ཡིན་པས་དགོན་པའམ་རི་ལ་ཉོལ། འཁྲུལ་པའི་ཚེར་མ་སེམས་ལ་འཛུགས་པ་ཡིན་པས་མཉམ་པ་ཉིད་དུ་ཉམས་སུ་ལོངས། དགོས་འདོད་ཐམས་ཅད་རང་ལས་འབྱུང་བ་ཡིན་པས་རང་སེམས་སྐྱོངས། ནོར་བུ་རིན་པོ་ཆེ་རང་ལ་ཡོད་པ་ཡིན་པས་ཟས་ནོར་ལ་ཆགས་པ་མ་བྱེད། སྒྱུ་བ་མང་པོ་ཀུན་ཀྱི་རྩ་བ་ཡིན་པས་ལྷུགས་པ་བཞིན་དུ་སྡོད། སེམས་ཉིད་ལས་སུ་འཆར་བ་ཡིན་པས་ཡིད་ལྟོ་ཕྱིར་མ་འབྲང་། བྱིན་རླབས་སེམས་ལས་འབྱུང་བ་ཡིན་པས་བླ་མ་དང་ཡི་དམ་ལ་གསོལ་བ་ཐོབ། ས་གཅིག་ཏུ་ཡུན་རིང་ན་སངས་རྒྱས་ལ་ཡང་སྐྱོན་མཐོང་

བ་ཡིན་པས་ས་གཅིག་ཏུ་ཡུན་རིང་མ་སྡོད། དམན་པའི་སྤྱོད་པ་གྱིས་ལ་ཆེ་བའི་ང་རྒྱལ་སྤོངས། དུས་རིང་པོར་མི་སྡོད་པ་ཡིན་པས་མི་རིང་བར་སྒྲུབ་པ་གྱིས། ཚེ་འདི་མགྲོན་པོ་དང་འདྲ་བ་ཡིན་པས་ངལ་གསོ་སར་མཁར་ལས་མ་བྱེད། ལར་ཅིས་ཀྱང་ཕན་པ་མེད་པ་ཡིན་པས་སྒྲུབ་པ་ཉམས་སུ་ལོངས། རང་གི་ལུས་འབྱུ་སྲིན་གྱིས་ཟ་བའམ་ནམ་ཡལ་ཆ་མེད་པ་ཡིན་པས་ཚེ་འདིའི་སྣང་བ་ལ་མ་ཡིངས། གཉེན་དང་གྲོགས་ཤེང་ཁའི་བྱིའུ་ཚུང་དང་འདྲ་བ་ཡིན་པས་དེ་ལ་མ་ཆགས། ཡིད་ཆེས་ཀྱི་དད་པ་འདི་ས་གཞི་བཟང་པོ་དང་འདྲ་བས་ཉོན་མོངས་པའི་ཐ་བར་མ་བཞག ཡིད་བཞིན་གྱི་ནོར་བུ་རིན་པོ་ཆེ་དང་འདྲ་བའི་མི་ལུས་འདི་ཞེ་སྡང་གི་དགྲ་ལ་མ་བསྐུར། དམ་ཚིག་སོ་ཁའི་མཁར་བུ་དང་འདྲ་བ་འདི་ཉེས་པའི་སྐྱོན་གྱིས་མ་གོས་པར་གྱིས། ཛོ་ཛེ་སློབ་དཔོན་བཞུགས་པའི་ཚེ་དམ་ཚིས་ལེ་ལོར་མ་བཞག་ཨང་གསུངས། དེས་ན་དམ་པའི་ཆོས་ཡང་དག་པ་ཞིག་ཉམས་སུ་ལེན་པ་ལ་འཁོར་བ་མཐའ་དག་ལ་སྙིང་པོ་མེད་པར་ཤེས་པ་ཞིག་ཅིས་ཀྱང་དགོས་ལ། དེ་ལྟ་བུ་རྒྱུད་ལ་སྐྱེ་བའི་རྒྱུ་ནི་འཁོར་བའི་ཉེས་དམིགས་སྒོམ་པ་འདི་ཁོ་ན་ཡིན་པས་ཞི་ཐག་པ་ནས་རྒྱུད་ལ་མ་སྐྱེས་བར་དུ་བསྒོམ་དགོས་པ་ཡིན་ནོ། །

དེ་ལྟར་འཁོར་བའི་ཉེས་དམིགས་ཀྱི་སྒོམ་རྒྱུད་ལ་སྐྱེས་པའི་ཚད་ནི། དགེ་བཤེས་སྣང་རི་ཐང་པ་ལྟ་བུ་ཞིག་དགོས་པ་ཡིན་ཏེ། སྣང་ཐང་པ་ལ་ཉེ་གནས་ཀྱིས། བླ་མ་ལ་གཞན་ཚོས་སྣང་རི་ཐང་པ་ངོ་ནག་པ་ཟེར་གྱིན་གདའ་ཞུས་པས། ཁམས་གསུམ་འཁོར་བའི་སྡུག་བསྔལ་འདི་ལ་བསམས་ན་ངོ་གདོང་ལ་དཀར་པོ་འོང་བ་འདུག་གེ་གསུངས། སྔོར་ཅིག་ཁོང་གི་མཎྜལ་གྱི་སྟེང་ན་གཡུ་ཞིག་ཡོད་པ་བྱི་བ་ཞིག་གིས་བཏེག་པས་མ་ཐེག་པ་ལ། ཙིག་ཙིག་ཞེས་བྱི་བ་གཞན་སྤྲན་ནས་གཅིག་གིས་འཕུལ་གཅིག་གིས་འཐེན་པ་གཟིགས་པས་ཞལ་འཛུམ་པ་ཞིག་བྱུང་བ་མ་གཏོགས་ནམ་ཡང་ཞལ་འཛུམ་པ་ཙམ་ཡང་མཛད་མ་མྱོང་བ་ཡིན་སྐད་དོ། །

དེ་ལྟར་འཁོར་བའི་སྡུག་བསྔལ་བསྒོམ་པ་འདི་ནི་དམ་པའི་ཆོས་ལ་བློ་

འཇུག་པ་དང་། རྒྱུ་འབྲས་ལ་ཡིད་ཆེས་སྐྱེ་བ་དང་། ཚེ་འདི་བློས་ཐོང་བ་དང་། སེམས་ཅན་ལ་བྱམས་པ་དང་སྙིང་རྗེ་སྐྱེ་བ་སོགས་ལམ་གྱི་ཡོན་ཏན་ཐམས་ཅད་ཀྱི་རྟེན་གཞི་ཡིན་ཞིང་། བཅོམ་ལྡན་འདས་ཀྱིས་ཀྱང་ཆོས་འཁོར་རིམ་པ་གསུམ་དུ་གསུངས་པའི་ཀུན་གྱི་ཐོག་མར་དགེ་སློང་དག་འདི་ནི་སྡུག་བསྔལ་ལོ་ཞེས་སྡུག་བསྔལ་ཤེས་པར་བྱ་བ་ནས་མགོ་བཙམས་ཏེ་གསུངས་པ་ཡིན་པས་ངེས་པར་རྒྱུད་ལ་མ་སྐྱེས་ཀྱི་བར་དུ་ཉམས་སུ་བླང་ངོ་། །འཁོར་བའི་སྡུག་བསྔལ་མཐོང་བཞིན་ཞེན་ཅིང་ཆགས། །ངན་འགྲོའི་གཡང་ལ་འཇིགས་ཀྱང་མི་དགེ་སྤྱོད། །བདག་དང་བདག་འདྲ་ལམ་གོལ་སེམས་ཅན་རྣམས། །ཚེ་འདི་བློ་ཡིས་ཐོང་བར་བྱིན་གྱིས་རློབས། །འཁོར་བ་སྡུག་བསྔལ་དུ་ཤེས་པའི་ཁྲིད་དོ། །

བཞི་པ། ལས་རྒྱུ་འབྲས།

དགེ་སྡིག་འདོར་ལེན་རྒྱུ་འབྲས་གཞུང་བཞིན་མཛད། །
སྤྱོད་པ་མས་འཛེགས་ཐེག་པའི་བབས་དང་བསྟུན། །
ཡང་དག་ལྟ་བས་གང་ལའང་ཞེན་པ་མེད། །
མཚུངས་མེད་བླ་མའི་ཞབས་ལ་ཕྱག་འཚལ་ལོ། །

དོན་བཞི་པ་ལས་རྒྱུ་འབྲས་ཀྱི་ཁྲིད་ལ། འཆད་ཉན་བགྱི་བའི་ཚུལ་སྤྱི་དང་འདྲ། བཤད་བྱའི་ཆོས་ལ། སྤང་བྱ་མི་དགེ་བའི་ལས། བསྒྲུབ་བྱ་དགེ་བའི་ལས། ཐམས་ཅད་ལས་ཀྱི་རང་བཞིན་དུ་བསྟན་པ་དང་གསུམ། །

1 སྤང་བྱ་མི་དགེ་བའི་ལས།

དང་པོ་ནི། དེ་ལྟར་འཁོར་བའི་གནས་རིས་མཐོ་དམན་དེ་དག་ཏུ་སྐྱེ་བ་ནི། རང་རང་གི་ལས་དགེ་བ་དང་མི་དགེ་བ་བསགས་པའི་རྒྱུས་འགྲོ་བ། འཁོར་བ་ནི་ལས་ལས་སྐྱེས་ཤིང་ལས་ཀྱི་འབྲས་བུས་བྱས་པ་ཡིན་པས། མཐོ་རིས་དང་ངན་སོང་གི་གནས་སུ་འགྲོ་བ་ལ་བྱེད་པ་པོ་གཞན་མེད་ཀྱང་། སྟོབས་དབང་གིས་འགྲོ་བའང་མ་ཡིན་པས་རྣམ་པ་ཐམས་ཅད་དུ་དགེ་མི་དགེའི་རྒྱུ་འབྲས་ལ་དཔྱད་ནས། མི་དགེ་བའི་ཕྱོགས་སྤང་ཞིང་། དགེ་བའི་ཕྱོགས་བསྒྲུབ་པ་ལ་འབད་དགོས། དེ་ལ་སྤང་བྱ་མི་དགེ་བ་བཅུ་ཡོད་པ་ལས།

(1) སྲོག་གཅོད་པ།

དང་པོ་ལུས་ཀྱི་ལས། སྲོག་གཅོད། མ་བྱིན་ལེན། འདོད་པས་ལོག་པར་གཡེམ་པ་དང་གསུམ་ཡིན། ངག་གི་རྫུན་ཕྲ་མ་ཚིག་རྩུབ་ངག་ཀྱལ་དང་བཞི།

ཡིད་ཀྱི་ལས་བརྣབ་སེམས། གནོད་སེམས། ལོག་ལྟ་གསུམ་དང་བཅུ་ཡོད། དེ་ལས་དང་པོ་སྲོག་གཅོད་པ་ནི། ཡུལ་ཕ་རོལ་པོ་མི་འམ་དུད་འགྲོ་ལ་སོགས་པ་གང་ཡིན་ཀྱང་གསོད་འདོད་ཀྱི་ཀུན་སློང་དང་བཅས་པས་སྲོག་གི་དབང་པོ་འགགས་པར་བྱེད་པ་སྟེ། དེ་ཡང་དཔའ་བོ་གཡུལ་འཐབ་ས་ནས་དགྲ་གསོད་པ་ལྟ་བུ་ཞེ་སྡང་གི་སྒོ་ནས་སྲོག་གཅོད་པ། རི་དྭགས་ལྟ་བུ་ཤ་ཟ་འདོད། པགས་ཀྱོན་འདོད་དེ་གསོད་པ་འདོད་ཆགས་ཀྱི་སྒོ་ནས་སྲོག་གཅོད། དགེ་སྡིག་གི་རྒྱུ་འབྲས་མི་ཤེས་པའམ། མུ་སྟེགས་པ་ལྟ་བུ་དགེ་བར་རློམ་ནས་སྲོག་གཅོད་པ་ནི། གཏི་མུག་གི་སྒོ་ནས་སྲོག་གཅོད་པ་ཡིན། དེ་ལས་ཀྱང་ཕ་གསོད་པ། མ་གསོད་པ། དགྲ་བཅོམ་པ་གསོད་པ་གསུམ་ནི་མཚམས་མེད་པའི་ལས་ཞེས་བྱ་སྟེ་ཚེ་འདི་དང་ཕྱི་མའི་བར་མཚམས་སུ་བར་དོ་མེད་པར་དམྱལ་བ་མནར་མེད་དུ་སྐྱེ་བའི་རྒྱུ་ཡིན། ད་ལྟ་རང་རེ་རྣམས་ནས་དངོས་སུ་རང་གིས་ལག་དར་ཏེ་སྲོག་མ་བཅད་པ་ཙམ་ལ་བསམས་ནས་ང་ལ་སྲོག་གཅོད་ཀྱི་སྡིག་པ་ནི་མེད་སྙམ་པ་འདུག་ཀྱང་། ཕྱིར་མཐོ་དམན་དྲག་ཞན་སུ་ཡང་རུང་འོག་ནས་སྲོག་ཆགས་ཕྲ་མོ་བསད་པའི་སྡིག་པ་གྲངས་ཀྱིས་མི་ཚད་པ་མེད་པ་སུ་ཡང་མེད་ལ། ཁྱད་པར་བླ་མ་དང་སེར་མོ་བ་རྣམས་ནི་ཡོན་བདག་གི་ཁྱིམ་དུ་ཕྱིན་སྐབས། དེ་དག་གིས་སེམས་ཅན་གྱི་སྲོག་བཅད་ནས་ཤ་ཁྲག་གཡོས་སུ་བྱས་ཏེ་དྲངས་པའི་ཚེ། སེམས་ཅན་བསད་པ་ལ་འགྱོད་པ་དང་སྙིང་རྗེ་སོགས་གང་ཡང་མེད་པར་ཤ་ཁྲག་གི་རོ་ལ་སྲེད་པས་དགའ་བཞིན་དུ་གསོལ་ཙ་ན། སྲོག་གཅོད་ཀྱི་སྡིག་པ་ཡོན་མཆོད་གཉིས་ལ་ཁྱད་པར་མེད་པར་འཐོབ། མི་ཆེན་དང་དཔོན་ཆེན་རྣམས་ནི་གང་དུ་ཕྱིན་ཀྱང་ཇ་འདྲེན་དང་མགྲོན་ཁ་ལ་སོགས་ཀྱི་ཆེད་དུ་སྲོག་བཅད་པ་གྲངས་མེད། ཕྱུག་པོ་རྣམས་ནི་ཕྱིར་ཕྱུགས་ལུག་ཅི་ཙམ་ཡོད་པ་དེ་ཐམས་ཅད་མཐར་གྱིས་རྒས་པའི་དུས་ན་རེ་རེ་བཞིན་གསོད་པ་ལས། རང་བཞིན་གྱི་འཆི་བ་རེ་གཉིས་ལས་མི་འོང་བས་སྲོག་བཅད་པ་གྲངས་ཀྱིས་མི་ཚད། མ་ཟད་ཕྱུགས་ལུག་དེ་དག་གིས་

ཀྱང་དགྱེར་ཁའི་དུས། འབུ་སྦྲང་གྲོག་མ་ཉ་དང་སྦལ་པ་ཡན་ཆད་རྩ་དང་ལྷན་དུ་ཟ་བ་རྐང་ལག་གི་རྨིག་པས་བརྫི་བ། རྟ་སྦྲངས་དང་ལྤི་བ་ལ་སོགས་པའི་ནང་དུ་བསད་པ་གྲངས་ཀྱིས་མི་ཆོད་ཅིང་། དེ་དག་གི་སྡིག་པ་ཡང་བདག་པོའི་སྟེང་དུ་འོང་། ཁྱད་པར་རྟ་ཕྱུགས་སོགས་གཞན་ལས་ཀྱང་ལུག་འདི་ནི་སྡིག་པ་མི་ཟད་པའི་འབྱུང་གནས་སུ་འདུག་སྟེ། ཁོ་རང་ནས་ཀྱང་སྦྲུལ་དང་། སྦལ་པ། བྱིའུ་ཕྲུག་སོགས་སྲོག་ཆགས་ཕྲ་མོ་ཐམས་ཅད་ཁ་ཟས་སུ་བྱེད། དགྱེར་བལ་ལས་ཀྱི་དུས་ལུག་རེ་རེའི་རྒྱབ་ན་ཡང་སྲོག་ཆགས་འབུམ་ཕྲག་རེ་ཙམ་ཡོད་པ་དེ་ཐམས་ཅད་གསོད། དགུན་ལུ་གུའི་དུས་ལུ་གུ་སྐྱེས་འཕྲལ་ལ་ཕྱེད་ཙམ་ལས་མི་ལྷག་པར་གསོད། མ་མོ་རྣམས་ཀྱང་རྒས་ནས་ཟུངས་མ་ཟད་ཀྱི་བར་དུ་བཞོ་བ་དང་། ལུག་གུའི་བེད་བཅད་ནས་རྒས་ཙ་ན་ཐམས་ཅད་བསད་དེ་ཤ་ལྤགས་ལ་ལོངས་སྤྱོད། ཐོང་བ་དང་ཤ་གཟན་ལ་སོགས་པ་རྣམས་ནི་གང་དུ་ཕྱིན་ཀྱང་གསོད་རྒྱུ་ལས་གཞན་མེད། ལུག་ལ་ཤིག་བྱུང་ཚེ་ལུག་རེ་རེའི་རྒྱབ་ནས་ཀྱང་སྲོག་ཆགས་དུང་ཕྱུར་རེ་ཙམ་ཡང་གསོད། དེས་ན་ལུག་བརྒྱ་ཡོད་ཕྱིན་ཆད་བདག་པོ་དེ་དམྱལ་བར་ལན་ཅིག་སྐྱེ་ངེས་ཅན་དུ་འདུག་དུད་མེད་རྣམས་ཀྱང་གཞན་དང་གཉེན་སྤྲེལ་ནས་རིན་བཟངས་དང་སྐྱེལ་བསུ་སོགས་ཀྱི་དུས་སུ་བཤས་ལག་གྲངས་མེད་པ་གསོད། དེ་ཕྱིན་ཆད་རང་ཁྱིམ་དུ་ནམ་འོང་གི་གྲངས་ལ་སེམས་ཅན་རེ་ངེས་པར་གསོད། དེ་བཞིན་དུ་གཉེན་དང་ཉེ་བ་རྣམས་ཀྱིས་བོས་འོངས་སྐབས་ཀྱང་ཁ་ཟས་གཞན་བྱིན་ན་ཡིད་ཁར་མི་འགྲོ་བ་ལྟར་བྱེད་ཅིང་། ཁྲམ་མ་དེས་འཁྲམ་པ་འགྲུལ་མི་ཤེས་པ་ལྟར་ཟ་ཡང་། བཤས་ལུག་ཚོ་བ་རེ་བསད་ནས་བྲང་དང་རྒྱུ་མ་སོགས་ཆེ་ངེས་པ་རེ་སྔོན་དུ་བཞག་ཙ་ན། སྲིན་མོ་གདོང་དམར་མ་དེ་མགར་འདུག་ཞིག་བྱས་ནས་གྲི་ཆུང་ཞིག་བླངས་ཏེ། ལྤིབ་ཐག་གེ་ཟ། སང་ཉིན་ཤ་ཁོག་དེ་དམར་ཙ་རེ་བཀལ་ནས་རྗོན་པ་རང་ཁྱིམ་དུ་ལྡོག་པ་ལྟར་འགྲོ་ཞིང་། ནམ་ཕྱིན་ཕྱིན་སྟོང་ལོག་མི་བྱེད་པ་རྗོན་པ་ལས་ཀྱང་ཐུ། བྱིས་པ་རྣམས་ནས་ཀྱང་རྩེད་

མོའི་དུས་མཐོང་བ་དང་མི་མཐོང་བར་བསད་པ་གྲངས་ཀྱིས་མི་ཚོད་ཅིང་། ཐ་ན་སླང་ལྕུག་དང་རྒྱན་ལྕུག་སོགས་ཐོགས་ཏེ་དབྱར་ཁའི་དུས་ས་གཞི་ལ་ཐྲབ་ཀྱིན་འགྲོ་བ་དེ་ལྟ་བུའི་དུས་བསད་པ་གྲངས་མེད། དེས་ན་རང་རེ་མི་རྣམས་ནི་སྲོག་གཅོད་ཀྱི་ལས་ཐབས་ཁོ་ནས་དུས་འདའ་བ་སྲིན་པོ་དང་འདྲ་ཞིང་། ཚེ་གཅིག་ཏུ་རང་གིས་བེད་སྤྱད། འོ་མ་འཐུང་དྲིན་གྱིས་བསྐྱངས་པའི་མ་འབྲི་ཕ་མ་འདྲ་བ་རྣམས་ཀྱང་བསད་ནས་ཤ་ཁྲག་ལོངས་སྤྱོད་པ་ལ་བསམས་ན་སྲིན་པོ་ལས་ཀྱང་ཐུ། དེ་ལྟར་སྲོག་གཅོད་ཀྱི་ལས་ཐབས་དེ། སྡིག་པའི་ཡན་ལག་བཞིས་རྫོགས་པར་འགྱུར་ཏེ། དཔེར་ན་རྔོན་པས་རི་དྭགས་གསོད་པ་ལྟ་བུ་ལ། དང་པོ་ཤ་བ་དང་གླ་བ་ལྟ་བུ་རི་དྭགས་ཞིག་དངོས་སུ་མཐོང་བའི་ཚེ་རི་དྭགས་དེ་དང་དེའོ་སྙམ་དུ་མ་ནོར་བར་ཤེས་པ་ནི། གཞི་སེམས་ཅན་ཡིན་པར་ཤེས་པ། དེ་ལ་གསོད་འདོད་ཀྱི་ཀུན་སློང་སྐྱེས་པ་ནི། བསམ་པ་གསོད་སེམས་སྐྱེས་པ་དང་། མེ་མདའ་དང་མདའ་ལ་སོགས་པས་གནད་དུ་བསྣུན་པ་ནི། སྦྱོར་བ་གསོད་ཐབས་ལག་ཏུ་བླང་བ། ཕ་རོལ་རི་དྭགས་དེ་དེ་མ་ཐག་ཏུ་སྲོག་གི་དབང་པོ་འགགས་ཏེ་ལུས་སེམས་ཀྱི་ཚོགས་པ་གྱེས་པ་ནི། མཐར་ཐུག་སྲོག་གི་དབང་པོ་འགགས་པ་ཞེས་བྱ་བ་ཡིན། ཡང་བདག་བཟུང་གི་བཤའ་ལུག་གཅིག་གསོད་པ་ལྟ་བུ་ལ་མཚོན་ན། དང་པོ་བཟའ་དཔོན་དེས་བྲན་ནམ་ཤན་པ་ལ་ལུག་གཅིག་བཤའ་དགོས་ཟེར་བའི་ཚེ། གཞི་སེམས་ཅན་ལུག་ཡིན་པ་ཤེས། ལུག་དེ་ལྟ་བུ་ཞིག་བཤའ་དགོས་སྙམ་པའི་ཚེ་བསམ་པ་གསོད་སེམས་སྐྱེས། གསོད་པ་པོ་དེས་ཞགས་པ་ཞིག་བཟུང་སྟེ་སོང་ནས་འཕྲལ་དུ་གསོད་རྒྱུའི་ལུག་གང་ཡིན་པ་དེ་བཟུང་། ལུས་གནམ་ས་བསྒྱུར། རྐང་ལག་འབྲེང་པས་བཀྱིག མཆུ་ཐ་གུས་དཀྲི་བ་སོགས་བྱེད་པ་དེ་གསོད་ཐབས་ལག་ཏུ་བླངས། དེའི་ཚེ་སེམས་ཅན་དེ་གནད་གཅོད་ཀྱི་སྡུག་བསྔལ་དྲག་པོ་དང་བཅས་ཏེ་དབུགས་ཕྱི་ནང་གི་རྒྱུ་འགྲུལ་ཆད། མིག་སྔོ་ཅེ་རེ་མཆི་མ་ཁྲ་ཐར་རེ་སོང་ནས་རོ་ཁྱིམ་དུ་དྲུད་འོང་སྐབས་མཐར་ཐུག་སྲོག་གི་དབང་པོ་འགགས་པ་

ཞེས་བྱ། དེ་མ་ཐག་པགས་པ་གྲིས་བཤུས་སྐབས་ཤ་འདར་ཕྲིལ་ཕྲིལ་བྱེད་པ་དེ་ད་དུང་ཁྲབ་བྱེད་ཀྱི་རླུང་འགྲོས་ལོང་མ་བྱུང་བར་ཡོད་པས་གསོན་པོ་དང་འདྲ་བ་དེ་འཕྲལ་དུ་མེ་ལ་བསྲེག་ཐབ་ཏུ་བཙོས་ནས་ཟ་བར་བྱེད་པ་དེ་ལ་བསམས་ན། སེམས་ཅན་གསོན་པོར་ཟ་བར་འདུག་པས་གཅན་གཟན་གདུམ་པོ་རྣམས་དང་ཁྱད་མེད་པར་འདུག དེས་ན་དེ་རིང་སེམས་ཅན་ཞིག་གསོད་སྙམ་པའི་བློ་སྐྱེས་པའམ། ངག་ཏུ་སྨྲས་ནས་གསོད་མ་གྲུབ་ཡང་། གཞི་སེམས་ཅན་ཡིན་པར་ཤེས་པ། བསམ་པ་གསོད་སེམས་སྐྱེས་པས་སྡིག་པའི་ཡན་ལག་གཉིས་རྫོགས་ཚར་བ་ཡིན་པས། དངོས་གཞི་ཚང་བ་ཙམ་མི་ལྡི་ཡང་མི་ལོང་དུ་གཟུགས་བརྙན་ཤར་བ་བཞིན་སྡིག་པས་གོས་ཚར་བ་ཡིན། དེར་མ་ཟད་གསོད་པ་པོ་དངོས་དེ་མ་གཏོགས་སོད་ཟེར་མཁན་ལ་སྡིག་པ་མེད་སྙམ་པའམ། ཡོད་ཀྱང་ཅུང་ཟད་ཡང་སྙམ་པ་འདུག་སྟེ། གསོད་དུ་འཇུག་པ་པོ་ལྟ་ཅི། མཇུག་ཡི་རང་སྒོམ་མཁན་དང་བཅས་པ་ཐམས་ཅད་ལ་སྡིག་པའི་ལས་འདྲ་བར་ཡོད་པ་ཡིན། དེ་ཡང་མི་རེ་རེ་ལ་སེམས་ཅན་རེ་བསད་པའི་སྡིག་པ་རིལ་པོ་ཐོབ་པ་ཡིན་གྱི། སྲོག་གཅོད་ཀྱི་སྡིག་པ་གཅིག་མི་མང་པོས་བགོ་བཤའ་བྱེད་པ་ལྟ་བུ་ནི་མེད་པར་ཤེས་དགོས་སོ། །

(2) མ་བྱིན་པར་ལེན་པ།

གཉིས་པ་མ་བྱིན་པར་ལེན་པ་ལ། དབང་གིས་ལེན་པ། འཇབ་བུས་ལེན་པ། གཡོ་སྒྱུས་ལེན་པ་དང་གསུམ་ཡིན།

དེ་ཡང་མི་བཙན་པོ་རྒྱལ་པོ་ལྟ་བུས་ཐོབ་ཐང་གི་གཞུང་ལྟ་བུ་མ་ཡིན་པ་ཐོབ་མེད་ཀྱི་བཙན་བཙུགས་བྱས་ནས་འཕྲོག་པ་དང་། དམག་ལ་སོགས་པ་དཔུང་ཤེད་ཀྱི་སྒོ་ནས་དངོས་སུ་འཕྲོག་འོང་བ་སོགས་ནི། དབང་གིས་མ་བྱིན་པར་ལེན་པའམ་སྟོབས་ཀྱིས་ལེན་པ་ཞེས་བྱ།

རྐུན་པོ་ལྟ་བུས་བདག་པོས་མི་མཐོང་སར་ལྐོག་ནས་རྒྱུ་ཟས་བླངས་ཏེ་

བདག་གིར་བྱེད་པ་ནི་འཇབ་བུས་མ་བྱིན་པར་ལེན་པ་ཡིན།

ཚོང་ལ་སོགས་པའི་སྐབས་སུ་ཕ་རོལ་བསླུ་བྱེད་ཀྱི་རྫུན་གཏོང་བ། བྲེ་ལོག་དང་སྲང་ལོག་འཇོག་པ་སོགས་ཀྱིས་ཕ་རོལ་གྱི་རྒྱུ་རྫས་ལེན་པ་ནི། གཡོ་སྒྱུས་མ་བྱིན་པར་ལེན་པ་ཡིན།

དེས་ན་དེང་སང་རང་རེ་རྣམས་ནས་དངོས་སུ་རྐུ་བ་སོགས་མ་བྱུས་ཀྱིན་ཚོང་སོགས་གཡོ་ཐབས་ཀྱི་སྒོ་ནས་བླངས་པ་ཐམས་ཅད་ལ་ཉེས་པ་ཡོད་སྙམ་པ་མི་འདུག་སྟེ། གཡོ་སྒྱུ་བྱས་ཀྱིན་ཚོང་གི་ཁེ་ཇེ་ཙམ་ཉེད་པ་དེ་བརྐུས་པ་དངོས་དང་ཁྱད་མེད། ཁྱད་པར་དེང་སང་གི་སྐབས་སུ་བླ་མ་དང་སེར་མོ་བ་རྣམས་ནས་ཀྱང་ཚོང་བྱེད་པ་ལ་ཉེས་པའམ་སྐྱོན་དུ་མི་ལྟ་ཞིང་སྐུ་ཚེ་དེ་ལ་བསྒྲིལ་ནས་ཕ་རྗོད་པོར་རློམ་པར་འདུག་ཀྱང་། བླ་མ་སེར་མོ་བ་ཞིག་གི་རྒྱུད་ཆུད་ཟོས་བྱེད་པ་ལ་ཚོང་ལས་ཐུ་བ་གང་ཡང་མེད་དེ། རྟག་ཏུ་དེ་ལ་གཡེང་བས་སློབ་གཉེར་དང་སྒྲིབ་སྦྱོང་སོགས་བྱེད་རྒྱུའི་བློ་གཡེལ་ཞིང་གོ་སྐབས་ཀྱང་མེད། མཚན་མོ་ཉལ་བའི་དུས་ཙམ་ཆད་ཚོང་རྩིས་ཀྱི་བསམ་བློ་གཏོང་བས་དད་དང་ངེས་འབྱུང་སྙིང་རྗེ་སོགས་ཀྱི་རྩ་བ་ཆད། དུས་རྟག་ཏུ་འཁྲུལ་བའི་གཞན་དབང་དུ་འགྱུར་བ་ཡིན་ཏེ། སྔོན་རྗེ་བཙུན་མི་ལ་དགོན་སྡེ་ཞིག་ཏུ་བྱོན་ནས་མཚན་གྲྭ་ཁང་ཞིག་གི་སྒོར་གཟིམས་བསྡད་པས། དེ་ན་གྲྭ་པ་ཞིག་ཡོད་པ་དེ་མཚན་མོ་ཉལ་ནས་སང་ཉིན་བ་ཞིག་བཤའ་རྒྱུ་ཡོད་པ་དེའི་ཤ་ཀོ་བཙོང་ཐབས་ལ་བསམ་བློ་བཏང་། མགོ་དེས་འདི་ཁུག་ལག་པ་དེའི་སོག་པ་ལ་འདི་རི། དཔུང་པ་ལ་འདི་རི། ལག་ངར་ལ་འདི་རི་སོགས་བ་དེའི་ཕྱི་ནང་ཐམས་ཅད་ལ་ཚོང་རྩིས་བཏང་བས། གཉིད་ཐུན་གཅིག་ཀྱང་གཉིད་ལོང་མ་བྱུང་བར་མཇུག་མ་མ་གཏོགས་ཐམས་ཅད་ལ་འདང་ཐོག་སྐབས་ནམ་ལངས། དེར་ཁོང་རང་འཕྲལ་དུ་ལངས་ནས་ཆོས་སྤྱོད་དང་གཏོར་མ་གཏོང་བ་སོགས་བྱེད། རྗེ་བཙུན་ད་དུང་ཀྱང་གཟིམས་ནས་བཞུགས་པས་ཁོ་འོང་ནས་ཁྲིད་ཆོས་པར་རློམ་པ་ལ། ཆོས་སྤྱོད་དང་བཟླས་བརྗོད་སོགས

གང་ཡང་བྱེད་མི་ནུས་པར་ད་དུང་ཡང་ཉལ་སྡོད་པ་ཟེར་འཕྱོ་བར་བྱེད་པ་ལ། རྗེ་བཙུན་གྱི་ཞལ་ནས། ང་དུས་རྟག་ཏུ་དེ་ལྟར་གཉིད་འདུག་པ་ཞིག་མིན་ཀྱང་མདང་སུམ་ང་རང་ལ་བ་ཞིག་བཤའ་རྒྱུ་ཡོད་པ་དེ་བཙོང་ཐབས་ལ་བསམ་བློ་གཏོང་གིན་བསྡད་པས་གཉིད་ཡོང་མ་བྱུང་བར། ད་ནང་གཉིད་དུ་ཤོར་བར་འདུག་གསུངས་པས་ཁོའི་མཚང་ལ་ཐོག་ནས་སོང་། དཔེ་དེ་བཞིན་དུ་ད་ལྟ་ཡང་ཚོང་པོ་ན་བྱེད་པ་རྣམས་ཉིན་དང་མཚན་དུ་ཚོང་རྩིས་ཀྱི་མནོ་བསམ་པོ་ན་ལ་འཁྲུལ་ནས་གཡེངས་ཤིང་། འཆི་དུས་ཀྱང་དེ་པོ་ནའི་ངང་དུ་འཁྲུལ་ནས་འཆི། དེར་མ་ཟད་ཚོང་བྱེད་དུས་ཀྱང་རང་གི་བཙོང་རྒྱུའི་དངོས་པོ་དེ་ངན་པ་ཞིག་ཡིན་ཀྱང་དེ་ལ་བསྟོད་ར་སྣ་ཚོགས་བྱེད་པ་དང་། སྔར་མི་འདི་དང་འདི་དག་ལ་བཙོངས་ན་གོང་འདི་ལྟ་བུ་ཞིག་སྦྱིན་ཟེར་ཀྱང་དེ་ལ་མ་བརྗེས། ང་རང་གིས་ཚུར་ཉོ་སྐབས་ཀྱང་རིན་ཆེན་པོ་འདི་ལྟ་བུ་བྱིན་པ་ཡིན་ཟེར་བ་སོགས་རྫུན་པོ་ན་གཏོང་། དེ་བཞིན་དུ་ཕ་རོལ་གཞན་གཉིས་ཚོང་བྱེད་པ་ལ། དེ་རང་གིས་ཉོ་འདོད་ནས་གཞན་གཉིས་མི་འགྲིགས་ཐབས་ཀྱི་ཕྲ་མ། ཕ་རོལ་གྱི་རྒྱུ་རྫས་ལ་ངན་སྨྲས་གཏོང་བ་དང་། བུ་ལོན་གྱི་རྒྱུས་འཐབ་མོ་བྱེད་པ་སོགས་ཚིག་རྩུབ། དོན་མེད་པར་མི་རི་གོང་མོ་ཆེ་ཟེར་བ་དང་། ཉོ་མ་སླམ་ཡང་གོང་གཏམ་པ་སོགས་ངག་འཁྱལ། ཕ་རོལ་གྱི་རྒྱུ་རྫས་ལ་རྣོམ་སེམས་ཀྱིས་བདག་སྒྲུབ་པའི་བརྣབ་སེམས། གཞན་ཕམ་འདོད་ཀྱི་གནོད་སེམས། བ་ཤས་ལུག་ཉོ་ཚོང་བྱེད་པ་སོགས་སྲོག་གཅོད་དེ། ལོག་ལྟ་དང་འདོད་ལོག་ཙམ་མ་གཏོགས་མི་དགེ་བཅུ་ཀ་དངོས་སུ་ཚང་ཞིང་། ཚོང་དེ་ལམ་དུ་མ་སོང་ན་ནི་རང་གཞན་གཉིས་ཀའི་རྒྱུ་རྫས་ཆུད་གཟན་ཏེ་ཐམས་ཅད་སྡུག་ལ་གཏད། མཐར་བདག་གནོད་གཞན་གནོད་རང་ཉིད་མུ་གེས་འཆི་བ་ཞིག་འོང་། ཅུང་ཟད་ལམ་དུ་སོང་ན་ནོར་ནི་ཇི་ཙམ་འབྱོར་བཞིན་ཆོག་ཤེས་མེད་པ་ཡིན་པས། རྣམ་ཐོས་སྲས་ཀྱི་ལོངས་སྤྱོད་ལྟ་བུ་ལ་དབང་ཡང་ད་དུང་ཕྱིག་གི་ཚོང་བྱེད་པ་ལ་དགའ། རྣམ་གཡེང་དེ་པོ་ནའི་ངང་དུ་མི་

ཚེ་ཟད་ནས་འཆི་ཁར་བྲང་ལག་འཐབ་སྟེ་ངན་སོང་གི་གཉིང་རྗེ་བྱེད་པ་ཞིག་འོང་བ་ཡིན་པས་རྒྱུན་མི་ཆད་པའི་སྡིག་པ་འཕེལ་ཞིང་རྒྱུད་ཆུད་ཟོས་སུ་བྱེད་པ་ལ་ཚོང་ལས་ཐུ་བ་མེད། དུས་རྟག་ཏུ་གཡོ་སྒྱུས་གཞན་བསླུ་བའི་བསམ་པ་ གྱི་རྩེ་འབུག་རྩེ་ཁབ་རྩེ་ལྟ་བུ་གང་རྣོ་བལྟས་ནས། རྒྱུན་དུ་བསམ་པ་ངན་པ་ལ་གནས་པས་ཕན་སེམས་བྱང་ཆུབ་ཀྱི་སེམས་དང་རྒྱབ་འགལ་ཞིང་མི་དགེ་བ་མུ་མཐའ་མེད་པར་འཕེལ་བར་འགྱུར་བ་ཡིན་ནོ། །མ་བྱིན་པར་ལེན་པ་འདི་ལ་ཡང་སྡིག་པའི་ཡན་ལག་བཞི་སྔར་ལྟར་ཡོད་ཅིང་། ཇོན་པ་དང་ཇག་པ་སོགས་ལ་གྲོ་བཅས་ཀྱི་སྐལ་སྐུར་ཕྲན་བུ་རེ་ཡོད་པ་ཚུན་ཆད་སྒྲིག་གཙོད་དང་མ་བྱིན་ལེན་གྱི་ཉེས་པ་ནི། ཐམས་ཅད་ལ་མཉམ་པར་ཡོད་པ་ཡིན་ནོ། །

(3) ལོག་གཡེམ།

གསུམ་པ་ལོག་གཡེམ་ནི། ཁྲིམ་པའི་ཁྲིམས་ཡིན་ཏེ། སྔོན་བོད་དུ་ཆོས་རྒྱལ་སྲོང་བཙན་སྒམ་པོའི་སྐུ་རིང་ལ། དགེ་བ་བཅུའི་ཁྲིམས་བཅས་སྐབས་ཁྱིམ་པ་རིགས་ཀྱིས་བསྲུངས་པ། ཆོས་ཀྱིས་བསྲུངས་པ་སོགས་ལ་ཁྱིམ་པས་སྤྱོད་པ་བཀག་པ་ལྟ་བུ་ཡིན། དེས་ན་ཁྱིམ་པ་ཡིན་ཀྱང་ཁྲིམས་དང་ལྡན་པ་ཞིག་དགོས་ཤིང་། རབ་ཏུ་བྱུང་བ་རྣམས་ནི་མི་ཚངས་སྤྱོད་རྩ་བ་ནས་སྤངས་དགོས་པ་ཡིན། ལོག་གཡེམ་དེའི་ཉེས་པ་ཆེ་ཤོས་གཞན་གྱི་སྡོམ་པ་གཏོང་བའི་རྐྱེན་བྱས་པ་དང་། གཞན་ཡང་རང་གིས་ཁུ་བ་ཕྱུང་བ། གཞན་གྱིས་བདག་པ་དང་། ཟླ་ཟན་སྒྲིད་ཚར་བ། རང་དབང་ཡིན་ཀྱང་ཉིན་མོ་དང་། བསྙེན་གནས་བསྲུང་བ་དང་། ན་བ་དང་སྦྲུམ་མ་དང་། མྱ་ངན་གྱིས་གནོན་པ་དང་། ཟླ་མཚན་ཡོད་པ་དང་། བང་མ་སང་བ་དང་། དཀོན་མཆོག་གི་རྟེན་ཡོད་སར་བསྒྲོད་པ་དང་། ཕ་མ་དང་རིགས་ཀྱིས་སྲུང་བ་དང་། མ་སྨིན་པའི་གཞོན་ནུ་མ་དང་། ཁ་དང་བཤང་ལམ་ལ་སོགས་པར་བསྒྲོད་པ་སྟེ། ཡུལ་དུས་གནས་སྐབས་ཀྱི་སྒོ་ནས་ལོག་གཡེམ་གྱི་རྣམ་པ་ཐ་དད་པ་ཉམས་སུ་མྱོང་བའོ། །

(4) རྫུན།

བཞི་པ་རྫུན་ལ། རྫུན་ཤལ་པ། རྫུན་ཆེན་པོ། མི་ཆོས་བླ་མའི་རྫུན་དང་གསུམ་ཡོད།

དང་པོ་ནི་གཞན་བསླུ་བའི་བསམ་པ་ཅན་གྱིས་རང་བཞིན་རྫུན་དུ་སྨྲ་བ་ཐམས་ཅད་དང་།

གཉིས་པ་ནི། དགེ་བ་ལ་ཕན་ཡོན་མེད། སྡིག་པ་ལ་ཉེས་པ་མེད། དག་པའི་ཞིང་ན་བདེ་བ་མེད། ངན་སོང་ན་སྡུག་བསྔལ་མེད། སངས་རྒྱས་ལ་ཡོན་ཏན་མེད་ཟེར་ན་དེ་ལས་ཐུ་བའི་རྫུན་ཧམ་པོ་ཆེ་བཤད་ཐབས་མེད་པས་རྫུན་ཆེན་པོ་ཞེས་བྱ།

གསུམ་པ་ནི། ས་མ་ཐོབ་པར་ཐོབ། མངོན་ཤེས་མེད་པར་ཡོད་ཟེར་བ་ལྟ་བུ། རང་ལ་མེད་པའི་ཡོན་ཏན་ཡོད་པ་ལྟར་སྨྲ་བ་ཐམས་ཅད་མི་ཆོས་བླ་མའི་རྫུན་ཡིན། དེས་ན་དེང་སང་དམ་པ་ལས་ཀྱང་ཟོག་པོ་བྲིན་པའི་དུས་སུ་སོང་ཞིང་། མི་ཐམས་ཅད་ཀྱང་བསམ་སྤྱོད་བསྒྱུར་སླ་བས། བླ་མའམ་གྲུབ་ཐོབ་ཏུ་ཁས་འཆེ་བ་ཁ་ཅིག་གཡོ་སྒྱུས་གཞན་མགོ་བསྐོར་བ་ལྷུར་ལེན་ཞིང་། ལྷ་ངས་མཐོང་ལྷ་ལ་གཏང་རག་བྱིན། འདྲེ་ངས་མཐོང་འདྲེ་ལ་ཆད་པ་བཅད་ཟེར་བ་ཕལ་ཆེར་མི་ཆོས་བླ་མའི་རྫུན་ཁོ་ན་ཡིན་པས་ཅབ་ཅོབ་ཏུ་ཟོག་པོ་བསླུ་བྲིད་ཅན་ལ་བློ་གཏོད་པར། རྒྱུས་ཡོད་ཀྱི་ཆོས་པ་སྙོམས་ཆུང་ཁྲི་ནང་མཚུངས་པ་ལ་འདི་ཕྱིའི་བློ་གཏད་འཆའ་བ་གལ་ཆེ། ལར་ཟག་བཅས་ཀྱི་མངོན་ཤེས་ཕྲན་བུ་འཇིག་རྟེན་པའི་ལམ་དུ་ཡོད་ཀྱང་དེ་རེས་འགའ་བ་ཡིན་པས་ཐིག་མི་ཐིག་སྣ་ཚོགས་འོང་། ཟག་མེད་ཀྱི་མངོན་ཤེས་ནི་འཕགས་པ་ས་ཐོབ་མ་གཏོགས་གཞན་ལ་མེད་པས་དེ་འདྲ་བ་ནི་ཤིན་ཏུ་ཡང་དཀོན། །

(5) ཕྲ་མ།

ལྡ་པ་ཕྲ་མ་ལ་མངོན་ཕྲ་དང་། ལྐོག་ཕྲ་གཉིས་ཡོད།

དང་པོ་ནི་མི་དབང་ཡོད་པོ་ཕལ་གྱིས་མི་གཉིས་མཉམ་དུ་ཡོད་པ་ལ་དེ་གཉིས་དངོས་སུ་ཕྲ་མས་འབྱེད་ཅིང་འདིས་ཁྱོད་ལ་ལྐོག་ཏུ་ངན་སྨྲས་འདི་དང་འདི་ལྟ་བུ་བྱས། དངོས་སུ་གནོད་པ་ཡང་འདི་དང་འདི་ལྟ་བུ་བསྐྱལ། དེ་རིང་ཕྱིད་གཉིས་དེ་འདྲ་མིན་པ་ལྟར་བྱེད་དམ་ཞེས་མངོན་སུམ་དུ་ཕྲ་མ་བྱེད་པ་ནི་མངོན་ཕྲ།

གཉིས་པ་ནི། མི་ཡིད་མཐུན་པ་གཉིས། གཅིག་གི་དྲུང་དུ་སོང་སྟེ། ཁྱོད་ཀྱིས་དེ་ལ་རྩིས་ཆེན་དུ་བྱེད་ཀྱང་དེས་ཁྱོད་ལ་འདི་དང་འདི་ལྟ་བུ་ཟེར་རོ་ཞེས་ཟེར་ནས། དེ་གཉིས་ཕྲ་མས་འབྱེད་པ་ལ་ལྐོག་ཕྲ་ཟེར། དེ་དག་ལས་ཀྱང་ཉེས་པ་ཆེ་ཤོས་དགེ་འདུན་ཕན་ཚུན་ཐུགས་མི་མཐུན་པར་བྱེད་པ་དང་། ཁྱད་པར་གསང་སྔགས་ཀྱི་ཆོས་སྟོན་པའི་བླ་མ་དང་སློབ་མའི་བར་དུ་དབྱེན་བྱེད་པ་དང་། གྲོགས་མཆེད་ཕན་ཚུན་ནང་མི་མཐུན་པར་བྱེད་པ་ནི་ཤིན་ཏུ་ཡང་ཉེས་པ་ཆེའོ། །

(6) ཚིག་རྩུབ།

དྲུག་པ་ཚིག་རྩུབ་ནི། སྐྱེ་བོ་གྱད་མི་མཛེས་པ་ལྟ་བུ་ལ་དེའི་སྐྱོན་མངོན་དུ་སྒྲོགས་པ་ལྟ་བུ་སྟེ། དཔེར་ན་མི་ཞར་བ་དང་། འོན་པ་སོགས་ལ། ལོང་བ། རྣ་འོན་ཞེས་པ་ལྟ་བུས་མངོན་དུ་འབོད་པ་དང་། གཞན་ཡང་ཕ་རོལ་གྱི་མཚང་ནས་བརྗོད་པ་དང་། ངན་དུ་སྨྲ་བ་ཐམས་ཅད་དང་། ཚིག་རྩུབ་པོ་མིན་ཀྱང་འཇམ་པོའི་སྒོ་ནས་ཕ་རོལ་པོ་ཡིད་མི་བདེ་བར་བྱེད་པ་ཡང་ཚིག་རྩུབ་ཏུ་འདུ་ལ། གཞན་ཡང་བླ་མ་དགེ་བའི་བཤེས་གཉེན་སྐྱེས་བུ་དམ་པ་རྣམས་ཀྱི་དྲུང་དུ་མི་སྙན་པ་སྣ་ཚོགས་བརྗོད་པ་ཡང་ཉེས་པ་ཆེའོ། །

(7) ངག་ཀྱལ།

བདུན་པ་ངག་ཀྱལ་ནི། བྲམ་ཟེའི་གསང་སྔགས་སོགས་ཆོས་མ་ཡིན་པ་ཆོས་སུ་སེམས་པ་དང་། སྨད་འཚོང་མའི་གཏམ་དང་། ཆགས་སེམས་ཀྱི་གླུའི་རྣམ་པ་དང་། དམག་དང་ཆོམ་རྐུན་ལ་སོགས་ཆགས་སྡང་སྐྱེ་བའི་གཏམ་མང་པོ་འབྲེལ་མེད་དུ་སྨྲ་བ་རྣམས་དང་། ཁྱད་པར་གཞན་ཁ་ཏོན་དང་བཟླས་བརྗོད་བྱེད་པ་སོགས་ལ་དེ་དག་གི་སེམས་ཡེངས་སུ་འཇུག་པའི་འབྲེལ་མེད་ཀྱི་གཏམ་མང་པོ་སྨྲ་བ་ནི། དགེ་བ་ཅན་གྱི་ཚོགས་བཅག་པ་ཡིན་པས་ཉེས་པ་ལྕི། ངག་འཁྱལ་སྣ་ཚོགས་པ་སྨྲ་བ་དེ་ཡང་རང་བཞིན་དུ་གང་བབ་བྱུང་རྒྱལ་དུ་སྨྲ་བ་ལྟར་སྣང་ཡང་། ལེགས་པར་བརྟགས་ན་ཆགས་སྡང་གིས་ཀུན་ནས་བསླངས་པ་ཤས་ཆེ་བས་རང་གཞན་གྱི་རྒྱུད་ལ་ཆགས་སྡང་ཅི་ཙམ་སྐྱོང་བ་དེ་ཙམ་དུ་ཉེས་པ་ཆེ་ལ། གཞན་ཡང་ཁ་ཏོན་དང་བཟླས་བརྗོད་ལ་སོགས་པ་ནི་ངག་འཁྱལ་དང་བསྲེས་ནས་ཅི་ཙམ་འདོན་བཟློས་བྱས་ཀྱང་འབྲས་བུ་མི་འབྱིན་ཞིང་། ཁྱད་པར་དགེ་འདུན་གྱི་ཚོགས་གྲལ་ལྟ་བུར་ངག་འཁྱལ་སྣ་ཚོགས་སྨྲ་བ་ནི། ཚོགས་པ་གྲལ་གང་རེའི་དགེ་བའི་ཚོགས་མི་གཅིག་གིས་གཅོག་ཅིང་སྦྱིན་བདག་གི་ཚོགས་བསགས་ཚད་གཟན་པ་ཡིན། སྤྱིར་རྒྱ་གར་འཕགས་པའི་ཡུལ་དུ་ལྡན་གྲོལ་གཉིས་གང་རུང་དང་ལྡན་པ་མ་གཏོགས་དགེ་འདུན་གྱི་དཀོར་ལ་སྤྱོད་པར་མི་དབང་ཞིང་། བཅོམ་ལྡན་འདས་ཀྱིས་མ་གནང་མོད་ཀྱང་། ད་ལྟ་རང་རེ་རྣམས་ཀྱིས་སྔགས་ཆོ་ག་རེ་གཉིས་རེ་བསླབས་ནས་དེ་འདོན་ཤེས་འཕྲལ་དཀོར་ནག་གང་བྱུང་ཟ་བར་འདུག་སྟེ། གསང་སྔགས་ཀྱི་ཆོ་གའི་སྒོ་ནས་དཀོར་ཟ་བ་འདི་ལ་དབང་ཐོབ་ཅིང་། དམ་ཚིག་དང་ལྡན་པ། བསྐྱེད་རྫོགས་ལ་མཁས་ཤིང་བསྙེན་པ་འཁྱོལ་བ་ཞིག་མེད་ན། གྱ་ཚོམ་དུ་གསང་སྔགས་བོན་དུ་གྱེར་བས་ཉེས་པ་ལྕི་ཞིང་། དཀོར་ནག་པོ་འདི་ལྕགས་བསྲེགས་ཀྱི་རིལ་བུ་འདྲ་བས། བསྐྱེད་རྫོགས་ཟུང་དུ་འཇུག་པའི་ཁྲོའི་འགྲམ་པ་དང་ལྡན་ན་མ་གཏོགས། ཐ་མལ་གྱིས་ཟོས་ན་རྒྱུད་འཚིག་

ཅིང་བརྟག་པ་ཡིན་ཏེ། ཇི་སྐད་དུ། དཀོར་ནག་པོ་སྲོག་གི་སྤུ་གྲི་ཡིན། །ཐོས་དྲགས་ན་ཐར་པའི་སྲོག་རྩ་གཅོད། །ཅེས་གསུངས། དེས་ན་བསྙེད་རྫོགས་དང་ལྡན་པ་ལྟ་ཅི། ཚིག་ཙམ་ཤེས་པ་དེ་ཡང་ལེགས་པར་མི་འདོན། ཁྱད་པར་ཚེ་གཞིའི་དོན་པོ་གལ་ཆེ་ཤོས་བསླེན་པ་ཡིན་པ་ལ། བསླེན་མཚམས་སུ་བབས་ནས་ངག་འཁྱལ་གྱི་གཏེར་སྒོ་ཕྱེ་སྟེ། ཆགས་སྡང་གི་གཏམ་འཕྲོལ་མེད་སྣ་ཚོགས་པས་དུས་འདའ་བ་ནི་རང་གཞན་ཕུང་ལ་སྦྱོར་བ་ཡིན་པས། བླ་མ་སེར་མོ་བ་རྣམས་ནས་རྒྱུན་དུ་ངག་འཁྱལ་གྱི་གཏམ་འདི་སྤངས་ནས་སྨྲ་བཅད་དང་བཟླས་བརྗོད་ལ་བརྩོན་པ་གལ་ཆེ་བ་ཡིན་ནོ། །

(8) བརྣབ་སེམས།

བརྒྱད་པ་བརྣབ་སེམས་ནི། གཞན་ཕ་རོལ་གྱི་རྒྱུ་རྫས་ཡིད་དུ་འོང་བ་ལ་དེ་ངའི་ཡིན་ན་དགའ་བ་ལ་སྙམ་དུ་ཡང་དང་ཡང་དུ་ཡིད་ཀྱིས་བདག་གིར་བྱེད་པ་དང་། དེ་ངས་ལོན་པའི་ཐབས་ཅི་ལྟ་བུ་ཡོད་སྙམ་པ་སོགས། ཡིད་ཙམ་གྱིས་གཞན་ནོར་ལ་འདོད་པ་སྐྱེས་པ་ཐམས་ཅད་ཡིན།

(9) གནོད་སེམས།

དགུ་པ་གནོད་སེམས་ནི། གཞན་ལ་ཞེ་སྡང་དང་ཁོང་ཁྲོའི་སེམས་ཀྱིས་ངས་འདི་དང་འདི་ལ་གནོད་པ་འདི་ལྟ་བུ་བྱའོ་སྙམ་པ་དང་། གཞན་ལ་དཔལ་འབྱོར་ཡོད་པ་ལ་མི་དགའ་ཞིང་། འདི་འདི་ཙམ་དུ་མ་བདེ་ན་མ་སྐྱིད་ན་འདི་ལ་ཡོན་ཏན་འདི་ལྟ་བུ་མེད་ན་ཅི་མ་རུང་སྙམ་པ་དང་། གཞན་ལ་མི་འདོད་པ་བྱུང་ན་དེ་ལ་དགའ་བ་བསྒོམ་པ་སོགས་གཞན་ལ་གནོད་པར་སེམས་པ་ཐམས་ཅད་དོ། །

(10) ལོག་ལྟ།

བཅུ་པ་ལོག་ལྟ་ནི་རྒྱུ་འབྲས་མེད་པར་ལྟ་བ་དང་། རྟག་ཆད་དུ་ལྟ་བ་སྟེ། དེ་ཡང་དགེ་བ་ལ་ཕན་ཡོན་དང་། སྡིག་པ་ལ་ཉེས་པ་མེད་དོ་སྙམ་ནས་རྒྱུ་འབྲས་མེད་པར་ལྟ་བ་ཡིན། རྟག་ཆད་དུ་ལྟ་བ་ནི་མུ་སྟེགས་པ་སྟེ། དེ་ལ་སྤྱིར་ལྟ་ལོག་སུམ་བརྒྱ་དྲུག་ཅུ་འམ། ལྟ་ངན་དྲུག་ཅུ་རྩ་གཉིས་སོགས་སུ་དབྱེ་ཡང་བསྡུ་ན་རྟག་ཆད་དུ་ལྟ་བ་གཉིས་ལ་འདུ། དེ་ལ་རྟག་པར་ལྟ་བ་ནི། བདག་རྟག་པར་ལྟ་བ་དང་། འཇིག་རྟེན་གྱི་བྱེད་པོ་དབང་ཕྱུག་དང་ཁྱབ་འཇུག་ལ་སོགས་པ་རྟག་པར་འདོད།

ཆད་པར་ལྟ་བ་ནི། ཆོས་ཐམས་ཅད་ངོ་བོ་ཉིད་ལས་བྱུང་བར་འདོད་པས། ཚེ་སྔ་ཕྱི་ལས་རྒྱུ་འབྲས། ཐར་པ་དང་གྲོལ་བ་ལ་སོགས་པ་མེད་པར་འདོད་དེ། དབང་ཕྱུག་ནག་པོའི་གཞུང་ལས། ཉི་ཤར་ཆུ་བོ་ཐུར་དུ་འབབ་པ་དང་། །སྲན་ཟླུམ་ཚེར་མ་གཟེངས་རིང་རྣོ་བ་དང་། །རྨ་བྱའི་མདོངས་བཀྲ་བལྟ་ན་སྡུག་པ་རྣམས། །སུས་ཀྱང་མ་བྱས་ངོ་བོ་ཉིད་ལས་བྱུང་། །ཞེས་བཤད། ཉི་མ་ཤར་ནས་འཆར་བ་འདི་སུས་ཁྲིད་ནས་འོང་བ་མིན། ཆུ་བོ་ཐུར་དུ་འབབས་པ་འདི་སུས་ཀྱང་དེད་ནས་འགྲོ་བ་མིན། སྲན་མ་ཐམས་ཅད་ཟླུམ་པོ་ཡིན་པ་འདི་སུས་ཀྱང་མ་བསྒྲིལ། ཚེར་མ་ཐམས་ཅད་གཟེངས་རིང་ཞིང་རྣོ་བ་འདི་ལ་སུས་ཀྱང་རྩེ་མ་ཕྱུང་། རྨ་བྱའི་མདོངས་ཀྱི་ཐིག་ལེ་སྣ་ཚོགས་སུ་བཀྲ་བ་འདི་སུས་ཀྱང་བྲིས་པ་མིན་ཀྱང་རང་གི་ངོ་བོ་ཉིད་ཀྱིས་དེ་ལྟར་ཡིན་པ་ལྟར། འཇིག་རྟེན་དུ་བདེ་སྡུག་དང་ལེགས་ཉེས་སྣ་ཚོགས་སུ་སྣང་བ་ཡང་ངོ་བོ་ཉིད་ཀྱིས་དེ་ལྟར་བྱུང་བ་ཡིན་གྱིས། སྔོན་གྱི་ལས་དང་། ཚེ་སྔ་མ་དང་། སྐྱེ་བ་ཕྱི་མ་ལ་སོགས་པ་ནི་མེད་དོ་ཞེས་འདོད། དེ་དག་གི་གཞུང་ལ་བདེན་པར་བཟུང་ནས་དེའི་རྗེས་སུ་ཞུགས་པའམ། མིན་ཀྱང་རང་བཞིན་དུ་རྒྱལ་བའི་བཀའ། བླ་མའི་ལུང་། མཁས་པའི་གཞུང་གང་ལ་ཡང་མི་བདེན་ནོ་སྙམ་དུ་ཐེ་ཚོམ་དང་། སྒྲོ་སྐུར་བྱེད་པ་ཐམས་ཅད་ཀྱང་ལོག་

ལྟ་ཡིན་ནོ། །

དེ་ལྟར་མི་དགེ་བ་བཅུ་པོ་ལས་ཀྱང་སྲོག་གཅོད་དང་ལོག་ལྟ་གཉིས་པོ་འདི་སྡིག་ཆེ་སྟེ། སྲོག་གཅོད་གོང་ན་སྡིག་གཞན་མེད། །མི་དགེ་བཅུ་ལས་ལོག་ལྟ་ལྕི། །ཞེར་བ་དེ་ཡིན། དེ་ཡང་དམྱལ་བ་པ་མ་གཏོགས་སུ་ལ་ཡང་འཆི་བ་ལ་མི་འཚེར་བ་མེད་ཅིང་རང་གི་སྲོག་འདི་ལས་གཅེས་པ་ཅུང་ཟད་ཀྱང་མེད་པས་སྲོག་དེ་གཅོད་པ་སྡིག་པ་ལྷག་པར་ཆེ་ཞིང་། སེམས་ཅན་གཅིག་གི་སྲོག་བཅད་ཀྱང་སྲོག་ལན་ལྔ་བརྒྱ་འཇལ་དགོས་པ་དང་། གཞན་ཡང་སེམས་ཅན་གཅིག་གི་སྲོག་བཅད་ཀྱང་བར་གྱི་བསྐལ་པ་ཞིག་ཏུ་དམྱལ་བར་གནས་དགོས་པར་མདོ་དྲན་པ་ཉེར་བཞག་ལས་གསུངས། དེ་ལས་ཀྱང་དཀོན་མཆོག་གི་རྟེན་བཞེངས་པ་དང་། དགེ་བ་སོགས་ལ་སྐད་བཏགས་ནས་སྲོག་གཅོད་སོགས་སྡིག་པའི་ལས་བྱེད་པ་ནི་ལྷག་པར་ཡང་ལྕི་སྟེ། ཕ་དམ་པའི་ཞལ་ནས། དཀོན་མཆོག་གི་རྟེན་སྡིག་སྟུག་གིས་བཞེངས། ཚེ་ཕྱི་མ་ལྷུང་ལ་བསྐུར། ཞེས་གསུངས། དེ་བཞིན་དུ་དགེ་བ་བྱེད་པར་རློམ་ནས། བླ་མ་རྣམས་ཁྱིམ་དུ་གདན་འདྲེན་པ་དང་། དགེ་འདུན་པ་ཚོགས་པ་སོགས་ལ་སེམས་ཅན་བསད་པའི་ཤ་ཁྲག་འདྲེན་པ་ནི། ཡོན་མཆོད་ཐམས་ཅད་ལ་སྲོག་གཅོད་ཀྱི་ཉེས་པ་འགོ་ཞིང་། སྦྱིན་བདག་གིས་འཚོ་བ་དྲངས་པ་ཡང་སྦྱིན་བདག་ལ་མ་དག་པའི་སྦྱིན་པ་དང་། མཆོད་ཡུལ་ལ་ལོག་པའི་འཚོ་བར་འགྱུར་ཏེ། དགེ་བ་ལས་ཀྱང་སྡིག་པ་ཆེ་བ་ཡིན། བསད་པ་འཕྲལ་དུ་གསོ་ནུས་པའི་དུས་མ་གཏོགས་སྲོག་གཅོད་ཀྱི་སྡིག་པས་མི་གོས་པའི་དུས་མེད་པས། བླ་མ་རྣམས་ནས་ཀྱང་སྐུ་ཚེ་དང་མཛད་ཕྲིན་ལ་གནོད་པར་ངེས་པས། རྣམ་ཤེས་བདེ་ཆེན་དུ་འདྲེན་ནུས་ན་མ་གཏོགས་སྲོག་གཅོད་ཀྱི་ལས་འདི་ལ་ཅི་ནུས་སུ་འཛེམ་དགོས་སོ། །

ལོག་ལྟ་ནི་རྒྱུད་ལ་སྐད་ཅིག་སྐྱེས་ཀྱང་སྡོམ་པ་ཐམས་ཅད་གཏོང་། ནང་པའི་ཁྲར་མི་ཚུད། དལ་བའི་ལུས་རྟེན་ཀྱང་མ་ཡིན་པར་འགྱུར་ཞིང་། རྒྱུད་ལོག

ལྟས་བསླད་ཕྱིན་ཆད་དགེ་བ་བྱས་པ་ཡང་ཐར་པའི་ལམ་དུ་མི་འགྲོ། སྡིག་པ་བྱས་པ་ཡང་བཤགས་པའི་ཡུལ་མེད་པ་ཡིན་ནོ། །

མི་དགེ་བའི་ལས་བཅུ་པོ་དེ་དག་གི་འབྲས་བུ་ནི། རེ་རེ་ལའང་བཞི་བཞི་སྟེ། རྣམ་སྨིན་གྱི་འབྲས་བུ། རྒྱུ་མཐུན་པའི་འབྲས་བུ། དབང་གི་འབྲས་བུ། སྐྱེས་བུ་བྱེད་པའི་འབྲས་བུ་དང་བཞི་ཡིན། དང་པོ་རྣམ་སྨིན་གྱི་འབྲས་བུ་ནི། མི་དགེ་བ་བཅུ་པོ་གང་ཡིན་ཀྱང་། ཀུན་སློང་ཞེ་སྡང་གི་དབང་གིས་བྱས་ན་དམྱལ་བར་སྐྱེ། འདོད་ཆགས་ཀྱི་དབང་གིས་བྱས་ན་ཡི་དྭགས་སུ་སྐྱེ། གཏི་མུག་གི་དབང་གིས་བྱས་ན་དུད་འགྲོར་སྐྱེ། ངན་སོང་དེ་དག་ཏུ་སྐྱེས་ནས་རང་རང་གི་སྡུག་བསྔལ་ལ་སྤྱོད་དགོས་པ་ཡིན། ཡང་ན་ཀུན་སློང་ཆེན་པོ་ཞེས་བྱ་བ་ཆགས་སྡང་རྨོངས་གསུམ་ཤིན་ཏུ་ཚབས་ཆེ་བ་དང་རྒྱུན་རིང་པོའི་སྒོ་ནས་ལས་བསགས་ན་དམྱལ་བ། འབྲིང་གིས་ཡི་དྭགས། ཆུང་ངུས་དུད་འགྲོར་སྐྱེ་བ་ཡིན་ནོ། །

རྒྱུ་མཐུན་པའི་འབྲས་བུ་ནི། རྣམ་སྨིན་གྱི་འབྲས་བུས་འཕངས་པས་ངན་སོང་གི་གནས་རིས་ལ་ཐར་ནས། མིའི་ལུས་རྟེན་ཐོབ་པའི་དུས་སྐབས་ཡིན་ཀྱང་། ངན་སོང་གི་གནས་སུ་ཡང་ལས་རང་རང་གི་རྒྱུ་དང་མཐུན་པའི་སྡུག་བསྔལ་གྱི་རྣམ་གྲངས་དུ་མ་ཡོད་པ་ཡིན། རྒྱུ་མཐུན་དེ་ལ་བྱེད་པ་རྒྱུ་མཐུན་དང་། མྱོང་བ་རྒྱུ་མཐུན་གཉིས། བྱེད་པ་རྒྱུ་མཐུན་ནི་བྱེད་ལས་མཐུན་པར་སྐྱེ་བ་སྟེ། སྔར་སྲོག་གཅོད་བྱེད་པ་ཞིག་ཡིན་ན་ད་ལྟ་ཡང་སྲོག་གཅོད་པ་ལ་དགའ། སྔར་མ་བྱིན་པ་ལེན་པ་ཞིག་ཡིན་ན་ད་ལྟ་ཡང་རྐུ་བ་ལ་དགའ་བ་སོགས་ཡིན། དེས་ན་མི་ཁ་ཅིག་བྱིས་པ་ཆུང་ངུའི་དུས་འབུ་སྲིན་སོགས་མཐོང་ཚད་གསོད་ཅིང་། གསོད་པ་ལ་དགའ་བ་དེ་རྣམས་སྔོན་སྲོག་གཅོད་བྱས་པའི་རྒྱུ་མཐུན་པ་ཡིན། དེ་བཞིན་དུ་བྱིས་པ་ཆུང་ངུའི་དུས་ནས་མི་རྣམས་རང་རང་སྔོན་བསགས་ཀྱི་ལས་དབང་གིས་མི་འདྲ་བར། ཁ་ཅིག་ནི་གསོད་པ་ལ་དགའ། ཁ་ཅིག་ནི་རྐུ་བ་ལ་དགའ། ཁ་ཅིག་ནི་དེ་དག་ལ་མི་དགའ་ཞིང་དགེ་བའི་ལས་ལ་སྤྲོ་བ་སོགས་ཡོད་པ་དེ་སྔོན་སྦྱང་

པའི་ལས་ཀྱི་ལྷག་མའམ། རྒྱུ་མཐུན་པའི་འབྲས་བུ་ཡིན་པས་ན། སྔ་མ་གར་སྐྱེས་ད་ལྟའི་ལུས་ལ་ལྟོས། །ཕྱི་མ་གར་སྐྱེ་ད་ལྟའི་ལས་ལ་ལྟོས། །ཞེས་པ་དེ་ཡིན། དེར་མ་ཟད་དུད་འགྲོ་རྣམས་ལ་ཡང་། ཁྲ་དང་སྤྱང་ཀི་ལ་སོགས་པ་ནི་གསོད་པ་ལ་དགའ་བ་བྱི་བ་ལ་སོགས་པ་རྐུ་བ་ལ་དགའ་བ་རྣམས་ཀྱང་རང་རང་གིས་སྔོན་བྱས་པའི་བྱེད་པ་རྒྱུ་མཐུན་ཡིན་ནོ། །

གཉིས་པ་མྱོང་བ་རྒྱུ་མཐུན་ནི། མི་དགེ་བ་བཅུ་པོ་རེ་རེ་ལ་ཡང་གཉིས་གཉིས་ཏེ། སྔོན་སྲོག་གཅོད་བྱས་པའི་འབྲས་བུ་ད་ལྟ་ཚེ་ཐུང་ཞིང་ནད་མང་བ་ཡིན་ཏེ། བྱིས་པ་ཆུང་དུ་ཁ་ཅིག་སྐྱེས་འཕྲལ་ལ་འཆི་བ་དེ་དག་སྔར་སྲོག་གཅོད་བྱས་པའི་རྒྱུ་མཐུན་ཡིན་པས། དེ་དག་སྐྱེ་བ་ལན་གྲངས་མང་པོའི་བར་དུ་སྐྱེས་ཙམ་ན་འཆི་བ་ཤས་ཆེ་བ་ཡིན། དེ་བཞིན་དུ་མི་ཁ་ཅིག་ཆུང་དུའི་དུས་ནས་ནད་ཀྱི་རྣམ་གྲངས་མང་པོས་མནར་ཞིང་། ཤས་ནས་འཆི་ལ་ཐུག་གི་བར་དུ་ནད་ཀྱིས་མི་གཏོང་བ་དེ་དག་ཀྱང་སྔར་སྲོག་གཅོད་དང་བརྡུང་བརྡེག་བྱས་པའི་ལས་འབྲས་སྨིན་པ་ཡིན་པས། འཕྲལ་རྐྱེན་མང་པོའི་བཅོས་ཐབས་ལ་བསམ་བློ་མི་གཏོང་བར། སྔོན་བྱས་ཀྱི་ལས་ལ་བཤགས་པ་དང་འགྱོད་སེམས། ལས་ངན་གྱི་གཉེན་པོ་དགེ་སྒྲུབ་ཕྱིག་སྦྱོང་སོགས་ལ་འབད་དགོས་པ་ཡིན་ནོ། །

མ་བྱིན་པར་བླངས་པས་ལོངས་སྤྱོད་དབུལ་བ་དང་། གལ་ཏེ་ལོངས་སྤྱོད་ཅུང་ཟད་རེ་ཡོད་ན་ཡང་འཕྲོག་པ་དང་རྐུ་བ་ལ་སོགས་དགྲ་ལྷ་དང་ཐུན་མོང་བར་འགྱུར། དེས་ན་ད་ལྟ་ཡང་ནོར་དང་ལོངས་སྤྱོད་ཀྱི་དབུལ་བ་རྣམས་ཀྱང་འབད་རྩོལ་རི་བོ་ཙམ་བྱེད་པ་ལས། བསོད་ནམས་མེ་སྟག་ཙམ་གསོག་པ་དཀའ་བ་ཡིན། རང་ལ་སྔོན་གྱི་སྦྱིན་འབྲས་ཀྱིས་ནོར་དང་ལོངས་སྤྱོད་ལ་དབང་སྐལ་མེད་ན་ཚེ་འདིར་འབད་རྩོལ་ཆེ་བས་མི་ཕན་ཏེ་རྐུན་མ་དང་ཇག་པ་ཕལ་ཆེར་གྱིས་དུས་རེ་རེའི་ཉེད་པ་ལ་བལྟས་ན། དེ་འདྲ་མང་པོ་ཉིད་ནས་སྟེང་དུ་ཤོང་དཀའ་བ་ཙམ་འདུག་ཀྱང་། མི་ཚེ་ཇག་རྐུན་ལ་སྐྱེལ་མཁན་ཐམས་ཅད་མཐར་

ཤུ་གེས་འཆི་བར་འདུག་པ་དང་། དེ་བཞིན་དུ་ཚོང་བྱེད་པ་དང་། དཀོར་ཟ་བ་སོགས་ཉེད་པ་ཅི་ཙམ་ཆེ་ཡང་མི་ཕན་པར་མཐོང་ལ། རང་ལ་སྔོན་གྱི་སྦྱིན་འབྲས་ཤིག་ཡོད་ན། འབད་རྩོལ་ཅུང་ཟད་ཀྱང་མེད་པའི་མི་མང་པོ་ཚེ་གཅིག་ཏུ་ལོངས་སྤྱོད་ཀྱིས་མི་གནོང་བ་ཡང་ཡོད་པས། ལོངས་སྤྱོད་ཨེ་ཡོང་རེ་ན་མཆོད་སྦྱིན་ལ་འབད་དགོས་པ་ཡིན། འཛམ་གླིང་ལས་ཀྱི་ས་པ་འདིར་ཚེ་སྟོད་བྱས་པ་ཚེ་སྨད་ལ་སྨིན་པ་ཤས་ཆེ་ཞིང་། ཞིང་ས་ཁྱད་པར་ཅན་རེ་དང་འཕྲད་ན་འཕྲལ་དུ་ཡང་སྨིན་པར་འགྱུར་བ་ཡིན། དེའི་ཕྱིར་ལོངས་སྤྱོད་ཡོད་དུ་རེ་ནས་གཡོ་སྒྱུས་ཚོང་དང་། རྐུ་བ་སོགས་མ་བྱིན་པར་ལེན་པ་ལ་བརྩོན་པ་ནི། ཞེ་འདོད་དང་ལག་ལེན་ཕྱིན་ཅི་ལོག་ཏུ་སོང་བ་ཞེས་བྱ་སྟེ། བསྐལ་པ་མང་པོའི་བར་དུ་ཡི་དྭགས་ཀྱི་སྐྱེ་གནས་ལས་མི་ཐར་ཞིང་། ཚེ་འདིར་ཡང་མཐར་ལས་ཀྱི་སུན་མས་བསླེབས་ནས་ཇེ་དབུལ་ཇེ་ངན་དུ་འགྱུར་བའམ། ལོངས་སྤྱོད་ཅུང་ཟད་རེ་ཡོད་ཀྱང་དེ་ལ་སྤྱོད་དབང་མེད་པ་དང་། རང་གི་སེར་སྣའི་རྒྱུ་ལས་ཅི་ཙམ་འཁོར་བཞིན་ཕོངས་སེམས་དང་མེད་སྣང་ཆེར་འགྲོ་བ་དང་། ལོངས་སྤྱོད་སྡིག་པའི་རྒྱུར་འགྲོ་བ་སོགས་ལོངས་སྤྱོད་ཡོད་ཀྱང་བེད་མི་ཚོད་པ་ཡི་དྭགས་ཀྱི་གཏེར་སྲུང་ལྟ་བུར་འགྱུར་བ་ཡིན། དེས་ན་ལྟར་སྣང་ལ་ཕྱུག་པོ་ལྟར་སྣང་བ་རྣམས་ཀྱང་ལེགས་པར་བརྟགས་ན་ལོངས་སྤྱོད་དེ་ལ་ཚེ་འདི་དང་ཕྱི་མའི་བདེ་སྐྱིད་ཀྱི་རྒྱུར་འགྱུར་བའི་ཆོས་དང་། ལྟོ་གོས་སོས་དལ་གྱི་བེད་མ་ཚོད་ན་དབུལ་པོ་ལས་ཀྱང་ཐ་ཆད་ཅིང་། ད་ལྟ་ཉིད་ནས་ཡི་དྭགས་ཀྱི་རྒྱུ་མཐུན་སྨིན་པ་རྣམས་མ་དག་པའི་སྨིན་འབྲས་ཡིན་ནོ། །

འདོད་པས་ལོག་པར་གཡེམ་པའི་འབྲས་བུ་ནི། ཁྱིམ་ཐབས་མི་མཛེས་ཤིང་། རྩོད་པ་ཅན་དང་། དགྲ་ཟླ་ལྟ་བུ་འབྱུང་བར་གསུངས། ད་ལྟ་བཟའ་ཚོ་ཕལ་ཆེར་དུས་རྟག་ཏུ་འཐབ་རྩོད་དང་འཁོན་འཛིན་ཁོ་ན་བྱེད་པ་རྣམས་ཀྱང་། སྐྱེས་པའམ་བུད་མེད་དེ་གཉིས་ངན་པས་ཡིན་སྙམ་པ་འདུག་སྟེ། དེ་དག་ཀྱང་རང་རང་གི་སྔོན་འདོད་ལོག་སྤྱད་པའི་རྒྱུ་མཐུན་སྨིན་པ་ཡིན་པས། གཅིག་

གིས་གཅིག་ལ་ཞེ་སྡང་མི་བསྐྱེད་པར་རང་གི་སྔོན་བྱས་ཀྱི་ལས་ངན་སྨིན་པ་ཤེས་པར་བྱས་ནས་བཟོད་བསྲན་བསྐྱེད་དགོས་ཏེ། རྗེ་དམ་པ་རིན་པོ་ཆེའི་ཞལ་ནས།

བཟའ་ཚང་མི་རྟག་ཚོང་འདུས་མགྲོན་པོ་འདྲ། །

ངན་ཤགས་འཐབ་མོ་མ་བྱེད་དིང་རི་བ། །

ཞེས་གསུངས། རྫུན་དུ་སྨྲ་བའི་སྨྱོང་བ་རྒྱུ་མཐུན་གྱིས། །རང་ལ་སྐུར་པ་འདེབས་པ་མང་བ་དང་། །གཞན་གྱིས་བསླུ་བར་བྱེད་པ་མང་བ་ཡིན། །

དེས་ན་ད་ལྟ་རང་ལ་མ་ཉེས་པའི་ཁ་ཡོག་དང་། སྐུར་པ་འདེབས་པ་སོགས་བྱུང་ན་དེ་ཡང་རང་གི་སྔོན་རྫུན་དུ་སྨྲས་པའི་འབྲས་བུ་ཡིན་པས། དེ་ལྟར་སྨྲ་བ་པོ་ལ་ཞེ་སྡང་བསྐྱེད་པ་དང་། །ངན་ཤགས་ཀྱི་རྩོད་པ་སོགས་མི་བྱེད་པར་འདིས་བདག་གི་ལས་ངན་མང་པོ་འཛད་པས་དྲིན་ཆེའོ་སྙམ་དུ་དགའ་བ་བསྒོམ་དགོས་ཏེ། རིག་འཛིན་འཇིགས་མེད་གླིང་པའི་ཞལ་ནས།

དགྲས་ཡོག་སྐྱབ་བྱས་ཀྱང་ཐུགས་དམ་གྱི་བོགས་འདོན། །

གཏམ་མ་ཉེས་ཁ་ཡོག་དགེ་སྐུལ་གྱི་ལྕག་འདེབས། །

འདི་ཆགས་ཞེན་འཇིག་པའི་བླ་མ་རུ་འདུག་པས། །

ཁོའི་དྲིན་ལན་འཁོར་ཐབས་མེད་པ་རུ་གཟིགས་མཛོད། །

ཅེས་གསུངས། ཕྲ་མ་བྱས་པའི་རྒྱུ་མཐུན་གྱིས། འཁོར་གཡོག་མི་མཐུན་པ་དང་། བདག་ཉིད་ལ་རྙོལ་བ་སོགས་འབྱུང་སྟེ། བླ་མའི་གྲྭ་ཚང་ངམ། དཔོན་གྱི་སྐྱ་འཁོར། དུད་ཚང་གི་སློ་གཡོག་ཕལ་ཆེར་ནང་མི་འདུམ་ཞིང་། ཅི་ཙམ་སྨྲས་ཀྱང་ཉན་དུ་མི་བཏུབ་པར་སླར་ལ་རྙོལ་བ་འབྱུང་སྟེ། མི་ཁྱིམ་ཕལ་གྱི་སློ་གཡོག་རྣམས་ལས་སློ་བ་ཞིག་ལ་མངགས་ཀྱང་ལན་གཉིས་ལན་གསུམ་གྱི་བར་དུ་མ་ཐོས་པ་ལྟར་བྱེད། དེར་ཁོ་ཞེ་སྡང་ལངས་ནས་དྲག་ཏུ་སྨྲས་ཙ་ན་མ་མོས་བཞིན་དུ་དལ་གྱིས་སོང་ནས་ལས་དེ་བསྒྲུབས་ཀྱང་། བཟོད་ལས་དེ་ལྟ་བུ་བྱས་ཡོད་

ཅེས་གཏམ་ལན་ཙམ་ཡང་མི་བྱེད་པར་རྟག་ཏུ་གཉིས་ངན་པོ་ན་ལ་གནས་པ་དེ་དག་ཀྱང་། དཔོན་པོ་རང་གིས་སྔོན་ཁྲ་མ་བྱས་པའི་ལས་འབྲས་སྨིན་པ་ཡིན་པས་ལས་ངན་ལ་འགྱོད་པ་བསྐྱེད། རང་གཞན་གྱི་འཁོན་པ་སྟུམ་པ་ལ་འབད་དགོས་པ་ཡིན། ཚིག་རྩུབ་པོ་སྨྲས་པས། རྟག་ཏུ་མི་སྙན་པ་ཐོས་ཤིང་། རང་གིས་སྨྲས་པ་ཡང་འཐབ་མོའི་ཚིག་ཏུ་འགྱུར། ལར་ཚིག་རྩུབ་པོ་འདི་དག་ནི་མི་དགེ་བ་རྣམས་ལས་ཉེས་པ་ལྕི་ཤོས་ཡིན་ཏེ། འཇིག་རྟེན་པའི་དཔེ་ལ་ཡང་། ཚིག་ལ་མདའ་མཚོན་མེད་ཀྱང་མི་སེམས་ཚལ་པར་གཏོང་། ཟེར་བ་ལྟར། ཕ་རོལ་པོའི་རྒྱུད་ལ་ཞེ་སྡང་སློ་བུར་དུ་སྐྱེད་པ་དང་། ཁྱད་པར་ཡུལ་གཉན་པ་ལ་ཚིག་ངན་གཅིག་སྨྲས་པས་ཀྱང་། ཚེ་རབས་མང་པོའི་བར་དུ་ངན་སོང་ནས་མི་ཐར་བར་བྱེད་པ་ཡང་ཡོད་དེ། སྔོན་བྲམ་ཟེར་སེ་སྐྱ་བྱེ་བས། སངས་རྒྱས་འོད་སྲུང་གི་དགེ་སློང་རྣམས་ལ། རྟའི་མགོ་ཅན། བ་ལང་གི་མགོ་ཅན་ཞེས་པ་ལྟ་བུ་ཚིག་ངན་མང་པོ་སྨྲས་པས། ཆུ་སྲིན་ཉའི་རིགས་མགོ་བཅོ་བརྒྱད་ཡོད་པར་སྐྱེས་པ་དེ་བསྐལ་པའི་བར་དུ་མི་ཐར་ཞིང་། དེ་ལས་འཕོས་ནས་ཀྱང་དམྱལ་བར་སྐྱེ་བར་གསུངས་པ་དང་། གཞན་ཡང་དགེ་སློང་མ་ཞིག་གིས། དགེ་སློང་མ་གཞན་ལ་ཁྱི་མོ་ཞེས་བརྗོད་པས། ཁྱི་མོའི་སྐྱེ་བ་ལྔ་བརྒྱ་བླངས་པ་སོགས་དེ་ལྟ་བུ་དུ་མ་ཡོད་པས། དུས་རྟག་ཏུ་འཇམ་པོར་སྨྲ་བ་ལ་བསླབ་ཅིང་། ཁྱད་པར་འཕགས་པའི་གང་ཟག་དང་བྱང་ཆུབ་སེམས་དཔའ་གང་ན་ཡོད་མི་ཤེས་པས་ཐམས་ཅད་ལ་དག་སྣང་སྦྱང་། ཡོན་ཏན་དང་བསྔགས་པ་བརྗོད་དགོས། བྱང་ཆུབ་སེམས་དཔའ་ཞིག་ལ་སྐུར་པ་འདེབས་པ་དང་ངན་སྨྲས་བྱས་ན་ཁམས་གསུམ་སེམས་ཅན་བསད་པ་ལས་ཉེས་པ་ལྕི་བར་གསུངས་ཏེ།

ཁམས་གསུམ་སེམས་ཅན་བསད་ལས་སྡིག་ཆེ་བ། །
བྱང་ཆུབ་སེམས་དཔའ་རྣམས་ལ་སྐུར་པ་བཏབ། །
དོན་མེད་སྡིག་ཆེན་བསགས་པ་མཐོལ་ལོ་བཤགས། །

ཞེས་གསུངས། ངག་ཀྱལ་བའི་རྒྱུ་མཐུན་གྱིས་རང་གི་ཚིག་མི་བཙུན་ཞིང་སྤྱོབས་པ་ཆུང་བར་གསུངས་པས། དྲང་པོར་སྨྲས་ཀྱང་གཞན་གྱིས་བདེན་དུ་མི་འཛིན་པ་དང་། མང་པོའི་ནང་དུ་གཏམ་བཤད་ལྟ་བུ་ལ་རང་ཉིད་སྤྱོབས་པ་ཆུང་བ་འབྱུང་བ་ཡིན། བརྣབ་སེམས་ཀྱི་རྒྱུ་མཐུན་པའི་འབྲས་བུར་ཡིད་ལ་བསམ་པ་མི་འགྲུབ་ཅིང་མི་འདོད་པ་ཐོག་ཏུ་འབབས། གནོད་སེམས་ཀྱིས་འཇིགས་ཤིང་སྐྲག་པ་དང་འཚེ་བ་མང་། ལོག་ལྟས་ལྟ་བ་ངན་པ་ལ་གནས་ཤིང་། གཡོ་སྒྱུས་རང་གི་སེམས་འཁྲུགས་པ་འབྱུང་ངོ་། །དབང་གི་འབྲས་བུ་ནི། ཡུལ་ལ་སྨིན་པ་སྟེ། སྲོག་གཅོད་ཀྱིས་ས་ཕྱོགས་ཉམས་མི་དགའ་ཞིང་ངམ་གྲོག་དང་གཡངས་ཅན་ལ་སོགས་སྲོག་ལ་གནོད་པ་ཅན་དུ་སྐྱེ། མ་བྱིན་པར་བླངས་པས་ལོ་ཏོག་ལ་སད་སེར་ལྷུང་། ལྔོན་ཤིང་ལ་འབྲས་བུ་མི་ཆགས། མུ་གེ་ཡོད་པའི་སར་སྐྱེ། ལོག་པར་གཡེམ་པས་བཤང་ལྕི་དང་འདམ་རྫབ་ལ་སོགས་པ་ཡིད་དུ་མི་འོང་བར་གནས་དགོས་པའོ། །

རྫུན་གྱིས་འཁྱོར་བ་མི་བརྟན་ཞིང་རྟག་ཏུ་ཤེས་པ་རྟབས་ཤིང་སྐྲག་པའི་ཡུལ་རྐྱེན་དང་འཕྲད། ཕྲ་མས་ཡུལ་ངམ་གྲོག་དང་གཅོང་རོང་ཅན་ལ་སོགས་བགྲོད་དཀའ་བར་གནས་དགོས། ཚིག་རྩུབ་པོས་རྗེ་གསེག་དང་ཚེར་མ་ཅན་ལ་སོགས་པའི་ས་ཕྱོགས་ཡིད་མི་བདེ་བར་སྐྱེ། ངག་འཁྱལ་གྱིས་སོ་ནམ་བྱས་ཀྱང་འབྲས་བུ་མི་འབྱུང་། དུས་ཚིགས་ལོག་ཅིང་མི་བརྟན་པར་སྐྱེ། བརྣབ་སེམས་ཀྱིས་ལོ་ཏོག་ཉེས་ཤིང་གནས་དུས་ངན་པའི་སྡུག་བསྔལ་མང་པོ་འབྱུང་། གནོད་སེམས་ཀྱིས་རྟག་ཏུ་འཇིགས་པ་དང་འཚེ་བ་མང་བའི་ཡུལ་དུ་སྐྱེ། ལོག་ལྟས་འཁྱོར་པ་ཉུང་ཞིང་སྐྱབས་དང་དཔུང་གཉེན་མེད་པར་སྐྱེ། སྐྱེས་བུའི་བྱེད་པའི་འབྲས་བུ་ལས་གང་བྱས་པ་དེ་མང་པོར་འཕེལ་ནས། སྐྱེ་བ་དང་ཚེ་རབས་སུ་སྡུག་བསྔལ་མུ་མཐའ་མེད་པར་བརྒྱུད་པ་དང་། སླར་ཡང་ལས་ངན་གོང་ནས་གོང་དུ་འཕེལ་ནས་འཁོར་བ་མུ་མཐའ་མེད་པར་འཁྱམས་པར་འགྱུར་བ་ཡིན་ནོ། །

2 བསྒྲུབ་བྱ་དགེ་བའི་ལས།

དོན་གཉིས་པ་བསྒྲུབ་བྱ་དགེ་བའི་ལས་བཅུ་ནི། སྤྱིར་མི་དགེ་བ་བཅུ་པོ་དེ་དག་གི་ཉེས་དམིགས་ཤེས་ནས་དེ་མི་བྱེད་སྙམ་པའི་སྡོམ་པ་ཡང་དག་པར་བླངས་པ་དེ་དགེ་བ་བཅུ་ཡིན་ཏེ། སྲོག་མི་གཅོད་པ་དང་། མ་བྱིན་པ་མི་ལེན་པ་སོགས་བཅུ་ཡིན། དེ་ཡང་བླ་མ་དང་མཁན་པོ་ལྟ་བུའི་དྲུང་ནས་ཁས་བླངས་པ་མི་དགོས་ཏེ་རང་གི་དུས་གཏན་དུའམ། གནས་དུས་འདི་ལྟ་བུར་ཞེས་པའམ། སེམས་ཅན་འདི་དང་འདི་ལྟ་བུའི་སྲོག་མི་གཅོད་སྙམ་པ་སོགས་དགེ་བའི་ལས་ཡིན་ཞིང་། བླ་མ་དགེ་བའི་བཤེས་གཉེན་ནམ་དཀོན་མཆོག་གི་རྟེན་ལ་སོགས་པའི་དྲུང་ནས་ཁས་བླངས་ན་ནི་ལྷག་པར་སྟོབས་ཆེ། དེས་ན་རང་བཞིན་དུ་སྲོག་མི་གཅོད་པ་ལྟ་བུས་མི་འོང་གིས་གང་ལྟར་ཡང་མི་དགེ་བའི་ལས་དེ་མི་བྱེད་སྙམ་པའི་དམ་བཅའ་ཞིག་དགོས་པ་ཡིན། དེ་ཕྱིར་ཁྱིམ་པ་ལ་སོགས་སྲོག་གཅོད་ཀྱི་ལས་གཏན་དུ་སྤོང་མི་ནུས་པ་རྣམས་ནས་ཀྱང་ལོ་རེའི་ནང་ནས། ཉེར་ཟླ་དང་པོ་ཆོ་འཕྲུལ་གྱི་ཟླ་བ་དང་། ཟླ་བ་བཞི་པ་ས་ག་ཟླ་བ་ལྟ་བུ་ལ་སྲོག་མི་གཅོད་པར་དམ་བཅའ་བའམ། ཡང་ན་ཟླ་བ་བྱུང་ངོ་ཚོག་གི་བཅོ་ལྔ་དང་། གནམ་སྟོང་ལ་སྲོག་མི་གཅོད་པ་དང་། གཞན་ཡང་ལོ་དང་ཟླ་བ་ཞག་ལ་སོགས་པར་དམ་བཅའ་བྱས་ཀྱང་ཕན་ཡོན་ཆེན་པོ་ཐོབ་སྟེ། སྔོན་འཕགས་པ་ཀཱ་ཏྱཱ་ནའི་དྲུང་དུ་གནས་པའི་གྲོང་གི་ཤན་པས་མཚན་མོ་སྲོག་མི་གཅོད་པའི་ཁས་ལེན་བྱས་པ་ཉི་ཚེ་བའི་དམྱལ་བར་སྐྱེས་ཏེ། ཉིན་མོ་ལྕགས་བསྲེགས་ཀྱི་ཁང་པར་སྡུག་བསྔལ་མྱོང་ཞིང་མཚན་མོ་གཞལ་མེད་ཁང་དུ་ལྷ་མོ་བཞིས་བསྐོར་ནས་བདེ་སྐྱིད་མྱོང་བ་ལྟ་བུ་ཡིན། དེའི་ཕྱིར་དགེ་བ་བཅུ་ཞེས་པ་ནི། མི་དགེ་བ་བཅུ་སྤངས་ཤིང་དེའི་གཉེན་པོ་དཀར་པོའི་ཕྱོགས་ཉམས་སུ་ལེན་པ་ཡིན།

(1) ལུས་ཀྱི་དགེ་བ་གསུམ།

དེ་ཡང་སྲོག་གཅོད་པ་སྤངས་ནས་སེམས་ཅན་གྱི་སྲོག་བསྐྱབ་དགོས། དེ་ལུས་ཀྱི་དགེ་བ་དང་པོ་ཡིན། མ་བྱིན་པར་ལེན་པ་སྤངས་ནས་སྦྱིན་པ་གཏོང་དགོས། དེ་ལུས་ཀྱི་དགེ་བ་གཉིས་པ་ཡིན། འདོད་ལོག་སྤངས་ནས་ཚུལ་ཁྲིམས་སྲུང་དགོས། དེ་ལུས་ཀྱི་དགེ་བ་གསུམ་པ་ཡིན།

(2) ངག་གི་དགེ་བ་བཞི།

ཡང་རྫུན་སྤངས་ནས་བདེན་པར་སྨྲ་དགོས། དེ་ངག་གི་དགེ་བ་དང་པོ་ཡིན། ཕྲ་མ་སྤངས་ནས་འཁོན་པ་སློམ་དགོས། དེ་ངག་གི་དགེ་བ་གཉིས་པ་ཡིན། ཚིག་རྩུབ་སྤངས་ནས་སྙན་པར་སྨྲ་དགོས། དེ་ངག་གི་དགེ་བ་གསུམ་པ་ཡིན། ངག་འཁྱལ་སྤངས་ནས་ཁ་ཧོན་བྱེད་དགོས། དེ་ངག་གི་དགེ་བ་བཞི་པ་ཡིན།

(3) ཡིད་ཀྱི་དགེ་བ་གསུམ།

ཡང་བརྣབ་སེམས་སྤངས་ནས་གཏོང་སེམས་འཆང་དགོས། དེ་ཡིད་ཀྱི་དགེ་བ་དང་པོ་ཡིན། གནོད་སེམས་སྤངས་ནས་ཕན་སེམས་བསྒོམ་དགོས། དེ་ཡིད་ཀྱི་དགེ་བ་གཉིས་པ་ཡིན། ལོག་ལྟ་སྤངས་ནས་ཡང་དག་པའི་ལྟ་བ་རྒྱུད་ལ་བསྟེན་དགོས། དེ་ཡིད་ཀྱི་དགེ་བ་གསུམ་པ་ཡིན།

དེ་དག་གི་རྣམ་སྨིན་གྱི་འབྲས་བུ་ནི། མཐོ་རིས་གསུམ་གང་རུང་དུ་སྐྱེ། བྱེད་པ་རྒྱུ་མཐུན་གྱིས་ཚེ་རབས་ཐམས་ཅད་དུ་དགེ་བ་བྱེད་པ་ལ་སྤྲོ་ཞིང་དགེ་བ་གོང་འཕེལ་དུ་འགྱུར། མྱོང་བ་རྒྱུ་མཐུན། སྲོག་གཅོད་སྤངས་པས་ཚེ་རིང་ཞིང་ནད་ཉུང་། མ་བྱིན་ལེན་སྤངས་པས་ལོངས་སྤྱོད་དང་ལྡན་ཞིང་དགྲ་རྐུན་མེད། འདོད་ལོག་སྤངས་པས་ཁྱིམ་ཐབས་མཛེས་ཤིང་དགྲ་ཟླ་ཉུང་། རྫུན་སྤངས་པས་ཀུན་གྱིས་བསྟོད་ཅིང་བྱམས། ཕྲ་མ་སྤངས་པས་འཁོར་གཡོག་གུས། ཚིག་རྩུབ་

སྤངས་པས་སྙན་པར་ཐོས། ངག་འཁྱལ་སྤངས་པས་ཚིག་བཙུན། བརྣབ་སེམས་སྤངས་པས་བསམ་དོན་འགྲུབ། གནོད་སེམས་སྤངས་པས་འཚེ་བ་དང་བྲལ། ལོག་ལྟ་སྤངས་པས་ལྟ་བ་བཟང་པོ་རྒྱུད་ལ་སྐྱེ། དབང་གི་འབྲས་བུ་ནི། ཡུལ་ལ་སྨིན་པས། ཕྱིར་མི་དགེ་བའི་འབྲས་བུ་དེ་དག་ལས་ལྡོག་སྟེ། ཕུན་སུམ་ཚོགས་པའི་ཡོན་ཏན་ཐམས་ཅད་ཀྱིས་འབྱོར་པར་འགྱུར་བ་ཡིན། སྐྱེས་བུའི་བྱེད་པའི་འབྲས་བུ་ནི། དགེ་བའི་ལས་གང་བྱས་པ་དེ་མངོན་པར་འཕེལ་ནས། བསོད་ནམས་རྒྱུན་མི་ཆད་པ་འབྱུང་བ་ཡིན་ནོ། །

3 ཐམས་ཅད་ལས་ཀྱི་རང་བཞིན་དུ་བསྟན་པ།

དོན་གསུམ་པ་ཐམས་ཅད་ལས་ཀྱི་རང་བཞིན་དུ་བསྟན་པ་ནི། འདི་ལྟར་ཡ་གི་སྲིད་པའི་རྩེ་མོ་ཡན་ཆད་ནས། མ་གི་དམྱལ་བ་གནད་ལ་ཐུག་པ་ཡན་ཆད་རང་རང་གི་བདེ་བ་དང་སྡུག་བསྔལ་གྱི་རྣམ་གྲངས་བསམ་གྱིས་མི་ཁྱབ་པ་མི་འདྲ་བར་སོ་སོར་མྱོང་བ་དེ་དག་ཐམས་ཅད་ཀྱང་། རང་རང་གི་སྔོན་བསགས་པའི་དགེ་སྡིག་གི་ལས་འབའ་ཞིག་ལས་བྱུང་བ་ཡིན་ཏེ། མདོ་སྡེ་ལས་བརྒྱ་པ་ལས། ལུས་ཅན་རྣམས་ཀྱི་བདེ་སྡུག་ནི། །ལས་རྣམས་ཡིན་པར་ཐུབ་པས་གསུངས། །ལས་རྣམས་ཀུང་ནི་སྣ་ཚོགས་ལ། །དེ་ཡིས་འགྲོ་འདི་སྣ་ཚོགས་བྱས། །སྣ་ཚོགས་རྣམ་པར་འཁྲམས་ཤིང་འཇུག །ལས་ཀྱི་དྲ་བ་འདི་ཆེའོ། །ཞེས་གསུངས། ད་ལྟ་སྟོབས་དང་མངའ་ཐང་ནོར་དང་ལོངས་སྤྱོད་ཅི་ཙམ་ཡོད་ཀྱང་། འཆི་བའི་དུས་ལ་བབས་པའི་ཚེ། དེ་དག་ལས་གཅིག་ཀྱང་རྗེས་སུ་མི་འབྲང་ཞིང་། རང་གིས་ཚེ་འདིར་བསགས་པའི་ལས་དགེ་སྡིག་ཁོ་ན་རང་གི་རྗེས་སུ་འབྲངས་ནས། དེའི་དབང་གིས་འཁོར་བའི་གནས་རིས་མཐོ་དམན་དུ་འཕེན་པ་ཡིན་ཏེ། རྒྱལ་པོ་ལ་གདམས་པའི་མདོ་ལས།

དུས་ཀྱི་ཉེན་ཏེ་རྒྱལ་པོ་འགྲོ་གྱུར་ན། །

ལོངས་སྤྱོད་མཛའ་དང་བཤེས་རྣམས་རྗེས་མི་འབྲངས། །
སྐྱེས་བུ་དག་ནི་གང་ནས་གར་འགྲོ་ཡང་། །
ལས་ནི་གྲིབ་མ་བཞིན་དུ་རྗེས་སུ་འབྲངས། །

ཞེས་གསུངས། དེས་ན་ད་ལྟ་དགེ་སྡིག་གི་ལས་བྱས་པ་ལ། འཕྲལ་དུ་དེའི་འབྲས་བུ་འདི་དང་འདིའོ་ཞེས་མི་མངོན་ཀྱང་། ནམ་ཡང་ཆུད་ཟོས་སུ་མི་འགྱུར་བར་ཚོགས་ཤིང་དུས་ལ་བབས་པའི་ཚེ་རང་རང་གིས་ཉམས་སུ་མྱོང་བར་འགྱུར་ཏེ། ལས་བརྒྱ་པ་ལས།

ལུས་ཅན་དག་གི་ལས་རྣམས་ནི། །
བསྐལ་པ་བརྒྱར་ཡང་ཆུད་མི་ཟ། །
ཚོགས་ཤིང་དུས་ལ་བབས་པ་ན། །
འབྲས་བུ་ཉིད་དུ་སྨིན་པར་འགྱུར། །

ཞེས་དང་། ཡོན་ཏན་རིན་པོ་ཆེའི་མཛོད་ལས།

ས་ལྡིང་མཐོན་པོར་གཤེགས་པའི་མཁའ་ལྡིང་གི། །
གྲིབ་མ་རེ་ཞིག་བལྟ་བར་མི་མངོན་ཡང་། །
ལུས་ཅན་དག་དང་འདུ་འབྲལ་སྤྱངས་པ་བཞིན། །
ཚོགས་ཤིང་དུས་ལ་བབ་ཚེ་ལྷག་པར་མངོན། །

ཞེས་གསུངས། དཔེར་ན་བྱ་ནམ་མཁར་འཕུར་བ་ནམ་མཁའི་དབྱིངས་མཐོན་པོར་ཕྱིན་པའི་ཚེ་བྱ་དེའི་གྲིབ་མ་མི་མངོན་པ་ལྟར་སྣང་ཡང་། གྲིབ་མ་མེད་པ་མིན་ཏེ་མཐར་གང་དུ་བབས་ཀྱང་གྲིབ་མ་དེ་དེར་ནག་ཧྲིལ་གྱིས་འོང་བ་ལྟར་དགེ་སྡིག་གི་ལས་བྱས་པ་འཕྲལ་ལ་མི་མངོན་ཡང་། མཐར་ཅིས་ཀྱང་རང་གི་སྟེང་དུ་མི་འོང་བའི་ཐབས་མེད་པ་ཡིན། དེར་མ་ཟད་ལས་ཉོན་གྱི་སྒྲིབ་

པ་ཐམས་ཅད་སྤངས་པའི་སངས་རྒྱས་དང་དགྲ་བཅོམ་པ་རྣམས་ཀྱང་ལས་བདག་གིར་བཞེས་དགོས་ན། རང་རེ་སོ་སོའི་སྐྱེ་བོ་རྣམས་ལྟ་ཡང་ཅི་སྨོས་ཏེ། སྔོན་ཤཱཀྱའི་གྲོང་དུ་མཉན་ཡོད་ཀྱི་རྒྱལ་པོ་འཕགས་སྐྱེས་པོའི་དམག་འོངས་ནས་ཤཱཀྱ་བརྒྱད་ཁྲི་བསད་པའི་ཚེ། བཅོམ་ལྡན་འདས་ཀྱིས་ཀྱང་དབུ་བསྙུང་བ་ལ་འཁོར་རྣམས་ཀྱིས་རྒྱུ་མཚན་ཞུས་པས། སྔོན་ཤཱཀྱ་རྣམས་ཉ་པར་གྱུར་པའི་ཚེ་ཉ་དུ་མ་བསད་ནས་ཟོས་ཤིང་། ཉིན་གཅིག་ཉ་ཆེན་པོ་གཉིས་བཟུང་བ་འཕྲལ་དུ་མ་བསད་པར་ཀ་བ་ལ་བཏགས་ནས་བཞག་པ། ཉ་དེ་སྐམ་ལ་ཕྱུང་ནས་འགྲེ་ལྡོག་བྱེད་ཅིང་འདི་རྣམས་ཀྱིས་བདག་ཅག་ཉེས་པ་མེད་པར་བསད་པས་སླར་བདག་ཅག་གིས་ཀྱང་འདི་དག་ཉེས་པ་མེད་པར་གསོད་པར་གྱུར་ཅིག་སྙམ་པས། ལས་དེས་འབྲས་བུ་ཉ་ཆེན་གཉིས་རྒྱལ་པོ་འཕགས་སྐྱེས་པོ་དང་། དེའི་བློན་པོ་མ་ལ་གནོད་གཉིས་སུ་སྐྱེས། ཉ་བསད་པ་རྣམས་དེ་གཉིས་ཀྱི་དམག་མིར་སྐྱེས་ཏེ། དེ་རིང་ཤཱཀྱ་རྣམས་ཁ་དག་པར་བྱས་པ་ཡིན། ང་དེའི་ཚེ་ཉ་པའི་ཁྱེའུར་སྐྱེས་པ་ཉ་ཆེན་གཉིས་སྐམ་ལ་ཕྱུང་བའི་ཟླུག་རྡུ་མི་བཟོད་པར་འགྲེ་ལྡོག་བྱེད་པ་ལ་བལྟས་ནས་བགད་པས་ལས་དེས་དེ་རིང་དབུ་སྙུང་བ་ཡིན། ངས་ཡོན་ཏན་གྱི་ཆོས་འདི་ལྟ་བུ་དག་ཐོབ་མེད་ན། འཕགས་སྐྱེས་པོའི་དཔུང་གིས་དེ་རིང་གསོད་པར་འགྱུར་བ་ཡིན་གསུངས། དེ་བཞིན་དུ་སྔོན་བཅོམ་ལྡན་འདས་བྱང་ཆུབ་སེམས་དཔར་གྱུར་པ་ན། མི་ནག་མདུང་ཐུང་ཅན་བསད་པའི་ལས་ཀྱི་འབྲས་བུ་ཞབས་ལ་སེང་ལྡེང་གི་ཚལ་པ་ཟུག་པ་དང་། བཅོམ་ལྡན་འདས་ཀྱི་ཉན་ཐོས་རྫུ་འཕྲུལ་ཅན་རྣམས་ཀྱི་མཆོག་འཕགས་པ་མཽའུ་འགལ་གྱི་བུ་ཡང་ལས་ཀྱི་དབང་གིས་ཀུན་ཏུ་རྒྱུ་རྣམས་ཀྱིས་བརྒྱངས་པ་ཡིན་ཏེ། དེ་ཡང་འཕགས་པ་ཤཱ་རིའི་བུ་དང་། མཽ་འགལ་གྱི་བུ་ཆེན་པོ་གཉིས་དུས་དང་དུས་སུ་དམྱལ་བ་དང་ཡི་དྭགས་ལ་སོགས་པའི་ཡུལ་དུ་བྱོན་ནས་སེམས་ཅན་གྱི་དོན་མཛད་པ་ལས། ཉིན་གཅིག་དམྱལ་བའི་ཡུལ་དུ་བྱོན་པས། དེ་ན་མུ་སྟེགས་ཀྱི་སྟོན་པ་འོད་སྲུང་རྫོགས་བྱེད་

ཞི་བ་དགྱེལ་བར་སྐྱེས་ནས་སྡུག་བསྔལ་གྱི་རྣམ་གྲངས་མང་པོ་མྱོང་གིན་འདུག་པ་དེ་ན་རེ། སྐྱེས་བུ་དམ་པ་ཁྱེད་གཉིས་མི་ཡུལ་དུ་སླར་ཕྱིན་ན། ཕོ་བོའི་སློབ་མ་རྣམས་ལ་ཁྱེད་ཀྱི་སྟོན་པ་འོད་སྲུང་རྫོགས་བྱེད་དགྱེལ་བར་སྐྱེས་པ་དེ་ན་རེ། ཀུན་ཏུ་རྒྱུ་ལ་དགེ་སྦྱོང་མེད། །དགེ་སྦྱོང་ཤཱཀྱའི་ནང་ན་ཡོད། རང་རེ་རྣམས་ཀྱི་ཆོས་ལུགས་དེ་ཕྱིན་ཅི་ལོག་ཏུ་འདུག་པས་ཁྱེད་རྣམས་ཀྱིས་རང་གི་ཆོས་ལུགས་དེ་སྤོངས་ལ། ཤཱཀྱའི་སྲས་ཀྱི་རྗེས་སུ་སློབས་ཤིག ཁྱད་པར་ཕོ་བོའི་རུས་བུ་ལ་མཆོད་རྟེན་བྱས་ནས་དེར་ཁྱེད་རྣམས་ཀྱིས་མཆོད་པ་བྱེད་པའི་ཚེ། ཕོ་བོའི་སྟེང་དུ་ལྕགས་བསྲེགས་ཀྱི་ཆར་བབས་པར་འདུག་པས་དེ་ལྟར་མ་བྱེད་གསུངས་ཤིག ཟེར། དེར་མཆོག་ཟུང་གཉིས་མི་ཡུལ་དུ་ཕྱིན་ནས། ཤྲཱ་རིའི་བུ་སྔ་བར་ཕེབས་པས་མུ་སྟེགས་རྣམས་ལ་དེ་སྐད་གསུངས་ཀྱང་ལས་འབྲས་མེད་པས་མུ་སྟེགས་རྣམས་ཀྱིས་མ་གོ།

མོའུ་འགལ་གྱི་བུ་རྗེས་ནས་ཕྱིན་ཏེ་ཤྲཱ་རིའི་བུ་ལ། ཁྱེད་ཀྱིས་འོད་སྲུང་རྫོགས་བྱེད་ཀྱི་ཕྲིན་སྒྲས་སམ་གསུངས་པ་ལ་ཕོ་བོས་སྒྲས་ཀྱང་ཙང་མི་ཟེར་བར་འདུག་གསུངས། མོའུ་འགལ་གྱི་བུས་མ་ཐོས་པར་འདུག་པས་ངས་སྨྲོའོ་གསུངས་ནས་ཕྱིན་ཏེ། རྫོགས་བྱེད་ཀྱི་ཕྲིན་བསྒྱུར་བ་རྣམས་གསུངས་པས། མུ་སྟེགས་པ་རྣམས་ཁྲོས་ཏེ་འདིས་རང་ཅག་ལ་ཁ་ཟེར་བས་མ་ཚད་བདག་ཅག་གི་སྟོན་པ་ལ་ཡང་སྐུར་པ་འདེབས་པར་འདུག་པས་འདི་ཚོམས་ཤིག་ཟེར་ནས་བརྡུང་བརྡུང་སྟེ། སྐུ་ལུས་འདམ་བུ་བཞིན་དུ་བཙོམ་ནས་བཏང་། སྔོན་ཆད་ཡིན་ན་ཁོང་ཀུན་ཏུ་རྒྱུ་དེ་དག་གིས་བརྡུང་དུ་ཡོད་པ་ལྟ་ཅི། སྲིད་པ་གསུམ་པོ་འདི་ཚོགས་ཀྱང་ཁོང་གི་བ་སྤུའི་རྩེ་མོ་ཙམ་ཡང་བསྒུལ་མི་ནུས་པ་ཡིན་ཀྱང་། དེའི་དུས་སུ་ནི་སྔར་བྱས་ཀྱི་ལས་ཀྱིས་ནོན་པས་རྫུ་བ་ཙམ་ཡང་མ་དྲན་ན། འཕྲུལ་པ་ལྟ་ཡང་ཅི་སྨོས་ཞེས་གསུངས་ཏེ། རང་བཞིན་གྱི་མི་ཕལ་པ་ཞིག་དང་ཁྱད་མེད་པར་གྱུར། དེར་ཤྲཱ་རིའི་བུས་ཆོས་གོས་ཀྱིས་དཀྲིས་ནས་ཁུར་ཏེ་རྒྱལ་བྱེད་ཚལ་དུ་འོངས་ནས། གྲོགས་པོ་

ཤི་བ་ཐོས་པ་ཡང་མི་བྱ་ན། མཐོང་བ་ལྟ་ཅི་ཞེས་གསུངས་ནས་དགྲ་བཅོམ་པ་མང་པོ་དང་ལྷན་ཅིག་ཏུ་སྐུ་མྱ་ངན་ལས་འདས། དེ་འཕྲལ་མཽ་འགལ་གྱི་བུ་ཡང་མྱ་ངན་ལས་འདས་པར་གྱུར་པ་ཡིན། ཡང་སྔོན་ཁ་ཆེའི་དགེ་སློང་ར་བ་ཧི་ཞེས་བྱ་བ་མངོན་ཤེས་དང་རྫུ་འཕྲུལ་ཐོབ་པ། སློབ་མ་མང་པོ་ཡོད་པ་ཞིག་ནགས་གསེབ་ན་ཆོས་གོས་ངུར་སྨྲིག་ཅིག་འཚོད་ཅིང་ཡོད་ཙམ་ན། དེ་དང་ཉེ་བའི་ཁྱིམ་བདག་གཅིག་གིས་བེའུ་སྟོར་ནས་བཙལ་དུ་ཕྱིན་པས། ནགས་གསེབ་ན་དུ་བ་གཅིག་འདུག་ནས། དེར་བལྟར་ཕྱིན་པས་དགེ་སློང་ཞིག་མེ་གཏོང་གིན་འདུག ཁྱེད་ཅི་བྱེད་པ་ཡིན་བྱས་པས་ཆོས་གོས་འཚོད་པ་ཡིན་ཟེར། ཆོས་ཕྲུ་ཁ་ཕྱེ་ནས་བལྟས་པས་ཤ་རུ་འདུག་པ་མཐོང་། ཁོང་རང་གིས་ཀྱང་ཤ་རུ་མཐོང་། དེར་ཁོང་ཁྲིད་ནས་རྒྱལ་པོ་ལ་གཏད་དེ། འདིས་བདག་གི་བེའུ་བརྐུས་པས་ཆད་པ་ཆོད་ཅིག་བྱས་པས། རྒྱལ་པོས་དེ་དོང་དུ་བཙུག དེ་ནས་ཞག་འགའ་ན་ཁོའི་བ་རང་གིས་བེའུ་རྙེད་ནས། དགེ་སློང་དེས་བེའུ་བརྐུས་པར་མི་གདའ་བས་གཏོང་བར་ཞུ་བ་ཕུལ་ན་ཡང་། རྒྱལ་པོ་ཡིངས་ནས་ཟླ་བ་དྲུག་ཏུ་གཏོང་བ་མ་བྱུང་། དེར་ཁོང་རང་གི་སློབ་མ་རྫུ་འཕྲུལ་ཐོབ་པ་མང་པོ་ཡོད་པ་ནམ་མཁའ་ནས་འཕུར་ཏེ་རྒྱལ་པོའི་དྲུང་དུ་འོང་ནས། དགེ་སློང་འདི་ཡང་དག་པ་ཞིག་ལགས་པ་གཏོང་བར་ཞུ། ཞུས་པས། རྒྱལ་པོ་དགེ་སློང་གཏོང་དུ་ཕྱིན་པས། དགེ་སློང་འོ་བརྒྱལ་བ་གཟིགས་ནས་ཤིན་ཏུ་འགྱོད་དེ་ངས་བྱ་བ་དེ་འགྱངས་ཆེས། སྡིག་ཆེན་པོ་བསགས་འདུག་ཞུས་པས་མི་སྐྱོན་ང་རང་གིས་ལན་པ་ཡིན་གསུངས། ལས་ཅི་འདྲ་བསགས་ཞུས་པས། སྔོན་རྐུན་པོ་ཞིག་ཏུ་སྐྱེས། དེ་དུས་བེའུ་ཞིག་བརྐུས་པ་བདག་པོས་དེད་ནས་ནགས་གསེབ་ན་རང་སངས་རྒྱས་ཤིག་མཉམ་པར་བཞག་འདུག་པའི་མདུན་དུ་བསྐུར་ནས་བྲོས་པས། དེས་རང་སངས་རྒྱས་ཁྲིད་ནས་ཞག་དྲུག་དོང་དུ་བཙུག དེའི་རྣམ་སྨིན་གྱིས་སྐྱེ་བ་མང་པོར་ངན་སོང་གི་སྡུག་བསྔལ་མྱོང་། ཚེ་འདིར་ཡང་སྡུག་བསྔལ་མྱོང་བ་འདི་རྣམ་སྨིན་གྱི་ཐ་མ་ཡིན་གསུངས། དེ་བཞིན་དུ་རྒྱ་གར་དུ་

རྒྱལ་པོ་བདེ་སྐྱོང་གི་བུ་ལ་མས་ཟ་འོག་གི་གོས་སྒྲུབ་མེད་པ་ཞིག་ཕྱིན་པས་བུས་ངས་འདི་ད་དུང་མི་གྱོན། ང་རྒྱལ་སྲིད་ཐོབ་པའི་དུས་སུ་གྱོན་པ་ཡིན་ཟེར། མས་ཁྱོད་ཀྱི་རྒྱལ་སྲིད་ཐོབ་པའི་དུས་མེད། རྒྱལ་པོ་འདས་ནས་བུས་རྒྱལ་སྲིད་ཐོབ་པ་ཡིན་པ་ལ། ཁྱོད་ཀྱི་ཡབ་སློབ་དཔོན་ཀླུ་སྒྲུབ་དང་སྐུ་སྲོག་གཅིག་ཡིན་པས་ཀླུ་སྒྲུབ་མ་གྲོངས་བར་མི་འདའ། ཀླུ་སྒྲུབ་ཚེ་ལ་དབང་བ་ཡིན་པས་འདའ་བའི་དུས་མེད། དེས་ན་ཁྱོད་ཀྱི་ཕུ་བོ་དུ་མ་ཡང་རྒྱལ་སྲིད་མ་ཐོབ་པར་འདས་པ་ཡིན་ཟེར་བས་བུས་དེ་ལ་ཐབས་ཅི་ཡོད་ཟེར་བར་མ་ན་རེ། སློབ་དཔོན་ཀླུ་སྒྲུབ་བྱང་ཆུབ་སེམས་དཔའ་ཡིན་པས་དབུ་བསླང་ན་སྦྱིན་མཆི། དེ་ལས་ཐབས་གཞན་མེད་ཟེར། བུས་ཀླུ་སྒྲུབ་ཀྱི་དྲུང་དུ་ཕྱིན་ནས་དབུ་བསླངས་པས་ཆོད་ལ་ཁྱེར་གསུངས། དེར་རལ་གྲི་ཐོགས་ནས་མགུལ་ལ་ཧཱུ་ཙམ་བརྒྱབ་ཀྱང་བར་སྣང་ལ་གཡུག་པ་ལྟར་སོང་ནས་མ་ཆོད། དེར་སློབ་དཔོན་གྱི་ཞལ་ནས་ངས་མཚོན་རྒྱབ་པའི་རྣམ་སྨིན་ཚེ་རབས་ལྔ་བརྒྱའི་གོང་ནས་བྱང་ཚར་བ་ཡིན་པས་ང་ལ་མཚོན་གྱིས་མི་ཆོད། རྩྭ་ཀུ་ཤ་བཏུ་བའི་དུས་འབུ་བསད་པའི་རྣམ་སྨིན་བྱང་མ་ཚར་བས་ཀུ་ཤས་རྒྱོབ་དང་ཆོད་གསུངས། ཀུ་ཤ་བཏུས་ནས་བརྒྱབ་པས་དབུ་ས་ལ་བྲུལ་ཏེ། ང་ནི་འདི་ནས་བདེ་བ་ཅན་དུ་འགྲོ། །ཕྱི་ནས་ལུས་འདི་ལ་ཡང་འཇུག་པར་འགྱུར། །གསུངས་ནས་ཀླུ་སྒྲུབ་ཞི་བར་གཤེགས་པ་ཡིན། དེ་ལྟར་འཕགས་པའི་གང་ཟག་དེ་རྣམས་ལ་ཡང་། དེ་ལྟ་བུའི་ལས་ཀྱི་རྣམ་སྨིན་སྨྱོང་དགོས་པ་ཡོད་ན། རང་རེ་རྣམས་ནི་ཐོག་མ་མེད་པའི་དུས་ནས་འཁོར་བའི་གནས་རིས་འདིར་འཁྱམས་ཏེ་ལས་ངན་བསགས་པ་གྲངས་ཀྱིས་མི་ཆོད་པ་ཡོད་ཅིང་། ད་དུང་ཡང་བསགས་ན་འཁོར་བའི་གནས་ལས་ཐར་བའི་དུས་ལྟ་ཅི། ངན་སོང་གི་གནས་ནས་ཀྱང་ཐར་དཀའ་བས་དུས་དང་རྣམ་པ་ཐམས་ཅད་དུ་སྡིག་པའི་ལས་ཕྲ་རབ་ཙམ་ལ་ཡང་འཛེམ། དགེ་བའི་ལས་ཆུང་ངུ་ནས་ཀྱང་ཅི་འགྲུབ་ཏུ་འབད་དགོས་ཏེ། དེ་ལྟར་མ་འབད་ན་སྡིག་པའི་ལས་སྐད་ཅིག་མ་རེ་རེས་ཀྱང་བསྐལ་པ་མང་པོར་ངན་སོང་དུ་

གནས་དགོས་པ་ཡོད་པས་སྡིག་པ་ཆུང་ངུ་འདི་ཙམ་གྱིས་ཅི་ཐུབ་སྙམ་དུ་བརྙས་པར་མི་བྱ་སྟེ། རྒྱལ་སྲས་ཞི་བ་ལྷས། །

སྐད་ཅིག་གཅིག་བྱས་སྡིག་པས་ཀྱང་། །
བསྐལ་པར་མནར་མེད་གནས་འགྱུར་ན། །
ཐོག་མེད་འཁོར་བར་བསགས་སྡིག་གིས། །
བདེ་འགྲོར་མི་འགྲོ་སྨོས་ཅི་དགོས། །

ཞེས་དང་། མཛང་བླུན་ལས།

སྡིག་པ་ཆུང་ངུ་དག་ལ་ཡང་། །
མི་གནོད་སྙམ་དུ་བརྙས་མི་བྱ། །
མེ་མདག་ཆུང་ངུ་དག་གིས་ཀྱང་། །
རྩྭ་ཕུང་རི་ཙམ་སྲེག་པར་བྱེད། །

ཅེས་གསུངས། དེ་བཞིན་དུ་དགེ་བ་ཆུང་ངུ་ཙམ་ཡང་འབྲས་བུ་ཆེན་པོ་འབྱིན་པ་ཡིན་པས་འདི་ཙམ་གྱིས་ཅི་བྱ་སྙམ་དུ་བརྙས་པར་མི་བྱ་སྟེ། རྒྱལ་པོ་ང་ལས་ནུ་སྔོན་དབུལ་པོར་གྱུར་པའི་ཚེ། སྲན་མ་སྲུར་གང་ཐོགས་ནས་བག་མ་ཞིག་བལྟར་ཕྱིན་པས། ལམ་དུ་སངས་རྒྱས་བསོད་སྙོམས་གྲོང་ཁྱེར་དུ་བྱོན་པ་དང་མཇལ། ཤིན་ཏུ་དད་དེ་སྲན་མ་སྲུར་གང་པོ་སངས་རྒྱས་ལ་གཏོར་བས་བཞི་ལྷུང་བཟེད་དུ་སོང་། གཉིས་ཐུགས་ཀར་ཐོག་པའི་རྣམ་སྨིན་གྱིས་འཛམ་བུ་གླིང་དུ་འཁོར་ལོས་སྒྱུར་བའི་རྒྱལ་པོར་སྐྱེས། ཐར་སྲན་རྡོག་བཞི་ལྷུང་བཟེད་དུ་ལྷུང་བའི་འབྲས་བུ་གླིང་བཞི་ལ་དབང་བའི་རྒྱལ་སྲིད་ལོ་བརྒྱད་ཁྲིར་བྱས་ཤིང་། གཉིས་ཐུགས་ཀར་ཐོག་པའི་གཅིག་གི་འབྲས་བུ་རྒྱལ་ཆེན་བཞིའི་བདག་པོ་ལོ་བརྒྱད་ཁྲིར་བྱས། གཅིག་གི་འབྲས་བུ་སུམ་ཅུ་རྩ་གསུམ་དུ་བརྒྱ་བྱིན་སུམ་ཅུ་རྩ་བདུན་བརྗེས་ཀྱི་བར་ལ་བརྒྱ་བྱིན་གྱི་རྒྱལ་སྲིད་ཕྱེད་ལ་དབང་བྱས་པ་ཡིན། གཞན་ཡང་སངས་རྒྱས

ལ་དམིགས་ནས་ཐ་ན་མེ་ཏོག་གཅིག་ནམ་མཁའ་ལ་གཏོར་བའི་དགེ་འབྲས་ཀྱིས་བརྒྱ་བྱིན་དང་འཁོར་ལོས་སྒྱུར་བ་ཐོབ་པའི་མཐའ་ཡང་རྙེད་དཀའ་བར་གསུངས། དེ་སྐད་དུ་ཡང་མཛངས་བླུན་ལས།

དགེ་བ་ཆུང་ངུ་དག་ལ་ཡང་། །
མི་ཕན་སྙམ་དུ་བརྙས་མི་བྱ། །
ཆུ་ཡི་ཐིགས་པ་བསགས་པ་ཡིས། །
སྣོད་ཆེན་རིམ་གྱིས་གང་བར་འགྱུར། །

ཞེས་དང་། ཡོན་ཏན་མཛོད་ལས་ཀྱང་།

ཇི་ལྟར་ས་བོན་ཡུངས་འབྲུ་ཙམ་པའི་ཤིང་། །
ཨ་ཤྭ་ཏ་ཡི་འབྲས་བུ་ལོ་དུས་སུ། །
ཡལ་ག་རེ་ལའང་དཔག་ཚད་ཙམ་འཕེལ་བས། །
དགེ་སྡིག་གཟུགས་བརྙན་འཕེལ་བའི་དཔེར་མི་ཕོད། །

ཅེས་ཤིང་ཨ་ཤྭ་ཏ་ཞེས་པ་དེའི་ས་བོན་ཡུངས་འབྲུ་ལས་ཆུང་བ་ཞིག་ལས་མེད་ཀྱང་། ཤིང་དེ་བསྐྱེད་པའི་ཚེ་ལོ་རེ་ལ་ཡལ་ག་དཔག་ཚད་རེ་ཙམ་དུ་འཕེལ་ཡང་། དེས་ཀྱང་དགེ་སྡིག་གི་འབྲས་བུ་འཕེལ་བའི་དཔེ་མི་ཕོད་པར་གསུངས་པ་ཡིན་ནོ། །

གཞན་ཡང་བསླབ་པའི་གནས་ཕྲ་མོ་ཙམ་ལ་འགལ་ན་ཡང་ཉེས་པ་ཆེན་པོ་འབྱིན་པ་ཡིན་ཏེ། སྔོན་ཀླུའི་རྒྱལ་པོ་ཨེ་ལའི་འདབ་བཅོམ་ལྡན་འདས་ཀྱི་སྤྱན་སྔར་འཁོར་ལོས་སྒྱུར་བའི་གཟུགས་ཀྱིས་འོངས་པ་ན། བཅོམ་ལྡན་འདས་ཀྱི་ཞལ་ནས། ཁྱོད་ཀྱིས་འོད་སྲུང་གི་བསྟན་པ་ལ་རྨ་འབྱིན་པར་མ་ཟད། ངའི་བསྟན་པ་ལའང་རྨ་འབྱིན་པར་བྱེད་དམ། རང་གི་གཟུགས་ཀྱིས་ཆོས་ཉོན་གསུངས་པས། བདག་ལ་གནོད་པར་བྱེད་པ་མང་བས་རང་གཟུགས་ཀྱིས་འོང་མི་ནུས་པར་

འདུག་ཟེར་བ་ལ། ལག་ན་རྡོ་རྗེ་ལ་སྲུང་དུ་བཅུག་པས། སྤྲུལ་ཆེན་པོ་དཔག་ཚད་མང་པོ་ཁྱབ་པ་ཞིག་གི་མགོར་ཤིང་ཨ་ལའི་འདབ་ཀྱི་སྡོང་པོ་ཆེན་པོ་སྐྱེས་པའི་ལྡིད་ཀྱིས་ནོན་ཞིང་རྩ་བ་འབུས་གཡེང་བས་སྡུག་བསྔལ་ཆེན་པོ་མྱོང་བ་ཞིག་བྱུས་ནས་བྱུང་བ། དེའི་རྒྱུ་མཚན་ཞུས་པས། ཁོ་སྟོན་སངས་རྒྱས་འོད་སྲུང་གི་བསྟན་པ་ལ་དགེ་སློང་ཡིན་པ་ལ། ལམ་ཁ་ཞིག་ཏུ་ཤིང་ཨ་ལའི་འདབ་ཀྱི་སྡོང་པོ་ཆེན་པོ་སྐྱེས་པ་ཞིག་ལ་ཆོས་གོས་ཐོགས་པ་ཁོ་ཤིན་ཏུ་ཁྲོས་ཏེ་བསླབ་པ་ཁྱད་དུ་བསད་ནས། ཤིང་དེ་བཅད་པས་དེའི་ཉེས་པ་ཡིན་པས་གསུངས། དེ་ལྟ་བུའི་དགེ་བ་དང་སྡིག་པའི་ལས་དེ་དག་ཐམས་ཅད་ཀྱང་ལས་དཀར་ནག་ཏུ་བྱེད་པ་དང་། ལྡོ་ཡང་དུ་བྱེད་པ་ཐམས་ཅད་ཀྱང་བསམ་པའི་ཀུན་སློང་ཁོ་ན་གཙོ་ཆེ་སྟེ། དཔེར་ན་ཤིང་སྡོང་པོ་ཆེན་པོ་ཞིག་གི་རྩ་བ་སྨན་ཡིན་ན། དེའི་སྡོང་པོ་དང་ལོ་མ་ཡང་སྨན་ཡིན་ལ། རྩ་བ་དུག་ཡིན་ན་ལོ་མ་དང་སྡོང་པོ་ཡང་དུག་ཡིན་གྱི། དུག་གི་རྩ་བ་ལ་སྨན་གྱི་ལོ་མ་སོགས་སྐྱེ་མི་སྲིད་པ་བཞིན་དུ། ཀུན་སློང་ཆགས་སྡང་གིས་བསྐྱེད་ཅིང་བསམ་པ་རྣམ་པར་མ་དག་ན། ལས་དགེ་བ་ལྟར་སྣང་བ་ཞིག་བྱས་ཀྱང་དོན་དུ་མི་དགེ་བར་འགྱུར་ཞིང་། བསམ་པ་རྣམ་པར་དག་ན་ལྟར་སྣང་ལ་མི་དགེ་བ་ལྟ་བུ་ཞིག་བྱས་ཀྱང་དོན་དུ་དགེ་བ་ཡིན་ཏེ། ཡོན་ཏན་མཛོད་ལས།

རྩ་བ་སྨན་དུ་མཆིས་ན་མྱུ་གུའང་སྨན། །
རྩ་བ་དུག་ཡིན་མྱུ་གུ་སྨོས་ཅི་དགོས། །
བསམ་པ་དགེ་དང་མི་དགེའི་བྱེ་བྲག་ལས། །
དགེ་སྡིག་གཟུགས་བརྙན་ཆེ་ཆུང་ངེས་མི་འགྱུར། །

ཞེས་གསུངས། དེས་ན་རང་འདོད་ཀྱི་འཁྲིས་རྩ་བ་ནས་མེད་ཅིང་བསམ་པ་རྣམ་པར་དག་ན། རྒྱལ་སྲས་བྱང་ཆུབ་སེམས་དཔའ་རྣམས་ལ་ལུས་ངག་གི་མི་དགེ་བདུན་པོ་དངོས་སུ་གནང་བའི་སྐབས་ཡོད་དེ། དཔེར་ན་དེད་དཔོན་སྙིང་

རྗེ་ཆེན་པོས་མི་ནག་མདུང་ཐུང་ཅན་བསད་པ་དང་། བྲམ་ཟེའི་ཁྱེའུ་སྐར་མས་བྲམ་ཟེའི་བུ་མོ་ལ་མི་ཚངས་པ་སྤྱོད་པ་ལྟ་བུ་ཡིན། དེ་ཡང་སྟོན་བདག་ཅག་གི་སྟོན་པ་དེད་དཔོན་སྙིང་རྗེ་ཆེན་པོར་སྐུ་སྐྱེ་བ་བཞེས་སྐབས་ཚོང་པ་ལྔ་བརྒྱ་དང་བཅས་རྒྱ་མཚོར་ཕྱིན་པའི་ལམ་དུ་མི་ནག་མདུང་ཐུང་ཅན་བྱ་བའི་ཆོམ་རྐུན་གདུག་པ་ཅན་ཞིག་ཚོང་པ་ལྔ་བརྒྱ་གསོད་དུ་བྱུང་བས། ཁོང་གི་ཐུགས་དགོངས་ལ་ཚོང་པ་ལྔ་བརྒྱ་པོ་འདི་དག་ཕྱིར་མི་ལྡོག་པའི་བྱང་ཆུབ་སེམས་དཔའ་ཤ་སྟག་ཡིན་པས་འདི་ཐམས་ཅད་མི་གཅིག་གིས་བསད་ན་དེ་བསྐལ་པ་དཔག་ཏུ་མེད་པའི་བར་དམྱལ་བར་གནས་དགོས་པར་འགྱུར་བས་སྙིང་རེ་རྗེ། དེ་བས་ངས་འདི་བསད་ན་འདི་དམྱལ་བར་མི་འགྲོ་བར་འདུག་པས་ང་རང་དམྱལ་བར་སོང་ཡང་ཐབས་མེད་སྙམ་དུ་བློ་སྟོབས་ཆེན་པོས་དགོངས་ནས་ཆོམ་རྐུན་པ་དེ་བསད་པས་བསྐལ་པ་བདུན་ཁྲིའི་ཚོགས་རྫོགས་པ་ཡིན། དེ་ཡང་ལྟར་སྣང་ལ་མི་དགེ་བ་ཡིན་ཏེ་ཁོང་བྱང་ཆུབ་སེམས་དཔའ་ཞིག་གིས་དངོས་སུ་མི་ཞིག་བསད་པ་ཡིན། དོན་དུ་དགེ་བ་ཡིན་ཏེ་ཁོང་ལ་རང་འདོད་ཀྱི་འཁྲིས་མེད་ཅིང་འཕྲལ་དུ་ཚོང་པ་ལྔ་བརྒྱའི་སྲོག་བསྐྱབས་པ་དང་། ཕུགས་སུ་མི་ནག་མདུང་ཐུང་ཅན་དམྱལ་བའི་སྡུག་བསྔལ་ལས་བསྐྱབས་པས་དགེ་བ་རླབས་པོ་ཆེར་གྱུར་པ་ཡིན། དེ་བཞིན་བྲམ་ཟེའི་ཁྱེའུ་སྐར་མ་ལ་དགའ་བས་ལོ་གྲངས་མང་པོར་ནགས་སུ་ཚངས་པར་སྤྱད་ནས། གྲོང་དུ་བསོད་སྙོམས་ལ་ཕྱིན་སྐབས་བྲམ་ཟེའི་བུ་མོ་ཞིག་ཁོང་ལ་ཆགས་ནས་འཆི་བར་ཅོམ་པ་དེ་ལ་སྙིང་རྗེ་སྐྱེས་ཏེ་ཁྱིམ་ཐབ་བྱས་པས་བསྐལ་པ་བཞི་ཁྲིའི་ཚོགས་རྫོགས་པ་ཡིན། དེས་ན་སྲོག་གཅོད་པ་དང་མི་ཚངས་པར་སྤྱོད་པ་ཡང་དེ་དང་དེ་ལྟ་བུ་ལ་གནང་བ་ཡིན་གྱི། རང་འདོད་ཀྱི་སྒོ་ནས་ཆགས་སྡང་རྨོངས་གསུམ་གྱིས་ཀུན་ནས་བསླངས་ཏེ་སྤྱོད་པ་ནི་སུ་ལ་ཡང་གནང་བ་མེད། མ་བྱིན་པར་ལེན་པ་ཡང་ཕྱུག་པོ་སེར་སྣ་ཅན་གྱི་ལོངས་སྤྱོད་ལས་བརྐུ་བ་སོགས་བྱས་ནས། དེ་ཉིད་ཀྱི་ཆེད་དུ་དཀོན་མཆོག་མཆོད་པ་དང་། ངན་སྐྱོང་ལ་

སྤྱིན་པ་གཏོང་བ་སོགས་བྱེད་པའི་བྱང་ཆུབ་སེམས་དཔའ་བློ་སྟོབས་ཆེན་པོ་རང་འདོད་རྩ་བ་ནས་མེད་པ་ལ་གནང་བ་ཡིན། རྫུན་དུ་སྨྲ་བ་ཡང་གསོད་པ་ལ་ཐུག་པའི་སེམས་ཅན་གྱི་སྲོག་སྲུང་བ་དང་། དཀོན་མཆོག་གི་དཀོར་སྲུང་བ་ལ་སོགས་པའི་ཆེད་དུ་གནང་བ་ཡིན་གྱི་རང་འདོད་ཀྱི་སྒོ་ནས་གཞན་བསླུ་བའི་ཆེད་དུ་གནང་བ་མིན། ཕྲ་མ་ནི་དཔེར་ན་དགེ་བ་བྱེད་པ་ཞིག་དང་སྡིག་པ་ལ་དགའ་བའི་མི་ཞིག་གཉིས་གྲོགས་མཐུན་པོ་ཡོད་པ་ལ། སྡིག་པ་བྱེད་པ་དེ་དབང་ཆེ་བས་དགེ་བ་བྱེད་པ་དེ་སྡིག་པའི་ལམ་དུ་སྐྱུར་གྱིས་དོགས་ན། དེ་གཉིས་དབྱེན་བྱེད་པ་ལྟ་བུའི་ཆེད་དུ་གནང་བ་ཡིན་གྱི། རང་བཞིན་དུ་མཐུན་གཉིས་འབྱེད་པ་ལ་གནང་བ་མིན། ཚིག་རྩུབ་པོ་ཡང་འཇམ་པོས་འདུལ་མི་ནུས་པའི་རིགས་བཙན་ཐབས་ཀྱིས་ཆོས་ལ་གཟུད་པ་དང་། གདམས་ངག་བརྗོད་པས་མཚང་ལ་རྙོལ་བ་སོགས་ཀྱི་ཆེད་དུ་གནང་སྟེ། ཇོ་བོས།

བླ་མའི་མཆོག་མཚང་ལ་རྙོལ་བ་ཡིན། །

གདམས་ངག་གི་མཆོག་མཚང་ཐོག་ཏུ་འབེབས་པ་ཡིན། །

ཞེས་པ་ལྟ་བུ་ཡིན་གྱི། ཕ་རོལ་པོ་ཁྲོད་དུ་གསོད་པའི་ཚིག་རྩུབ་གནང་བ་མིན། ངག་འཁྱལ་ཡང་། གཏམ་ལ་དགའ་བའི་མི་ཁ་ཅིག་སྨྲ་བ་བཅད་དེ་ཆོས་ལ་འཇུག་མི་ནུས་པ་ལ་ཐབས་ཀྱིས་ཁྲིད་དེ་ཆོས་སྐོར་གཞུག་པའི་ཆེད་དུ་ངག་འཁྱལ་གནང་བ་ཡིན་གྱི། རང་གཞན་རྣམ་པར་གཡེང་བའི་རྒྱུར་གནང་བ་མིན། ཡིད་ཀྱི་ཉེས་པ་གསུམ་པོ་ནི། ཀུན་སློང་དགེ་བར་བསྒྱུར་དུ་མེད་ཅིང་རྣམ་རྟོག་ངན་པ་གཅིག་སྐྱེས་ནས་མི་དགེ་བར་འགྱུར་བས་ནམ་ཡང་སུ་ལ་ཡང་གནང་བ་མེད་དོ། །

དེ་ལྟར་ལས་དགེ་བ་དང་མི་དགེ་བའི་བྱེད་པོ་ནི་སེམས་ཁོ་ན་ཡིན་ཅིང་ལུས་ངག་གི་སྒོར་མ་ཐོན་ཀྱང་། སེམས་ཀྱི་རྣམ་རྟོག་དགེ་བ་དང་མི་དགེ་བའི་འབྲས་བུ་ཆེན་པོ་འབྱིན་པ་ཡང་དུ་མ་ཡོད་པ་ཡིན་པས། དུས་རྟག་ཏུ་རང་གི་སེམས་ལ་བརྟགས་ནས་སེམས་དགེ་བར་འདུག་ན་དགའ་བ་བསྒོམ་ཞིང་དགེ་བ

གོང་འཕེལ་དུ་བྱ། མི་དགེ་བར་འདུག་ན་འཕྲལ་དུ་བཤགས་པ་བྱ་ཞིང་། ང་རེ་ངན་ཆོས་དེ་ཙམ་ཐོས་ཀྱང་ད་དུང་ཡང་རྣམ་རྟོག་དེ་ལྟ་བུ་སྐྱེ་བ་ངོ་རེ་ཚ། ད་ཕྱིན་ཆད་དེ་ལྟ་བུའི་ཀུན་རྟོག་རྒྱུད་ལ་མི་འཆར་བ་ཞིག་འབད་དགོས་སྙམ་དུ་བསམ། དགེ་བ་ཞིག་བསྒྲུབ་པའི་དུས་ན་ཡང་དང་པོ་རང་གི་ཀུན་སློང་ལ་ལེགས་པར་བརྟགས་ཏེ། ཀུན་སློང་དགེ་བར་འདུག་ན་དགེ་བ་དེ་བསྒྲུབ། ཀུན་སློང་གཞན་ལ་འགྲན་སེམས་དང་ཚུལ་འཆོས་དང་གྲགས་འདོད་ལ་སོགས་པར་འདུག་ན་ཀུན་སློང་ངན་གྱིས་བཅོས་ནས་བྱང་ཆུབ་སེམས་ཀྱིས་ཟིན་པར་བྱ། ཅེས་ཀྱང་ཀུན་སློང་བསྒྱུར་དུ་མ་བཏུབ་ན་དགེ་རྩ་བྱེད་པ་དེ་བཞོལ་ན་ལེགས་ཏེ། སྔོན་དགེ་བཤེས་འབན་ལ་ཡོན་བདག་མང་པོ་མཇལ་དུ་འོང་བ་ཡོད་པ་ལ། དེའི་སྔ་དྲོ་རྟེན་གསུམ་རྣམས་ཀྱི་དྲུང་དུ་མཆོད་བཤམས་སོགས་ཤིན་ཏུ་ལེགས་པོ་ཞིག་བྱས། དེར་ཁོང་གིས་རང་གི་ཀུན་སློང་ལ་བརྟགས་པས་ཡོན་བདག་རྣམས་ཀྱི་མིག་སྔར་མཛེས་ཆོས་སུ་སོང་ནས། ཀུན་སློང་མ་དག་པར་འདུག་པས་རྟེན་མཆོད་རྣམས་ལ་ཐལ་བ་སྤུར་གང་གཏོར་ནས། དགེ་སློང་རང་ཟག་ཟོག་མ་བྱེད་པར་བཞུགས་ཤིག་གསུངས། དེ་ཕ་དམ་པས་མཁྱེན་ནས། བོད་ཀྱི་མཆོད་ཟས་ཞིག་ལ་འབབ། ན་གུང་རྒྱལ་གྱི་ཐལ་བ་སྤུར་གང་པོ་དེ་བཟང་གསུངས་སྐད། ད་ལྟར་དུས་དང་རྣམ་པ་ཐམས་ཅད་དུ་རང་གི་རྒྱུད་ལ་ལེགས་པར་བརྟགས་ན། སྡིག་པའི་ལས་བྱེད་པ་ན་འཕྲལ་དུ་ངོས་ཟིན་ནས་འཕྲལ་དུ་བཤགས་སྡོམ་བྱེད་པ་སོགས་ཀྱིས་རྒྱུད་མི་དགེ་བ་དང་མི་འགྲོགས་པ་ཡིན་གྱི། སོ་སོའི་སྐྱེ་བོའི་ས་འདིར་ཀུན་རྟོག་ངན་པའི་བསམ་སྦྱོར་རྒྱུད་ལ་མི་སྐྱེ་བ་ནི་མི་འོང་སྟེ། ཡང་སྔོན་དགེ་བཤེས་འབན་ཡོན་བདག་ཞིག་གི་ཁྱིམ་དུ་བཞུགས་སྐབས་ཡོན་བདག་རྣམས་ཕྱི་རོལ་དུ་སོང་། ཁོང་གི་ཐུགས་དགོངས་ལ་ང་ལ་ཇ་མེད་པས་ད་གཟོད་རེ་ཁྲིད་ཕྱིན་སྐབས་བསྐོལ་རྒྱུའི་ཇ་ཞིག་བརྐུ་དགོས་སྙམ་ནས་ཇ་ཁུག་ནང་ཕྱག་བརྒྱབ་འཕྲལ་དྲན་པས་ཟིན་ནས་ཡོན་བདག་རྣམས་ལ་བོས་ཏེ། འདི་ལྟར་བྱེད་

ཀྱིན་འདུག་པས་འདིའི་ལག་པ་འདིའི་མཁྲིག་མ་ནས་ཚོད་ཅིག་གསུངས་སྐད། དེ་བཞིན་དུ་ཇོ་བོ་རྗེ་ལྷ་ཅིག་གི་ཞལ་ནས་ཀྱང་། ང་རང་སོ་སོར་ཐར་པའི་སྡོམ་ཞུགས་ནས་ཉེས་བྱས་ཕྲ་མོས་ཀྱང་མ་གོས། བྱང་སེམས་ཀྱི་བསླབ་བྱ་ལ་ཉེས་པ་རེ་རེ་གཉིས་གཉིས་བྱུང་། གསང་སྔགས་རྡོ་རྗེ་ཐེག་པའི་སྡོམ་ཞུགས་ནས་ཉེས་པ་ཚོ་ལེ་ཉོ་ལེ་བྱུང་ཡང་ཉེས་ལྟུང་དང་འགྲོགས་ནས་ཞག་གཅིག་ཀྱང་སྡོད་མ་མྱོང་གསུངས། ལམ་དུ་ཕྱིན་པའི་བར་ལ་ཡང་ཀུན་རྟོག་ངན་པ་རེ་ཙམ་བྱུང་ཙ་ན་ཤིང་གི་མཆྲལ་ཞིག་ཡོད་པ་བླངས་ནས་འཕྲལ་འཕྲལ་བཤགས་སྡོམ་མཛད། དེ་བཞིན་འཕན་ཡུལ་རྒྱལ་དུ་དགེ་བཤེས་མང་པོ་ཚོགས་པའི་གྲལ་ལ་ཞོ་སྟོན་ཞིག་བྱུང་བའི་ཚེ། དགེ་བཤེས་འབན་གྲལ་སྐེད་ཙམ་ན་བཞུགས་པ་ལ། གྲལ་གོང་མ་རྣམས་ལ་ཞོ་མང་དུ་དྲངས་པ་གཟིགས་པས། ཞོ་ལེགས་པོ་ཞིག་འདུག་སྙེ། ངའི་སྐལ་བ་རང་འདི་ནས་མི་ཐོབ་པ་འདྲ་སྙམ་པ་ཞིག་བྱུང་བ་ལ། དེ་མ་ཐག་དྲན་པས་ཟིན་ནས་ཞོ་འཐུང་དད་ཅན་ཁྱོད་འདྲ་བ་དགོངས་ནས་ཕོར་པ་ཁ་སྦུབ་ནས་བཞག ཕྱག་བདེ་བ་འོངས་ནས་ཞོ་གསོལ་བར་ཞུ་བྱས་པས། བློ་ཉེས་པོ་ཁྱོས་ད་ཅི་ནས་འཐུང་ཟིན་གྱིས་གསུངས་ནས་གསོལ་དུ་མ་འདོད། ཁོང་དགེ་སློང་རྣམ་དག་གི་སྟོན་སྐལ་མཉམ་པོར་འདོད་པ་ཙམ་ལ་མི་དགེ་བའི་ཆ་ཅི་ཡང་མེད་ཀྱང་། ཞོ་ལེགས་པ་དེ་ནས་ཐོབ་ཏུ་རེ་བའི་རང་འདོད་ཙམ་ལ་དགོངས་ནས་མ་གསོལ་བ་ཡིན། དེ་ལྟར་དུས་དང་རྣམ་པ་ཐམས་ཅད་དུ་རང་རྒྱུད་ལ་བརྟགས་ནས་དགེ་སྡིག་ལ་སྤང་བླང་བྱས་ན་བློ་ལས་སུ་རུང་ནས་རྒྱུད་དགེ་བ་འབབ་ཞིག་ཏུ་འགྱུར་བ་ཡིན་ཏེ། སྟོན་བྲམ་ཟེ་སྦྲ་མཁན་བྱ་བས་རྒྱུན་དུ་རང་གི་སེམས་ལ་བརྟགས་ནས་མི་དགེ་བའི་རྟོག་པ་རེ་སྐྱེས་ཙ་ན་རྡེའུ་ནག་པོ་རེ་བཞག དགེ་བའི་རྟོག་པ་རེ་སྐྱེས་ཙ་ན་རྡེའུ་དཀར་པོ་རེ་བཞག་པས་དང་པོ་ནག་པོ་ཧྲུང་པ་བྱུང་། གཉེན་པོ་བསྐྱེད་དེ་འབད་ནས་སྤང་བླང་བྱས་པས། བར་དུ་དཀར་ནག་ཕྱེད་མ་ཙམ་བྱུང་། མཐར་དཀར་པོ་ཤ་སྟག་བྱུང་བ་ཡིན། དེ་ལྟར་དུས་དང་

རྣམ་པ་ཐམས་ཅད་དུ་དྲན་པ་དང་། ཤེས་བཞིན་གྱིས་བཟུང་ནས་དགེ་བའི་གཉེན་པོ་བསྐྱེད་དེ། སྡིག་པའི་ལས་ཕྲ་མོ་ཙམ་གྱིས་ཀྱང་མ་གོས་པར་བྱ་དགོས། ཚེ་འདིར་སྡིག་པའི་ལས་བསགས་པ་མེད་ཀྱང་འཁོར་བ་ཐོག་མ་མེད་པའི་དུས་ནས་བསགས་པའི་ལས་ཀྱི་མཐའ་མི་མངོན་ཞིང་། དེ་ལྟ་བུའི་སྨིན་འགྱུར་གྱི་ལས་ཀྱང་བསམ་གྱིས་མི་ཁྱབ་པ་ཡོད་པས། ད་ལྟ་དགེ་བ་འབའ་ཞིག་བྱེད་པ་དང་། སྟོང་པ་ཉིད་ལ་གོམས་པར་བྱེད་པ་རྣམས་ལ། ཕྱི་མ་ངན་སོང་ལ་སོགས་པར་སྨྲི་འགྱུར་གྱི་ལས་བག་ལ་ཉལ་དུ་ཡོད་པ་གཉེན་པོའི་མཐུས་མངོན་དུ་བསླངས་ནས་ཚེ་འདིར་སྨིན་ཏེ་སྡུག་བསྔལ་བ་ཡང་ཡོད་དེ། རྡོ་རྗེ་གཅོད་པ་ལས། ཤེས་རབ་ཀྱི་ཕ་རོལ་ཏུ་ཕྱིན་པ་སྤྱོད་པའི་བྱང་ཆུབ་སེམས་དཔའ་མནར་ཞིང་རབ་ཏུ་མནར་བར་འགྱུར་ཏེ། དེ་མ་འོངས་པ་ན་སྡུག་བསྔལ་སྨྱོང་བར་འགྱུར་བའི་ལས་ཚེ་འདིར་སྨིན་པའོ། །ཞེས་གསུངས། དེ་བཞིན་དུ་སྡིག་པ་འབའ་ཞིག་བྱེད་པའང་། དགེ་བའི་ལས་ཀྱི་སྨིན་འགྱུར་ཕྲ་མོ་ཡོད་པ་འཕྲལ་དུ་སྨིན་པའང་ཡོད་དེ། སྔོན་ཉི་འོག་གི་རྒྱལ་ཁམས་སུ་དང་པོ་ཞག་བདུན་རིན་པོ་ཆེའི་ཆར་བབས། དེ་ནས་རིམ་བཞིན་གོས་དང་འབྲུའི་ཆར་བབས་ཏེ། མཐར་སའི་ཆར་བབས་ནས་ཐམས་ཅད་ས་འོག་ཏུ་ནོན་ནས་ཤི་སྟེ་དམྱལ་བར་སྐྱེས་པ་ལྟ་བུ་ཡིན། དེས་ན་དགེ་བ་ཅན་ལ་སྡུག་བསྔལ་འབྱུང་བ་དང་། སྡིག་པ་ཅན་སྐྱིད་པོར་འབྱུང་བ་ཐམས་ཅད་ཀྱང་སྔོན་གྱི་ལས་སྨིན་པ་ཡིན་ཞིང་། ད་ལྟ་དགེ་སྡིག་གི་ལས་གང་བྱས་ཕྱི་མའམ། ཕྱི་མའི་ཕྱི་མ་ལ་སོགས་པར་སྨིན་པར་འགྱུར་བ་ཡིན་པས། དུས་རྟག་ཏུ་རྒྱུ་འབྲས་ཀྱི་གནས་འདི་ལ་ངེས་ཤེས་བསྐྱེད་ནས་སྤང་བླང་བྱེད་པ་གལ་ཆེ་བས། ལྟ་བ་མཐོ་མོའི་ཆོས་སྐད་ཀྱིས་རྒྱུ་འབྲས་ཁྲད་དུ་གསོད་པར་མི་བྱ་སྟེ། ཨོ་རྒྱན་ཆེན་པོས། རྒྱལ་པོ་ཆེན་པོ་ངའི་གསང་སྔགས་འདི་ལྟ་བ་གཙོ་ཆེ། ལྟ་བའི་ཕྱོགས་སུ་སྤྱོད་པ་མ་ཤོར་བར་མཛོད། དེ་ཤོར་ན་དགེ་སྡིག་སྟོང་ནག་པོ་ཁ་འཐོམས་བདུད་ཀྱི་ལྟ་བར་འགྲོ། ཡང་སྤྱོད་པའི་ཕྱོགས་སུ་ལྟ་བ་མ་ཤོར་བར་མཛོད། དེ་ཤོར་ན་དངོས་

པོ་དང་མཚན་མས་བཅིངས་ནས་གྲོལ་བའི་དུས་མེད། ཅེས་གསུངས། དེས་ན་ལྟ་བ་ནམ་མཁའ་བས་ཀྱང་མཐོ། །ལས་རྒྱུ་འབྲས་བག་ཕྱེ་བས་ཀྱང་ཞིབ། །ཅེས་གསུངས་པ་ལྟར། ལྟ་བ་གནས་ལུགས་ཀྱི་དོན་ཅི་ཙམ་རྟོགས་བཞིན་རྒྱུ་འབྲས་ལ་ཞིབ་ཏུ་འགྲོ་བ་ཞིག་དགོས་ཏེ། ཕ་དམ་པ་རིན་པོ་ཆེར། སྟོང་ཉིད་རྟོགས་ན་སྡིག་པ་བྱས་ན་གནོད་དམ་མི་གནོད་ཞུས་པས། སྟོང་ཉིད་རྟོགས་ན་སྡིག་པ་བྱ་དོན་མེད། སྟོང་ཉིད་རྟོགས་པ་དང་སྙིང་རྗེ་སྐྱེ་བ་དུས་མཉམ་གསུངས། དེས་ན་ཆོས་ཡང་དག་པ་ཞིག་བསྒྲུབ་འདོད་ན་རྒྱུ་འབྲས་ཀྱི་སྤང་བླང་ལ་གཙོ་བོར་བྱ་ཞིང་ལྟ་བ་དང་སྤྱོད་པ་ཡ་མ་བྲལ་བར་ཉམས་སུ་བླང་དགོས་པ་ཡིན། དེ་ལྟར་ལས་རྒྱུ་འབྲས་ཀྱི་ཁྲིད་དེ་རྒྱུད་ལ་སྐྱེས་པའི་ཚད་ཇོ་བཙུན་མི་ལ་ལྟ་བུ་ཞིག་དགོས་པ་ཡིན་ཏེ། ཇོ་བཙུན་ལ་སློབ་མ་རྣམས་ཀྱིས་ཇོ་བཙུན་གྱི་མཛད་སྤྱོད་འདི་གང་ལ་བལྟས་ཀྱང་སོ་སོ་སྐྱེ་བོའི་བློའི་ཡུལ་ལས་འདས་པར་འདུག་པས། ཇོ་བཙུན་རིན་པོ་ཆེ་དང་པོ་ཉིད་ནས་རྡོ་རྗེ་འཆང་ངམ་སངས་རྒྱས་བྱང་སེམས་གང་རུང་ཞིག་གི་སྤྲུལ་པ་ཡིན་པར་འདུག་པས་གསུང་བར་ཞུ་ཞུས་པས། ཇོ་བཙུན་གྱི་ཞལ་ནས། ཁྱེད་རྣམས་ཀྱིས་ང་ལ་རྡོ་རྗེ་འཆང་ངམ་སངས་རྒྱས་བྱང་སེམས་གང་རུང་ཞིག་གི་སྤྲུལ་པ་ཡིན་སྙམ་པ་དེ་ང་ལ་དད་པ་ཡིན་ཏེ། ཆོས་ལ་ལོག་ལྟ་དེ་ལས་ཆེ་བ་མེད། ངས་དང་པོ་མཐུ་དང་སེར་བ་ལ་བརྟེན་ནས་སྡིག་ཚབས་པོ་ཆེ་དེ་བསགས་འཕྲལ། ངེས་པར་དམྱལ་བར་སྐྱེ་བ་ལས་མེད་སྙམ་ནས་སྒྲུབ་པ་ལ་སྙིང་རུས་ཕུར་ཚུགས་སུ་བྱས་པས། གསང་སྔགས་ཐབས་ཟབ་པའི་གནད་ཀྱིས་རྒྱུད་ལ་ཡོན་ཏན་ཁྱད་པར་ཅན་སྐྱེས་པ་ཡིན། ཁྱེད་རང་རྣམས་ཆོས་ལ་སྙིང་རུས་མི་ནུས་པ་ལས་རྒྱུ་འབྲས་ལ་ཡིད་ཆེས་མ་སྐྱེས་པས་ལན། རྒྱུ་འབྲས་ལ་སྙིང་ཐག་པ་ནས་ཡིད་ཆེས་སྐྱེས་ན། ངའི་སྙིང་རུས་དེ་འདྲ་བ་སོ་སྐྱེ་སྙིང་རུས་ཅན་ཀུན་ལ་འོང་བར་འདུག དེ་ཙ་ན་ཡོན་ཏན་ཡང་རྒྱུད་ལ་སྐྱེ་བས་རྡོ་རྗེ་འཆང་ངམ་སངས་རྒྱས་བྱང་སེམས་ཀྱི་སྤྲུལ་པ་ཡིན་སྙམ་པ་ཡང་ཡོང་བར་འདུག་གསུངས། དེས་ན་ཁོང་གིས

དང་པོར་སྡིག་པ་བསགས་པས་དམྱལ་བར་སྐྱེ་ངེས་པའི་བློ་ཐག་ཆོད་པ་རྒྱུ་འབྲས་ལ་ཡིད་ཆེས་པ་ལས་བྱུང་ཞིང་། དེ་ལ་བརྟེན་ནས་ཆོས་ལ་སྙིང་རུས་མཛད་པས་ཕོང་གི་དཀའ་སྤྱད་དང་སྙིང་རུས་ཀྱི་རྣམ་ཐར་འདྲ་བ་རྒྱ་བོད་གཉིས་ཆར་ན་དཀའ་བ་ཡིན། དེས་ན་ལས་རྒྱུ་འབྲས་ཀྱི་གནད་འདི་དག་སྙིང་ཐག་པ་ནས་ཡིད་ཆེས་བསྐྱེད། དུས་དང་རྣམ་པ་ཐམས་ཅད་དུ་དགེ་བ་ཕྲ་མོ་ཙམ་ཚད་དམ་པ་གསུམ་གྱིས་ཟིན་པའི་སྒོ་ནས་ཅི་ནུས་སུ་བསྒྲུབ། སྡིག་པའི་ལས་ཕྲ་རབ་ཙམ་ཡང་སྲོག་ལ་བབས་ཀྱང་མི་བྱ་སྙམ་དུ་དམ་བཅའ་བླངས། ནངས་པར་མལ་ནས་ལྡང་བའི་ཚེ་ཡང་ཕྱུགས་ལུག་ལྟས་ནས་ལྡངས་པ་ལྟར་ཧུར་གྱིས་ལངས་ནས་མི་འགྲོ་བར། མལ་ནང་དེར་བློ་ལྟོད་ཀྱིས་སློད། ཁ་ནང་དུ་ལོག་ནས་རང་གི་རྒྱུད་ལ་ཞིགས་པར་བརྟག མདང་སུམ་ཚི་ལམ་དུ་སྡིག་པ་བྱུང་བ་ལ་ཡང་འགྱོད་པ་དང་བཤགས་པ་བྱ། དགེ་བ་བྱུང་ན་དགའ་བ་བསྒོམ་ཞིང་སེམས་ཅན་གྱི་དོན་དུ་བསྔོ། དེ་རིང་གི་ཉི་མ་འདི་ལ་ངས་མཐའ་ཡས་པའི་སེམས་ཅན་ཐམས་ཅད་རྫོགས་པའི་སངས་རྒྱས་ཀྱི་གོ་འཕང་ཐོབ་པའི་ཆེད་དུ་དཀར་པོ་དགེ་བའི་ལས་ཅི་ནུས་སུ་བསྒྲུབ། ནག་པོ་སྡིག་པའི་ལས་ཅི་ནུས་སུ་སྤང་བར་བྱའོ། །སྙམ་དུ་སེམས་བསྐྱེད། ནུབ་མོ་ཉལ་བའི་ཚེ་ཡང་དྲན་མེད་དུ་ལྷེབ་བེ་མི་ཉལ་བར་མལ་དུ་དལ་གྱིས་བསྡད་ནས་སྔར་བཞིན་རྟོག་དཔྱོད་བཏང་། ག་རེ་ངས་དེ་རིང་གི་ཉི་མ་དེ་ལ་སྙིང་པོ་ཅི་ཡོན། ལས་དགེ་བ་ཅི་ལྟ་བུ་ཞིག་འགྲུབ་སྙམ་དུ་བརྟགས་ཤིང་། དགེ་བའི་ལས་འགྲུབ་པ་འདུག་ན་དགའ་བ་བསྒོམ། སེམས་ཅན་ཐམས་ཅད་སངས་རྒྱས་ཀྱི་གོ་འཕང་ཐོབ་པའི་ཆེད་དུ་བསྔོ་བ་བྱ། མི་དགེ་བའི་ལས་བྱས་པ་འདུག་ན་ང་རེ་ངན། ངས་དེ་རིང་གི་ཉི་མ་དེ་ལ་རང་གིས་རང་བརླགས་འདུག་སྙམ་དུ་འགྱོད་པ་བསྐྱེད། སྙིང་ཐག་པ་ནས་བཤགས་པ་དང་ཕྱིན་ཆད་དེ་ལྟར་མི་བྱེད་སྙམ་དུ་སྡོམ་སེམས་བླངས། དུས་དང་རྣམ་པ་ཐམས་ཅད་དུ་དྲན་པ་ཤེས་བཞིན་དང་མ་བྲལ་བའི་སྒོ་ནས་ཕྱི་ནང་སྣོད་བཅུད་ཀྱི་སྣང་བ་ཐམས་ཅད་

ལ་ཨ་འཐས་ཀྱི་བདེན་ཞེན་མི་བྱ་ཞིང་། བདེན་མེད་སྒྱུ་མའི་རྣམ་རོལ་དུ་བློ་སྦྱང་། རྟག་པར་རང་གི་རྒྱུད་དགེ་བ་དང་དྲང་པོའི་ལམ་ལ་བཞག་ནས་བློ་ལས་སུ་རུང་བར་བྱ་བ་ནི་འདི་ཡན་ཆད་ཀྱི་བློ་ལྡོག་བཞི་པོ་ཉམས་སུ་བླངས་པའི་དོན་འབྲས་ཅིལ་གྱིས་དྲིལ་བ་ཡིན་པས། དེ་ལྟར་བྱས་ན་དགེ་བ་ གང་བྱས་ཤུགས་ཀྱིས་དམ་པ་གསུམ་དང་འབྲེལ་ཞིང་། ཇི་སྐད་དུ། དགེ་བ་ཅན་སྨན་གྱི་སྡོང་པོ་དང་འདྲ། གང་བསྟེན་བསྟེན་པ་ཀུན་རྒྱལ་ནས་གདའ། སྡིག་པ་ཅན་དུག་གི་སྡོང་པོ་དང་འདྲ། གང་བསྟེན་བསྟེན་པ་ཀུན་བརླགས་ནས་གདའ། ཞེས་གསུངས་པ་ལྟར། རང་གི་བློ་ལས་སུ་རུང་བའི་མཐུ་ལ་བརྟེན་ནས་འབྲེལ་ཚད་བློ་ཁ་ཡང་དག་པའི་ཆོས་ཀྱི་ཕྱོགས་སུ་བསྒྱུར་ནུས་ཤིང་། རང་གཞན་གྱི་དགེ་བ་རླབས་པོ་ཆེ་གོང་ནས་གོང་འཕེལ་དུ་འགྱུར། སྐྱེ་བ་དང་ཚེ་རབས་ཐམས་ཅད་དུ་ངན་འགྲོ་ལོག་པར་ལྟུང་བའི་སྐྱེ་གནས་སུ་མི་སྐྱེ་ཞིང་། མཐོ་རིས་ལྷ་དང་མིའི་ལུས་རྟེན་ཁྱད་པར་ཅན་ཐོབ། ཐ་ན་དེ་ལྟ་བུའི་ཆོས་ལྡན་གྱི་གང་ཟག་དེ་གང་དུ་གནས་པའི་ཡུལ་ཕྱོགས་ཙམ་དུ་ཡང་དགེ་ཞིང་བཀྲ་ཤིས་པ་དང་། རྟག་ཏུ་ལྷ་རྣམས་ཀྱིས་བསྲུང་བར་འགྱུར་བ་ཡིན་ནོ། །

རྒྱུ་འབྲས་རྣམ་གྲངས་ཤེས་ཀྱང་ཡིད་ཆེས་ཞན། །
དམ་ཆོས་ཐོས་པ་མང་ཡང་ཉམས་ལེན་མེད། །
བདག་དང་བདག་འདྲ་ཉེས་སྤྱོད་སེམས་ཅན་རྣམས། །
སེམས་དང་ཆོས་སུ་འདྲེས་པར་བྱིན་གྱིས་རློབས། །

ལས་རྒྱུ་འབྲས་ཀྱི་རྣམ་གྲངས་འཆད་པའི་ཁྲིད་དོ། །

ལྔ་པ། ཐར་པའི་ཕན་ཡོན།

དམ་པའི་མཁས་གྲུབ་མང་པོས་རྗེས་སུ་བཟུང་། །
བླ་མའི་བཀའ་བཞིན་བསྒྲུབས་ནས་ཉམས་སུ་བླངས། །
ཐར་པའི་ལམ་མཆོག་མ་ནོར་འགྲོ་ལ་སྟོན། །
མཚུངས་མེད་བླ་མའི་ཞབས་ལ་ཕྱག་འཚལ་ལོ། །

ལྔ་པ་ཐར་པའི་ཕན་ཡོན་དང་དྲུག་པ་བཤེས་གཉེན་བསྟེན་པའི་ཁྲིད་ལ། ཉན་པའི་ཚུལ་སོགས་འདྲ། བཤད་བྱ་དངོས་ལ།

དང་པོ་ཐར་པ་ཞེས་བྱ་བ་ནི། འཁོར་བ་སྡུག་བསྔལ་གྱི་རྒྱ་མཚོ་ཆེན་པོ་ལས་ཐར་ཏེ། ཉན་ཐོས་དང་རང་རྒྱལ་རྫོགས་པའི་བྱང་ཆུབ་གསུམ་གང་གི་གོ་འཕང་ཐོབ་ཀྱང་ཐར་པ་ཡིན། དེ་ལ་ཡང་རྒྱུ་དང་འབྲས་བུ་གཉིས་ལས།

1 ཐར་པའི་གོ་འཕང་ཐོབ་བྱེད་ཀྱི་རྒྱུ།

དང་པོ་ཐར་པའི་གོ་འཕང་དེ་ཐོབ་བྱེད་ཀྱི་རྒྱུ་ནི། དང་པོ་དལ་འབྱོར་རྙེད་དཀའ་བ་ནས་བཟུང་སྟེ་བློ་ལྡོག་རྣམ་པ་བཞིས་རྒྱུད་ལས་སུ་རུང་བར་བྱས་ནས། ལས་ཐམས་ཅད་ཀྱི་རྩང་རྗེ་སྐྱབས་སུ་འགྲོ་བ་ནས་བཟུང་སྟེ། ལམ་གྱི་དངོས་གཞི་ཡོངས་སུ་རྫོགས་པ་ལ་ཐུག་གི་བར་དུ་རེ་རེ་ནས་རང་རང་གི་ཕན་ཡོན་བཤད་པ་དང་འཆད་པར་འགྱུར་བ་ཡིན་པས་དེར་འདུ།

2 འབྲས་བུ་བྱང་ཆུབ་གསུམ་གྱི་གོ་འཕང་།

འབྲས་བུ་ནི་ཉན་ཐོས་རང་རྒྱལ་རྫོགས་པའི་སངས་རྒྱས་གསུམ་གྱི་གོ་འཕང་གང་ཐོབ་ཀྱང་། ཞི་བ་བསིལ་བ་འཁོར་བའི་སྡུག་བསྔལ་གྱི་འཕྲང་ལས་ཐར་པ་

ཅན་ཡིན་པས་ང་རེ་དགའ། དེའི་ནང་ཚན་ལས་ཀྱང་། ད་རེས་ཐེག་པ་ཆེན་པོ་དང་མཇལ་བས། དགེ་བ་བཅུ་དང་། ཚད་མེད་བཞི་དང་། ཕར་ཕྱིན་དྲུག་དང་། བསམ་གཏན་བཞི་དང་། གཟུགས་མེད་བཞི་དང་། ཞི་ལྷག་གཉིས་ལ་སོགས་པ་ཐམས་ཅད་རྫོགས་པའི་བྱང་ཆུབ་ཀྱི་ན་འདོད་པས་བསྒྲུབ་པར་བྱའོ་སྙམ་དུ་སྨོན་པ་སེམས་བསྐྱེད། དངོས་གཞི་དམིགས་པ་མེད་པ། རྗེས་བསྔོ་སྨོན་གྱིས་ཐེབས་པའི་དམ་པ་གསུམ་གྱིས་ཟིན་པས་ཉམས་སུ་བླང་ངོ་། །

དྲུག་པ། བཤེས་གཉེན་བསྟེན་པ།

དྲུག་པ་བཤེས་གཉེན་བསྟེན་པའི་ཁྲིད་ནི། བླ་མ་མ་བསྟེན་པར་སངས་རྒྱས་འགྲུབ་པའི་ལོ་རྒྱུས་མདོ་རྒྱུད་བསྟན་བཅོས་ཐམས་ཅད་ནས་མ་གསུངས། མཐོང་ཆོས་སུ་ཡང་རང་བཟོ་དང་ཕོ་ཚོད་ཀྱིས་ས་ལམ་གྱི་ཡོན་ཏན་སྐྱེས་པ་གཅིག་ཀྱང་མེད། འདི་ལྟར་རང་དང་བཅས་པའི་སེམས་ཅན་ཐམས་ཅད་ལོག་པའི་ལམ་ལ་རྨ་རིག་གཟོ་བ་ཉིད་དེ། ཐར་པ་དང་ཐམས་ཅད་མཁྱེན་པའི་ལམ་ལ་ལོང་བ་བཤེས་མེད་ཐང་སྟོང་དུ་མགོ་འཁོར་བ་དང་མཚུངས། དེས་ན་དེད་དཔོན་ལ་མ་བསྟེན་པར་རིན་པོ་ཆེའི་གླིང་ནས་ནོར་བུ་བླངས་པའི་དཔེ་མེད། དེས་ན་དགེ་བའི་བཤེས་གཉེན་དང་དགེ་བའི་གྲོགས་པོ་ནི་ཐར་པ་དང་ཐམས་ཅད་མཁྱེན་པའི་ས་མཁན་མངོན་སུམ་ཡིན་པའི་ཕྱིར་གུས་པས་བསྟེན་དགོས། དེ་ལ་ཡང་དང་པོ་བླ་མ་བརྟགས་པ། བར་དུ་བླ་མ་བསྟེན་པ། ཐ་མ་དགོངས་སྤྱོད་བསླབ་པ་དང་གསུམ་ཡོད།

1 བླ་མ་བརྟག་པ།

དང་པོ་བླ་མ་བརྟག་པ་ནི། སྤྱིར་སོ་སོའི་སྐྱེ་བོ་ནི་གྲོགས་ལ་སོགས་པ་འཕྲལ་རྐྱེན་གྱིས་བསྒྱུར་སླ་བས་དུས་དང་རྣམ་པ་ཐམས་ཅད་དུ་དགེ་བའི་བཤེས་གཉེན

དང་དགེ་བའི་གྲོགས་པོ་ལ་བསྟེན་དགོས་ཏེ་དཔེར་ན་མ་ལ་ཡའི་ཙནྡན་གྱི་ནགས་ཁྲོད་དུ་སྡོང་དུམ་ཕལ་པ་ཞིག་ལྷུངས་ནས་ལོ་མང་སོང་ནས་ཙནྡན་གྱི་དྲི་བཟང་པོ་དེ་ལ་འགོས་ནས་ཤིང་ཕལ་པ་དེ་ལ་ཡང་དྲི་ཞིམ་འབྱུང་བ་དང་འདྲ་བར། སྐྱེས་བུ་དམ་པ་ཡོན་ཏན་དང་ལྡན་པ་ལ་བསྟེན་ནས་བསྡད་ན་དེའི་ཡོན་ཏན་གྱི་དྲི་བཟང་པོ་འགོས་ནས་སྤྱོད་ལམ་ཐམས་ཅད་དེ་འདྲ་བར་འགྱུར་ཏེ། ཇི་སྐད་དུ། ཇི་ལྟར་མ་ལ་ཡ་ཡི་ནགས་སྐྱུང་དུ། །རྣམ་པར་འཕྲུམས་པའི་སྡོང་དུམ་ཕལ་པ་ཡང་། །ཡལ་འདབ་བརྒྱན་པས་ཙནྡན་དྲི་བསུང་ལྟར། །གང་ལ་བསྟེན་པ་དེ་ཡི་རྗེས་སུ་འགྲོ། །ཞེས་གསུངས། ད་ལྟ་དུས་སྙིགས་མར་སོང་བས་རྒྱུད་སྡེ་རིན་པོ་ཆེ་རྣམས་ནས་བཤད་པའི་བླ་མའི་མཚན་ཉིད་ཐམས་ཅད་ཡོངས་སུ་རྫོགས་པར་ཚང་བ་རྙེད་པར་དཀའ་ཡང་། གང་ལ་བསྟེན་བྱའི་བླ་མ་དེ་ཡོན་ཏན་འདི་དག་ཚང་བ་ངེས་པར་དགོས་ཏེ། ཕྱི་སོ་ཐར་ནང་བྱང་སེམས། གསང་བ་གསང་སྔགས་ཏེ་སྡོམ་པ་གསུམ་གྱི་གནང་བཀག་གི་གནས་ལ་འགལ་བར་མ་སོང་བས་རྒྱུད་གཙང་བ། མདོ་རྒྱུད་བསྟན་བཅོས་ཀྱི་གཞུང་ལ་མ་སྦྱོངས་པའི་ཐོས་པ་ཆེ་བ། མཐའ་ཡས་པའི་སེམས་ཅན་རྣམས་ལ་བུ་གཅིག་པ་ལྟར་བརྩེ་བའི་སྙིང་རྗེས་རྒྱུད་བརླན་པ། ཕྱི་སྡེ་སྣོད་གསུམ་དང་། ནང་གསང་སྔགས་ཀྱི་རྒྱུད་སྡེ་བཞིའི་ཚིག་ལ་མཁས་པ། དོན་ཉམས་སུ་བླངས་པ་ལ་བརྟེན་ནས་རང་རྒྱུད་ལ་སྤངས་རྟོགས་ཀྱི་ཡོན་ཏན་ཁྱད་པར་ཅན་མངོན་དུ་གྱུར་པ། སྦྱིན་དང་སྙན་སྨྲ་དོན་སྤྱོད་དོན་མཐུན་ཏེ་བསྡུ་བའི་དངོས་པོ་བཞིས་སྐལ་བཟང་གི་སློབ་མ་སྡུད་པ་དེ་ལྟ་བུ་ཞིག་དགོས་ཏེ། དམ་པའི་ཆོས་ཚུལ་མཐའ་དག་རྫོགས་པ་ནི། །སྙིགས་མའི་མཐུས་བྱས་རྙེད་པར་དཀའ་ན་ཡང་། །སྡོམ་གསུམ་གནང་བཀག་གཙང་མའི་ས་གཞི་ལ། །ཐོས་དང་སྙིང་རྗེ་ཆེན་པོས་ཐུགས་རྒྱུད་བརླན། །སྡེ་སྣོད་སྔགས་རྒྱུད་རྒྱ་མཚོའི་ཚིག་མཁས། །སྤངས་རྟོགས་ཡེ་ཤེས་དྲི་མེད་འབྲས་བུས་ཕྱུག །བསྡུ་དངོས་བཞི་ཡི་མེ་ཏོག་རྣམ་བཀྲ་བས། །སྐལ་བཟང་སློབ་མའི་བུང་བ་སྡུད་

ལ་བསྟེན། །ཞེས་གསུངས། ཁྱད་པར་གསང་སྔགས་རྡོ་རྗེ་ཐེག་པའི་མན་ངག་གི་ཟབ་གནད་སྟོན་པའི་བླ་མ་ནི། རྒྱུད་སྡེ་རིན་པོ་ཆེ་ནས་བཤད་པའི་སྨིན་བྱེད་དབང་གི་ཆུ་བོ་ཟམ་མ་ཆད་པས་རྒྱུད་སྨིན་པ། དབང་དུས་སུ་ཁས་བླངས་པའི་དམ་ཚིག་དང་སྡོམ་པའི་གནས་ལ་འགལ་བ་མེད་པ། ཉོན་མོངས་དང་རྣམ་རྟོག་ཆུང་བས་རྒྱུད་ཞི་ཞིང་དུལ་བ། གསང་སྔགས་རྡོ་རྗེ་ཐེག་པའི་གཞི་ལམ་འབྲས་བུའི་རྒྱུད་དོན་ཐམས་ཅད་ཁོང་དུ་ཆུད་པ། ཡི་དམ་ལྷའི་ཞལ་མཐོང་བ་ལ་སོགས་བསྙེན་སྒྲུབ་ཀྱི་རྟགས་རྫོགས་པ། གནས་ལུགས་ཀྱི་དོན་མངོན་དུ་གྱུར་ནས་རྟོགས་པས་བདག་རྒྱུད་གྲོལ་བ། ཐུགས་རྒྱུད་སྙིང་རྗེས་གང་བས་གཞན་དོན་འབའ་ཞིག་གཉེར་བ། འཛིག་རྟེན་ཚེ་འདིའི་ཞེན་པ་སྤངས་པས་བྱ་བ་ཉུང་ཞིང་། ཕྱི་མ་དང་དུ་ལེན་པས་ནན་ཏན་ཆོས་ལ་སེམས་པ། འཁོར་བ་སྡུག་བསྔལ་དུ་མཐོང་བས་ཐུགས་སྐྱོ་ཤས་ཆེ་ཞིང་གཞན་ཡང་དེ་ལ་བསྐུལ་བ། གང་ལ་གང་འདུལ་གྱི་སྒོ་ནས་སློབ་མ་རྗེས་སུ་འཛིན་པའི་ཐབས་ལ་མཁས་པ། བླ་མའི་བཀའ་བཞིན་བསྒྲུབས་པའི་བརྒྱུད་པའི་བྱིན་རླབས་དང་ལྡན་པ། དེ་ལྟ་བུ་ཞིག་ལ་བསྟེན་དགོས་ཏེ། ཁྱད་པར་མན་ངག་སྟོན་པའི་བླ་མ་ནི། །

དབང་ཐོབ་དམ་ཚིག་ལ་གནས་ཤིན་ཏུ་ཞི། །
གཞི་ལམ་འབྲས་བུའི་རྒྱུད་དོན་ཁོང་དུ་ཆུད། །
བསྙེན་སྒྲུབ་རྟགས་རྫོགས་རྟོགས་པས་རང་རྒྱུད་གྲོལ། །
སྙིང་རྗེ་ཚད་མེད་གཞན་དོན་འབའ་ཞིག་གཉེར། །
བྱ་བ་ཉུང་ཞིང་ནན་ཏན་ཆོས་ལ་སེམས། །
སྐྱོ་ཤས་ཆེར་ལྡན་གཞན་ཡང་དེ་ལ་བསྐུལ། །
ཐབས་ལ་མཁས་ཤིང་བརྒྱུད་པའི་བྱིན་རླབས་ལྡན། །
དེ་ལྟ་བུ་ལ་བསྟེན་ན་དངོས་གྲུབ་མྱུར། །

ཞེས་སོ། །དེ་ལས་གཞན་དུ་ སྤྱང་བར་བྱ་བའི་བླ་མའི་མཚན་ཉིད་ནི་འདི་ལྟ་བུ་རྣམས་ཡིན་ཏེ། རང་རྒྱུད་ལ་ཐོས་བསམ་སྒོམ་པའི་ཡོན་ཏན་ཙུང་ཟད་མེད་ཀྱང་། ང་ནི་བླ་མ་དེ་དང་དེ་ལྟ་བུའི་རྒྱལ་སྲས་སམ་དཔོན་པོ་སོགས་ཡིན་པ་གཞན་ལས་ལྷག་ཅིང་ད་དུང་ངའི་བརྒྱུད་པ་རྣམས་ཀྱང་དེ་ལྟར་ཡིན་ནོ་སྙམ་དུ་ཐམ་ཟེ་ལྟར་ཆོ་རིགས་ཀྱིས་སྲུང་བའམ། ཐོས་བསམ་སྒོམ་པའི་ཡོན་ཏན་ཙུང་ཟད་ཡོད་ཀྱང་དེ་ཉིད་ཕྱི་མ་དོན་དུ་གཉེར་བའི་ཀུན་སློང་རྣམ་དག་གིས་བསྒྲུབས་པ་མ་ཡིན་པར། རང་ཉིད་གང་དུ་བསྟི་བའི་བླ་མའི་གདན་ས་སོགས་ཉམས་ཀྱིས་དོགས་པས་ཚེ་འདིའི་ཆེད་དུ་བྱས་པ་རྣམས་ནི་ཤིང་གི་རང་འཐག་ལྟ་བུ་ཞེས་བྱ་སྟེ། སློབ་མའི་རྒྱུད་འདུལ་མི་ནུས། རང་རྒྱུད་སོ་སྐྱེ་ཕལ་པ་རྣམས་དང་ཁྱད་ཐོན་པའི་ཡོན་ཏན་ཙུང་ཟད་མེད་ཀྱང་། གཞན་ལྷུན་པོས་དད་པ་བྱས་པས་མ་བརྟགས་པར་གོ་ས་མཐོན་པོར་ཕྱུར་ཅིང་། རྟེད་པ་དང་བཀུར་སྟིས་རྒྱུད་སྲོས་ཏེ་རང་རྒྱུད་ང་རྒྱལ་གྱིས་ཁེངས་ཤིང་དམ་པའི་ཡོན་ཏན་མི་མཐོང་བ་ཁྲོན་པའི་སྦལ་པ་ལྟ་བུ་ཞེས་བྱ་སྟེ། སྔོན་ཁྲོན་པ་ཞིག་ན་སྦལ་པ་རྒན་པོ་ཞིག་རྟག་པར་སྡོད་པའི་དུང་དུ་རྒྱ་མཚོ་ཆེན་པོ་ནས་སྦལ་པ་ཞིག་འོང་བ་ལ། ཁྲོན་པའི་སྦལ་པ་དེས་ཁྱོད་གང་ནས་འོང་བྱས། ང་རྒྱ་མཚོ་ཆེན་པོ་ནས་འོང་ཟེར། ཁྱོད་ཀྱི་རྒྱ་མཚོ་དེ་ཅི་ཙམ་ཡོད་དྲིས་པས་རྒྱ་མཚོ་དེ་ཤིན་ཏུ་ཆེ་ཟེར། འོ་ན་ངའི་ཁྲོན་པ་འདིའི་བཞི་ཆ་ཙམ་ཡོད་དམ། མི་ཚད་དོ། །འོ་ན་ཕྱེད་ཙམ་མམ་མི་ཚད། འོ་ན་ཁྲོན་པ་འདི་ཙམ་ཡོད་དམ། མི་ཚད་དོ་ཟེར་བས། དེ་འདྲ་ཡོད་ཐབས་མེད་པས་དེར་བལྟ་དགོས་སོ་ཟེར་ནས་གཉིས་ཀ་འགྲོགས་ཏེ་ཕྱིན་པས། རྒྱ་མཚོ་མཐོང་པ་ན་ཁྲོན་པའི་སྦལ་པ་བརྒྱལ་ནས་མགོ་གས་ཏེ་ཤི་སྐད། མཁས་པའི་བླ་མ་མ་བསྟེན་ཞིང་མདོ་རྒྱུད་ཀྱི་སྦྱང་བརྩོན་མེད་པས་ཐོས་པ་ཉུང་བ། རྒྱུད་ཉོན་མོངས་རགས་ཤིང་དྲན་པ་དང་ཤེས་བཞིན་མེད་པས་སྡོམ་པ་དང་དམ་ཚིག་འཆལ་བ། རྒྱུད་ཚོད་སོ་སྐྱེ་ལས་དམའ་ཡང་གྲུབ་པའི་མཛད་སྤྱོད་ལྟར་བྱེད་པས་ཀུན་སྤྱོད

གནམ་དུ་གཤེགས་པ། ཁོང་ཁྲོ་དང་ཟུར་ཟ་ཆེ་བས་བྱམས་དང་སྙིང་རྗེའི་དཔྱང་ཐག་ཆད་པ། དེ་ལྟ་བུ་ནི་སྨྱོན་པའི་ལམ་མཁན་ལྟ་བུའི་བཤེས་གཉེན་ཞེས་བྱ་སྟེ། ལམ་ལོག་པར་ཁྲིད། ཁྱད་པར་རང་ལས་ལྷག་པའི་ཡོན་ཏན་ཅུང་ཟད་ཀྱང་མེད་ཅིང་། བྱམས་དང་སྙིང་རྗེ་བྱང་ཆུབ་ཀྱི་སེམས་དང་བྲལ་བའི་བླ་མ་ནི། ལོང་བའི་ལམ་མཁན་ཞེས་སྤང་བླང་གི་མིག་ཐྱེ་མི་ཤེས་པ་ཡིན་ཏེ།

བྲམ་ཟེ་བཞིན་དུ་ཚོ་རིགས་སྲུང་བའམ། །
བསྟི་གནས་ཉམས་པར་དོགས་པའི་ཐྱིང་བུ་ཙ། །
ཐོས་བསམ་འབྲས་བུ་གནས་མིན་ཁྲུས་ལ་ཞུགས། །
ཤིང་གི་རང་འཐག་ལྟ་བུའི་ལམ་སྟོན་དང་། །
སོ་སོ་སྐྱེ་བོའི་རང་བཞིན་མ་འགལ་ཡང་། །
བླུན་པོ་དད་པས་བབ་ཅོལ་གནས་ལ་སྦྱར། །
ཉེད་དང་བཀུར་སྟི་མཆོད་པས་ཁེངས་གྱུར་པའི། །
ཁྲོན་པའི་ལག་འགྲོ་ལྟ་བུའི་བཤེས་གཉེན་དང་། །
ཐོས་པ་ཉུང་ཞིང་སྟོམ་དང་དམ་ཚིག་འཆལ། །
རྒྱུད་ཚོད་དམའ་ལ་ཀུན་སྤྱོད་ས་བླར་གཤེགས། །
བྱམས་དང་སྙིང་རྗེའི་དཔྱང་ཐག་ཆད་པ་ཡི། །
སྨྱོན་པའི་ལམ་མཁན་རྣམས་ལས་སྡིག་པ་འཕེལ། །
ཁྱད་པར་རང་ལས་ཡོན་ཏན་ལྷག་བཅས་མིན། །
བྱང་ཆུབ་སེམས་བྲལ་གྲགས་པའི་མཐུས་བསྟེན་ན། །
ལོང་བའི་དེད་དཔོན་ནོར་བ་ཆེན་པོ་སྟེ། །

བློ་ལ་འགྲོགས་མུན་པའི་སླག་ཏུ་འཁྱམས་པར་འགྱུར། །

ཞེས་གསུངས། དེ་བས་ན་ཨོ་རྒྱན་ཆེན་པོས་ཀྱང་།

བླ་མ་མ་བརྟགས་དུག་འཐུང་འདྲ། །

སློབ་མ་མ་བརྟགས་གཡང་མཆོངས་འདྲ། །

ཞེས་གསུངས་ཏེ། བླ་མ་ནི་སྐྱེ་བ་ནས་ཚེ་རབས་ཀྱི་བློ་གཏད་ཞུ་ཞིང་ཕྱང་ བླང་གི་གནས་སྟོན་པ་པོ་ཡིན་པས། ལེགས་པར་མ་བརྟགས་པར་ལོག་པའི་ བཤེས་གཉེན་དང་འཕྲད་ན་དད་པ་ཅན་གྱི་ཚེ་གཅིག་གི་དགེ་བའི་ཚོགས་ཆུད་ གཟན་ཞིང་། ད་རེས་དལ་འབྱོར་གྱི་ལུས་རྟེན་རྙེད་པ་ཆུད་ཟོས་སུ་འགྱུར་བ། དཔེར་ན་ཤིང་སྡོང་པའི་དྲུང་ན་སྦྲུལ་གདུག་པ་ཅན་འཁྱིལ་ནས་ཡོད་པ་ལ། ཤིང་ གི་གྲིབ་མའོ་སྙམ་ནས་དྲུང་དུ་ཕྱིན་པས་སྦྲུལ་གྱིས་གསོད་པ་དང་འདྲ་བ་ཡིན་ཏེ།

དེ་ཕྱིར་དམ་པ་ཤིན་ཏུ་མ་བརྟགས་ན། །

དད་པ་ཅན་གྱི་དགེ་ཚོགས་ཆུད་གཟན་ཞིང་། །

དལ་བ་སྐབས་ཤིག་རྙེད་པ་སྦྲུལ་གདུག་དང་། །

ཤིང་གི་གྲིབ་མ་ནོར་བཞིན་བསླུ་བར་འགྱུར། །

ཞེས་གསུངས། དེས་ན་ལེགས་པར་བརྟགས་ཤིང་མ་ནོར་བར་དཔྱད་ནས་ སྔར་བཤད་པའི་ཡོན་ཏན་དེ་དག་ཚང་བའི་བླ་མ་རྙེད་ནས་ནི་སངས་རྒྱས་དངོས་ ཀྱི་འདུ་ཤེས་དང་མ་བྲལ་བར་བྱ་དགོས་ཏེ། དེ་ལྟ་བུའི་ཡོན་ཏན་ཀུན་རྫོགས་ཀྱི་ བླ་མ་ནི། ཕྱོགས་བཅུའི་རྒྱལ་བ་ཐམས་ཅད་ཀྱི་ཐུགས་རྗེ་ཡེ་ཤེས་ཀྱི་རང་གཟུགས་ གདུལ་བྱ་སེམས་ཅན་གྱི་དོན་དུ་གང་ཟག་མིའི་གཟུགས་སུ་བྱོན་པ་ཙམ་ཡིན་ཏེ།

མཐའ་དག་ཡོན་ཏན་རྫོགས་པའི་བླ་མ་ནི། །

སངས་རྒྱས་ཀུན་གྱི་ཐུགས་རྗེ་ཡེ་ཤེས་ཁམས། །

གདུལ་བྱའི་ཡུལ་ལ་སྐྱེས་བུའི་གཟུགས་ཀྱིས་བྱོན། །

དངོས་གྲུབ་ཀུན་གྱི་རྩ་བ་བླ་ན་མེད། །

ཅེས་གསུངས། དེ་ལྟ་བུའི་བླ་མ་དམ་པ་ནི། གདུལ་བྱ་ཐབས་ཀྱིས་དྲང་བའི་ཆེད་དུ་འཕྲུལ་གྱི་མཛད་སྤྱོད་སོགས་རང་བཞིན་གྱི་མི་ཀུན་དང་མཚུངས་པ་ལྟར་སྣང་ཡང་། ངེས་པའི་དོན་དུ་དགོངས་པ་སངས་རྒྱས་སུ་བཞུགས་པས་ཀུན་དང་རྣམ་གཞག་འགལ། མཛད་སྤྱོད་གང་ཡང་གདུལ་བྱའི་རྒྱུད་དང་བསྟུན་པའི་དགོངས་པ་ཅན་གྱི་མཛད་སྤྱོད་ཉག་གཅིག་ཡིན་པས་ཀུན་ལས་ཁྱད་པར་འཕགས། ཐེ་ཚོམ་གྱི་དོགས་པ་གཅོད་པ་ལ་མཁས་ཤིང་། སློབ་མའི་ལོག་སྒྲུབ་དང་སྐྱོ་ངལ་ཐམས་ཅད་བཟོད་པས་བུ་གཅིག་པའི་མ་ལྟ་བུ་ཡིན་ཏེ།

དྲང་བའི་དོན་དུ་ཀུན་དང་ཕྱོགས་མཐུན་ལ། །

ངེས་པའི་དོན་དུ་ཀུན་དང་རྣམ་གཞག་འགལ། །

དགོངས་པ་ཅན་ཕྱིར་ཀུན་ལས་ཁྱད་པར་འཕགས། །

ཐེ་ཚོམ་གཅོད་མཁས་ལོག་སྒྲུབ་སྐྱོ་ངལ་བཟོད། །

ཅེས་གསུངས། དེ་ལྟ་བུའི་ཡོན་ཏན་ཀུན་ལྡན་གྱི་བླ་མ་ནི། འཁོར་བའི་རྒྱ་མཚོ་ཆེན་པོ་ལས་སྒྲོལ་བའི་གྲུ་བོ་ཆེ་ལྟ་བུ། ཐར་པ་དང་ཐམས་ཅད་མཁྱེན་པའི་ལམ་མ་ནོར་བར་སྟོན་པའི་དེད་དཔོན་ལྟ་བུ། ལས་དང་ཉོན་མོངས་པའི་མེ་དཔུང་འབར་བ་གསོད་པའི་བདུད་རྩིའི་ཆར་པ་ལྟ་བུ། མ་རིག་པའི་མུན་པ་སྟུག་པོ་སེལ་ཞིང་ཆོས་ཀྱི་སྣང་བ་བྱེད་པ་ཉི་མ་དང་ཟླ་བ་ལྟ་བུ། ལོག་སྒྲུབ་དང་སྐྱོ་ངལ་བཟོད་ཅིང་ལྟ་སྤྱོད་ཀྱི་ཤོང་ཡངས་ཆེ་བས་ས་གཞི་ལྟ་བུ། ཚེ་འདིར་ཕན་པ་དང་ཕྱི་མར་བདེ་བའི་ཡོན་ཏན་ཐམས་ཅད་ཀྱི་འབྱུང་གནས་ཡིན་པས་དཔག་བསམ་གྱི་ཤིང་ལྟ་བུ། ཐེག་པ་དང་གྲུབ་མཐའི་རྣམ་གྲངས་བསམ་གྱིས་མི་ཁྱབ་པའི་འདོད་དགུའི་བང་མཛོད་དུ་གྱུར་པ་བུམ་པ་བཟང་པོ་ལྟ་བུ། གང་ལ་ཅི་

འདོད་པའི་ལས་བཞིའི་ཕྲིན་ལས་རྒྱ་མཚོའི་འབྱུང་གནས་སུ་བཞུགས་པ་ཡིད་བཞིན་གྱི་ནོར་བུ་ལྟ་བུ། མཐའ་ཡས་པའི་སེམས་ཅན་ཀུན་ལ་ཉེ་རིང་དང་ཆགས་སྡང་མེད་པར་སྙོམས་པར་བྱམས་པ་ཕ་མ་ལྟ་བུ། ནམ་མཁའི་མཐའ་དང་མཉམ་པའི་སེམས་ཅན་ལ་དམིགས་པས་རྒྱ་ཆེ་ཞིང་། སྡུག་བསྔལ་མགོན་མེད་ཀྱི་སེམས་ཅན་ལ་ལྷག་པར་སྨུར་བའི་སྙིང་རྗེ་ཆུ་ཀླུང་ལྟ་བུ། ཕྲག་དོག་གི་འཕོ་འགྱུར་མེད་ཅིང་བདེན་འཛིན་གྱི་རླུང་གིས་མི་གཡོ་བའི་དགའ་བ་རི་དབང་ལྟ་བུ། ཆགས་སྡང་གིས་རྒྱུད་མི་འཁྲུགས་པའི་བཏང་སྙོམས་ཆར་སྤྲིན་ལྟ་བུ་ཡིན་ཏེ།

སྲིད་པའི་མཚོ་ལས་སྒྲོལ་བའི་གྲུ་བོ་ཆེ། །
ལམ་མཆོག་འཁྲུལ་པར་མི་འགྱུར་དེད་དཔོན་དངོས། །
ལས་ཉོན་མེ་ཚོགས་འཛོམས་པའི་བདུད་རྩིའི་ཆར། །
མ་རིག་མུན་པ་སེལ་བའི་ཉི་ཟླར་མཚུངས། །
ཐེག་པ་ཤིན་ཏུ་ཆེ་བས་ས་གཞི་འདྲ། །
ཕན་དང་བདེ་བའི་འབྱུང་གནས་དཔག་བསམ་ཤིང་། །
ཆོས་ཀྱི་མཛོད་ལྡན་བུམ་པ་བཟང་པོ་སྟེ། །
ཀུན་འབྱུང་ཡིད་བཞིན་ནོར་བུ་ལས་ཀྱང་ལྷག །
ཀུན་ལ་སྙོམས་པར་བྱམས་པས་ཕ་མ་ཡིན། །
ཆེ་ཞིང་སྨུར་བའི་སྙིང་རྗེ་ཆུ་ཀླུང་མཚུངས། །
འཕོ་འགྱུར་མེད་པའི་དགའ་བ་རི་དབང་འདྲ། །
འཁྲུགས་པ་མེད་པའི་བཏང་སྙོམས་ཆར་སྤྲིན་བཞིན། །

ཞེས་གསུངས། དེ་ལྟ་བུའི་བླ་མ་ནི་ཐུགས་རྗེ་དང་བྱིན་རླབས་ཀྱི་ངོས་ནས་སངས་རྒྱས་ཀུན་དང་མཉམ་ཞིང་། བཟང་འབྲེལ་ཚེ་གཅིག་སངས་རྒྱས་དང་།

ངན་འབྲེལ་འཁོར་བ་མཐའ་ཅན་དུ་འགྱུར་བ་ཡིན་པས་ན།

དེ་འདྲའི་བླ་མ་སངས་རྒྱས་ཀུན་དང་མཉམ། །
གནོད་པ་བྱས་ཀྱང་བདེ་བའི་ལམ་འབྲེལ་ན། །
ཟོལ་མེད་དད་པས་བསྟེན་པའི་སྐྱེས་བུ་ལ། །
མངོན་མཐོ་ངེས་ལེགས་ཡོན་ཏན་ཆར་བཞིན་འབབས། །
ཞེས་གསུངས་སོ། །

2 བླ་མ་བསྟེན་པ།

བར་དུ་བླ་མ་བསྟེན་པའི་ཚུལ་ཡང་། སྡོང་པོ་བཀོད་པ་ལས། རིགས་ཀྱི་བུ་ཁྱོད་ཀྱིས་བདག་ཉིད་ལ་ནད་པའི་འདུ་ཤེས་བསྐྱེད་པར་བྱའོ། །ཞེས་སོགས་དཔེ་དོན་དུ་མའི་སྒོ་ནས་གསུངས་པ་ལྟར། ནད་ཀྱིས་གདུང་བས་སྨན་པ་མཁས་པ་ལ་བསྟེན་པ་དང་། འཇིགས་བཅས་ཀྱི་ལམ་དུ་འགྲོ་བའི་མགྲོན་པོས་སྐྱེལ་མ་དཔའ་བོ་བསྟེན་པ་ལྟ་བུ་དང་། དགྲ་ཇག་གཅན་གཟན་སོགས་ཀྱི་འཇིགས་པས་ཉེན་པ་དེ་ལས་སྐྱོབ་པའི་རམ་གྲྭ་བསྟེན་པ་ལྟ་བུ་དང་། རྒྱ་མཚོའི་གླིང་དུ་འགྲོ་བའི་ཚོང་པ་རྣམས་ཀྱིས་དེད་དཔོན་བསྟེན་པ་ལྟ་བུ་དང་། ཆུ་ཡི་ཕ་རོལ་ཏུ་འགྲོར་འདོད་པའི་གྲུར་ཞུགས་པ་རྣམས་ཀྱིས་མཉན་པ་བསྟེན་པ་ལྟར་དུ། སྐྱེ་ཤི་དང་ཉོན་མོངས་པའི་འཇིགས་པ་ལས་སྐྱོབ་པའི་བླ་མ་དགེ་བའི་བཤེས་གཉེན་ལ་བསྟེན་དགོས་ཏེ།

ནད་པས་སྨན་པ་མགྲོན་པོས་སྐྱེལ་མ་དང་། །
འཇིགས་པས་རམ་གྲྭ་ཚོང་པས་དེད་དཔོན་དང་། །
གྲུ་པས་མཉན་པ་བཞིན་དུ་སྐྱེ་ཤི་དང་། །
ཉོན་མོངས་དགྲ་ཡིས་འཇིགས་པས་བསྟེན་པར་བྱ། །

ཞེས་གསུངས། སློག་ལ་བབས་ཀྱང་བླ་མ་དགེ་བའི་བཤེས་གཉེན་འདིའི་ཐུགས་དང་འགལ་བར་མི་བྱ་སྙམ་དུ་སྙིང་སྟོབས་ཀྱི་གོ་ཆ་ཆེ་བ། འཕྲུལ་རྐྱེན་གྱིས་སྣང་བ་མི་འགྱུར་བས་བློ་གྲོས་ཤིན་ཏུ་བརྟན་པ། ལུས་སྲོག་ཡལ་བར་དོར་ནས་བླ་མའི་ཞབས་ཏོག་སྒྲུབ་པ། ཅི་གསུང་གི་བཀའ་ལ་ཉན་ནས་རང་ཉིད་མི་སྤྱང་བའི་སློབ་བུ་དེ་ནི་བླ་མའི་མོས་གུས་པོ་ནས་གྲོལ་བར་འགྱུར་བ་ཡིན་ཏེ།

གོ་ཆ་ཆེ་ལ་བློ་གྲོས་ཤིན་ཏུ་བརྟན། །

ལུས་དང་སྲོག་ལ་མི་བལྟ་རིམ་གྲོ་བགྱིད། །

ཅི་གསུང་བཀར་དགྱི་བདག་ཉིད་མི་སྤྱང་བའི། །

སློབ་བུ་དེ་ནི་མོས་གུས་པོ་ནས་གྲོལ། །

ཞེས་སོ། བླ་མ་ལ་སངས་རྒྱས་དངོས་སུ་མཐོང་བའི་དད་པ་ཆེ་བ། ཐབས་ལ་མཁས་པའི་མཛད་སྤྱོད་ཀྱི་དགོངས་གཞི་ཤེས་ཤིང་དམ་པའི་ཆོས་གང་གསུངས་འཛིན་པར་ནུས་པའི་ཤེས་རབ་དང་ཐོས་པ་ཆེ་བ། སྡུག་བསྔལ་བ་དང་མགོན་མེད་པ་ལ་བརྩེ་བའི་སྙིང་རྗེ་ཆེ་བ། བླ་མས་བཀའ་སྩལ་པའི་སྡོམ་པ་དང་དམ་ཚིག་གི་གནས་ལ་གུས་པ། ལུས་ངག་ཡིད་གསུམ་ཞི་ཞིང་དུལ་བ། བླ་མ་དང་མཆེད་གྲོགས་ཀྱི་མཛད་སྤྱོད་གང་ཡང་བློར་ཤོང་བས་ཁོང་ཡངས་པ། ཅི་ཡོད་བླ་མའི་ཕྱོགས་སུ་གཏོང་བས་གཏོང་ཕོད་ཆེ་བ། བློ་སྣང་མ་དག་པའི་སྐྱོན་རྟོག་མི་མང་བས་དག་སྣང་དང་ལྡན་པ། ཉེས་སྤྱོད་མི་དགེ་བའི་ལས་བྱས་ན་དམ་པའི་ཐུགས་ཀྱིས་ཁྲེལ་ཡོང་སྙམ་དུ་ཁྲེལ་ཡོད་དང་ལྡན་པ་དེ་ལྟ་བུའི་སྒོ་ནས་བླ་མ་བསྟེན་དགོས་ཏེ།

དད་དང་ཤེས་རབ་ཐོས་དང་སྙིང་རྗེ་ཆེ། །

སྡོམ་དང་དམ་ཚིག་ལ་གུས་སྒོ་གསུམ་དུལ། །

ཁོང་ཡངས་གཏོང་ཕོད་དག་སྣང་ཁྲེལ་ཡོད་ལྡན། །

ཞེས་གསུངས། དེ་བཞིན་དུ་དུས་དང་གནས་སྐབས་ཐམས་ཅད་དུ་བྱ་བ་དང་སྤྱོད་པ་ཐམས་ཅད་བླ་མའི་ཐུགས་དང་བསྟུན་ནས་སྒྲུབ་ཅིང་། ཐུགས་དང་འགལ་བའི་ལས་མི་འབྱུང་བར་བསྲུང་བ་ལ་མཁས་པ་དང་། བཀའ་བསྐྱོན་དྲག་པོས་ཚར་བཅད་ཀྱང་ཁྲོ་བ་དང་འཁོན་འཛིན་མེད་པ་རྟ་མཆོག་ལྟ་བུ། བླ་མའི་མངགས་གཞུག་སོགས་ཀྱི་ཕྱིར་དུ་འགྲོ་འོང་གི་གནས་ལ་སྐྱོ་བ་མེད་པ་གྲུ་ལྟ་བུ། ལས་བཟང་པོ་དང་ངན་པ་ཅི་དང་ཅི་ལྟ་བུ་བཀའ་སྩལ་ཀྱང་མི་ཐེག་པ་མེད་པ་ཟམ་པ་ལྟ་བུ། དཀའ་ཚེགས་དང་ཚ་གྲང་ཐམས་ཅད་བཟོད་པ་མགར་བའི་བཟོ་སྟིགས་ལྟ་བུ། ཅི་གསུང་གི་བཀའ་ཉན་པ་བྲན་གཡོག་ལྟ་བུ། ང་རྒྱལ་སྤངས་ནས་དམའ་ས་འཛིན་པ་ཕྱུགས་རྫར་བ་ལྟ་བུ། དྲེགས་པ་སྤངས་ནས་ཐམས་ཅད་ལ་གུས་པ་ཁྱུ་མཆོག་རྭ་ཆད་པ་ལྟ་བུས་བླ་མ་བསྟེན་དགོས་པར་མདོ་སྡོང་པོ་བཀོད་པ་ལ་སོགས་པའི་མདོ་ལས་གསུངས་པ་ཡིན་ཏེ།

བླ་མ་ཤིན་ཏུ་སྲུང་བས་མཛངས་པ་དང་། །
བཀའ་བསྐྱོན་དག་ལ་མི་ཁྲོ་རྟ་མཆོག་བཞིན། །
གྲུ་ལྟར་འགྲོ་འོང་གནས་ལ་སྐྱོ་བ་སྤང་། །
ཟམ་པ་ལྟ་བུར་བཟང་ངན་ཐམས་ཅད་ཐེག །
བཟོ་སྟིགས་བཞིན་དུ་ཚ་གྲང་གང་ཡང་བཟོད། །
བཀའ་བཞིན་ཉན་པ་བྲན་གཡོག་ལྟ་བུ་དང་། །
ང་རྒྱལ་སྤངས་པ་ཕྱུགས་རྫར་ལྟ་བུ་དང་། །
དྲེགས་པ་སྤངས་པ་ཁྱུ་མཆོག་རྭ་ཆད་ལྟར། །
བླ་མ་བསྟེན་ཞེས་སྡེ་སྣོད་དག་ལས་གསུངས། །

ཞེས་སོ། །ཞབས་ཏོག་རྣམ་པ་གསུམ་གྱི་སྒོ་ནས་མཉེས་པར་བྱ་བ་ཡང་། རབ་སྒྲུབ་པའི་མཆོད་པ་ཞེས་བྱ་སྟེ། བླ་མས་ཇི་ལྟར་བསྟན་པའི་ཆོས་ཐམས་ཅད་

དཀའ་སྤྱད་དང་སྙིང་རུས་ཀྱི་སྒོ་ནས་ཉམས་སུ་ལེན་པ་ཡིན། འབྲིང་ལུས་ངག་གི་ཞབས་ཏོག་ཡིན་ཏེ། རང་གི་ལུས་ངག་ཡིད་གསུམ་བླ་མའི་ཐད་དུ་བཀོལ་ནས་ཞབས་ཕྱི་བྱེད་པ་ཡིན། ཐ་མ་ཟང་ཟིང་གི་འབུལ་བ་རྒྱ་ཟས་ལོངས་སྤྱོད་ལ་སོགས་པའི་གཏོང་ཕོད་ཀྱི་སྒོ་ནས་བླ་མ་མཉེས་པར་བྱེད་པ་སྟེ།

འགྱུར་པ་ཡོད་ན་དཀོན་མཆོག་བཞི་པ་མཆོད། །
ཞབས་ཏོག་སྒྲི་ཞུ་ལུས་ངག་བཀོལ་བའི་ལས། །
མཐའ་དག་ནམ་ཡང་ཆུད་ཟོས་འགྱུར་པ་མེད། །
མཉེས་པ་གསུམ་གྱི་ནང་ན་སྒྲུབ་པ་མཆོག །

ཅེས་སོ། །བླ་མའི་མཛད་སྤྱོད་མ་ངེས་པ་ཇི་ལྟ་བུ་མཛད་ཀྱང་ཐབས་ལ་མཁས་པའི་མཛད་སྤྱོད་དུ་ཤེས་ནས་དག་སྣང་ཁོ་ན་བྱ་དགོས་ཏེ། སློབ་དཔོན་ཆེན་ནཱ་རོ་པ་དེ་མཁས་གྲུབ་ཆེན་པོར་གྱུར་ནས་བཞུགས་སྐབས་ཡི་དམ་གྱི་ལྷས་ཁྱོད་ཀྱི་ཚེ་རབས་ཀྱི་བླ་མ་སྐྱེས་མཆོག་ཏཻ་ལོ་པ་ཡིན་པས་རྒྱ་གར་ཤར་ཕྱོགས་སུ་སོང་ཞིག་གསུངས། ཁོང་དེ་མ་ཐག་ཏུ་ཆས་ཏེ་ཤར་ཕྱོགས་སུ་ཕྱིན་ཀྱང་། ཏཻ་ལོ་པ་གར་བཞུགས་རྩད་མ་ཆོད། ཡུལ་དེའི་མི་རྣམས་ལ་དྲིས་པས་རྒྱུས་མེད་ཟེར། ཡུལ་དེ་ན་ཏེ་ལོ་པ་བྱ་བ་སུ་ཡང་ཡོད་དམ་བྱས་པས། མུ་ཏོ་ཏེ་ལོ་པ། སྤྲང་པོ་ཏེ་ལོ་པ་བྱ་བ་ཡོད་ཟེར། གྲུབ་པའི་མཛད་སྤྱོད་ལ་ངེས་པ་མེད་པས་དེ་ཡིན་པ་ཡང་སྲིད་དགོངས་ནས། སྤྲང་པོ་ཏཻ་ལོ་པ་དེ་གང་ན་ཡོད་དྲིས་པས། ཕ་གི་གྱང་རལ་ཤིག་ན་དུ་བ་འོང་བ་འདི་ཡིན་ཟེར། དེར་ཕྱིན་པས་ཏཻ་ལོ་པས་ཉ་ཤ་གསོན་འདྲེས་པ་གཙོང་པ་གང་མདུན་དུ་བཞག ཉ་རེ་བླངས་ནས་མེ་ལ་བསྲེགས་ཏེ་ཞལ་དུ་གསོལ་བ་དང་སྡྲགས་ཏེ་སེ་གོལ་རེ་བཏབ་ནས་བཞག་འདུག ཕྱག་བཙལ་ནས་རྗེས་སུ་འཛིན་པར་ཞུས་པས་ཅི་ཟེར་ང་སྤྲང་པོ་ཡིན་པ་ལ་གསུངས། ནན་གྱིས་ཞུས་པས་རྗེས་སུ་བཟུང་བ་ཡིན། དེ་ལྟ་བུའི་མཛད་སྤྱོད་ཀྱང་ཏཻ་ལོ་པ་ལྟོགས་

ནས་བཟའ་རྒྱུ་མ་རྙེད་པར་ཉ་གསོད་པ་མིན་ཀྱང་། ཉ་དེ་ྨང་དོར་གྱི་གནས་ལ་ རྫོངས་པའི་སེམས་ཅན་ལས་ངན་པ་ཡིན་པ་དང་། ཁོང་ལ་དེ་འདྲེན་པའི་ནུས་པ་ཡོད་པས་ཤ་དེ་འབྲེལ་བར་གསོལ་ནས། རྣམ་ཤེས་དག་པའི་ཞིང་དུ་འཕེན་པ་ཡིན། དེ་བཞིན་དུ་ས་ར་ཧ་པ་མདའ་མཁན་གྱི་ཚུལ་དང་། ཤ་བ་རི་པ་རྔོན་པའི་ཚུལ་དུ་ཡོད་པ་སོགས་རྒྱ་གར་འཕགས་པའི་ཡུལ་གྱི་གྲུབ་པའི་དབང་ཕྱུག་ཕལ་ཆེ་བ་གདོལ་པ་ལ་སོགས་ཤིན་ཏུ་ཐ་ཆད་པའི་ཚུལ་དུ་ཡོད་པ་ཡིན་པས་མཛད་སྤྱོད་གང་ལ་ཡང་ལོག་པར་མི་བལྟ་ཞིང་། དག་སྣང་འབའ་ཞིག་སྦྱང་དགོས་ཏེ།

མཛད་སྤྱོད་གང་ཡང་ལོག་པར་མི་བལྟ་སྟེ། །

འཕགས་པའི་ཡུལ་གྱི་དབང་ཕྱུག་ཕལ་མོ་ཆེ། །

གདོལ་པ་གཡུང་པོ་སྡིག་སྤྱོད་ཕལ་པའི་ཚུལ། །

ཉམས་པ་ལས་ཀྱང་ཤིན་ཏུ་ཉམས་པར་ཡོད། །

ཅེས་གསུངས། དེ་ལྟར་མ་ཡིན་པར་ལོག་པར་ལྟ་བས་སྐྱོན་ལ་བརྟགས་ན། ཡུན་རིང་འགྲོགས་ན་སངས་རྒྱས་སྐྱོན་ཡང་མཐོང་། །ཞེས་པ་ལྟར་སངས་རྒྱས་ཡིན་ཀྱང་སྐྱོན་དུ་མཐོང་བ་ཡིན་ཏེ། སྟོན་བཅོམ་ལྡན་འདས་ཀྱི་མཆེད་ཡ་དགེ་སློང་ལེགས་པའི་སྐར་མ་ཞེས་བྱ་བས་ལོ་ཉི་ཤུ་རྩ་བཞིར་བཅོམ་ལྡན་འདས་ཀྱི་ཞབས་འབྲིང་བྱས། སྡེ་སྣོད་བཅུ་གཉིས་བློ་ནས་འཆད་ཤེས་ཀྱང་ཐུབ་པའི་མཛད་པ་ཐམས་ཅད་གཡོ་སྒྱུར་མཐོང་། འོད་འདོམ་གང་ཡོད་མེད་ཀྱི་ཁྱད་ཙམ་མ་གཏོགས་ངེད་གཉིས་འདྲ་སྙམ་དུ་ལོག་རྟོག་མི་བཟད་པ་སྐྱེས།

མི་ལོ་ཉི་ཤུ་རྩ་བཞིར་ཁྱོད་གཡོག་བྱས། །

འོད་ནི་འདོམ་གང་ཡོད་པའི་སྐུ་ལུས་ལས། །

ཡོན་ཏན་ཏིལ་འབྲུ་ཙམ་ཞིག་ངས་མ་མཐོང་། །

ཆོས་ནི་ང་མཁས་མཉམ་པོའི་གཡོག་མི་བྱེད། །

ཟེར་ནས་སོང་། དེར་བཅོམ་ལྡན་འདས་ཀྱི་ཉེ་གནས་ཀུན་དགའ་བོས་བྱས་ནས་ལེགས་པའི་སྐར་མ་གར་སྐྱེ་ཞུས་པས། ལེགས་པའི་སྐར་མ་ད་ལྟ་ཞག་བདུན་ན་ཚེའི་དུས་བྱས་ཏེ། མེ་ཏོག་ལྡུམ་རར་ཡི་དྭགས་ཤིག་ཏུ་སྐྱེ་གསུངས། ཀུན་དགའ་བོས་ལེགས་སྐར་གྱི་དྲུང་དུ་ཕྱིན་ནས་བཅོམ་ལྡན་འདས་ཀྱིས་དེ་སྐད་གསུངས་སོ་བྱས་པས། ལེགས་སྐར་གྱིས་རེས་འགའ་ཁོའི་རྫུན་དེ་བདེན་པ་ལྟར་འོང་བ་ཡིན་པས་ཞག་བདུན་དུ་གཟབ་པར་བྱས་ལ། ཞག་བདུན་སོང་བ་དང་ཁོ་ལ་ཞེ་ཁྲེལ་བདའ་དགོས་སོ་སྙམ་ནས་ཞག་བདུན་དུ་ཟ་མ་མ་ཟོས་པར་འདུག ཞག་བདུན་འགྲོ་བའི་ནངས་མོ་ཁ་སྐོམ་པ་ལས། ཆུ་ཞིག་འཐུང་པས་ཆུ་མ་འཇུ་བར་ཚེའི་དུས་བྱས་ནས་མེ་ཏོག་ལྡུམ་ར་ན་ཡི་དྭགས་གཟུགས་མི་སྡུག་པའི་མཚན་མ་དགུས་བརྒྱན་པ་ཞིག་ཏུ་སྐྱེས་པ་ཡིན། དེས་ན་བླ་མ་དམ་པའི་མཛད་སྤྱོད་ལ་སྐྱོན་དུ་མཐོང་ན་རང་གིས་རང་ལ་ཞེ་ཁྲེལ་བདའ་ཞིང་། རང་རེ་བློ་མིག་མ་དག་པ་ཡིན་གྱི། ཁོང་གི་མཛད་པ་ལ་སྐྱོན་ནམ་ཉེས་པའི་ཆ་ཙུང་ཟད་ཀྱང་མེད་དོ་སྙམ་དུ་ལྷག་པར་ཡང་དད་པ་དང་དག་སྣང་བྱེད་དགོས་པ་ཡིན་པས་ན།

རང་གི་ཉེར་ལེན་དབང་དུ་མ་གྱུར་པར། །
འཁྲུལ་པ་བརྟགས་པའི་ཉེས་པ་ཚད་མེད་དེ། །
སྟེ་སྟོད་བཙུ་གཉིས་བློ་ལ་ཆུབ་པ་ཡི། །
དགེ་སློང་སྐར་བཟང་སྡིག་པའི་མཐུས་བཏབ་ནས། །
སྟོན་པའི་མཛད་པ་གཡོ་སྒྱུར་མཐོང་བའི་ཚུལ། །
ལེགས་པར་བསམས་ནས་རང་གིས་རང་ཉིད་འཚོས། །

ཞེས་གསུངས། དེ་བཞིན་དུ་གལ་ཏེ་བླ་མ་དམ་པ་དེ་བདག་ལ་ལྷག་པར་ཐུགས་ཀྱིས་སྨང་བ་ལྟར་སྣང་ན་ཡང་། ཁྲོ་བར་མི་བྱ་བར་བདག་གི་སྐྱོན་འགའ་ཞིག་གཟིགས་ནས་སྦྱོ་བ་སྟེ་བཀའ་བསྐྱོན་གྱི་སྒོ་ནས་འདུལ་བའི་དུས་ལ་བབས་

པར་གཟིགས་ནས་འདུལ་བ་ཡིན་སྙམ་དུ་བསམ་ཤིང་། ཐུགས་ཞི་བའི་དུས་དྲུང་དུ་བསྙེན་ནས་བཤགས་སྡོམ་སོགས་བྱ་དགོས་པར།

གལ་ཏེ་བླ་མ་སྤྱད་པར་མཛོན་གྱུར་ན། །

བདག་སྐྱོན་གཟིགས་ནས་སྦྱོ་བས་འདུལ་བ་ཡི། །

དུས་ལ་བབས་པར་རིག་ནས་བཤགས་སྡོམ་བྱ། །

ཅང་ཤེས་སྐྱེས་བུ་བདུད་ཀྱི་དབང་མི་འགྲོ། །

ཞེས་གསུངས། རྒྱུན་དུ་རང་ཉིད་བླ་མའི་སྐུ་དྲུང་ན་གནས་པའི་ཚེ་ཡང་། བླ་མ་གདན་ལས་བཞེངས་པའི་ཚེ་རང་ཉིད་ཀྱང་སྟན་ལ་མི་འདུག་པར་འཕྲལ་དུ་ལྡང་བ་དང་། བཞུགས་པའི་དུས་སུ་སྙུན་སོགས་དྲི་བ་དང་། ཉེར་སྤྱོད་སོགས་འདི་དགོས་པར་འདུག་སྙམ་པ་སྐབས་བརྟགས་ནས་ཐུགས་དང་འཐད་པ་དབུལ། གཤེགས་པའི་ཚེ་ཞབས་འབྲིང་དུ་འགྲོ་བ་ན་ཡང་། སྔོན་དུ་སོང་ན་བླ་མ་ལ་རྒྱབ་སྟོན་པ་ཡིན་པས་མི་འགྲོ། རྗེས་ནས་སོང་ན་ཞབས་རྗེས་གནོན་པས་མི་འགྲོ། གཡས་ནས་སོང་ན་གྲལ་མགོ་གནོན་པས་མི་འགྲོ། དེས་ན་བླ་མའི་གཡོན་ཕྱོགས་ནས་ཅུང་ཟད་རྗེས་སུ་འབྲང་བ་ལྟ་བུའི་གུས་པ་དང་བཅས་ནས་འགྲོ། གལ་ཏེ་འཇིགས་པ་དང་བཅས་པའི་ལམ་ལྟ་བུ་ཡིན་ན་གནང་བ་ཞུས་ཏེ་སྔོན་དུ་ཕྱིན་ཡང་འགལ་བ་མེད། བླ་མའི་སྟན་དང་བཞོན་པ་སོགས་ཀྱང་། བཞུགས་གདན་བཞི་བ་དང་། ཆིབས་པ་ལ་བཞོན་ནས་འགྲོ་བ་སོགས་མི་བྱ། ཁང་པའི་སྒོ་ཡང་དྲག་ཏུ་དབྱེ་བ་དང་ཤུགས་ཀྱིས་བརྡེག་པ་སོགས་མི་བྱ་བར་དལ་བུས་འབྱེད་གཅོད་བྱ། བླ་མའི་དྲུང་དུ་ལུས་སྒྲིག་ཆོས་ཀྱི་རྣམ་པ་དང་། ངོ་འཛུམ་གནག་སྡེ་འདུག་པ་སོགས་སྤང་། ངག་རྫུན་དུ་སྨྲ་བ་དང་མ་བརྟགས་པའི་བབ་ཅོལ་ཀུ་རེ་དང་ཅྱིད་མོ་སོགས་བཞད་བགད། དོན་མེད་པའི་ངག་ཀྱལ་འབྲེལ་མེད་དུ་སྨྲ་བ་སོགས་སྤང་། ཡིད་ཀྱིས་གུས་པ་དང་འཇིགས་པ་དང་བཅས་པས་ཇི་མི་སྙམ་

པའི་བློ་སྦྱང་བར་བྱ་བ་སོགས་ཞི་བའི་སྤྱོད་ལམ་ལ་བསླབ་དགོས་པ་ཡང་།

བླ་མ་བཞེངས་ཚེ་སྟན་ལ་འདུག་པ་མིན། །
བཞུགས་པའི་དུས་ན་བསྙུན་འདྲི་ཉེར་སྤྱོད་དབུལ། །
གཤེགས་ན་ཞབས་འབྲིང་སྔོན་རྗེས་གཡས་ནས་མིན། །
སྟན་དང་བཞོན་པ་སྨད་སོགས་བསོད་ནམས་ཞིམས། །
སྒོ་འཕར་བརྡེག་དང་སྐེག་ཆོས་ངོ་འཛུམ་གནག །
རྫུན་དང་བབ་ཅོལ་བཞད་བགད་འཁྲིལ་མེད་གཏམ། །
སྤངས་ལ་སྒོ་གསུམ་ཉེ་བར་ཞི་བས་བསྟེན། །

ཞེས་གསུངས། གལ་ཏེ་བླ་མ་དམོད་པ་དང་སྨང་བར་བྱེད་པའི་གང་ཟག་གཞན་ཡོད་ན་དེ་དང་རང་ཉིད་བཤེས་པར་མི་བྱ་ཞིང་། གལ་ཏེ་རང་གི་ནུས་པས་མ་དད་པ་དང་སྨོད་པ་སོགས་བཟློག་ནུས་ན་དེ་ལྟར་བྱ། མི་ནུས་ན་དེ་དང་བག་ཕེབས་པར་བྱས་ནས་གཏམ་སྨྲ་བར་མི་བྱ་སྟེ།

བླ་མ་དམོད་ཅིང་སྨང་བའི་གང་ཟག་དང་། །
བཤེས་པར་མི་བྱ་ནུས་པས་དེ་བཟློག་ཅིང་། །
བག་ཕེབས་སྨྲ་ན་ཕྱིག་པའི་གཞན་དབང་ནི། །
ལྷག་པར་མཐུ་ཆེ་དམ་ཚིག་སྐྱོན་ཅན་བྱེད། །

ཅེས་གསུངས། དེ་བཞིན་དུ་བླ་མའི་འཁོར་དང་རྡོ་རྗེ་སྤུན་སྲིང་རྣམས་ལ་ཡང་། ཡུན་རིང་པོ་ཅི་ཙམ་དུ་འགྲོགས་ཀྱང་སྐྱོ་བ་དང་སུན་པ་མེད་པར་འགྲོགས་བདེ་བ་སྐ་རགས་ལྟ་བུ། འཕྲལ་གྱི་བྱ་བ་གང་ལ་ཡང་ཆེ་ཚུགས་བསྐྱུང་སྟེ་འཇུག་པར་བདེ་བ་ལན་ཚྭ་ལྟ་བུ། ཕ་རོལ་གྱི་ངན་སྨྲས་དང་འཐབ་མོ་སོགས་བྱུང་བའམ། མི་ཐེག་པའི་ཁུར་བཀལ་ཀྱང་བཟོད་བསྲན་ཆེ་བ་ཀ་བ་ལྟ་བུས་འགྲོགས་ཤིང་

བསྟེན་དགོས་ཏེ།

འགྲོགས་པར་བདེ་བ་སྐ་རགས་ལྟ་བུ་དང་། །
འཇུག་པར་བདེ་བ་ལན་ཚྭ་ལྟ་བུ་དང་། །
བཟོད་བསྲན་ཆེ་བ་ཀ་བ་ལྟ་བུ་ཡིས། །
བླ་མའི་འཁོར་དང་རྡོ་རྗེའི་སྤུན་ལ་བསྟེན། །

ཞེས་སོ། །

3 དགོངས་སྤྱོད་བསླབ་པ།

གསུམ་པ་ཐ་མ་དགོངས་སྤྱོད་བསླབ་པ་ནི། དེ་ལྟར་བླ་མ་བསྟེན་པའི་ཚུལ་ཐམས་ཅད་ངེས་པར་བྱས་ནས། དཔེར་ན་ཟིང་བུ་མཆོག་ལ་བསྟེན་པའི་ངང་པ་རྣམས་ཀྱིས་ཟིང་བུའི་ཆུ་མི་རྙོགས་པར་དལ་གྱིས་རྩེ་ཞིང་ཡོངས་སྤྱོད་པ་དང་། བུང་བ་མེ་ཏོག་གི་ཚལ་དུ་རྒྱུ་བའི་ཚེ། མེ་ཏོག་གི་ཁ་དོག་དང་དྲི་ལ་མི་གནོད་པར་མེ་ཏོག་གི་བཅུད་མྱངས་ནས་འགྲོ་བ་དང་འདྲ་བར། སྐྱོ་བ་དང་ངལ་བ་མེད་པར་ཅི་གསུང་བཀའ་བཞིན་བསྒྲུབས་པས་བླ་མའི་ཐུགས་བཟུང་སྟེ། དད་པ་དང་སྙིང་རུས་ཀྱི་ཉེར་ལེན་ལ་བརྟེན་ནས། བླ་མ་དམ་པའི་ཐུགས་རྒྱུད་ན་བཞུགས་པའི་ཐོས་བསམ་བསྒོམས་པའི་ཡོན་ཏན་ཐམས་ཅད་བུམ་པ་ཆད་ལྡན་ནས་ཆད་ལྡན་དུ་བྱོ་བ་བཞིན་དུ་རང་རྒྱུད་ལ་འདྲོང་ངོ་ཤེས་པར་བྱ་དགོས་ཏེ། ཟིང་བུ་མཆོག་ལ་བསྟེན་པའི་ངང་པ་དང་། །བུང་བས་མེ་ཏོག་བཅུད་ལ་རོ་མྱོང་བཞིན། །རྟག་ཏུ་འགྲོགས་པའི་སྤྱོད་པ་ངོ་མཚར་ཅན། །སྐྱོ་ངལ་མེད་པས་བླ་མའི་ཐུགས་བཟུང་ནས། །དད་པས་ཉེ་བར་ལེན་པས་ཡོན་ཏན་མྱང་། །ཞེས་གསུངས། དེ་བཞིན་དུ་བླ་མ་དམ་པ་དེས་བྱང་ཆུབ་སེམས་དཔའི་མཛད་སྤྱོད་བསོད་ནམས་དང་ཡེ་ཤེས་ཀྱི་ཚོགས་རླབས་པོ་ཆེ་གསོག་པའི་དུས་ན། རང་གིས་ཀྱང་དེ་དག་གི་ཁྲིད་

དུ་ཟང་ཟིང་གི་ལོངས་སྤྱོད་ཕྲ་མོ་རེ་ཙམ་མམ། ལུས་ངག་གི་ངལ་བ་བྱེད་པའམ། ཐ་ན་ཡིད་ཀྱིས་རྗེས་སུ་ཡི་རང་དབུལ་བ་ཡན་ཆད་ཀྱིས་དོན་མཐུན་པར་བྱས་ན་དམ་པ་དེའི་ཐུགས་བསྐྱེད་བླ་ན་མེད་པའི་མཐུ་ལས་བྱུང་བའི་དགེ་ཚོགས་ཇི་སྙེད་ཐོབ་པ་དེ་ཙམ་རང་ལ་ཡང་ཐོབ་པ། སྟོན་དབུས་གཙང་དུ་འགྲོ་བའི་མི་གཉིས་ཀྱི་གཅིག་ལ་སྣན་རྩམ་ཉུང་དུ་ཙམ་ལས་ཀྱི་བཅས་གཞན་མེད་པ་ལ། སྣན་ཁུ་ཉུང་དུ་དེ་ཅིག་ཤོས་ལ་རྩམ་པ་ཞིབ་དཀར་མང་པོ་ཡོད་པའི་ནང་དུ་བསྲེས་ནས་བཏང་། ཞག་ཤས་སོང་ཙ་ན་རྩམ་པ་མང་པོ་ཡོད་པ་དེས་ཅིག་ཤོས་ལ་ད་ཁྱོད་ཀྱི་རྩམ་པ་ཟད་ལས་ཆེ་བྱས་པས་ཟད་ཨེ་ཡོད་ལྟོའོ་ཟེར་ནས་བལྟས་པས་ད་དུང་སྣན་ཁུ་མ་ཟད་པར་འདུག དེ་བཞིན་ལན་གྲངས་མང་པོའི་བར་དུ་བལྟས་ཀྱང་སྣན་ཁུ་མ་ཟད་པར་འདུག་པས་རྩམ་པ་ཐམས་ཅད་མཉམ་ཟ་བྱེད་དགོས་པ་བྱུང་བ་ཡིན། དཔེ་དེ་བཞིན་དུ་གཞན་གྱི་དགེ་བ་གང་བྱེད་ལ་རང་གི་ཟང་ཟིང་ངམ་ལུས་ངག་གི་སྒོ་ནས་ཅུང་ཟད་ཙམ་འབྲེལ་ཡང་དེའི་དགེ་བ་མཉམ་དུ་ཐོབ་ཅིང་། ཁྱད་པར་བླ་མ་དགེ་བའི་བཤེས་གཉེན་དེའི་འཕྲལ་གྱི་མངགས་གཞུག་དང་བང་ཆེན་ཐ་ན་བཞུགས་ཁང་ལ་ཕྱགས་དར་བྱས་པ་ཚུན་ཆད་ཀྱང་ཚོགས་ཀྱི་ལམ་མ་ནོར་བ་ཡིན་པས་ཅི་ནུས་སུ་འབད་དགོས་ཏེ།

འཇུག་པའི་སྤྱོད་ལ་ངེས་པར་ཞུགས་པ་ཡི། །
དམ་པ་མཆོག་གི་བསོད་ནམས་ཡེ་ཤེས་ཚོགས། །
གང་གི་ཁྲོད་དུ་དོན་མཐུན་སྤྱོད་པ་དང་། །
མངགས་གཞུག་བང་ཆེན་ཕྱགས་དར་ཚུན་ཆོད་ཀྱང་། །
ངལ་བ་འབྲས་བཅས་ཚོགས་ཀྱི་ལམ་མཆོག་ཡིན། །

ཞེས་གསུངས། སྐྱབས་སུ་འགྲོ་བ་དང་ཚོགས་བསགས་པ་ཐམས་ཅད་ཀྱི་ཞིང་བླ་ན་མེད་པ་ཡང་བླ་མ་ལས་ལྷག་པ་མེད་ཅིང་། ཁྱད་པར་བླ་མ་དེས་དབང་

བསྒྱུར་བ་དང་ཆོས་འཆད་པ་སོགས་ཀྱི་དུས་སུ་ནི། དུས་གསུམ་ཕྱོགས་བཅུའི་རྒྱལ་བ་སྲས་དང་བཅས་པ་ཐམས་ཅད་ཀྱི་ཐུགས་རྗེ་དང་བྱིན་རླབས་དམ་པ་དེ་ལ་ཞུགས་ནས་སངས་རྒྱས་ཀུན་དང་དབྱེར་མེད་དུ་བཞུགས་པ་ཡིན་པས། དུས་གཞན་དུ་བརྒྱ་འབུལ་སྟོང་འབུལ་མང་པོ་བྱེད་པ་ལས་ཀྱང་དེ་དུས་ཟས་ཁམ་གཅིག་ཙམ་དྲངས་པ་བསོད་ནམས་ཆེ་བ་ཡིན། བསྐྱེད་རིམ་གྱི་ལྷ་བསྒོམ་པ་ཐམས་ཅད་ཀྱང་རྣམ་པ་ལྷ་དེ་དང་དེར་སྣང་བ་ལས་ངོ་བོ་རང་གི་རྩ་བའི་བླ་མ་ལས་གཞན་དུ་མེད་པར་ཤེས་ན་བྱིན་རླབས་འཇུག་པ་མྱུར་ཞིང་། རྫོགས་རིམ་གྱི་ཡེ་ཤེས་རྒྱུད་ལ་སྐྱེས་པ་ཐམསཅད་ཀྱང་བླ་མའི་མོས་གུས་དང་བྱིན་རླབས་ཁོ་ནའི་མཐུ་ལས། ཐུགས་རྒྱུད་རྟོགས་པའི་ཡེ་ཤེས་རང་རྒྱུད་ལ་སྐྱེས་པ་ཡིན་པས་ན་ལམ་བསྐྱེད་རྫོགས་རིམ་པ་གཉིས་ལ་སོགས་པ་ཉམས་ལེན་ཐམས་ཅད་ཀྱི་བསྒྲུབ་བྱའི་ངོ་བོ་བླ་མ་ཉིད་དུ་འདུས་པས་ན། མདོ་རྒྱུད་ཐམས་ཅད་ནས་བླ་མ་སངས་རྒྱས་དངོས་སུ་གསུངས་པ་ཡིན་ཏེ།

ཅི་ཕྱིར་སྐྱབས་སུ་འགྲོ་དང་ཚོགས་ཀྱི་ཞིང་། །
བླ་མ་སྒྲུབ་པའི་རྣལ་འབྱོར་ཕྱི་ནང་གཉིས། །
བསྐྱེད་རྫོགས་བསྒྲུབ་བྱའི་ངོ་བོ་འདིར་འདུས་པས། །
མདོ་རྒྱུད་ཀུན་ནས་སངས་རྒྱས་ཉིད་དུ་བསྟན། །

ཞེས་སོ། །དེས་ན་བླ་མ་དམ་པ་ནི། དགོངས་པ་སངས་རྒྱས་ཀུན་དང་དབྱེར་མེད་པར་བཞུགས་ཀྱང་། རང་རེ་མ་དག་པའི་གདུལ་བྱ་འདྲེན་པའི་ཆེད་དུ་རྣམ་པ་གང་ཟག་མིའི་གཟུགས་སུ་སྤྲུལ་ནས་དངོས་སུ་བཞུགས་པའི་དུས་འདིར། ཅི་གསུང་གི་བཀའ་བཞིན་བསྒྲུབས་ནས་ཞབས་ཏོག་རྣམ་པ་གསུམ་གྱི་སྒོ་ནས་ཐུགས་ཡིད་དབྱེར་མེད་དུ་གྱུར་པ་ཞིག་ལ་འབད་དགོས་ཀྱི། དེ་ལྟར་མ་ཡིན་པར་དངོས་སུ་བཞུགས་པའི་དུས་སུ་རིམ་གྲོ་དང་བཀུར་སྟི་བཀའ་བཞིན་སྒྲུབ་པ་

སོགས་མེད་པར། ཞལ་མི་བཞུགས་པའི་སྐབས་སུ་གཟུགས་བརྙན་འདྲི་ཞིང་སྒོམ་པ་སྐད་བྱེད་པ་དང་། གནས་ལུགས་སྒོམ་པ་སྐད་ཟེར་ནས་ཟབ་ཟབ་མོ་ཞིག་གཞན་དུ་འཚོལ་ཞིང་། བླ་མའི་ཐུགས་རྒྱུད་ཀྱི་སྤྱངས་རྟོགས་ཀྱི་ཡོན་ཏན་རང་རྒྱུད་ལ་འཕོ་བའི་མོས་གུས་དང་གསོལ་འདེབས་སོགས་མི་བྱེད་པ་དེ་དག་ནི་སྒྲུབ་བྱེད་དང་བསྒྲུབ་བྱ་འགལ་བ་ཞེས་བྱ་ཞིང་། བར་དོར་བླ་མའི་ཞལ་མཇལ་བ་དང་ལམ་སྣ་འདྲེན་པ་སོགས་འབྱུང་བ་ཡང་རང་ལ་མོས་གུས་ཚད་མེད་པ་ཡོད་པ་དང་། བླ་མའི་ཐུགས་རྗེ་དང་སྨོན་ལམ་གྱི་སྟོབས་གང་འཛོམ་པ་ལས་དེ་ལྟར་སྣང་བ་ཙམ་ཡིན་གྱི། དངོས་སུ་བླ་མ་དེར་ཕྱིན་པ་ནི་མེད་པས་རང་ལ་མོས་གུས་མེད་ན་བླ་མ་ཇི་ཙམ་བཟང་ཡང་བར་དོར་ལམ་སྣ་འདྲེན་པ་མི་འབྱུང་སྟེ།

ཐོངས་པ་ཕལ་ཆེར་གཟུགས་བརྙན་འདྲི་ཞིང་བསྒོམ། །
དངོས་སུ་བཞུགས་ལ་རིམ་གྲོ་བགྱི་བ་མེད། །
གནས་ལུགས་བསྒོམ་ཟེར་བླ་མའི་ཐུགས་མི་ཤེས། །
སྒྲུབ་དང་བསྒྲུབ་བྱ་འགལ་བ་ཉོན་རེ་མོངས། །
མོས་གུས་མེད་བཞིན་བར་དོར་མཇལ་བ་མཚར། །

ཅེས་གསུངས། དང་པོ་བླ་མ་བརྟགས་པ་ལ་མཁས་པའི་སྒོ་ནས་བརྟགས་པར་བྱ་བ་དེ་ཡང་དབང་ཆོས་ཀྱི་འབྲེལ་བ་མ་ཞུས་པའི་གོང་དུ་ལེགས་པར་བརྟགས་ནས། བླ་མའི་མཚན་ཉིད་ཚང་བར་འདུག་ན་བསྟེན་ཞིང་། མ་ཚང་ན་མི་བསྟེན་པ་ཡིན་གྱི། བླ་མ་བསྟེན་ཚར་ནས་ནི་ཅི་མཛད་ལེགས་པར་མཐོང་བའི་སྒོ་ནས་ཡོན་ཏན་འབའ་ཞིག་ལ་བསམས་ཏེ་དད་པ་དང་དག་སྣང་སྦྱང་དགོས་ཀྱི། སྐྱོན་རྟོག་སོགས་བྱས་ན་ཉེས་པ་བསམ་གྱིས་མི་ཁྱབ་པ་འབྱུང་བ་ཡིན། བླ་མ་བརྟགས་པར་བྱ་བ་དེ་ཡང་སྤྱིར་མདོ་རྒྱུད་ནས་གང་བཤད་པའི་ཡོན་ཏན་ཚང་བ་ཞིག་དགོས་པ་ཡིན་ཀྱང་། ཁྱད་པར་ཐུགས་རྒྱུད་བྱང་ཆུབ་ཀྱི་སེམས་དང་ལྡན་

པ་ཞིག་ནི་ངེས་པར་དགོས་པ་ཡིན་པས། མདོར་བསྡུ་ན་བརྟགས་པ་གཅིག་པོ་བྱང་ཆུབ་ཀྱི་སེམས་དང་ལྡན་མི་ལྡན་བརྟགས་པ་འདི་ལ་འདུས། ཐུགས་རྒྱུད་བྱང་ཆུབ་ཀྱི་སེམས་དང་ལྡན་པ་ཞིག་ཡིན་ཕྱིན་ཆད་སློབ་མ་ལ་ཡང་འདི་དང་ཕྱི་མར་གང་ཕན་པ་དེ་ལྟར་བྱེད་པས་དོན་དུ་མི་འགྱུར་བ་མི་འོང་ཞིང་། བླ་མ་དེས་བསྟན་པའི་ཆོས་ཀྱང་ཐེག་པ་ཆེན་པོའི་ལམ་དང་འབྲེལ་བས་ཅིས་ཀྱང་ཡང་དག་པའི་ལམ་དུ་འགྲོ་བ་ཡིན། བྱང་ཆུབ་ཀྱི་སེམས་དང་མི་ལྡན་ཕྱིན་ཆད་བླ་མ་ལ་རང་འདོད་ཀྱི་འཁྲིས་ཡོད་པས་སློབ་མའི་རྒྱུད་ཀྱང་ལེགས་པར་མི་ཐུལ་ཞིང་། ཆོས་བསྟན་པ་ཡང་ཇི་ཙམ་ཟབ་ཟབ་མོ་དང་མཚར་བ་ལྟར་འདུག་ཀྱང་མཐར་འཇིག་རྟེན་ཚེ་འདི་འབའ་ཞིག་གི་ཆེད་དུ་འཚོར་བ་ཡིན། དེས་ན་བླ་མ་བརྟགས་པའི་གནད་ཐམས་ཅད་འདིར་འདུ་བས་ཐུགས་རྒྱུད་བྱང་ཆུབ་སེམས་ཀྱིས་གང་བ་ཞིག་འདུག་ན་ཆ་ལུགས་སོགས་ཇི་ལྟར་འདུག་ཀྱང་བསྟེན་པར་བྱ། རྒྱུད་བྱང་ཆུབ་ཀྱི་སེམས་དང་བྲལ་བ་ནི། འཕྲལ་དུ་ངེས་འབྱུང་དང་སྐྱོ་ཤས་སྐྱུབ་ཚུགས་དང་ཀུན་སྤྱོད་སོགས་ཅི་ཙམ་བཟང་བ་ལྟར་སྣང་ཡང་བསྟེན་བྱ་མིན་ནོ། །འོན་ཀྱང་སྐྱེས་བུ་དམ་པ་རང་རྒྱུད་སྦས་ཚུལ་དུ་བཞུགས་པ་རྣམས་ཀྱི་ཐུན་མོང་མ་ཡིན་པའི་ཡོན་ཏན་རང་རེ་སོ་སོའི་སྐྱེ་བོ་རྣམས་ཀྱིས་ཅི་ཙམ་བརྟགས་ཀྱང་ཤེས་མི་ནུས་ཤིང་། ཐོག་པོ་གཡོ་སྒྱུ་ཅན་ཕལ་ཡང་ཚུལ་འཆོས་ཀྱི་བསླུ་ཐབས་ལ་མཁས་པས་དམ་པ་ལྟར་སྣང་བ་ཡོད་པས། རང་ཉིད་ཀྱི་ཚེ་རབས་ནས་འབྲེལ་བའི་བླ་མ་དེ་གཙོ་ཆེ། དེ་ཡང་བླ་མ་དེའི་ཞལ་མཇལ་གསུང་ཐོས་པ་ཙམ་མམ། ཐ་ན་མཚན་ཙམ་ཐོས་པས་ཀྱང་ལུས་བ་སྤུ་ལྡང་པའི་དད་པ་གཡོ་ནུས་ཤིང་སྣང་བ་འཕྲལ་དུ་སྒྱུར་ནུས་པ་དེ་ལྟ་བུ་ནི་རང་གི་ཚེ་རབས་ཀྱི་བླ་མ་ཡིན་པས་བརྟག་མི་དགོས་ཏེ། སྔོན་རྗེ་བཙུན་མི་ལ་ལ་རོང་སྟོན་ལྷ་དགས། ཁྱེད་ཀྱི་ཚེ་རབས་ཀྱི་བླ་མ་ལྷོ་གྲོ་བོ་ལུང་གི་དགོན་པ་བྱ་བ་ན། སྐྱེས་མཆོག་སྒྲ་སྒྱུར་གྱི་རྒྱལ་པོ་མར་པ་ལོ་ཙྪ་ཞེས་བྱ་བ་བཞུགས་པ་དེ་ཡིན་པས་དེར་སོང་གསུངས་པའི་ཚེ། མར་པའི་མཚན་ཐོས་

པ་ཙམ་གྱིས་རྗེ་བཙུན་ལ་ཐུན་མོང་མ་ཡིན་པའི་དད་པ་གཏིང་ནས་འཁྲུངས་ཤིང་། སྒྲོག་ལ་བབས་ཀྱང་བླ་མ་དེའི་ཞལ་མཇལ་ཞིང་ཐུགས་ཟིན་པ་ཞིག་བྱེད་དགོས་སྙམ་དུ་ཐུགས་རྒྱུད་ལ་སྐྱེས། བླ་མ་མཇལ་དུ་འོང་བའི་ཚེ་ཡང་། མར་པ་ཞིང་རྗོ་བ་ལྟར་བྱས་ནས་རྗེ་བཙུན་བསུར་ཕེབས་པ་དང་ལམ་དུ་མཇལ་བའི་ཚེ། བླ་མ་ཡིན་པ་ངོ་མ་ཤེས་ཀྱང་ཚེ་འདིའི་སྣང་བ་ཏུར་ཏུར་པོ་འདི་དར་ཅིག་འགགས་ནས་ཁྲོང་ངེ་ལུས་འདུག་གསུངས། སྤྱིར་བླ་མ་ཡང་རང་གི་སྣང་བ་དག་མ་དག་དང་ལས་དབང་གིས་སྤྱོད་པ་ཡིན་པས། རང་གི་ཆོས་དང་གདམས་ངག་གི་བཀའ་དྲིན་ཐོབ་པའི་བླ་མ་དེ་ཇི་ལྟར་འདུག་ཀྱང་སངས་རྒྱས་དངོས་ཀྱི་འདུ་ཤེས་དང་མ་བྲལ་བ་བྱེད་དགོས། རང་ལ་ལས་འཕྲོ་མེད་ན་བླ་མ་བཟང་པོ་དང་མཇལ་བའི་སྐལ་བ་མེད་ཅིང་། རང་གི་སྣང་བ་མ་དག་ན་སངས་རྒྱས་དངོས་དང་མཇལ་ཡང་ཡོན་ཏན་ཅན་དུ་མཐོང་མི་ནུས་པས། རང་གི་སྔོན་ལས་ཀྱི་དབང་གིས་གང་དང་མཇལ་ཞིང་བཀའ་དྲིན་ཐོབ་པའི་བླ་མ་དེ་གཙོ་ཆེ་བ་ཡིན། བར་དུ་བླ་མ་བསྟེན་པའི་དུས་སུའང་ཚ་གྲང་བཀྲེས་སྐོམ་སོགས་དཀའ་བ་ཐམས་ཅད་ཁྱད་དུ་བསད་དེ་བླ་མས་ཅི་གསུང་གི་བཀའ་བཞིན་བསྒྲུབ། དད་གུས་ཀྱིས་གསོལ་བ་གདབ། འཕྲལ་དུ་རང་གི་བྱ་སྤྱོད་ཐམས་ཅད་ཀྱང་བླ་མ་ལ་ཞུས་ཏེ། དམ་པ་དེས་བཀའ་ཇི་ལྟར་སྩལ་བ་ལྟར་ཉམས་སུ་བླང་། ཡིད་ཁྱེད་ཤེས་ཀྱི་དད་པའི་སྒོ་ནས་བསྟེན་དགོས། ཐ་མར་དགོངས་སྤྱོད་བསླབ་པ་ཞེས་བྱ་བ། བླ་མ་དམ་པའི་མཛད་སྤྱོད་ཐམས་ཅད་ལེགས་པར་བརྟགས་ནས་རང་ཉིད་ཀྱིས་ཀྱང་དེ་ཁོ་ན་བཞིན་དུ་ཉམས་སུ་བླང་། འཛིག་རྟེན་པའི་ཁ་སྐད་ལ་ཡང་། བྱ་བ་ཐམས་ཅད་ལད་མོ་ཡིན། ལད་མོའི་ནང་ནས་གང་མཁས་ཡིན་ཟེར་བ་ལྟར། སྤྱིར་ཆོས་བྱེད་པ་ཡང་སྔོན་གྱི་རྒྱལ་བ་སྲས་བཅས་ཀྱི་ལད་མོ་བྱེད་པ་ཡིན། སློབ་མས་བླ་མ་བསྟེན་པ་ཡང་། བླ་མ་དེའི་རྗེས་སུ་སློབ་པ་ཡིན་པས་བླ་མའི་དགོངས་སྤྱོད་ཇི་ལྟར་ཡིན་པ་དེ་རང་རྒྱུད་ལ་ལོན་པར་བྱེད་དགོས། དཔེར་ན་སློབ་མས་བླ་མ་

བསྟེན་པ་དེ། སཱཙྪ་བསྐོས་ཕོར་ནས་ཕྱུང་བ་ལྟ་བུ་ཞིག་དགོས་པ་ཡིན་ཏེ། བསྐོས་ཕོར་ལ་རི་མོ་ཇི་ལྟ་བུ་ཞིག་ཡོད་པ་དེ་ཐམས་ཅད་སཱཙྪ་ལ་དོད་ནས་ཡོད་པ་ལྟར། བླ་མའི་ཐུགས་རྒྱུད་ཀྱི་ཡོན་ཏན་ཇི་ཙམ་ཡོད་པ་དེ་དང་འདྲ་བའམ། མིན་ཀྱང་དེའི་ཕྱོགས་མཐུན་པ་ཙམ་ངེས་པར་ཡོད་དགོས། དེས་ན་དང་པོ་བླ་མ་བརྟགས་མཁས་པ། བར་དུ་བླ་མ་བསྟེན་མཁས་པ། ཐ་མར་དགོངས་སྤྱོད་བསླབ་པ་ལ་མཁས་པའི་སྐྱེས་བུ་དེ་ནི་ཅི་ནས་ཀྱང་ཡང་དག་པའི་ལམ་དུ་འགྲོ་བ་ཡིན་ཏེ།

དང་པོ་བླ་མ་བརྟགས་ལ་མཁས་པ་དང་། །~
བར་དུ་བླ་མ་བསྟེན་ལ་མཁས་པ་དང་། །
ཐ་མར་དགོངས་སྤྱོད་བསླབ་ལ་མཁས་པ་ཡི། །
སྐྱེས་བུ་དེ་ནི་ཡང་དག་ལམ་ལ་འགྲོ། །

ཞེས་སོ། །དེས་ན་དགེ་བའི་བཤེས་གཉེན་དམ་པ་ཡོན་ཏན་ཐམས་ཅད་དང་ལྡན་པ་རྙེད་ནས། དེ་ཉིད་བསྟེན་པའི་དུས་སུ་ལུས་དང་སྲོག་ལ་མི་ལྟ་བར་བྱང་ཆུབ་སེམས་དཔའ་རྟག་ཏུ་ངུས་བྱང་ཆུབ་སེམས་དཔའ་ཆོས་འཕགས་བསྟེན་པ་དང་། པཎ་ཆེན་ན་རོ་པས་སྐྱེས་མཆོག་ཏཻ་ལོ་པ་བསྟེན་པ་དང་། རྗེ་བཙུན་མི་ལས་ལྷོ་བྲག་མར་པ་བསྟེན་པ་ལྟར་དགོས་ཏེ། བྱང་ཆུབ་སེམས་དཔའ་རྟག་ཏུ་ངུས་ཆོས་འཕགས་ཇི་ལྟར་བསྟེན་ན། སྔོན་བྱང་ཆུབ་སེམས་དཔའ་རྟག་ཏུ་ངུས་ཤེས་རབ་ཀྱི་ཕ་རོལ་ཏུ་ཕྱིན་པ་ཚོལ་ཞིང་འབྲོག་དགོན་པ་ཞིག་ཏུ་ཕྱིན་པ་ན། བར་སྣང་ལས། རིགས་ཀྱི་བུ་ཤར་ཕྱོགས་སུ་སོང་ཞིག་དང་ཤེས་རབ་ཀྱི་ཕ་རོལ་ཏུ་ཕྱིན་པ་ཐོས་པར་འགྱུར་གྱི། ཁྱོད་ཀྱི་ལུས་ངལ་བ་དང་གཉིད་རྨུགས་དང་ཚ་གྲང་དང་ཉིན་མཚན་སོགས་ཡིད་ལ་མི་བྱེད་ཅིང་གཡས་དང་གཡོན་དུ་མ་ལྟ་བར་སོང་ཞིག་དང་། ཁྱོད་ཀྱིས་རིང་པོར་མི་ཐོགས་པར་ཤེས་རབ་ཀྱི་ཕ་རོལ་ཏུ་ཕྱིན་པ་གླེགས་བམ་དུ་ཆུད་པའམ། དགེ་སློང་ཆོས་སྨྲ་བའི་ལུས་ལ་ཡོད་

པ་ཐོས་པར་གྱུར་ཏེ། དེའི་ཚེ་རིགས་ཀྱི་བུ་ཁྱོད་ཀྱི་གང་ལས་ཤེས་རབ་ཀྱི་ཕ་རོལ་ཏུ་ཕྱིན་པ་ཐོས་པ་དེ་ལ་སྟོན་པའི་འདུ་ཤེས་བསྐྱེད་ཅིང་ཆོས་ལ་གུས་པར་བྱ་བས་ཕྱི་བཞིན་འབྲང་བར་བྱའོ། །དེ་འདོད་པའི་ཡོན་ཏན་ལྔ་པོ་དག་ལ་བསྙེན་པ་མཐོང་ན་ཡང་བྱང་ཆུབ་སེམས་དཔའ་རྣམས་ཀྱི་ཐབས་ལ་མཁས་པ་ཤེས་པས་མ་དད་པར་མི་བྱའོ། །ཞེས་པ་ལ་སོགས་པ་ཐོས་ནས་ཤར་ཕྱོགས་སུ་སོང་བ་དང་། རིང་པོར་མ་ཕྱིན་པར་དེས་བདག་གིས་སྒྲ་དེ་ལ་ཅི་ཙམ་འགྲོ་དགོས་མ་དྲིས་པས་བདག་ཤེས་རབ་ཀྱི་ཕ་རོལ་ཏུ་ཕྱིན་པ་སྟོན་པ་དེར་འགྲོ་མི་ཤེས་སོ་སྙམ་ནས། དེ་ཉིད་དུ་ངུ་ཞིང་ཆེ་ངེ་འདེབས་ཏེ་བདག་ཇི་སྲིད་ཤེས་རབ་ཀྱི་ཕ་རོལ་ཏུ་ཕྱིན་པ་མ་ཐོས་ཀྱི་བར་དུ་ངལ་དུབ་དང་བཀྲེས་སྐོམ་དང་གཉིད་རྒྱུགས་དང་ཉིན་མཚན་ལ་སོགས་པ་ཡིད་ལ་མི་བྱེད་པར་གནས་པར་བྱའོ། །སྙམ་ནས་དེ་བུ་གཅིག་པུ་ཤི་བའི་མ་བཞིན་དུ་ཡིད་ལ་བྱེད་པ་གཞན་མེད་པར་ཤེས་རབ་ཀྱི་ཕ་རོལ་ཏུ་ཕྱིན་པ་ནམ་ཐོས་སྙམ་དུ་གདུང་ཞིང་འདུག་པ་ན། དེ་བཞིན་གཤེགས་པའི་གཟུགས་ཤིག་མདུན་དུ་བཞུགས་ནས་ཆོས་ཚོལ་བའི་བསྔགས་པ་བརྗོད་ཅིང་། འདི་ནས་དཔག་ཚད་ལྔ་བརྒྱ་ན་སྤོས་ངད་ལྡན་པ་ཞེས་བྱ་བའི་གྲོང་ཁྱེར་རིན་པོ་ཆེ་སྣ་བདུན་གྱི་རང་བཞིན་སྐྱིད་མོའི་ཚལ་ལྔ་བརྒྱས་བསྐོར་བ་ཡོན་ཏན་ཐམས་ཅད་ཕུན་སུམ་ཚོགས་པ། དེའི་དབུས་ཀྱི་བཞི་མདོ་ན་བྱང་ཆུབ་སེམས་དཔའ་ཆོས་འཕགས་ཀྱི་ཁང་པ་རིན་པོ་ཆེ་སྣ་བདུན་ལས་བྱས་པ་ཁོར་ཡུག་དཔག་ཚད་ཀྱི་ཚད་ཙམ་པ། སྐྱིད་ཚལ་ལ་སོགས་པའི་ལོངས་སྤྱོད་ཕུན་སུམ་ཚོགས་པ་ན། བྱང་ཆུབ་སེམས་དཔའ་སེམས་དཔའ་ཆེན་པོ་ཆོས་འཕགས་འཁོར་དང་བཅས་པ་བུད་མེད་དྲུག་ཁྲི་བརྒྱད་སྟོང་དང་ལྷན་ཅིག་འདོད་པའི་ཡོན་ཏན་ལྔ་དང་ལྡན་ཞིང་དབང་དུ་གྱུར་ཏེ་རྩེ་དགའ་ཞིང་དགའ་མགུར་སྤྱོད་དེ། དེ་ན་གནས་པའི་སྐྱེ་བོའི་ཚོགས་ལ་དུས་གསུམ་དུ་ཤེས་རབ་ཀྱི་ཕ་རོལ་ཏུ་ཕྱིན་པ་སྟོན་པ་ཡོད་ཀྱི། དེའི་དྲུང་དུ་སོང་ཞིག་དང་དེ་ལས་ཤེས་རབ་ཀྱི་ཕ་རོལ་ཏུ་ཕྱིན་

པ་ཐོས་པར་འགྱུར་རོ། །ཞེས་གསུངས་པ་ཐོས་ནས་དེ་ཡིད་ལ་བྱེད་པ་གཞན་མེད་པར་གནས་པ་ནས་ཕྱོགས་དེ་ཉིད་དུ་བྱང་ཆུབ་སེམས་དཔའ་ཆོས་འཕགས་ཞེས་རབ་ཀྱི་ཕ་རོལ་ཏུ་ཕྱིན་པ་སྟོན་པ་ཡང་ཐོས། ཏིང་ངེ་འཛིན་གྱི་སྒོ་དུ་མ་ཡང་མངོན་དུ་གྱུར། ཕྱོགས་བཅུའི་འཇིག་རྟེན་གྱི་ཁམས་ནས་སངས་རྒྱས་གྲངས་མེད་པ་ཤེས་རབ་ཀྱི་ཕ་རོལ་ཏུ་ཕྱིན་པ་སྟོན་པ་ཡང་མཐོང་། དེ་དག་གིས་ཆོས་བསྟན་ནས་བྱང་ཆུབ་སེམས་དཔའ་ཆོས་འཕགས་ཀྱི་བསྔགས་པ་བརྗོད་དེ་མི་སྣང་བར་སོང་ངོ་། །

དེ་ནས་བྱང་ཆུབ་སེམས་དཔའ་རྟག་ཏུ་ངུས་བྱང་ཆུབ་སེམས་དཔའ་ཆོས་འཕགས་ལ་དགའ་བ་དང་དད་པ་དང་གུས་པ་སྐྱེས་ཏེ་བདག་ཇི་ལྟ་བུའི་ཚུལ་གྱིས་བྱང་ཆུབ་སེམས་དཔའ་ཆོས་འཕགས་ཀྱི་དྲུང་དུ་འགྲོ་བར་བྱ། བདག་ནི་དབུལ་ཏེ་བྱང་ཆུབ་སེམས་དཔའ་ཆོས་འཕགས་ལ་བཀུར་སྟི་བྱ་བའི་གོས་སམ། རིན་པོ་ཆེའམ། དྲི་དང་། ཕྲེང་བ་ལ་སོགས་པ་དགེ་བའི་བཤེས་གཉེན་ལ་བསྙེན་བཀུར་བྱ་བའི་ཡོ་བྱད་ཅི་ཡང་མེད་ཀྱི། བདག་གི་ལུས་བཙོང་ལ་དེའི་རིན་གྱིས་བྱང་ཆུབ་སེམས་དཔའ་ཆོས་འཕགས་ལ་བཀུར་སྟི་བྱའོ། །འཁོར་བ་ཐོག་མ་མེད་པ་ནས་བདག་གི་ལུས་དཔག་ཏུ་མེད་པ་བཙོངས་ཤིང་འདོད་པའི་རྒྱུས་དམྱལ་བའི་གནས་སུ་ལུས་གྲངས་མེད་པ་གཤེགས་ཤིང་གཏུབས་ཏེ་ཚུད་ཟོས་ཀྱང་འདི་ལྟ་བུའི་ཆོས་ཀྱི་ཆེད་ཀྱང་མ་ཡིན་ལ། འདི་ལྟ་བུའི་སྐྱེས་བུ་དམ་པ་ལ་བཀུར་སྟི་བྱ་བའི་ཆེད་ཀྱང་མ་ཡིན་ནོ་སྙམ་ནས། ཚོང་འདུས་ཀྱི་དབུས་སུ་སོང་སྟེ་མི་སུ་འདོད། མི་ཉོ་བར་འདོད་པ་སུ་ཡོད་ཅེས་སྒྲ་བསྒྲགས་ཤིང་བོས་ཀྱང་བདུད་སྡིག་ཅན་བྱང་ཆུབ་སེམས་དཔའ་རྟག་ཏུ་ངུས་ཆོས་ཕྱིར་དགའ་བ་སྤྱོད་པ་ལ་ཕྲག་དོག་པས་སུས་ཀྱང་མི་ཐོས་པར་བྱས་སོ། །

དེ་ནས་བྱང་ཆུབ་སེམས་དཔའ་རྟག་ཏུ་ངུས་བདག་ཉིད་ཉོ་བ་མ་རྙེད་ནས་ཕྱོགས་གཅིག་ཏུ་སོང་ནས་ངུ་ཞིང་མཆི་མ་ཕྱུངས་ཏེ་འདུག་པ་ན། ལྷའི་དབང་པོ་

བརྒྱ་བྱིན་གྱིས་རྟག་ཏུ་ངུའི་བསམ་པ་བརྟག་པར་འདོད་ནས། བྲམ་ཟེའི་ཁྱེའུའི་གཟུགས་སུ་སྤྲུལ་ཏེ་འོངས་ནས། ང་ལ་མི་ནི་མི་དགོས་མོད་ཀྱང་ང་མཆོད་སྦྱིན་ཞིག་བྱེད་པ་ལ། མི་ཤ་དང་མི་ཚིལ་དང་། མིའི་རྐང་རྣམས་དགོས་པས་ཁྱོད་ཀྱིས་བཙོང་ན་རིན་སྦྱིན་ནོ་སྨྲས་པས། རྟག་ཏུ་ངུ་དགའ་སྟེ་མཚོན་རྣོན་པོ་ཐོགས་ནས་ལག་པ་གཡས་པ་ཕུག་སྟེ་ཁྲག་གཟག གཡས་པ་ཤ་མེད་པར་བཏོགས་ནས་རུས་པ་གཅོག་ཏུ་རྩིག་པའི་དྲུང་དུ་སོང་བ་ན། ཚོང་དཔོན་གྱི་བུ་མོ་ཞིག་ཁང་པའི་ཡང་ཐོག་ནས་འདུག་པ་དེས་མཐོང་ནས་དྲུང་དུ་འོངས་ཏེ། རིགས་ཀྱི་བུ་ཁྱོད་ཀྱིས་བདག་ཉིད་ལ་འདི་ལྟ་བུའི་ན་ཚ་ཅིའི་ཕྱིར་གཏོང་བ་ཡིན་ཟེར། དེར་བྱང་ཆུབ་སེམས་དཔའ་ཆོས་འཕགས་ལ་མཆོད་པའི་ཕྱིར་ལུས་བཙོངས་པའི་ལོ་རྒྱུས་སྨྲས་པས། དེ་ལ་དེ་ཙམ་དུ་བཀུར་སྟི་བྱས་པས་ཡོན་ཏན་ཅི་ཞིག་འཐོབ་པ་ཡིན་ཟེར། དེས་བྱང་ཆུབ་སེམས་དཔའ་རྣམས་ཀྱི་ཐབས་ལ་མཁས་པ་དང་ཤེས་རབ་ཀྱི་ཕ་རོལ་ཏུ་ཕྱིན་པ་སྟོན་པར་འགྱུར་ཞིང་། དེ་ལ་བསླབ་ན་རྣམ་པ་ཐམས་ཅད་མཁྱེན་པ་ཐོབ་ནས་སངས་རྒྱས་ཀྱི་ཡོན་ཏན་མང་པོ་དང་ལྡན་ཞིང་སེམས་ཅན་ཐམས་ཅད་ལ་ཆོས་རིན་པོ་ཆེའི་བགོ་བཤའ་བྱེད་པ་ཡིན་ནོ་བྱས་པས། ཡོན་ཏན་དེ་ལྟ་བུ་དག་ལས་ཡོན་ཏན་སྣ་རེ་རེའི་ཆེད་དུ་གངྒཱའི་ཀླུང་གི་བྱེ་མ་སྙེད་ཀྱི་ལུས་བཏང་ཡང་ཆོག་པར་འདུག འོན་ཀྱང་ཁྱོད་བདག་ཉིད་ལ་འདི་ལྟ་བུའི་ན་ཚ་མ་བྱེད་ཅིག་དང་། ཁྱོད་ཀྱིས་བྱང་ཆུབ་སེམས་དཔའ་ཆོས་འཕགས་ལ་མཆོད་པ་དབུལ་བའི་ཡོ་བྱད་གང་དགོས་པ་ཕོ་མོས་ཁྱོད་ལ་སྦྱིན་ཞིང་། བདག་ཀྱང་ཁྱོད་དང་འགྲོགས་ནས་བྱང་ཆུབ་སེམས་དཔའ་ཆོས་འཕགས་ཀྱི་དྲུང་དུ་འགྲོ་ཞིང་། ཡོན་ཏན་དེ་དག་ཐོབ་པར་བྱ་བའི་ཕྱིར་དགེ་བའི་རྩ་བ་བསྐྱེད་པར་བྱའོ། །ཞེས་ཟེར་རོ། །

དེ་ནས་ལྷའི་དབང་པོ་བརྒྱ་བྱིན་གྱིས་རང་གི་གཟུགས་བསྟན་ནས་རྟག་ཏུ་ངུ་ལ། ང་ནི་ལྷའི་དབང་པོ་བརྒྱ་བྱིན་ཡིན་ཏེ་ཁྱོད་ཀྱི་བསམ་པ་བརྟག་པའི་ཆེད་

ཏུ་འོང་བ་ཡིན་པས། ཁྱོད་ཅི་འདོད་པ་སྦྱིན་གྱིས་སློང་ཞིག་ཟེར་བ་ལ། བདག་ལ་སངས་རྒྱས་ཀྱི་ཡོན་ཏན་བླ་ན་མེད་པ་དག་སྩོལ་ཅིག་བྱས་པས། དེ་བདག་གི་ཡུལ་མ་ཡིན་པས་སྦྱིན་མི་ནུས་ཟེར། འོ་ན་བདག་གི་ལུས་ཡོངས་སུ་རྫོགས་པར་བྱེད་པ་ལ་ནི་ཁྱོད་ཀྱིས་བརྩོན་མི་དགོས་ཏེ། བདག་གིས་བདེན་པའི་བྱིན་རླབས་བྱའོ་ཟེར་ནས། བདེན་པ་གང་གིས་བདག་སངས་རྒྱས་རྣམས་ཀྱིས་ཕྱིར་མི་ལྡོག་པར་ལུང་བསྟན་ཅིང་བདག་གི་ལྷག་པའི་བསམ་པ་གཡོ་མེད་པའི་བདེན་པ་དང་བདེན་པའི་ཚིག་དེས་བདག་གི་ལུས་སྔོན་ཇི་ལྟ་བར་གྱུར་ཅིག ཅེས་བྱས་པ་དང་ལུས་སྔ་མ་ཁོ་ན་ལྟར་གྱུར། བརྒྱ་བྱིན་ཀྱང་མི་སྣང་བར་གྱུར་ཏོ། །

དེ་ནས་རྟག་ཏུ་ངུ་ཚོང་དཔོན་གྱི་བུ་མོ་དང་འགྲོགས་ནས་བུ་མོ་ཕ་མའི་ཁྱིམ་དུ་སོང་སྟེ་ལོ་རྒྱུས་བཤད་ནས། མཆོད་པའི་ཡོ་བྱད་དུ་མ་བསྣངས་ཏེ་ཚོང་དཔོན་གྱི་བུ་མོ་ཁོལ་མོ་ལྔ་བརྒྱ་དང་བཅས་པ་ཤིང་རྟ་ལ་ཞོན། བུ་མོའི་ཕ་མ་ལ་སོགས་འཁོར་དུ་མ་དང་བཅས་ཏེ་ཤར་ཕྱོགས་སུ་སོང་ནས་གྲོང་ཁྱེར་སྤོས་ངད་ལྡན་པ་ན་བྱང་ཆུབ་སེམས་དཔའ་ཆོས་འཕགས་འཁོར་བརྒྱ་སྟོང་དུ་མ་ལ་ཆོས་སྟོན་པ་མཐོང་ངོ་། །

དེ་མཐོང་བས་བྱང་ཆུབ་སེམས་དཔའ་རྟག་ཏུ་ངུ་ལ་དགེ་སློང་བསམ་གཏན་ལ་གནས་པའི་བདེ་བ་ལྟ་བུ་ཐོབ་ཅིང་། འཁོར་བུ་མོ་ལྔ་བརྒྱ་དང་བཅས་ཏེ་ཤིང་རྟ་ལས་བབས་ནས་བྱང་ཆུབ་སེམས་དཔའ་ཆོས་འཕགས་ཀྱི་དྲུང་དུ་སོང་ངོ་། །

དེའི་ཚེ་གནས་དེ་ན་བྱང་ཆུབ་སེམས་དཔའ་ཆོས་འཕགས་ཀྱིས་ཤེས་རབ་ཀྱི་ཕ་རོལ་ཏུ་ཕྱིན་པའི་ཁང་པ་ནི་རིན་པོ་ཆེ་སྣ་བདུན་ལས་བྱས་ཤིང་ཙནྡན་དམར་པོས་བརྒྱན་པ། མུ་ཏིག་གི་དྲ་བས་གཡོགས་པ་ཕྱོགས་བཞིར་ཡིད་བཞིན་ནོར་བུ་རིན་པོ་ཆེ་བཞི་བཞག་པའི་སྒྲོན་མེ་དང་དངུལ་གྱི་སྤོས་ཕོར་བཞི་ནས་ཨ་ག་རུ་ནག་པོའི་བདུག་པ་འབབ་ཞིག་འབུལ་བ། དེའི་དབུས་སུ་རིན་པོ་ཆེའི་སྒྲོམ་བཞིའི་ནང་ན་ཤེས་རབ་ཀྱི་ཕ་རོལ་ཏུ་ཕྱིན་པ་གསེར་གྱི་གླེགས་བམ་ལ་བཻ་ཌཱུརྱ

ཞུན་མས་བྲིས་པ་ལ་ལྷ་དང་མི་ཐམས་ཅད་ཀྱིས་མཆོད་པ་དབུལ་ཞིང་འདུག་པ་ལ་རྒྱུ་མཚན་དྲིས་ནས། རྟག་ཏུ་ངུ་དང་བུ་མོ་དཔོན་གཡོག་ལྔ་བརྒྱས་ལེགས་པར་མཆོད་དེ། བྱང་ཆུབ་སེམས་དཔའ་ཆོས་འཕགས་འཁོར་རྣམས་ལ་ཆོས་སྟོན་པའི་དྲུང་དུ་སོང་ངོ་། །

དེར་སོང་ནས་རྟག་ཏུ་ངུ་འཁོར་བུ་མོ་ལྔ་བརྒྱ་དང་བཅས་པས་མཆོད་པའི་ཡོ་བྱད་དེ་དག་གིས་བྱང་ཆུབ་སེམས་དཔའ་ཆོས་འཕགས་ལ་མཆོད་ནས་ཚོང་དཔོན་གྱི་བུ་མོ་འཁོར་དང་བཅས་པས་བྱང་ཆུབ་མཆོག་ཏུ་སེམས་བསྐྱེད། རྟག་ཏུ་ངུས་སྔར་མཇལ་བའི་སངས་རྒྱས་རྣམས་གང་ནས་བྱོན་པ་དང་གང་དུ་བཞུད་པ་དྲིས་པས། བྱང་ཆུབ་སེམས་དཔའ་ཆོས་འཕགས་ཀྱིས་སངས་རྒྱས་རྣམས་བྱོན་པ་དང་བཞུད་པ་མེད་པའི་ལེའུ་གསུངས་ནས་གདན་ལས་བཞེངས་ཏེ་ཁྱིམ་དུ་བྱོན། ལོ་བདུན་གྱི་བར་དུ་ཏིང་ངེ་འཛིན་གཅིག་ལ་སྙོམས་པར་ཞུགས་ནས་བཞུགས་པ་ལ། དེའི་བར་དུ་བྱང་ཆུབ་སེམས་དཔའ་རྟག་ཏུ་ངུ་འཁོར་བུ་མོ་ལྔ་བརྒྱ་དང་བཅས་པ་ཉལ་བ་དང་འདུག་པའི་སྤྱོད་ལམ་སྤངས་ནས་འགྲེང་བ་དང་འཆག་པའི་སྤྱོད་ལམ་གཉིས་ཀྱིས་དུས་འདའ་ཞིང་། ནམ་བྱང་ཆུབ་སེམས་དཔའ་ཆོས་འཕགས་ཏིང་ངེ་འཛིན་དེ་ལས་བཞེངས་ཏེ་ཆོས་སྟོན་པར་འགྱུར་སྙམ་དུ་དེ་ཁོ་ན་ལ་སེམས་ཤིང་འཁོད་དོ། །

དེ་ལྟར་ལོ་བདུན་པོ་དེ་ཟད་དུ་ཉེ་བ་ན་ད་སྐྱེ་ཞག་བདུན་ན་བྱང་ཆུབ་སེམས་དཔའ་ཆོས་འཕགས་ཏིང་ངེ་འཛིན་ལས་བཞེངས་ནས་ཆོས་སྟོན་པར་འགྱུར་རོ་ཞེས་པ་རྟག་ཏུ་ངུས་ལྷ་རྣམས་ལས་ཐོས་ནས། འཁོར་བུ་མོ་ལྔ་བརྒྱ་དང་བཅས་པས་གང་དུ་བྱང་ཆུབ་སེམས་དཔའ་ཆོས་འཕགས་ཆོས་སྟོན་པར་འགྱུར་བའི་ས་ཕྱོགས་དེ་དཔག་ཚད་གཅིག་ཙམ་ཆད་ཕྱུགས་དར་བྱས་ནས་རྡུལ་མི་ལྡང་བའི་ཆེད་དུ་ཆག་ཆག་གདབ་པར་རྩོམ་པ་ན་བདུད་སྡིག་ཅན་གྱིས་ཆུ་ཐམས་ཅད་མི་སྣང་བར་བྱས་པས། བྱང་ཆུབ་སེམས་དཔའ་རྟག་ཏུ་ངུས་རང་གི་

ལུས་ཀྱི་རྩ་ཐམས་ཅད་ཕུག་ནས་ཁྲག་གིས་ཆག་ཆག་བཏབ་པས་ཚོང་དཔོན་གྱི་བུ་མོ་འཁོར་ལྔ་བརྒྱ་དང་བཅས་པས་ཀྱང་རང་རང་གི་ལུས་ཀྱི་རྩ་ཐམས་ཅད་ཕུག་སྟེ་ཁྲག་གིས་ཆག་ཆག་བཏབ་པ་ན་ལྷའི་དབང་པོ་བརྒྱ་བྱིན་གྱིས་ཁྲག་དེ་ཐམས་ཅད་ལྷ་ཡུལ་གྱི་ཙནྡན་དམར་པོར་བྱིན་གྱིས་བརླབས། རྟག་ཏུ་ངུ་འཁོར་དང་བཅས་པས་དེར་སེང་གེའི་ཁྲི་བཀོད་པ་ཕུན་སུམ་ཚོགས་པ་བཤམས་པ་ལ་བྱང་ཆུབ་སེམས་དཔའ་ཆོས་འཕགས་བྱོན་ནས་བཞུགས་ཏེ། ཤེས་རབ་ཀྱི་ཕ་རོལ་ཏུ་ཕྱིན་པ་བསྟན་པས་བྱང་ཆུབ་སེམས་དཔའ་རྟག་ཏུ་ངུས་ཏིང་ངེ་འཛིན་གྱི་སྒོ་བརྒྱ་སྟོང་ཕྲག་དྲུག་ཅུ་ཐོབ། སངས་རྒྱས་གྲངས་མེད་པའི་ཞལ་མཐོང་། དེ་ནས་བཟུང་སྟེ་རྨི་ལམ་ན་ཡང་སངས་རྒྱས་མཐོང་བ་དང་མ་བྲལ་ཞིང་། ད་ལྟ་ཡང་རྫོགས་པའི་སངས་རྒྱས་སྒྲ་དབྱངས་མི་ཟད་པ་སྒྲོགས་པའི་དྲུང་ན་བཞུགས་པར་གསུངས་པ་ཡིན་ནོ། །

དེ་བཞིན་དུ་ནཱ་རོ་པཎ་ཆེན་གྱིས་ཏཻ་ལོ་པ་བསྟེན་པའི་དུས་སུ་ཡང་དཀའ་བ་དཔག་ཏུ་མེད་པ་སྤྱད་པ་ཡིན་ཏེ། སྔར་བཤད་པ་ལྟར་ནཱ་རོས་ཏཻ་ལོ་པ་སྨྱོན་པོའི་ཚུལ་གྱིས་བཞུགས་པའི་དྲུང་དུ་མཇལ་ནས་རྗེས་སུ་འཛིན་པར་ཞུས་པས་འོང་གསུངས་ནས། ཁོང་རང་གར་འགྲོན་པའི་ཕྱི་བཞིན་དུ་ཁྲིད་ཆོས་ནི་མ་གསུངས། ཉིན་གཅིག་མཁར་ཐོག་བརྩེགས་དགུ་ཡོད་པ་ཞིག་གི་རྩེ་མོར་ཁྲིད་ནས་བླ་མའི་བཀའ་བསྒྲུབ་ཕྱིར་མཁར་འདིའི་རྩེ་ནས་མཆོངས་ནུས་པ་ཡོད་དམ་གསུངས་པས། འདི་ན་མི་གཞན་ནི་སུ་མི་འདུག ང་རང་ལ་གསུང་བ་ཡིན་སྙམ། མཁར་གྱི་རྩེ་ནས་མཆོངས་པས་ལུས་ཐམས་ཅད་བརྡབ་སྟེ་ན་ཚ་དང་སྡུག་བསྔལ་དཔག་ཏུ་མེད་པ་བྱུང་། བླ་མ་བྱོན་ནས་ནའམ་གསུངས་པ་ལ། ན་བས་མ་ཚད་རོ་བཞིན་ཐལ་ཞུས་པས་བྱིན་རླབས་མཛད་ནས་ལུས་སྔར་བཞིན་སོས་ཏེ་ཡང་ཁྲིད་ནས་སོང་། ནཱ་རོ་པ་མེ་ཐོང་ཞིག་གསུངས། མེ་བུས་ཅ་ན་ཁོང་གི་སླག་གཤགས་རིང་པོ་མང་པོ་ལ་སྣུམ་གྱིས་བྱུགས་མེ་ལ་བསྐྱོས་ནས་ངར་བཏགས་

ཏེ། བླ་མའི་བཀའ་བསྒྲུབ་ཕྱིར་འདི་ལྟ་བུའི་དཀའ་བ་ཡང་སྤྱད་དགོས་པ་ཡིན་གསུངས་ནས། སྨྱུག་མ་གཤགས་པ་རྣམས་རྐང་ལག་གི་སེན་བར་ནས་བྲངས་པས་ལུས་ཀྱི་ལྷུ་ཚིགས་ཐམས་ཅད་བརྒྱུང་ན་ཚ་དང་སྡུག་བསྔལ་བཟོད་གླགས་མེད་པ་ཞིག་བྱུས་ནས་བླ་མ་ག་ཤེད་བྱོན་སོང་། ཞག་ཤས་སོང་འཕྲལ་བླ་མ་བྱོན་ནས་སྨྱུག་མ་རྣམས་བླངས་པའི་ཤུལ་ནས་ཁྲག་དང་ཆུ་སེར་ལ་སོགས་པ་མང་པོ་བྱུང་། ཡང་བྱིན་རླབས་མཛད་ནས་ཁྲིད་དེ་བྱོན། ཉིན་གཅིག་ནཱ་རོ་པ་ང་ལྟོག་གི་འདུག ཟ་མ་ཞིག་སློང་ལ་ཤོག་གསུངས། ཞིང་ལས་བྱེད་པའི་མི་མང་པོས་ཟ་མ་ཟ་སར་ཕྱིན་ནས་བསླངས་པས་ཐུག་པ་བསྐོལ་བ་ཐོད་པོར་གང་བྱིན། ཕྱིར་འོང་ནས་བླ་མ་ལ་བྲངས་པས་ཞིམ་ཞིམ་ལྟར་གསོལ། ཤིན་ཏུ་ཐུགས་དགྱེས་པའི་ཚུལ་སྟོན་པས། ནཱ་རོ་པའི་ཐུགས་དགོངས་ལ་ངས་སྔར་བླ་མའི་ཞབས་ཕྱི་དེ་ཙམ་བསྒྲུབས་ཀྱང་ད་རེས་འདྲ་བའི་ཐུགས་མཉེས་པོ་མ་བྱུང་། ད་དུང་སློང་དུ་ཕྱིན་ན་ཅུང་ཟད་ཉེད་དམ་སྙམ་ནས་ཡང་ཐོད་པོར་ཁྱེར་ཏེ་ཕྱིན་པས། ཕོང་རྣམས་ལས་བྱེད་པ་ལ་སོང་། སྔར་གྱི་འཐུང་ལྷག་དེ་གར་བཞག་འདུག་པ་ལ། ད་འདི་གར་བརྐུས་པ་དྲག་སྙམ་ནས་ཁྱེར་ཏེ་བྲོས་པས་ཕོང་རྣམས་ཀྱིས་མཐོང་། རྗེས་དེད་ནས་བརྡུང་སྟེ་འཆི་ལ་ཐུག་པར་བཏུང་། ན་ཚ་དཔག་ཏུ་མེད་པ་བྱུང་སྟེ་དེ་ནས་ལྷང་མ་ནུས་པར་ཞག་མང་པོར་ལུས། ཡང་བླ་མ་བྱོན་ནས་བྱིན་རླབས་མཛད་དེ་ཁྲིད་ནས་སོང་། ཉིན་གཅིག་ནཱ་རོ་པ་ང་ལ་ནོར་རྫས་མང་པོ་དགོས་པ་ཡོད་པས་རྐུས་ལ་ཤོག་གསུང་། ཕྱུག་པོ་ཞིག་ལ་རྐུར་ཕྱིན་པས་ཚོར་ནས་བརྡུང་སྟེ་ཡང་ཤི་ལ་ཐུག་པར་བཏུང་། ཞག་ཤས་ནས་བླ་མ་བྱོན་ཏེ་ནའམ་གསུངས་པ་ལ་སྔར་ལྟར་ཞུས། བྱིན་རླབས་མཛད་ནས་ཡང་ཁྲིད་དེ་བྱོན་པ་སོགས་དེ་ལྟ་བུའི་དཀའ་ཆེན་བཅུ་གཉིས། དཀའ་ཕྲན་བཅུ་གཉིས་དང་དཀའ་བ་མི་འདྲ་ཉི་ཤུ་རྩ་བཞི་སྐུ་ལུས་གཅིག་གི་སྟེང་དུ་སྤྱད་པ་ཡིན། དེ་ལྟར་དཀའ་སྤྱད་ཐམས་ཅད་རྫོགས་ནས་ཉིན་གཅིག་ནཱ་རོ་པ་ཁྱོད་སོང་ལ་ཆུ་ཡོངས་ཤོག་དང་ངས་མེ་བཏང་ནས་འདུག

གིས་གསུངས། ནཱ་རོ་པ་ཆུ་བླངས་ནས་ཕྱིན་ཚེ་ཁོང་གིས་མི་བུས་ནས་འདུག་པ་བཞེངས་ཕྱིན་ཏེ་ཕྱག་གཡོན་པས་ནཱ་རོའི་ཐོད་རྩ་ནས་བཟུང་ནཱ་རོ་པ་ཐོད་པ་སྟོན་གསུངས་ཏེ། ཕྱག་གཡས་པས་མཆིལ་ལྷམ་ཕུད་པ་བླངས་ནས་དཔྲལ་བར་བརྒྱབས་པས་ནཱ་རོ་པ་ནག་ཐུམ་གྱིས་བརྒྱལ་སོང་། བརྒྱལ་སངས་པ་དང་བླ་མའི་ཐུགས་རྒྱུད་ཀྱི་ཡོན་ཏན་ཐམས་ཅད་ནཱ་རོ་པའི་རྒྱུད་ལ་སྐྱེས་ནས་དཔོན་སློབ་གཉིས་དགོངས་པ་དབྱེར་མེད་དུ་གྱུར་ནས་འདུག དེ་ལྟར་པཎ་ཆེན་ནཱ་རོ་པས་དཀའ་བ་ཉི་ཤུ་རྩ་བཞི་སྤྱད་པ་དེ་དག་ཀྱང་དོན་དུ་བླ་མའི་བཀའ་ལུང་ཡིན་པས་སྒྲིབ་པ་སྦྱོང་བའི་ཐབས་སུ་གྱུར་པ་ལས། རྣམ་པ་རང་བཞིན་དོན་མེད་པའི་ངལ་བ་ཁོ་ན་ལས་འདི་ཆོས་སུ་འདུག་སྙམ་པ་གཅིག་ཀྱང་མི་འདུག་ཅིང་བླ་མས་ཀྱང་ཆོས་ཚིག་གཅིག་ཀྱང་མ་གསུངས། སློབ་མས་ཀྱང་ཕྱག་ཇོག་གཅིག་བཙལ་བ་ལྟ་བུའི་ཆོས་ལ་ཉམས་ལེན་མ་བྱས་ཀྱང་གྲུབ་ཐོབ་ཀྱི་བླ་མ་དང་མཇལ་ནས། དཀའ་བ་ཁྱད་དུ་བསད་དེ་ཅི་གསུང་གི་བཀའ་བཞིན་བསྒྲུབས་པས་སྒྲིབ་པ་དག་སྟོབས་ཀྱིས་རྟོགས་པ་རྒྱུད་ལ་སྐྱེས་པ་ཡིན། དེས་ན་བླ་མའི་བཀའ་བཞིན་སྒྲུབ་པ་ལས་ལྷག་པའི་ཆོས་ཀྱི་ཉམས་ལེན་བྱ་བ་ལོགས་ན་ཅི་ཡང་མེད་པར་བླ་མའི་བཀའ་བསྒྲུབས་པ་དེ་ཙམ་དུ་ཕན་ཡོན་ཆེ་ཞིང་། དེ་བཞིན་དུ་བླ་མའི་བཀའ་ཟུར་ཙམ་བཅག་ཀྱང་ཉེས་པ་ལྷག་པར་ལྕི་བ་ཡིན་ཏེ། ཡང་སྐབས་ཤིག་ཏཻ་ལོ་པས་ནཱ་རོ་པ་ལ་ཁྱོད་ཀྱིས་བི་ཀྲ་མ་ཤཱི་ལའི་སྒོ་སྲུང་གི་པཎྜི་ཏའི་ཁུར་དེ་མ་ལེན་ཅིག་གསུངས། ཕྱིས་སུ་ཁོང་ཡུལ་དབུས་སུ་ཕྱིན་སྐབས། བི་ཀྲ་མ་ཤཱི་ལའི་སྒོ་སྲུང་གི་པཎྜི་ཏ་འདས་པ་དང་ཐུག ཐམས་ཅད་ཀྱིས་མུ་སྟེགས་པ་དང་རྩོད་ནུས་པ་གཞན་མི་འདུག་པས། བྱང་སྒོ་སྲུང་བའི་པཎྜི་ཏ་མཛད་དགོས་ཟེར་ནས་ནན་གྱིས་ཞུས་ཏེ་བྱང་སྒོ་སྲུང་བ་མཛད་པས་མུ་སྟེགས་པ་ཞིག་རྩོད་དུ་བྱུང་བ་ལ་ཞག་མང་པོར་རྩོད་ཀྱང་མུ་སྟེགས་པ་མ་ཐུབ། བླ་མ་ལ་གསོལ་བ་བཏབ་པས་ཉིན་གཅིག་ཏཻ་ལོ་པ་སྤྱན་ཏུ་རེ་དྲུང་དུ་ཕྱིན་བྱུང་། ཐུགས་རྗེ་རེ་ཆུང་དེ་བས་སླ་བར་མི་འགྱུར་པ་ཞུས་པས།

ངས་ཁྱོད་ལ་སྒོ་སྲུང་གི་པཎྜི་ཏ་མ་བྱེད་མ་སྨྲས་སམ། ད་ཁྱོད་ཀྱིས་ང་རང་གྱི་བོར་བསྒོམས་ལ་ཕྱིགས་མཇུབ་མུ་སྟེགས་པ་ལ་སྟོན་ལ་རྩོད་ཅིག་གསུངས། དེ་བཞིན་བྱས་པས་ནཱ་རོ་པ་རྒྱལ་ཏེ་མུ་སྟེགས་ཀྱི་རྩོད་པ་ཐམས་ཅད་ཚར་བཅད་པ་ཡིན་ནོ། །

དེ་བཞིན་དུ་རྗེ་བཙུན་མི་ལ་རས་པས་ལྷོ་བྲག་མར་པ་བསྟེན་པའི་ཚུལ་ནི། དེ་ཡང་ཡུལ་མངའ་རིས་གུང་ཐང་དུ་མི་ལ་ཤེས་རབ་རྒྱལ་མཚན་ཞེས་བྱ་བའི་ཕྱུག་པོ་ཞིག་ལ་སྲས་ལྕམ་སྲིང་གཉིས་ཡོད་པའི་མིང་པོ་དེ་མི་ལ་ཐོས་པ་དགའ་བྱ་བ་རྗེ་བཙུན་མི་ལ་ཡིན། ཁོང་ལྕམ་སྲིང་གཉིས་ཆུང་དུའི་དུས་ཡབ་འདས་པས། ནོར་རྫས་སོགས་གང་ཡོད་ཐམས་ཅད་ཁུ་བོ་གཡུང་དྲུང་རྒྱལ་མཚན་ཞེས་བྱ་བས་འཕྲོག ཁོང་ཡུམ་སྲས་གསུམ་ཟས་ནོར་ཅི་ཡང་མེད་པས་འོ་བརྒྱལ་མང་པོ་མྱོང་ནས་གཙང་གི་གཡུང་སྟོན་ཁྲོ་རྒྱལ་དང་། ལྷ་རྗེ་གནུབས་ཆུང་ལས་མཐུ་དང་སེར་བ་བསླབས་ཏེ། ཁུ་བོའི་བུ་དང་མནའ་མ་ལ་སོགས་མི་མགོ་སུམ་ཅུ་སོ་ལྔ་ཐིབས་འོག་ཏུ་བསད། ཡུལ་མི་སྤྱིས་སྡང་པོ་བྱས་པས་སེར་བ་གྲང་རིམ་གསུམ་ཡོད་པ་ཞིག་ཕབ། དེ་དག་གི་སྡིག་པ་ལ་འགྱོད་ནས་ཆོས་བསྒྲུབ་པའི་ཐུགས་བློ་སྐྱེས་ཏེ་བླ་མ་གཡུང་སྟོན་གྱི་བཀའ་བཞིན་རོང་སྟོན་ལྷ་དགའ་ཞེས་བྱ་བ་རྫོགས་ཆེན་པ་ཞིག་བཞུགས་པའི་དྲུང་དུ་ཕྱིན་ནས་ཆོས་ཞུས་པས། ངའི་དམ་ཆོས་རྫོགས་པ་ཆེན་པོ་འདི་རྩ་བ་བྱུང་རྒྱལ། རྩེ་མོ་ཐོབ་རྒྱལ། འབྲས་བུ་ཡོག་རྒྱལ། ཉིན་བསྒོམས་ན་ཉིན་འཚང་རྒྱ། ནུབ་བསྒོམས་ན་ནུབ་འཚང་རྒྱ། སྐལ་ལྡན་ལས་འཕྲོ་ཅན་བསྒོམ་མི་དགོས་པར་ཐོས་པས་གྲོལ་བ་དབང་པོ་ཡང་རབ་ཀྱི་ཆོས་སྐལ་ཡིན་པས་སྟེར་གསུངས། དབང་དང་གདམས་ངག་གནང་བས། ཁོང་གི་ཐུགས་དགོངས་ལ། ངས་དང་པོ་མཐུ་བྱས་པས་ཞག་བཅུ་བཞི་ལ་རྟགས་ཆེན་པོ་ཐོན། སེར་བ་ལ་ཞག་བདུན་གྱིས་ཆོག་པ་བྱུང་། ད་མཐུ་དང་སེར་བ་ལས་ཀྱང་སླ་བའི་ཆོས་ཉིན་བསྒོམས་ན་ཉིན་འཚང་རྒྱ། ནུབ་བསྒོམས་ན་ནུབ་འཚང་རྒྱ། སྐལ་ལྡན་ལས་འཕྲོ་ཅན་བསྒོམ་མི་དགོས་པ་འདི་འདྲ་དང་འཕྲད་ལུགས་ཀྱིས་ང་ཡང་ལས

འཕྲོ་ཅན་ཅིག་ཡིན་པར་འདུག་སྙམ་མ་བསྒོམས་པར་ཉལ་བསྡད་པས་ཆོས་དང་གང་ཟག་ཐ་དད་དུ་སོང་ནས། ཞག་འགའ་སོང་བའི་ཚེ་བླ་མའི་ཞལ་ནས་ཁྱོད་སྡིག་པོ་ཆེ་ཡིན་ཟེར་བར་བདེན་པར་འདུག ངས་ཆོས་ཀྱི་ཁ་ཕོ་དེ་ཡང་ཅུང་ཟད་ཆེས་པས། ད་ངས་ཁྱོད་མི་འཛིན་པར་འདུག ད་ཁྱོད་རང་ལྷོ་བྲག་གྲོ་བོ་ལུང་ཞེས་བྱ་བའི་དགོན་པ་ན། རྒྱ་གར་གྱི་གྲུབ་ཐོབ་ནཱ་རོ་པའི་དངོས་སློབ། སྐྱེས་མཆོག་སྒྲ་སྒྱུར་གྱི་རྒྱལ་པོ་མར་པ་ལོ་ཙྪ་ཞེས་བྱ་བ་སྔགས་གསར་མའི་གྲུབ་ཐོབ། ས་གསུམ་ན་འགྲན་ཟླ་དང་བྲལ་བ་ཞིག་བཞུགས། དེ་དང་ཁྱོད་རང་ཚེ་སྔ་མ་ནས་ལས་འབྲེལ་འདུག་པས་དེར་སོང་ཞིག་གསུངས། དེར་སྒྲ་སྒྱུར་མར་པའི་མཚན་ཐོས་པ་ཙམ་གྱིས་སེམས་ལ་སྨྲ་མི་ཤེས་པའི་དགའ་བ་དང་། ལུས་ལ་བ་སྤུ་ཀུན་གཡོ་བའི་བདེ་བ་དང་། མཆི་མ་འཁྲུགས་པའི་མོས་གུས་ཚད་མེད་པ་ཞིག་འཁྲུངས་ཏེ། བླ་མ་དང་མཇལ་ཞལ་མཐོང་བ་ཞིག་ནམ་འོང་ན་བསམ་ཞིང་ཕྱིན་པས། བླ་མ་ཡབ་ཡུམ་ལ་གཟིམ་ལམ་ཁྱད་པ་ཅན་མང་པོ་བྱུང་ནས་རྗེ་བཙུན་འབྱོན་པར་དགོངས་ནས་མར་པ་ཡང་ཕྱུ་སློག་པའི་ཟོལ་གྱིས་ལུང་མདའི་ལམ་ཀ་ཞིག་ཏུ་བསུ་བ་ལ་ཕེབས་ནས་བཞུགས། དེར་ཁོང་དང་པོ་སྲས་དར་མ་མདོ་སྡེ་ཕྲུགས་འཚོ་བ་དང་མཇལ་ནས་ཕྱིན་པས་ལམ་ཁར་བླ་མ་མར་པ་ཕྱུ་སློག་པ་དང་མཇལ། ཞལ་མཐོང་མ་ཐག་སྨྲར་མེད་པའི་དགའ་བདེ་བསམ་གྱིས་མི་ཁྱབ་པའི་ངང་ལ། ཚེ་འདིའི་སྣང་བ་འགགས་ནས་དར་ཅིག་ལུས། དེར་བླ་མ་ཡིན་པ་ནི་མ་ཤེས། མར་པའི་དྲུང་མཇལ་དུ་འོང་བའི་རྒྱུ་མཚན་རྣམས་ཞུས་པས། ངས་ཁྱོད་རང་མར་པ་དང་སྤྲད་ཀྱིས་ཁྱོད་རང་ངའི་ཕྱུ་འདི་སློག་གསུངས་ཆང་བུམ་པ་གང་གནང་ནས་བྱོན་སོང་། དེར་ཆང་ལྷག་མ་མ་ལུས་པར་གསོལ། ཕྱུ་རྫོགས་པར་སློག་པའི་ཚེ་བླ་མའི་དྲུང་ནས་སྲས་འབོད་དུ་བྱུང་བ་དང་འགྲོགས་ནས་ཕྱིན་ བླ་མ་དང་མཇལ་ཞབས་སྤྱི་བོར་བླངས་ཏེ་བླ་མ་ལགས། བདག་ཉི་མ་ལ་སྟོད་ཀྱི་མི་སྡིག་པོ་ཆེ་གཅིག་ལགས་པས། ལུས་ངག་ཡིད་གསུམ་ཡང་འབུལ། ལྟོ་

གོས་ཆོས་གསུམ་ཡང་བླ་མ་ལ་ཞུ། ཚེ་འདིར་འཚང་རྒྱ་བ་ཅིག་ཞུ་ཞུས་པས། སྡིག་པོ་ཆེ་ཡིན་པའི་ཡུས་ང་ལ་མི་འགྲོ། ངས་ཆེད་དུ་སྡིག་གསོག་ཏུ་བཏང་བ་ནི་མིན། ཁྱོད་ཀྱིས་སྡིག་པ་ཅི་བྱས་གསུངས། རྒྱུ་མཚན་རྒྱས་པར་ཞུས་པས། འདུག་གང་ལྟར་ཡང་ལུས་ངག་ཡིད་གསུམ་འབུལ་བ་དེ་བཟང་། ལྟོ་གོས་ཆོས་གསུམ་ཀུན་མི་འོང་། ཡང་ན་ལྟོ་གོས་སྟེར། །ཆོས་གཞན་ནས་ཚོལ། ཡང་ན་ཆོས་སྟེར་ལྟོ་གོས་གཞན་ནས་ཚོལ། དེ་གཉིས་འདེམས། ངས་ཆོས་སྟེར་བ་འདོམ་ན་ཚེ་གཅིག་ལ་འཚང་རྒྱ་མི་རྒྱ་ཁྱོད་རང་གི་སྙིང་རུས་ལ་རག་ལས་གསུངས། འོ་ན་བླ་མའི་དྲུང་དུ་ཆོས་ལ་གཏད་ནས་འོངས་པ་ལགས་པས་ལྟོ་གོས་གཞན་ལས་ཚོལ་བར་ཞུས། ཞག་ཤས་དེར་བསྡད། ལྟོ་ཐག་ཕུ་མདའ་ཀུན་ལ་བསོད་སྙོམས་བྱས་པས་ནས་ཁལ་ཉེར་གཅིག་རྙེད་པས་བཙུ་བཞི་ལ་ཟངས་རྭ་བཞི་མ་གཅིག་ཉོས། དྲུག་སྒྲི་ནང་དུ་བླུགས་ནས་ཟངས་དང་བཅས་བླ་མའི་དྲུང་དུ་འབུལ་དུ་ཕྱིན་ནས་ནས་དོ་སར་བཞག་པས་གཟིམ་ཁང་མེར་བ་ཞིག་བྱུང་བས། བླ་མ་བཞེངས་ཏེ། བན་ཆུང་ཤེད་པོ་ཆེ་ཞིག་འདུག་སྟེ་ཁྱོད་ཀྱིས་ངེད་རྣམས་གཏིབས་འོག་ཏུ་ལག་མཐུས་གསོད་སྙམ་པ་ཡིན་ནམ། ནས་དོ་ཕྱིར་ཐོན་གསུངས། ཞབས་ཐོས་ཕུལ་ནས་ནས་དོ་ཕྱིར་འདོན་དགོས་བྱུང་། ཕྱིས་ཟངས་དེ་སྟོང་པར་ཕུལ། སྐབས་ཤིག་བླ་མའི་ཞལ་ནས། ང་ལ་དབུས་གཙང་ནས་སློབ་མ་དད་པ་ཅན་མང་པོ་འོང་བ་ཡོད་པ་ཡར་འབྲོག་སྟག་ལུང་པ་དང་། གླིང་པའི་མིས་བརྡུངས་ནས་རྒྱུགས་ཆུ་དང་འབུལ་བ་མགོ་ཐོན་དུ་མ་བཙུག་པས་དེ་གཉིས་སུ་སེར་བ་རེ་ཕབ་ཤོག་དང་དེ་ཡང་ཆོས་ཡིན་ཞིང་། གདམས་ངག་ཀྱང་སྟེར་གསུངས། དེ་གཉིས་སུ་སེར་བ་ཆེན་པོ་ཕབ་གདམས་ངག་ཞུས་པས། ཁྱོད་ཀྱིས་སེར་བ་རྫོག་པོ་གསུམ་ཕབ་པ་ལ་ངས་རྒྱ་གར་ནས་དཀའ་བ་སྤྱད་པའི་ཆོས་ཨེ་ཡོང་ངམ། ཅིས་ཀྱང་ཆོས་དགོས་ན་ལྷོ་བྲག་ལ་ཁ་བ་འདིས་ངའི་གཉལ་ལོ་རོ་ནས་འོང་བའི་བུ་སློབ་རྣམས་བརྡུངས། ང་ལ་འཁང་བརྙས་པ་ཆེན་པོ་རང་བྱས་པས་དེར་མཐུ་ཐོང་དང་། མཐུའི་རྟགས་

ཐོན་པ་བྱུང་ན་པཎ་ཆེན་ནཱ་རོའི་ཚེ་གཅིག་ལུས་གཅིག་ལ་འཚང་རྒྱ་བའི་གདམས་ངག་སྟེར་གསུངས། དེར་ཡང་མཐུའི་རྟགས་ཐོན་པ་བྱས་ཏེ་ཆོས་ཞུས་པས། ཏེ་ཏེ་ཁྱོད་ཀྱིས་སྡིག་པ་བསགས་པའི་བཛན་པར་ངས་ལུས་སྲོག་ལ་མ་བལྟས་པར་ཞུས་པའི་གདམས་ངག་མཁའ་འགྲོའི་ཁ་ཧྣངས་ཐུ་ལེ་བ་རྣམས་དགོས་ཟེར་བ་ཀུ་རེ་ཡིན་ཙང་ཙུང་གྲགས་པས་དགོད་བྲོ། ང་མིན་གཞན་ཞིག་ཡིན་ན་གསོད་དུའང་འོང་། ད་ཁྱོད་རང་གིས་ཡར་འབྲོག་པ་རྣམས་ཀྱི་ལོ་སྐྱིན་ཆུག ལ་ཁ་བ་རྣམས་ཀྱི་མི་ཀུན་གསོས་ཤོག་ཅིག དེ་བྱུང་ན་གདམས་ངག་སྟེར། དེ་མིན་ངའི་ཕྱོགས་ལ་མ་འཕོར་གསུངས། བཀའ་བཀྱོན་མཛད། དེར་ཡི་ཆད་དྲགས་མང་པོ་དུས། ནངས་པར་བླ་མ་རང་ཕེབས་ནས། མདངས་ངས་ཁྱོད་ལ་མང་པོ་རང་འཐབ་འདུག མི་དགའ་བ་མ་བྱེད་ག་ལེ་བྱས་གདམས་ངག་སྟེར་པས་ངང་མ་ཐུང་། ཁྱོད་ལས་རེམ་པོ་རང་ཞིག་འདུག་པས་ང་དར་མ་མདོ་སྡེ་འབོག་པའི་མཁར་ཅིག་རྩིག་རོགས་ཀྱིས། དེ་ཚར་ནས་གདམས་ངག་ཀྱང་སྟེར་ལ། ལྟོ་གོས་ཀྱང་ང་རང་གིས་སྦྱོར་གསུངས། དེ་བར་བདག་ཆོས་མེད་དུ་ཤི་ན་ཅི་ལྟར་བྱེད་ལགས་ཞུས་པས། དེ་བར་མི་འཆི་བའི་ཁག་ཀྱང་ང་རང་གིས་ཐེག་ཅིང་ཁ་ཚོ་ཆེ་བའི་ཆོས་མེད་དེ། ཁྱོད་རང་སྙིང་རུས་ཆེ་རབ་ཞིག་འདུག་པས་ངའི་གདམས་ངག་བསྒོམ་ནུས་ན་ཚེ་འདིར་འཚང་ཨེ་རྒྱ་ཡང་བལྟ་བ་ཡིན་སོགས་ཞལ་ཏ་བཟང་པོ་གནང་ནས། རིམ་བཞིན་ཤར་གྱི་རི་སྣ་ཞིག་ཏུ་མཁར་ཟླུམ་པོ། ནུབ་ཏུ་ཟླ་གམ། བྱང་དུ་གྲུ་གསུམ་སྟེ་མཁར་གསུམ་བརྩིགས་སུ་བཙུག་ནས་ཐམས་ཅད་ཕྱེད་ཙམ་རེ་ལོངས་སྐབས་བཀའ་བཀྱོན་དང་བཅས་བཤིགས་ནས་ས་ས་མལ་དང་། རྡོ་རྡོ་མལ་དུ་བསྐྱལ་བཅུག་པས་རྒྱབ་ཆད་ནས་སྐལ་པ་ཞིག་བྱུང་། དེར་བླ་མ་ལ་གཟིགས་ཕུལ་ཙང་བཀྱོན་པ་ལས་མི་ཡོང་། ཡུམ་ལ་གཟིགས་ཕུལ་ཙང་ལས་ཡུས་སུ་འགྲོ་བར་འདུག་སྙམ་ནས་གཟིགས་མ་ཕུལ་བར་དུས་ནས་ཆོས་ཞུ་གྲོགས་སུ་སྦྱར་ནས། ཡུམ་གྱིས་ཀྱང་ཆོས་གནང་བར་ཞུས་པས། ཟ་མ་

བཟང་པོ་ཞིག་གྱིས་ལ་ངའི་རྩར་ཁྲིད་ཤོག་གསུངས། སྐྱབས་འགྲོའི་ལུང་དང་སྡོམ་པ་གནང་ནས། དེ་ཀུན་ཐུན་མོང་གི་ཆོས་བྱ་བ་ཡིན། ཐུན་མོང་མ་ཡིན་པ་གསང་སྔགས་ཀྱི་གདམས་ངག་དགོས་ན་འདི་འདྲ་བྱེད་དགོས་གསུངས། ནྭ་རོའི་རྣམ་ཐར་དཀའ་བ་སྤྱད་ཚུལ་རྣམས་མདོར་བསྡུས་ཞིག་གནང་ནས། ཁྱོད་ཀྱིས་འོང་བ་དཀའ་མོ་ཡིན་གསུངས་པས་མཆི་མ་འཆོར་བའི་དད་པ་དྲག་པོ་སྐྱེས། བླ་མས་ཅི་གསུང་སྒྲུབ་པའི་ཡི་དམ་དྲག་པོ་བཅས། དེ་ནས་ཞག་འགའ་སོང་ཚེ་ཞབས་འཆག་པའི་ཕྱག་ཕྱིར་ཁྲིད་ནས། ཤར་ལྷོར་ཕྱིན་ནས་ས་འགགས་ཤིག་ཏུ་ཁྱོད་ཀྱིས་མཁར་གྲུ་བཞི་སྐུ་བོ་དགུ་ཐོག་གཞི་ར་དང་བཅུ་ཐོག་ཡོད་པ་ཞིག་བརྩིགས་དེ་བཤིགས་ཀྱང་མི་བཤིག གྲུབ་པ་དང་གདམས་ངག་སྦྱིན། སྒྲུབ་པ་ལ་བཞག་ནས་སྒྲུབ་རྒྱགས་སྦྱོར་གྱིས་གསུངས། དེ་བཞིན་དུ་མཁར་གྱི་རྨང་བཏིང་ནས་རྩིག་སྐབས་བླ་མའི་ཐུགས་སྲས་བུ་ཆེན་གསུམ་གྱིས་སྐུ་རྩེད་ལ་རྡོ་ཆེན་པོ་ཞིག་བསྒྲིལ་བྱུང་བ་ཡང་རྨང་དུ་བཙུག་ནས་ཐོག་སོ་གཉིས་ཙམ་འཕྱོངས་པ་ན་བླ་མ་བྱོན་ཏེ་གཟིགས་ནས་སྔར་གྱི་རྡོ་དེ་ལ་འདི་གང་ནས་བྱུང་གསུངས། རྒྱུ་མཚན་ཞུས་པས། ངའི་བུ་སློབ་རིམ་གཉིས་ཀྱི་རྣལ་འབྱོར་སྒོམ་པ་རྣམས་ཀྱིས་ཁྱོད་ཀྱི་གཡོག་མི་འོང་། རྡོ་འདི་ཐོན་ལ་རང་གནས་སུ་སྐྱོལ་གསུངས། ཡང་མཁར་རྩེ་ནས་བཤིགས་ཏེ་རྡོ་བླངས་ནས་རང་གནས་སུ་བསྐྱལ། ཡང་ཁྱོད་རང་གིས་ལོངས་ལ་ཞོག་གསུངས། བླངས་ནས་སྔར་ལྟར་བཞག་སྟེ་བརྩིགས་པས་མཁར་བདུན་ཐོག་ལོངས་པའི་ཚེ་རྐེད་པ་ལ་སྐྱལ་པ་ཞིག་བྱུང་། ད་ཁྱོད་ཀྱིས་མཁར་གྱི་རྩིག་འཕྲོ་ཞོག་ལ་ཁྲམས་ཀྱི་རྣམ་པའི་ཞོལ་ཀ་བ་བཅུ་གཉིས་གཙང་ཁང་དང་བཅས་པ་ཞིག་རྩིགས་གསུངས་བརྩིགས་པས་ཁྲམས་ལོངས་པའི་ཚེ་ཡང་ཚང་ར་ལ་སྐྱལ་པ་ཞིག་བྱུང་། དེ་དག་གི་སྐབས་སུ་གཙང་རོང་གི་མེས་སྟོན་ཚོན་པོ་བདེ་མཆོག་གི་དབང་ཞུ་བ་དང་། དོལ་གྱི་མཚུར་སྟོན་དབང་དེ་གསང་འདུས་ཀྱི་དབང་ཞུ་བ་གཉིས་ཀྱི་སྐབས་སུ་མཁར་ལས་ཀྱི་ཞབས་ཕྱི་བསྒྲུབས་པས་དབང་ཐོབ་ཏུ་རེ་ནས་

དབང་གྲལ་དུ་བསྡད་པར་བཀའ་བསྐྱོན་དང་ཕྱག་འཚེབས་ཁོ་ན་མཛད་དེ་དབང་གྲལ་ནས་ཕུད། དེར་རྒྱབ་ཐམས་ཅད་རྨར་སོང་ནས་སྐལ་མིག་གསུམ་ཀ་ནས་རྣག་ཁྲག་ཟག་པ་དང་ན་ཚ་སོགས་བྱུང་ཡང་ས་སྐྱོད་མདུན་དུ་ཁྱེར་ནས་མཁར་ལས་བྱས། གཞུང་གི་རྫོགས་སྟོན་ཆོས་རྗེར་ཀྱི་རྗེར་གྱི་དབང་ཞུས་བྱུང་བས། ཡུམ་ལ་ཕག་ནོར་གྱི་གཡུ་ཆེན་པོ་ཞིག་ཡོད་པ་གནང་ནས་དེའི་དབང་ཡོན་བྱས་དབང་གྲལ་དུ་བསྡད་པས་སྔར་ལྟར་ཕྱག་འཚེབས་དང་བཀའ་བསྐྱོན་གནང་ནས་དབང་མ་ཐོབ། ད་ནི་ངེས་པར་ཆོས་མི་ཐོབ་པར་འདུག་སྙམ་འཁྲུམས་ཏེ་ཕྱིན་པས་ལྷོ་བྲག་ཁོག་པའི་དུད་ཞིག་གིས་བརྒྱད་སྟོང་པ་གློག་ཏུ་བཅུག དེར་རྟག་ཏུ་ངུའི་རྣམ་ཐར་མཐོང་བས་རྐྱེན་བྱས་ཆོས་ཕྱིར་དཀའ་བ་སྤྱད་དེ་བླ་མས་ཅི་གསུང་བསྒྲུབས་ནས་ཐུགས་ཟིན་པ་ཞིག་བྱེད་དགོས་སྙམ་སྐྱེ་ཕྱིར་ལོག དེར་ཡང་བླ་མས་བཀའ་བསྐྱོན་དང་ཕྱག་འཚེབས་ཁོ་ན་གནང་བས་ཡི་ཆད་དེ་ཡོད་སྐབས། ཡུམ་གྱིས་བླ་མ་རྔོག་པའི་དྲུང་དུ་བརྫངས། གདམས་ངག་གནང་ནས་བསྒོམས་ཀྱང་བླ་མའི་བཀའ་མ་འཁྲོལ་བས་ཡོན་ཏན་ཅུང་ཟད་ཀྱང་སྐྱེར་མ་འདོད། དེར་བླ་མའི་བཀའ་བཞིན་ཡང་རྔོག་གི་ཞབས་ཕྱི་བྱས་ཏེ་མར་པའི་དྲུང་དུ་ཕྱིན་པས། ཉིན་གཅིག་ཚོགས་མཆོད་ཞིག་གི་གྲལ་དུ་བླ་མ་རྔོག་པ་དང་བཅས་པ་ལ་བཀའ་བསྐྱོན་རྒྱ་ཆེར་གནང་ནས་ཕྱག་འཚེབས་སུ་ཆས་བྱུང་བས། ཁོང་གིས་ཐུགས་དགོངས་ལ། ང་ལས་ངན་པའི་སྡིག་སྒྲིབ་ཆེ་བས་རང་སྡུག་པས་མ་ཚད་བླ་མ་རྔོག་པ་དང་ཡུམ་ལ་ཡང་འདི་ཙམ་གྱི་འོ་བརྒྱལ་བྱུང་། ད་ནི་ཆོས་མི་ཐོབ་པར་སྡིག་གསོག་པ་ཁོ་ནར་འདུག་པས་ལྟེབས་ནས་ཤི་བ་དགའ་སྙམ། ལྟེབས་གྲབས་བྱས་པས་བླ་མ་རྔོག་གིས་བཤོལ་འདེབས་པའི་སྐབས་སུ། བླ་མ་མར་པ་ཡང་ཐུགས་རྒྱལ་ཞི་ཞིང་ཁོང་དཔོན་གཡོག་རྣམས་མདུན་དུ་བོས་ཏེ། དེ་ནས་རྗེས་སུ་བཟུང་སྟེ་ཞལ་ཏ་བཟང་པོ་མང་པོ་གནང་ནས། མཚན་མི་ལ་རྡོ་རྗེ་རྒྱལ་མཚན་དུ་གསོལ། བདེ་མཆོག་གི་དབང་བསྐུར་བའི་ཚེ་ལྷ་དྲུག་ཅུ་རྩ་གཉིས་

ཀྱི་དཀྱིལ་འཁོར་མངོན་སུམ་དུ་བསྟན་ནས། གསང་མཚན་བཞད་པ་རྡོ་རྗེ་ཞེས་སྐུལ། དབང་དང་གདམས་ངག་ཐམས་ཅད་བུམ་པ་གང་བྱོའི་ཚུལ་དུ་གནང་། དཀའ་སྤྱད་དྲག་པོས་ཉམས་སུ་བླངས་ནས་བསྒྲུབས་པས་མཆོག་དང་ཐུན་མོང་གི་དངོས་གྲུབ་ཐོབ་པ་ཡིན། དེས་ན་སྔོན་བྱོན་པའི་རྒྱ་བོད་ཀྱི་པཎ་གྲུབ་རིག་འཛིན་ཇི་སྙེད་ཅིག་ཡོད་པ་དེ་དག་ཐམས་ཅད་ཀྱང་ཡང་དག་པའི་བླ་མ་དགེ་བའི་བཤེས་གཉེན་བསྟེན་ཏེ་ཅི་གསུང་གི་བཀའ་བཞིན་དུ་བསྒྲུབས་ནས་དགོངས་པ་དབྱེར་མེད་དུ་གྱུར་པ་ཡིན་པས། མཛད་སྤྱོད་ཐམས་ཅད་ལ་ལོག་པར་མི་ལྟ་ཞིང་གཡོ་སྒྱུ་དང་ཟོལ་ཟོག་མེད་པར་རྒྱུད་དྲང་པོའི་སྒོ་ནས་མ་བསྟེན་ན། རྫུན་ཞུས་ཕྲ་མོ་ཙམ་བྱས་ཀྱང་ཉེས་པ་ཤིན་ཏུ་ཆེ་སྟེ། སྔོན་གྲུབ་ཐོབ་ཆེན་པོ་ཞིག་གི་སློབ་མས་འཁོར་མང་པོ་བསྡུས་ཏེ་ཆོས་འཆད་པའི་སྐབས། བླ་མ་སྤྱང་པོའི་ཚུལ་གྱིས་ཕེབས་བྱུང་བས་ཁྲོམ་གྱི་དབུས་སུ་ཕྱག་འཚལ་བ་ལ་ངོ་ཚ་ནས་མ་མཐོང་བ་ལྟར་མཛད། ཕྱི་དྲོ་ཚོགས་པ་གྲོལ་འཕྲལ་མཇལ་ནས་ཕྱག་ཕུལ་བས། ད་ཅི་ཕྱག་མི་འཚལ་བ་ཅི་ཡིན་གསུངས། མ་མཐོང་ལགས་ཞུས་པས་དེ་མ་ཐག་སྤྱན་གཉིས་ཀ་ས་ལ་བྲུལ། སླར་བཟོད་པར་གསོལ་ནས་དྲང་པོར་ཞུས་པས་བླ་མས་བྱིན་རླབས་མཛད་དེ་སྤྱན་སོར་ཆུད་པ་ཡིན། དེ་བཞིན་དུ་རྒྱ་གར་གྱི་གྲུབ་ཆེན་ནག་པོ་སྤྱོད་པ་ཡང་འཁོར་མང་པོ་དང་བཅས་ཏེ་རྒྱ་མཚོར་གྲུར་ཞུགས་ནས་འགྲོན་པའི་སྐབས་ཤིག ངའི་བླ་མ་གྲུབ་ཐོབ་དངོས་ཡིན་ཀྱང་འཇིག་རྟེན་ཕྱོགས་ནས་འཁོར་དང་ལོངས་སྤྱོད་ལ་སོགས་ང་རང་ལྷག་པར་འདུག་སྙམ་པ་ཤར་བས་འཕྲལ་དུ་རྒྱ་མཚོར་གྲུ་བྱིང་སྟེ་ཆུ་ནང་དུ་འོ་བརྒྱལ་མཐོང་། བླ་མ་ལ་གསོལ་བ་བཏབ་པས་དངོས་སུ་བྱོན་ཏེ་ཆུའི་འཇིགས་པ་ལས་བསྐྱབས་ཤིང་ཁྱོད་ང་རྒྱལ་ཆེན་པོ་སྐྱེས་པས་ལན་པ་ཡིན། ངས་ཀྱང་འཁོར་དང་ལོངས་སྤྱོད་མ་བསྒྲུབས་པ་ཡིན་མ་གཏོགས་དེ་དག་གི་རྫོལ་སྒྲུབ་བྱས་ན་ཁྱོད་འདྲ་བ་ཞིག་འོང་བར་ཡོད་པ་ཡིན་གསུངས། དེ་ལྟར་ན་སྔར་འདས་པའི་སངས་རྒྱས་གྲངས་མེད་བརྗོད་ཀྱིས་མི་

ཡོངས་པ་ཞིག་བྱོན་པ་དེ་དག་གི་ཐུགས་རྗེས་ཀྱང་བསྐྱབས་པར་མ་ནུས་པར་རང་རེ་འཁོར་བ་སྡུག་བསྔལ་གྱི་རྒྱ་མཚོ་ཆེན་པོ་འདིར་ད་ལྟའི་བར་དུ་ལུས། སྔོན་བྱོན་པའི་གྲུབ་བརྙེས་ཀྱི་སྐྱེས་བུ་ཆེན་པོ་བསམ་གྱིས་མི་ཁྱབ་པ་དེ་དག་གི་ཡང་ཐུགས་རྗེས་གཟིགས་པའི་ཡུལ་དུ་མ་གྱུར་ཏེ་ཞལ་ཅམ་མཇལ་བའི་སྐལ་བ་ཡང་མ་བྱུང་། ད་ལྟ་སངས་རྒྱས་ཀྱི་བསྟན་པའི་མཐར་ཐུག་སྙིགས་མ་ལྔ་བདོ་བའི་སྐབས་འདིར་མིའི་ལུས་རྟེན་ཙམ་ཐོབ་ཀྱང་མི་དགེ་བའི་གཞན་དབང་འབའ་ཞིག་ཏུ་གྱུར། སྣང་དོར་གྱི་གནས་ལ་རྨོངས། ཡོང་བ་བཤེས་མེད་ཐང་སྟོང་དུ་འཁྱམས་པ་ལྟ་བུའི་སྐབས་འདིར། བླ་མ་དགེ་བའི་བཤེས་གཉེན་དམ་པ་རྣམས་ནི། ཚད་མེད་པའི་ཐུགས་རྗེས་ཉེ་བར་དགོངས་ཏེ་རང་རང་གི་སྐལ་བ་དང་འཚམས་པའི་གང་ཟག་མིའི་གཟུགས་སུ་བྱོན་ནས། དགོངས་པ་སངས་རྒྱས་སུ་བཞུགས་ཀྱང་མཛད་སྤྱོད་རང་རྒྱུད་པ་དང་བསྟུན་ཏེ། ཐབས་ལ་མཁས་པའི་སྒོ་ནས་རྗེས་སུ་བཟུང་། ཡང་དག་པའི་དམ་པའི་ཆོས་ཀྱི་སྒོར་བཙུག སྣང་དོར་གྱི་མིག་ཕྱེ། ཐར་པ་དང་ཐམས་ཅད་མཁྱེན་པའི་ལམ་མཆོག་ནོར་བ་དང་འཁྲུལ་པ་མེད་པར་སྟོན་པས་ན། དོན་དུ་སངས་རྒྱས་དངོས་དང་ཁྱད་པར་མེད་ཅིང་རང་ངོར་སངས་རྒྱས་ལས་ཀྱང་ལྷག་པའི་བཀའ་དྲིན་གྱིས་བསྐྱངས་པ་ཡིན་པས། དུས་དང་རྣམ་པ་ཐམས་ཅད་དུ་དད་པ་གསུམ་གྱི་སྒོ་ནས་ལེགས་པར་བསྟེན་པ་ལ་འབད་དགོས་པ་ཡིན་ནོ། །

དམ་པ་མཇལ་ཡང་དམན་པའི་སྤྱོད་པས་བསླུས། །
ལམ་མཆོག་ཉིད་ཀྱང་ལམ་མིན་གཡང་ལ་འཕྱན། །
བདག་དང་བདག་འདྲའི་གཤིས་ངན་སེམས་ཅན་རྣམས། །
རང་རྒྱུད་ཆོས་ཀྱིས་ཐུལ་བར་བྱིན་གྱིས་རློབས། །

དགེ་བའི་བཤེས་གཉེན་བསྟེན་པའི་ཁྲིད་དེ། ཐུན་མོང་གི་སྔོན་འགྲོ་ཚང་ངོ་། །

ཐུན་མིན་ནང་གི་སྐྱབས་འགྲོ།

ཕྱི་ཡི་སྐྱབས་འགྲོ་མཆོག་གསུམ་ཐོད་བཞིན་ཁུར། །
ནང་གི་སྐྱབས་འགྲོ་རྩ་གསུམ་དངོས་སུ་གྲུབ། །
དོན་གྱི་སྐྱབས་འགྲོ་སྐུ་གསུམ་མངོན་དུ་བྱས། །
མཚུངས་མེད་བླ་མའི་ཞབས་ལ་ཕྱག་འཚལ་ལོ། །

དོན་གཉིས་པ་ཐུན་མིན་ནང་གི་སྔོན་འགྲོ་ལ། ལམ་ཐམས་ཅད་ཀྱི་རྨང་རྡོ་སྐྱབས་སུ་འགྲོ་བ། ཐེག་པ་ཆེན་པོ་བྱང་ཆུབ་མཆོག་ཏུ་སེམས་བསྐྱེད་པ། འགལ་རྐྱེན་སྡིག་སྒྲིབ་སྦྱོང་བ་རྡོ་རྗེ་སེམས་དཔའི་སྒོམ་བཟླས། མཐུན་རྐྱེན་ཚོགས་བསགས་པ་མཎྜལ། བདུད་བཞི་གཅིག་ཆར་དུ་གཅོད་པ་ཀུ་སུ་ལུའི་ཚོགས་བསགས། རྟོགས་པའི་ཡེ་ཤེས་རང་རྒྱུད་ལ་སྐྱེ་བའི་ཐབས་ཀྱི་མཐར་ཕྱིན་པ་བླ་མའི་རྣལ་འབྱོར་དང་ དྲུག

དང་པོ། སྐྱབས་སུ་འགྲོ་བ།

དང་པོ་ལམ་ཐམས་ཅད་ཀྱི་རྨང་རྡོ་སྐྱབས་སུ་འགྲོ་བའི་ཁྲིད་ལ།

སྐབས་འགྲོའི་དབྱེ་བ། སྐབས་སུ་འགྲོ་ཚུལ། ཕན་ཡོན་དང་བསླབ་བྱ་བསྟན་པ་དང་གསུམ།

1 སྐྱབས་འགྲོའི་དབྱེ་བ།

དང་པོ་ནི་སྤྱིར་ཆོས་ཐམས་ཅད་ཀྱི་སྒོ་དབྱེ་བ་སྐྱབས་འགྲོ་ཡིན་ལ། སྐྱབས་འགྲོའི་སྒོ་དབྱེ་བ་ནི། དད་པ་ཡིན་པས་སྐྱབས་སུ་འགྲོ་བའི་དང་པོར་རྒྱུད་ལ་དད་པ་བརྟན་པོ་སྐྱེ་བ་གལ་ཆེ། དད་པ་དེ་ལའང་ནང་གསེས་ཀྱིས་དབྱེ་བ་གསུམ་ཡོད་དེ། དང་བའི་དད་པ། འདོད་པའི་དད་པ། ཡིད་ཆེས་པའི་དད་པ་དང་གསུམ་ཡོད།

དང་པོ་དང་བའི་དད་པ་ཞེས་བྱ་བ་ནི། རྒྱལ་བའི་སྐུ་གསུང་ཐུགས་རྟེན་མང་པོ་ཡོད་པའི་གཙུག་ལག་ཁང་ལྟ་བུར་ཕྱིན་པའམ། བླ་མ་དགེ་བའི་བཤེས་གཉེན་སྐྱེས་བུ་དམ་པ་རྣམས་བཞུགས་པའི་ཞལ་མཇལ་བའམ། དེ་དག་གི་ཡོན་ཏན་དང་རྣམ་ཐར་ཐོས་པ་ལྟ་བུའི་རྐྱེན་གྱིས་འཕྲལ་ལ་ཐུགས་རྗེ་མ་ཆུང་སྙམ་དུ་སེམས་དང་བ་འདྲེན་ནས་དད་པ་སྐྱེས་པ་དེ་ལ་དང་བའི་དད་པ་ཞེས་བྱ།

འདོད་པའི་དད་པ་ནི། འཁོར་བ་ངན་སོང་གི་སྡུག་བསྔལ་ལ་སོགས་པ་ཐོས་ནས་དེ་དང་བྲལ་འདོད་སྐྱེ་བ། མཐོ་རིས་དང་ཐར་པའི་བདེ་བ་ཐོས་ནས་དེ་ལ་ཐོབ་འདོད་སྐྱེ་བ། དགེ་བའི་ཕན་ཡོན་ཐོས་ནས་དེ་ལ་སྒྲུབ་འདོད། སྡིག་པའི་ཉེས་པ་མཐོང་ནས་དེ་ལ་སྤོང་འདོད་སྐྱེ་བ་རྣམས་ཡིན།

ཡིད་ཆེས་པའི་དད་པ་ནི། དཀོན་མཆོག་རིན་པོ་ཆེ་རྣམ་པ་གསུམ་གྱི་ཡོན་ཏན་དང་བྱིན་རླབས་ཐུན་མོང་མ་ཡིན་པ་ཤེས་ནས། སྙིང་ཐག་པ་ནས་ཡིད་ཆེས། དུས་དང་གནས་སྐབས་ཐམས་ཅད་དུ་མི་བསླུ་བའི་སྐྱབས་དཀོན་མཆོག་རིན་

པོ་ཆེ་ཡིན་པར་ཤེས་ནས། སྐྱིད་ཅུང་སྡུག་ཅུང་ན་ཅུང་ཚ་ཅུང་ཤི་ཅུང་གསོན་ཅུང་། ལས་ཅི་བྱུང་ཡང་སྐྱབས་བསླུ་བ་མེད་པ་དཀོན་མཆོག་གསུམ་པོ་མཁྱེན་སྙམ་པ་མ་གཏོགས། བློ་གཏད་དང་རེ་ལྟོས་གཞན་ན་མེད་པར་ཡིད་ཆྱིད་ཤེས་ཀྱི་དད་པ་དང་ལྡན་པ་ལ་ཡིད་ཆེས་པའི་དད་པ་ཞེས་བྱ་སྟེ། ཨོ་རྒྱན་རིན་པོ་ཆེའི་ཞལ་ནས། ཡིད་ཆྱིད་ཤེས་ཀྱི་དད་པས་བྱིན་རླབས་འཇུག   །བློ་ཐེ་ཚོམ་དང་བྲལ་ན་ཅི་བསམ་འགྲུབ། །ཅེས་གསུངས། དེས་ན་དད་པ་ནི་ཆོས་དཀར་པོའི་ཡོན་ཏན་ཐམས་ཅད་སྐྱེད་པའི་ས་བོན་ལྟ་བུ་ཡིན་པས། དད་པ་མེད་ན་ས་བོན་མེས་འཚིག་པ་དང་འདྲ་སྟེ། མདོ་ལས། དད་པ་མེད་པའི་མི་རྣམས་ལ། །དཀར་པོའི་ཆོས་ནི་མི་འབྱུང་སྟེ། །ས་བོན་མེ་ཡིས་འཚིག་པ་ལ། །མྱུ་གུ་སྔོན་པོ་ཇི་བཞིན་ནོ། །ཞེས་གསུངས། དེ་བཞིན་དུ་དད་པ་ནི་འཕགས་པའི་ནོར་བདུན་གྱི་གཙོ་བོ་ཡིན་ཏེ། དད་པའི་འཁོར་ལོ་རིན་པོ་ཆེ། །ཉིན་མཚན་དགེ་བའི་ལམ་ལ་སྐྱོར། །ཞེས་པ་ལྟར་ཡིན་པས་ནོར་ཐམས་ཅད་ཀྱི་ནང་ན་མཆོག་ཏུ་གྱུར་པ་ཡིན་པ་དང་། དེ་བཞིན་དུ་ཡོན་ཏན་མི་ཟད་པའི་འབྱུང་གནས་ཡིན་པས་གཏེར་དང་། ཐར་པའི་ལམ་དུ་འགྲོ་བའི་རྐང་པ་དང་། དགེ་བའི་ཆོས་ཐམས་ཅད་རང་རྒྱུད་ལ་སྡུད་པའི་ལག་པ་ལྟ་བུ་ཡིན་ཏེ། དད་པ་ནོར་དང་གཏེར་དང་རྐང་པའི་མཆོག་ལག་པ་བཞིན་དུ་དགེ་སྡུད་རྩ་བ་ཡིན། །ཞེས་གསུངས། དེས་ན་དཀོན་མཆོག་གསུམ་ལ་ཐུགས་རྗེ་དང་བྱིན་རླབས་བསམ་གྱིས་མི་ཁྱབ་པ་ཡོད་ཀྱང་། དེ་རང་རྒྱུད་ལ་འཇུག་པར་བྱེད་པ་ནི་དད་པ་དང་། མོས་གུས་ཁོ་ན་ལ་རག་ལས་པ་ཡིན་པས་ན། རང་ལ་དད་པ་དང་མོས་གུས་རབ་ཅིག་ཡོད་ན་བླ་མ་དཀོན་མཆོག་གི་ཐུགས་རྗེ་དང་བྱིན་རླབས་ཀྱང་རབ་ཅིག་འཇུག དེ་བཞིན་དུ་དད་པ་དང་མོས་གུས་འབྲིང་ཞིག་ཡོད་ན་བྱིན་རླབས་དང་ཐུགས་རྗེ་ཡང་འབྲིང་ཞིག་འཇུག དད་པ་དང་མོས་གུས་ཐ་མ་ཞིག་ལས་མེད་ན། བྱིན་རླབས་ཐུགས་རྗེ་ཅུང་ཟད་ལས་མི་འཇུག་ཅིང་། དད་པ་དང་མོས་གུས་ཅ་བ་ནས་མེད་ན་བྱིན་རླབས་དང་ཐུགས་རྗེས་གཏན་ནས་

མི་འཇུག་པ་ཡིན། རང་ལ་དད་པ་མེད་ན་སངས་རྒྱས་དངོས་དང་མཇལ་ནས་རྗེས་སུ་བཟུང་ཡང་མི་ཕན་ཏེ། སྔར་བཤད་པའི་དགེ་སློང་ལེགས་པའི་སྐར་མ་དང་། བཅོམ་ལྡན་འདས་ཀྱི་གཅུང་ལྷས་བྱིན་ལ་སོགས་པ་ལྟ་བུ་ཡིན། སྙིང་ཐག་པ་ནས་དད་པ་དང་མོས་གུས་ཡོད་ན་ད་ལྟ་ཡང་གང་གིས་གསོལ་བ་འདེབས་པ་དེའི་དྲུང་ན་རྒྱལ་བ་ཉིད་བཞུགས་ནས་བྱིན་གྱིས་རློབ་པར་འགྱུར་བ་ཡིན་པས། སངས་རྒྱས་ཀྱི་ཐུགས་རྗེ་ལ་ཉེ་རིང་མེད་དེ། ཇི་སྐད་དུ། གང་གིས་མོས་པས་ཡིད་བྱེད་པ། །དེ་ཡི་མདུན་དུ་ཐུབ་པ་བཞུགས། །དབང་བསྐུར་བྱིན་གྱིས་བརླབ་པར་འགྱུར། །ཞེས་དང་། ཨོ་རྒྱན་ཆེན་པོས།

དད་པ་ཅན་གྱི་གང་ཟག་ཕོ་མོ་ལ། །
པད་འབྱུང་གང་དུའང་མ་བཞུད་སྒོ་ཉལ་ཡོད། །
ང་ཡི་ཚེ་ལ་འདས་གྲོངས་ཡོད་མ་ཡིན། །
དད་ལྡན་མི་རེའི་མདུན་ན་པད་འབྱུང་རེ། །

ཞེས་གསུངས། རང་ལ་ཡིད་ཆེས་ཀྱི་དད་པ་ཡོད་ན་སངས་རྒྱས་ཀྱི་ཐུགས་རྗེ་གང་དུ་ཡང་འཇུག་པ། དད་པ་ཡོད་ན་ཁྱི་སོ་སངས་རྒྱས་ཟེར་བ་ཡིན་ཏེ། སྟོན་རྒན་མོ་མ་བུ་གཉིས་ཡོད་པའི་བུ་ཡང་དང་ཡང་རྒྱ་གར་དུ་ཚོང་ལ་འགྲོ་བ་ལ་མ་རྒན་གྱིས་རྒྱ་གར་རྡོ་རྗེ་གདན་རྫོགས་པའི་སངས་རྒྱས་གང་དུ་བྱོན་པའི་ཡུལ་ཡིན་པར་འདུག་པས། ཁྱོད་ཀྱིས་རྒྱ་གར་ནས་ང་རང་ལ་ཕྱག་འཚལ་བའི་རྟེན་ཁྱད་པར་ཅན་ཅིག་ཁྱེར་ཤོག་ཅེས་ལན་མང་པོར་སྨྲས་ཀྱང་བུས་བརྗེད་ནས་རྟེན་མ་ལོན། སྐོར་ཅིག་ཡང་བུ་རྒྱ་གར་དུ་འགྲོ་བའི་ཚེ་ད་རེས་ང་རང་ལ་ཕྱག་འཚལ་བའི་རྟེན་ཞིག་ལོན་མ་འོང་ན་ང་ཁྱོད་རང་གི་སྟོན་དུ་ལྟེབས་ནས་འཆིའོ་ཟེར་བ་ལ། བུ་རྒྱ་གར་དུ་ཕྱིན་ཚོང་བྱས་ནས་སླར་ལོག་གི་བར་དུ་བརྗེད། ཁྱིམ་དུ་སླེབ་ཀར་མས་སྨྲས་པ་དྲན་ནས། ད་ཅི་བྱེད་ངས་མ་རྒན་མོ་ལ་ཕྱག་འཚལ་བའི་

རྟེན་ནི་གང་ཡང་མ་ལོན། རྟེན་མེད་པར་ཁྲིམ་དུ་ཕྱིན་ན་མ་རྒན་ལྡེབས་ནས་འཆི་སྙམ་སྟེ། གཡས་གཡོན་དུ་བལྟས་པས་ཟུར་དེ་ན་ཁྱི་མགོ་ཞིག་འདུག དེའི་སོ་ཞིག་ཕྱུངས་པ་དར་གྱིས་དྲིལ་ཏེ་ཁྱེར་འོངས་ནས་མ་ལ་ཕྱིན། འདི་བཅོམ་ལྡན་འདས་ཀྱི་ཚེམས་མཆེ་བ་ཡིན་པས་ཁྱོད་ཀྱིས་གསོལ་བ་འདེབས་པའི་རྟེན་གྱིས་ཤིག་བྱས་པས། མ་རྒན་གྱིས་ཁྱི་སོ་དེ་ལ་སངས་རྒྱས་ཀྱི་ཚེམས་དངོས་སུ་བཟུང་ནས་དད་པ་བསྐྱེད་དེ་དུས་རྒྱུན་དུ་ཕྱག་དང་མཆོད་པ་བྱས་པས་ཁྱི་སོ་ལ་རིང་བསྲེལ་མང་པོ་བབས། རྒན་མོ་འཆི་བའི་ཚེ་འཇའ་འོད་ཀྱི་གུར་ཕུབ་པ་སོགས་བྱུང་བ་ཡིན། དེར་ཁྱི་སོ་ལ་བྱིན་རླབས་ཡོད་པ་མ་ཡིན་ཀྱང་། རྒན་མོ་དད་པ་ཆེ་བའི་སྟོབས་ཀྱིས་སངས་རྒྱས་ཀྱི་ཚེམས་དངོས་ཡིན་སྙམ་པས་སངས་རྒྱས་ཀྱི་བྱིན་རླབས་ཁྱི་སོ་ལ་ཞུགས་ཏེ་སངས་རྒྱས་ཀྱི་ཚེམས་དང་ཁྱད་མ་བྱུང་བ་ཡིན། གཞན་ཡང་ཀོང་པོ་ན་ཇོ་བོ་འབེན་བྱ་བའི་སློན་པ་ཞིག་ཡོད་པ་དབུས་སུ་ཇོ་བོ་རིན་པོ་ཆེ་མཇལ་དུ་ཕྱིན། ཇོ་བོའི་མདུན་ན་ལྷ་གཉེར་སོགས་གཞན་སུ་ཡང་མེད་སྐབས་ཤིག་ལ་དྲུང་དུ་སོང་ནས། མཆོད་པའི་ཞལ་ཟས་དང་མར་མེ་རྣམས་མཐོང་བས་ཞལ་ཟས་ཀྱི་ཟན་འདི་རྣམས་མར་མེའི་མར་ཁུ་ལ་བསྙེས་ནས་ཇོ་བོ་རིན་པོ་ཆེས་གསོལ་བ་ཡིན་པར་འདུག མར་ཁུ་རྣམས་མི་འཁྱག་པའི་ཆེད་དུ་མེ་སྦར་བར་འདུག ཇོ་བོ་ཁོང་ཇི་ལྟར་གསོལ་བ་ལྟར་ང་ཡང་ཟ་དགོས་སྙམ། ཞལ་ཟས་ཀྱི་རྩམ་པ་མར་མེའི་མར་ཁུ་ལ་བསྙེས་ནས་ཟོས། ཇོ་བོའི་ཞལ་ལ་བལྟས་ཏེ། ལྷ་བཞོས་ཁྱི་ཡི་ཁྱེར་ཀྱང་འཛུམ་མུལ་མུལ། མར་མེ་རླུང་གིས་བསྐྱོད་ཀྱང་འཛུམ་མུལ་མུལ་བྱེད་པ་བླ་མ་བཟང་། ང་རང་གི་ལྷམ་འདི་ཁྱོད་ལ་བཅོལ་བ་ཡིན་པས་ཉར་ཚགས་གྱིས་དང་། ངས་ཁྱོད་ལ་བསྐོར་བ་ཞིག་བྱེད་འོང་ཟེར། ལྷམ་ཕུད་དེ་ཇོ་བོའི་དྲུང་དུ་བཞག ཁོ་རང་བར་སྐོར་ལ་སོང་བའི་ཤུལ་དུ་ལྷ་གཉེར་འོང་ནས་ལྷམ་དེ་ཕྱི་རོལ་དུ་དོར་བར་བརྩམས་པས། ཇོ་བོ་རིན་པོ་ཆེས་གསུང་བྱོན་ཏེ། དེ་ཀོང་པོ་འབེན་གྱིས་ང་ལ་བཅོལ་བ་ཡིན་པས་མ་འདོར་གསུངས། སླར་ཁོ་འོངས་

ནས་ལྷམ་བླངས་ཏེ་བླ་མ་བཟང་པོ་བྱ་བ་ཁྱོད་ཡིན། སང་ཕོད་ངེད་རང་ཚོའི་ཡུལ་དུ་ཤོག་དང་ངས་ཕག་རྐན་བཤས་ནས་ཤ་བཙོ། ནས་རྐན་བཙོས་ནས་ཆང་བསྐོལ་ཏེ་བསྒུག་འདུག་ཟེར་བས། ཇོ་བོའི་ཞལ་ནས་འོང་གསུངས། དེར་ཁོ་རང་ཁྱིམ་དུ་ཕྱིན་ནས་ཆུང་མ་ལ། ངས་ཇོ་བོ་རིན་པོ་ཆེ་མགྲོན་དུ་བོས་ཡོད། ཁོང་ནམ་འབྱོན་མི་ཤེས་པས་ཁྱོད་ཀྱིས་རྒྱུན་དུ་ཁོང་ཨེ་འབྱོན་ལྟ་བ་མ་བརྗེད་ཟེར་སྐད། དེར་སང་ཕོད་ཙམ་ན་ཉིན་གཅིག་ཁོའི་ཆུང་མ་ཆུ་ལེན་དུ་ཕྱིན་པས་ཆུ་ནང་དུ་ཇོ་བོའི་སྐུའི་གཟུགས་བརྙན་མངོན་སུམ་དུ་ཤར་ནས་འདུག ཆུང་མ་འཕྲལ་ལ་ཁྱིམ་དུ་རྒྱུག་ནས་ཆུ་ནང་ཕ་གི་ན་ཅིག་འདུག དེ་ཁྱོད་ཀྱིས་བོས་པའི་མགྲོན་པོ་དེ་མིན་ནམ་བྱས་པས། ཁོ་འཕྲལ་དུ་རྒྱུག་ནས་བལྟས་པས་ཆུ་ནང་དུ་ཇོ་བོ་རིན་པོ་ཆེ་ཤར་བ་མཐོང་ནས། ཇོ་བོ་ཆུ་ནང་དུ་ལྷུངས་པ་ཡིན་སྙམ་སྟེ་ཆུ་ནང་དུ་ལྕེབས་ནས་ཇོ་བོའི་སྐུ་ལ་འཇུས་པས་དངོས་སུ་བཟུང་སྟེ་ཁྲིད་འོང་རྒྱུ་ཞིག་བྱུང་། ཁྱིམ་དུ་ཁྲིད་ནས་འོང་བས་ལམ་བར་ན་རྡོ་ཆེན་པོ་ཞིག་ཡོད་པའི་དྲུང་དུ་སླེབ་ཚེ། ང་རང་མི་ནག་གི་ཁྱིམ་དུ་མི་འགྲོ་གསུངས་ནས་འབྱོན་དུ་མ་འདོད་པར་བྲག་དེ་ལ་ཐིམ་སོང་། དེར་ཇོ་བོ་རང་བྱོན་དུ་ཤར་བ་ལ་རྡོ་ལེ་ཇོ་བོ་དང་། ཆུ་ནང་དུ་ཇོ་བོའི་སྐུ་གཟུགས་ཤར་བ་ལ་ཆུ་ཇོ་བོ་ཟེར་ཏེ། ད་ལྟ་ཡང་བྱིན་རླབས་ལྷ་སའི་ཇོ་བོ་དང་མཉམ་ཟེར་ནས་ཀུན་གྱིས་ཕྱག་མཆོད་སོགས་བྱེད་པ་ཞིག་ཡོད་པ་ཡིན། དེ་ཡང་ཁོ་རང་ལ་དད་པ་བརྟན་པོ་ཡོད་པའི་སྟོབས་ཀྱིས་སངས་རྒྱས་ཀྱི་ཐུགས་རྗེ་དེར་འཇུག་པ་ཡིན་གྱི་གཞན་དུ་ན་མར་མེ་དང་ལྷ་བཤོས་ལ་ཟེར། ལྷམ་ཇོ་བོའི་སྐུ་དྲུང་དུ་བཞག་པ་ལ་ཉེས་པ་ལས་ཅི་ཡོད་ཀྱང་དད་པའི་མཐུས་ཡོན་ཏན་དེ་ལྟར་བྱུང་བ་ཡིན། དེར་མ་ཟད་གནས་ལུགས་དོན་དམ་པའི་བདེན་པ་མངོན་སུམ་དུ་རྟོགས་པ་ཡང་དད་པ་ཁོ་ན་ལ་རག་ལས་ཏེ། མདོ་ལས་ཀྱང་། ཤཱ་རིའི་བུ་དོན་དམ་པ་ནི་དད་པས་རྟོགས་པར་བྱ་བ་ཁོ་ན་ཡིན་ནོ་གསུངས། དད་པ་ཐུན་མོང་མ་ཡིན་པ་སྐྱེས་པའི་མཐུ་ལས་བླ་མ་དཀོན་མཆོག་གི་བྱིན་རླབས་རང་རྒྱུད་

ལ་ཞུགས་ནས་ཡང་དག་པའི་རྟོགས་པ་རྒྱུད་ལ་སྐྱེ་ཞིང་གནས་ལུགས་ཡང་དག་པའི་དོན་མཐོང་ཆེ་བླ་མ་དང་དཀོན་མཆོག་ལ་ཡིད་ཆེས། ཕྱིར་མི་ལྡོག་པའི་དད་པ་ཐུན་མོང་མ་ཡིན་པ་སྐྱེ་བས་གནས་ལུགས་ཀྱི་དོན་རྟོགས་པ་དང་ཡིད་ཆེས་ཀྱི་དད་པ་གཉིས་གཅིག་གྲོགས་གཅིག་གིས་བྱེད་པ་ཡིན་ཏེ། སྔོན་དྭགས་པོ་རིན་པོ་ཆེ་འགྲོན་ཁར་རྗེ་བཙུན་ལ་ཚོགས་པ་སྐྱོང་བའི་དུས་ནམ་ཡིན་ཞུས་པས། ཇི་ཞིག་ན་ད་ལྟ་དང་མི་འདྲ་བའི་སེམས་ཀྱི་ངོ་བོ་ལྷག་གིས་མཐོང་བའི་རྟོགས་པ་ཞིག་རྒྱུད་ལ་སྐྱེས། དེའི་དུས་སུ་ཕ་རྒན་ང་ལ་ཡང་སངས་རྒྱས་དངོས་སུ་མཐོང་བའི་དད་པ་བརྟན་པོ་སྐྱེ་བ་ཡིན་པས་དེ་དུས་ཚོགས་པ་སྐྱོང་གསུངས་པ་ཡིན། དེས་ན་བླ་མ་དང་དཀོན་མཆོག་གི་ཐུགས་རྗེ་དང་བྱིན་རླབས་རང་རྒྱུད་ལ་འཇུག་པ་ནི་མོས་གུས་དང་དད་པ་ཁོ་ན་ལ་རག་ལས་ཏེ། སྔོན་ཇོ་བོ་རྗེ་ལྷ་ཅིག་ལ་སློབ་མ་ཞིག་གིས་མཚན་ནས་བོས་ཏེ། ཇོ་བོ་བྱིན་རླབས་ཤིག་ཞུ་དང་ཞུས་པས། བུ་ལྐོད་པོ་མོས་གུས་ཤིག་ཞུ་དང་གསུངས། དེ་ལྟར་དད་པ་དང་མོས་གུས་ཐུན་མོང་མ་ཡིན་པ་ཞིག་གི་སྒོ་ནས་ཡིད་ཁྱེད་ཤེས་ཀྱི་བློ་གཞན་དུ་མི་འགྱུར་བ་ཞིག་ནི། སྐྱབས་སུ་འགྲོ་བའི་སྒོ་འཕྱེད་ལྟ་བུ་ཡིན་པས་མེད་ཐབས་མེད། དེ་ལྟ་བུའི་དད་པ་དང་ལྡན་པའི་སྐྱབས་འགྲོ་དེ་ལ་ཡང་། ཀུན་སློང་གི་སྒོ་ནས་དབྱེ་ན་གསུམ་སྟེ། འདི་ལྟར་དམྱལ་བ་ཡི་དྭགས་དུད་འགྲོ་སྟེ། ངན་སོང་གསུམ་གྱི་སྡུག་བསྔལ་ལ་འཇིགས་ཤིང་སྐྲག་ནས་མཐོ་རིས་ལྷ་དང་མིའི་བདེ་བ་ཙམ་དོན་དུ་གཉེར་བས་སྐྱབས་སུ་འགྲོ་ན། སྐྱེས་བུ་ཆུང་ངུའི་སྐྱབས་འགྲོ་ཞེས་བྱ། འཁོར་བའི་གནས་རིས་འདི་མཐོ་དམན་གང་དུ་སྐྱེས་ཀྱང་སྡུག་བསྔལ་གྱི་རང་བཞིན་ལས་མ་འདས་པར་ཤེས་ནས། རང་ཉིད་འཁོར་བའི་སྡུག་བསྔལ་ཐམས་ཅད་ལས་གྲོལ་བའི་ཞི་བ་མྱང་འདས་ཀྱི་གོ་འཕང་ཙམ་དོན་དུ་གཉེར་ནས། དཀོན་མཆོག་གསུམ་ལ་སྐྱབས་སུ་འགྲོ་ན་སྐྱེས་བུ་འབྲིང་གི་སྐྱབས་འགྲོ་ཞེས་བྱ། མཐའ་མེད་པའི་འཁོར་བ་སྡུག་བསྔལ་གྱི་རྒྱ་མཚོ་ཆེན་པོ་ན་གནས་པའི་སེམས་ཅན་འདི་

དག་ཐམས་ཅད་སྡུག་བསྔལ་གྱི་རྣམ་གྲངས་བསམ་གྱིས་མི་ཁྱབ་པས་མནར་བར་མཐོང་ནས། དེ་ཐམས་ཅད་རྣམ་མཁྱེན་བླ་ན་མེད་པ་ཡང་དག་པར་རྫོགས་པའི་སངས་རྒྱས་ཀྱི་གོ་འཕང་ལ་འགོད་པའི་ཆེད་དུ་སྐྱབས་སུ་འགྲོ་ན་སྐྱེས་བུ་ཆེན་པོའི་སྐྱབས་འགྲོ་ཞེས་བྱ། དེ་ལྟར་ཀུན་སློང་རྣམ་པ་གསུམ་ལས་ད་རེས་ཀྱི་སྐབས་སུ་མཐའ་ཡས་པའི་སེམས་ཅན་ཐམས་ཅད་རྫོགས་པའི་སངས་རྒྱས་ཀྱི་གོ་འཕང་ལ་འགོད་པར་འདོད་པའི་སྐྱེས་བུ་ཆེན་པོའི་བློ་དང་ལྡན་པས་སྐྱབས་སུ་འགྲོ་དགོས་ཏེ། མཐོ་རིས་ལྷ་དང་མིའི་བདེ་བ་ཙམ་ནི་འཁྲུལ་དུ་བདེ་བ་ལྟར་སྣང་ཡང་དོན་དུ་སྡུག་བསྔལ་ལས་མ་འདས་ཤིང་མཐོ་རིས་ཀྱི་བདེ་འབྲས་ཟད་ནས་སླར་ཡང་ངན་སོང་དུ་ལྷུང་བར་འགྱུར་བས། མཐོ་རིས་ཀྱི་བདེ་བ་དར་ཅིག་ཙམ་པ་དོན་དུ་གཉེར་བ་ལ་དགོས་པ་མེད། རང་ཉིད་གཅིག་པུ་ཞི་བདེ་མྱ་ངན་ལས་འདས་པ་ཉན་ཐོས་དང་རང་སངས་རྒྱས་ཀྱི་གོ་འཕང་ཙམ་ཐོབ་ཀྱང་ཐོག་མ་མེད་པའི་དུས་ནས་རང་གི་ཕ་མར་གྱུར་པའི་སེམས་ཅན་རྣམས་མཐའ་མེད་པའི་འཁོར་བ་སྡུག་བསྔལ་གྱི་རྒྱ་མཚོར་ལྷུངས་པ་རྣམས་ཀྱི་དོན་མ་བྱས་པར་གྱུར་ན་མི་རུང་བས། སེམས་ཅན་ཐམས་ཅད་སངས་རྒྱས་ཀྱི་གོ་འཕང་ཐོབ་པར་འདོད་པས་དཀོན་མཆོག་གསུམ་ལ་སྐྱབས་སུ་འགྲོ་བ་ནི། སྐྱེས་བུ་ཆེན་པོའི་ལམ་བསོད་ནམས་ཚད་མེད་པའི་འཇུག་ངོགས་ཡིན་པས་དེ་ལྟ་བུ་ལ་བསྟེན་དགོས་ཏེ། རིན་ཆེན་ཕྲེང་བ་ལས། སེམས་ཅན་ཁམས་ནི་ཚད་མེད་ལ། །ཕན་འདོད་དེ་ནི་དེ་འདྲའོ། །ཞེས་གསུངས་སོ། །

2 སྐྱབས་སུ་འགྲོ་ཚུལ།

གཉིས་པ་སྐྱབས་སུ་འགྲོ་བའི་ཚུལ་ནི། ཐུན་མོང་ཐེག་པའི་ལུགས་ལ་སངས་རྒྱས་ལ་སྟོན་པ། ཆོས་ལ་ལམ་དགེ་འདུན་ལ་ལམ་སྒྲུབ་པའི་གྲོགས་སུ་མོས་ཏེ་སྐྱབས་སུ་འགྲོ་བ་དང་། ཐུན་མོང་མ་ཡིན་པ་གསང་སྔགས་ཀྱིའི་ཚུལ་གྱིས་སྒོ་

གསུམ་བླ་མ་ལ་འབུལ། ཡི་དམ་ལ་བསྟེན། མཁའ་འགྲོ་ལ་གྲོགས་ཀྱི་ཚུལ་དུ་བྱས་
ནས་སྐྱབས་སུ་འགྲོ། ཁྱད་པར་ཐབས་མཆོག་རྡོ་རྗེ་སྙིང་པོའི་ལུགས་ཀྱི་ཟ་སྐྱེལ་
སྐྱུར་བསྟེན། རླུང་ཡོངས་སྐྱུར་སྦྱང་། ཐིག་ལེ་ཆོས་སྐྱུར་དག་པའི་མྱུར་ལམ་ལ་
སྐྱབས་སུ་འགྲོ་བ་དང་། མཐར་ཐུག་བསླུ་བ་མེད་པ་གནས་ལུགས་རྡོ་རྗེའི་སྐྱབས་
འགྲོ་ནི་སྐྱབས་ཡུལ་དེ་དག་གི་ཐུགས་རྒྱུད་ལ་བཞུགས་པའི་ཡེ་ཤེས་ངོ་བོ་སྟོང་པ།
རང་བཞིན་གསལ་བ། ཐུགས་རྗེ་ཀུན་ཁྱབ་རྣམ་གསུམ་དབྱེར་མེད་ཆེན་པོ་རང་
རྒྱུད་ལ་བསྒྲུབ་བྱར་བྱེད་ཅིང་ལམ་བཟླ་བའི་ཚུལ་གྱིས་སྐྱབས་སུ་འགྲོ་བ་ཡིན། དེ་
ལྟར་སྐྱབས་སུ་འགྲོ་བའི་ཚུལ་ཐམས་ཅད་ངེས་པར་བྱས་ནས་སྐྱབས་སུ་འགྲོ་བ་
དངོས་ཀྱི་སྐབས་སུ་སྐྱབས་འགྲོའི་ཚོགས་ཞིང་གསལ་འདེབས་པ་ནི། རང་ཉིད་
འདུག་པའི་ས་ཕྱོགས་འདི་དག་ཐམས་ཅད་རིན་པོ་ཆེ་སྣ་ཚོགས་ལས་གྲུབ་པའི་
ཞིང་ཁམས་མཛེས་ཤིང་ཡིད་དུ་འོང་བ་མེ་ལོང་གི་ངོས་ལྟར་འཇམ་པ། ལ་ལུང་
དང་འབར་འབུར་གཤང་གཤོང་གི་རྣམ་པ་མེད་པ། དེའི་དབུས་རང་གི་མདུན་
དུ་དཔག་བསམ་གྱི་སྡོང་པོ་ཡལ་ག་ལྔ་པ། ལོ་འདབ་དང་མེ་ཏོག་འབྲས་བུ་ཕུན་
སུམ་ཚོགས་པ་ཕྱོགས་ཀུན་ཏུ་རྒྱས་པས་ཤར་ལྷོ་ནུབ་བྱང་གི་ནམ་མཁའི་དབྱིངས་
ཐམས་ཅད་ཁྱབ་པ། ཡལ་འདབ་ཐམས་ཅད་ལ་རིན་པོ་ཆེའི་དྲིལ་གཡེར་འཕྱངས་
འཕྲུལ་སྣ་ཚོགས་པས་བརྒྱན་པ། དེའི་དབུས་ཀྱི་ཡལ་གའི་སྟེང་དུ་སེང་གེ་ཆེན་པོ་
བརྒྱད་ཀྱིས་བཏེགས་པའི་རིན་པོ་ཆེའི་ཁྲིའི་སྟེང་དུ་སྣ་ཚོགས་པདྨ་ཉི་མ་ཟླ་བའི་
གདན་ལ་ངོ་བོ་དུས་གསུམ་སངས་རྒྱས་ཐམས་ཅད་འདུས་པའི་ངོ་བོ། མཚུངས་
མེད་ཐུགས་རྗེའི་གཏེར་མཛོད་དཔལ་ལྡན་རྩ་བའི་བླ་མ་ཡིན་པ་ལ། རྣམ་པ་
ཨོ་རྒྱན་རྡོ་རྗེ་འཆང་ཆེན་པོ་སྐུ་མདོག་དཀར་ལ་དམར་བའི་མདངས་ཆགས་
པ། ཞལ་གཅིག་ཕྱག་གཉིས་ཞབས་གཉིས་རྒྱལ་པོ་རོལ་པའི་སྟབས་སུ་བཞུགས་
པ། ཕྱག་གཡས་གསེར་གྱི་རྡོ་རྗེ་རྩེ་ལྔ་པ་སྡིགས་པའི་ཚུལ་དུ་འཛིན་པ། གཡོན་
མཉམ་བཞག་གི་སྟེང་ན་ཀ་པཱ་ལ་འཆི་མེད་ཡེ་ཤེས་ཀྱི་བདུད་རྩིས་བཀང་བའི་

བྱམས་པ་དཔག་བསམ་ལྗོན་ཤིང་གི་ཁ་རྒྱན་དང་བཅས་པ་འཛིན་པ། སྐུ་ལ་ཟ་བེར་ཆོས་གོས་ཕོད་ཀ་མནབས་པ། དབུ་ལ་པད་ཞྭ་གསོལ་བ། ཡུམ་མཁའ་འགྲོ་ཡེ་ཤེས་མཚོ་རྒྱལ་དཀར་མོ་གྲི་གུག་དང་ཐོད་པ་འཛིན་པ་དང་མཉམ་པར་སྦྱོར་བ། དེ་ལྟ་བུ་ཞིག་རང་གི་མདུན་གྱི་ནམ་མཁར་ཞལ་རང་ལ་ཕྱོགས་པའི་ཚུལ་གྱིས་བཞུགས་པར་བསྒོམ། དེའི་སྤྱི་བོར་བརྒྱུད་པའི་བླ་མ་ཐམས་ཅད་ཐོ་བརྩེགས་ཀྱི་ཚུལ་དུ་གསལ་གདབ་དགོས་པ་ལ། རྒྱུད་སྡེ་སྤྱིའི་བརྒྱུད་པའི་བླ་མ་གྲངས་ལས་འདས་ཀྱང་། ཁྱད་པར་རྫོགས་ཆེན་སྙིང་ཐིག་རྩ་བའི་བརྒྱུད་པ། ཆོས་སྐུ་ཀུན་ཏུ་བཟང་པོ། ལོངས་སྐུ་རྡོ་རྗེ་སེམས་དཔའ། སྤྲུལ་སྐུ་དགའ་རབ་རྡོ་རྗེ། སློབ་དཔོན་འཇམ་དཔལ་བཤེས་གཉེན། གུ་རུ་ཤྲཱི་སིཾ་ཧ། མཁས་པ་ཛྙཱ་ན་སཱུ་ཏྲ། པཎ་ཆེན་དྲི་མེད་བཤེས་གཉེན། ཨོ་རྒྱན་པདྨ་འབྱུང་གནས། ཆོས་རྒྱལ་ཁྲི་སྲོང་ལྡེའུ་བཙན། ལོ་ཆེན་བཻ་རོ་ཙ་ན། མཁའ་འགྲོ་ཡེ་ཤེས་མཚོ་རྒྱལ་ཏེ་ཐུགས་སྲས་རྗེ་འབངས་གྲོགས་གསུམ། ཀུན་མཁྱེན་ཀློང་ཆེན་རབ་འབྱམས། རིག་འཛིན་འཇིགས་མེད་གླིང་པ་རྣམས་རང་རང་གི་རྒྱན་དང་ཆ་ལུགས་རྫོགས་པ། གོང་མའི་བཞུགས་གདན་ལ་འོག་མའི་དབུ་མ་རེག་ཙམ་དུ་ཐོ་བརྩེགས་སུ་བཞུགས་པར་བསྒོམ། དེའི་མཐའ་སྐོར་དུ་ཡི་དམ་རྒྱུད་སྡེ་བཞིའི་ལྷ་ཚོགས་རྣམས་དང་དཔའ་བོ་མཁའ་འགྲོའི་ཚོགས་བསམ་གྱིས་མི་ཁྱབ་པས་བསྐོར་བ། མདུན་གྱི་ཡལ་གའི་སྟེང་དུ་བཅོམ་ལྡན་འདས་རྒྱལ་བ་ཤཱཀྱ་ཐུབ་པ་ལ་བསྐལ་པ་བཟང་པོའི་རྫོགས་པའི་སངས་རྒྱས་སྟོང་རྩ་གཉིས་ལ་སོགས་ཕྱོགས་བཅུ་དུས་གསུམ་གྱི་སངས་རྒྱས་རྣམས་ཀྱིས་བསྐོར་བ། ཐམས་ཅད་ཀྱང་མཆོག་གི་སྤྲུལ་སྐུ་ཚངས་པར་སྤྱོད་པའི་ཆ་བྱད་ཅན། དབུ་ལ་གཙུག་ཏོར་དང་ཞབས་ལ་འཁོར་ལོ་སོགས་མཚན་བཟང་པོ་སུམ་ཅུ་རྩ་གཉིས་དང། དཔེ་བྱད་བཟང་པོ་བརྒྱད་ཅུས་བརྒྱན་པ། ཞབས་ཐམས་ཅད་རྡོ་རྗེའི་སྐྱིལ་མོ་ཀྲུང་གིས་བཞུགས་པ། སྐུ་མདོག་ཐམས་ཅད་དཀར་སེར་དམར་ལྗང་མཐིང་ག སྐུ་ལ་འོད་དང་འོད་ཟེར་བསམ་གྱིས་མི་ཁྱབ་པ་འཕྲོ་བར་གསལ།

གཡས་ཀྱི་ཡལ་གའི་སྟེང་དུ་འཛམ་དབྱངས་ཕྱག་ན་རྡོ་རྗེ་སྤྱན་རས་གཟིགས་ཏེ་རྒྱལ་སྲས་རིགས་གསུམ་མགོན་པོ་གཙོ་བོར་གྱུར་པའི་ཉེ་བའི་སྲས་ཆེན་བརྒྱད་ལ་བྱང་སེམས་འཕགས་པའི་དགེ་འདུན་གྱིས་བསྐོར་བ། ཐམས་ཅད་ཀྱང་སྐུ་མདོག་དཀར་སེར་དམར་ལྗང་མཐིང་ག་ལོངས་སྤྱོད་རྫོགས་སྐུའི་རྒྱན་ཆས་བཅུ་གསུམ་གྱིས་མཛེས་ཤིང་། ཞབས་ཐམས་ཅད་མཉམ་པའི་སྟབས་ཀྱིས་བཞེངས་པ། གཡོན་གྱི་ཡལ་གར་ཤཱ་རིའི་བུ་དང་མཽའུ་འགལ་གྱི་བུ་སྟེ་ཉན་ཐོས་མཆོག་གཉིས་ལ་ཉན་རང་འཕགས་པའི་དགེ་འདུན་གྱིས་བསྐོར་བ། ཐམས་ཅད་ཀྱང་སྐུ་མདོག་དཀར་པོ། སྐུ་ལ་ཆོས་གོས་རྣམ་གསུམ་གསོལ་བ། ཕྱག་ན་འཁར་གསིལ་དང་ལྷུང་བཟེད་སོགས་བསྣམས་པ། ཞབས་ཐམས་ཅད་བཞེངས་པའི་སྟབས་ཀྱིས་བཞུགས་པར་གསལ་གདབ། རྒྱབ་ཀྱི་ཡལ་གར་ཆོས་དཀོན་མཆོག་གླེགས་བམ་བརྩེགས་པའི་རྣམ་པ་ཅན། འོད་ཀྱི་དྲྭ་མིག་གི་སྒྲོང་ན་རྫོགས་པ་ཆེན་པོའི་རྒྱུད་འབུམ་ཕྲག་དྲུག་ཅུ་རྩ་བཞིས་སྟེང་མ་བྱས་ནས་ཐམས་ཅད་ཀྱང་གདོང་དར་རང་ལ་བསྟན་ཏེ་ཁྲ་ཆེམ་མེ་བཞུགས་ཤིང་། ཨཱ་ལི་དང་ཀཱ་ལིའི་རང་སྒྲ་སྒྲོགས་པ། དེ་དག་གི་བར་མཚམས་ཐམས་ཅད་ན་ཡེ་ཤེས་དང་ལས་ལས་གྲུབ་པའི་དཔལ་མགོན་ཆོས་སྐྱོང་སྲུང་མ་ཕོ་རྒྱུད་ཐམས་ཅད་ཞལ་ཕྱིར་ཕྱོགས་ནས་རང་གི་དམ་ཆོས་བྱང་ཆུབ་སྒྲུབ་པའི་འགལ་རྐྱེན་བར་ཆད་སྲུང་ཞིང་ཕྱིའི་བར་ཆད་ནང་དུ་མི་གཏོང་བའི་ཕྲིན་ལས་མཛད་པ། ཆོས་སྐྱོང་སྲུང་མ་མོ་རྒྱུད་ཐམས་ཅད་ཞལ་ནང་དུ་ཕྱོགས་ནས་ནང་གི་དངོས་གྲུབ་ཕྱིར་མི་གཏོང་བའི་ཕྲིན་ལས་མཛད་པ། དེ་དག་ཐམས་ཅད་ཀྱང་མཁྱེན་བརྩེ་ནུས་གསུམ་གྱི་ཡོན་ཏན་དཔག་ཏུ་མེད་པས་བདག་ཉིད་ལ་རྗེས་སུ་བརྩེ་ཞིང་། འདྲེན་པའི་དེད་དཔོན་ཆེན་པོ་གཅིག་ཏུ་བཞུགས་པར་བསམ། རང་གི་གཡས་སུ་སྐྱེ་བ་ད་རེས་ཀྱི་ཕ། གཡོན་དུ་མ། མདུན་དུ་གང་རང་ལ་སྡང་བར་བྱེད་པའི་དགྲ། གནོད་པར་བྱེད་པའི་བགེགས་གཉིས་ཀྱིས་ཐོག་དྲངས་ཁམས་གསུམ་རིགས་དྲུག་གི་སེམས་ཅན་ཐམས་ཅད་ས་གཞིའི་

ངོས་ན་ཁྲིམས་ཆེན་པོ་ལྟར་ཚོགས་ནས་ཐལ་མོ་སྦྱར་ཏེ། ལུས་གུས་པའི་སྒོ་ནས་ཕྱག་འཚལ། ངག་གུས་པའི་སྒོ་ནས་སྐྱབས་འགྲོ་འདོན། ཡིད་གུས་པའི་སྒོ་ནས་མཐོ་རུ་གཏོང་ངམ། དམའ་རུ་གཏོང་ངམ། སྐྱིད་སྡུག་ལེགས་ཉེས། ན་ཚ་དང་སྡུག་བསྔལ་ཅི་བྱུང་ཡང་། བླ་མ་དང་དཀོན་མཆོག་རིན་པོ་ཆེ་ཁྱེད་མ་གཏོགས་སྐྱབས་དང་སྐྱོབ་པ། མགོན་དང་དཔུང་གཉེན། རེ་ས་དང་སྐྱབས་གནས་གཞན་ན་མེད་པས། དུས་དེ་རིང་ནས་བཟུང་སྟེ་ཇི་སྲིད་བྱང་ཆུབ་སྙིང་པོ་མ་ཐོབ་ཀྱི་བར་དུ་བློ་གཏད་དང་ཡིད་ཆེས་ཁྱེད་ལ་བཅོལ་བློ་ཕ་ལ་མི་འདྲི། གྲོས་མ་ལ་མི་བྱེད། ཐག་རང་གིས་མི་བཅད། བླ་མ་དང་དཀོན་མཆོག་རིན་པོ་ཆེ་ཁྱེད་ལ་བསྟེན། ཁྱེད་ལ་འབུལ། ཁྱེད་ཅིག་བསྐྱབ། ཁྱེད་ལས་གཞན་པའི་སྐྱབས་དང་རེ་ས་མེད་དོ་སྙམ་པའི་གདུང་བ་དྲག་པོས། དཀོན་མཆོག་གསུམ་དངོས་བདེ་གཤེགས་རྩ་བ་གསུམ། །རྩ་རླུང་ཐིག་ལེའི་རང་བཞིན་བྱང་ཆུབ་སེམས། །ངོ་བོ་རང་བཞིན་ཐུགས་རྗེའི་དཀྱིལ་འཁོར་ལ། །བྱང་ཆུབ་སྙིང་པོའི་བར་དུ་སྐྱབས་སུ་མཆི། །ཞེས་ཐུན་རེ་ལ་ཅི་ནུས་སུ་བསགས་ཤིང་ཐ་ན་འང་སྐྱབས་འགྲོ་འབུམ་ཕྲག་གཅིག་མ་ཐུབ་ཀྱི་བར་དུ། ཐུན་དུ་བཅད་ནས་འགྲོ་ངེས་དང་། རྒྱུན་དུ་ཡང་སྐྱབས་འགྲོ་ལ་ཡི་དམ་དུ་བྱ། དེ་ལྟར་སྐྱབས་སུ་འགྲོ་བའི་ཚེ་རང་གི་ཕ་མ་གཡས་གཡོན་དུ་བསྒོམ་ཞིང་དགྲ་བགེགས་གཉིས་མདུན་དུ་བསྒོམས་ཏེ། ཕ་མ་ལས་ཀྱང་དགྲ་བགེགས་གལ་ཆེ་བར་བསྒོམ་དགོས་པའི་རྒྱུ་མཚན་ཅི་ཡིན་སྙམ་ན། རང་རེ་ཐེག་པ་ཆེན་པོའི་སྒོར་ཞུགས་པའི་གང་ཟག་རྣམས་ནི། མཐའ་ཡས་པའི་སེམས་ཅན་ཐམས་ཅད་ལ་བྱམས་སྙིང་རྗེ་བྱང་ཆུབ་ཀྱི་སེམས་སྒོམས་པར་བསྒོམ་དགོས་ཤིང་། ཁྱད་པར་བསོད་ནམས་ཀྱི་ཚོགས་རྒྱ་ཆེན་པོ་རྫོགས་ཤིང་དགེ་བའི་རྩ་བ་གང་བསགས་ཐམས་ཅད་ཆུད་མི་ཟ་བའི་ཆེད་དུ་བཟོད་པ་བསྒོམས་པ་གཙོ་བོར་བྱ་དགོས་ལ། བཟོད་པ་དེ་ཡང་། ཞེ་སྡང་སྐྱེ་ཡུལ་མེད་ན་བཟོད་པ་སུ་ལ་བསྒོམ། ཟེར་བ་ལྟར་དགྲ་བགེགས་གཉིས་ཀྱིས་གནོད་པ་བྱས་པ་ལ་བརྟེན་ནས་བཟོད་པའི་དཀའ་ཐུབ་སྐྱེ་བ་ཡིན་པ་དང་། ལེགས་

པར་བརྟགས་ན་ཆོས་ཕྱོགས་ནས་ཕ་མ་ལས་ཀྱང་དགྲ་བགེགས་གཉིས་དྲིན་ཆེ་བ་ཡིན་ཏེ། ཕ་མས་ནི་འཇིག་རྟེན་ཚེ་འདི་སྒྲུབ་པའི་གཡོ་ཐབས་ཐམས་ཅད་བསླབས་ནས་ཕྱི་མ་ངན་སོང་གི་གཏིང་ནས་མི་ཐར་བ་ཞིག་བྱེད་པ་ཡིན་པས་དེ་ཙམ་དྲིན་དུ་མི་ཆེ་ལ། དགྲ་བགེགས་གཉིས་ནི་དགྲས་རང་ལ་ལོག་སྒྲུབ་བྱེད་པའི་སྒོ་ནས་བཟོད་པ་བསྒོམ་པའི་རྟེན་དུ་འགྱུར་བ་དང་། རང་ཉིད་གཏན་དུ་འཁོར་བ་ནས་མི་ཐར་བའི་འཆིང་ཐག སྡུག་བསྔལ་ཐམས་ཅད་ཀྱི་འབྱུང་གནས་ནོར་རྫས་ལོངས་སྤྱོད་སོགས་དང་དབང་མེད་དུ་འབྲལ་བར་བྱེད་པས་དྲིན་ཆེ། གདོན་བགེགས་ཀྱང་བཟོད་པ་སྒོམ་པའི་ཡུལ་དུ་འགྱུར་བ་དང་། དེས་ན་ཚ་དང་སྡུག་བསྔལ་བཏང་བ་ལ་བརྟེན་ནས་རང་གི་སྔར་བྱས་ཀྱི་སྡིག་པ་མང་པོ་འབྱང་བ་དང་། དེ་ཡང་ཁྱད་པར་རྗེ་བཙུན་མི་ལ་ལྷ་བུ་ཡང་ཨ་ཁུ་དང་ཨ་ནེས་ནོར་རྫས་ལོངས་སྤྱོད་ཐམས་ཅད་འཕྲོག་པའི་རྐྱེན་གྱིས་ཆོས་དང་མཇལ་བ་དང་། དགེ་སློང་དཔལ་མོ་ལྷ་བུ་ཀླུ་གདོན་གྱིས་ཉེན་ནས་སྨྱུང་རས་གཟིགས་བསྒྲུབས་པས་མཆོག་གི་དངོས་གྲུབ་ཐོབ་པ་སོགས་ཆོས་དང་མཇལ་བའི་རྒྱུ་བྱེད་པས་ཀྱང་དྲིན་ཆེ་བ་ཡིན་ཏེ། ཀུན་མཁྱེན་ཆོས་ཀྱི་རྒྱལ་པོའི་ཞལ་ནས།

འཆི་བས་ཉེན་ནས་ཆོས་དང་འཕྲད་པ་དེ། །
ཐར་ལམ་སྟོན་པས་གནོད་བྱེད་བཀའ་དྲིན་ཆེ། །
སྡུག་བསྔལ་ཡིད་བྱུང་ཆོས་དང་འཕྲད་པ་དེ། །
གཏན་བདེ་སྟོན་པས་སྡུག་བསྔལ་བཀའ་དྲིན་ཆེ། །
མི་མིན་གནོད་པས་ཆོས་དང་འཕྲད་པ་དེ། །
འཇིགས་མེད་སྟོན་པས་འདྲེ་གདོན་བཀའ་དྲིན་ཆེ། །
མི་སོགས་སྡང་བས་ཆོས་དང་འཕྲད་པ་དེ། །
ཕན་བདེ་སྟོན་པས་སྡང་བྱེད་བཀའ་དྲིན་ཆེ། །

རྒྱན་ངན་དྲག་པོས་ཆོས་དང་འཕྲད་པ་དེ། །
འགྱུར་མེད་ལམ་ཉེད་རྒྱན་ངན་བཀའ་དྲིན་ཆེ། །
གཞན་གྱིས་བསླུལ་བས་ཆོས་དང་འཕྲད་པ་དེ། །
སྙིང་པོའི་དོན་ཉེད་སླུལ་མཁན་བཀའ་དྲིན་ཆེ། །
མཉམ་དུ་དྲིན་གཟོ་དགེ་བ་དེ་ལ་བསྔོ། །

ཞེས་གསུངས་པ་ལྟར་ཡིན་པས། ཚེ་འདིར་བཀའ་དྲིན་ཆེ་བ་དང་ཚེ་རབས་ སྔ་མའི་ཕ་མའང་ཡིན་པས་གལ་ཆེ་བ་ཡིན་ནོ། །མཐར་ཐུག་བསྡུ་བའི་ཚེ་རང་ གིས་མོས་གུས་དུང་དུང་བ་བྱས་པའི་རྒྱན་གྱིས་སྐྱབས་ཡུལ་ལྷ་ཚོགས་རྣམས་ཀྱི་ སྐུ་ལས་འོད་ཟེར་དཔག་ཏུ་མེད་པ་འཕྲོས། རང་གཞན་སེམས་ཅན་ཐམས་ཅད་ ལ་ཕོག་པས་རང་གཞན་སེམས་ཅན་ཐམས་ཅད་བྱ་བྱུ་ཅུར་རྡོས་དཀྲོགས་པ་ ལྟར་ཅུར་དིར་གྱིས་འཕུར་ཏེ་སྐྱབས་ཡུལ་ལྷ་ཚོགས་རྣམས་ལ་ཐིམ། སྐྱབས་ཡུལ་ ལྷ་ཚོགས་རྣམས་ཀྱང་མཐའ་ནས་རིམ་བཞིན་འོད་དུ་ཞུ་ནས་དབུས་ཀྱི་བླ་མ་ སྐྱབས་གསུམ་ཀུན་འདུས་ལ་ཐིམ། སྤྱི་བོའི་ཐོ་བརྩེགས་ཀྱི་ལྷ་ཚོགས་ཐམས་ཅད་ ཀྱང་མར་བླ་མ་ལ་ཐིམ། བླ་མ་ཡང་འོད་དུ་ཞུ་ནས་འོད་དུ་ཡལ་ཏེ་ཆོས་སྐུ་སྤྲོས་ བྲལ་གདོད་མའི་ངང་ལ་སེམས་རྣམ་རྟོག་གི་འཕྲོ་འདུ་དང་བྲལ་བར་ཅི་གནས་ སུ་བཞག དེ་ལས་ལྡང་བའི་ཚེ་དགེ་བ་མཐའ་ཡས་པའི་སེམས་ཅན་གྱི་དོན་དུ་ བསྔོ་ཞིང་།

དགེ་བ་འདི་ཡིས་མྱུར་དུ་བདག །
དཀོན་མཆོག་གསུམ་པོ་འགྲུབ་གྱུར་ནས། །
འགྲོ་བ་གཅིག་ཀྱང་མ་ལུས་པ། །
དེ་ཡི་ས་ལ་འགོད་པར་ཤོག །

ཅེས་བརྗོད། དུས་དང་རྣམ་པ་ཐམས་ཅད་དུ་སེམས་དྲན་ཤེས་དང་མ་བྲལ་

བའི་ངང་ནས་སྐྱབས་ཡུལ་གྱི་ལྷ་ཚོགས་དེ་དག་འགྲོ་བའི་ཚེ་ཕྲག་པ་གཡས་ཀྱི་ནམ་མཁར་བསྒོམ། དེ་བསྐོར་བ་བྱེད་པའི་གནས་ཡིན། འདུག་པའི་ཚེ་སྤྱི་བོའི་གཙུག་གི་ནམ་མཁའ་ལ་བསྒོམ། དེ་གསོལ་བ་འདེབས་པའི་རྟེན་ཡིན། ཟ་འཐུང་གི་ཚེ་མགྲིན་པའི་དབུས་སུ་བསྒོམ། དེ་ཅི་ཟ་ཅི་འཐུང་གི་ཕུད་མཆོད་ས་ཡིན། ཉལ་པའི་ཚེ་སྙིང་གི་དབུས་སུ་བསྒོམ། དེ་འཁྲུལ་པ་འོད་གསལ་དུ་སྦྱ་བའི་གནད་ཡིན་པས། དེ་ལྟར་སྤྱོད་ལམ་ཐམས་ཅད་དུ་སྐྱབས་ཡུལ་ལྷ་ཚོགས་ཀྱི་གསལ་སྣང་དང་མ་བྲལ་བའི་ངང་ནས། དཀོན་མཆོག་རིན་པོ་ཆེ་རྣམ་པ་གསུམ་ལ་ཡིད་ཁྱིད་ཤེས་ཀྱི་དད་པས་བློ་སྙིང་བཀལ་ཏེ་སྐྱབས་འགྲོ་ཁོ་ན་ལ་བརྩོན་པར་བྱའོ། །

3 བསླབ་བྱ་དང་ཕན་ཡོན།

གསུམ་པ་བསླབ་བྱ་དང་ཕན་ཡོན་བསྟན་པ་ལ། དང་པོ་བསླབ་བྱ་ལ། སྤང་བྱ་གསུམ་དང་། བསྒྲུབ་བྱ་གསུམ་དང་། ཆ་མཐུན་གསུམ་ཡོད་པ་ལས། དང་པོ་སྤང་བྱ་གསུམ་ནི། སངས་རྒྱས་ལ་སྐྱབས་སུ་སོང་ནས་འཁོར་བར་འཁོར་བའི་ལྷ་ལ་ཕྱག་མི་བཙལ་ཞེས་བྱ་སྟེ། ཕྱི་རོལ་མུ་སྟེགས་པའི་ལྷ་དབང་ཕྱུག་དང་ཁྱབ་འཇུག་ལ་སོགས་རང་ཉིད་འཁོར་བའི་སྡུག་བསྔལ་ལས་མ་གྲོལ་བ་རྣམས་དང་། གཞན་ཡང་ཡུལ་ལྷ་དང་གཞི་བདག་ལ་སོགས་པ་འཇིག་རྟེན་གྱི་ལྷ་འདྲེ་མཐུ་བོ་ཆེ་རྣམས་ལ་ཕྱི་མའི་སྐྱབས་གནས་སུ་བཟུང་ནས་ཕྱག་དང་མཆོད་པ་ལ་སོགས་པ་མི་བྱ། ཆོས་ལ་སྐྱབས་སུ་སོང་ནས་སེམས་ཅན་ལ་འཚེ་བ་སྤང་ཞེས་གསུངས་ཏེ། སེམས་ཅན་གཞན་ལ་གནོད་ཅིང་འཚེ་བའི་བྱ་བ་རྨི་ལམ་ཙམ་དུ་ཡང་མི་བྱ་བར་འབད་པ་དྲག་པོས་ཅི་ནུས་སུ་བསྲུང་། དགེ་འདུན་ལ་སྐྱབས་སུ་སོང་ནས་ གྲོགས་མུ་སྟེགས་ཅན་དང་མི་འགྲོགས་ཞེས་གསུངས་ཏེ། རྒྱལ་བའི་བསྟན་པ་དང་སྟོན་པ་རྫོགས་པའི་སངས་རྒྱས་ལ་མི་དད་པའི་ཕྱི་རོལ་མུ་སྟེགས་པའི་རིགས་དང་མཐུན་པར་མི་འགྲོགས། ད་ཀུང་མུ་སྟེགས་ཅན་དངོས་བོད་ན་མེད་ཀྱང་།

རང་གི་བླ་མ་དང་ཆོས་ལ་གཤེ་ཞིང་སྨོད་པ་དང་གསང་སྔགས་ཟབ་མོའི་ཆོས་ལ་སྐུར་པ་འདེབས་པ་ལ་སོགས་མུ་སྟེགས་པ་དང་འདྲ་བ་གཞན་དང་མི་འགྲོགས།

བསྒྲུབ་བྱ་གསུམ་ནི། སངས་རྒྱས་ལ་སྐྱབས་སུ་སོང་ནས་སངས་རྒྱས་དཀོན་མཆོག་གི་སྐུའི་རྟེན་ཆག་དུམ་ཡན་ཆད་གུས་པས་མཆོད། སྤྱི་བོས་བཏེགས་གཙང་སར་བཞག སངས་རྒྱས་དཀོན་མཆོག་དངོས་ཀྱི་འདུ་ཤེས་བསྐྱེད་དེ་དད་པ་དང་དག་སྣང་བྱ། ཆོས་ལ་སྐྱབས་སུ་སོང་ནས་གསུང་རབ་ཡི་གེའི་རས་མ་ན་གཅིག་ཡན་ཆད་ལ་གུས་པ་བསྐྱེད། སྤྱི་བོས་མཆོད་དེ་ཆོས་དཀོན་མཆོག་དངོས་ཀྱི་འདུ་ཤེས་བཞག དགེ་འདུན་ལ་སྐྱབས་སུ་སོང་ནས་དགེ་འདུན་དཀོན་མཆོག་གི་རྟེན་ལྷན་པ་དམར་སེར་ཡན་ཆད་དགེ་འདུན་དངོས་ཀྱི་འདུ་ཤེས་བཞག་ནས་གུས་པས་མཆོད། སྤྱི་བོས་བཏེག་གཙང་སར་བཞག་དད་པ་དང་དག་སྣང་བྱ།

ཆ་མཐུན་གསུམ་ནི། ད་ལྟ་རང་ལ་སྣང་དོར་གྱི་གནས་སྟོན་པའི་བླ་མ་དགེ་བའི་བཤེས་གཉེན་ལ། སངས་རྒྱས་དཀོན་ཅོག་དངོས་ཀྱི་འདུ་ཤེས་བཞག་ནས་ཐ་ན་སྐུའི་གྲིབ་མ་ཙམ་ལ་ཡང་མི་འགོང་བར་ཞབས་ཏོག་དང་བསྙེན་བཀུར་ལ་འབད། བླ་མ་དམ་པ་དེས་བཀའ་ཅི་ལྟར་བསྐུལ་བའི་གསུང་རྣམས་ལ་ཆོས་དཀོན་མཆོག་དངོས་ཀྱི་འདུ་ཤེས་བཞག་ནས་ཅི་གསུངས་དང་དུ་བླང་ཞིང་གསུང་གི་ཟུར་ཙམ་ཡང་མི་བཅག བླ་མའི་འཁོར་དང་སློབ་མ་རང་གི་གྲོགས་ཚངས་པར་མཚུངས་པར་སྤྱོད་པ་རྣམས་ལ་དགེ་འདུན་དཀོན་མཆོག་དངོས་ཀྱི་འདུ་ཤེས་བཞག་སྟེ་ལུས་ངག་ཡིད་གསུམ་གུས་པས་བསྟེན་ཞིང་མི་མཉེས་པ་སྐད་ཅིག་མ་ཙམ་ཡང་མི་བྱ། ཁྱད་པར་གསང་སྔགས་རྡོ་རྗེ་ཐེག་པ་འདིར་སྐྱབས་ཡུལ་གྱི་གཙོ་བོ་བླ་མ་ཡིན་པས། བླ་མའི་སྐུ་དགེ་འདུན། གསུང་དམ་ཆོས། ཐུགས་སངས་རྒྱས་ཏེ། དཀོན་མཆོག་ཀུན་འདུས་ཀྱི་ངོ་བོ་ཤེས་པར་བྱས་ནས། ཅི་མཛད་ལེགས་མཐོང་དང་། བློ་གཏད་ཁྲིད་ཤེས་ཀྱི་སྒོ་ནས་བསྟེན་ཞིང་རྟག་ཏུ་གསོལ་འདེབས་ལ་འབད། གལ་ཏེ་རང་གི་སྒོ་གསུམ་གྱི་སྤྱོད་པས་ཐུགས་སུན་ཕྱུངས་ན་

སྐྱབས་ཡུལ་ཐམས་ཅད་སྤྱངས་བར་འགྲོ་བས་སྙིང་རུས་དང་ཞེ་བཅད་དྲག་པོས་བླ་མ་མཉེས་པའི་ཐབས་ལ་དུས་དང་རྣམ་པ་ཐམས་ཅད་དུ་འབད་པར་བྱ། ཕྱིར་སྐྱིད་སྡུག་དང་ལེགས་ཉེས་ན་ཚ་དང་སྡུག་བསྔལ་ལ་སོགས་པ་ཅི་བྱུང་ཡང་བློ་བླ་མ་དཀོན་མཆོག་ཁོ་ན་ལ་གཏད། སྐྱིད་ན་དཀོན་མཆོག་གི་ཐུགས་རྗེར་ཤེས་པར་བྱ་དགོས་ཏེ། འཇིག་རྟེན་འདིའི་བདེ་བ་དང་དགེ་བའི་དངོས་པོ་ཐ་ན་ཚ་བའི་དུས་སེར་བུའི་ངད་ཕྲ་མོ་ཙམ་ལྷང་བ་ཚུན་ཆད་སངས་རྒྱས་ཀྱི་ཐུགས་རྗེ་དང་བྱིན་རླབས་ཡིན་པར་གསུངས་ཤིང་དེ་བཞིན་དུ་སེམས་ལ་དགེ་བའི་རྣམ་རྟོག་སྐད་ཅིག་ཙམ་ཞིག་སྐྱེས་པ་ཡང་སངས་རྒྱས་ཀྱི་བྱིན་རླབས་བསམ་གྱིས་མི་ཁྱབ་པའི་མཐུ་ཁོ་ན་ཡིན་ཏེ། སྤྱོད་འཇུག་ལས།

ཇི་ལྟར་མཚན་མོ་མུན་ནག་སྤྲིན་རུམ་ན། །
གློག་འགྱུ་སྐད་ཅིག་རབ་སྣང་སྟོན་པ་ལྟར། །
དེ་བཞིན་སངས་རྒྱས་མཐུ་ཡིས་བརྒྱ་ལམ་ན། །
འཇིག་རྟེན་བསོད་ནམས་བློ་གྲོས་ཐང་འགའ་འབྱུང་། །

ཞེས་གསུངས། དེས་ན་ཕན་པ་དང་བདེ་བའི་དངོས་པོ་ཅི་ཡོད་པ་སངས་རྒྱས་ཀྱི་ཐུགས་རྗེར་ཤེས་པར་བྱ་ཞིང་། ན་ཚ་དང་སྡུག་བསྔལ་གདོན་བགེགས་ཀྱི་བར་ཆད་ལ་སོགས་པ་ཇི་ལྟ་བུ་བྱུང་ཡང་། དཀོན་མཆོག་གསུམ་ལ་གསོལ་བ་འདེབས་པ་མ་གཏོགས་ན་ཚ་དང་གདོན་བགེགས་སེལ་བའི་ཐབས་གཞན་ལ་བློ་མི་གཏོད། གལ་ཏེ་སྨན་དཔྱད་དང་གཏོ་བཅོས་སོགས་བྱེད་དགོས་བྱུང་ན་ཡང་། དེ་དག་ཀྱང་དཀོན་མཆོག་གསུམ་གྱི་ཕྲིན་ལས་སུ་ཤེས་པས་ཉམས་སུ་བླང་། གང་སྣང་བ་ཐམས་ཅད་དཀོན་མཆོག་གསུམ་གྱི་རྣམ་རོལ་དུ་ཤེས་པས་དད་པ་དང་དག་སྣང་སྦྱང་། རང་ཉིད་ཕྱོགས་གཞན་དུ་དོན་གཉེར་ལ་སོགས་པར་འགྲོ་བའི་དུས་ཀྱང་། གར་འགྲོ་བའི་ཕྱོགས་ཀྱི་སངས་རྒྱས་དང་དཀོན་མཆོག་ལ་ཕྱག་འཚལ་ཏེ་འགྲོ། དུས་དང་རྣམ་

པ་ཐམས་ཅད་དུ་སྙིང་ཐིག་གཞུང་གི་སྐྱབས་འགྲོ་དཀོན་མཆོག་གསུམ་དངོས་སོགས་སམ། ཡང་ན་ཐེག་པ་སྤྱིའི་སྐྱབས་འགྲོ།

བླ་མ་ལ་སྐྱབས་སུ་མཆིའོ། །

སངས་རྒྱས་ལ་སྐྱབས་སུ་མཆིའོ། །

ཆོས་ལ་སྐྱབས་སུ་མཆིའོ། །

དགེ་འདུན་ལ་སྐྱབས་སུ་མཆིའོ། །

ཞེས་སྐྱབས་འགྲོ་བཞི་སྐོར་དུ་གྲགས་པ་འདི་དག་ལ་ཡི་དམ་དུ་བྱ། གཞན་ལ་ཡང་སྐྱབས་སུ་འགྲོ་བའི་བསླབས་པ་བརྗོད་ཅིང་སྐྱབས་འགྲོ་ལ་བཀོད་དེ་རང་གཞན་ཐམས་ཅད་ཀྱི་འདི་ཕྱིའི་བློ་གཏད་དཀོན་མཆོག་གསུམ་ལ་བཅའ་ཞིང་སྐྱབས་འགྲོར་འབད། ཉལ་བའི་ཚེ་ཡང་སྔར་བཤད་པ་ལྟར་ཚོགས་ཞིང་ལྷ་ཚོགས་སྙིང་དབུས་སུ་གསལ་བཏབ་སྟེ། དེ་ལ་སེམས་གཏད་ནས་གཉིད་དུ་འཇུག་པའམ། དེ་ལྟར་མི་ནུས་ན་བླ་མ་དང་དཀོན་མཆོག་ཐམས་ཅད་བདག་ལ་ཐུགས་རྗེ་དང་བརྩེ་བས་ཉེ་བར་དགོངས་ཏེ་བདག་གི་སྔས་ན་མངོན་སུམ་དུ་བཞུགས་ཡོད་སྙམ་དུ་དད་པ་དང་དག་སྣང་བྱ་ཞིང་དཀོན་མཆོག་རྗེས་སུ་དྲན་པ་དང་མ་བྲལ་བར་ཉལ། བཟའ་བཏུང་བྱེད་པའི་ཚེ་ཡང་དཀོན་མཆོག་གསུམ་མགྲིན་པར་གསལ་བཏབ་སྟེ་བཟའ་བཏུང་གི་རོས་མཆོད་པའམ། དེ་ལྟར་མ་ནུས་ན་ཅི་ཟ་ཅི་འཐུང་ཐམས་ཅད་ཀྱི་ཕུད་ནས་དཀོན་མཆོག་གསུམ་མཆོད་ཅིག་སྙམ་དུ་མོས་པ་བྱ། རང་ལ་གོས་གསར་པ་ལྟ་བུ་གྱོན་རྒྱུ་ཡོད་ན་ཡང་དང་པོ་རང་གིས་མ་གྱོན་པའི་གོང་དུ་དཀོན་མཆོག་གསུམ་མཆོད་སྙམ་དུ་ནམ་མཁའ་ལ་དེང་ཙམ་བྱ། དེ་ནས་དཀོན་མཆོག་གསུམ་གྱིས་རང་ལ་གནང་བ་ཡིན་སྙམ་དུ་རང་གིས་བགོ་ཕྱི་རོལ་ཡུལ་གྱི་རྣམ་པ་ལ་ཡང་མེ་ཏོག་གི་སྐྱེད་མོས་ཚལ་དང་། ཆུ་སླུང་རྙོག་པ་མེད་པ། ཁང་བཟང་དང་། ནགས་ཚལ་ཉམས་དགའ་བ། ནོར་དང་ལོངས་སྤྱོད་རྒྱ་ཆེན་

པོ། སྐྱེས་པ་དང་བུད་མེད་མཛེས་ཤིང་རྒྱན་གྱིས་བརྒྱན་པ་ལ་སོགས་པ་རང་གི་ཡིད་དགའ་ཞིང་ཆགས་པར་བྱེད་པའི་དངོས་པོ་ཅི་དང་ཅི་མཐོང་ཡང་དཀོན་མཆོག་རིན་པོ་ཆེ་རྣམ་པ་གསུམ་པོ་མཆོད་སྣམ་དུ་མོས་པ་བྱ། ཆུ་ལ་གཙུ་བའི་ཚེ་ཡང་དང་པོ་དཀོན་མཆོག་གསུམ་ལ་མཆོད་ཁ་འཕངས་ནས་རྗེས་སུ་རང་གི་སྣོད་དུ་གཙུ། རང་ལ་ཚེ་འདིའི་བདེ་སྐྱིད་སྣན་གྲགས་རྙེད་པ་ལ་སོགས་པ་འདོད་ཅིང་ཡིད་དུ་འོང་བ་ཅི་བྱུང་ཡང་དཀོན་མཆོག་གི་ཐུགས་རྗེ་ཡིན། དཀོན་མཆོག་གསུམ་པོ་རང་མཆོད་སྣམ་དུ་མོས་གུས་དང་དག་སྣང་བྱ། རང་གི་ཕྱག་དང་མཆོད་པ་ལྷ་བསྐོར་སྟུགས་བཟླས་ལ་སོགས་དགེ་བའི་རྩ་བ་གང་འགྲུབ་ཐམས་ཅད་ཀྱང་དཀོན་མཆོག་གསུམ་ལ་མཆོད་པར་འབུལ་ཞིང་སེམས་ཅན་གྱི་དོན་དུ་བསྔོ་བ་བྱ། ཉ་སྟོང་དུས་དྲུག་ལ་སོགས་པར་དཀོན་མཆོག་གི་མཆོད་པ་ཅི་ནུས་སུ་བྱ་ཞིང་། རྒྱུན་དུ་དཀོན་མཆོག་གསུམ་གྱི་དུས་མཆོད་མི་བཅག དུས་དང་རྣམ་པ་ཐམས་ཅད་དུ་སྐྱིད་སྡུག་ཅི་བྱུང་ཡང་དཀོན་མཆོག་གསུམ་ལ་སྐྱབས་འགྲོ་ཁོ་ན་མི་བརྗེད་པར་བྱ། དེ་ལྟར་བྱས་པས་རྨི་ལམ་དུ་འཇིགས་སྐྲག་ལ་སོགས་སྐྱེས་པའི་ཚེ་སྐྱབས་འགྲོ་བྱེད་པ་བྱུང་ན་བར་དོར་ཡང་དེ་ལྟར་དུ་འབྱུང་བ་ཡིན་པས་དེ་ལྟ་བུར་མ་བྱུང་བར་འབད། མདོར་ན་ཕྲོ་གཏད་དཀོན་མཆོག་གསུམ་ཁོ་ན་ལ་བཅོལ་ནས། སྲོག་ལ་བབས་ཀྱང་སྐྱབས་འགྲོ་མི་གཏོང་བ་ཞིག་དགོས་ཏེ། སྔོན་རྒྱ་གར་དུ་ནང་པའི་དགེ་བསྙེན་ཞིག་མུ་སྟེགས་པ་རྣམས་ཀྱིས་བཟུང་ནས་ཁྱོད་དཀོན་མཆོག་གསུམ་ལ་སྐྱབས་འགྲོ་བྱེད་པ་གཏོང་ན་མི་གསོད། དེ་མི་གཏོང་ན་གསོད་པ་ཡིན་ཟེར་བ་ལ། ངས་ཚིག་ཙམ་དུ་ནི་དཀོན་མཆོག་གི་སྐྱབས་འགྲོ་གཏོང་། སྙིང་ཐག་པ་ནས་ནི་མི་གཏོང་ཟེར་བས་དགེ་བསྙེན་མུ་སྟེགས་པ་རྣམས་ཀྱིས་བསད་པ་ཡིན་ཏེ། དེ་ལྟ་བུ་ཞིག་ཅིས་ཀྱང་དགོས། དཀོན་མཆོག་ལ་སྐྱབས་སུ་འགྲོ་བ་སྤངས་ན་ཆོས་ཟབ་ཟབ་མོ་ཇི་ལྟ་བུ་ཞིག་ཉམས་སུ་བླངས་ཀྱང་ནང་པའི་ཁྲར་མི་ཚུད་དེ། ཕྱི་པ་ནང་པ་སྐྱབས་འགྲོའི་ཁྱད། ཟེར་བ་ཡིན། མི་དགེ་བའི་

ལས་ལ། འཇོམ་བག་བྱ་བ་དང་ལྷ་དང་རྩ་རླུང་སོགས་བསྒོམས་པས་ཐུན་མོང་གི་དངོས་གྲུབ་ཐོབ་པ་མུ་སྟེགས་པ་རྣམས་ལ་ཡང་ཡོད་ཀྱང་། དཀོན་མཆོག་གི་སྐྱབས་འགྲོ་མི་ཤེས་པས་ཐར་པའི་ལམ་དང་བྲལ་ཞིང་གཏན་དུ་འཁོར་བ་ལས་མི་ཐར་བ་ཡིན། ཇོ་བོ་རྗེ་ཨ་ཏི་ཤ་ཡང་མདོ་སྔགས་ཀྱི་ཆོས་རྒྱ་མཚོ་ལྟ་བུ་ལ་མི་མཁྱེན་པ་དང་མི་གཟིགས་པ་ཅུང་ཟད་མེད་ཀྱང་། དེ་དག་ཀུན་ལས་ཀྱང་ཐོག་མར་སྐྱབས་འགྲོ་ཁོ་ན་གནད་དུ་ཆེ་བར་དགོངས་ནས་འཁོར་འདུས་པ་ཐམས་ཅད་ལ་སྐྱབས་འགྲོ་ཁོ་ན་གསུངས་པས་སྐྱབས་འགྲོ་པཎྜི་ཏ་ཞེས་གྲགས། དེས་ན་ཐར་པའི་ལམ་དུ་ཞུགས་ཤིང་ནང་པ་སངས་རྒྱས་པ་ཞིག་ཡིན་ཕྱིན་ཆད་སྐྱབས་འགྲོ་དང་སྐྱབས་འགྲོའི་བསླབ་བྱ་སྲོག་ལ་བབས་ཀྱང་མི་འདོར་བར་ཉམས་སུ་བླངས་དགོས་ཏེ། མདོ་ལས།

གང་ཞིག་སངས་རྒྱས་སྐྱབས་འགྲོ་བ། །

དེ་ནི་ཡང་དག་དགེ་བསྙེན་ཏེ། །

ནམ་དུ་ཡང་ནི་ལྷ་གཞན་ལ། །

སྐྱབས་སུ་འགྲོ་བ་མ་ཡིན་ནོ། །

དམ་པའི་ཆོས་ལ་སྐྱབས་འགྲོ་བ། །

འཚེ་ཞིང་གནོད་པའི་སེམས་དང་བྲལ། །

འཕགས་པའི་དགེ་འདུན་སྐྱབས་འགྲོ་བ། །

མུ་སྟེགས་ཅན་དང་འགྲོགས་མི་བྱ། །

ཞེས་སོགས་གསུངས་པ་ལྟར་རོ། །

ད་ལྟ་རང་རེ་དཀོན་མཆོག་གསུམ་གྱི་རྗེས་འཇུག་ཏུ་སྨོན་པ་རྣམས་ཀྱང་དཀོན་མཆོག་གི་རྟེན་ལ་སོགས་པ་རྣམས་ལ་གུས་པ་ཅུང་ཟད་ཀྱང་མེད་པས་སངས་རྒྱས་ཀྱི་སྐུ་གཟུགས་དང་གསུང་རབ་ཀྱི་གླེགས་བམ་སོགས་ལ་ནོར་རྫས་

ཀྱི་འདུ་ཤེས་བཞག་ནས་ཚོང་བྱེད་པ་དང་། གཏའ་མར་འཇོག་པ་སོགས་བྱེད་པ་ནི། དཀོན་མཆོག་གསུམ་གྱི་སྐུ་སྣུད་ལ་ཟ་བ་ཞེས་བྱ་སྟེ་ཉེས་པ་ཤིན་ཏུ་ཆེ། གཞན་ཡང་སངས་རྒྱས་ཀྱི་སྐུ་གཟུགས་བྲིས་པ་དང་འབུར་དུ་ཡོད་པ་སོགས་ཐིག་ཚད་སོགས་ཀྱིས་གཞལ་ནས་བཟོ་བཅོས་བྱེད་པའི་སྐབས་སུ་མིན་པར། དུས་གཞན་དུ་མི་མཛེས་པའི་ཆ་ནས་སྣེངས་ཏེ་སྐྱོན་འདོགས་སོགས་བྱས་ན་ཉེས་པ་ཤིན་ཏུ་ཆེ་བས་དེ་ལྟར་མི་བྱ། གསུང་རབ་ཡི་གེའི་གླེགས་བམ་ལ་སོགས་པ་ཡང་ས་རྗེན་པར་འཇོག་པ་དང་། འགོམ་ཡུག་སོགས་བྱེད་པ་དང་། ཡིག་ལྡེབ་སྦྱར་བའི་ཚོ་མཇུབ་མོ་མཆིལ་མ་དང་བཅས་པས་རེག་པ་སོགས་མ་གུས་པའི་སྤྱོད་ལམ་བྱེད་པ་ཐམས་ཅད་ཉེས་པ་ལྷག་པར་ཆེ་སྟེ། བཅོམ་ལྡན་འདས་ཀྱིས།

ལྔ་བརྒྱའི་ཐ་མར་གྱུར་པ་ན། །
ང་ནི་ཡི་གེའི་གཟུགས་སུ་གནས། །
ང་ཡིན་སྙམ་དུ་ཡིད་ཆེས་ལ། །
དེ་ཚེ་དེ་ལ་གུས་པ་གྱིས། །

ཞེས་གསུངས་ཤིང་། འཇིག་རྟེན་པའི་ཁ་སྐད་ལ་ཡང་། བཀའ་ཐོག་ཏུ་སྐུ་མ་འཇོག་ཟེར་བ་ལྟར། སངས་རྒྱས་ཀྱི་སྐུ་གསུང་ཐུགས་རྟེན་ཐམས་ཅད་ལས། གསུང་རྟེན་ནི་སྣང་དོར་གྱི་གནས་སྟོན་པ་དང་། བསྟན་པའི་རྒྱུན་འཛིན་པ་སོགས་ཀྱིས་སངས་རྒྱས་དངོས་དང་ཁྱད་པར་ཅུང་ཟད་ཀྱང་མེད་ཅིང་ཁྱད་པར་འཕགས་པར་གསུངས་པ་ཡིན། དེར་མ་ཟད་ད་ལྟ་ཕལ་ཆེར་གྱིས་རྡོ་རྗེ་དང་དྲིལ་བུ་ནི་རང་བཞིན་ཉེར་སྤྱོད་ལྟ་བུ་ལས་དཀོན་མཆོག་གི་རྟེན་ཡིན་སྙམ་པ་མི་བྱེད་ཀྱང་། རྡོ་རྗེས་ནི་སངས་རྒྱས་ཀྱི་ཐུགས་ཡེ་ཤེས་ལྔ་ལ་སོགས་པ་མཚོན་ཞིང་། དྲིལ་བུས་ཀྱང་ཞལ་གྱི་རྣམ་པ་ཡོད་པ་རྒྱུད་སྡེ་འོག་མ་ལས་རྣམ་པར་སྣང་མཛད་དང་། གོང་མ་རྣམས་ལས་རྡོ་རྗེ་དབྱིངས་ཀྱི་དབང་ཕྱུག་མར་བཤད་པས་སྐུའི་རྣམ་པ་དང་། ཡུམ་

བརྒྱུད་ཀྱི་ས་བོན་དངོས་སུ་ཡི་གེའི་རྣམ་པ་དང་། གཞན་ཡང་སངས་རྒྱས་ཀྱི་གསུང་ཆོས་ཀྱི་སྒྲ་དབྱངས་མཚོན་པར་བྱེད་པ་ཡིན་པས་སྐུ་གསུང་ཐུགས་རྟེན་གསུམ་གའི་མཚན་ཉིད་ཚང་བ་དང་། ཁྱད་པར་གསང་སྔགས་རྡོ་རྗེ་ཐེག་པའི་དཀྱིལ་འཁོར་གྱི་འཁོར་ལོ་ཡོངས་རྫོགས་ཚང་ཞིང་དམ་ཚིག་གི་རྫས་ཐུན་མོང་མ་ཡིན་པ་ཡིན་པས། བཀྲུས་བཙོས་བྱས་ན་ཉེས་པ་ལྕི་ཞིང་དུས་རྟག་ཏུ་བཀུར་སྟིའི་སྒོ་ནས་ཞབས་ཏོག་བྱེད་དགོས་པ་ཡིན་ནོ། །

དེ་ལྟར་སྐྱབས་སུ་སོང་བའི་ཕན་ཡོན་ཡང་། དཀོན་མཆོག་གསུམ་ལ་སྐྱབས་སུ་འགྲོ་བ་འདི་ནི་ཆོས་ཐམས་ཅད་ཀྱི་གཞི་རྟེན་ཡིན་ཏེ། གང་གིས་སྐྱབས་སུ་སོང་བ་ཙམ་གྱིས་ཐར་པའི་ས་བོན་འདེབས་པ་དང་། མི་དགེ་བའི་ཚོགས་ལས་རིང་དུ་བྱེད་པ་དང་། དགེ་བ་གོང་དུ་འཕེལ་བ་དང་། སྡོམ་པ་ཀུན་གྱི་རྟེན་གཞིར་འགྱུར་ཞིང་། ཡོན་ཏན་ཐམས་ཅད་ཀྱི་འབྱུང་གནས་སུ་འགྱུར་བ་དང་། གནས་སྐབས་སུ་ཡང་དཀར་ཕྱོགས་ཀྱི་ལྷ་རྣམས་ཀྱིས་སྲུང་ཞིང་སྐྱོན་པ་ཡིད་བཞིན་དུ་འགྲུབ་པ་དང་། རྟག་ཏུ་དཀོན་མཆོག་གསུམ་གྱི་སྣང་བ་དང་མི་འབྲལ་ཞིང་ཚེ་རབས་དྲན་པ་དང་། འདི་ཕྱིར་བདེ་ཞིང་མཐར་ཐུག་སངས་རྒྱས་ཀྱི་གོ་འཕང་ཐོབ་པ་ལ་སོགས་ཕན་ཡོན་དཔག་ཏུ་མེད་པར་གསུངས་ཏེ། སྐྱབས་འགྲོ་བདུན་ཅུ་པ་ལས། སྡོམ་པ་ཀུན་ལ་ཡོད་མོད་ཀྱང་། །སྐྱབས་སུ་མ་སོང་བ་ལ་མེད། །ཅེས་གསུངས་པ་ལྟར་སོ་ཐར་གྱི་དགེ་སློང་དགེ་ཚུལ་དགེ་བསྙེན་སོགས་ཀྱི་སྡོམ་པ་ཐམས་ཅད་ཀྱི་ཡང་རྟེན་དུ་སྐྱབས་འགྲོ་མེད་ཐབས་མེད་ཅིང་། དེ་ལས་གཞན་དུ་བྱང་ཆུབ་མཆོག་ཏུ་སེམས་བསྐྱེད་པ་དང་། གསང་སྔགས་རྡོ་རྗེ་ཐེག་པའི་དབང་བསྐུར་བ་སོགས་ཐམས་ཅད་ཀྱི་སྔོན་དུ་སྐྱབས་སུ་འགྲོ་བ་མཚན་ཉིད་ཚང་བ་འགྲོ་དགོས་ཤིང་། ཐ་ན་ཉིན་གཅིག་གི་གསོ་སྦྱོང་ཙམ་ལེན་པའི་སྔོན་དུའང་སྐྱབས་འགྲོ་མེད་ཐབས་མེད་པས་སྡོམ་པ་དང་ཡོན་ཏན་ཐམས་ཅད་ཀྱི་ རྟེན་གཞི་བྱེད་པ་ཡིན། དཀོན་མཆོག་གསུམ་གྱི་ཡོན་ཏན་ཤེས་ནས་དད་པས་སྐྱབས་སུ་འགྲོ་བ་ལྟ་ཅི་

ཐ་ན་སངས་རྒྱས་ཞེས་བྱ་བའི་སྒྲ་ཙམ་ རྣ་བར་ཐོས་པ་དང་། སྐུ་གསུང་ཐུགས་ཀྱི་རྟེན་གང་རིགས་ལ་འབྲེལ་བ་ཅུང་ཟད་ཙམ་བྱས་པ་ལའང་རྒྱུད་ལ་ཐར་པའི་ས་བོན་ཐེབས་ནས་མཐར་མྱ་ངན་ལས་འདས་པ་ཐོབ་པར་འགྱུར་ཏེ། སྔོན་ཕག་གཅིག་ཁྱིས་དེད་ནས་མཆོད་རྟེན་ཞིག་ཡོད་པ་ལ་བསྐོར་བ་བྱས་པས་དེའི་རྒྱུད་ལ་ཐར་པའི་ས་བོན་ཐེབས་པར་འདུལ་བ་ལས་གསུངས་པ་དང་། གཞན་ཡང་སླཽཀྵ་གཅིག་གིས་མི་གསུམ་སངས་རྒྱས་ཟེར་བ་ཡིན་ཏེ། སྔོན་ལམ་ཀ་ཞིག་ན་སླཽཀྵ་ཞིག་ཡོད་པ་མི་གཞན་ཞིག་གིས་མཐོང་སྟེ་སླཽཀྵ་འདི་འདི་ལྟར་བཞག་ན་ཆར་པས་མྱུར་དུ་འཇིགས་པས་མི་འཇིག་པར་བྱའོ་སྙམ་ནས་དྲུང་དེ་ན་ལྷམ་ཁྲད་རོར་བ་ཞིག་ཡོད་པ་བཀབ་ནས་བཞག ཡང་མི་གཞན་ཞིག་གིས་ལྷམ་ཁྲད་ཤིན་ཏུ་མི་གཙང་བ་འདི་སླཽཀྵའི་སྟེང་དུ་བཀབ་པ་མ་ལེགས་སོ་སྙམ་ནས་དོར་བས། ལྷམ་འགེབས་པ་པོ་དང་འདོར་བ་པོ་གཉིས་ཀས་བསམ་པ་བཟང་པོའི་འབྲས་བུས་ཕྱི་མ་རྒྱལ་སྲིད་ཐོབ་པ་ཡིན་ཏེ། ཇི་སྐད་དུ།

བསམ་པ་བཟང་པོས་མཆིལ་ལྷམ་ཞིག །
ཐུབ་པའི་དབུ་ལ་བཞག་པ་དང་། །
གཞན་གྱིས་དེ་ཉིད་བསལ་བྱས་པ། །
གཉིས་ཀས་རྒྱལ་སྲིད་ཐོབ་པར་གསུངས། །

ཞེས་གསུངས། དེས་ན་དང་པོ་སླཽཀྵ་འདེབས་པ་པོ་དང་། བར་དུ་ལྷམ་འགེབས་པ་པོ་དང་། ཐ་མར་དེ་བསལ་བ་པོ་གསུམ་ཀ་ཡང་གནས་སྐབས་སུ་རྒྱལ་སྲིད་སོགས་མངོན་མཐོའི་བདེ་འབྲས་ཐོབ་ཅིང་མཐར་ཐུག་ཐར་པའི་ས་བོན་ཐེབས་ཏེ་རིམ་གྱིས་འཚང་རྒྱ་བའང་ཡིན་ནོ། །

མི་དགེ་བའི་ཚོགས་ལས་རིང་དུ་བྱེད་པ་ཡང་ཡིན་ཏེ། སྙིང་ཐག་པས་དད་གུས་དྲག་པོའི་སྒོ་ནས་དཀོན་མཆོག་གསུམ་ལ་སྐྱབས་སུ་སོང་ན་སྔར་བྱས་ཀྱི་

ལས་མི་དགེ་བ་ཡང་སྲབ་པ་དང་ཟད་པར་འགྱུར་ཞིང་། ཕྱིན་ཆད་ཀྱང་དཀོན་མཆོག་གི་ཐུགས་རྗེས་རྒྱུད་བྱིན་གྱིས་བརླབས་ནས་སྣང་བ་དགེ་བར་འགྱུར་བས་མི་དགེ་བའི་ལས་མི་བྱེད་པ་ཡང་ཡིན་ཏེ། རྒྱལ་པོ་མ་སྐྱེས་དགྲས་ཕ་བསད་པ་ཡང་དཀོན་མཆོག་ལ་སྐྱབས་སུ་སོང་བས་དམྱལ་བ་ཞག་བདུན་མྱོང་ནས་ཐར་བར་གསུངས་པ་དང་། ལྷས་བྱིན་མཚམས་མེད་པའི་ལས་གསུམ་བྱས་པས་གསོན་བཞིན་དུ་དམྱལ་བའི་མེས་སྲེག་པའི་ཚེ་སངས་རྒྱས་ཀྱི་གསུངས་ལ་ཡིད་ཆེས་ནས། ད་ནི་རུས་པའི་གཏིང་ནས་སངས་རྒྱས་ལ་སྐྱབས་སུ་མཆིའོ། །ཞེས་བརྗོད་པས་རང་སངས་རྒྱས་རུས་པ་ཅན་བྱ་བར་འགྱུར་བར་གསུངས་པ་ལྟ་བ་ཡིན། དེས་ན་ད་ལྟ་རང་རེ་རྣམས་བླ་མ་དགེ་བའི་བཤེས་གཉེན་གྱི་དྲིན་ལས་དམ་པའི་ཆོས་ཡང་དག་པ་ཐོས་ཏེ་དགེ་བའི་ལས་སྒྲུབ་བློ་དང་། མི་དགེ་བ་སྤོང་བློ་ཅུང་ཟད་ཙམ་རེ་སྐྱེས་པའི་སྐབས་འདིར། སྙིང་ཐག་པ་ནས་དཀོན་མཆོག་གསུམ་ལ་སྐྱབས་སུ་འགྲོ་བ་ལ་འབད་ན་རྒྱུད་བྱིན་གྱིས་བརླབས་ཏེ། དད་པ་དང་དག་སྣང་། ངེས་འབྱུང་དང་སྐྱོ་ཤས། རྒྱུ་འབྲས་ལ་ཡིད་ཆེས་ལ་སོགས་ལམ་གྱི་ཡོན་ཏན་ཐམས་ཅད་གོང་ནས་གོང་འཕེལ་དུ་འགྱུར་ཞིང་། དེ་ལྟར་མ་ཡིན་པར་བླ་མ་དང་དཀོན་མཆོག་ལ་སྐྱབས་འགྲོ་དང་གསོལ་བ་འདེབས་པ་བཏང་སྙོམས་སུ་ལུས་ན། ད་ལྟ་ངེས་འབྱུང་དང་སྐྱོ་ཤས་སོགས་ཅི་ཙམ་བཟང་བར་ཡོད་ཀྱང་། སྣང་བ་ཁྲིད་མཁས། རིག་པ་ཅོལ་ཆུང་། རྣམ་རྟོག་བསླུ་རྐྱེན་པས་ད་ལྟ་དགེ་བར་ཡོད་འཕྲོ་ལ་ཡང་། མི་དགེ་བར་འགྱུར་འགྲོ་བ་ལ་ཚོགས་མེད་པས་ཕྱིན་ཆད་ཀྱི་མི་དགེ་བ་རྒྱུན་གཅོད་པ་ཡང་སྐྱབས་འགྲོ་ལས་ལྷག་པ་མེད་པར་ཤེས་པར་བྱའོ། །

གཞན་ཡང་། སྐྱབ་པ་བརྩོན་འགྲུས་ཅན་ལ་བདུད་རྣམས་ལྷག་པར་སྤང་། ཞེས་དང་། ཆོས་ཟབ་ཅ་ན་ནག་པོའི་བདུད་ཀྱང་ཟབ། །ཅེས་གསུངས་པ་ལྟར། ད་ལྟ་དུས་སྙིགས་མར་ཐུག་པས་ཟབ་མོའི་དོན་བསྒོམ་པ་དང་། དགེ་བ་རླབས་པོ་ཆེ་བྱེད་པ་རྣམས་ལ། འཇིག་རྟེན་ཚེ་འདིའི་བསླུ་ཁྲིད་དང་། གཉེན་

གྲོགས་ཀྱིས་བཤོལ་འདེབས། ན་ཚ་དང་གདོན་བགེགས་ཀྱི་འགལ་རྐྱེན། རང་གི་ཡིད་ལ་ཐེ་ཚོམ་དང་རྣམ་རྟོག་ལ་སོགས་ཆོས་ཀྱི་བར་ཆད་ནི་ཅིར་ཡང་བརྫུ་ཞིང་དགེ་བའི་ཚོགས་འཇོམས་པ་ཡིན་པས། དེ་དག་གི་གཉེན་པོ་དཀོན་མཆོག་གསུམ་ལ་སྐྱབས་འགྲོ་སོགས་སྙིང་ཐག་པ་ནས་འབད་ན། ཆོས་ཀྱི་བར་ཆད་ཐམས་ཅད་མཐུན་རྐྱེན་དུ་འཆར་ཞིང་དགེ་བ་གོང་ནས་གོང་འཕེལ་དུ་འགྱུར། དེར་མ་ཟད་ད་ལྟའི་དུས་སུ་དུད་ནག་པ་རྣམས་ནས་ཀྱང་ལོ་གཅིག་གི་བར་དུ་ན་ཚ་དང་གོད་ཁ་སོགས་མི་འབྱུང་བའི་སྲུང་བ་བྱེད་པ་ཡིན་ཟེར་ནས་དབང་ལུང་དང་གཞི་བསྙེན་སོགས་གང་ཡང་མེད་པའི་བླ་མ་དཔོན་གཡོག་ཁ་ཤས་ཕོས་ཏེ། དྲག་སྔགས་ཀྱི་དཀྱིལ་འཁོར་ཞིག་ཞལ་ཕྱེ། བསྙེན་རྫོགས་གང་ཡང་མེད་པའི་མིག་ཐོར་ཕོག་ཙམ་རེ་བསྒྲད་ནས་ཟན་གོང་ཞིག་གི་སྟེང་དུ་ཞེ་སྡང་བཟོད་དཀའ་བ་བསྐྱེད་དེ། ཁུག་ཁུག སོད་སོད། ཡ་ཡ། རྦོབ་རྦོབ་ཟེར་ཞིང་ཐོས་ཙ་ན་སྣང་བ་རྨུབ་རེག་ལ་འོང་བ་ཞིག་བཏོན་ནས་ཤ་ཁྲག་གི་དམར་མཆོད་ཕོ་ན་བྱེད་འདུག་སྟེ། དེ་ལྟ་བུ་དེ་ལེགས་པར་བརྟགས་ན། རྗེ་བཙུན་མི་ལས། ཡེ་ཤེས་པའི་ལྷ་འཇིག་རྟེན་པའི་སྲུང་སྐྱོབ་ལ་སྤྱན་འདྲེན་པ་དེ་རྒྱལ་པོ་ཁྲི་ཐོག་ནས་ཕབས་ཏེ་ཕྱུགས་དར་གྱི་ལས་བཅོལ་བ་དང་འདྲ་གསུངས་པ་དང་། རྗེ་དམ་པ་སངས་རྒྱས་ཀྱིས། གསང་སྔགས་ཀྱི་དཀྱིལ་འཁོར་གྲོང་པའི་ར་ཚང་དུ་བཞེངས་ནས་གཉེན་པོ་ཡིན་པ་སྐད། ཅེས་གསུངས་པ་ལྟར་གསང་སྔགས་བོན་དུ་གྱེར་བའི་ཉེས་པ་འགོ་ཞིང་། བསྒྲལ་ལས་བྱེད་པ་དེ་ཡང་རང་འདོད་ཀྱི་འཁྲི་བ་མེད་པའི་གང་ཟག་གིས། བསྟན་འགྲོའི་དོན་རླབས་པོ་ཆེ་བསྒྲུབ་པའི་ཕྱིར་དུ་ཞིང་བཅུ་ཚང་བའི་དགྲ་བགེགས་སྒྲོལ་བ་ལ་གནང་བ་ཡིན་གྱི། རང་གཞན་གྱི་ཕྱོགས་ཞེན་དང་བཅས་པས་ཞེ་སྡང་རང་མཚན་པས་བསྒྲལ་ལས་བྱས་ན་ཕ་རོལ་བསྒྲལ་བར་མི་ནུས་ཤིང་རང་ཉིད་དམྱལ་བར་སྐྱེ་བའི་རྒྱུ་བྱེད་པ་དང་། བསྙེན་རྫོགས་དང་དམ་ཚིག་མེད་པར་ཤ་ཁྲག་གི་དམར་མཆོད་ཕོ་ན་བྱས་པས་ཡེ་ཤེས་པའི་

ལྷ་དང་ཆོས་སྐྱོང་བའི་སྲུང་མ་མི་འགྲུབ་ཅིང་། ནག་ཕྱོགས་པའི་ལྷ་འདྲེ་རྣམས་འདུས་ནས་དེའི་མཆོད་པ་དང་གཏོར་མ་སོགས་ལ་ལོངས་སྤྱོད་དེ། འཕྲལ་དུ་ཕན་པ་ལྟར་བྱེད་ཀྱང་ཞུགས་སུ་མི་འདོད་པ་དུ་མ་སྤྱིན་པ་ཡིན་པས། དེ་བས་བློ་གཏད་དཀོན་མཆོག་ལ་བཙལ། རྒྱུད་ཞི་ཞིང་དུལ་བའི་བླ་མ་དང་སེར་མོ་བ་བོས་ནས་སྐྱབས་འགྲོ་འབུམ་ཐེར་རེ་བསགས་བཅུག་ན་སྲུང་བ་ལ་ཡང་དེ་ལས་ལྷག་པ་མེད་དེ་དཀོན་མཆོག་གི་སྐྱབས་འོག་ཏུ་ཚུད། ཚེ་འདིར་མི་འདོད་པ་ཐམས་ཅད་མི་འབྱུང་ཞིང་འདོད་དགུའི་བསམ་པ་ཐམས་ཅད་ངང་གིས་འགྲུབ། དཀར་ཕྱོགས་ཀྱི་ལྷ་རྣམས་ཀྱིས་སྲུང་ཞིང་ནག་ཕྱོགས་ཀྱི་གདོན་བགེགས་རྣམས་ཉེ་མི་ནུས་པ་ཡིན་ཏེ། སྔོན་རྐུན་པོ་བྱེད་པ་ཞིག་གཞན་གྱིས་བཟུང་ནས། སངས་རྒྱས་ལ་སྐྱབས་སུ་མཆིའོ་སོགས་སྐྱབས་འགྲོ་ཚར་རེ་དང་སྔགས་དབྱུག་པས་ན་ངེས་པ་རེ་བརྒྱབས་ནས་མངགས་བཏང་བས། སྐྱབས་འགྲོའི་ཚིག་དེ་རྣམས་ན་ཚའི་ཟུག་རྨ་དང་དབྱེར་མེད་དུ་ཡིད་ལ་ལྷང་ལྷང་གསལ་བཞིན་ཟམ་པ་ཞིག་གི་སྟ་འོག་ཏུ་ཉལ་ནས་བསྡད་པས། ཟམ་ཐོག་ན་ཚུར་ལྷ་འདྲེ་མང་པོ་འོང་བ་རྣམས་འདི་ན་དཀོན་མཆོག་ལ་སྐྱབས་འགྲོ་བྱེད་པ་ཞིག་འདུག་ཟེར་ནས་ཚོ་དེར་གྱིས་བྲོས་སོང་། དེས་ན་སྙིང་ཐག་པ་ནས་དཀོན་མཆོག་ལ་སྐྱབས་སུ་སོང་ན་ཚེ་འདིའི་གནོད་པ་སེལ་བ་ལ་དེ་ལས་ལྷག་པ་མེད་ཅིང་། ཕྱི་མ་ཐར་པ་དང་རྣམ་མཁྱེན་གྱི་གོ་འཕང་ཡང་ཐོབ་པ་སོགས་ཕན་ཡོན་བསམ་གྱིས་མི་ཁྱབ་སྟེ། དྲི་མ་མེད་པའི་མདོ་ལས།

སྐྱབས་སུ་སོང་བའི་བསོད་ནམས་གང་། །
གལ་ཏེ་དེ་ལ་གཟུགས་མཆིས་ན། །
ནམ་མཁའི་ཁམས་ནི་ཀུན་བཀང་ཡང་། །
དེ་ནི་དེ་བས་ལྷག་པར་འགྱུར། །

ཞེས་དང་། ཕར་ཕྱིན་བསྡུས་པ་ལས།

སྐྱབས་སོང་བསོད་ནམས་གཟུགས་མཆིས་ན། །
ཁམས་གསུམ་འདི་ཡང་སྣོད་དུ་ཆུང་། །
རྒྱ་མཚོ་ཆེན་པོ་ཆུ་ཡི་གཏེར། །
ཐུལ་གྱིས་གཞལ་བར་ག་ལ་ནུས། །

ཞེས་གསུངས། གཞན་ཡང་ཉི་མའི་སྙིང་པོའི་མདོ་ལས།

སངས་རྒྱས་སྐྱབས་སུ་སེམས་ཅན་སུ་འགྲོ་བ། །
བདུད་རྣམས་བྱེ་བས་བསད་པར་མི་ནུས་ཏེ། །
ཚུལ་ཁྲིམས་ཉམས་ཤིང་བློ་ནི་འཁྲུགས་གྱུར་ཀྱང་། །
དེ་ནི་ངེས་པར་སྐྱེ་བའི་ཕ་རོལ་འགྲོ། །

ཞེས་སོགས་གསུངས་པ་ལྟར་ཕན་ཡོན་ཚད་མེད་པ་དང་ལྡན་པས་ན་ཆོས་ཐམས་ཅད་ཀྱི་རྟེན་གཞི་སྐྱབས་སུ་འགྲོ་བའི་གནས་འདི་ལ་ནན་ཏན་དུ་བྱ་དགོས་སོ། །

སྐྱབས་གསུམ་བརྟེན་ཀྱང་སྙིང་ནས་ཡིད་ཆེས་དམན། །
བསླབ་གསུམ་ཉོན་ཀྱང་བསྲུང་སྡོམ་ཡལ་བར་བོར། །
བདག་དང་བདག་འདྲ་སྙིང་མེད་སེམས་ཅན་རྣམས། །
མི་ལྡོག་དད་པ་བརྟན་པར་བྱིན་གྱིས་རློབས། །
ལམ་ཐམས་ཅད་ཀྱི་རྨང་རྡོ་སྐྱབས་སུ་འགྲོ་བའི་ཁྲིད་དོ། །

གཉིས་པ། བྱང་ཆུབ་མཆོག་ཏུ་སེམས་བསྐྱེད་པ།

ཤེས་རབ་ཆེན་པོས་སྲིད་འདས་མཐོན་དུ་མཛད། །
སྙིང་རྗེ་ཆེན་པོས་འཁོར་བ་དང་དུ་བླངས། །
ཐབས་ལ་མཁས་པས་འཁོར་འདས་དབྱེར་མེད་རྟོགས། །
མཚུངས་མེད་བླ་མའི་ཞབས་ལ་ཕྱག་འཚལ་ལོ། །

གཉིས་པ་ཐེག་ཆེན་གྱི་རྩ་བ་བྱང་ཆུབ་མཆོག་ཏུ་སེམས་བསྐྱེད་པའི་ཁྲིད་ལ་གསུམ། ཚད་མེད་བཞིའི་བློ་སྦྱོང་བ། བྱང་ཆུབ་མཆོག་ཏུ་སེམས་བསྐྱེད་པ། སྨོན་འཇུག་གི་བསླབ་བྱ་བཟུང་བའོ། །

1 ཚད་མེད་བཞིའི་བློ་སྦྱོང་བ།

དང་པོ་ཚད་མེད་བཞིའི་བློ་སྦྱོང་བ་ལ། བྱམས་པ་དང་སྙིང་རྗེ་དགའ་བ་བཏང་སྙོམས་བཞི་ལས། ཐོག་མར་བྱམས་པ་ནས་སྨོས་ཀྱང་། འདིར་ཉམས་སུ་བླངས་ནས་རིམ་པ་བཞིན་བློ་སྦྱོང་བའི་ཚེ། དང་པོ་བཏང་སྙོམས་ནས་མ་སྦྱངས་ན། བྱམས་པ་དང་སྙིང་རྗེ་སོགས་ཕྱོགས་རིས་ཅན་དུ་ཤོར་ནས་རྣམ་པར་དག་པ་ཞིག་མི་འོང་བ་ཡིན་པས། དེས་ན་དང་པོ་བཏང་སྙོམས་ནས་བློ་སྦྱོང་བ་ཡིན།

བཏང་སྙོམས་ཞེས་བྱ་བ་ནི། དགྲ་ལ་ཞེ་སྡང་བཏང་། གཉེན་ལ་དགའ་གདུང་བཏང་། སེམས་ཅན་ཐམས་ཅད་ལ་ཉེ་རིང་དང་ཆགས་སྡང་མེད་པར་སྙོམས་པ་ལ་བཏང་སྙོམས་ཞེས་བྱ། ད་ལྟའི་གནས་སྐབས་ན་ཕ་མ་དང་གཉེན་འདུན་ལ་སོགས་རང་ཕྱོགས་ལ་ཤིན་ཏུ་ཆགས། དགྲ་དང་དེའི་ཕྱོགས་ལ་སྡང་ཞེན་མི་བཟད་པར་བྱེད་པ་འདི་ཡང་མ་བརྟགས་པའི་སྐྱོན་ཡིན། ཚེ་རབས་སྔ་མ་རྣམས་སུ་ད་ལྟའི་དགྲ་འདི་རྣམས་ཀྱིས་ཀྱང་རང་གི་གཉེན་བྱས་ནས་བརྩེ་བས་འགྲོགས། མཐུན་པས་བསྐྱངས། ཕན་བཏགས་པ་ཡང་བསམ་གྱིས་མི་ཁྱབ། ད་

ལྷ་གཉེན་དུ་བསྟེ་བ་འདི་རྣམས་ཀྱང་ཚེ་རབས་སྔ་མ་ལ་རང་གི་དགྲར་གྱུར་ཏེ་གནོད་པ་བྱས་པ་ཡང་དུ་མ་ཡོད་པ་སྔར་བཤད་པ་ལྟར། འཕགས་པ་ཀཱ་ཏྱཱ་ནས།

ཕ་ཤ་ཟ་ཞིང་མ་ལ་རྡེག །
ལས་ངན་དགྲ་བོ་པང་ན་བཟུང་། །
ཆུང་མས་ཁྱོ་ཡི་རུས་པ་འཆའ། །
འཁོར་བའི་ཆོས་ལ་གད་མོ་བྲོ། །

ཞེས་གསུངས་པ་ལྟར་དང་། དེར་མ་ཟད་སྔོན་ཆོས་རྒྱལ་ཁྲི་སྲོང་ལྡེའུ་བཙན་གྱི་སྲས་མོ་ལྷ་ལྕམ་པདྨ་གསལ་ཞེས་བྱ་བ་དགུང་ལོ་བརྒྱ་བདུན་ལོན་པ་ཞིག་འདས་སྐབས། ཆོས་རྒྱལ་གྱིས་སློབ་དཔོན་རིན་པོ་ཆེ་ལ། བདག་གི་སྲས་མོ་ལྷ་ལྕམ་འདི་ལས་དག་པ་ཞིག་ཀྱང་ཡིན་པ་འདྲ་སྟེ། བདག་རྒྱལ་པོ་ཁྲི་སྲོང་ལྡེའུ་བཙན་གྱི་བུ་མོར་སྐྱེས། ཁྱེད་ཡོ་པཎ་སངས་རྒྱས་དངོས་ལྟ་བུ་འདི་ཙམ་གྱི་ཞལ་མཇལ་བ་ཡིན། འོན་ཀྱང་ཚེ་ཐུང་ངུ་འདི་ལྟ་བུ་འབྱུང་བ་ཇི་ལྟར་ལགས། ཞུས་པས། སློབ་དཔོན་གྱི་ཞལ་ནས་ཁྱེད་ཀྱི་སྲས་མོ་ལྷ་ལྕམ་འདི་ལས་དག་པས་ཁྱེད་ཀྱི་སྲས་མོར་སྐྱེས་པ་ཅི་ཡང་མིན། སྔོན་པདྨ་བདག་དང་ཆོས་རྒྱལ་ཆེན་པོ་ཐོ་རྫི་ས་ཏྭ་རྣམས་རིགས་ངན་གྱི་བུ་གསུམ་དུ་སྐྱེས་ནས། མཆོད་རྟེན་ཆེན་པོ་བྱ་རུང་ཁ་ཤོར་བཞེངས་པའི་སྐབས་སུ་ལྷ་ལྕམ་འདི་སྦྲང་བུ་ཧེ་མ་ཞིག་གི་ལུས་བླངས་ནས་ཡོད་པས། རྒྱལ་པོ་ཉིད་ཀྱི་རྩེའུ་ཆུང་ལ་ཟོས་པའི་ཚེ། རྒྱལ་པོས་དྲན་མེད་དུ་ཕྲག་གིས་བྲབས་པས་སྦྲང་བུ་ཤི་བར་གྱུར་པ་དེའི་ཚེ་སྒྲོག་གི་ལན་ཆགས་ཀྱིས་ཁྱེད་ཀྱི་སྲས་མོར་སྐྱེས་པ་ཡིན་གསུངས། ཆོས་རྒྱལ་ཁྲི་སྲོང་ལྡེའུ་བཙན་རྗེ་བཙུན་འཇམ་དཔལ་དབྱངས་དངོས་ལ་དེ་ལྟ་བུའི་ལན་ཆགས་ཀྱི་བུ་རྒྱུད་ཡོད་ན་སྐྱེ་བོ་གཞན་ལ་ལྟ་ཡང་ཅི་སྨོས། དེས་ན་ད་ལྟ་རང་རེ་ཕ་མ་དང་བུ་རྒྱུད་དུ་འབྲེལ། བརྩེ་གདུང་དང་འདུན་པ་བསམ་གྱིས་མི་ཁྱབ་པ་བྱེད། དེ་ལ་སྡུག་བསྔལ་དང་མི་

འདོད་པ་བྱུང་ན་རང་ལ་བྱུང་བ་ལས་ཀྱང་ཐུ་བའི་མྱ་ངན་འབྱུང་བ་རྣམས་ཀྱང་། སྔོན་གཅིག་གིས་གཅིག་ལ་གནོད་པ་བསྐྱལ་བའི་ལན་ཆགས་འཁོར་བ་ཤ་སྟག་ཡིན། ད་ལྟར་རང་གི་དགྲ་རུ་གྱུར་པ་འདི་རྣམས་ཀྱང་ཚེ་རབས་སྔ་མ་རྣམས་སུ་ཕ་མ་མ་བྱས་པ་ནི་སུ་ཡང་མེད། ད་ལྟ་ཡང་དགྲ་ལ་དགྲར་བཟུང་ཡང་དེས་རང་ལ་གནོད་པའི་ངེས་པའང་མེད་དེ། རང་གིས་དགྲར་བཟུང་ཡང་དེས་ཚུར་ལ་དགྲར་མི་འཛིན་པ་དང་། དགྲར་འཛིན་ཀྱང་གནོད་པ་བསྐྱལ་མི་ནུས་པ་ཡང་ཡོད་ལ། འཕྲལ་དུ་གནོད་པ་བསྐྱལ་ཡང་དེའི་རྒྱུས་རང་གི་ཚེ་འདིའི་སྐད་གྲགས་འཕེལ་བ་དང་། དམ་པའི་ཆོས་དང་མཇལ་བ་སོགས་མཐར་ཐུག་གི་ཕན་བདེར་འགྱུར་བའང་ཡོད། རང་གི་ཐབས་ཀྱིས་དེའི་ཡིད་དང་བསྟུན་ནས་འཇམ་པོའི་ཚིག་གིས་ཤད་སྒྲུངས་ཏེ་མཐུན་པར་བྱས་ན། གཉེན་དུ་འགྱུར་བ་ལ་ཡང་ཆོགས་མེད། དེ་བཞིན་དུ་ད་ལྟ་གཉེན་དུ་བཟུང་བ་རྣམས་ཀྱང་བུ་ཚས་ཕ་མ་བསླུས་པ་དང་གསོད་པ་སོགས་བྱེད་པ་ཡང་ཡོད་ཅིང་། རང་དང་མི་མཐུན་པའི་འགལ་ཟླ་རྣམས་དང་བསྡོངས་ནས། དེའི་ཕྱོགས་བཟུང་སྟེ་ནོར་འཕྲོག་རྫོད་པ་འཁྲིད་པ་སོགས་དུ་མ་ཡོད་པ་དང་། གལ་ཏེ་མཐུན་པ་ལྟར་ཡོད་ན་ནི། དེ་ལ་སྡུག་བསྔལ་དང་མི་འདོད་པ་སོགས་བྱུང་ན་རང་ལ་བྱུང་བ་ལས་ཀྱང་ཐུ་བའི་སྡུག་བསྔལ་མྱོང་བ་དང་། གཉེན་དང་བུ་ཚ་ལ་སོགས་པ་དེ་དག་གི་ཆེད་དུ་སྡིག་ལྷབས་པོ་ཆེ་བསགས་ནས་ཕྱི་མ་དམྱལ་བར་འཕེན་པ་དང་། རང་གི་ཆོས་ཡང་དག་པ་ཞིག་བསྒྲུབ་པར་འདོད་ཀྱང་དེ་དག་གིས་བཤོལ་འདེབས་པ་དང་། ཕ་མ་དང་བུ་བརྒྱུད་སོགས་བློས་མ་ཐོང་བས་ཆོས་ཕྱི་བཤོལ་དུ་ལུས་ནས། བསྒྲུབ་ལོང་མི་འབྱུང་བ་སོགས་དགྲ་ལས་ཀྱང་ཐུ་བའི་གནོད་པ་སྐྱེལ་བ་ཡིན། དེ་བཞིན་དུ་སྐྱེ་བ་ཕྱི་མ་ཕན་ཆད་ལ་ཡང་ད་ལྟ་རང་གིས་དགྲར་འཛིན་པ་འདི་དག་རང་གི་བུ་རྒྱུད་དུ་སྐྱེ་བ་དང་། གཉེན་རྣམས་དགྲར་སྐྱེ་བ་སོགས་ངེས་པ་མེད། དེས་ན་དགྲ་གཉེན་གྱི་སྣང་བ་སྐད་ཅིག་མ་འདི་ལ་བདེན་པར་བཟུང་ནས་ཆགས་སྡང་གིས་

ལས་ངན་བསགས། རང་ཉིད་ངན་སོང་གི་གཏིང་རྫ་བྱེད་པ་ཞིག་བྱས་པ་ལ་དགོས་པ་ཅི་ཡོད། དེས་ན་རང་གིས་མཐའ་ཡས་པའི་སེམས་ཅན་ཐམས་ཅད་ལ་ཕ་མ་དང་བུ་ཚའི་འདུ་ཤེས་ཉེ་བར་བཞག་སྟེ། སྔོན་གྱི་དམ་པ་གོང་མའི་རྣམ་ཐར་བཞིན་དགྲ་གཉེན་མཉམ་པ་ཉིད་དུ་བལྟ་བར་བྱའོ། །སྐམ་དུ་བསམ་ཞིང་། དང་པོ་རང་གི་ཡིད་ལ་ཤིན་ཏུ་མི་དགའ་ཞིང་ཁོང་ཁྲོ་དང་ཞེ་སྡང་སྐྱེ་བའི་ཡུལ་རྣམས་ལ་ཐབས་དུ་མའི་སྒོ་ནས་ཁོང་ཁྲོ་དང་ཞེ་སྡང་མི་སྐྱེ་བའི་ཚུལ་ལ་བློ་སྦྱངས་ནས། རང་བཞིན་གྱི་མི་ཕན་གནོད་གང་ཡང་མེད་པའི་བར་མ་རྣམས་དང་སྒོམས་པར་བྱ། དེ་ནས་བར་མ་རྣམས་ཀྱང་ཚེ་རབས་ཐོག་མ་མེད་པའི་དུས་ནས་རང་གི་ཕ་མ་བྱས་པ་ལ་གྲངས་ཀྱིས་མི་ཆོད་པ་སོགས་ལ་བསམས་ནས། ད་ལྟ་སྐྱེ་བ་འདིའི་ཕ་མ་དངོས་དང་འདྲ་བར་བརྩེ་གདུང་གི་བློ་མ་སྐྱེས་བར་དུ་བློ་སྦྱང་ཞིང་བསྒོམ། མཐར་དགྲ་གཉེན་བར་མ་གསུམ་གང་རུང་དུ་སྣང་བའི་སེམས་ཅན་ཐམས་ཅད་རང་གི་ཚེ་འདིའི་ཕ་མ་དང་ཁྱད་མེད་དུ་སྙིང་རྗེའི་བློ་མ་སྐྱེས་བར་དུ་བསྒོམ། དེ་ལྟར་མ་བྱུང་ན་རང་བཞིན་དུ་དགྲ་གཉེན་གང་ལ་ཡང་སྙིང་རྗེ་དང་ཞེ་སྡང་སོགས་མི་སྐྱེ་བར་སྒོམས་པ་ཙམ་བྱུང་ཡང་། དེ་ནི་ཕན་མེད་གནོད་མེད་གཏི་མུག་བཏང་སྙོམས་པ་ཞེས་བྱ་སྟེ་བཏང་སྙོམས་ཚད་མེད་པའི་གོ་མི་ཆོད། དེས་ན་བཏང་སྙོམས་ཚད་མེད་པ་དྲང་སྲོང་གི་མགྲོན་འགྱེད་པ་ལྟ་བུ་ཞེས་བྱ་བ། དཔེར་ན་དྲང་སྲོང་རྣམས་མགྲོན་ནམ་སྟོན་མོ་འགྱེད་པའི་ཚེ་མཐོ་དམན་དྲག་ཞན་བཟང་ངན་རབ་འབྲིང་ཐམས་ཅད་ལ་ཁྱད་མེད་པར་འགྱེད་པ་དང་མཚུངས་པར། ནམ་མཁས་གར་ཁྱབ་ཀྱི་སེམས་ཅན་ཐམས་ཅད་སྙིང་རྗེ་ཆེན་པོའི་ཡུལ་དུ་མཉམ་ཞིང་སྒོམས་པ་ཞིག་དགོས་པ་ཡིན་པས། དེ་ལྟར་མ་བྱུང་གི་བར་དུ་བློ་སྦྱང་། དེ་ནས་བྱམས་པ་བསྒོམ་པ་ནི། དེ་ལྟར་བཏང་སྙོམས་ཚད་མེད་པར་བསྒོམས་པས་ཁམས་གསུམ་གྱི་སེམས་ཅན་ཐམས་ཅད་བྱམས་པ་ཆེན་པོའི་ཡུལ་དུ་སྒོམས་པར་བྱས་པ་དེ་དག་ཐམས་ཅད་ལ་དམིགས་ནས། དཔེར་ན་བུ་ཚ་

ཚུད་དུ་ཕ་མས་སྐྱོང་བ་ན། བུ་དེས་ཚུར་ལ་ལོག་སྐྱབ་བྱས་པ་དང་རང་གི་དཀའ་ཚེགས་ཐམས་ཅད་ཁྱད་དུ་བསད་དེ། བུ་དེ་བདེ་ཐབས་སྐྱིད་ཐབས་འཛམ་ཐབས་ཁོ་ན་ལ་ལུས་ངག་ཡིད་གསུམ་གྱི་སྒོ་ནས་བརྩོན་པ་ལྟར་དུ། སེམས་ཅན་དེ་དག་ཚེ་འདི་དང་ཕྱི་མར་བདེ་བ་དང་ལེགས་པའི་ཐབས་སྣ་ཚོགས་ལ་རང་གི་ལུས་ངག་ཡིད་གསུམ་གྱི་འབད་པ་འདོན། སེམས་ཅན་དེ་དག་ཐམས་ཅད་ཀྱང་རང་བདེ་ན་སྐྱིད་ན་སྙམ་དུ་རང་གི་བདེ་སྐྱིད་ཁོ་ན་དོན་དུ་གཉེར་བ་ལས། མི་བདེ་བ་དང་སྡུག་བསྔལ་འདོད་པ་ནི་སུ་ཡང་མེད། འོན་ཀྱང་བདེ་བའི་རྒྱུ་དགེ་བ་སྒྲུབ་མི་ཤེས་པར། མི་དགེ་བ་བཅུ་ལ་ལོངས་སྤྱོད་པས་ཞེ་འདོད་དང་ལག་ལེན་ཕྱིན་ཅི་ལོག་ཏུ་གྱུར་ནས་འདོད་པ་བདེ་བ་འདོད་ཀྱང་འོང་བ་སྡུག་བསྔལ་ཁོ་ན་འོང་བའི་སེམས་ཅན་འདི་ཐམས་ཅད། རང་རང་སོ་སོའི་འདོད་པ་ལྟར་བདེ་བ་དང་སྐྱིད་པ་ཁོ་ན་བྱུང་ན་ཅི་མ་རུང་སྙམ་དུ་ཡང་དང་ཡང་དུ་བསྒོམ་ཞིང་། མཐར་རང་ལ་བདེ་བ་འདོད་པ་ཅི་ལྟ་བར་སེམས་ཅན་ཐམས་ཅད་ལ་ཡང་བདེ་བ་ཁོ་ན་འདོད་པ་རང་དང་ཁྱད་མེད་དུ་མ་བྱུང་གི་བར་དུ་བསྒོམ། དེ་བཞིན་དུ་མདོ་སྡེ་དག་ལས། བྱམས་པའི་ལུས་ཀྱི་ལས་དང་། བྱམས་པའི་ངག་གི་ལས་དང་། བྱམས་པའི་ཡིད་ཀྱི་ལས་ཞེས་གསུངས་པ་ལྟར། ཁ་ཡིས་ཚིག་བཤད་ཀྱང་། ལག་གིས་བྱ་བ་བྱེད་ཀྱང་། སེམས་ཅན་གཞན་ལ་གནོད་པ་མེད་པར་དྲངས་ཤིང་བྱམས་པའི་ཚུལ་ཁོ་ན་བྱ། སྤྱོད་འཇུག་ལས། མིག་གིས་སེམས་ཅན་ལྟ་ན་ཡང་། །དྲང་ཞིང་བྱམས་པའི་ཚུལ་གྱིས་བལྟ། །ཞེས་གསུངས་པ་ལྟར་ཐ་ན་མིག་གིས་སེམས་ཅན་གཞན་ལ་ལྟ་ན་ཡང་། འཛུམ་ཞིང་ཡིད་དུ་འོང་བའི་ཚུལ་གྱིས་ལྟ་བ་ལས། སྡང་མིག་སོགས་ཁྲོ་བའི་ཚུལ་གྱིས་མི་བལྟ་སྟེ། སྔོན་མི་དཔོན་བཙན་པོ་གཞན་ལ་མིག་ལོག་ཁོ་ན་ལྟ་བ་ཞིག་ཡོད་པ། ཕྱིས་དུད་གཅིག་གི་མ་སྒྲིད་འོག་ཏུ་ལྷག་མ་ཟ་བའི་ཡི་དྭགས་སུ་སྐྱེས་པ་དང་། འཕགས་པའི་གང་ཟག་ཁྱད་པར་ཅན་ལ་མིག་ལོག་བལྟས་པས། དམྱལ་བར་སྐྱེས་པར་གསུངས་པ་སོགས་ཡོད་པས། ལུས་ཀྱི་སྤྱོད་

ལམ་ཐམས་ཅད་ཀྱང་འཛམ་ཞིང་ཡིད་དུ་འོང་བའི་སྒོ་ནས་གཞན་ལ་མི་གནོད་ཅིང་ཕན་གདགས་པ་ལྷུར་ལེན། ངག་གིས་ཚིག་གཅིག་སྨྲ་ཡང་། དེ་གཞན་ལ་ཁྲད་གསོད་སུན་ཕྱིན་ཟུར་ཟ་སོགས་མི་བྱ་བར། བདེན་པ་དང་སྙན་པར་སྨྲ། ཡིད་ཀྱི་སྒོ་ནས་ཀྱང་གཞན་ལ་ཕན་པར་བྱས་ན། དེའི་བཟང་ལན་འོང་དུ་རེ་བ་དང་། སྨྱོད་ལམ་དང་ངག་འཛམ་སྨྲ་བ་སོགས་ཀྱིས། གཞན་གྱིས་རང་ལ་བྱང་ཆུབ་སེམས་དཔར་མཐོང་ཐབས་ཀྱི་ཚུལ་འཆོས་བྱེད་པ་སོགས་མ་ཡིན་པར། སྙིང་ཐག་པ་ནས་གཞན་ལ་ཕན་པར་འདོད་པ་དང་། བདེ་བ་འདོད་པ་ཁོ་ན་བྱ། བདག་སྐྱེ་བ་ནས་སྐྱེ་བ། ཚེ་རབས་ནས་ཚེ་རབས་ཐམས་ཅད་དུ་སེམས་ཅན་གཞན་གྱི་ཐ་ན་བ་སྤུའི་ཁུང་བུ་གཅིག་ཙམ་ལ་གནོད་པ་བྱེད་པ་མ་གྱུར་ཅིག ཕན་འདོགས་པར་གྱུར་ཅིག་སྙམ་དུ་ཡང་ནས་ཡང་དུ་སྨོན་ལམ་གདབ། ཁྱད་པར་རང་ལ་བསྙེན་པའི་དུད་འགྲོ་དང་འཁོར་གཡོག་ཐ་ན་སྒོ་ཁྱི་ཡན་ཆད་ལ་རྡུང་རྡེག་དང་བཀོལ་སྤྱོད་ཀྱིས་ང་ཙང་མནར་བ་སོགས་མི་བྱ་བར། དུས་དང་རྣམ་པ་ཐམས་ཅད་དུ་ལུས་ངག་ཡིད་གསུམ་གྱི་སྒོ་ནས་བྱམས་པར་བྱ། ད་ལྟ་བྲན་ཁོལ་དང་སྒོ་ཁྱི་སོགས་སུ་སྐྱེས་ནས་ཐམས་ཅད་ཀྱིས་བརྡུང་བཙོས་དང་སྡང་བ་སོགས་བྱེད་པ་འདི་རྣམས་ཀྱང་སྔོན་དབང་ཡོད་རེར་སྐྱེས་སྐབས་གཞན་ལ་ཁྱད་གསོད་དང་། བརྡུང་བཙོས་སོགས་བྱས་པའི་ལས་འབྲས་སྨིན་པ་དང་ལན་ཆགས་འཁོར་བ་ཡིན། ད་ལྟ་རང་ལ་ཐོབ་ཐང་དང་ལོངས་སྤྱོད་ཡོད་པ་རྒྱུ་མཚན་དུ་བྱས་ནས་གཞན་ལ་བརྡུང་པར་བྱས་ན། སྐྱེ་བ་ཕྱི་མ་ལ་དེའི་ལན་ཆགས་འཁོར་ནས་རང་ཡང་གཞན་གྱི་བྲན་ཁོལ་སོགས་བྱེད་པར་འགྱུར་བ་ཡིན་པས་རང་ལས་དམན་པ་ལ་ལྷག་པར་ཡང་བྱམས་པར་བྱ། ཁྱད་པར་རང་གི་ཕ་མ་དང་གཞན་ཡུན་རིང་གི་ནད་པ་སོགས་ལ་སྒོ་གསུམ་གྱིས་ཕན་པར་བྱས་ཚད་ཕན་ཡོན་བསམ་གྱིས་མི་ཁྱབ་སྟེ། ཇོ་བོ་རྗེ་ལྷ་གཅིག་གི་ཞལ་ནས། ཐག་རིང་གི་མགྲོན་པོ། ཡུན་རིང་གི་ནད་པ། ཕ་མ་རྒས་འཁོགས་སོགས་ལ་བྱམས་པར་བྱས་ན་སྟོང་ཉིད་སྙིང་

ཇོའི་སྙིང་པོ་ཅན་བསྒོམ་པ་དང་འདྲ་བར་གསུངས། ཁྱད་པར་ཕ་མ་ནི་བུ་ལ་ལྷག་པར་བརྩེ་ཞིང་དྲིན་ཆེ་བས་རྒྱས་པའི་དུས་ཕ་མའི་ཞེ་གཅོད་པ་ནི་སྡིག་པ་ལྷག་པར་དུ་ལྕི་ཞིང་བཅོམ་ལྡན་འདས་ཀྱིས་ཀྱང་ཡུམ་གྱི་དྲིན་ལན་གསབ་ཕྱིར་སུམ་ཅུ་རྩ་གསུམ་གྱི་ལྷ་ཡུལ་དུ་བྱོན་ནས་ཆོས་གསུངས། བུས་ཕྲག་པ་གཡས་གཡོན་གཉིས་སུ་ཕ་མ་གཉིས་ཁུར་ཏེ་ས་ཆེན་པོ་ལ་བསྐོར་བ་བྱེད་པ་ཙམ་གྱི་ཞབས་ཏོག་བསྒྲུབས་ཀྱང་ཕ་མའི་དྲིན་ལན་མི་འཁོར་ཞིང་ཕ་མ་ཆོས་ལ་བཙུད་ན་དྲིན་ལན་འཁོར་བར་གསུངས་པས། དུས་རྟག་ཏུ་ལུས་དང་ངག་དང་ཡིད་ཀྱི་སྒོ་ནས་ཕ་མའི་ཞབས་ཏོག་བསྒྲུབ། བློ་ཆོས་ལ་འགྱུར་བའི་ཐབས་ལ་འབད། གཞན་ཡང་ཨོ་རྒྱན་ཆེན་པོས། རྒས་པ་ཡི་མུག་མ་འཇུག་བཀུར་སྟིས་སྐྱོངས། །ཞེས་གསུངས་པ་ལྟར་རང་ལས་རྒན་པ་ཐམས་ཅད་ལ་ལུས་ངག་གི་བྱམས་པ་བྱེད་ཅིང་ཡིད་ལ་ཅི་འཐད་ཀྱིས་སྐྱོངས། ལར་དིང་སང་རང་རེ་རྣམས་ནས་འཁོར་བའི་འདུག་ཚུལ་སྒྲུབ་པ་ལ་སེམས་ཅན་ལ་གནོད་མི་བྱེད་པའི་ཐབས་མི་འདུག ཟེར་ཀྱང་ཐབས་ཡོད་དེ། སྔོན་ལི་ཡུལ་དུ་དགེ་ཚུལ་གཉིས་ཀྱིས་འཕགས་པ་འཇམ་དཔལ་བསྒྲུབས་པས། འཇམ་དཔལ་གྱི་ཞལ་མཇལ་ཏེ། ང་དང་ཁྱེད་གཉིས་ལ་ལས་འབྲེལ་མེད། ཁྱེད་གཉིས་ཀྱི་ཚེ་རབས་ཀྱི་ལྷ་སྐལ་འཕགས་པ་སྤྱན་རས་གཟིགས་ཡིན། སྤྱན་རས་གཟིགས་དེ་ད་ལྟ་བོད་ན་རྒྱལ་པོ་བྱེད་ཅིང་བཞུགས་ཡོད་པས་དེར་སོང་ཞིག་གསུངས། ཁོང་གཉིས་བོད་དུ་འོང་བས་ལྷ་སའི་ལྕགས་རིའི་རྒྱབ་ན། མི་མང་པོ་བསད་པ་དང་བཙོན་དུ་བཟུང་བ་མཐོང་ནས་འདི་རྣམས་ཅི་ཡིན་དྲིས་པས། རྒྱལ་པོས་ཆད་པ་བཅད་པ་ཡིན་ཟེར། རྒྱལ་པོ་དེ་སྤྱན་རས་གཟིགས་མིན་པར་འདུག ངེད་གཉིས་ལ་ཡང་ཆད་པ་གཅོད་ལས་ཆེ་བས་བྲོས་པ་དྲག་སྙམ། ཁོང་གཉིས་བྲོས་འོང་བ་རྒྱལ་པོས་མཁྱེན་ནས་འབོད་མི་བཏང་ནས་མདུན་དུ་བོས་ཏེ། ཁྱེད་གཉིས་འཇིགས་མི་དགོས། བོད་དམུ་རྒོད་གདུལ་དཀའ་བས་ངས་ཆད་པས་བཅད་པའི་མི་བསད་པ་དང་གཏུབ་པ་སོགས་

སྤྲུལ་པ་བྱས་པ་ཡིན་གྱི། དངོས་སུ་ང་རང་གིས་སེམས་ཅན་གཅིག་གི་བ་སྤུའི་ཁུང་བུ་ཙམ་ལ་ཡང་གནོད་པ་བསྐྱལ་བ་མེད་གསུངས། ཁོང་བོད་ཁ་བ་ཅན་གྱི་རྒྱལ་སྲིད་སྐྱོང་ཞིང་ཕྱོགས་ཀྱི་རྒྱལ་པོ་སྡེ་བཞི་མངའ་འོག་ཏུ་བསྡུས། མཐའ་ཡི་དམག་དཔུང་ཐམས་ཅད་བཏུལ་ཏེ་ཕྱོགས་ཀྱི་སོ་ཁ་བསྲུངས། དགྲ་འདུལ་གཉེན་སྐྱོང་གི་མཛད་པ་རྒྱ་ཆེན་པོ་དེ་ལྟ་བུ་མཛད་དགོས་ཀྱང་སེམས་ཅན་གཅིག་གི་བ་སྤུའི་ཁུང་བུ་ལ་ཡང་གནོད་པ་མ་བསྐྱལ་ན། ད་ལྟ་རང་རེའི་གཞིས་ངན་འབུ་ཚང་ལྟ་བུ་འདི་འཛིན་པ་ལ་སེམས་ཅན་ལ་གནོད་པ་མ་བསྐྱལ་བའི་ཐབས་མེད་པ་ག་ལ་ཡིན། སེམས་ཅན་ལ་གནོད་པ་བསྐྱལ་བས་གནོད་ལན་རང་ལ་འཁོར་ནས་ཚེ་འདི་དང་ཕྱི་མར་སྡུག་བསྔལ་མུ་མཐའ་མེད་པ་ལ་སྤྱོད་པའི་རྒྱུ་བྱེད་པ་ལས། ཚེ་འདི་ཙམ་དུ་ཡང་ཕན་པ་མི་འགྲུབ་སྟེ། མི་བསད་པ་ལ་སྟོང་དང་། རྐུ་བྱས་པ་ལ་འཇལ་སྤྱོད་པ་སོགས་རང་གི་ནོར་དང་ལོངས་སྤྱོད་ཆུད་གཟན་པ་མ་གཏོགས། དེ་དག་ལ་བརྟེན་ནས་ལོངས་སྤྱོད་འགྲུབ་པ་ནི་སུ་ཡང་མི་འདུག་པའི་ཕྱིར་རོ། །

དེས་ན་བྱམས་པ་ཚད་མེད་པ་བྱ་མས་ཕྱིའུ་གསོ་བ་ལྟ་བུ་ཞེས་བྱ་སྟེ། བྱ་མས་ཕྱིའུ་གསོ་བའི་ཚེ། དང་པོ་ཚང་འཇམ་ཞིང་བདེ་བར་བཅས་དེ་ནས་ཀྱང་གཤོག་པས་བཀབ། ཏྲོད་ལ་བཅར། སྤྱོད་ལམ་ཐམས་ཅད་འཇམ་པོའི་སྒོ་ནས་ཕྱིའུ་དེ་འཕུར་མ་ཤོང་གི་བར་དུ་སྐྱོང་བ་དང་འདྲ་བར། ཁམས་གསུམ་གྱི་སེམས་ཅན་ཐམས་ཅད་ལ་ལུས་ངག་ཡིད་གསུམ་གྱི་སྒོ་ནས་བྱམས་པར་བྱ་བ་ལ་བསླབ་པར་བྱའོ། །

དེ་ནས་སྙིང་རྗེ་བསྒོམ་པ་ནི། སྡུག་བསྔལ་དྲག་པོས་མནར་བའི་སེམས་ཅན་ཞིག་ལ་དམིགས་ནས་དེ་སྡུག་བསྔལ་གྱི་གནས་དེ་དང་བྲལ་བར་འདོད་པ་ཡིན། གང་ཞིག་ནག་ཅན་བཙོན་དོང་དུ་བཅུག་པ་དེ་ཉིད་མཐར་གསོད་དུ་ཉེ་བའམ། ཤན་པའི་མདུན་སར་དུད་འགྲོ་འཆི་ཁམ་ལྟ་བུའི་སེམས་ཅན་སྡུག་བསྔལ་དྲག

པོས་གདུང་བ་ཞིག་བློ་ཡུལ་དུ་བསམས་ལ། དེ་ལ་བརྩེ་བའི་ཡུལ་མ་དང་བུའི་འདུ་ཤེས་བསྐྱེད། ཅེས་གསུངས་པས། དཔེར་ན་ནག་ཅན་གྱི་བཙོན་པ་ཞིག་རྒྱལ་པོས་གསོད་སར་ཁྲིད་པའམ། བཤའ་ལུག་ཤན་པས་བཟུང་སྟེ་བཀྲིག་བཞིན་པ་སོགས་ལ་བལྟས་ནས། སེམས་ཅན་གཞན་དེ་དང་དེ་ཡིན་སྙམ་པའི་བློ་དེ་བོར་ནས། དེ་ང་རང་ཡིན་ན་ཇི་ལྟར་བྱེད་སྙམ་དུ་ཕ་རོལ་སྡུག་བསྔལ་མྱོང་བའི་སེམས་ཅན་དེ་ལ་རང་ཉིད་ཡིན་པའི་བློ་བཞག ད་ཅི་བྱེད་བྲོས་ས་དང་གབ་ས། སྐྱབས་དང་སྐྱོབ་པ་ནི་མེད། འབྲོས་ནི་མི་ནུས། འཕུར་ནི་མི་ཤེས། ཤེད་དང་དཔུང་གིས་རྒོལ་ནི་མི་ཐུབ། ད་ལྟ་སྐད་ཅིག་མ་འདིའི་བར་ལ་ཚེ་འདིའི་སྣང་བ་ཐམས་ཅད་དང་འབྲལ། ཐ་ན་གཅེས་པར་བསྐྱངས་པའི་ལུས་ཀྱང་ཤུལ་དུ་བཞག་ནས། ཚེ་ཕྱི་མའི་ལམ་པོ་ཆེར་འགྲོ་དགོས་པ་འདི་ཡ་རེ་ང་སྙམ་པ་ལ་སོགས་དེ་དག་གི་སྡུག་བསྔལ་རང་ཐོག་ཏུ་བླངས་ནས་བློ་སྦྱང་། ཡང་ན་བཤའ་ལུག་གསོད་སར་ཁྲིད་པ་ལྟ་བུ་ལ་བལྟས་ནས། འདི་ངའི་ཨ་མ་རྒན་མོ་དེ་ཡིན་ན་ཇི་ལྟར་བྱེད་སྙམ་དུ་དེ་ལ་ལུག་ཡིན་པའི་བློ་དེ་བོར་ནས། སྙིང་ཐག་པ་ནས་རང་གི་མ་རྒན་དེ་ཡིན་པར་བསྒོམ། ངའི་མ་རྒན་མོ་དེ་ཉེས་པ་ཙུང་ཟད་ཀྱང་མེད་པར་གཞན་གྱིས་འདི་ལྟར་གསོད་ན་ད་ཅི་བྱེད། ངའི་མ་རྒན་ལ་སྡུག་བསྔལ་ཅི་ལྟ་བུ་ཞིག་ཡོད་སྙམ་དུ་སྙིང་ཐག་པ་ནས་རང་རྒྱུད་ལ་བླང་། དེ་མ་རྒན་མོ་དེ་འཕྲལ་དུ་ཤན་པས་གསོད་པའི་སྡུག་བསྔལ་ལས་ཐར་འདོད་དང་སྙིང་བརྩེ་དུང་དུང་པ་སྐྱེས་ཙ་ན་འདི་སྙམ་དུ། ད་ལྟ་སྡུག་བསྔལ་མྱོང་བ་འདི་རང་གི་ད་ལྟའི་ཕ་མ་མིན་ཀྱང་། སྐྱེ་བ་ནས་ཚེ་རབས་ཀྱི་ཕ་མ་ནི་ངེས་པར་ཡིན། ཕ་མར་གྱུར་ནས་ད་ལྟའི་ཕ་མ་བཞིན་དུ་དྲིན་ཆེན་པོས་བསྐྱངས་པ་ཤ་སྟག་ཡིན་པས་ད་ལྟའི་ཕ་མ་དང་ཁྱད་མི་འདུག འདི་ལྟ་བུའི་སྡུག་བསྔལ་དྲག་པོས་མནར་བའི་ཕ་མ་འདི་སྙིང་རེ་རྗེ། འདི་ད་ལྟ་ཉིད་དུ་མྱུར་བ་ཉིད་དུ་སྐད་ཅིག་ཉིད་དུ་སྡུག་བསྔལ་འདི་ལས་ཐར་ན་ཅི་མ་རུང་སྙམ་དུ་སྙིང་རྗེ་དྲག་པོ་ཤས་མི་བཟོད་པ་མཆི་མ་ཐོན་ཐོན་དུ་བསྒོམ།

དེར་སྙིང་རྗེ་སྐྱེ་བར་འདུག་ན། སྡུག་བསྔལ་འདི་ལྟ་བུ་མྱོང་བ་ནི། སྔོན་མི་དགེ་བ་བྱས་པའི་ལས་འབྲས་ཡིན། ད་ལྟ་མི་དགེ་བའི་ལས་ལ་སྤྱོད་པ་རྣམས་ཀྱང་ཕྱི་ནས་འདི་ལྟ་བུའི་སྡུག་བསྔལ་མྱོང་བར་ངེས་པས་སྙིང་རེ་རྗེ་སྙམ་དུ། སྲོག་གཅོད་བྱེད་པ་སོགས་སྡུག་བསྔལ་གྱི་རྒྱུ་བསྒྲུབ་པ་རྣམས་ལ་དམིགས་ནས་སྙིང་རྗེ་སྒོམ། དེ་ནས་དམྱལ་བ་དང་ཡི་དྭགས་སོགས་སུ་སྐྱེས་པའི་སེམས་ཅན་རྣམས་ཀྱི་སྡུག་བསྔལ་ལ་དམིགས་ནས། དེ་དག་རང་ཡིན་པ་དང་། ཕ་མ་ཡིན་པ་སོགས་ཀྱི་བློ་བཞག་སྟེ། སྙིང་རྗེ་བསྒོམ་པ་ལ་འབད། མཐར་ཁམས་གསུམ་གྱི་སེམས་ཅན་འདི་ཐམས་ཅད། ནམ་མཁས་གར་ཁྱབ་སེམས་ཅན་གྱིས་ཁྱབ་ཅིང་། སེམས་ཅན་གྱིས་གར་ཁྱབ་ལས་ངན་དང་སྡུག་བསྔལ་གྱིས་ཁྱབ་པས། ལས་ངན་དང་སྡུག་བསྔལ་ཁོ་ན་ལ་སྤྱོད་པའི་སེམས་ཅན་འདི་རྣམས་སྙིང་རེ་རྗེ། འདི་ཐམས་ཅད་རིགས་དྲུག་སོ་སོའི་ལས་སྣང་སྡུག་བསྔལ་བག་ཆགས་ཐམས་ཅད་དང་བྲལ་ནས། གཏན་གྱི་བདེ་བ་རྫོགས་པའི་སངས་རྒྱས་ཀྱི་གོ་འཕང་ཐོབ་ན་ཅི་མ་རུང་སྙམ་དུ་སྙིང་ཐག་པ་ནས་བསྒོམ། དེ་ལྟར་སྙིང་རྗེ་བསྒོམ་པ་དེ་ཡང་དང་པོའི་གནས་སྐབས་སུ་སྡུག་བསྔལ་གྱིས་ཉམ་ཐག་པའི་སེམས་ཅན་གང་རུང་རེ་རེ་དམིགས་ཡུལ་དུ་བྱས་ནས་དེ་ཁོ་ན་ལ་བསྒོམ། དེ་ནས་རིམ་པ་བཞིན་དུ་བློ་སྦྱང་སྟེ། མཐར་སེམས་ཅན་ཐམས་ཅད་ལ་སྤྱི་ཁྱབ་ཏུ་བསྒོམ་པ་སོགས་མ་བྱས་ནས་སྙིང་རྗེ་བསྒོམ་པ་དེ་ཡང་སྐྱེ་འབྱམས་ཀོ་ཡུལ་ལྟ་བུར་ཤོར་ནས་ཇི་བཞིན་པ་མི་འོང་། ཁྱད་པར་རང་ལ་བསྟེན་པའི་ཕྱུགས་ལུག་དང་ཁྱིར་རྟ་སོགས་ཀྱི་སྡུག་བསྔལ་དང་དཀའ་ལས་ལ་བལྟས་ནས་སྙིང་རྗེ་བསྒོམ། དེ་ཡང་ད་ལྟ་རང་རེ་རྣམས་ནས་རང་གི་སྒོ་ཕྱུགས་ཀྱི་དུད་འགྲོ་རྣམས་ལ་སྣ་འབིགས་པ་དང་། བྲ་གཅོད་པ། སྤུ་བཏོག་པ། གསོན་ཁྲག་འཐེན་པ་སོགས་དམྱལ་བ་དང་འདྲ་བའི་སྡུག་བསྔལ་དུ་མ་གཏད་ནས། དེ་དག་ལ་སྡུག་བསྔལ་ཡོད་སྙམ་པའི་སྣང་བ་ཙམ་ཡང་མི་དེ་བྱེད་པར་འདུག་པ་འདི། ལེགས་པར་བརྟགས་ནས་སྙིང་རྗེ་མ་བསྒོམས་པའི་སྐྱོན་ཡིན།

ལེགས་པར་བརྟགས་ན་ད་ལྟ་རང་གི་སྐྲ་ཉག་མ་གཅིག་འཐེན་ནས་བཏོག་ན་ཨ་ཚ་ཚ་ཟེར་ཞིང་བཟོད་མི་ནུས་པ་ལྟ་བུའི་ཟུག་རྒྱ་ཡོད། དེ་བཞིན་དུ་གནག་ཕྱུགས་རྣམས་ལུས་ཀྱི་རྩིད་པ་ཅི་ཡོད་ཐམས་ཅད་གཙུས་ཕུར་བརྒྱབ་ནས་ཤེད་ཀྱིས་འཐེན། ཤུལ་དམར་རྗེན་དུ་ཕུད། སྤུ་ཉག་མ་རེ་རེའི་ཤུལ་ནས་ཁྲག་ཐིགས་པ་རེ་འབབས། ན་ཚ་དང་སྡུག་བསྔལ་མ་བཟོད་པར་འཁུན་བུ་བྱེད་ཀྱང་དེ་ལ་སྡུག་བསྔལ་ཡོད་སྙམ་པ་མི་བྱེད་པར། རང་གི་ལག་ངོར་ཆུ་བུར་དུ་སོང་བ་ལ་མི་བཟོད་པ་སྐྱེ། དེ་བཞིན་དུ་རྟ་ཁལ་སོགས་བཞོན་ནས་འགྲོ་བའི་ཚེ་ཡང་རང་གི་འཕོངས་ན་ནས་སྒ་ཐོག་ཏུ་སྡོད་མི་ནུས་པར་བཟུར་ཏེ་སྡོད་དགོས་སྐབས་ཀྱང་། རྟ་ཁལ་དེ་ལ་ནི་དཀའ་ལས་སམ་སྡུག་བསྔལ་ཙུང་ཟད་ཀྱང་ཡོད་སྙམ་པ་མི་བྱེད། ཅིས་ཀྱང་འགྲོ་མི་ནུས་པར་རྒུ་ཐུག་གོམ་རྟགས་པའི་སྐབས། ད་རུང་ཡང་འདིས་ངན་གཤིས་བྱས་ནས་མི་འགྲོ་བ་ཡིན་སྙམ་སྟེ། ཞེ་སྡང་ལངས་ནས་རྗེག་རྫོག་བྱེད་པ་ལས་དེ་ལ་ཤ་ཚ་སྐད་ཅིག་ཀྱང་མི་སྐྱེ།།ཁྱད་པར་བཤའ་ལུག་སོགས་གསོད་པའི་སྐབས། དང་པོ་མང་པོའི་ཁྲུ་ནས་བཟུང་བའི་ཚེ། དེ་ལ་འཇིགས་སྐྲག་གི་སྣང་བ་བསམ་གྱིས་མི་ཁྱབ་པ་ཡོད་པས། དང་པོ་གང་དུ་བཟུང་ས་དེར་ཤ་ལ་ཁྲག་ཚོམ་འབྱུང་། དེ་རྗེས་ལུས་གནམ་ས་བསྒྱུར་ཡན་ལག་འབྲེང་པས་བཀྱིག མཆུ་ཐ་གུས་དཀྲིས། དབུགས་ཕྱི་ནང་གི་རྒྱུ་འགྲུལ་བཅད་དེ་གནད་གཅོད་ཀྱི་སྡུག་བསྔལ་དངོས་དྲག་པོ་མྱོང་བའི་སྐབས་སུ་ཡང་ད་དུང་ཙུང་ཟད་འཆི་བ་འགོར་ན་ཤན་པ་ལས་ངན་ཕལ་ཆེར་ཞེ་སྡང་ལངས་ནས་འདི་ལ་འཆི་རྒྱུ་མི་འདུག་ཟེར་ཏེ་རྟུང་རྗེག་སོགས་བྱེད། ཤི་མ་ཐག་དེའི་པགས་པ་བཤུས་ནང་ལྟོ་ཕྱུང་། དེ་མ་ཐག་གནག་ཕྱུགས་གཞན་ཞིག་ལ་ཁོང་ཁྲག་བཏོན་ཏེ། དེ་ཡང་ལུས་གོམ་ཚུགས་མི་ཐུབ་པར་འཁྱོར་རོ་རོ་འགྲོ་བ་ཞིག་བྱས། ཤི་ཤ་དང་གསོན་ཁྲག་གཉིས་བསྲེས་ནས་སྲར་བསད་པ་དེའི་ནང་ལྟོ་གཡོས་ནས་ཟ་ཕོད་པ་འདི་ལས་ཀྱི་སྨིན་པོ་དངོས་སུ་འདུག ད་ལེགས་པར་བསམ་ན་དུད་འགྲོ་དེ་དག་རྣམས་ཀྱི་སྡུག་བསྔལ་ལ་

བལྟས་ནས། དེ་རང་ཡིན་པར་བསྒོམས་ན་ཅི་འདྲ་ཞིག་འདུག རང་གི་མཆུ་ལག་པས་བཀབ་ནས་དབུགས་བཀགས་ཏེ་ཙུང་ཟད་སྡོད་དང་། དེ་ལ་ན་ཚ་དང་འཇིགས་སྐྲག་ཅི་ལྟ་བུ་ཞིག་འདུག དེ་ལྟར་ལེགས་པར་བརྟགས་ནས་དེ་ལྟ་བུའི་སྡུག་བསྔལ་དྲག་པོ་ལོ་ཁོར་མོར་སྤྱོད་པའི་སེམས་ཅན་དེ་ཐམས་ཅད་སློང་རེ་རྗེ། དེ་ཐམས་ཅད་སྡུག་བསྔལ་གྱི་རྣམ་གྲངས་དེ་དག་ལས་སྐྱོབ་པའི་ནུས་པ་བདག་ལ་ཡོད་ན་ཅི་མ་རུང་སྙམ་དུ་ཡང་དང་ཡང་དུ་བསྒོམ། ཁྱད་པར་བྱམས་པ་དང་སྙིང་རྗེའི་མངའ་བདག་བླ་མ་ སེར་མོ་བ་རྣམས་ཡིན་དགོས་པ་ལས། བླ་མ་དང་སེར་མོ་བ་རྣམས་ལ་བྱམས་པ་དང་སྙིང་རྗེ་སྨྲ་ཙམ་ཡང་མེད་པར་སེམས་ཅན་སྡུག་ལ་གཏད་པ་ཁྲིམ་པ་རྣམས་ལས་ཀྱང་ཐུ་བ་འདི་སངས་རྒྱས་ཀྱི་བསྟན་པ་མཐའ་ལ་ཐུག་སྟེ། ཤ་ཟ་དང་སྲིན་པོ་མཆོད་གནས་སུ་བྱེད་པའི་སྐབས་ལ་བབས་པ་ཡིན། སྔོན་བདག་ཅན་གི་སྟོན་པ་ཤཱཀྱ་ཐུབ་པ་ཡང་འཁོར་ལོས་སྒྱུར་བའི་རྒྱལ་སྲིད་མཆིལ་མའི་ཐལ་བ་བཞིན་དུ་བོར་ཏེ་རབ་ཏུ་བྱུང་། འཁོར་དགྲ་བཅོམ་པའི་ཚོགས་དང་བཅས་པ་ཐམས་ཅད་ལྷུང་བཟེད་དང་འཁར་གསིལ་བསྣམས་ཏེ་ཞབས་ཐང་དུ་བསོད་སྙོམས་ལ་ཕེབས་པ་ལས། རྟ་ཁལ་དང་དྲེའུ་སོགས་ཡོད་པ་ལྟ་ཅི། བཅོམ་ལྡན་འདས་ཉིད་ལ་ཆིབས་པ་ཞིག་ཀྱང་ཆིབས་རྒྱུ་མེད་པ་དེ། སེམས་ཅན་སྡུག་ལ་གཏད་པ་སངས་རྒྱས་པའི་ཆོས་ལུགས་མིན་པར་དགོངས་ནས་མ་ཆིབས་པ་ཡིན་གྱི། བཅོམ་ལྡན་འདས་ཐབས་རྟུགས་ནས་རྟ་རྒན་ཞིག་ཆིབས་རྒྱུ་མ་རྙེད་པ་ག་ལ་ཡིན། ད་ལྟ་རང་རེའི་སེར་མོ་བ་རྣམས་གྲོང་ཆོག་སོགས་ལ་འགྲོན་སྐབས་གཡག་རྒན་རེའི་སྣ་ཨ་ལུང་དུ་ཐུག་ནས་དེར་ཐ་མའི་ཐག་པ་རྩུབ་ངེས་པ་རེ་དྲངས། དེའི་རྒྱབ་ཏུ་བཞོན་ནས་ཁྱུག་གཉིས་ཀྱིས་ཤེད་ཕྱུང་སྟེ་ཐག་པ་འཐེན་རེས་ཀྱིས་སྣ་ནང་དུ་དྲུང་པས་གཡག་རྒན་སྣའི་ན་ཚ་མ་བཟོད་པར་སྐོར་ལིང་བྱེད་པ་ན་ཤེད་ཕྱུང་སྟེ་ལྕག་རྒྱུན་གྱིས་བྲབ། དེར་འཕོངས་ལ་ལྕག་གིས་བྲབས་པའི་ན་ཚ་མ་བཟོད་པར་རྒྱུག་ཙ་ན་ཡང་སྣ་ནས་འཐེན།

ཡང་སྔའི་ན་ཚ་མ་བཟོད་པར་བསྟད་ཅ་ན་ལྕུག་གིས་བྲབ། དེ་གཉིས་རེས་མོས་ཀྱིས་སོང་སོང་བས་ལུས་ངལ་དུབ་དང་སྡུག་བསྔལ་དུ་གྱུར། སྲུ་ཞག་མ་རེ་ནས་རྟུལ་ཐིགས་པ་རེ་འབབས། ལྟོ་དོས་ཕྱུར་ཙམ་དྲུད་དེ་འགྲོ་མི་ནུས་པར་དབུགས་དར་སྔ་འདོན་པའི་ཚེ། ད་དུང་ཡང་འདི་ལེགས་པར་མི་འགྲོ་བ་ཅི་ཡིན་ནམ་སྙམ་ཞེ་སྡང་ལངས་ནས་ལྕུག་ཡུ་དབྱུག་པ་དེས་འཕོངས་ལ་བྲབ། དེ་ཡང་ཞེ་སྡང་གིས་ཤེད་ཕྱུང་ཆེས་བས་དབྱུག་པ་དེ་དུམ་བུ་གཉིས་བྱས། ཆག་འཕྲོ་དེ་སྐེད་གསེབ་ཏུ་དྲངས། རྡོ་མདུང་ཞིག་བླངས། སྒ་ཐོག་ནས་ཕྱིར་ལ་འཕོར་ཏེ་གཡག་རྒན་གྱི་མཆང་ར་ལ་བརྡུང་གིན་འགྲོ་བ་དེ་སྙིང་རྗེ་ཅུང་ཟད་ཀྱང་རྒྱུད་ལ་མ་སྐྱེས་པས་ལན། ད་དེ་ཙ་ན་གཡག་རྒན་དེ་ལ་རང་ཡིན་པའི་བློ་ཞིག བཞག་རང་གི་རྒྱབ་ཏུ་མི་ཐེག་པའི་ཁུར་ཆེན་པོ་ཞིག་བསྐུར། སྣ་ཐག་པས་དྲངས། འཕོངས་ལྕུག་གིས་བྲབ། རྟིབ་མ་ཡོབ་ཆེན་གྱིས་བཙམ་པས་མདུན་རྒྱབ་དང་གཡས་གཡོན་ཐམས་ཅད་ན་ཟུག་ཚ་ཟུག་གི་ངང་ལ་སྐད་ཅིག་ཙམ་ཡང་ངལ་གསོ་ལོང་མེད་པར་ཀྱིན་མཐོན་པོ་ལ་འཛེགས། ཐུར་གཟར་མོ་ལ་བབས། ཆུ་ཆེན་པོ་ལ་འབོག་ཐང་ཆེན་པོ་ལ་བགྲོད། ཟས་ཁམ་གཅིག་ཀྱང་ཟ་ལོང་མེད་པར་ད་ནངས་ནམ་ལངས་ནས་དོ་དགོང་ཉི་མ་དམར་ཐག་མ་ཆད་བར་མི་འདོད་བཞིན་དུ་འགྲོ་དགོས་བྱུང་ན། དེ་ལ་དཀའ་ཚེགས་དང་ངལ་དུབ་ཅི་ལྟ་བུ་ཞིག་ཡོད། ན་ཚ་དང་བཀྲེས་སྐོམ་ཅི་ལྟ་བུ་ཞིག་མྱོང་སྙམ་ནས་སྡུག་བསྔལ་རང་ཐོག་ཏུ་བླངས་ན། སྙིང་རྗེ་དྲག་པོ་ཤས་མི་བཟོད་པ་ཞིག་མི་སྐྱེ་བའི་ཐབས་མེད། དེ་བཞིན་དུ་ཕྱིར་བླ་མ་དང་སེར་མོ་བ་ཞེས་བྱ་བ་རིས་མེད་པའི་སེམས་ཅན་ཐམས་ཅད་ཀྱི་སྐྱབས་དང་སྐྱོབ་པ་མགོན་དང་དཔུང་གཉེན་ཡིན་པ་ལ། རང་ལ་བཟའ་བཏུང་དང་འབུལ་བ་བྱེད་པའི་ཡོན་བདག་དེ་རང་ཕྱོགས་སུ་བཟུང་ནས་དེ་ལ་སྲུངས་ཤིག་དང་སྐྱོབས་ཤིག་ཟེར་ཞིང་དབང་སྐུར་དང་བྱིན་རླབས་བྱེད། ལས་ངན་གྱི་རྒྱུས་འཕངས་པས་ལུས་ངན་བླངས་པའི་ཡི་དྭགས་དང་འབྱུང་པོ་གནོད་བྱེད་ཀྱི་འདྲེ་

དེ་གཞན་ཕྱོགས་སུ་བཟུང་། དེ་ལ་ཞེ་སྡང་སྐྱེས་ཏེ་སོད་སོད་དང་རྒྱོབ་རྒྱོབ་ཟེར་ནས་རྡུང་རྡེག་གི་སྤྱངས་ཀ་བྱེད། ལྷ་འདྲེ་གནོད་བྱེད་དེ་གསོད་རྒྱུ་དང་རྡུང་རྒྱུ་ཞིག་ཏུ་འཛིན་པ་དེ་ཡང་རང་རྒྱུད་ཆགས་སྡང་གི་དབང་དུ་ཤོར་ནས་མཉམ་པའི་སྙིང་རྗེ་ཆེན་པོ་མ་སྐྱེས་པས་ལན། དེ་ལེགས་པར་བརྟགས་ན་ཡོན་བདག་ལས་ཀྱང་གནོད་བྱེད་དེ་སྙིང་རྗེ་སྟེ། གནོད་བྱེད་ཀྱི་ལྷ་འདྲེ་དེ་ལས་ངན་གྱི་རྒྱུས་འཕངས། ལུས་ངན་ཡི་དྭགས་སུ་སྐྱེས་པས། ན་ཚ་དང་འཇིགས་སྐྲག་གི་སྡུང་བ་དཔག་ཏུ་མེད། རྟག་ཏུ་བཀྲེས་སྐོམ་དང་ངལ་དུབ་ཁོ་ན་ལ་སྤྱོད། སྡུང་བ་ཐམས་ཅད་དོགས་པར་འཆར་རྒྱུད་ཞེ་སྡང་དང་གདུག་རྩུབ་ཆེ་བས་ཤི་མ་ཐག་དམྱལ་བར་འགྲོ་བ་མང་བས་དེ་ལས་སྙིང་རྗེ་བ་སུ་ཡོད། ཡོན་བདག་དེ་ལ་ན་ཚ་དང་ཟུག་ཟུ་སྐྱེས་ཀྱང་དེས་ལས་ངན་འཛད་པ་མ་གཏོགས་ལས་ངན་མི་སོག གནོད་བྱེད་དེས་བསམ་ངན་གྱིས་གཞན་ལ་གནོད་པ་བྱས་པས་ལས་ངན་གྱི་རྒྱུས་ངན་སོང་གི་གཏིང་དུ་འཕེན་པ་ཡིན། དེས་ན་རྒྱལ་བ་ཐབས་མཁས་ལ་ཐུགས་རྗེ་ཆེ་བས་དྲག་ཤུལ་དང་མངོན་སྤྱོད་ཀྱི་ལས་ཀྱིས་ལྷ་འདྲེ་བསྐྲད་པ་དང་བསྡིགས་པ་སོགས་གསུངས་པ་དེ་ཡང་། ལྷ་འདྲེ་དེ་ཁོ་རང་སྙིང་རྗེ་བས། དཔེར་ན་བྱིས་པ་ཆུང་ངུ་ཉན་དུ་མ་བཏུབ་པ་ལ་མས་རྡུང་རྡེག་བྱེད་པ་ལྟ་བུ་དང་། སྡིག་པ་དང་མི་དགེ་བ་ཁོ་ན་ལ་ལོངས་སྤྱོད་པའི་སེམས་ཅན་དེ་ལས་ངན་གྱི་རྒྱུན་བཅད་ནས་རྣམ་ཤེས་དག་པའི་ཞིང་དུ་འཕེན་ནུས་ན་བསྒྲལ་ལས་བྱེད་པ་སོགས་གནང་བ་ཡིན་གྱི། ཡོན་བདག་དང་གྲྭ་འཁོར་སོགས་རང་ཕྱོགས་སུ་བཟུང་ནས་དེ་ལ་ཆགས། ལྷ་འདྲེ་དང་གནོད་བྱེད་དེ་གཞན་ཕྱོགས་སུ་བཟུང་ནས་དེ་ལ་སྡང་། ཆགས་སྡང་གི་དབང་གིས་རང་ཕྱོགས་སྐྱོང་བ་དང་། གཞན་ཕྱོགས་རྡུང་བའི་ཐབས་རྒྱལ་བས་གསུངས་པ་ག་ལ་ཡིན། དེ་ལྟ་བུའི་ཆགས་སྡང་གི་བློ་དང་ལྡན་ཕྱིན་ལྷ་འདྲེ་ཡིད་ཀྱི་གཟུགས་ཅན་དེ་དག་བསྐྲད་པ་དང་བརྡུངས་པ་སོགས་བྱས་ཀྱང་ཉན་དུ་མི་བཏུབ་ཅིང་སླར་རང་ལ་གནོད་པ་བྱེད། ཆགས་སྡང་གི་བློ་ཅན་

ལྟ་ཅི། ལྷ་འདྲེ་རང་རྒྱུད་དུ་བཟུང་ནས་སོང་ན་དགའ་བ་ཙམ་གྱི་བློ་ཡོད་ཀྱང་ལྷ་འདྲེ་མི་ཐུལ་བ། སྟོན་རྗེ་བཙུན་མི་ལ་མཆོད་ལུང་ཁྱུང་གི་རྫོང་ན་བཞུགས་སྐབས་བགེགས་ཀྱི་རྒྱལ་པོ་བི་ན་ཡ་ཀས་ཆོ་འཕྲུལ་བྱུང་སྟེ། ཨ་ཙ་ར་མིག་ཐོར་པོག་ཙམ་བསྒྲད་པ་ལྔ་གཟིམ་ཁང་དུ་འདུག་པ། བླ་མ་དང་ཡི་དམ་ལ་གསོལ་བ་བཏབ་ཀྱང་མ་སོང་། ཡི་དམ་གྱི་བསྐྱེད་རིམ་བསྒོམས་ནས་དྲག་སྔགས་བཟླས་ཀྱང་འགྲོར་མ་འདོད་པའི་ཚེ། ང་ལ་ལྷོ་བྲག་མར་པས། སྣང་སྲིད་སེམས་སུ་ངོ་སྤྲད་ཅིང་། སེམས་ཉིད་འོད་གསལ་སྟོང་པར་ངོ་སྤྲད་པ་ཡིན་པས། གདོན་བགེགས་ཕྱི་རོལ་དུ་བཟུང་ནས་སོང་ན་དགའ་བ་འདི་བྱེད་དོན་མི་འདུག་དགོངས་ཏེ། ལྷ་འདྲེ་རང་སྣང་དུ་ཤེས་པའི་ལྟ་བའི་ངར་གདེང་སྐྱེས་ནས་ནང་དུ་འཚངས་ཀྱིས་ཕྱིན་པས། ཁོང་རྣམས་སྐྲག་ནས་མིག་རིག་རིག་བྱེད་ཅིང་མི་སྣང་བར་གྱུར། དེ་བཞིན་དུ་བྲག་སྲིན་མོའི་གླུ་ལས་ཀྱང་། ལར་བག་ཆགས་བདུད་འདི་སེམས་ལས་བྱུང་། །སེམས་ཀྱི་དེ་ཉིད་མ་ཤེས་ན། །ཁྱོད་སོང་ཞིག་བྱས་པས་ང་མི་འགྲོ། །རང་སེམས་སྟོང་པ་མ་རྟོགས་ན། །འདྲེ་ང་ཡིས་མི་ཚད་གཞན་ཡང་ཡོད། །རང་སེམས་རང་གིས་ངོ་ཤེས་ན། །མི་མཐུན་རྐྱེན་རྣམས་གྲོགས་སུ་འཆར། །ང་བྲག་སྲིན་མོའང་འབངས་སུ་མཆི། །

ཞེས་པ་ལྟར། ལྷ་འདྲེ་རང་སེམས་སུ་ཤེས་པའི་ལྟ་བའི་གདེང་དང་མ་ལྡན་ན་ཞི་སྡང་གིས་ལྷ་འདྲེ་འདུལ་ག་ལ་ནུས། དེ་བཞིན་དུ་སྦྱིན་བདག་གི་ཁྱིམ་དུ་འབྱོན་སྐབས་ཀྱང་ཡོན་བདག་དེས་བཤས་ལུག་ཅི་ཙམ་ཞིག་བསད་ནས་དྲངས་ཀྱང་ཐུགས་ལ་དོགས་པ་ཙམ་ཡང་མེད་པར་དགྱེས་བཞིན་དུ་གསོལ། ཁྱད་པར་སྲུང་བ་དང་གསོལ་མཆོད་སོགས་བྱེད་པའི་སྐབས་རྗེས་ཤ་གཙང་མ་ཞིག་དགོས་ཟེར་ནས། ད་ལྟ་འཕྲལ་དུ་བསད་པའི་ཤ་ཚིལ་ཁྲག་ཅ་རེ་རླངས་པ་ཐལ་ལེ་བ་དེ་ལ་གཙང་མར་འཛིན་ཞིང་། དེ་དག་གིས་གཏོར་མ་དང་མཆོད་རྫས་ཐམས་ཅད་བརྒྱན་ཏེ་ཧམ་ཧམ་དང་ཟིག་ཟིག་བྱེད་པ་དེ་དག་བོན་དང་མུ་སྟེགས་པ་ལྟ་བུ་

ཞིག་གི་ཆོས་ལུགས་ཡིན་ན་མ་གཏོགས་ནང་པ་སངས་རྒྱས་པའི་ཆོས་ལུགས་ནི་མིན། ནང་པ་སངས་རྒྱས་པའི་ཆོས་ལུགས་ཡིན་ན་ཆོས་ལ་སྐྱབས་སུ་སོང་ནས་སེམས་ཅན་ལ་འཚེ་བ་སྤང་དགོས་རྒྱུ་ཡིན་པ་ལ། གང་དུ་འགྲོ་ཡང་དེར་སེམས་ཅན་རེའི་སྲོག་ལ་འཚེ་བ་བྱས་ནས་བསད་དེ་ཤ་ཁྲག་ལ་ལོངས་སྤྱད་ན་སྐྱབས་འགྲོ་དང་ཅིའི་ཕྱིར་མི་འགལ། ཁྱད་པར་ཐེག་པ་ཆེན་པོའི་བྱང་ཆུབ་སེམས་དཔའི་ལུགས་ལ་མཐའ་ཡས་པའི་སེམས་ཅན་ཐམས་ཅད་ཀྱི་སྐྱབས་དང་སྐྱོབ་པ་བྱེད་དགོས་རྒྱུ་ལ། གང་བསྐྱབ་པར་བྱ་རྒྱུའི་སེམས་ཅན་ལས་ངན་དེ་ལ་སྙིང་རྗེ་སྤུ་ཙམ་ཡང་མེད་པར། བསྐྱབ་བྱ་སེམས་ཅན་དེ་བསད་ནས་ཤ་ཁྲག་གཡོས་སུ་བྱས། སྐྱོབ་པ་པོ་བྱང་ཆུབ་སེམས་དཔའ་དེའི་དྲུང་དུ་བཞག་ཙ་ན་དགྱེས་བཞིན་དུ་ཀན་སྒྲ་ཐག་གེ་གསོལ་འགྲོ་ན་དེ་ལས་ཐུ་བ་དང་སྡུག་པ་ཅི་ཡོད། གསང་སྔགས་རྡོ་རྗེ་ཐེག་པའི་གཞུང་རྣམས་ལས། ཤ་ཁྲག་མཆོད་པ་གཞུང་བཞིན་མ་ཚོགས་ཏེ། །སི་ཏ་ཕྲ་མེན་ཐུགས་དང་ཅི་འགལ་བ། །ཡུལ་གྱི་མཁའ་འགྲོའི་སྐུ་ལ་བཟོད་པ་གསོལ། །ཞེས་གསུངས་ཏེ། ཤ་ཁྲག་གི་མཆོད་པ་གཞུང་གཞིན་དུ་ཚོགས་པ་ཞེས་བྱ་བ་དེ། གསང་སྔགས་ཀྱི་རྒྱུད་སྡེའི་གཞུང་ནས་བཤད་པ་བཞིན་དུ་ཚོགས་དགོས་པ་ལ་ཟེར་བཡིན། གསང་སྔགས་ཀྱི་གཞུང་ནས་ཇི་ལྟར་བཤད་ན། ཤ་ལྔ་བདུད་རྩི་རྣམ་པ་ལྔ། །བཟའ་བཅའ་བཏུང་བ་ཕྱི་ཡི་ཚོགས། །ཞེས་བྱ་སྟེ། གསང་སྔགས་ཀྱི་དམ་རྫས་སུ་འོས་པའི་ཤ་ལྔ་པོ། མི་ཤ་དང་། རྟ་ཤ་དང་། ཁྱི་ཤ་ལ་སོགས་པ་ཁ་ཟས་ཀྱི་ཆེད་དུ་གསོད་པར་མི་འགྱུར་བའི་སྡིག་མེད་ཀྱི་ཤ་ལྔ་པོ་ཚོགས་རྫས་སུ་བཤམས་པ་ཤ་ཁྲག་མཆོད་པ་གཞུང་བཞིན་དུ་ཚོགས་པ་ཡིན། དེ་ལྟར་མ་ཡིན་པར་གཙང་དམེའི་གཉིས་རྟོག་གིས་བཅིངས་ནས། མི་ཤ་དང་། ཁྱི་ཤ་སོགས་ལ་མི་གཙང་བ་དང་དམན་པར་འཛིན་ཞིང་ཁ་ཟས་ཀྱི་ཆེད་དུ་འཕྲལ་ལ་བསད་པའི་ཤ་ཞིམ་པ་དང་ཚོ་བ་ལ་གཙང་མར་འཛིན་ན། དང་དུ་བླང་བའི་དམ་ཚིག་ལྔ། གཙང་དམེར་བལྟས་དང་བག་མེད་སྤྱད། །ཅེས་བྱ་བའི་གཙང་

དམེར་ལྟ་བ་ཡིན་པས་དང་དུ་བླང་བའི་དམ་ཚིག་དང་འགལ། ཅུང་བའི་ཤ་ལྟ་བོ་ཡིན་ཀྱང་ཁ་ཟས་བདུད་རྩིར་སྒྱུར་ནུས་པ་དང་། དབེན་པར་དངོས་གྲུབ་སྒྲུབ་པའི་ཚེ་མ་ཡིན་པར། ཤའི་རོ་ལ་སྲེད་པས་གྲོང་ཡུལ་དུ་བག་མེད་དུ་ཟོས་ན། དང་བླང་གི་དམ་ཚིག་བག་མེད་དུ་སྤྱོད་པ་ཞེས་བྱ་སྟེ། དེ་ཡང་འགལ། དེས་ན་རྫས་ཤ་གཙང་མ་ཞེས་བྱ་བ་དེ་ཡང་ཁ་ཟས་ཀྱི་དོན་དུ་བསད་པ་མ་ཡིན་ཞིང་། རང་གི་ལས་ཀྱིས་ཤི་བའི་ཤ་ཞེས་སེམས་ཅན་རང་གི་ལས་ཀྱི་དབང་གིས་རྒས་ནས་ཚེ་ཟད་པའམ། ནད་ཀྱིས་ཤི་བ་ལ་སོགས་པའི་ཤ་ལ་ཟེར་བ་ཡིན། དེ་ལྟར་མ་ཡིན་པར་འཕྲལ་དུ་བསད་པའི་ཤ་ཁྲག་དྲོན་མོ་དཀྱིལ་ཁོར་དུ་བཞག་ན་ལྷ་ཡེ་ཤེས་པ་ཐམས་ཅད་བརྒྱལ་འགྲོ་བ་མཉམ་མེད་དྭགས་པོ་རིན་པོ་ཆེས་གསུངས། གཞན་ཡང་ལྷ་ཡེ་ཤེས་པ་སྤྱན་དྲངས་ནས། བསད་པའི་ཤ་ཁྲག་གིས་མཆོད་ན་མ་སྔོན་དུ་བུ་བཤས་པ་དང་འདྲ་ཞེས་གསུངས་ཏེ། དཔེར་ན་མ་མགྲོན་དུ་བོས་ནས་དེའི་སྔོན་དུ་བུ་བསད་པའི་ཤ་བཞག་ན་མ་དེ་དགའམ་མི་དགའ། དེ་བཞིན་དུ་རྒྱལ་བ་སྲས་དང་བཅས་པ་ཐམས་ཅད་ཁམས་གསུམ་གྱི་སེམས་ཅན་ཐམས་ཅད་ལ་བུ་གཅིག་པའི་མ་བཞིན་དུ་བརྩེ་བས་དགོངས་ཏེ་བཞུགས་པ་ལ། ལས་ངན་གྱི་གཞན་དབང་དུ་གྱུར་པའི་དུད་འགྲོ་བསམ་མེད་ཅིག་བསད་ནས་ཤ་ཁྲག་གི་མཆོད་པ་བྱས་པས་རྒྱལ་བ་དགྱེས་པའི་ཐབས་མེད་དེ། རྒྱལ་སྲས་ཞི་བ་ལྷས།

གང་ཞིག་ལུས་ལ་ཀུན་ནས་མེ་འབར་བ། །
འདོད་པ་ཀུན་གྱིས་ཡིད་བདེར་མི་འགྱུར་ལྟར། །
དེ་བཞིན་སེམས་ཅན་གནོད་པ་བྱས་ན་ཡང་། །
ཐུགས་རྗེ་ཆེ་རྣམས་དགྱེས་པའི་ཐབས་མེད་དོ། །

ཞེས་གསུངས། དེས་ན་བསད་པའི་ཤ་ཁྲག་ཁོ་ན་ལ་ལོངས་སྤྱོད་བཞིན་ཤ་མཆོད་དང་ཁྲག་མཆོད་བྱས་ཏེ་སྲུང་མ་གསོལ་མཆོད་སོགས་བྱས་ཚེ། ལྷ་ཡེ་ཤེས་

པ་རྣམས་དང་། རྒྱལ་བསྟན་སྲུང་བའི་ཆོས་སྐྱོང་རྣམས་ཀྱང་བྱང་ཆུབ་སེམས་དཔའ་ཤ་སྟག་ཡིན་པས། དེ་དག་གིས་ཤན་པའི་མདུན་ས་ལྟ་བུས་སེམས་ཅན་བསད་པའི་མཆོད་རྫས་ལ་བཞེས་པ་ལྟ་ཅི། དེའི་ཕྱོགས་ཙམ་དུ་ཉེ་མི་ནུས། ནག་ཕྱོགས་ཀྱི་ལྷ་འདྲེ་མཐུ་བོ་ཆེ་བསད་པའི་ཤ་དྲོན་མོ་དང་། ཁྲག་དྲོན་མོ་ལ་དགའ་བ། སེམས་ཅན་ལ་གནོད་པའི་ལས་ལ་རྟག་པར་བརྩོན་པ་དེ་དག་དེར་འདུས་ནས་དེའི་ཤ་ཁྲག་གི་མཆོད་པ་བྱས་པ་ལ་ལོངས་སྤྱོད་དེ། གནས་སྐབས་སུ་དམར་ཆོག་བྱེད་པ་དེའི་རྗེས་སུ་འབྲང་ཞིང་མཐུན་རྐྱེན་ཕྲན་བུ་རེ་སྒྲུབ། རྟག་པར་སེམས་ཅན་ལ་གནོད་པ་འབའ་ཞིག་བྱེད་པས། ན་ཚད་དང་ཡི་འདྲོག་སློ་བུར་དུ་གཏོང་ཞིང་དེར་ཡང་དམར་ཆོག་བྱེད་པ་དེ་འོང་ནས་ཤ་མཆོད་དང་ཁྲག་མཆོད་བྱས་པས་རེ་ཞིག་ཕན་པ་ལྟར་བྱེད། ཁོང་གཉིས་གཅིག་གྲོགས་གཅིག་གིས་བྱེད་དེ་རྟག་ཏུ་འབྲལ་བ་མེད་པར་ཤ་ཟ་སོ་ལ་ཆས་པ་ལྟར། ཟ་རྔོམ། འཆའ་རྔོམ། ཉེད་རྔོམ་ཁོ་ནས་རྒྱུ། དམར་ཆོག་མཁན་པོ་དེ་ཡང་། ལྷ་འདྲེ་མ་རུངས་པ་དེ་དག་གིས་རྒྱུད་བརླམས་པས་སྔར་ངེས་འབྱུང་དང་སྐྱོ་ཤེས། དད་པ་དང་དག་སྣང་། ཆོས་ཀྱི་སྣང་བ་ཡོད་པ་དེ་དག་ཐམས་ཅད་འགྲིབ། སངས་རྒྱས་ནམ་མཁར་འཕུར་ཡང་དད་པ་དང་། སེམས་ཅན་རྒྱུ་མ་ལུག་ཀྱང་སྙིང་རྗེ་མེད་པར་ལས་ཀྱི་སྲིན་པོ་དམག་ལ་ཆས་པ་ལྟར། གདོང་དམར་ཕྱུར་རེ། ཤེས་པ་ཁྲོ་ལིང་ངེ། རྒྱུད་རྩུབ་རྟག་གེ་རག་ཏུ་གཟིར་གུང་རེ་བ་ཞིག་བྱས། ལྷ་འདྲེའི་སྟོང་གྲོགས་བྱས་པས་ངག་ནུས་དང་བྱིན་རླབས་ཡོད་པའི་སྙེམས་འཆང་ཞིང་། ཤི་མ་ཐག་དམྱལ་བར་རྗེ་འཕངས་པ་ལྟར་འགྲོ་བའམ། ཡང་ན་ལས་ངན་གྱི་ཁ་ཙུང་ཟད་མ་གང་བས། ལྷ་འདྲེ་མ་རུངས་པའི་འཁོར་དུ་སྐྱེས་ཏེ་སེམས་ཅན་གྱི་སྲོག་ལ་དབང་བའམ། ཁྲ་དང་སྲུང་ཀི་ལ་སོགས་པར་སྐྱེ་བར་འགྱུར་བ་ཡིན། སྔོན་ཆོས་རྒྱལ་ཁྲི་སྲོང་ལྡེའུ་བཙན་གྱི་སྐུ་རིང་ལ་རྒྱལ་པོའི་སྐུའི་རིམ་གྲོར། བོན་པོ་རྣམས་ཀྱིས་ཤ་མཆོད་དང་ཁྲག་མཆོད་བྱས་པའི་ཚེ། ཨོ་རྒྱན་སངས་རྒྱས་གཉིས་པ། པདྨ་ཆེན་པོ་མ་མི་དྷ།

མཁན་ཆེན་བྱང་ཆུབ་སེམས་དཔའ་ལ་སོགས་པོ་པཎ་རྣམས་ཀྱིས་བོན་པོའི་ཡས་ལ་གཟིགས་ནས་ཐུགས་ཤིན་ཏུ་མ་དགའ་སྟེ།

བསྟན་པ་གཅིག་ལ་སྟོན་པ་གཉིས་མི་འོང་། །
ཆོས་ལུགས་གཅིག་ལ་བྱེད་ལུགས་གཉིས་མི་འབྱུང་། །
ཆོས་ཀྱི་ཁྲིམས་དང་མི་མཐུན་བོན་ལུགས་འདི། །
སྡིག་པ་ཕལ་གྱི་ཐུན་མོང་མ་ཡིན་པས། །
འདི་འདྲ་བྱེད་བཙུག་ངེད་རྣམས་རང་ཡུལ་འགྲོ། །

ཞེས་གསུངས་ཤིང་པཎྜི་ཏ་ཐམས་ཅད་གྲོས་མེད་པར་ཐུགས་བློ་གཅིག་ཏུ་གྱུར་ཏེ། རྒྱལ་པོས་ཆོས་གསུང་བར་ཞུས་ཀྱང་ཆོས་མི་གསུངས། བཞེས་པ་དྲངས་ཀྱང་མི་བཞེས་པར་བཞུགས་པ་ཡིན། ད་ལྟ་རང་རེ་སྔོན་གྱི་པཎ་གྲུབ་བྱང་ཆུབ་སེམས་དཔའ་དེ་དག་གི་རྗེས་འཇུག་ཡིན་པ་སྨོས་ཞིང་། གསང་སྔགས་ཀྱི་ཆོ་ག་ཟབ་མོ་ཐམས་ཅད་བོན་དུ་གྱུར་ཏེ་སེམས་ཅན་ལ་གནོད་པ་བྱས་ན། བསྟན་པའི་ལྷ་བསྲུང་དཀོན་མཆོག་གི་རྐང་འདྲེན། རང་གཞན་དམྱལ་བར་འཕེན་པ་ཡིན་པས། དུས་རྟག་ཏུ་དམན་པའི་ས་བཟུང་། རྒྱལ་པོའི་གོས་གྱོན། སེམས་ཅན་ཐམས་ཅད་ལ་ཕན་ཅི་ཐོགས་བྱེད་ཅིང་བྱམས་པ་དང་སྙིང་རྗེ་གཉིས་པོ་འདི་ཁོ་ན་རྒྱུད་ལ་སྐྱེ་ངེས་ཀྱི་བར་དུ་ཆིག་སྒྲིལ་དུ་འབད་ན་ཁ་ཏོན་དང་དགེ་སྦྱོར། སེམས་ཅན་གྱི་འགྲོ་དོན་སོགས་གཡེར་པོ་ཆེའི་ཆོས་ཞིག་མ་འགྲུབ་ཀྱང་རུང་སྟེ། ཆོས་ཡང་དག་པར་སྡུད་པའི་མདོ་ལས། སངས་རྒྱས་ཐོབ་པར་འདོད་པས་ཆོས་མང་པོ་ལ་བསླབ་པར་མི་བགྱི་ཡི། ཆོས་གཅིག་ལ་བསླབ་པར་བགྱིའོ། །དེ་གང་ཞེ་ན་སྙིང་རྗེ་ཆེན་པོའོ། །གང་ལ་སྙིང་རྗེ་ཆེན་པོ་ཡོད་པ་དེ་ལ་སངས་རྒྱས་ཀྱི་ཆོས་ཐམས་ཅད་ལག་མཐིལ་དུ་ཡོད་པ་ལྟར་འགྱུར་རོ། །ཞེས་གསུངས། །སྔོན་དགེ་བཤེས་སྟོན་པའི་དྲུང་དུ་སྐུ་མཆེད་གསུམ་དང་ཁམས་ལུང་པའི་སློབ་མ་ཡིན་པའི་བཙུན་པ་

ཞིག་མཇལ་དུ་བྱུང་བ་ལ། སྟོན་པས་ཕྱུ་ཧོ་བ་ཁྱོད་ཅི་མཛད་ཀྱིན་གདའ་གསུངས་པས། ཁོང་གིས་དགེ་འདུན་བརྒྱ་ཕྲག་མང་པོ་ལ་ཆོས་གསུང་གིན་གདའ་ཞུས་པས། ངོ་མཚར་ཆེ། དེ་ཡང་གཅིག་ཡིན་གསུངས། དགེ་བཤེས་ཕུ་ཆུང་བ་ཁྱོད་ཅི་མཛད་ཀྱིན་གདའ་གསུངས་པས། རང་གཞན་གྱི་ཡོ་བྱད་མང་པོས་རྟེན་གསུམ་འབའ་ཞིག་བཞེངས་ཤིང་གདའ་ཞུས་པས་སྔར་བཞིན་གསུངས། དགོན་པ་བ་ཁྱོད་ཅི་མཛད་ཀྱིན་གདའ་གསུངས་པས། ཁོང་སྒོམ་འབའ་ཞིག་མཛད་ཀྱིན་གདའ་ཞུས་པས། སྔར་བཞིན་གསུངས། ཁམས་པ་ལུང་པ་ཁྱོད་ཅི་མཛད་ཀྱིན་གདའ་གསུངས་པས། ཁོང་པ་གྲོག་ཁ་རེ་རུ་བཞུགས། དབུ་བཏུམས་ཏེ་བཤུམ་པ་འབའ་ཞིག་མཛད་ཀྱིན་གདའ་ཞུས་པས། སྟོན་པས་དབུ་ཞྭ་ཕུད། ཐུགས་ཀར་ཐལ་མོ་སྦྱར། སྤྱན་ཆབ་མང་པོ་ཕྱུང་ནས་ཤིན་ཏུ་ངོ་མཚར་ཆེ། ཆོས་བྱ་བ་ཁོང་གིས་བྱས་པ་ཡིན། འདིའི་ཡོན་ཏན་མང་པོ་བཤད་རྒྱུ་ཡོད་དེ། ད་ལྟ་བཤད་ན་ཁོང་མི་མཉེས་པར་འདུག་གསུངས། ཁམས་པ་ལུང་པ་ཁོང་དབུ་བཏུམས་ནས་བཤུམས་པ་འབའ་ཞིག་མཛད་པའི་ཚེ། འཁོར་བ་ན་སྡུག་བསྔལ་གྱིས་མནར་བའི་སེམས་ཅན་རྣམས་ལ་དགོངས་ནས་སྙིང་རྗེ་ཁོ་ན་བསྒོམས་ཏེ་བཤུམ་པ་ཡིན། དེ་བཞིན་དུ་བྱམས་པ་དང་སྙིང་རྗེ་གཉིས་པོ་འདི་གལ་ཆེ་བའི་རྒྱུ་མཚན་མང་པོ་སྤྱན་སྔ་བས་གསུངས་པའི་ཚེ། གླང་ཐང་པས་ཕྱག་མཛད་དེ། བདག་དུས་འདི་ནས་བཟུང་སྟེ་བྱམས་སྙིང་རྗེ་འབའ་ཞིག་སྒོམ་པར་ཞུ་ཞུས་པས། དགེ་བའི་བཤེས་གཉེན་པས་དབུ་ཞྭ་ཕུད། ཤིན་ཏུ་ཡང་ཆ་བཟང་ལགས་ཞེས་ལན་གསུམ་གསུངས། རང་རྒྱུད་ཀྱི་སྡིག་སྒྲིབ་སྦྱོང་བ་ལ་ཡང་སྙིང་རྗེ་ལས་ལྷག་པ་མེད་དེ། སྔོན་རྒྱ་གར་དུ་དམ་པའི་ཆོས་མངོན་པ་ལ་དགྲ་ལན་གསུམ་བྱུང་བས་ནུབ་པ་ན། བྲམ་ཟེའི་དགེ་སློང་མ་གསལ་བའི་ཚུལ་ཁྲིམས་ཞེས་བྱ་བས་བདག་བུད་མེད་དུ་གྱུར་པ། སྐྱེ་བ་དམན་པས་སངས་རྒྱས་ཀྱི་བསྟན་པ་གསལ་བར་བྱེད་མི་ནུས་པས་སྐྱེས་པ་དང་འགྲོགས་ཏེ་བུ་བསྐྱེད་ལ། དམ་པའི་ཆོས་མངོན་པ་དར་དུ་གཞུག

གོ་དགོངས་ནས། རྒྱལ་རིགས་ཤིག་དང་འདུས་པ་ལས་འཕགས་པ་ཐོགས་མེད་དང་། བྲམ་ཟེ་ཞིག་དང་འདུས་པ་དབྱིག་གཉེན་འཁྲུངས། སྲས་གཉིས་ཀ་ཆེར་སྐྱེས་ནས་ཕའི་ལས་དྲི་བ་ལ་མ་ན་རེ། ཁྱེད་གཉིས་ཕའི་ལས་ཀྱི་དོན་དུ་བསྐྱེད་པ་མ་ཡིན་གྱི། སངས་རྒྱས་ཀྱི་བསྟན་པ་དར་བར་བྱ་བའི་དོན་དུ་བསྐྱེད་པ་ཡིན་པས་ཆོས་སློབ་ལ། དམ་པའི་ཆོས་མངོན་པའི་བསྟན་པ་དར་བ་ཞིག་གྱིས་ཤིག་ཟེར་བས། དབྱིག་གཉེན་ཁ་ཆེའི་འདུས་བཟང་གི་དྲུང་དུ་མངོན་པ་སློབ་པ་ལ་སོང་། ཐོགས་མེད་ཀྱིས་རི་བོ་བྱ་རྐང་ཅན་དུ་ཕྱིན་ནས་རྒྱལ་བ་བྱམས་པའི་ཞལ་མཇལ་ཏེ་གདམས་ངག་ཚོག་པ་བྱ་དགོངས་ནས་བྱམས་པ་བསྒྲུབ། ལོ་དྲུག་གི་བར་དུ་དཀའ་བ་སྤྱད་དེ་བསྒོམས་པས་རྨི་ལམ་བཟང་པོ་ཙམ་ཡང་མ་བྱུང་། དེར་ཁོང་གིས་ད་མི་འགྲུབ་པ་ཡིན་པ་འདྲ་དགོངས་ཡིད་ཆད་དེ་བྱོན་པས། ལམ་ཀ་ཞིག་ན་མི་ཞིག་གིས་ལྕགས་ཀྱི་སྟོང་པོ་ཆེན་པོ་ཞིག་རས་འཇམ་པོས་ཕྱི་གིན་འདུག ཁྱོད་ཀྱིས་འདི་འདི་ལྟར་ཕྱིས་ནས་ཅི་བྱེད་པ་ཡིན་དྲིས་པས། ང་ལ་ཁབ་མེད་པས། ངས་འདི་ཟད་ནས་ཁབ་ཅིག་བྱེད་འདོད་པ་ཡིན་ཟེར། ཁོང་གི་ཐུགས་དགོངས་ལ་ལྕགས་སྟོང་པོ་ཆེན་པོ་འདི་རས་འཇམ་པོ་འདིས་ཕྱིས་པས་ཟད་ནས་ཁབ་ཏུ་གྱུར་པའི་དུས་མི་འོང་། བརྒྱ་ལ་འོང་ཡང་དེའི་ཚེ་ཁོ་ག་ལ་ཡོད། འཇིག་རྟེན་པ་རྣམས་དོན་མེད་པའི་ལས་ལ་འདི་ཙམ་གྱི་དཀའ་ལས་བྱེད་པ་ལ་བལྟས་ན། ངས་དམ་པའི་ཆོས་བསྒྲུབ་པ་ལ་སྙིང་རུས་ཡེ་མ་ནུས་པར་འདུག་དགོངས་ཕྱིར་ལོག་ནས་བྱོན་ཏེ། སླར་ཡང་ལོ་གསུམ་གྱི་བར་དུ་བསྒྲུབས་ཀྱང་རྟགས་ཙམ་ཡང་མ་བྱུང་། ད་ནི་ངེས་པར་མི་འགྲུབ་པ་དགོངས་ནས་བྱོན་པས། ཡང་ལམ་ཁ་ཞིག་ན་བྲག་རི་ཆེན་པོ་དགུང་ལ་རེག་པ་ཞིག་གི་དྲུང་ན་མི་ཞིག་གིས་བྱ་སྒྲོ་ཞིག་ཆུ་ནང་དུ་ཤན་ནས་བྲག་དེ་ལ་བྱབ་ཅིང་འདུག ཁྱོད་ཅི་བྱེད་པ་ཡིན་དྲིས་པས། འདིའི་བྲག་འདི་མཐོ་ཆེས་ནས་ང་རང་གི་ཁང་པ་བྲག་འདིའི་ནུབ་ན་ཡོད་པའི་སྟེང་དུ་ཉི་མ་མི་འཆར་བར་འདུག་པས། བྲག་འདི་ཟད་ནས་མེད་པར་བྱེད་པ་

ཡིན་ཟེར། ཁོང་གི་ཐུགས་ལ་ཡང་སྔར་ལྟར་དགོངས་ནས་སླར་ལོག་སྐྱེ་ལོ་གསུམ་དུ་བསྒྲུབས་ཀྱང་རྫི་ལམ་བཟང་པོ་ཙམ་ཡང་མ་བྱུང་བས་ཁོང་ཡིད་ཆད་དེ། ད་ནི་ཅིས་ཀྱང་མི་འགྲུབ་པར་འདུག་དགོངས་བྱོན་འོངས་པས། ལམ་ཁ་ཞིག་ན་ཁྲི་མོ་རྐང་པ་གཉིས་ཞ་བ་ཞིག་ཁོག་སྨད་ཐམས་ཅད་འབུས་གཡིངས་རུང་ད་དུང་གཞན་ལ་ཞེ་སྡང་སྐྱེས་ནས་ཁོག་སྟོད་ཁོང་གི་སྟེང་དུ་ཟུག་ཅིང་ཁོག་སྨད་དྲུད་ནས་འཛིན་དུ་འོང་བ་ལྟར་བྱེད་པ་ལ། ཁོང་སྙིང་རྗེ་དྲག་པོ་ཤས་མི་བཟོད་པ་ཞིག་སྐྱེས། སྐུ་ལུས་ཀྱི་ཤ་བཅད་དེ་བྱིན་ནས་ཁོག་སྨད་ཀྱི་འབུ་བསལ་བར་འདོད་པ་ལ་ཕྱག་གིས་བསལ་ན་འབུ་བསད་ཀྱིས་དོགས། འབུ་འདི་རྣམས་ལྗེས་བླངས་ཏེ་བསལ་དགོས་དགོངས་ཀྱང་ཁྲིའི་ལུས་ཐམས་ཅད་རུལ་བ་དང་རྣག་གིས་གང་བས་མཐོང་བཞིན་དུ་ལྗེས་རེག་མ་ནུས་ཏེ་སྤྱན་བཙུམ་ནས་ལྟགས་བརྐྱངས་པས། ལྟགས་ཁྲི་རོ་ལ་མ་ཐུག་པར་ས་ལ་ཐུག་སོང་། སྤྱན་ཕྱེས་ནས་བལྟས་པས་ཁྲི་རོ་མི་སྣང་བར་རྗེ་བཙུན་བྱམས་པ་འོད་ཀོར་རེ་བཞུགས་འདུག ཐུགས་རྗེ་རེ་ཆུང་དེ་ཙམ་དུ་ཞལ་མི་སྟོན་པ་ཞུས་པས། ངས་ཁྱོད་ལ་ཞལ་མ་བསྟན་པ་མིན། ང་དང་ཁྱོད་ལ་འབྲལ་བ་མེད་ཀྱང་། ཁྱོད་སྡིག་སྒྲིབ་ཆེ་བས་མ་མཐོང་བ་ཡིན། ཁྱོད་ཀྱི་ལོ་བཅུ་གཉིས་སུ་སྒྲུབ་པ་བྱས་པས་སྡིག་སྒྲིབ་ཙུང་སྲབ་པས་ཁྲི་མོ་རུ་མཐོང་ཞིང་། ད་ལྟ་སྙིང་རྗེ་ཆེན་པོ་སྐྱེས་པས་སྒྲིབ་པ་ལྷག་མ་མེད་པར་དག་སྟེ་ང་རང་དངོས་སུ་མཐོང་བ་ཡིན། དེ་ཡིད་མི་ཆེས་ན་ང་རང་ཕྲག་པར་ཐོགས་ལ་མི་ཐམས་ཅད་ལ་སྟོན་དང་གསུངས། ཐོགས་མེད་ཀྱིས་བྱམས་པ་ཕྲག་པ་གཡས་སུ་ཐོགས་ཏེ། ཚོང་འདུས་སུ་ཕྱིན་ནས་མི་ཐམས་ཅད་ལ་ངའི་ཕྲག་པ་ན་ཅི་འདུག་གསུངས་པས། ཐམས་ཅད་ཀྱིས་ཅི་ཡང་མི་འདུག་ཟེར། ཙུང་ཟད་བག་ཆགས་སྲབ་པའི་རྒན་མོ་ཞིག་གིས་ཁྱོད་ཀྱི་ཕྲག་པ་ན་ཁྲི་རོ་རུལ་པ་ཞིག་འདུག་ཟེར། དེ་ནས་ཐོགས་མེད་མགོན་པོ་བྱམས་པས་དགའ་ལྡན་ལྷ་ཡུལ་དུ་ཁྲིད་དེ་བྱམས་ཆོས་སྡེ་ལྔ་སོགས་བསྟན་ནས། སླར་མི་ཡུལ་དུ་བྱོན་ཏེ་ཐེག་པ་ཆེན་པོའི་བསྟན་པ་དར་

བར་མཛད་པ་ཡིན། དེས་ན་སྡིག་པ་སྦྱོང་བ་ལ་ཡང་སྙིང་རྗེ་ལས་ལྷག་པའི་ཆོས་མེད་ཅིང་། བྱང་ཆུབ་ཀྱི་སེམས་ཐུན་མོང་མ་ཡིན་པ་རྒྱུད་ལ་སྐྱེ་བའི་རྒྱུ་མ་ནོར་བ་ཡིན་པས་ཐབས་དུ་མའི་སྒོ་ནས་སྙིང་རྗེ་འདི་བསྒོམ་པ་ལ་འབད་དགོས། དེ་ལྟར་སྙིང་རྗེ་བསྒོམ་པ་དེ་ཡང་མ་ལག་རྡུམ་མའི་བུ་ཆུས་ཁྱེར་བ་ལྟ་བུ་ཞེས་བྱ་སྟེ། མ་ལག་པ་མེད་པ་ཞིག་གི་བུ་ཆུས་ཁྱེར་ན། བུ་ལ་སྙིང་བརྩེ་བའི་སྡུག་བསྔལ་དྲག་པོ་ཤས་མི་བཟོད་པ་སྐྱེ། རང་ལ་ལག་པ་མེད་པས་ཆུ་ནང་ནས་འདོན་ནི་མི་ནུས། ད་ཅི་དྲག་ན་སྙམ་དུ་ཐབས་ཕོ་ན་སེམས་ཤིང་སྙིང་ནས་མི་བཟོད་པར་འོ་དོད་འབོད་ཅིང་རྒྱུག་པ་དང་འདྲ་བར་ཁམས་གསུམ་གྱི་སེམས་ཅན་ཐམས་ཅད་སྡུག་བསྔལ་གྱི་ཆུ་བོས་ཁྱེར། འཁོར་བའི་རྒྱ་མཚོར་བྱིང་བ་ལ་ཤས་མི་བཟོད་པའི་སྙིང་རྗེ་སྐྱེ་ཡང་རང་ལ་དེ་དག་སྡུག་བསྔལ་ལས་སྐྱོབ་པའི་ནུས་པ་མེད་པས། ད་ཅི་བྱེད་སྙམ་དུ་སྙིང་ཐག་པ་ནས་བླ་མ་དང་དཀོན་མཆོག་ལ་གསོལ་བ་འདེབས་ཤིང་སྙིང་རྗེ་བསྒོམ་པར་བྱའོ། །

དེ་ནས་དགའ་བ་བསྒོམ་པ་ནི། གང་ཞིག་རིགས་རུས་སྤོབས་འབྱོར་མངའ་ཐང་དང་ལྡན་པ་ལ་སོགས་མཐོ་རིས་ཀྱི་ཡུལ་ན་བདེ་ཞིང་སྐྱིད་པ། ཚེ་རིང་བ། འཁོར་མང་བ། ལོངས་སྤྱོད་དང་ལྡན་པ་ཞིག་དམིགས་ཡུལ་དུ་བསམས་ནས། དེ་ལ་འགྲན་སེམས་དང་ཕྲག་དོག་མེད་པར། ད་རུང་འདི་བས་ཀྱང་མངོན་མཐོའི་དཔལ་གྱིས་འབྱོར་ཞིང་། འཆི་བ་མེད་པ། ཤེས་རབ་ཆེ་བ་ལ་སོགས་ཡོན་ཏན་ཕུན་སུམ་ཚོགས་པ་དུ་མས་འབྱོར་པར་ཤོག་ཅིག སེམས་ཅན་གཞན་རྣམས་ཀྱང་འདི་ལྟ་བུའི་གོ་འཕང་ལ་གནས་ན་ང་རེ་དགའ་སྙམ་དུ་ཡང་དང་ཡང་དུ་བསྒོམ། དེ་ཡང་དང་པོ་གང་ལ་སྐྱེ་སླ་བའི་ཡུལ་རང་གི་ཉེ་བ་དང་མཛའ་བཤེས་ལ་སོགས་པ་ལ་ཡོན་ཏན་དང་བདེ་སྐྱིད་ཡོད་པ་ལ་དམིགས་ནས་དགའ་བ་བསྒོམ། དེ་རྒྱུད་ལ་སྐྱེས་ནས་བར་མ་རྣམས་ལ་བསྒོམ། དེ་ནས་རང་ལ་གནོད་བྱེད་ཀྱི་དགྲ་དང་ཁྱད་པར་ཕྲག་དོག་གི་གནས་སུ་གྱུར་པ་ཐམས་ཅད་ལ། གཞན་འབྱོར་

ཕུན་ཚོགས་ལ་མི་བཟོད་པའི་བློ་ངན་གྱི་རྩ་བ་དྲུངས་ནས་ཕྱུང་སྟེ། བདེ་བ་དང་ལྡན་པའི་ཆ་ཐམས་ཅད་ལ་དགའ་བ་ཁྱད་པར་ཅན་དུ་བསྒོམ་ཞིང་མཐར་དམིགས་པ་མེད་པའི་ངང་ལ་བཞག དེ་ཡང་དགའ་བ་ནི་ཕྲག་དོག་མེད་པའི་བློ་ཡིན་པས་ཐབས་སྣ་ཚོགས་པས་བློ་སྦྱངས་ཏེ་ཕྲག་དོག་གི་བློ་ངན་འདི་རྒྱུད་ལ་མི་སྐྱེ་བའི་ཐབས་ལ་འབད་དགོས། ཁྱད་པར་རྒྱལ་བའི་སྲས་པོ་བྱང་ཆུབ་སེམས་དཔའ་རྣམས་ཀྱིས་སེམས་ཅན་ཐམས་ཅད་ཀྱི་དོན་དུ་སེམས་བསྐྱེད་ནས་སེམས་ཅན་དེ་དག་ཐམས་ཅད་གཏན་དུ་བདེ་བ་རྫོགས་པའི་སངས་རྒྱས་ཀྱི་གོ་འཕང་དང་། འཕྲལ་དུ་བདེ་བ་མངོན་མཐོ་ལྷ་མིའི་གོ་འཕང་ལ་བཀོད་དགོས་རྒྱུ་ཡིན་པ་ལ། སེམས་ཅན་རང་རང་གི་ལས་དབང་གིས་ཡོན་ཏན་ནམ་འབྱོར་པ་ཕྲ་མོ་རེ་ཐོབ་པ་ལ། མི་དགའ་བ་སྐྱེ་བའི་ཐབས་ཅི་ལ་ཡོད། རང་རྒྱུད་ཕྲག་དོག་གིས་བསླད་ཕྱིན་ཆད་གཞན་གྱི་ཡོན་ཏན་མི་མཐོང་ཞིང་། རང་གི་སྡིག་ཚབས་པོ་ཆེ་གསོག་པ་ཡིན་ཏེ། སྟོན་རྗེ་བཙུན་མི་ལ་སྐུ་བསོད་དང་ཕྱིན་ལས་རྒྱས་པའི་སྐབས། མཚན་ཉིད་ཀྱི་སྟོན་པ་དར་བློ་ཞེས་བྱ་བ་ཕྲག་དོག་སྐྱེས་ནས་རྩོལ་དུ་བྱུང་བ་ལ། རྗེ་བཙུན་གྱིས་མངོན་མཁྱེན་དང་རྫུ་འཕྲུལ་ཅི་ཙམ་ཞིག་བསྟན་ཀྱང་ཡིད་མི་ཆེས་ཤིང་ལོག་ལྟ་དང་སྐུར་འདེབས་ཁོ་ན་བྱེད་པས་ཕྱིས་གདོན་ཆེན་པོ་ཞིག་ཏུ་སྐྱེས་པ་དང་། ཡང་དགེ་བཤེས་རྩག་ཕུ་བ་ཞེས་བྱ་བའི་མཚན་ཉིད་པ་ཞིག་གིས་རྗེ་བཙུན་ལ་དུག་དྲངས་པ་སོགས་ཀྱང་ཕྲག་དོག་ཁོ་ནའི་དབང་གིས་ཡིན། དེས་ན་ཕྲག་དོག་ཅན་གྱི་གང་ཟག་དེ་ལ། སངས་རྒྱས་དངོས་སུ་བྱོན་ཀྱང་འདྲེན་མི་ནུས་ཏེ་རང་རྒྱུད་ཕྲག་དོག་གིས་བསླད་པས་གཞན་གྱི་ཡོན་ཏན་མི་མཐོང་། ཡོན་ཏན་མ་མཐོང་བས་དད་པ་སྤུ་ཙམ་ཡང་མི་སྐྱེ། དད་པ་མ་སྐྱེས་པས་ཐུགས་རྗེ་དང་བྱིན་རླབས་ཀྱི་སྣོད་དུ་མི་རུང་སྟེ། ལྷས་བྱིན་དང་ལེགས་སྐར་གཉིས་ཀྱང་བཅོམ་ལྡན་འདས་ཀྱི་གཅུང་ཡིན་པས་ཁོང་གཉིས་ཕྲག་དོག་གིས་རྒྱུད་འཁྲུགས་ཏེ། བཅོམ་ལྡན་འདས་ལ་དད་པ་ཙུང་ཟད་སྐྱེར་མ་འདོད་པས་ཚེ་གཅིག་ཏུ་སྟོན་

པའི་དྲུང་ན་གནས་ཀྱང་འདུལ་བའི་ཐབས་མེད་པ་ཡིན། དེར་མ་ཟད་གཞན་ལ་བསམ་པ་ངན་པ་ཁོ་ན་བཟུང་བས་དེ་ལ་ཅུང་ཟད་ཀྱང་མི་གནོད་ཀྱང་རང་གི་སྡིག་ཚབས་པོ་ཆེ་གསོག་པ་ཡིན་ཏེ། སྟོན་དགེ་བཤེས་ཆེ་རབ་གཉིས་འགྲན་ཟླར་ཡོད་པ་ལ། གཅིག་ལ་བུད་མེད་ཡོད་ཟེར་བ་གཅིག་གིས་ཐོས་པས། ཉེ་གནས་ལ་ཇ་ཞིམ་པོ་ཞིག་སྐོལ་ཅིག གཏམ་སྙན་ཐོས་ཟེར། ཇ་བསྐོལ་ནས་དྲངས་ཏེ་གཏམ་སྙན་ཅི་གསན་ཞུས་པས། རང་རེའི་འགྲན་ཟླ་དེ་ལ་བུད་མེད་བྱུང་ཟེར་ལོ། དེ་ཀུན་སྤྱངས་གྲགས་རྒྱལ་གྱིས་གསན་པས། ཞལ་ནག་ཏིང་སོང་ནས་དེ་གཉིས་སྡིག་པ་གང་ཆེའམ། གསུངས་ཟེར། དེ་ལྟར་ཕྲག་དོག་དང་འགྲན་སེམས་སོགས་རྟག་ཏུ་སྒོམ་པ་དེ་རང་ལ་མི་ཕན་གཞན་ལ་མི་གནོད། དོན་མེད་དུ་རང་གི་སྡིག་གསོག་པ་ཡིན་པས་དེ་ལྟ་བུའི་བསམ་པ་ངན་པ་དེ་སྤངས་ཏེ། དུས་རྟག་ཏུ་གཞན་ལ་རིགས་དང་གཟུགས་དང་ནོར་དང་ཐོས་པ་ལ་སོགས་ཡོན་ཏན་དང་མཐུན་རྐྱེན་ཅི་ཙམ་འབྱོར་པ་ལ་སྙིང་ཐག་པ་ནས་དགའ་བ་བསྒོམ་ཞིང་། འདི་ལ་འདི་ལྟ་བུའི་ཡོན་ཏན་དང་འབྱོར་པ་སོགས་ཡོད་པ་ང་རེ་དགའ། ད་དུང་འདི་ལ་འདི་དག་ལས་ལྷག་པའི་སྟོབས་དང་འབྱོར་པ་ཐོས་པ་ཡོན་ཏན་ལ་སོགས་པའི་དཔལ་གྱིས་འབྱོར་ཞིང་ཕུན་སུམ་ཚོགས་པར་གྱུར་ན་ཅི་མ་རུང་སྙམ་དུ་སྙིང་ཐག་པ་ནས་བསྒོམ། དགའ་བ་ཚད་མེད་པ་ཇ་མོས་ཇེའུ་སྟོར་ནས་རྙེད་པ་ལྟ་བུ་ཞེས་བྱ་སྟེ། ཇ་མོ་དེ་སེམས་ཅན་གཞན་ལས་ཀྱང་བུ་ལ་ལྷག་པར་བརྩེ་བ་ཡིན་པས། དེའི་ཇེའུ་དེ་སྟོར་ན་དེ་ཙམ་གྱི་མྱ་ངན་ཆེ་ཞིང་། གལ་ཏེ་རྙེད་ན་བསམ་གྱིས་མི་ཁྱབ་པའི་དགའ་བ་སྐྱེ་བ་དེ་ལྟ་བུར་བསླབ་བོ། །དེ་ལྟར་ཚད་མེད་པ་བཞི་པོ་དེ་དག་བྱང་ཆུབ་ཀྱི་སེམས་མཚན་ཉིད་པ་རང་རྒྱུད་ལ་སྐྱེ་བའི་རྒྱུ་མ་ནོར་བ་ཡིན་པས། ཅི་ནས་ཀྱང་རྒྱུད་ལ་མ་སྐྱེས་བར་དུ་བསྒོམ་དགོས། དེ་ལྟར་ཚད་མེད་པ་བཞི་པོ་དེ་ཡང་དོན་ཙམ་བསྡུས་ཏེ་གོ་སླ་བར་བྱས་ན། བསམ་པ་བཟང་པོ་ཞིག་ལ་འདུ་བ་ཡིན་པས་དུས་དང་རྣམ་པ་ཐམས་ཅད་དུ་བསམ་པ་

བཟང་པོ་ཁོ་ན་ལ་བསླབ་དགོས། སློབ་དཔོན་རྗེ་ལྷ་ཅིག་ཕྱག་བསྟུང་བ་ལ་འབྲོམ་སྟོན་གྱི་པང་དུ་བཞག་ནས་འདི་ལ་ཁྱོད་ཀྱིས་བྱིན་རླབས་ཞིག་གྱིས་དང་། ཁྱོད་ལ་བསམ་པ་བཟང་པོ་ཡོད་པ་ཡིན་གསུངས། བསམ་པ་བཟང་པོ་ཁོ་ན་གཙིགས་སུ་མཛད། ཁམས་བདེ་བྱེད་པ་ལ་ཡང་བསམ་པ་བཟང་པོ་བྱུང་ངམ་གསུངས། ཞལ་ཏ་མཛད་པ་ཐམས་ཅད་ལ་ཡང་བསམ་པ་བཟང་པོ་གྱིས་ཨང་གསུངས་པ་ཡིན། བསམ་པ་བཟང་ངན་འདིའི་དབང་གིས་ལས་དཀར་ནག་དང་སྟོབས་ཆེ་ཆུ་ཐམས་ཅད་ཀྱང་བསྒྱུར་འགྲོ་བ་ཡིན། བསམ་པ་བཟང་ན་ལུས་ངག་གི་ལས་གང་བྱས་དགེ་བར་འགྱུར་བ་ཡིན་ཏེ། ཐར་སུཏྲ་སྙིང་དུ་ལྷམ་ཀྲད་བཞག་པའི་ལོ་རྒྱུས་ལྟ་བུ་དང་། བསམ་པ་ངན་ན་རྣམ་པ་དགེ་བ་ལྟར་སྣང་བ་རྣམས་ཀྱང་དོན་དུ་མི་དགེ་བར་འགྱུར་བས། དུས་དང་རྣམ་པ་ཐམས་ཅད་དུ་བསམ་པ་བཟང་པོ་ལ་བསླབ་དགོས་ཏེ། ཇི་སྐད་དུ། བསམ་པ་བཟང་ན་ས་དང་ལམ་ཡང་བཟང་། །བསམ་པ་ངན་ན་ས་དང་ལམ་ཡང་ངན། །ཐམས་ཅད་བསམ་པ་དག་ལ་རག་ལས་པས། རྟག་པར་བསམ་པ་བཟང་ལ་འབད་པར་བྱ། །ཞེས་གསུངས། བསམ་པ་བཟང་ན་ས་དང་ལམ་ཡང་ཇི་ལྟར་བཟང་ན། སློན་ཀན་མོ་མ་བུ་གཉིས་ལག་སྦྲེལ་བྱས་ནས་ཆུ་ཆེན་པོ་ཞིག་ལ་འབོག་པས། མ་བུ་གཉིས་ཀ་ཆུས་ཁྱེར་སོང་། མས་བསམ་པ་ལ་བུ་མོ་འདི་ཆུས་མི་ཁྱེར་བ་ཞིག་བྱུང་ན་ང་རང་ཆུས་ཁྱེར་ཀྱང་ཁྱེར་སྙམ། བུ་མོས་བསམ་པ་ལ། ཨ་མ་ཆུས་མ་ཁྱེར་ན་ང་རང་ཁྱེར་ཀྱང་ཁྱེར་སྙམ། གཉིས་ཀས་གཅིག་གིས་གཅིག་ལ་བསམ་པ་བཟང་པོ་བྱེད་བཞིན། ཆུ་ནང་དུ་ཤི་བས་གཉིས་ཀ་ཚངས་པའི་འཇིག་རྟེན་དུ་སྐྱེས་པ་ཡིན། ཡང་སློན་བྱ་ས་གོ་ཁར། གྲུ་ཞིག་གི་ནང་དུ་བཙུན་པ་དྲུག་བང་ཆེན་པ་ཞིག་དང་བདུན་ཞུགས་ནས་ཕྱིན་པས། གྲུ་བཏང་ནས་ཆུའི་བཞི་ཆ་ཙམ་སོང་བ་དང་གྲུ་པ་ན་རེ་གྲུ་ལྗི་འདུག་པས་རྐྱལ་ཤེས་པ་ཞིག་ཡོད་ན་ཐོབས། ཡང་ན་ང་ཆུ་ནང་དུ་འབབ་པ་ཡིན་པས་ཁྱེད་ཚོའི་གཅིག་གིས་སྐྱ་བ་ཟུང་ཟེར་བ་ལ། ཐམས་ཅད་ཀྱིས་ཆུ་ལ་རྐྱལ་བ་དང་། སྐྱ་བ

འཛིན་པ་གཉིས་ཀ་མི་ཤེས་པར་འདུག་པས། བང་ཕྱིན་པས་ཐམས་ཅད་འཆི་བ་བས་ང་གཅིག་པུ་ཤི་བ་དྲག་ཟེར་ནས་ཆུ་ལ་མཆོངས་པས། དེ་མ་ཐག་འཇའ་ཟུག་མེ་ཏོག་གི་ཆར་བབས། རྒྱལ་མི་ཤེས་ཀྱང་ཆུའི་ཕ་རི་ལ་བསླེབས་ནས་མ་ཤི་བ་ཡིན། དེ་སྔོན་ཆོས་བྱས་པ་ཞིག་མིན་ཀྱང་འཕྲལ་དུ་བསམ་པ་བཟང་པོ་གཅིག་སྐྱེས་པ་ལ་ཡང་དེ་ལྟ་བུའི་ཕན་ཡོན་ཡོད་པ་ཡིན། བསམ་པ་ངན་ན་ས་དང་ལམ་ཡང་ཇི་ལྟར་ངན་ན། སྔོན་སྤྲང་པོ་ཞིག་རྒྱ་སྒོའི་འགགས་སུ་ཉལ་ནས་རྒྱལ་པོ་འདི་མགོ་ཆད་ནས་ཤི་སྟེ་ང་རང་རྒྱལ་པོ་བྱས་ན་ཅི་མ་རུང་སྙམ་པ་ཡང་དང་ཡང་དུ་བློ་ལ་སྐྱེས། ནངས་པར་གཉིད་དུ་ཤོར་ནས་ཉལ་ཡོད་པའི་ཚེ་རྒྱལ་པོ་ཤིང་རྟ་ལ་བཞོན་ནས་འོང་བས་ཤིང་རྟའི་འཁོར་ལོས་ཁོའི་རྐེ་ལ་བརྒྱབ་སྟེ་མགོ་བཅད་པ་ཡིན། ལར་རང་གིས་ཆོས་ཞུས་པའི་དོན་པོ་དུས་དང་རྣམ་པ་ཐམས་ཅད་དུ་དྲན་པ་དང་ཤེས་བཞིན་གྱིས་བཟུང་ནས་རང་རྒྱུད་ལ་བརྟག་དཔྱད་མ་བྱས་ན་དོན་མེད་དུ་ཆགས་སྡང་གི་བློ་དྲག་པོ་ལས་ངན་ཚབས་པོ་ཆེ་གསོག་འགྲོ་བ་ལ་ཚོགས་མེད་པ་ཡིན། སྤྲང་རྐན་དེ་ཡང་འགྲུབ་མི་སྲིད་པའི་བསམ་བློ་དེ་ལྟ་བུ་ཞིག་སྐྱེས་པས་འབྲས་བུ་འཕྲལ་དུ་སྨིན་པ་ཡིན་ཏེ་རྒྱལ་པོ་ཕོ་བྲང་གི་དབུས་ན་རིན་པོ་ཆེའི་ཁྲི་ལ་བདེ་སྐྱིད་དང་ལྡན་པར་གཟིམས་ནས་བཞུགས་ཡོད་པའི་དབུ་ཆད་དོན་ཀྱང་མེད། གལ་ཏེ་ཆད་ནས་རྒྱལ་པོ་གྲོངས་སོང་ཡང་རྒྱལ་པོའི་སྲས་ཀྱིས་རྒྱལ་སྲིད་མི་བྱེད། བློན་པོ་སྟག་གཟིག་དོམ་དྲེད་ལྟ་བུ་ཡོད་པ་དེ་དག་གིས་རྒྱལ་ས་མི་འཛིན་པར། སྤྲང་རྐན་ཁོ་སེར་ཁ་སེ་རྒྱལ་ས་ལ་འགོད་དོན་ཅི་ལ་ཡོད། དེས་ན་རང་རྒྱུད་ལ་ལེགས་པ་མ་བརྟགས་ན། དོན་མེད་དུ་དེ་ལྟ་བུའི་བསམ་པ་ངན་པ་ཡང་སྐྱེ་སྲིད་པ་ཡིན་པས། དགེ་བཤེས་ཤ་བོ་པའི་ཞལ་ནས། སྲིད་པ་མང་པོ་འཕེལ་གྱི་ཡིད་ཀྱི་རྒྱལ་སྲིད་མ་སྐྱོངས། ཞེས་གསུངས། གཞན་ཡང་། སྔོན་བཅོམ་ལྡན་འདས་དགེ་སློང་གི་དགེ་འདུན་དང་བཅས་པ་སྦྱིན་བདག་ཞིག་གི་ཁྱིམ་དུ་བསོད་སྙོམས་ལ་སྤྱན་དྲངས་པའི་ཚེ། སློང་མོ་བ་རྒྱལ་རིགས་ཀྱི་ཁྱེའུ་ཞིག་དང་།

བྲམ་ཟེའི་ཁྱིའུ་ཞིག་སྟེ་གཉིས་ཡོད་པ། བྲམ་ཟེའི་རིགས་ཀྱི་ཁྱིའུ་དེས་སངས་རྒྱས་འཁོར་བཅས་ཀྱིས་བསོད་སྙོམས་མ་བཞེས་གོང་བསླངས་པས་ཅི་ཡང་མ་རྙེད། རྒྱལ་རིགས་ཀྱི་ཁྱིའུ་དེས་བཞེས་པ་ཟིན་ནས་བསླངས་པས་ལྷུང་བཟེད་ཀྱི་ལྷག་མ་ཁ་ཟས་བཟང་པོ་མང་པོ་རྙེད། དེ་གཉིས་ཕྱི་དྲོ་ལམ་བར་ཞིག་ཏུ་གཏམ་བྱས་པས། རྒྱལ་རིགས་ཀྱི་ཁྱིའུ་དེ་ན་རེ། གལ་ཏེ་ང་ལ་ནོར་དང་ལོངས་སྤྱོད་ཞིག་ཡོད་ན་ངས་བཅོམ་ལྡན་འདས་འཁོར་དང་བཅས་པ་ལ་ཇི་སྲིད་འཚོ་བའི་བར་དུ་ན་བཟའ་དང་། བསོད་སྙོམས་ཀྱིས་མཆོད་དེ། ཡོ་བྱད་ཐམས་ཅད་ཀྱིས་བསྙབས་ནས་བསྙེན་བཀུར་བགྱིད་དོ་ཟེར། བྲམ་ཟེའི་ཁྱིའུ་ན་རེ། གལ་ཏེ་ང་ལ་དབང་ཞིག་ཡོད་ནས་ཡུལ་གྱི་རྒྱལ་པོ་ཡིན་ན་ངས་དགེ་སྦྱོང་མགོ་རེག་དེ་འཁོར་དང་བཅས་པའི་མགོ་བྲུངས་ནས་བཅད་དོ་ཟེར། དེར་རྒྱལ་རིགས་ཀྱི་ཁྱིའུ་དེ་ཡུལ་གཞན་དུ་ཕྱིན་ནས་ཤིང་སྡོང་ཆེན་པོ་ཞིག་གི་གྲིབ་མ་ལ་བསྡད་པས། ཤིང་གཞན་གྱི་གྲིབ་མ་ཡོལ་ནས་སོང་ཡང་ཁྱིའུ་ཡོད་པའི་གྲིབ་མ་དེ་མ་ཡོལ་བར་བསྡད། ཡུལ་དེའི་རྒྱལ་པོ་ཤི་ནས་སྲས་མེད་པས། མི་བསོད་ནམས་དང་དབང་ཐང་གང་ཆེ་བ་དེ་རྒྱལ་པོ་བྱེད་དོ་ཟེར་ནས་ཐམས་ཅད་ཀྱིས་བཙལ་བས། ཁྱིའུ་དེ་གུང་ཡོལ་ཀྱང་གྲིབ་མས་མ་བཏང་བར་གཉིད་ལོག་པ་མཐོང་བས་བསླངས་ནས་རྒྱལ་སྲིད་ལ་བཀོད། ཕྱིས་ཁོ་རང་གི་འདོད་པ་ལྟར་སངས་རྒྱས་འཁོར་བཅས་ལ་ཡང་མཆོད་པ་ཡིན། བྲམ་ཟེའི་ཁྱིའུ་དེ་ལམ་འགགས་ཞིག་ཏུ་ཉལ་བསྡད་པས། ཤིང་རྟ་འཁྲུམས་པས་སྐེ་ལ་ཐོག་སྟེ་མགོ་བཅད་པའི་ལོ་རྒྱུས་ཀྱང་ཡོད། དེས་ན་རྟག་ཏུ་བསམ་པ་བཟང་པོ་ཁོ་ན་ལ་བསླབས་ན་ཚེ་འདིར་ཡང་བསམ་པའི་དོན་ཐམས་ཅད་ཡིད་བཞིན་དུ་འགྲུབ། དཀར་ཕྱོགས་ཀྱི་ལྷ་རྣམས་ཀྱིས་སྲུང་ཞིང་སངས་རྒྱས་དང་བྱང་ཆུབ་སེམས་དཔའ་ཐམས་ཅད་ཀྱིས་བྱིན་གྱིས་རློབ། ཅི་བྱས་དགེ་བར་འགྱུར་ཞིང་འཆི་ཁ་གནད་གཅོད་མི་འབྱུང་། ཕྱི་མ་ལྷ་དང་མི་ཡི་གོ་འཕང་ཐོབ་

ཅིང་། མཐར་ཐུག་རྫོགས་པའི་སངས་རྒྱས་ཀྱི་གོ་འཕང་མངོན་དུ་འགྱུར་བ་ཡིན་པས། ཅམ་ཅོབ་ཏུ་རང་རྒྱུད་ལ་མི་རྟོག་པར་ཕྱག་དང་བསྐོར་བ་ཁ་ཏོན་དང་བཟླས་བརྗོད་སོགས་དགེ་བ་རྒྱ་ཆེན་པོ་བྱེད་ཁུལ་ལས། རྟག་ཏུ་རང་གི་རྒྱུད་ལ་བརྟགས་ནས་བསམ་པ་བཟང་པོ་ལ་བསླབ་པ་གལ་ཆེའོ། །

2 སེམས་བསྐྱེད་དངོས།

གཉིས་པ་སེམས་བསྐྱེད་པ་དངོས་ལ། བློ་སྟོབས་ཀྱི་ཁྱད་པར་གྱིས་དབྱེ་ན་གསུམ་ཡོད་དེ། རྒྱལ་པོ་རྣམས་དང་པོ་རང་ཉིད་ཀྱིས་ཕ་རོལ་གྱི་སྡེ་ཐམས་ཅད་ཟིལ་གྱིས་མནན། རང་ཕྱོགས་ཀྱི་དཔུང་བསྟོད་དེ་སྔོན་ལ་རང་ཉིད་རྒྱལ་པོ་བྱས་ནས། དེ་རྗེས་སུ་སྡེ་མངའ་རིས་སྐྱོང་བར་འདོད་པ་བཞིན་དུ། ཐོག་མར་རང་ཉིད་སངས་རྒྱས་ཀྱི་གོ་འཕང་ཐོབ་པར་བྱས་ནས། དེའི་རྗེས་སུ་སེམས་ཅན་ཐམས་ཅད་ཀྱང་སངས་རྒྱས་ཀྱི་ས་ལ་འགོད་པར་འདོད་པ་རྒྱལ་པོ་ལྟ་བུའི་སེམས་བསྐྱེད། མཉན་པ་ཞེས་བྱ་བ་གྲུ་པ་རྣམས་ཀྱིས་རང་ཉིད་དང་གྲུར་ཞུགས་པའི་མི་ལ་སོགས་པ་ཐམས་ཅད་མཉམ་དུ་ཆུའི་ཕ་རོལ་ཏུ་འགྲོ་བར་འདོད་པ་ལྟར། རང་དང་སེམས་ཅན་ཐམས་ཅད་ལྷན་ཅིག་ཏུ་རྫོགས་པའི་སངས་རྒྱས་ཀྱི་གོ་འཕང་ཐོབ་པར་འདོད་པ་མཉན་པ་ལྟ་བུའི་སེམས་བསྐྱེད། ཕྱུགས་རྫི་རྣམས་ཀྱིས་དང་པོར་ཕྱུགས་ལུག་རྣམས་རྩྭ་ཆུ་རྙེད་པ་དང་། འཕར་སྤྱང་སོགས་ཀྱིས་གནོད་པ་མེད་པར་བྱས་ཏེ་སྔོན་དུ་དེད། རང་ཉིད་དེའི་ཕྱི་བཞིན་འབྲངས་ཏེ་རྗེས་ནས་འོང་བ་དང་འདྲ་བར། སྔོན་ལ་ཁམས་གསུམ་གྱི་སེམས་ཅན་ཐམས་ཅད་རྫོགས་པའི་སངས་རྒྱས་ཀྱི་གོ་འཕང་ལ་བཀོད་ནས་ཕྱི་ནས་རང་ཉིད་འཚང་རྒྱ་བར་འདོད་པ་དང་གསུམ་ལས། དང་པོ་རྒྱལ་པོ་ལྟ་བུ་ནི་འདོད་ཆེན་པོའི་སེམས་བསྐྱེད་ཞེས་བྱ་སྟེ་བློ་སྟོབས་ཐ་མ་ཡིན། གཉིས་པ་མཉན་པ་ལྟ་བུ་ནི། ཡེ་ཤེས་དམ་པའི་སེམས་བསྐྱེད་ཞེས་བྱ་སྟེ། བློ་སྟོབས་འབྲིང་པོ་ཡིན་ཞིང་དཔེར་ན་རྗེ་བཙུན་

བྱམས་པ་ལྟ་བུའི་སེམས་བསྐྱེད་ཡིན་པར་གསུངས། རྗེ་བོ་ལྟ་བུ་ནི་དཔེ་མེད་པའི་སེམས་བསྐྱེད་ཞེས་བྱ་སྟེ། ཤིན་ཏུ་བློ་སྟོབས་ཆེན་པོ་དང་ལྡན་པ། དཔེར་ན་རྗེ་བཙུན་འཇམ་དཔལ་དབྱངས་ལྟ་བུའི་སེམས་བསྐྱེད་ཡིན་པར་གསུངས་སོ། །ས་མཚམས་ཀྱིས་དབྱེ་ན། ཚོགས་སྦྱོར་གྱི་ལམ་ན་མོས་པས་སྤྱོད་པའི་སེམས་བསྐྱེད། ས་དང་པོ་ནས་བདུན་པའི་བར་ལ་ལྷག་བསམ་རྣམ་དག་གི་སེམས་བསྐྱེད། དག་པའི་ས་གསུམ་ན་རྣམ་པར་སྨིན་པའི་སེམས་བསྐྱེད། སངས་རྒྱས་ཀྱི་ས་ན་སྒྲིབ་པ་སྤངས་པའི་སེམས་བསྐྱེད་དང་བཞི་ཡོད། སེམས་བསྐྱེད་རང་གི་ངོ་བོས་དབྱེ་ན་ཀུན་རྫོབ་སེམས་བསྐྱེད་དང་། དོན་དམ་སེམས་བསྐྱེད་གཉིས་ཡོད། ཀུན་རྫོབ་སེམས་བསྐྱེད་ལ་ཡང་ནང་གསེས་ཀྱི་དབྱེ་བ་གཉིས་ཏེ། སྨོན་པ་སེམས་བསྐྱེད་དང་། འཇུག་པ་སེམས་བསྐྱེད་གཉིས། དེ་ཡང་སྤྱོད་འཇུག་ལས། འགྲོ་བར་འདོད་དང་འགྲོ་བ་ཡི། །བྱེ་བྲག་ཇི་ལྟར་ཤེས་པ་ལྟར། །དེ་བཞིན་མཁས་པས་འདི་གཉིས་ཀྱི། །བྱེ་བྲག་རིམ་བཞིན་ཤེས་པར་བྱ། །ཞེས་གསུངས། དཔེར་ན་ཉི་མ་ལྷ་ས་ལྟ་བུ་ཞིག་ཏུ་འགྲོ་བ་ལ། དང་པོ་ང་ལྷ་སར་གཅིག་འགྲོ་སྙམ་པ་ལྟར་དུ། དང་པོ་ངས་སེམས་ཅན་ཐམས་ཅད་རྫོགས་པའི་སངས་རྒྱས་ཀྱི་གོ་འཕང་ཐོབ་པ་ཞིག་བྱ་སྙམ་པ་འགྲོ་བ་འདོད་པ་ལྟ་བུ་སྨོན་པའི་སེམས་བསྐྱེད། ལྷ་སར་འགྲོ་བ་དངོས་ཀྱི་གྲོ་ཆས་དང་ཁལ་རྟ་སོགས་སྟ་གོན་བྱས་ནས་དངོས་སུ་ལམ་དུ་ཞུགས་ཏེ་འགྲོ་བ་ལྟར། སེམས་ཅན་ཐམས་ཅད་རྫོགས་པའི་སངས་རྒྱས་ཀྱི་གོ་འཕང་ཐོབ་པར་བྱ་བའི་ཆེད་དུ་སྦྱིན་པ་གཏོང་། ཚུལ་ཁྲིམས་བསྲུང་། བཟོད་པ་བསྒོམ། བརྩོན་འགྲུབ་བརྩམ། བསམ་གཏན་ལ་མཉམ་པར་འཇོག ཤེས་རབ་ལ་བློ་སྦྱོང་སྙམ་ནས་ལམ་ཕ་རོལ་ཏུ་ཕྱིན་པ་དྲུག་ལ་དངོས་སུ་སློབ་པ་ནི། འགྲོ་བ་དངོས་ལྟ་བུ་འཇུག་པ་བྱང་ཆུབ་ཀྱི་སེམས་ཡིན། དེ་ལྟ་བུའི་སྨོན་པ་དང་འཇུག་པའི་སེམས་བསྐྱེད་དེ་གཉིས་ཀ་ཀུན་རྫོབ་བྱང་ཆུབ་ཀྱི་སེམས་ཡིན་ཞིང་། ཚོགས་སྦྱོར་གྱི་ལམ་དུ་དེ་ལྟ་བུའི་སེམས་བསྐྱེད་ལ་བརྟེན་ནས་ཡུན་རིང་པོར་བློ་སྦྱངས་པའི་མཐུ་ལས། མཐར་

མཐོང་ལམ་དུ་ཆོས་ཐམས་ཅད་ཀྱི་གནས་ལུགས་དེ་བཞིན་ཉིད། སྤྲོས་པ་ཐམས་ཅད་བྲལ་བའི་ཡེ་ཤེས་སྟོང་པ་ཉིད་ཀྱི་དོན་མངོན་སུམ་དུ་རྟོགས་པ་ནི་དོན་དམ་པའི་སེམས་བསྐྱེད་ཡིན། དོན་དམ་སེམས་བསྐྱེད་མཚན་ཉིད་པ་བསྒོམ་སྟོབས་ཀྱིས་ཐོབ་དགོས་པས་ཆོ་ག་ལ་མི་ལྟོས། འདིར་ལས་དང་པོ་བས་ཀུན་རྫོབ་སེམས་བསྐྱེད་ཆོ་ག་ལ་ལྟོས་པ་ཡིན་པས་བླ་མ་ལས་ལེན་ཚུལ་སེམས་བསྐྱེད་འབོག་ཆོག་ལྟར་བྱ། དེ་ལྟར་ཐོབ་པའི་སེམས་བསྐྱེད་དེ་མི་ཉམས་ཤིང་གོང་དུ་འཕེལ་བའི་ཕྱིར་དུ་དུས་དང་རྣམ་པ་ཐམས་ཅད་དུ་འདི་ལྟར་ཡང་དང་ཡང་དུ་བླང་དགོས། དེ་ཡང་མདུན་གྱི་ནམ་མཁར་སངས་རྒྱས་དང་བྱང་ཆུབ་སེམས་དཔའ་ལ་སོགས་པ་ཐམས་ཅད་སེམས་བསྐྱེད་ཀྱི་དཔང་པོར་སྐྱབས་འགྲོའི་ཚོགས་ཞིང་ཇི་ལྟ་བ་བཞིན་གསལ་གདབ། འདི་ལྟར་ནམ་མཁའི་མཐས་ཁྱབ་པའི་སེམས་ཅན་འདི་ཐམས་ཅད་ཚེ་རབས་ཐོག་མ་མེད་པ་ཙམ་ཆད་དུ་རང་གི་ཕ་མར་མ་གྱུར་པ་ནི་གཅིག་ཀྱང་མེད། ཕ་མར་གྱུར་པའི་ཚེ་ད་ལྟའི་ཕ་མ་བཞིན་དུ་གཅེས་སྤྲས་སྣ་ཚོགས་ཀྱིས་བསྐྱངས། ཟས་སུ་ཞུད་བྱིན། གོས་ཀྱི་རྔེས་གཡོགས། ཤིན་ཏུ་བྱམས་པའི་སྒོ་ནས་བསྐྱེད་བསྲིངས་པའི་དྲིན་ཅན་ཤ་སྟག་ཡིན་པར་ངེས་ལ། དེ་ལྟ་བུའི་ཕ་མ་དྲིན་ཅན་དེ་དག་ཐམས་ཅད་འཁོར་བ་སྡུག་བསྔལ་གྱི་རྒྱ་མཚོ་ཆེན་པོའི་ནང་ལ་བྱིང་། གཏི་མུག་གི་མུན་པ་འཐུག་པོས་བསྒྲིབས། ལམ་དང་ལམ་མ་ཡིན་པའི་བླང་དོར་ནི་མི་ཤེས། ཡང་དག་པའི་ལམ་སྟོན་གྱི་བཤེས་གཉེན་དང་ནི་བྲལ། སྐྱབས་དང་སྐྱོབ་པ། མགོན་དང་དཔུང་གཉེན། རེ་ལྟོས་དང་སྐྱབས་གནས་སུ་ཡང་མེད་པར་ལོང་བ་བཤེས་བྲལ་ཐང་སྟོང་དུ་འཁྱམས་པ་ལྟ་བུའི་མ་རྒན་དེ་ཐམས་ཅད་འཁོར་བའི་གནས་འདིར་བཞག་ནས། རང་ཉིད་གཅིག་པུ་ཞིག་ཐར་བ་ལ་དགོས་པ་ཅི་ཡོད། དེའི་ཕྱིར་བདག་གིས་སེམས་ཅན་ཐམས་ཅད་ཀྱི་དོན་དུ་བྱང་ཆུབ་མཆོག་ཏུ་སེམས་བསྐྱེད་ནས་སྔོན་གྱི་རྒྱལ་སྲས་བྱང་ཆུབ་སེམས་དཔའ་རྣམས་ཀྱི་མཛད་སྤྱོད་རླབས་པོ་ཆེ་ལ་བསླབ་ཅིང་། འཁོར་བ་ན་སེམས་ཅན་གཅིག་

ཀྱང་མི་གནས་པ། དེ་ཙམ་དུ་བརྩོན་འགྲུས་བརྩམ་མོ་སྙམ་པས། ཧོ༔སྣ་ཚོགས་སྣང་བ་ཆུ་ཟླའི་རྫུན་རིས་ཀྱིས༔འཁོར་བ་ལུ་གུ་རྒྱུད་དུ་འཁྱམས་པའི་འགྲོ༔རང་རིག་འོད་གསལ་དབྱིངས་སུ་ངལ་གསོ་ཕྱིར༔ཚད་མེད་བཞི་ཡི་ངང་ནས་སེམས་བསྐྱེད་དོ༔ཞེས་ཅི་མང་དུ་བརྗོད་པའི་མཐར། ཚོགས་ཞིང་གི་ལྷ་ཚོགས་རྣམས་ལ་མོས་གུས་དུང་དུང་པ་ཞིག་བྱས་པས། ལྷ་ཚོགས་ཐམས་ཅད་མཐའ་ནས་རིམ་པ་བཞིན་དུ་འོད་དུ་ཡལ་ཏེ་དབུས་ཀྱི་བླ་མ་སྐྱབས་གསུམ་ཀུན་འདུས་ལ་ཐིམ། བླ་མ་ཡང་འོད་དུ་ཞུ་ནས་རང་ལ་ཐིམ་པའི་རྐྱེན་གྱིས་སྐྱབས་ཡུལ་ལྷ་ཚོགས་དེ་དག་གི་ཐུགས་རྒྱུད་ན་བཞུགས་པའི་དོན་དམ་པའི་བྱང་ཆུབ་ཀྱི་སེམས་རང་རྒྱུད་ལ་ལྷང་གིས་སྐྱེས་པར་བསམ། བྱང་ཆུབ་སེམས་མཆོག་རིན་པོ་ཆེ། །མ་སྐྱེས་པ་རྣམས་སྐྱེ་གྱུར་ཅིག །སྐྱེས་པ་ཉམས་པ་མེད་པར་ཡང་། །གོང་ནས་གོང་དུ་འཕེལ་བར་ཤོག །ཅེས་སྨོན་ལམ་དང་འཇམ་དཔལ་དཔའ་བོས་སོགས་ཀྱིས་བསྔོ་བ་བྱ།

དེ་ལྟ་བུའི་བྱང་ཆུབ་ཀྱི་སེམས་བསྐྱེད་པ་འདི་ནི། རྒྱལ་བས་ཆོས་ཀྱི་སྒོ་མོ་བརྒྱད་ཁྲི་བཞི་སྟོང་གསུངས་པ་ཐམས་ཅད་ཀྱི་སྙིང་པོ་དྲིལ་དྲིལ་བ། ཡོད་ན་དེས་ཆོག མེད་ན་ཐབས་ཆགས་ཀྱི་གདམས་པ། ནད་བརྒྱ་སྨན་གཅིག སྨན་དཀར་པོ་ཆིག་ཐུབ་ལྟ་བུ་ཡིན། གཞན་ཚོགས་བསགས་པ། སྒྲིབ་པ་སྦྱང་བ། ལྷ་བསྒོམ་པ། སྔགས་བཟླ་བ་ལ་སོགས་ཆོས་ཉམས་སུ་ལེན་པ་ཐམས་ཅད་ཀྱང་བྱང་ཆུབ་ཀྱི་སེམས་ཡིད་བཞིན་གྱི་ནོར་བུ་འདི་རྒྱུད་ལ་སྐྱེ་བའི་ཐབས་ཙམ་དུ་ཉམས་སུ་ལེན་པ་ཡིན་གྱི། བྱང་ཆུབ་ཀྱི་སེམས་ལ་མ་བརྟེན་པར་རང་རང་སོ་སོའི་ལམ་གྱིས་རྫོགས་པའི་སངས་རྒྱས་ཀྱི་གོ་འཕང་ཐོབ་པར་མི་ནུས། བྱང་ཆུབ་ཀྱི་སེམས་འདི་རྒྱུད་ལ་སྐྱེས་ན་ཆོས་གང་བསྒྲུབ་ཐམས་ཅད་རྫོགས་པའི་སངས་རྒྱས་ཀྱི་གོ་འཕང་ཐོབ་པའི་རྒྱུར་འགྱུར་བ་ཡིན་པས། དུས་དང་རྣམ་པ་ཐམས་ཅད་དུ་རང་རྒྱུད་ལ་བྱང་ཆུབ་ཀྱི་སེམས་ཉག་མ་རེ་སྐྱེ་བའི་ཐབས་ལ་སྒོ་དུ་མ་ནས་བསླབ། རང་ལ་

བྱང་ཆུབ་ཀྱི་སེམས་ཀྱི་མན་ངག་སྟོན་པའི་བླ་མ་དེ་ཡང་ཆོས་ཐེག་པ་ཆེན་པོའི་ལམ་དུ་འཇུག་པ་པོ་ཡིན་པས། གདམས་ངག་གཞན་སྟོན་པ་ལས་བཀའ་དྲིན་ལྷག་པར་ཆེ་བ་ཡིན་ཏེ། ཇོ་བོ་རྗེ་ལྷ་ཅིག་གིས་བླ་མ་གཞན་གྱི་མཚན་ནས་བརྗོད་པའི་ཚེ་ཕྱག་ཐུགས་ཀར་ཐལ་མོ་སྦྱར། ཇོ་བོ་གསེར་གླིང་པའི་མཚན་ནས་བརྗོད་པའི་ཚེ། ཕྱག་ཐལ་མོ་སྤྱི་བོར་སྦྱར་ཏེ་སྤྱན་ཆབ་གཡོ་བཞིན་དུ་གསུང་བ་ལ། སློབ་མ་རྣམས་ཀྱིས་ཇོ་བོས་བླ་མ་རྣམས་ཀྱི་མཚན་ནས་བརྗོད་པ་ལ་ཁྱད་པར་འདི་ཙམ་མཛད་པ། བླ་མ་དེ་རྣམས་ཀྱི་ཐུགས་རྒྱུད་ཀྱི་ཡོན་ཏན་ལ་ཆེ་ཆུང་ཡོད་པ་ཡིན་ནམ། བཀའ་དྲིན་ལ་ཆེ་ཆུང་གི་ཁྱད་ཡོད་པ་གང་ཡིན་ཞུས་པས། ཇོ་བོའི་ཞལ་ནས། ངའི་བླ་མ་དེ་ཐམས་ཅད་གྲུབ་པ་ཐོབ་པ་ཤ་སྟག་ཡིན་པས་ཡོན་ཏན་ལ་ཆེ་ཆུང་མེད། བཀའ་དྲིན་ལ་ཆེ་ཆུང་ཡོད་དེ། ངའི་རྒྱུད་ཀྱི་བྱང་ཆུབ་ཀྱི་སེམས་ཉག་མ་གཅིག་པོ་འདི་ཇོ་བོ་གསེར་གླིང་པའི་བཀའ་དྲིན་གྱིས་ཐོབ་པ་ཡིན་པས་ཁོང་བཀའ་དྲིན་ཆེ་གསུངས། དེ་ལྟར་སེམས་བསྐྱེད་པ་དེ་ཡང་། སེམས་མཆོག་བསྐྱེད་པ་མི་གཙོ་སྐྱེས་པ་གཙོ། ཞེས་པ་ཡིན་པས། བྱམས་པ་དང་སྙིང་རྗེ་བྱང་ཆུབ་ཀྱི་སེམས་རང་རྒྱུད་ལ་ངེས་པར་སྐྱེས་པ་ཞིག་དགོས་ཀྱི། དོན་སེམས་ཐོག་ཏུ་མ་བླངས་པར་སེམས་བསྐྱེད་འབུམ་ཕྲག་མང་པོ་བཏོན་ཀྱང་སྙིང་པོ་ཏིལ་འབྲུ་ཙམ་ཡང་མེད་དེ། རྒྱལ་བ་སྲས་དང་བཅས་པའི་སྤྱན་སྔར་བྱང་ཆུབ་ཏུ་སེམས་བསྐྱེད་པར་ཁས་བླངས་ནས་དེ་བཞིན་དུ་མི་བྱེད་ན། རྒྱལ་བ་སྲས་བཅས་བསླུ་བར་འགྱུར་བ་ཡིན་པས་ཉེས་པ་ལྗི་བ་ལས་མེད་པས། དུས་རྟག་ཏུ་སེམས་ཅན་ཐམས་ཅད་ལ་གཡོ་སྒྱུ་སྤངས་ཏེ། བྱང་ཆུབ་ཀྱི་སེམས་རྒྱུད་ལ་བསྐྱེད་པ་ལ་འབད་པར་བྱའོ། །

3 སྦྱོན་འཇུག་གི་བསླབ་བྱ།

གསུམ་པ་བྱང་ཆུབ་ཀྱི་སེམས་བསྐྱེད་པའི་བསླབ་བྱ་བསྟན་པ་ལ། བྱང་ཆུབ་

སྨོན་པའི་བསླབ་བྱ་བདག་གཞན་མཉམ་པ། བརྗེ་བ། བདག་བས་གཞན་གཅེས་པ་བསྒོམ་པ་དང་གསུམ། འཇུག་པའི་བསླབ་བྱ་ཕ་རོལ་ཏུ་ཕྱིན་པ་དྲུག་ཉམས་སུ་བླང་བ་རྣམས་ལས། དང་པོ་བདག་གཞན་མཉམ་པ་བྱང་ཆུབ་ཀྱི་སེམས་བསྒོམ་པ་ནི། འདི་ལྟར་ཐོག་མ་མེད་པའི་དུས་ནས་འཁོར་བ་སྡུག་བསྔལ་གྱི་རྒྱ་མཚོ་ཆེན་པོ་འདིར་འཁྱམས་པའི་རྒྱུ་ང་མེད་ལ་ང་དང་། བདག་མེད་ལ་བདག་ཏུ་བཟུང་ནས་བདག་ཁོ་ན་གཅེས་པར་བཟུང་བས་ལན་པ་ཡིན། དེས་ན་འདི་ལྟར་བརྟག་དགོས་ཏེ། ད་ལྟ་རང་གི་དུས་དང་རྣམ་པ་ཐམས་ཅད་དུ་རང་ལ་བདེ་བ་ཁོ་ན་འདོད་ཅིང་སྡུག་བསྔལ་གྱི་རྣམ་པ་སྣ་གཅིག་ཀྱང་མི་འདོད། ཐ་ན་ལུས་ལ་ཚེར་མ་ཟུག་པ་དང་། མེ་སྟག་ལྷུང་བ་ཙམ་ཡང་འཕྲལ་དུ་སྡུག་བསྔལ་མི་བཟོད་པ་སྐྱེས་ནས་ཨ་ཚ་ཚ་ཟེར་ཞིང་བསྲན་མི་བཟོད། རྒྱབ་ནས་ཤིག་གིས་ཟོས་ན་ཡང་དེ་མ་ཐག་དེ་ལ་ཞེ་སྡང་དྲག་པོ་ཞིག་གློ་བུར་དུ་ལངས་ཏེ་བསླབས་ནས་ཤིག་དེ་བཟུང་། སེན་མོ་གཅིག་གི་སྟེང་དུ་བཞག་ནས་གཅིག་གིས་ཤེད་ཀྱིས་གཙུར། ཤིག་བསད་ཟིན་ཀྱང་དང་དུང་ཡང་ཞེ་སྡང་གི་དབང་གིས་སེན་མོ་ཡང་ཡང་བརྡར་བར་བྱེད། ཡར་ད་ལྟ་ཕལ་ཆེར་ཤིག་བསད་པ་ལ་སྡིག་པ་མེད་སྙམ་པ་འདུག་ཀྱང་། ཤིག་གསོད་པ་འདི་ཐམས་ཅད་ཀུན་སློང་ཞེ་སྡང་གིས་བསླངས་པ་ཡིན་པས་དམྱལ་བ་བསྟུས་འཇོམས་སུ་སྐྱེ་བའི་རྒྱུ་མ་ནོར་བ་ཡིན། དེས་ན་རང་ལ་སྡུག་བསྔལ་ཆུང་ངུ་དེ་ཙམ་ཡང་མི་བཟོད་པར། དེའི་ལན་དུ་གཞན་ལ་གནོད་པ་དང་སྡུག་བསྔལ་ཆེན་པོ་བྱེད་པ་འདི་ངོ་རེ་ཚ། ཁམས་གསུམ་གྱི་སེམས་ཅན་འདི་དག་ཐམས་ཅད་ཀྱང་རང་ལ་བདེ་བ་ཐམས་ཅད་འདོད། སྡུག་བསྔལ་སྣ་གཅིག་ཀྱང་མི་འདོད་པ་རང་དང་འདྲ་བ་ཁོ་ན་ཡིན། དེ་ལྟར་བདེ་བ་ནི་འདོད། སྡུག་བསྔལ་ནི་མི་འདོད་ཀྱང་། བདེ་བའི་རྒྱུ་ཆོས་དགེ་བ་བཅུ་སྒྲུབ་མི་ཤེས་པར། སྡུག་བསྔལ་གྱི་རྒྱུ་མི་དགེ་བ་ཁོ་ན་ལ་བརྩོན་པས་ཞེ་འདོད་དང་ལག་ལེན་ཕྱིན་ཅི་ལོག་ཏུ་གྱུར་ཏེ། སྡུག་བསྔལ་འབའ་ཞིག་གིས་གདུང་བའི་སེམས་ཅན་འདི་ཐམས་

ཅད་ཐོག་མ་མེད་པའི་དུས་ནས་བདག་གི་ཕ་མ་མ་བྱས་པ་ནི་གཅིག་ཀྱང་མེད། བདག་ད་རེས་མཚན་ལྡན་གྱི་བླ་མ་དམ་པས་རྗེས་སུ་བཟུང་། དམ་པའི་ཆོས་ཀྱི་སྒོར་ཞུགས། ཁེ་ཉེན་གྱི་ཁྱད་པར་ཤེས་པ་ཡིན་པས། རྨོངས་པའི་གཞན་དབང་དུ་གྱུར་པའི་མ་རྒན་སེམས་ཅན་ཐམས་ཅད་རང་དང་ཁྱད་པར་མེད་པར་བརྩེ་བས་སྐྱོང་། ལོག་སྒྲུབ་དང་ཕྱོགས་རིས་བཟློད་པར་བྱས་ཏེ། དགྲ་གཉེན་མཉམ་པ་ཉིད་དུ་བསྒོམ་པར་བྱའོ་སྙམ་དུ་ཡང་ཡང་བསྒོམ། དུས་དང་རྣམ་པ་ཐམས་ཅད་དུ་རང་ལ་ཕན་པ་དང་བདེ་བའི་དངོས་པོ་ཅི་ལྟར་འདོད་པ་དེ་གཞན་ཡང་དེ་ལྟར་འདོད་པས། རང་གི་བདེ་བ་སྒྲུབ་པའི་ཆེད་དུ་འབད་རྩོལ་དང་བརྩོན་འགྲུས་བྱེད་པ་ལྟར་གཞན་གྱི་བདེ་བ་སྒྲུབ་པའི་ཆེད་དུ་ཡང་དེ་ལྟར་བརྩོན། རང་ལ་སྡུག་བསྔལ་གྱི་རྣམ་པ་ཕྲ་མོ་ཙམ་ཡང་སྤོང་བ་ལ་བརྩོན་པ་ལྟར། གཞན་ལ་ཡང་སྡུག་བསྔལ་ཕྲ་མོ་ཙུན་ཆད་སྤོང་བ་ལ་བརྩོན། རང་ལ་བདེ་སྐྱིད་དང་ལོངས་སྤྱོད་སོགས་ཡོད་ན་དགའ་བ་ལྟར། གཞན་ལ་བདེ་སྐྱིད་དང་ལོངས་སྤྱོད་སོགས་ཡོད་པ་ལ་སྙིང་ཐག་པ་ནས་དགའ་བ་བསྒོམ། མདོར་ན་ཁམས་གསུམ་གྱི་སེམས་ཅན་ཐམས་ཅད་རང་དང་ཁྱད་མེད་དུ་བལྟས་ནས། འཕྲལ་དང་ཡུན་གྱི་བདེ་བ་འབའ་ཞིག་སྒྲུབ་པའི་ཐབས་ཁོ་ན་ལྷུར་ལེན་དགོས་པ་ཡིན་ཏེ། རྗེ་དམ་པ་སངས་རྒྱས་ལ། དིང་པ་གཟི་རྒྱ་ཅན་གྱིས་གདམས་ངག་ཚིག་གཅིག་གིས་ཆོག་པ་ཞིག་ཞུས་པས། ཁྱེད་རང་ཅི་ལྟར་འདོད་པ་དེ་གཞན་རྣམས་ཀྱང་དེ་ལྟར་འདོད་པ་ཡིན་པས་དེ་དང་སྦྱོར་ཅིག་གསུངས། དེས་ན་རང་ལ་གཅེས་པར་འཛིན་པ་དང་། གཞན་ལ་སྣང་བར་འཛིན་པའི་ཆགས་སྡང་གི་བློ་ངན་རྩ་བ་དྲུངས་ནས་ཕྱུང་སྟེ་བདག་གཞན་མཉམ་པ་ཉིད་དུ་བལྟ་བར་བྱའོ། །

གཉིས་པ་བདག་གཞན་བརྗེ་བ་བྱང་ཆུབ་ཀྱི་སེམས་ནི། དངོས་སུ་ན་ཚ་དང་བཀྲེས་སྐོམ་ལ་སོགས་སྡུག་བསྔལ་གྱིས་གདུང་བའི་སེམས་ཅན་མཐོང་ཆོས་སུ་ཡོད་པའམ། མིན་ན་སྡུག་བསྔལ་གྱིས་གདུང་བའི་སེམས་ཅན་ཞིག་མདུན་དུ

བསམས་ནས། རང་གི་དབུགས་ཕྱིར་རྒྱུ་བའི་ཚེ། བདག་གི་བདེ་བ་དང་ལེགས་པ་ལུས་དང་ལོངས་སྤྱོད་དགེ་བའི་རྩ་བ་དང་བཅས་པ་གོས་ཕུད་དེ་གཡོགས་པ་ལྟར་ཁོང་ལ་སྦྱིན། ཁོང་གི་སྡུག་བསྔལ་ཅི་ཡོད་པ་དེ་དག་ཐམས་ཅད་རང་ཉིད་ཀྱི་དང་དུ་བླང་བར་བསམ་པ་དང་ལྷན་ཅིག་དབུགས་ནང་དུ་རྔུབས་པས། དེ་ཉིད་བདེ་བ་དང་ལྡན་སྡུག་བསྔལ་དང་བྲལ་བར་བསམ་པའི་གཏོང་ལེན་སེམས་ཅན་གཅིག་ནས་ཐམས་ཅད་ཀྱི་བར་ལ་རིམ་པར་བསྒོམ། དངོས་སུ་རང་ལ་མི་འདོད་པ་དང་སྡུག་བསྔལ་ལ་སོགས་པ་བྱུང་བའི་ཚེ་ཡང་། ཁམས་གསུམ་འཁོར་བའི་གནས་ན་འདི་ལྟ་བུའི་སྡུག་བསྔལ་མྱོང་བའི་སེམས་ཅན་དུ་མ་ཡོད་པ་དེ་དག་ཐམས་ཅད་ཀྱང་སྙིང་རེ་རྗེ། དེ་ཐམས་ཅད་ཀྱི་སྡུག་བསྔལ་གྱི་སྐལ་བ་བདག་ལ་སྨིན་ཞིང་། དེ་དག་ཐམས་ཅད་སྡུག་བསྔལ་དང་བྲལ། བདེ་བ་དང་ལྡན་པར་ཤོག་ཅིག་སྙམ་དུ་སྙིང་ཐག་པ་ནས་བསྒོམ། རང་ལ་བདེ་བ་དང་སྐྱིད་པ་ལ་སོགས་པ་བྱུང་ན། བདག་གི་བདེ་བ་འདིས་སེམས་ཅན་ཐམས་ཅད་བདེ་བར་གྱུར་ཅིག་སྙམ་དུ་བསྒོམ། དེ་ལྟར་བདག་གཞན་བརྗེ་བ་བྱང་ཆུབ་ཀྱི་སེམས་འདི་ནི། ཆོས་ཐེག་པ་ཆེན་པོའི་ལམ་དུ་ཞུགས་པ་ཐམས་ཅད་ཀྱི་བསྒོམ་བྱ་མཐར་ཐུག་གི་སྙིང་པོ་མ་ནོར་བ་ཡིན། འདི་ལན་ཅིག་རྒྱུད་ལ་སྐྱེས་པས་ཀྱང་བསྐལ་པ་མང་པོའི་སྡིག་སྒྲིབ་དག བསོད་ནམས་དང་ཡེ་ཤེས་ཀྱི་ཚོགས་རྒྱ་ཆེན་པོ་རྫོགས། ངན་སོང་དང་ངན་འགྲོ་ལོག་པར་ལྟུང་བའི་སྐྱེ་གནས་ལས་ཐར་བར་འགྱུར་བ་ཡིན་ཏེ། སྔོན་བདག་ཅག་གི་སྟོན་པ་འདི་ཤིང་རྟ་འདྲེན་པའི་དམྱལ་བར་སྐྱེས་པའི་ཚེ། གྲོགས་ཀཱ་མ་རཱུ་པ་བྱ་བ་དང་ཁོང་གཉིས་ཀྱིས་དམྱལ་བའི་ཤིང་རྟ་འདྲེན་པ་ལས། ཁོང་གཉིས་ཀ་སྟོབས་ཆུང་བས་འདྲེན་མ་ནུས་པ་ལ། དམྱལ་སྲུང་རྣམས་ཀྱིས་མཚོན་ཆ་རབ་ཏུ་འབར་བས་བསྣུན་ཞིང་འཚོག་པས་ཤིན་ཏུ་སྡུག་བསྔལ་བས། ཁོང་གིས་བསམ་པ་ལ། ངེད་གཉིས་ཀས་དྲངས་ཀྱང་མི་འདྲོང་བར་སྡུག་བསྔལ་བར་མཚུངས་པར་འདུག་པ་ལ། བདག་གཅིག་པུས་སྡུག་བསྔལ་བར་དྲངས་ལ།

འདི་བདེ་བར་གཞུག་དགོས་དགོངས་ཏེ། དམྱལ་སྲུང་རྣམས་ལ་འདིའི་ཐག་པ་ཡང་བདག་གི་གཉའ་བ་ལ་ཐོགས་ཤིག བདག་གཅིག་པུས་ཤིང་རྟ་དྲང་བར་བྱའོ་བྱས་པས། དམྱལ་སྲུང་ཁྲོས་ཏེ། སེམས་ཅན་རང་རང་གི་ལས་ལ་སྤྱོད་པ་ལ་སུས་ཅི་བྱ་ཟེར་ནས་ཐོང་གི་དབུ་ལ་ཐོ་ལུམ་བརྡུན་པས། བསམ་པ་བཟང་པོའི་མཐུས་དམྱལ་བ་ནས་ཚེ་འཕོས་ཏེ་ལྷ་ཡུལ་དུ་སྐྱེས། འདི་ཐུབ་པའི་གཞན་ཕན་གྱི་ཐོག་མ་ཡིན་པར་གསུངས། དེ་བཞིན་དུ་སྟོན་བཅོམ་ལྡན་འདས་ཉིད་དེད་དཔོན་མཛའ་བོའི་བུ་མོར་སྐྱེས་པའི་ཚེ་ཡང་བདག་གཞན་བརྗེ་བ་འདི་ཐུགས་རྒྱུད་ལ་སྐྱེས་མ་ཐག་ངན་སོང་གི་སྡུག་བསྔལ་ལས་གྲོལ་བ་ཡིན་ཏེ། དེ་ཡང་སྟོན་ཁྱིམ་བདག་མཛའ་བོ་ཞེས་བྱ་བ་ཞིག་གི་བུ་སྐྱེས་ཚད་ཤི་ནས། ཐེངས་ཅིག་བུ་ཞིག་སྐྱེས་པ་གསོས་སུ་རེ་ནས་མིང་བུ་མོར་བཏགས། ཁྱིམ་བདག་རྒྱ་མཚོར་ནོར་བུ་ལེན་དུ་ཕྱིན་པས་གྲུ་གཟིངས་ཞིག་སྟེ་ཤི། བུ་དེ་ཆེར་སྐྱེས་ནས་རང་གི་མ་ལ་ཕའི་རིགས་གང་ཡིན་དྲིས་པས། དྲང་པོར་བརྗོད་ན་རྒྱ་མཚོར་སོང་གིས་དོགས་ནས་འབྲུ་འཚོང་པའི་རིགས་ཡིན་བྱས་པས། དེས་ཀྱང་འབྲུ་ཚོང་བྱས་པས་ཉིན་རེ་བཞིན་ཀརྵ་པ་ཎ་བཞི་རེ་རྙེད་པས་མ་ལ་བསྙེན་བཀུར་བྱས་པ་ན། འབྲུ་ཚོང་བྱེད་པ་གཞན་རྣམས་ཀྱིས་ཁྱེད་འབྲུ་ཚོང་བྱེད་པའི་རིགས་མ་ཡིན་པས། འབྲུ་ཚོང་བྱེད་པ་མི་རིགས་སོ་ཟེར་ནས་བཀག་པ་ལ། ཁོང་སླར་འོང་ནས་ཡང་མ་ལ་རིགས་གང་ཡིན་དྲིས་པས། སྤོས་ཚོང་བའི་རིགས་ཡིན་ཟེར་བས། ཡང་སྤོས་འཚོང་བྱས་ཏེ་ཉིན་རེ་བཞིན་ཀརྵ་པ་ཎ་བརྒྱད་རེ་རྙེད་པ་མ་ལ་ཞབས་ཏོག་བྱས། ཡང་སྤོས་ འཚོང་རྣམས་ཀྱིས་བཀག་པས་གོས་འཚོང་བའི་རིགས་ཡིན་ཟེར་ནས་གོས་བཙོངས་པས། ཉིན་རེ་བཞིན་ཀརྵ་པ་ཎ་བཅུ་དྲུག་རེ་རྙེད་པ་མ་ལ་ཕྱིན། ཡང་གོས་ཚོང་པ་རྣམས་ཀྱིས་བཀག་པས་རིན་པོ་ཆེ་འཚོང་བའི་རིགས་ཡིན་ཟེར་ནས་རིན་པོ་ཆེ་འཚོང་པའི་ལས་བྱས་པས། ཉིན་རེ་བཞིན་ཀརྵ་པ་ཎ་སུམ་ཅུ་སོ་གཉིས་རེ་རྙེད་པ་ཡང་མ་ལ་ཕྱིན། དར་ཚོང་པ་གཞན་རྣམས་ཀྱིས་ཁྱེད་རྒྱ་

མཚོ་ནས་ནོར་བུ་ལེན་པའི་རིགས་ཡིན་པས་རང་གི་རིགས་ཀྱི་ལས་གྱིས་ཤིག་ཟེར་བས། ཁོང་ཁྲིམ་དུ་འོང་ནས་མ་ལ། ང་རང་ནོར་བུ་ལེན་པའི་རིགས་ཡིན་པར་འདུག་པས། རྒྱ་མཚོ་ཆེན་པོར་ནོར་བུ་ལེན་དུ་འགྲོ་བ་ཡིན་ཟེར་བ་ལ། མ་ན་རེ། ཁྱོད་ནོར་བུ་ལེན་པའི་རིགས་ཡིན་ཀྱང་། ཁྱོད་ཀྱི་ཕ་དང་མེས་པོ་ལ་སོགས་པ་ཐམས་ཅད་རྒྱ་མཚོར་ནོར་བུ་ལེན་དུ་ཕྱིན་ནས་ཤི་བ་ཡིན་པས། ཁྱོད་ཀྱང་སོང་ན་འཆིར་འོང་བས་མ་འགྲོ་བར་འདིར་སྡོད་ལ་ཚོང་གྱིས་བྱས་ཀྱང་། ཁོ་ཉན་དུ་མ་བཏུབ་པར་རྒྱ་མཚོར་འགྲོ་བའི་ཆས་ཐམས་ཅད་སྟ་གོན་བྱས་ནས། འགྲོ་བའི་ཚེ་མས་གཏོང་མ་ཕོད་པར་བུའི་གོས་ཀྱི་མཐའ་ནས་བཟུང་སྟེ་ངུས་པས་བུ་ཁྲོས་ཏེ་ང་རང་རྒྱ་མཚོར་འགྲོ་བ་ལ་ཁྱོད་ཀྱིས་བཀྲ་མི་ཤིས་པ་བྱས་ཏེ་ངུ་བ་ཟེར་ནས་མ་ཡི་མགོ་ལ་རྡོག་པས་བརྫུན་ནས་སོང་བས་རྒྱ་མཚོར་གྲུ་གཟིངས་ཞིག་སྟེ་ཁོང་ཐམས་ཅད་ཆུར་བྱིང་སྟེ་ཕལ་ཆེར་ཤི། ཁོས་ཤིང་ལེབ་ཅིག་ལ་འཛུས་པས་མཚོ་གླིང་ཞིག་ཏུ་ཐོན། དེར་དགའ་བ་ཞེས་བྱ་བའི་གྲོང་རིན་པོ་ཆེའི་ཁང་པ་མཛེས་ཤིང་ཡིད་དུ་འོང་བར་ཕྱིན་པས། མཛེས་སྡུག་གི་ལྷ་མོ་བཞི་བྱུང་སྟེ། དར་ཟབ་འཕོལ་བརྩེགས་ཀྱི་གདན་བཏིང་། དཀར་གསུམ་མངར་གསུམ་གྱི་མཆོད་པ་ཕུལ་ཏེ་འགྲོ་བར་རྩོམ་པ་ན་ཁྱོད་ལྷོ་ཕྱོགས་སུ་མ་འགྲོ་ཞིག ཉེས་པ་ཆེན་པོ་འབྱུང་ཉེན་ཡོད་ཟེར་ཀྱང་། མ་ཉན་པར་ཕྱིན་པས། དགའ་བ་ཅན་ཞེས་བྱ་བའི་གྲོང་ཁྱེར་བས་མཛེས་པར་བསླེབས་ཏེ། མཛེས་སྡུག་གི་བུ་མོ་བརྒྱད་ཀྱིས་སྔར་ལྟར་ཞབས་ཏོག་བྱས་ཏེ། ལྷོ་ཕྱོགས་སུ་མ་འགྲོ་ཞིག་ཉེས་པ་འབྱུང་ངོ་ཟེར་ཡང་མ་ཉན་པར་ཕྱིན་པས། ར་རོ་ཞེས་བྱ་བའི་གྲོང་ཁྱེར་བས་ཀྱང་ཕུན་སུམ་ཚོགས་པར་བསླེབས་ཏེ། མཛེས་སྡུག་གི་ལྷ་མོ་བཅུ་དྲུག་གིས་བསུས་ནས་ཞབས་ཏོག་བྱས་ཏེ་ལྷོ་ཕྱོགས་སུ་མ་འགྲོ་ཞིག་ཉེས་པ་ཆེན་པོ་འབྱུང་ངོ་ཟེར། ཡང་ཕྱིན་པས་མཁར་དཀར་པོ་རྩེ་མོ་དགུང་ལ་རེག་པ་ཞིག་འདུག་པས་བླ་མ་ཚངས་པའི་མཁར་ཞེས་བྱ་བ་ཡིན་ཏེ། དེར་ཕྱིན་པས་མཛེས་སྡུག་གི་ལྷ་མོ་སུམ་ཅུ་རྩ་གཉིས་ཀྱིས་བསུས་ནས་དར་ཟབ

འཐོལ་བཅྩགས་ཀྱི་གདན་བཏིང་། དཀར་གསུམ་མངར་གསུམ་གྱི་མཆོད་པ་ཕུལ་ཏེ་འདིར་སྡོད་ཟེར་ཡང་ཁོང་འགྲོ་འདོད་པ་ཞིག་བྱུང་ནས་འགྲོ་བར་ཐོམ་པ་ན། ཁྱོད་ཅི་ནས་འགྲོ་ཡང་ལྷོ་ཕྱོགས་སུ་མ་འགྲོ་ཞིག་ཉེས་པ་འབྱུང་ངོ་ཟེར། འོན་ཀྱང་ལྷོ་ཕྱོགས་སུ་འགྲོ་འདོད་པ་ཞིག་བྱུང་ནས་ཕྱིན་པས་ལྕགས་ཀྱི་མཁར་དགུང་ལ་རེག་པ་ཞིག་གི་སྒོ་དྲུང་ན། མི་ནག་པོ་མིག་དམར་ལྡིག་གེ་བ་ལག་ན་ལྕགས་ཀྱི་དབྱུག་པ་རིང་པོ་ཐོགས་པ་ཞིག་འདུག་པ་ལ་མཁར་འདིའི་ནང་ན་ཅི་ཡོད་པ་ཡིན་དྲིས་པས། ཅི་ཡང་མི་སྨྲ་བར་འདུག དྲུང་དུ་ཕྱིན་པས་དེ་འདྲ་བ་མང་པོ་འདུག དེ་དག་མཐོང་བ་ན་ཁོང་སྐྲག་ནས་ཤ་ཟེར་སྤུ་ཟེང་བྱེད་ཅིང་ཉེས་པ་ན་ཉེས་པ། ཉེས་པ་བྱུང་ཟེར་བ་དེ་འདི་ཡིན་པར་འདུག་དགོངས་བཞིན་མཁར་དེའི་ནང་དུ་ཕྱིན་པས། མི་ཞིག་གི་མགོ་ལ་ལྕགས་ཀྱི་འཁོར་ལོ་ཞིག་འཁོར་ཏེ་ཀླད་པ་སྐྱ་ཐ་ལ་ལ་གཏོར་གྱིན་འདུག ཁྱེད་ལས་ཅི་བྱས་པ་ཡིན་དྲིས་པས། ང་མའི་མགོ་ལ་རྡོག་པ་བརྒྱབ་པའི་རྣམ་སྨིན་མྱོང་བ་ཡིན། ཁྱོད་ཟླ་མ་ཚངས་པའི་མཁར་གྱི་བདེ་སྐྱིད་དེ་ལ་ལོངས་སྤྱོད་ནས་མི་འདུག་པར་འདིར་སྡུག་བསྔལ་ཚོ་རུ་ཅི་ཕྱིར་འོང་བ་ཡིན་ཟེར་བས། འོ་ན་ང་ཡང་འདིར་ལས་ཀྱིས་ཁྲིད་པ་ཡིན་པ་འདྲ་དགོངས་པས། དེ་མ་ཐག་ནམ་མཁའ་ནས། གང་བཅིངས་པ་དེ་ཉིད་གྲོལ་བར་གྱུར་ཅིག གང་གྲོལ་བ་དེ་ཉིད་བཅིང་བར་གྱུར་ཅིག ཟེར་བའི་སྒྲ་གྲགས་ཏེ་འཁོར་ལོ་ཁོང་གི་དབུ་ཐོག་ཏུ་འཁོར་ནས་སྤར་ལྟར་ཀླད་པ་སྐྱ་ཐ་ལ་ལ་གཏོར་ཞིང་ན་ཚ་དང་སྡུག་བསྔལ་དྲག་པོ་བཟོད་དཀའ་བ་བྱུང་བས། དེའི་རྐྱེན་གྱིས་ཁོང་གིས་རང་འདྲ་བའི་སེམས་ཅན་རྣམས་ལ་སྙིང་རྗེ་དྲག་པོ་སྐྱེས་ཏེ། འཁོར་བའི་གནས་རིས་འདི་ན་ང་དང་འདྲ་བར་མའི་མགོ་ལ་རྡོག་པས་བརྒྱབ་ཏེ་སྡུག་བསྔལ་མྱོང་བའི་སེམས་ཅན་ཡང་དུ་མ་ཡོད། དེ་དག་ཐམས་ཅད་ཀྱི་སྡུག་བསྔལ་ཀུན་བདག་ལ་སྨིན་ཏེ་བདག་ཁོ་ནས་མྱོང་བར་ཤོག་ཅིག སེམས་ཅན་གཞན་ཐམས་ཅད་ཀྱིས་འདི་འདྲ་བའི་སྡུག་བསྔལ་སྐྱེ་བ་དང་ཚེ་རབས་ཐམས་ཅད་དུ་མི་མྱོང་བར་ཤོག

ཅིག་སླམ་པ་བྱུང་བས། དེ་མ་ཐག་འཁོར་ལོ་ནམ་མཁའ་ལ་འཕགས་ཏེ། ཁོང་སྤྱུག་བསྡལ་ལས་གྲོལ་ནས་ཏྲ་ལ་བདུན་སྲིད་ཀྱི་སྟེང་ན་བདེ་ཆམ་མེ་འདུག དེ་ལྷ་བུའི་བདག་གཞན་བརྗེ་བ་བྱང་ཆུབ་ཀྱི་སེམས་འདི་ནི་བྱང་ཆུབ་སྒྲུབ་པ་ལ་མེད་དུ་མི་རུང་བའི་ཆོས་མཐར་ཐུག་པ་ཡིན་པས་ན་སྔོན་བཀའ་གདམས་ཀྱི་དགེ་བའི་བཤེས་གཉེན་རྣམས་ཀུན་ཐུགས་དམ་གྱི་མཐིལ་འདི་ལ་མཛད་པ་ཡིན་ཏེ། སྔོན་དགེ་བཤེས་འཆད་ཁ་བ་དེ་གསར་རྙིང་གི་ཆོས་དང་ཚད་མའི་སྤུ་ཧྲི་མང་པོ་མཁྱེན་པ་ཡིན་པ་ལ། སྐབས་ཤིག་དགེ་བཤེས་ལྕགས་ཤིང་བའི་དྲུང་དུ་བྱོན་པས། ཁོང་གི་དབུ་སྔས་ན་དཔེ་ཆུང་སྤུ་ཧྲི་ཞིག་འདུག དེ་ཞལ་ཕྱེ་ནས་གཟིགས་པས་དེའི་ནང་ན། ཁེ་དང་རྒྱལ་ཁ་གཞན་ལ་སྦྱིན། །གྱོང་དང་ཕམ་ཁ་རང་གིས་བླང་། །ཟེར་བ་ཞིག་འདུག་པས། ཆོས་ངོ་མཚར་ཅན་ཞིག་ཡིན་པར་འདུག་དགོངས་ནས། ཆོས་འདི་ཇི་སྐད་བྱ་བ་ཡིན་གསུངས་པས། འདི་བློ་སྦྱོང་ཐང་པའི་ཚིག་རྐང་བརྒྱད་མ་བྱ་བ་ཡིན་ཟེར། འདིའི་གདམས་ངག་དེ་སུ་ལ་ཡོད་དྲིས་པས། དགེ་བཤེས་གླང་ཐང་པ་ལ་ཡོད་ཟེར། དེ་ཞུ་རུ་འགྲོ་དགོངས་ཏེ་ལྷ་སར་བྱོན། ཞག་འགའ་བསྐོར་བ་མཛད་ནས་བཞུགས་པས། དགོང་ཅིག་གླང་ཐང་ནས་འོང་བའི་མཛོ་པོ་གཅིག་གིས་གླང་ཐང་པ་གྲོངས་ཟེར། གདན་ས་པ་ཅི་འདྲ་ཡོད་དྲིས་པས་ཞང་ཞུང་པ་དང་། མདོ་སྡེ་པ་བྱ་བ་གཉིས་ཡོད་དེ་ཁོང་གཉིས་གདན་ས་སུ་བྱེད་ལ་མི་འཆམས་པར་འདུག་ཟེར། ཁོང་རྣམ་པ་གཉིས་གདན་ས་ངས་བྱེད་ཀྱི་ཕམ་རྒྱལ་བརྩད་ནས་མ་འཆམས་པ་མིན། ཞང་ཞུང་པ་ན་རེ་ཁྱེད་བགྲེས་ཤོས་ལགས་པས་གདན་ས་མཛད་པ་ཞུ། ངས་ཀུན་གླང་ཐང་པ་དང་ཁྱད་མེད་དུ་འབུར་ཟེར། མདོ་སྡེ་པ་ན་རེ་ཁྱེད་ཡོན་ཏན་ཆེ་བས་གདན་ས་མཛད་པར་ཞུ་ཟེར། ཁོང་གཉིས་དག་སྣང་སྦྱོང་རེས་ཡིན་ཀྱང་། ཁོང་གིས་བླ་མའི་གདན་ས་ལ་མ་འཆམས་ཟེར་བ་སྐྱོན་ཅན་དུ་གོ་ནས། དེ་གཉིས་མི་འཆམས་ལུགས་ཀྱིས་ཆོས་དེ་མེད་པར་འདུག ད་གདམས་ངག་དེ་ཡོད་པ་སུ་དྲག་ཞེས་རྩད་བཅད་པས། ཐམས་ཅད་

ཀྱིས་ཤ་ར་བ་དྲག་ཟེར། ཤ་ར་བ་དེ་དགེ་འདུན་སྒོང་རེ་ཙམ་ལ་ཕྱུ་ཏི་མང་པོའི་གཞུང་བཤད་མཛད་ཅིང་འདུག་པ་ལ། ཞག་འགའ་ཉན་ཡང་ཁོང་འདོད་པའི་ཆོས་ཀྱི་ཚིག་ཟུར་ཙམ་ཡང་མ་བྱུང་། འདི་ལ་ཡང་ཆོས་དེ་ཨེ་ཡོད་མི་ཤེས་པར་འདུག ཡོད་མེད་དྲིས་ལ་ཡོད་ན་སློབ། མེད་ན་འགྲོ་དགོས་དགོངས་ཏེ། ཤ་ར་བ་མཆོད་རྟེན་ལ་བསྐོར་བ་མཛད་པའི་དྲུང་དུ་ཕྱིན་ནས་ན་བཟའ་བཏིང་སྟེ། འདི་ལ་ཙུང་ཞིག་བཞུགས་པར་ཞུ། ཞུ་བ་ཅིག་བདོག་ལགས་ཞུས་པས། ཇོ་བོ་ཁྱེད་ལ་གྲོས་ཐག་མ་ཆོད་པ་ཅི་ཡོད། ངས་ནི་འདུན་མ་ཐམས་ཅད་སྙན་ཐོག་ཏུ་བཅད་པ་ཡིན་གསུངས། དེར་ཁོང་གིས་བདག་གིས་མཐོང་བའི་ཆོས་ཞིག་ན། ཁེ་དང་རྒྱལ་ཁ་གཞན་ལ་སྦྱིན། །གྱོང་དང་ཕམ་ཁ་རང་གིས་བླང་། །ཞེ་བ་གཅིག་གདའ། དེར་བདག་གི་བློ་ལ་འཕྲོད་པ་ཞིག་བྱུང་སྟེ། ཆོས་དེ་ཟབ་མི་ཟབ་ཅི་ལྟར་ལགས་ཞུས་པས། ཇོ་བོ་དེ་ཁྱེད་ཀྱི་བློ་ལ་འཕྲོད་ཙུང་མི་འཕྲོད་ཙུང་། སངས་རྒྱས་ཐོབ་པར་མི་འདོད་ན་མ་གཏོགས། ཐོབ་པར་འདོད་ན་ཆོས་དེ་མེད་ཐབས་མེད་པ་ཞིག་ཡིན་གསུངས། དེའི་གདམས་ངག་དེ་བླ་མ་ལ་ཡོད་དམ་ཞུས་པས་ཡོད། ངའི་ཉམས་ལེན་ཐམས་ཅད་ཀྱི་གཙོ་བོ་དེ་ཡིན་གསུངས། འོ་ན་གདམས་ངག་དེ་བདག་ལ་གནང་བར་ཞུ་ཞུས་པས། ཁྱོད་ཡུན་རིང་པོར་ངའི་ཟུར་སྡོད་ནུས་སམ་ནུས་ན་སྟེར་གསུངས། དེར་ཁོང་ནས་ལོ་དྲུག་ལ་བློ་སྦྱོང་ཚར་གཅིག་ཉམས་ཁྲིད་དུ་བྱས་ཏེ་བསྒོམས་པས་བདག་གཅེས་འཛིན་གྱི་འཁྲི་བ་གཏན་ནས་མེད་པ་ཞིག་བྱུང་བ་ཡིན། དེས་ན་བདག་གཞན་བརྗེ་བ་བྱང་ཆུབ་ཀྱི་སེམས་བསྒོམ་པ་འདི་ནི། ཚེ་འདིར་ཡང་ན་ཚ་དང་སྡུག་བསྔལ་ལ་སོགས་ཞི་བ། ལྷ་འདྲེ་དང་གདོན་བགེགས་འདུལ་བ་ལ་སོགས་པ་ལ་ཡང་འདི་ལས་ལྷག་པའི་གདམས་པ་མེད་པས། དུས་དང་རྣམ་པ་ཐམས་ཅད་དུ་བདག་གཅེས་འཛིན་གྱི་བློ་ངན་འདི་དུག་ལྟར་སྤངས་ཏེ། བདག་གཞན་བརྗེ་བ་བྱང་ཆུབ་ཀྱི་སེམས་འདི་བསྒོམ་པ་ལ་འབད་པར་བྱའོ། །

གསུམ་པ་བདག་བས་གཞན་གཅེས་པ་བསྒོམ་པ་ནི། བདག་འཁོར་བར་གནས་རུང་། དམྱལ་བར་སྐྱེས་རུང་། ན་རུང་། ཚ་རུང་། ཉམས་ཉེས་ཅི་བྱུང་ཡང་བཟོད་པར་བྱ་ཡི། སེམས་ཅན་གཞན་སྡུག་བསྔལ་བདག་ལ་སྨིན་པར་ཤོག་ཅིག བདག་གི་བདེ་བ་དང་དགེ་བའི་འབྲས་བུ་ཁོང་ལ་རྫོགས་པར་ཤོག་ཅིག སྙམ་དུ་ཞེ་ཐག་པ་ནས་བསམ་ཞིང་དངོས་སུ་ཡང་དེ་ལྟར་ཉམས་སུ་བླང་བ་སྟེ། དཔེར་ན་ཇོ་བོའི་བླ་མ་བྱམས་པའི་རྣལ་འབྱོར་པ་དང་། ཧྨ་རཀྵི་ཏ་དང་། བདག་ཅག་གི་སྟོན་པ་འདི་རྒྱལ་པོ་པདྨ་སྐུ་སྐྱེ་བ་བཞེས་པ་དང་། རུས་སྦལ་དུ་སྐྱེ་བ་བཞེས་པ་དང་། རྒྱལ་པོ་གཙུག་ན་ནོར་བུར་སྐྱེ་བ་བཞེས་པའི་དུས་ལ་སོགས་པ་ལྟར་ཡིན་ཏེ། དེ་ཡང་ཇོ་བོའི་བླ་མ་བྱམས་པའི་རྣལ་འབྱོར་པ་བྱ་བ་དེས་ཆོས་གསུངས་པའི་རྩ་རུ་མི་གཅིག་གིས་ཁྱི་ལ་རྡོ་བརྒྱབ་པས། བླ་མས་ཨ་ན་ན་གསུངས་ནས་ཁྲི་ཐོག་ནས་འགྱེལ། གཞན་རྣམས་ཀྱིས་ཁྱི་ལ་ཅི་ཡང་མི་ལྡོ་བར་འདུག་པ་ལ་ཚུལ་འཆོས་རེ་ཆེ་སྙམ་པ་བྱུང་བས། བླ་མས་དེ་མཁྱེན་ནས་སྐུ་རྒྱབ་བསྟན་པས་ཁྱི་ལ་རྡོ་བརྒྱབ་པའི་ཐད་ན་ཁྲུ་རེ་སྐྲངས་འདུག་པས་ཐམས་ཅད་ཡིད་ཆེས་ཏེ། ཁྱི་ལ་རྡོ་བརྒྱབ་པའི་ན་ཚ་དངོས་སུ་ཁོང་གིས་བླངས་པ་ཡིན། དེ་བཞིན་བླ་མ་ཧྨ་རཀྵི་ཏ་བྱ་བ་དེ་དང་པོ་ཉན་ཐོས་བྱེ་བྲག་སྨྲ་བའི་པཎྜི་ཏ་ཡིན། སྐུ་ཚེ་འདི་ལ་སྟོན་ཆད་ཐེག་ཆེན་གྱི་ཆོས་མ་ཐོས་ཀྱང་། ཐེག་ཆེན་གྱི་རིགས་ལ་གནས་པས་སྙིང་རྗེ་ཆེན་པོ་རྩོལ་མེད་དུ་མངའ། ཁོང་བཞུགས་པའི་ཉེ་འཁོར་དུ་མི་ཞིག་ནད་དྲག་པོ་ཞིག་གིས་ཐེབས་པ་ལ། སྨན་པ་ན་རེ། ནད་འདི་ལ་མི་གསོན་པོའི་ཤ་ཞིག་ཡོད་ན་ཕན་ཏེ་མི་རྙེད། གཞན་ཐབས་མེད་ཟེར། དེས་ཕན་ན་ངས་སྦྱིན་གྱིས་གསུངས་ནས་རང་གི་བརླ་ཤ་བཅད་ནས་བྱིན། ནད་པས་ཤ་དེ་ཟོས་པས་ཕན། ཁོང་ལ་སྟོང་ཉིད་མ་རྟོགས་པས་ཟུག་རྔུ་ཆེན་པོ་བྱུང་ཡང་སྙིང་རྗེ་ཆེ་བས་འགྱོད་པ་མ་སྐྱེས། ནད་པ་ལ་ཕན་ནམ་དྲིས་པས། ཕོ་ན་རེ་བདག་གི་ནད་ལ་ཕན་ལགས་ཏེ་ཁྱེད་འོ་བརྒྱལ་དུ་བཅུག་ཟེར། ཁྱོད་བདེ་ན་ང་ཤི་ཡང་བཟོད་གསུངས། ཟུག་ཆེ་

བས་མནལ་ཙུང་ཟད་ཀྱང་མ་བྱུང་། ཐོ་རངས་མནལ་ཟིམ་ཙམ་ཞིག་བྱུང་བའི་མནལ་ལམ་ན། མི་དཀར་པོ་ཞིག་བྱུང་ནས་བྱང་ཆུབ་ཐོབ་པར་འདོད་པས་ཁྱོད་ཀྱི་འདི་ལྟ་བུའི་དཀའ་བ་སྤྱད་དགོས། ལེགས་སོ་ལེགས་སོ་གསུངས་ནས་རྨ་ལ་ལྡགས་མཆིལ་བཏབ་ནས་ཕྱག་གིས་བྱབས་པས་རྨིན་པའང་མེད་པར་སོང་བ་རྨིས། མནལ་སད་ཙ་ན་དེ་བཞིན་སོང་འདུག མི་དེ་ཐུགས་རྗེ་ཆེན་པོ་ཡིན་པར་འདུག དེ་ནས་གནས་ལུགས་ཀྱི་དགོངས་པ་ཇི་ལྟར་བ་བཞིན་ཐུགས་ལ་འཁྲུངས་ཏེ། འཕགས་པ་ཀླུ་སྒྲུབ་ཀྱི་དབུ་མ་རིག་པའི་ཚོགས་ཀྱི་ཚིག་རྣམས་ཞལ་དུ་ཤ་ར་ར་འདོན་པ་ཞིག་བྱུང་བར་གདའ། ཡང་སྟོན་ཐུབ་པ་འདི་རྒྱལ་པོ་པདྨ་བྱ་བར་འཁྲུངས་པའི་དུས་སུ། དུས་གཅིག་གི་ཚེ་ཕོང་གི་མངའ་རིས་སུ་ནད་ཡམས་ཆེན་པོ་བྱུང་ནས་མི་མང་པོ་ཤི་བས། རྒྱལ་པོས་སྨན་པ་རྣམས་བོས་ནས། འདི་ལ་ཅིས་ཕན་དྲིས་པས། ནད་འདི་ལ་ཉ་རོ་ཧི་ཏའི་ཤ་ཡོད་ན་ཕན། གཞན་གང་ཕན་ནད་ཀྱི་གྲིབ་ཀྱིས་རྨུགས་ནས་མི་ཤེས་པར་འདུག་ཞུས་པས། རྒྱལ་པོས་དུས་བཟང་ལ་བབས་པའི་སྤྱ་དྲོ་ཁྲུས་བྱས། གོས་གསར་པ་གྱོན། གསོ་སྦྱོང་བླངས། དཀོན་མཆོག་ལ་མཆོད་པ་རྒྱ་ཆེན་པོ་ཕུལ། གསོལ་བ་དྲག་པོ་བཏབ་ནས། བདག་ཤི་མ་ཐག་ཆུ་ཀླུང་ཞོག་བྱེད་དུ་ཉ་རོ་ཧི་ཏར་སྐྱེ་བར་གྱུར་ཅིག ཅེས་སྨོན་ལམ་བཏབ་སྟེ། ཁང་བཟང་ཁྲ་སྟོང་ཡོད་པའི་ཁ་ནས་མཆོང་ངོ་། །དེ་མ་ཐག་ཆུ་དེར་ཉ་དེར་བརྫུས་ནས་སྐྱེས། དེ་ནས་མིའི་སྐད་དུ་ང་ཉ་རོ་ཧི་ཏ་ཡིན་པས། ངའི་ཤ་ལོངས་ལ་ཟོ་ཞིག་ཅེས་སྨྲས་པས་ཐམས་ཅད་ཀྱིས་ཤ་བླངས་ཏེ། གཞོགས་གཅིག་གི་ཤ་ཟད་ཙ་ན། གཞོགས་བསྒྱུར་ཞིང་བཅད་པས་གཅིག་ཟད་ཙ་ན་གཅིག་གི་ཤ་སྐྱེས་ཏེ། དེ་ལྟར་རེས་མོས་ཀྱིས་ཟོས་པས་ནད་པ་ཐམས་ཅད་ལ་ཕན་ནོ། །དེར་མི་ཐམས་ཅད་ལ་ང་ཁྱེད་ཚོའི་རྒྱལ་པོ་པདྨ་ཡིན་ཏེ། ངས་ཁྱེད་རྣམས་ནད་ལས་སྐྱོབ་པའི་ཆེད་དུ་རང་གི་སྲོག་བློས་བཏང་ནས་ཉ་རོ་ཧི་ཏར་སྐྱེས་པ་ཡིན་པས། ཁྱེད་ཚོས་ང་ལ་དྲིན་ལན་དུ་སྡིག་པ་སྤོངས་ལ་དགེ་བ་ཅི་ནུས་སྒྲུབས་ཤིག་གསུངས་པས།

དེ་དག་གིས་ཀྱང་བཀའ་བཞིན་དུ་བསྒྲུབས་པས། དེ་ནས་བཟུང་སྟེ་དེ་དག་ངན་འགྲོ་ལོག་པར་མ་ལྟུང་ངོ་། གཞན་ཡང་ཐུབ་པ་འདི་ཉིད་རྫུས་སྤྲུལ་ཆེན་པོ་ཞིག་ཏུ་འཁྲུངས་པའི་དུས་སུ། ཚོང་པ་ལྔ་བརྒྱ་རྒྱ་མཚོར་ཕྱིན་པས་གྲུ་ཞིག་སྟེ། འཆི་ལ་ཐུག་པ་ལ་རྫུས་སྤྲུལ་གྱིས་མིའི་སྐད་དུ་ཐམས་ཅད་ང་ལ་ཞོན་ཅིག ངས་བསྒྲལ་གྱིས་གསུངས་ནས་ཚོང་པ་ཐམས་ཅད་ཁུར་ཏེ་བསྒྲལ་བས་ངལ་ཤིང་དུབ་སྟེ་མཚོ་མཐར་གཉིད་པས། སྦྲང་བུ་གེ་ཏ་ཀ་བརྒྱད་ཁྲིས་ཕོང་གི་ཁྲག་འཇིབ་པས། གཉིས་སད་དེ་བལྟས་པས་སྦྲང་བུ་མང་པོ་འདུག ཆུར་ཕྱིན་པའམ་འགྲེ་ལྡོག་བྱས་ན་སྦྲང་བུ་འཆི་བར་དོགས་ནས་དེ་ཀ་ལ་བཞུགས་ཏེ་སྲོག་བཏང་བས། སངས་རྒྱས་པའི་དུས་སུ་སྦྲང་བུ་རྣམས་ལྷ་བརྒྱད་ཁྲིར་གྱུར་ནས་ཆོས་ཉན་པས། དེ་དག་གིས་བདེན་པ་མཐོང་བ་ཡིན། ཡང་ཐུབ་པ་འདི་ཡུལ་ཤ་ཀེ་ཏ་བྱ་བར་རྒྱལ་པོ་གསེར་གྱི་གཙུག་ཕོར་བྱ་བ་དང་། བཙུན་མོ་མཛེས་ལྡན་དགའ་བྱེད་མའི་སྲས་སུ་འཁྲུངས། འདིའི་དབུ་ལ་ནོར་བུ་རིན་པོ་ཆེའི་གཙུག་ཕོར་ཡོད་པ་ལས་བདུད་རྩི་འབབ་ཅིང་དེ་ལྕུགས་ལ་རེག་པས། ལྕུགས་རྣམས་གསེར་དུ་སྒྱུར་བར་ནུས་པ་ཞིག་རང་ཆས་སུ་བྱུང་བས། དེའི་མཚན་ཡང་གཙུག་ན་ནོར་བུ་ཞེས་བྱ་བར་བཏགས་སོ། །འདི་འཁྲུངས་དུས་རིན་པོ་ཆེ་སྣ་ཚོགས་ཀྱི་ཆར་ཡང་བབས་སོ། །དེ་ལ་གླང་པོ་བཟང་པོའི་རི་བྱ་བའི་གླང་པོའི་མཆོག་ཅིག་ཀྱང་ཡོད་དོ། །རྒྱལ་པོ་དེས་འཇིག་རྟེན་ཆོས་བཞིན་དུ་སྐྱོང་ཞིང་རྟག་ཏུ་སྦྱིན་པ་རྒྱ་ཆེན་པོ་བྱས་པས། ཕོངས་པ་དང་སྨོང་བ་རྒྱུན་ཆད་པར་བྱས་སོ། །དྲང་སྲོང་འབྲི་ཁུ་བྱ་བ་ལ་པདྨ་ལས་སྐྱེས་པའི་བུ་མོ་མཚན་ལྡན་ཅིག་ཡོད་པ། རྒྱལ་པོ་ལ་བཙུན་མོར་ཕུལ་ལོ། དེ་ལ་སྲས་པདྨའི་གཙུག་ཕོར་ཞེས་བྱ་བ་རྒྱལ་པོ་ཉིད་དང་མཚུངས་པ་ཞིག་བཙས་སོ། དེ་ནས་རྒྱལ་པོ་མཆོད་སྦྱིན་རྒྱ་ཆེན་པོ་བྱེད་པར་འདོད་ནས། དྲང་སྲོང་འབྲི་ཁུ་དང་། རྒྱལ་པོ་བཟོད་དཀའ་སོགས་སྐྱེ་བོ་མང་པོ་བསྡུས་སོ། །དེའི་ཚེ་བརྒྱ་བྱིན་གྱིས་རྒྱལ་པོའི་བསམ་པ་བརྟགས་པའི་ཕྱིར། སྲིན་པོར་སྤྲུལ་ནས་སྦྱིན་སྲེག་གི་མེ་

ནང་ནས་ཐོན་ཏེ། རྒྱལ་པོའི་དྲུང་དུ་འོངས་ནས་བཟའ་བཏུང་བསྟངས་སོ། །རྒྱལ་པོས་བཟའ་བཏུང་སྣ་ཚོགས་བྱིན་པས་བཟར་མ་འདོད། ཅུང་ཟད་བཀད་ནས་ང་ལ་བསད་མ་ཐག་པའི་ཤ་ཁྲག་དྲོན་མོ་དགོས་ཞེས་སྨྲས་པས། རྒྱལ་པོ་ཅུང་ཟད་སྨྱ་ངན་དུ་གྱུར་ཏེ། འཚོ་བ་མ་བྱས་ན་དེ་འདྲ་མི་རྙེད་ཅིང་། བདག་གི་སྲོག་བཅད་ཀྱང་འཚོ་བ་བྱེད་པར་མི་ནུས་ལ། མ་བྱིན་ན་འདི་ཡང་རེ་ཐག་ཆད་ན་ཇི་ལྟར་བྱ་དགོངས་པས། ད་ནི་རང་གི་ཤ་ཁྲག་སྦྱིན་པའི་དུས་ལ་བབ་པོ་སྙམ་སྟེ་ང་རང་གི་ཤ་ཁྲག་སྦྱིན་གྱིས་གསུངས་པས། འཁོར་རྣམས་ཧབ་ཧབ་པོར་གྱུར་ཏེ་ཐམས་ཅད་ཀྱིས་བཟློག་ཀྱང་མ་བཟློག་པར། རང་གི་རྩེ་ཆུང་ལ་གཏར་ནས་ཁྲག་འཐུང་དུ་བཙུག་པས། དེས་ཀྱང་མགྲིན་པར་ཐུག་གི་བར་དུ་འཐུངས་སོ། །ཡང་རང་གི་ཤ་རྣམས་བཅད་ཅིང་བྱིན་པས་དེས་ཀྱང་ཏུས་པ་ལ་ཐུག་གི་བར་དུ་ཟོས་པས། འཁོར་ཐམས་ཅད་སྨྱ་ངན་གྱིས་ནོན་ཞིང་། ཁྱད་པར་བཙུན་མོ་བརྒྱལ་ནས་ས་ལ་འགྱེལ་ལོ། །ད་དུང་ཡང་རྒྱལ་པོ་དྲན་པ་མ་ཉམས་པར་འདུག་པས། བརྒྱ་བྱིན་ཤིན་ཏུ་རངས་ཏེ། བདག་ནི་བརྒྱ་བྱིན་ལགས་པས་ཤ་ཁྲག་མི་འཚལ་གྱི། སྦྱིན་པའི་འགྲོ་གཅད་དུ་གསོལ། ཞེས་སྨྲས་ནས། ལྷའི་བདུད་རྩི་བླངས་ནས་རྒྱལ་པོའི་རྨ་ལ་བཏབ་པས་རྒྱལ་པོའང་སྔ་མ་ཕོ་ན་བཞིན་གྱུར་ཏོ། །དེ་ནས་རྒྱལ་པོས་གླང་པོ་བཟང་པོའི་རི་མདུན་ན་འདོན་ཚངས་པའི་ཤིང་རྟ་ལ་ཕུལ་ལོ། །དེའི་ཚེ་དྲང་སྲོང་མ་ཏུ་རྩེའི་སློབ་མ་བསམ་གཏན་ཐོབ་པ་ཞིག་བྱུང་བ་ལ་བཀུར་སྟི་ཆེན་པོ་བྱས་ནས་ཁྱེད་ཅི་བཞེད་དྲིས་པས། ངའི་སློབ་དཔོན་ལ་རིག་བྱེད་བསླབ་པའི་ཡོན་དུ། སློབ་དཔོན་ཀྲས་ཤིང་གཡོག་གིས་ཕོངས་པས། གཡོག་ཅིག་དབུལ་བར་འདོད་ནས་ཁྱེད་ཀྱི་བཙུན་མོ་དང་སྲས་སློང་དུ་མཆིས་སོ་བྱས་པས། རྒྱལ་པོས་ཀྱང་གནང་ངོ་། །དེས་ཀྱང་ཁྲིད་དེ་སློབ་དཔོན་ལ་ཕུལ་ལོ། །རྒྱལ་པོ་བཟོད་དཀའ་གླང་པོ་ལ་ཆགས་ནས་རང་གི་ཡུལ་དུ་ལོག་སྟེ། གླང་པོ་ང་ལ་སྦྱིན་དགོས་ཟེར་བའི་འཕྲིན་བཏང་བས། གླང་པོ་བྲམ་ཟེ་ལ་བྱིན་ཚར་བྱས་ཀྱང་མ་ཉན་པར།

གླང་པོ་མི་སྟེར་ན་དམག་འཁྲིད་ཟེར་ནས། དམག་ཁྲིར་བྱུང་བ་ལ། རྒྱལ་པོ་གཙུག་ན་ཤིན་ཏུ་ཡིད་དབྱུང་བར་གྱུར་ཏེ། ཀྱེ་མ་འདོད་པའི་དབང་གིས་མཛའ་བཤེས་ཀྱི་དམ་པ་ཉིད་ཀྱང་སྐད་ཅིག་གིས་དགྲའི་མཆོག་ཏུ་གྱུར་ཏོ། །

བདག་གི་གཡུལ་བཤམས་ན་བདེ་ཕླག་ཏུ་ཐུབ་སྟེ། སེམས་ཅན་མང་པོ་ལ་གནོད་པས་བདག་རང་འབྲོས་པར་བྱ་དགོངས་པ་དང་། རང་སངས་རྒྱས་བཞི་དྲུང་དུ་ཕྱིན་ནས། རྒྱལ་པོ་ཆེན་པོ་ནགས་སུ་གཤེགས་པའི་དུས་ལ་བབ་པོ་གསུངས་ནས་ཛྫུ་འཕྲུལ་གཞན་བརྟེན་གྱིས་ནགས་སུ་གཤེགས་སོ། །དེར་བློན་པོ་རྣམས་ཀྱིས་མ་ཏུ་རཱ་ཅན་དུ་སྲུས་སློང་དུ་ཕྱིན་པས་དེས་ཀྱང་བྱིན་ནོ། །དེ་ནས་སྲས་ཀྱིས་དམག་དཔོན་བྱས་ཏེ་འཐབ་པས་བཟོད་དཀའ་ཕམ་ནས་རང་གི་གནས་སུ་བྲོས་སོ། །དེར་བཟོད་དཀའ་བསམ་སྦྱོར་ངན་པའི་དབང་གིས་ཡུལ་དེར་ནད་དང་མུ་གེ་ཆེན་པོ་བྱུང་བ་ལ། བཟོད་དཀས་བྲམ་ཟེ་རྣམས་ལ་ཅིས་ཕན་དྲིས་པས། རྒྱལ་པོ་གཙུག་ནའི་གཙུག་ཏོར་གྱི་ནོར་བུ་དེ་ཡོད་ན་ཕན་པས་སློང་དུ་ཕྱིན་པ་དྲག་ཟེར་རོ། །མི་སྟེར་ལས་ཆེ་བྱས་པས། དེ་ལ་སློང་བ་ལ་མི་སྟེར་བ་མེད་ཅེས་གྲགས་པས་ཅིས་ཀྱང་སྟེར་ཟེར་ནས། བྲམ་ཟེ་ཞིག་སློང་དུ་བཏང་ངོ་། །དེའི་ཚེ་རྒྱལ་པོ་གཙུག་ན་ནགས་ཚལ་གྱི་གནས་རྣམས་ལྷ་ཞིང་སོང་སོང་བས་མ་ཏུ་རཱའི་གནས་དང་ཉེ་བ་ཞིག་ཏུ་ཕྱིན་ཏོ། །དེའི་ཚེ་གཙུག་ནའི་བཙུན་མོས་རྩ་བ་དང་ལོ་མ་ལ་སོགས་འཚོལ་བ་ལ་ནགས་སུ་རྒྱུ་བ་དང་། རྔོན་པ་ཞིག་དང་འཕྲད་ནས། རྔོན་པས་བཙུན་མོ་གཅེས་པས་ཉེན་ཏེ། རྒྱལ་པོ་གཙུག་ན་བདག་བསྐྱབ་ཏུ་གསོལ་ཞེས་སྨྲེ་སྔགས་བཏོན་པས། རྒྱལ་པོས་རྒྱང་རིང་པོ་ནས་ཚོར་ཏེ། ཅི་ཡིན་བལྟམ་ནས་ལྷར་ཕྱིན་པས། རྔོན་པས་རྒྱང་རིང་པོ་ནས་འོང་བ་མཐོང་ནས་དྲང་སྲོང་དུ་རྟོག་སྟེ། དམོད་པས་འཇིགས་ནས་བྲོས་སོ། །

རྒྱལ་པོས་བཙུན་མོ་རྒྱལ་སྲིད་ཀྱི་བདེ་བ་རྒྱ་ཆེན་པོ་ལ་ལོངས་སྤྱོད་པ། སྡུག་བསྔལ་ཆེན་པོ་དེ་ལྟ་བུ་ཉམས་སུ་མྱོང་བ་གཟིགས་པས་ཐུགས་དབྱུང་སྟེ། ཀྱེ་མ

འདུས་བྱས་ཀྱི་ཆོས་གང་ལ་ཡང་ཡིད་བརྟན་པ་མེད་དོ་སྙམ་དུ་དགོངས་སོ།

དེའི་ཚེ་བཟོད་དཀས་བཏང་བའི་བྲམ་ཟེས་རྒྱལ་པོ་གཙུག་ནའི་དྲུང་དུ་ཕྱིན་ཏེ་ལོ་རྒྱུས་བརྗོད་ནས། གཙུག་ཏོར་བསླངས་པས་ཁྱོད་རང་ཚོད་ལ་ཁྱེར་གསུངས་པས། བྲམ་ཟེས་ཀྱང་གཙུག་ཏོར་བཅད་ནས་ཕྱིན་པས། བཟོད་དཀའ་ཡུལ་གྱི་ནད་དང་མུ་གེ་ཐམས་ཅད་རྒྱུན་ཆད་དོ། །རྒྱལ་པོ་གཙུག་ན་གཙུག་ཏོར་བཅད་པའི་ཟུག་གིས་བརྒྱལ་བྱས་ནས། ཚ་དམྱལ་རྣམས་ལ་སྙིང་རྗེ་སྐྱེས་ནས་བརྒྱལ་ཏེ་ས་ལ་འགྱེལ་ལོ། །དེའི་ལྟས་བཟང་པོས་བསྐུལ་ཏེ་ལྷའི་ཚོགས་མང་པོ་དང་རྒྱལ་པོའི་འཁོར་མང་པོ་དེར་འདུས་ནས། རྒྱལ་པོ་ལ་ཅི་ནོངས་ཞུས་པས། རྒྱལ་པོ་ཡང་ཙོག་གིས་བཞེངས། གདོང་གི་ཁྲག་རྣམས་ཕྱག་གིས་ཙུང་ཟད་ཕྱིས་ནས། བཟོད་དཀའ་གཙུག་ཏོར་སློང་དུ་བྱུང་ནས་བྱིན་པ་ཡིན་གསུངས། དེ་བྱིན་པ་ལ་ཐུགས་འདོད་ཅི་བདོག་ཞུས་པས། བཟོད་དཀའི་ཡུལ་གྱི་ནད་དང་མུ་གེ་སོགས་ལ་ཕན་དུ་རེ་བ་མ་གཏོགས་རང་འདོད་གཅིག་ཀྱང་མེད། འོན་ཀྱང་འདོད་པ་ཆེན་པོ་གཅིག་རྟག་ཏུ་ཡོད་གསུངས། དེ་གང་ལགས་ཞུས་པས། སེམས་ཅན་ཐམས་ཅད་བསྐྱབ་པར་འདོད་པ་ཞིག་ཡིན་གསུངས། འོ་ན་འགྱོད་པར་མ་གྱུར་ཏམ་ཞུས་པས། འགྱོད་པ་མེད་གསུངས། འོ་བརྒྱལ་བའི་རྣམ་འགྱུར་ལ་བལྟས་ན་ཡིད་མི་ཆེས་སོ། །ཞུས་པས། ངས་གཙུག་ཏོར་བཟོད་དཀའ་འཁོར་བཅས་ལ་བྱིན་པ་ལ་འགྱོད་པ་མ་སྐྱེས་ན། ངའི་ལུས་སྔ་མ་ཀོ་ན་བཞིན་དུ་གྱུར་ཅིག གསུངས་པས། དེ་བཞིན་དུ་གྱུར་ཏོ། །དེར་འཁོར་རྣམས་ཀྱིས་ཕོ་བྲང་དུ་གཤེགས་པར་ཞུས་པས་མ་གནང་བ་ལ་ཡང་རང་སངས་རྒྱས་བཞི་བྱོན་ནས། དགྲ་རྣམས་ལའང་ཕན་པར་མཛད་ན་གཉེན་རྣམས་ཅི་སྨོ་དོར། ད་ནི་ཕོ་བྲང་དུ་གཤེགས་པར་རིགས་སོ་གསུངས་ནས། དེར་ཕོ་བྲང་དུ་གཤེགས་ཏེ་འཁོར་རྣམས་ཕན་བདེ་ལ་བཀོད་པ་ཡིན་ནོ། །

དོན་གཉིས་པ་འཇུག་པའི་བསླབ་བྱ་ཕ་རོལ་ཏུ་ཕྱིན་པ་དྲུག་ནི། སྦྱིན་པ་ཚུལ་ཁྲིམས་བཟོད་པ་བརྩོན་འགྲུས་བསམ་གཏན་ཏེ། ཐབས་སྤྱོད་པའི་ཕྱོགས་ཀྱི་ཕ་

རོལ་ཏུ་ཕྱིན་པ་ལྔ། ཤེས་རབ་ཡེ་ཤེས་ཀྱི་ཚོགས་ཏེ་དྲུག་ཡིན།

དང་པོ་སྦྱིན་པའི་ཕ་རོལ་ཏུ་ཕྱིན་པ་ལ། ཟང་ཟིང་གི་སྦྱིན་པ། ཆོས་ཀྱི་སྦྱིན་པ། མི་འཇིགས་པ་སྐྱབས་ཀྱི་སྦྱིན་པ་དང་གསུམ་ཡིན། ཟང་ཟིང་གི་སྦྱིན་པ་དེ་ལ་གཏོང་བ་དང་། གཏོང་བ་ཆེན་པོ། ཤིན་ཏུ་གཏོང་བ་དང་གསུམ་ཡོད། གཏོང་བ་ནི་ཐ་ན་ཛ་ཐེབ་དང་། ནས་ཕོར་གང་ཡན་ཆད་རྒྱུ་རྫས་གཞན་ལ་སྦྱིན་པ་དེ་ཡིན། དེ་ལ་རང་གི་བསམ་པ་རྣམ་པར་དག་ན་དངོས་པོ་ལ་ཆེ་ཆུང་མེད་དེ། ལུང་བཤགས་ལས་ཀྱང་ཐ་ན་དུད་འགྲོའི་སྐྱེ་གནས་སུ་སྐྱེས་པ་ལ་ཟས་ཁམ་གཅིག་ཙམ་བསྔོལ་བའི་དགེ་བའི་རྩ་བ་ཞེས་གསུངས། རྒྱལ་བ་ཐབས་མཁས་ལ་ཐུགས་རྗེ་ཆེ་བའི་མངའ་བདག་ཡིན་པས་གཟུངས་སྔགས་ལ་སོགས་པའི་མཐུ་ལ་བརྟེན་ནས་ཆུ་ཐིགས་དང་ནས་འབྲུ་ཙམ་གྱི་སྦྱིན་པས་ཀྱང་། ཡི་དྭགས་ཀྱི་རིགས་གཏྣའི་གླུང་གི་བྱེ་མ་སྙེད་མང་པོ་ལ་ཕན་ཐོགས་པར་གསུངས། དཀར་གསུར་དམར་གསུར་ལ་སོགས་པ་འདི་དག་ཀྱང་མཁའ་ལ་རྒྱུ་བའི་ཡི་དྭགས་ཀྱི་རིགས་ལ་ཕན་ལྷག་པར་ཆེ་ཞིང་། དེ་ལ་བརྟེན་ནས་སེམས་ཅན་གྱི་སྲོག་ལ་ཟ་བའི་འབྱུང་པོ་མི་མ་ཡིན་པ་རྣམས། གནས་སྐབས་དྲི་གསུར་གྱི་ཟས་ཀྱིས་ཚིམས་པ་དང་། ཆོས་ཀྱི་སྦྱིན་པས་རྒྱུད་གྲོལ་བ་སོགས་ལ་བརྟེན་ནས་སེམས་ཅན་གྱི་སྲོག་ལ་མི་འཚེ་བས་སེམས་ཅན་མང་པོ་འཆི་བའི་འཇིགས་པ་ལས་སྐྱོབ་པས། སྐྱབས་ཀྱི་སྦྱིན་པ་ཡང་ཡིན་ཏེ། དོན་དུ་སྦྱིན་པ་རྣམ་པ་གསུམ་ཀ་ཚང་། དེས་ན་ཆུ་སྦྱིན་དང་གསུར་བསྔོ་ལ་སོགས་པ་བྱེད་པ་ནི། བྱ་སླ་ལ་ཆོད་ཆེ་བའི་ཆོས་ཡིན་པས། ལོ་རེ་བཞིན་ཆུ་གཏོར་འབུམ་ཐེར་རེ་ཙམ་བསྔོ་བ་དང་། རྒྱུན་དུ་ཡང་གསུར་དང་ཆུ་གཏོར་མ་ཆག་པར་བྱེད་པ་གལ་ཆེ་བ་ཡིན། དེ་བཞིན་དུ་རང་ལ་རྒྱུ་རྫས་ལོངས་སྤྱོད་ཅུང་ཟད་རེ་འབྱོར་པ་བྱུང་ན་ཡང་། དེ་ལ་ཞེ་སྲུར་འཐམས་ནས་ཚེ་འདི་ཕྱི་གཉིས་ཀའི་དོན་དུ་སྤྱོད་མི་ཐྲ་བར། ཅི་ཙམ་ཞིག་ཡོད་ཀྱང་མེད་སྙམ་ནས་མུག་སྐད་འདོན་པ་ནི་ད་ལྟ་ཉིད་ནས་ཡི་དྭགས་ཀྱི་རྒྱུ་མཐུན་སླབ་པ་ཡིན་པས། དེ་ལྟར་མི་བྱེད་

པར་ཡང་དཀོན་མཆོག་ལ་མཆོད་པ། མར་ངན་སློང་ལ་སྦྱིན་གཏོང་ལ་སོགས་པ་མཆོད་སྦྱིན་གྱི་ཕྱོགས་ལ་འབད་དགོས་ཏེ། རྗེ་མི་ལའི་ཞལ་ནས་ཀྱང་། ལྟོ་ཁ་ནས་གྲུས་ལ་སྦྱིན་པ་ཐོང་། །ཞེས་གསུངས། དེ་ལྟར་མ་ཡིན་པར་རང་འདོད་ཀྱི་དབང་དུ་བཏང་ན། ལྷ་འཛམ་བུ་གླིང་གི་རྒྱུ་རྫས་ལོངས་སྤྱོད་ཐམས་ཅད་མི་གཅིག་ལ་ཡོད་ཀྱང་ཚོག་མི་ཤེས། རང་ལ་ཡོད་པ་དེ་ཁ་ནས་འབུད་མི་བྲ་བར་ཡར་མཆོད་མར་སྦྱིན་བྱེད་རྒྱུ་དེ་ད་གཟོད་གཞན་ནས་ཨེ་ཉེད་སྙམ་པ་ལྟ་བུ་ཞིག་འཆར་འོང་བ་ཡིན། ལར་ཟང་ཟིང་གི་སྦྱིན་པ་ལ་སོགས་རྒྱུ་རྫས་ཀྱི་དངོས་པོས་ཆོས་བྱེད་པ་འདི་བྱང་ཆུབ་སེམས་དཔའ་ཁྱིམ་པ་ལ་གཙོ་བོར་གསུངས་པ་ཡིན་པས། རབ་ཏུ་བྱུང་བ་རྣམས་ཀྱིས་འདོད་པ་ཆུང་ཞིང་ཆོག་ཤེས་པ་པོ་ན་ལ་བསླབ། རི་ཁྲོད་དང་དགོན་པ་བརྟེན་ཏེ་དཀའ་སྤྱད་དང་སྙིང་ རུས་ཀྱི་སྒོ་ནས་ལམ་ལྷག་པའི་བསླབ་པ་གསུམ་ཉམས་སུ་ལེན་པ་དེ་གལ་ཆེ་བ་ཡིན། རང་གི་དགེ་སྦྱོར་བཅག་ནས་ཚོང་དང་སོ་ནམ་ལ་སོགས་གཡོ་སྒྱུ་དང་སྡིག་པའི་སྒོ་ནས་རྒྱུ་རྫས་བསགས་ཏེ། དེས་ཡར་མཆོད་མར་སྦྱིན་བྱེད་པ་སོགས་ཆོས་བྱེད་པར་རློམ་པ་རྣམས་ནི། ཆོས་ཆོས་བཞིན་མ་བྱས་ན་ཆོས་ཀྱིས་སྣར་ངན་སོང་གི་རྒྱུ་བྱེད་བྱ་བ་དེ་ཡིན་པས། དེ་ལ་སྙིང་པོ་ཅི་ཡང་མེད། དེས་ན་དུས་དང་རྣམ་པ་ཐམས་ཅད་དུ་ཆོག་ཤེས་པོ་ན་ལ་བསྟེན་པ་འདི་གལ་ཆེ་བ་ཡིན་ནོ། །

གཏོང་བ་ཆེན་པོ་ཞེས་བྱ་བ་ནི། རྟ་དང་གླང་པོ་བུ་དང་བུ་མོ་ལ་སོགས་རང་ལ་ལྷག་པར་རྩིས་ཆེ་བ་དང་། དཀོན་པའི་རིགས་གཞན་ལ་སྦྱིན་པ་དེ་ཡིན།

ཤིན་ཏུ་གཏོང་བ་ནི། རང་གི་ལུས་དང་སྲོག་དང་ཡན་ལག་ལ་སོགས་པ་སྦྱིན་པར་གཏོང་བ་སྟེ། དཔེར་ན་རྒྱལ་བུ་སྙིང་སྟོབས་ཆེན་པོས་སྟག་མོར་ལུས་སྦྱིན་བཏང་བ་དང་། སློབ་དཔོན་ཀླུ་སྒྲུབ་ཀྱིས་རྒྱལ་པོ་བདེ་སྤྱོད་ཀྱི་བུ་ལ་དབུ་སྦྱིན་པར་བཏང་བ་དང་། ལྷ་ལྕམ་མནྡཱ་བཟང་མོས་སྟག་མོར་ལུས་སྦྱིན་བཏང་བ་ལ་སོགས་པ་དེ་ལྟ་བུ་ཡིན་ཏེ། འདི་དག་ས་ཐོབ་པའི་བྱང་ཆུབ་སེམས་དཔའ

རྣམས་མ་གཏོགས་སོ་སོའི་སྐྱེ་བོ་ཕལ་གྱིས་ཉམས་སུ་བླང་མི་ནུས་པས། ད་ལྟ་བློ་ཡིས་ལུས་སྲོག་ལོངས་སྤྱོད་ཐམས་ཅད་ལ་ཆགས་པ་མེད་པར་སེམས་ཅན་གྱི་དོན་དུ་བསྔོ་ཞིང་། ཕྱིས་ནས་དངོས་སུ་གཏོང་ནུས་པར་སྨོན་ལམ་འདེབས་པ་ཡིན།

ཆོས་ཀྱི་སྦྱིན་པ་ནི། གཞན་ལ་དབང་བསྐུར། ཆོས་བཤད། ལུང་འབོགས་པ་སོགས་གཞན་རྒྱུད་དགེ་བ་ལ་སྦྱོར་བའི་ཐབས་བྱེད་པ་དེ་ཡིན། འོན་ཀྱང་རང་འདོད་རྩ་བ་ནས་མ་ཟད་ཀྱི་བར་གཞན་དོན་སྒྲུབ་ལོ་བྱས་ཀྱང་གཟུགས་བརྙན་ཙམ་ལས་མི་འོང་སྟེ། ཇོ་བོ་ལ་འཕོར་སློབ་རྣམས་ཀྱིས། ཚོགས་པ་སྐྱོང་བའི་དུས་ནམ་ཡིན། གཞན་དོན་བྱེད་པའི་དུས་ནམ་ཡིན། གཤིན་པོ་ལ་འཕོ་བ་འདེབས་པའི་དུས་ནམ་ཡིན་ཞུས་པས། ཚོགས་པ་སྐྱོང་བའི་དུས་སྟོང་ཉིད་རྟོགས་ཤིང་མངོན་ཤེས་སྐྱེས་པའི་དུས་ཡིན། གཞན་དོན་བྱེད་པའི་དུས་རང་དོན་ཟད་ཙ་ན་ཡིན། གཤིན་པོ་ལ་འཕོ་བ་འདེབས་པའི་དུས་མཐོང་ལམ་ཐོབ་ནས་ཡིན་གསུངས། ཡང་ཇོ་བོའི་ཞལ་ནས། ད་ལྟ་སྙིགས་མའི་དུས་སུ་ཕོ་ཐོ་འདོན་པའི་དུས་མ་ཡིན། སྙིང་རུས་འདོན་པའི་དུས་ཡིན། ཆེ་ས་བཟུང་བའི་དུས་མ་ཡིན། དམན་ས་བཟུང་བའི་དུས་ཡིན། འཁོར་གཡོག་བསྟེན་པའི་དུས་མ་ཡིན། དབེན་པ་བསྟེན་པའི་དུས་ཡིན། སློབ་མ་བསྲེལ་བའི་དུས་མ་ཡིན། རང་ཉིད་བསྲེལ་བའི་དུས་ཡིན། ཚིག་རྗེས་སྲུང་བའི་དུས་མ་ཡིན། དོན་ལ་བསམ་པའི་དུས་ཡིན། ཕན་ཚུན་འགྲོ་བའི་དུས་མ་ཡིན། ས་གཅིག་ཏུ་སྡོད་པའི་དུས་ཡིན་གསུངས། ཡང་དགེ་བཤེས་སྟོན་པ་ལ། སྐུ་མཆེད་གསུམ་གྱིས། དབེན་པར་ཉམས་སུ་ལེན་པ་དང་། སེམས་ཅན་ལ་ཆོས་ཀྱིས་ཕན་འདོགས་པ་གཉིས་ཁིབས་གང་ཆེ་ལགས་ཞུས་པས། སྟོན་པའི་ཞལ་ནས། རང་རྒྱུད་ལ་ཉམས་རྟོགས་ཅི་ཡང་མེད་པའི་ལས་དང་པོ་བའི་གང་ཟག་གིས་སེམས་ཅན་ལ་ཆོས་ཀྱིས་ཕན་བཏགས་ཀྱང་མི་ཐོགས་ཏེ། བྱིན་རླབས་སྟོད་སྟོང་པ་བྱོ་བ་དང་འདྲ་སྟེ། བྱིན་རླབས་ལ་འོང་རྒྱུ་མེད། གདམས་

ངག་སྤང་མ་མ་མཐུན་པར་བསིང་བའི་ཆང་དང་འདྲ་སྟེ། གདམས་ངག་ལ་རོ་བཅུད་མེད། དྲོད་ཐོབ་ལ་བརྟན་པ་མ་ཐོབ་པའི་མོས་པས་སྤྱོད་པའི་གང་ཟག་གིས་སེམས་ཅན་གྱི་དོན་བྱར་མི་བཏུབ་སྟེ། བྱིན་རླབས་བུམ་པ་གང་བྱོ་དང་འདྲ་སྟེ། གཞན་གང་ཙམ་ན་རང་ཉིད་སྟོང་པར་འགྱུར། གདམས་ངག་སྒྲོན་མེ་ལག་བརྒྱུད་དང་འདྲ་སྟེ། གཞན་གསལ་ཙམ་ན་རང་ཉིད་འགྲིབ་པར་འགྱུར། ས་ཐོབ་ན་མར་སེམས་ཅན་གྱི་དོན་གྲུབ་ཚད་བྱ་བ་ཡིན་ཏེ། བྱིན་རླབས་བུམ་པ་བཟང་པོའི་དངོས་གྲུབ་དང་འདྲ་སྟེ། གཞན་ཐམས་ཅད་སྐྱིན་པར་བྱས་ཀྱང་། རང་ཉིད་ལ་གང་སྟོང་མེད། གདམས་ངག་མར་མེའི་གཞི་མ་དང་འདྲ་སྟེ། གཞན་གསལ་བར་བྱས་ཀྱང་། རང་ལ་འགྲིབ་པ་མེད་པ་ཡིན། དེས་ན་ད་ལྟ་སྙིགས་མའི་དུས་འདིར་སོ་སོའི་སྐྱེ་བོས་དབེན་པར་བྱམས་སྙིང་རྗེ་བྱང་ཆུབ་ཀྱི་སེམས་ལ་བློ་གོམས་པར་བྱ་བ་མ་ཡིན་པར། སེམས་ཅན་ལ་དངོས་སུ་ཕན་གདགས་པའི་དུས་མ་ཡིན། རང་རྒྱུད་ཀྱི་ཉོན་མོངས་པ་སྤྱང་བའི་དུས་ཡིན། དཔེར་ན་སྨན་ཆེན་པོའི་ལྗོན་ཤིང་གི་མྱུ་གུ་དེ་བཅད་པའི་དུས་མ་ཡིན། སྲུང་བའི་དུས་ཡིན་གསུངས། དེས་ན་དངོས་སུ་སེམས་ཅན་ལ་ཆོས་ཀྱི་སྦྱིན་པ་གཏོང་བ་ནི་ཅུང་ཟད་དཀའ། རང་གིས་ཉམས་སུ་མ་བླངས་པར་ཆོས་གཞན་ལ་བཤད་པ་འདིས་ནི་གཞན་ལ་ཕན་ཅི་ཡང་མི་ཐོགས། ཆོས་བཤད་པ་ལ་བརྟེན་ནས་འབུལ་བ་དང་རྙེད་སྐོར་བསྡུ་བ་ནི། རྒྱ་གར་དམ་པས། སྐོར་སྒྲུབ་པའི་ཟོང་ཆོས་ལ་བྱེད་གསུངས་པ་དེ་ཡིན་པས། རང་འདོད་མ་ཟད་ཀྱི་བར་དུ། གཞན་དོན་བྱེད་པ་ལ་མི་རིངས་པར་རང་གིས་ཁ་ཧྲན་དང་བརླས་བརྗོད། རྒྱལ་བའི་བཀའ་གསུང་རབ་བསླབ་པ་སོགས་དཀར་ཕྱོགས་ཀྱི་ལྷ་འདྲི་རྣམས་ཀྱིས་ཉན་ནས་རྒྱུད་གྲོལ་བའི་སྨོན་ལམ་བྱེད། ཆུ་གཏོར་དང་ལུས་སྦྱིན་ལ་སོགས་པའི་མཇུག་ཏུ། ཕྲིག་པ་ཅི་ཡང་མི་བྱ་སོགས་ཆོས་སྦྱིན་ཡོད་པ་དེ་ཙམ་གྱིས་འཐུས་པར་བྱ། རང་འདོད་ཟད་པའི་དུས་སུ། ཞི་བདེ་དང་སོས་དལ་གྱི་དབང་དུ་སྐད་ཅིག་ཀྱང་མ་ལུས་པར་གཞན་དོན་ཁོ་ན་གཙོ་བོར་བྱ

བའི་དུས་ལ་བབ་པ་ཡིན་པས་དེ་ལྟར་བྱ།

མི་འཇིགས་པ་སྐྱབས་ཀྱི་སྦྱིན་པ་ནི། སེམས་ཅན་སྐྱབས་མེད་པ་ལ་སྐྱབས། མགོན་མེད་པ་ལ་མགོན། དཔུང་གཉེན་མེད་པ་ལ་དཔུང་གཉེན་བྱེད་པ་ཐམས་ཅད་དང་། ཁྱད་པར་བཅོམ་ལྡན་འདས་ཀྱིས་འདུས་བྱས་ཀྱི་དགེ་བ་ཐམས་ཅད་ལས། སེམས་ཅན་གྱི་སྲོག་སྐྱབས་པ་ཕན་ཡོན་ཆེ་བར་གསུངས་པས། དབང་ཡོད་རྣམས་ནས། རི་རྒྱ་དང་ཀླུང་རྒྱ་སྡོམ་པ་དང་། གཞན་དག་ནས་ཀྱང་། གསོད་སར་ཁྲིད་པའི་བཤས་ལུག་བསླུ་བ་དང་། འཆི་བར་ཉེ་བའི་ཉ་དང་འབུ་སྲིན་གྱི་སྐྱབས་བྱེད་པ་སོགས་དངོས་སུ་ཐབས་སྣ་ཚོགས་པའི་སྒོ་ནས་སེམས་ཅན་ལ་ཕན་འདོགས་པ་ལྷུར་ལེན་པ་ཡིན་ནོ། །

དེ་ལྟར་སྦྱིན་པ་རྣམ་པ་འདི་དག་ནི། གསང་སྔགས་ཀྱི་དམ་ཚིག་གི་ཡང་གཙོ་ཆེ་ཤོས་ཡིན་ཏེ། རིགས་ལྔའི་སྡོམ་བཟུང་ལས། རིན་ཆེན་རིགས་ཀྱི་དམ་ཚིག་ཏུ། །སྦྱིན་པ་རྣམ་བཞི་རྟག་ཏུ་སྦྱིན། །ཞེས་གསུངས་པ་ལྟར་རོ། །

གཉིས་པ་ཚུལ་ཁྲིམས་ཀྱི་ཕ་རོལ་ཏུ་ཕྱིན་པ་ལ། ཉེས་སྤྱོད་སྡོམ་པའི་ཚུལ་ཁྲིམས། དགེ་བ་ཆོས་སྡུད་ཀྱི་ཚུལ་ཁྲིམས། སེམས་ཅན་དོན་བྱེད་ཀྱི་ཚུལ་ཁྲིམས་དང་གསུམ་ཡོད།

དང་པོ་ཉེས་སྤྱོད་སྡོམ་པའི་ཚུལ་ཁྲིམས་ནི། ལུས་ངག་ཡིད་ཀྱི་སྒོ་ནས་གཞན་དོན་དུ་མི་འགྱུར་བའི་མི་དགེ་བ་བཅུ་པོ་ཐམས་ཅད་དུག་བཞིན་དུ་སྤོང་བ་དེ་ཡིན།

དགེ་བ་ཆོས་སྡུད་ཀྱི་ཚུལ་ཁྲིམས་ནི། དགེ་བའི་རྩ་བ་ཆ་ཕྲ་མོ་རེ་ཡན་ཆད་དུས་དང་རྣམ་པ་ཐམས་ཅད་དུ་ཅི་འགྲུབ་གང་འགྲུབ་དུ་བྱེད་པ་དེ་ཡིན། ལར་འཇིག་རྟེན་པ་ཕལ་པའི་ཁ་སྐད་ལ་ཡང་། དགེ་བ་ཁ་ཞོར་ལག་ཞོར། སྡིག་པ་འགྲོ་ཞོར་འདུག་ཞོར་ཟེར་བ་ལྟར། རང་གི་དུས་དང་རྣམ་པ་ཐམས་ཅད་དུ་དྲན་ཤེས་དང་བག་ཡོད་ཀྱི་སྒོ་ནས་བརྟགས་ཏེ། སྤང་བླང་གི་གནས་ལ་མ་འབད་ན། ཐ་ན་རྩེད་མོ་ཙམ་གྱི་ཞོར་ལའང་སྡིག་པ་ཚབས་པོ་ཆེ་དུ་མ་གསོག་འགྲོ་བ་ཡིན་པས།

ཇི་སྐད་དུ། སྡིག་པ་ཆུང་ངུ་ཙམ་ལ་ཡང་། །མི་གནོད་སྙམ་དུ་བརྙས་མི་བྱ། །མེ་སྟག་ཕྲ་མོ་གཅིག་གིས་ཀྱང་། །རྩྭ་ཕུང་རི་ཙམ་སྲེག་པར་བྱེད། །ཅེས་གསུངས། དེ་བཞིན་དུ་དུས་དང་རྣམ་པ་ཐམས་ཅད་དུ། དྲན་དང་ཤེས་བཞིན་གྱིས་བཟུང་ནས་ཉམས་སུ་བླངས་ན། དགེ་བའི་ཚོགས་བསམ་གྱིས་མི་ཁྱབ་པ་ཡང་ཞར་དང་ཞོར་ལ་འགྲུབ་འགྲོ་བ་ཡིན་ཏེ། ཐ་ན་ལམ་ཁ་ཞིག་ན་མ་ཎི་རྡོ་མཁར་ཞིག་ཡོད་ཀྱང་དེ་ལ་ཞྭ་ཕུད་དང་ཞེ་ས་བྱ། དེ་གཡས་ཕྱོགས་སུ་བཞག་སྟེ་བསྐོར་བའི་ཚུལ་གྱིས་འགྲོ། དེ་ཡང་དམ་པ་གསུམ་གྱིས་ཟིན་པར་བྱས་ན། རྫོགས་པའི་བྱང་ཆུབ་ཀྱི་རྒྱུ་མ་ནོར་བར་འགྲོ་བས། ཇི་སྐད་དུ། དགེ་བ་ཕྲ་མོ་ཙམ་ལ་ཡང་། །མི་ཕན་སྙམ་དུ་བརྙས་མི་བྱ། ཆུ་ཡི་ཐིགས་པ་བསགས་པ་ཡིས། །སྣོད་ཆེན་རིམ་གྱིས་གང་བར་འགྱུར། །ཞེས་པ་ལྟར། སྔོན་གྱི་དུས་སུ་ཕག་གཅིག་ཁྱིས་དེད་དེ་མཆོད་རྟེན་ལ་བསྐོར་བ་བྱས་པ་དང་། སྲིན་འབུ་བདུན་ཤིང་ལོའི་སྟེང་ནས་ཆུར་ལྷུངས་པ་ཆུ་ཡི་འཁོར་ཕྱོགས་ཀྱིས་ཆུ་ནང་དུ་ཡོད་པའི་མཆོད་རྟེན་ལ་བསྐོར་བ་བདུན་བྱས་པ་སོགས་ཀྱང་ཐར་པའི་རྒྱུར་གྱུར་པའི་ལོ་རྒྱུས་ལྟ་བུ་ཡིན་པས། དུས་དང་རྣམ་པ་ཐམས་ཅད་དུ་སྡིག་པ་སྣ་རེ་ཡན་ཆད་སྤང་། དགེ་བ་སྣ་རེ་ཡན་ཆད་ཅི་འགྲུབ་བསྒྲུབ་དེ་དག་སེམས་ཅན་གྱི་དོན་དུ་བསྔོ་བ་ལ་བྱང་ཆུབ་སེམས་དཔའི་བསླབ་བྱ་དང་སྡོམ་པ་ཐམས་ཅད་འདུས་པ་ཡིན་ནོ། །

སེམས་ཅན་དོན་བྱེད་ཀྱི་ཚུལ་ཁྲིམས་ནི། སྔར་བཤད་པ་ལྟར་རང་འདོད་རྩ་བ་ནས་ཟད་པའི་དུས་སུ། བསྡུ་བའི་དངོས་པོ་བཞི་ལ་བརྟེན་ནས་སེམས་ཅན་གྱི་དོན་དངོས་སུ་བསྒྲུབ་པ་ལ་འབད་པ་དེ་ཡིན་ལ། ལས་དང་པོ་བའི་དུས་སུ། དགེ་སྒྲུབ་སྡིག་སྤོང་གི་བསླབ་བྱ་གང་ཉམས་སུ་ལེན་ཡང་དམ་པ་གསུམ་གྱིས་ཟིན་པའི་སྒོ་ནས་སེམས་ཅན་ཐམས་ཅད་ཀྱི་དོན་དུ་བསྔོ་བ་དེ་ལ་འདུས་པ་ཡིན་ནོ། །

གསུམ་པ་བཟོད་པའི་ཕ་རོལ་ཏུ་ཕྱིན་པ་ལ་གསུམ་སྟེ། གཞན་གྱི་ལོག་སྒྲུབ་བཟོད་པའི་བཟོད་པ། ཆོས་ཕྱིར་དཀའ་སྤྱད་བཟོད་པའི་བཟོད་པ། ཟབ་མོའི་དོན་

ལ་མི་སྐྲག་པའི་བཟོད་པ་དང་གསུམ་ཡོད།

དང་པོ་གཞན་གྱི་ལོག་སྒྲུབ་བཟོད་པའི་བཟོད་པ་ནི། གཞན་གྱིས་རང་ལ་དངོས་སུ་རྡུང་རྡེག་དང་། འཕྲོག་བཅོམ་ཚིག་ངན་སྨྲ་བ་སོགས་དང་། ལྐོག་ནས་མི་སྙན་པར་བརྗོད་པ་སོགས་ལ་ཞེ་སྡང་དང་ཁོང་ཁྲོ་མི་བྱ་བར་སྣར་ལ་བྱམས་པ་དང་སྙིང་རྗེ་བསྐྱེད་ནས་དེ་དག་ལ་ཕན་འདོགས་པ་དེ་ཡིན། དེ་ལྟར་མ་བྱས་པར་ཁོང་ཁྲོའི་དབང་དུ་བཏང་ན། བསྐལ་པ་སྟོང་གི་ཚོགས་བསགས་ཁོང་ཁྲོ་གཅིག་གིས་འཇོམས། ཞེར་བ་ལྟར་ཡིན་ཏེ། སྤྱོད་འཇུག་ལས།

བསྐལ་པ་སྟོང་དུ་བསགས་པ་ཡི། །
སྦྱིན་དང་བདེ་གཤེགས་མཆོད་ལ་སོགས། །
ལེགས་སྤྱད་གང་ཡིན་དེ་ཀུན་ཀྱང་། །
ཁོང་ཁྲོ་གཅིག་གིས་འཇོམས་པར་འགྱུར། །

ཞེས་གསུངས།

དེས་ན་ཞེ་སྡང་ལྟ་བུའི་སྡིག་པ་མེད། །
བཟོད་པ་ལྟ་བུའི་དཀའ་ཐུབ་མེད། །
དེ་བས་བཟོད་ལ་ནན་ཏན་དུ། །
སྣ་ཚོགས་ཚུལ་གྱིས་བསྒོམ་པར་བྱ། །

ཞེས་གསུངས་པ་ལྟར། ཁོང་ཁྲོའི་ཉེས་དམིགས་དྲན་ནས་དུས་དང་རྣམ་པ་ཐམས་ཅད་དུ་བཟོད་པ་སྒོམ་པ་ལ་འབད་དགོས་ཏེ། རྒྱ་གར་དམ་པས། དགྲ་སྡང་ལས་ཀྱི་འཁྲུལ་སྣང་ཡིན་པ་ལ། །ཞེ་སྡང་གདུག་སེམས་སྤུར་ཅིག་དིང་རི་བ། །ཞེས་དང་། ཇོ་བོ་རྗེ་ལྷ་གཅིག་གི་ཞལ་ནས་ཀྱང་། གནོད་པ་བྱེད་པ་ལ་ཁོང་མ་ཁྲོ། གནོད་པ་བྱེད་པ་ལ་ཁོང་ཁྲོ་ན། བཟོད་པ་ཅི་ཙམ་ན་བསྒོམ། ཞེས་གསུངས། དེས་ན་རང་ལ་ཚུར་ངན་སྨྲས་དང་གནོད་པ་མ་ཉེས་པའི་ཁ་ཡོག་ལ་སོགས་པ་བྱུང་

ན་དེ་ལ་ཁོང་ཁྲོ་དང་འཁོན་འཛིན་སྐྱངས་ན། དེས་སྡིག་པ་དང་སྒྲིབ་པ་མང་དུ་འཛད་ཅིང་། བཟོད་པ་ལ་བརྟེན་ནས་ཚོགས་རླབས་པོ་ཆེ་རྫོགས་པ་ཡིན་པས། གནོད་པ་བྱེད་པ་ལ་བླ་མ་ལྟར་བལྟ་དགོས་ཏེ། ཞེ་སྡང་སྐྱེ་ཡུལ་མེད་ན་བཟོད་པ་སུ་ལ་བསྒོམ་ཟེར་བ་དེ་ཡིན། ལར་ད་ལྟའི་དུས་ན་དེ་བླ་མའམ་དགེ་སློང་བཟང་པོ་ཞིག་ཡིན་ཏེ་ཁོང་ཁྲོ་ཆེ་ཟེར། འཇིག་རྟེན་གྱི་ཁམས་ན་སྐྱོན་གཅིག་ལ་ཁོང་ཁྲོ་ལས་ཐུ་བ་མེད་ན། ཁོང་ཁྲོ་ཆེ་བཞིན་དུ་བཟང་པོ་ཞིག་ཇི་ལྟར་ཡིན། རྒྱ་གར་དམ་པའི་ཞལ་ནས་ཀྱང་། འདོད་ཆགས་ཀྱི་ལས་བརྒྱ་པས། ཞེ་སྡང་གི་ལས་སྐད་ཅིག་མ་གཅིག་སྡིག་པ་ཆེ་བ་ཡིན་ཏེ་མ་གོ་ཞེས་གསུངས། ཆོས་རྒྱུད་ལ་སྐྱེས་པའི་གང་ཟག་དེ། ལུས་ངག་ཡིད་གསུམ་རས་བལ་རྗོག་པས་མནན་པའམ། ཕྱེ་ཕུག་ལ་ཟོ་མར་བཏབ་པ་ལྟར་འཇམ་ལྷན་གྱིས་སོང་བ་ཞིག་དགོས། དེ་ལྟར་མ་ཡིན་པར་དགེ་སྦྱོར་ཙུང་ཟད་རེ་འགྲུབ་པའམ། སྒྲུང་སྒོམ་སྣ་རེ་ཙམ་དག་པ་ལ། ང་ནི་དེ་དང་དེ་ལྟ་བུ་ཡིན་ནོ་སྙམ་དུ་དུས་རྟག་ཏུ་ང་རྒྱལ་གྱིས་རྒྱུད་ཁེངས་ནས། གཞན་ཕ་རོལ་པོའི་ཚིག་གཅིག་གི་སྒྲ་ལུགས་ལེགས་ཉེས་ལའང་ང་ལ་བརྙས་བྱུང་། ང་ལ་སྨད་བྱུང་ཟེར་ནས་རྒྱུད་ཁྲོ་ལིང་ངེ་ཡོད་པ་དེ་ཆོས་དང་རང་རྒྱུད་སོ་སོར་སོང་ནས་ཆོས་ཀྱིས་སེམས་ལ་ཙུང་ཟད་ཀྱང་མ་ཕན་པའི་རྟགས་ཡིན། དགེ་བའི་བཤེས་གཉེན་སྤྱན་སྔ་བའི་ཞལ་ནས། འོ་ཅག་ཐོས་བསམ་སྒོམ་གསུམ་བྱེད་ཀྱིན། ང་བདག་ཇེ་ཆེར་སོང་ནས་བཟོད་སྲན་ཤའུ་བས་ཆུང་བ། ཀོ་ལོང་གཙང་བཙན་པས་དམ་པར་འདུག་པ་འདི་ཐོས་བསམ་སྒོམ་གསུམ་ལོག་པར་སོང་བའི་རྟགས་ཡིན། ཞེས་གསུངས། དེས་ན་དུས་དང་རྣམ་པ་ཐམས་ཅད་དུ་དམའ་མོའི་ས་བཟུང་། རྒྱལ་པོའི་གོས་གྱོན། བཟང་ངན་འབྲིང་གསུམ་གོང་དུ་བཀུར་ནས་བྱམས་སྙིང་རྗེ་བྱང་ཆུབ་སེམས་ལ་གཞི་བཅོལ་ཏེ་རང་རྒྱུད་ཆོས་ཀྱིས་འདུལ་བ་ནི་ཉམས་ལེན་གྱི་གནད་མ་ནོར་བ་ཡིན་པས། སེམས་ལ་མི་ཕན་པའི་ལྟ་བ་མཐོ་མཐོ་དང་སྒོམ་པ་ཟབ་ཟབ་མོ་སྟོང་ལས་ཀྱང་དགའ་བ་ཡིན།

ཆོས་ཕྱིར་དཀའ་སྤྱད་བཟོད་པའི་བཟོད་པ་ནི། དམ་པའི་ཆོས་སྒྲུབ་པའི་ཆེད་དུ་དཀའ་ཚེགས་ཚ་གྲང་ཐམས་ཅད་ཁྱད་དུ་བསད་ནས་བསྒྲུབ་དགོས་ཏེ། རྒྱུད་ལས་ཀྱང་། མེ་ཆོགས་སྤུ་གྲིའི་མཚོ་ཡང་བརྒལ་ནས་ནི། །ཕྱི་མཐར་ཐུག་གི་བར་དུ་དམ་ཆོས་བཙལ། །ཞེས་གསུངས། སྔོན་གྱི་ཇོ་བོ་བཀའ་གདམས་པ་དག་གི་གཏད་ས་བཞི་ཞེས་བྱ་བ། བློ་ཕུགས་ཆོས་ལ་གཏད། ཆོས་ཕུགས་སྤྲང་ལ་གཏད། སྤྲང་ཕུགས་ཤི་ལ་གཏད། ཤི་ཕུགས་གྲོག་སྟོང་ལ་གཏད་ཅེས་གསུངས། ད་ལྟ་རང་རེ་རྣམས་ནས་ཆོས་ལ་དཀའ་སྤྱད་དང་སྙིང་རུས་ཅུང་ཟད་ཀྱང་མི་དགོས་པར། འཇིག་རྟེན་ཚེ་འདིའི་བྱ་བ་བསྒྲུབ་པའི་ཞོར་ལ་བདེ་སྐྱིད་སྐལ་གསུམ་དང་ལྡན་པའི་ངང་ནས་ཆོས་འགྲུབ་ཏུ་རེ། གཞན་ལ་ཡང་དེ་ལྟར་ཡོད་པར་སྙམ་ནས། དེ་བླ་མ་བཟང་པོ་ཞིག་ཡིན་ཆོས་འཇིག་རྟེན་གཉིས་ཀ་འཛོམས་ཡོད་ཟེར་ཏེ། ཆོས་འཇིག་རྟེན་གཉིས་ཀ་འཛོམ་ཐབས་ག་ལ་ཡོད། ཆོས་འཇིག་རྟེན་གཉིས་ཀ་འཛོམས་པར་སྙམ་པ་དེ་ལ། འཇིག་རྟེན་བཟང་པོ་རེ་འཛོམས་ཡོད་ཤས་ཆེ་མ་གཏོགས་ཆོས་ཡང་དག་པ་དེ་མེད་ཐག་ཆོད། ཆོས་དང་འཇིག་རྟེན་གཉིས་ཀ་མཉམ་དུ་སྒྲུབ་པར་སྙམ་པ་དེ། ཁབ་རྩེ་གཉིས་ཀྱིས་བཟོ་དྲུབ་པ་དང་། མེ་ཆུ་གཉིས་སྡོད་གཅིག་ཏུ་འཇོག་པ་དང་། རྟ་གཉིས་ཁ་ཡར་མར་དུ་བསྐོར་ནས་མཉམ་དུ་བཞོན་ནས་འགྲོ་བར་སྙམ་པ་དང་འདྲ་སྟེ་འགྲུབ་ཐབས་གཏན་ནས་མེད། གང་ཟག་གཅིག་ལ་བདག་ཅག་གི་སྟོན་པ་སངས་རྒྱས་ཤཱཀྱ་ཐུབ་པ་ལས་ལྷག་པ་ཞིག་ཡོད་ཐབས་མེད་དེ། དེས་ཀྱང་ཆོས་འཇིག་རྟེན་གཉིས་ཀ་མཉམ་དུ་འགྲུབ་པའི་ཐབས་མ་དགོངས་ནས་འཁོར་ལོས་སྒྱུར་བའི་རྒྱལ་སྲིད་ཀྱང་མཆིལ་མའི་ཐལ་བ་བཞིན་དུ་བོར་ནས་ཆུ་བོ་ནཻ་རཉྫ་ནའི་དྲུང་དུ་ལོ་དྲུག་གི་བར་དུ་ལོ་རེ་ལ་ཆུ་ཐིགས་པ་རེ་དང་ནས་འབྲུ་རེ་གསོལ་ནས་དཀའ་སྤྱད་དང་སྙིང་རུས་མཛད་པ་ཡིན། རྗེ་བཙུན་མི་ལ་རས་པ་ལྟ་བུས་ཀྱང་། སྒྲུབ་པ་ཉམས་སུ་ལེན་པའི་དུས་ཁ་ཟས་མེད། རྒྱབ་གོས་མེད་མཛད་ནས། ཟ་ཁོ་ན་གསོལ་ཏེ་སྒྲུབ་པ་མཛད་

པས་ལུས་ཐམས་ཅད་ཀེང་རུས་ལྟར་སོང་། ལུས་ལ་སྤུ་སྔོ་ཙོ་ལེ་བ་སྐྱེས། གཞན་དག་གིས་མཐོང་ཚེ་མི་ཡིན་ནམ་འདྲེ་ཡིན་ངོ་མི་ཤེས་པར་གྱུར་བར་དཀའ་སྤྱད་དང་སྙིང་རུས་མཛད་དེ་ཆོས་ཉམས་སུ་ལེན་པ་དེ། ཆོས་དང་འཇིག་རྟེན་མཉམ་དུ་སྒྲུབ་པའི་ཐབས་མེད་པའི་དོན་ཡིན་གྱི། མི་ལ་རས་པ་ཐབས་རྟགས་ནས་ཆོས་དང་འཇིག་རྟེན་མཉམ་དུ་སྒྲུབ་མ་ཤེས་པ་ག་ལ་ཡིན། དེ་བཞིན་དུ་གྲུབ་ཆེན་མེ་ལོང་རྡོ་རྗེས་ཀྱང་སླ་ཁེའི་ཤུན་པ་ཁོ་ན་གསོལ་ཏེ། ལོ་དགུའི་བར་དུ་སྒྲུབ་པ་མཛད་པས་གྲུབ་པ་ཐོབ་པ་དང་། ཀུན་མཁྱེན་ཆོས་ཀྱི་རྒྱལ་པོ་ཀློང་ཆེན་རབ་འབྱམས་པས་ཀྱང་། དངུལ་ཆུ་རིལ་བུ་ཉི་ཤུ་རྩ་གཅིག་གིས་ཟླ་བ་མང་པོའི་འཚོ་བ་མཛད་པ་དང་། ཁ་བ་བབ་དུས་སྒྲེ་ཞིག་གི་ནང་དུ་འཛུལ་ནས་གོས་གདན་གཉིས་ཀའི་གོ་བཅད་དེ་ཆོས་ཕྱོགས་སུ་དཀའ་བ་སྤྱད་པ་སོགས། སྔོན་གྱི་གྲུབ་ཐོབ་ཐམས་ཅད་འཇིག་རྟེན་ཚེ་འདིའི་བྱ་བ་ཐམས་ཅད་རྒྱབ་ཏུ་བསྐྱུར་ནས་དཀའ་སྤྱད་དང་སྙིང་རུས་ཀྱི་སྒོ་ནས་བསྒྲུབས་ཏེ་གྲུབ་པ་ཐོབ་པ་ཤ་སྟག་ཡིན་གྱི། འཇིག་རྟེན་ཚེ་འདིའི་བྱ་བ་སྒྲུབ་པའི་ཞོར་ལ་བདེ་སྐྱིད་སྣན་གསུམ་འཛོམས་པའི་ངང་ནས་ཆོས་བསྒྲུབས་ཏེ་གྲུབ་པ་སུ་ཡང་མེད། རིག་འཛིན་འཇིགས་མེད་གླིང་པའི་ཞལ་ནས་ཀྱང་། ལྟོ་འབོལ་བ་གོས་དྲོ་བ་སྡོད་གནས་སྐྱིད་པ། སྦྱིན་བདག་ལེགས་པ་ཞིག་གི་སྣ་གོན་བྱས་ཕྱིན་ཆད་ཆོས་མ་འགྲུབ་གོང་དུ་བདུད་འགྲུབ་ཚར་བ་ཡིན། ཞེས་གསུངས། དགེ་བཤེས་ཤ་བོ་པའི་ཞལ་ནས་ཀྱང་། སྙིང་ནས་ཆོས་བྱེད་ན་བློ་རྩེ་སྤྲང་པོ་ལ་གཏད་དགོས། སྤྲང་པོའི་ཐ་མ་འཆིར་འཇུག་ནུས་པ་ཞིག་དགོས་པ་ཡིན། བློ་སྣ་དེ་ལྟ་བུ་ཞིག་སྐྱེས་ན། ལྷ་འདྲེ་མི་གསུམ་གྱིས་འོ་བརྒྱལ་དུ་མི་འཇུག་ངེས་པ་ཡིན། ཞེས་གསུངས། རྗེ་མི་ལའི་ཞལ་ནས་ཀྱང་།

ང་ན་ན་དྲི་མི་མེད་པ་དང་། །
ཤི་ན་དུ་མི་མེད་པ་རུ། །
རི་ཁྲོད་འདི་རུ་འཆི་ནུས་ན། །

རྣལ་འབྱོར་བསམ་པ་རྫོགས་པ་ཡིན། །
ཕྱོ་ན་མི་རྗེས་མེད་པ་དང་། །
ནང་ན་ཁྲག་རྗེས་མེད་པ་རུ། །
རི་ཁྲོད་འདི་རུ་འཆི་ནུས་ན། །
རྣལ་འབྱོར་བསམ་པ་རྫོགས་པ་ཡིན། །
གར་སོང་འདྲི་མི་མེད་པ་དང་། །
འདིར་སོང་གཏད་སོ་མེད་པ་རུ། །
རི་ཁྲོད་འདི་རུ་འཆི་ནུས་ན། །
རྣལ་འབྱོར་བསམ་པ་རྫོགས་པ་ཡིན། །
རོ་རུལ་འབུ་ཡིས་ཟ་བ་དང་། །
ཙ་རྒྱུས་སྦྲང་བུས་འཛིབས་པ་རུ། །
རི་ཁྲོད་འདི་རུ་འཆི་ནུས་ན། །
རྣལ་འབྱོར་བསམ་པ་རྫོགས་པ་ཡིན། །

ཞེས་གསུངས། དེས་ན་འཇིག་རྟེན་ཚེ་འདིའི་ཞེན་པ་ཐམས་ཅད་ཀླུང་ལ་བསྐུར་ནས་དཀའ་ཚེགས་དང་ཚ་གྲང་ཐམས་ཅད་ཁྱད་དུ་བསད་དེ་ཆོས་སྒྲུབ་པ་ཞིག་ཅིས་ཀྱང་དགོས་པ་ཡིན་ནོ། །ཟབ་མོའི་དོན་ལ་མི་སྐྲག་པའི་བཟོད་པ་ནི། ཟབ་མོ་སྟོང་པ་ཉིད་ཀྱི་གནས་ལུགས་དང་། ཁྱད་པར་རང་བཞིན་རྫོགས་པ་ཆེན་པོའི་གནས་ལུགས་བྱ་རྩོལ་དང་བྲལ་བའི་གནད། དགེ་སྡིག་རྒྱུ་འབྲས་ལས་འདས་པའི་རྗོ་རྗེའི་གད་མོ་བཅུ་གཉིས་དང་། ངོ་མཚར་བའི་ཚིག་ཆེན་བརྒྱད་ལ་སོགས་པ་ཐོས་པ་ན། དེ་དག་ལ་ལོག་ལྟ་མི་སྐྱེ་ཞིང་དེ་དག་གི་དགོངས་པ་ཕྱིན་ཅི་མ་ལོག་པ་ལོན་པའི་ཐབས་ལ་འབད་པར་བྱ། དེ་ལྟར་མ་ཡིན་པར་དེ་དག་ལ་

ཡོག་ལྟ་སྐྱེས་པའམ། སྐུར་པ་བཏབ་ན་ཆོས་སྤོང་བའི་ལས་ཞེས་བྱ་སྟེ། བསྐལ་པ་གྲངས་མེད་པའི་བར་དུ་དམྱལ་བའི་གཉེན་ནས་མི་ཐར་བའི་རྒྱུ་ཡིན། དེ་སྐད་དུ་ཡང་། མཚམས་མེད་ལྔ་ལས་ཐུ་བའི་ལས་ངན་པ། །ཆོས་སྤོང་ལས་ངན་བསགས་པ་མཐོལ་ལོ་བཤགས། །ཞེས་གསུངས། ཇོ་བོ་རྗེ་ལྷ་ཅིག་གི་དྲུང་དུ་རྒྱ་གར་གྱི་དགེ་སློང་སྦྱངས་པའི་ཡོན་ཏན་བཙུ་གཉིས་ལ་གནས་པ་གཉིས་བྱུང་། ཇོ་བོས་གང་ཟག་གི་བདག་མེད་གསུངས་པས་ཁོང་གཉིས་དགའ། ཆོས་ཀྱི་བདག་མེད་གསུངས་པའི་ཚེ་འཇིགས་འཇིགས་དེ་ལྟར་མི་གསུང་བར་ཞུ་ཟེར། ཟབ་མདོ་འདོན་པ་ཐོས་པའི་ཚེ་རྣ་བ་འགེབས་པས། ཇོ་བོ་ཐུགས་ཆད་དེ་བྱམས་སྙིང་རྗེ་བྱང་ཆུབ་ཀྱི་སེམས་ལ་བློ་སྦྱངས་ནས་ཆོས་ཟབ་མོ་ལ་ཡིད་ཆེས་པ་ཞིག་མེད་ན། སྲུང་སྡོམ་དག་པ་གཅིག་པུས་གར་ཡང་མི་ཕྱིན་པར་འདུག་གསུངས། སྟོན་སངས་རྒྱས་བཞུགས་པའི་དུས་ཀྱང་སྟོང་པ་ཉིད་ཟབ་མོའི་དོན་བསྟན་པ་ཐོས་པས། དགེ་སློང་མངོན་པའི་ང་རྒྱལ་ཅན་མང་པོའི་ཁ་ནས་ཁྲག་ཚ་བ་སྐྱུགས་ཏེ་ཤི་བ་དང་། དམྱལ་བར་སྐྱེས་པ་ལ་སོགས་པའི་ལོ་རྒྱུས་ཡོད་པ་ལྟ་བུ་ཡིན་པས། ཟབ་མོའི་ཆོས་དང་དེ་སྟོན་པའི་གང་ཟག་ལ་སྙིང་ཐག་པ་ནས་མོས་གུས་བྱ་ཞིང་། གལ་ཏེ་རང་ཉིད་བློ་ཆུང་བའི་སྐྱོན་གྱིས་མོས་པར་མ་གྱུར་ཀྱང་། སྐུར་བ་འདེབས་པ་སྤང་བར་བྱ་བ་ནི་ཅི་ནས་གལ་ཆེའོ། །

བཞི་པ་བརྫུན་འགྱུས་ཀྱི་ཕ་རོལ་ཏུ་ཕྱིན་པ་ལ་འང་། གོ་ཆའི་བརྩོན་འགྲུས། སྦྱོར་བའི་བརྩོན་འགྲུས། ཆོག་པར་མི་འཛིན་པའི་བརྩོན་འགྲུས་དང་གསུམ་ཡིན།

དང་པོ་གོ་ཆའི་བརྩོན་འགྲུས་ནི། སྔོན་གྱི་དམ་པ་གོང་མ་རྣམས་དང་། སངས་རྒྱས་དང་བྱང་ཆུབ་སེམས་དཔའ་རྣམས་ཀྱི་རྣམ་ཐར་དང་མཛད་སྤྱོད། ཆོས་ཕྱིར་དཀའ་བ་སྤྱད་པའི་ལོ་རྒྱུས་སོགས་ཇི་དང་ཇི་ལྟ་བུ་ཞིག་ཐོས་ཀྱང་ཁོང་རྣམས་སངས་རྒྱས་དང་བྱང་སེམས་ཡིན་པས་དེ་ལྟར་མཛད་པ་ཡིན། རང་རེས་དེ་ལྟ་བུ་ཞིག་ག་ལ་ནུས་སྙམ་དུ་སྙིད་མི་ལུག་པར། ཁོང་རྣམ་པས་དེ་ལྟར་མཛད་

པས་གྲུབ་པ་ཐོབ་པར་འདུག ང་ཡང་དེ་དག་གི་རྗེས་འཇུག་ཡིན་པས་དེ་ལས་ལྷག་པ་ཞིག་མ་ཐོན་ཀྱང་། དེ་ལྟ་བུ་ཞིག་མ་འགྲུབ་པར་ཐབས་མི་འདུག་སྙམ་པ་དང་། ཕོང་རྣམ་པས་ཀྱང་དེ་ལྟ་བུའི་དཀའ་སྤྱད་དང་སྙིང་རུས་དགོས་ན། རང་རེ་ལས་ངན་གྱི་ཁུར་གྱིས་ནོན། ཐོག་མ་མེད་པའི་དུས་ནས་ཆོས་ལ་སྦྱངས་འབྲོ་མེད་པ་ཞིག་གིས་དཀའ་སྤྱད་དང་སྙིང་རུས་ཅིའི་ཕྱིར་མི་དགོས། དེས་ན་ད་རེས་དལ་འབྱོར་གྱི་མི་ལུས་ཐོབ། མཚན་ལྡན་གྱི་བླ་མ་མཇལ། ཟབ་མོའི་གདམས་ངག་ཐོབ། ཡང་དག་པའི་ཆོས་ཚུལ་བཞིན་སྒྲུབ་པའི་སྐལ་བ་ཡོད་པའི་དུས་འདིར་དཀའ་བ་དང་དུ་བླང་། ཧྲི་བ་རྒྱབ་ཏུ་ཁུར། ལུས་སྲོག་འབེན་དུ་བཙུགས། ཤ་ཁྲག་གཟན་དུ་བོར་ཏེ། སྙིང་ཐག་པ་ནས་ཆོས་ཤིག་མི་སྒྲུབ་རེ་སྙམ་དུ་དམ་བཅའ་བ་དེ་ཡིན།

སྤྱོར་བའི་བཙོན་འགྲུས་ནི། ཆོས་ལ་བྱེད་བློ་དང་སྒྲུབ་བློ་ཞིག་ཡོད་ཀྱང་། སང་བྱ་དང་གནངས་བྱའི་ངང་དུ་མི་ཚེའི་ཉི་མ་ཟད་ནས། ཆོས་སྒྲུབ་འདོད་ཀྱི་ངང་ནས་མི་ཚེ་འཛད་པ་དེ་སྤང་དགོས་ཏེ། འབྲུག་པདྨ་དཀར་པོས།

མི་ཚེ་འདི་བཤས་རའི་དུད་འགྲོ་དང་འདྲ། །
ཡུད་ཙམ་རེ་སོང་ཡང་འཆི་ལ་ཉེ། །
དེ་རིང་དང་སང་གི་ངང་རིང་འདིས། །
མལ་མཐའ་ནས་འོ་དོད་འཚོར་རོ་ཨང་། །

ཞེས་གསུངས། དེས་ན་ཆོས་ཕྱི་བཤོལ་གྱི་ངང་དུ་སྐད་ཅིག་ཀྱང་མི་བཞག་པར། སྟར་མའི་པང་དུ་སྤྲུལ་ཞུགས་པའམ། སྐེག་མོའི་མགོ་ལ་མེ་ཤོར་བ་ལྟར། འཇིག་རྟེན་ཚེ་འདིའི་བྱ་བ་ཐམས་ཅད་ཅོག་གིས་བཞག ཡིད་གིས་བསྐྱུར་ནས་འཕྲལ་དང་འཕྲལ་དུ་ཆོས་ལ་འབད་དགོས། དེ་ལྟར་མ་བྱས་ན་འཇིག་རྟེན་གྱི་བྱ་བ་ཟིན་དུས་མེད་པ་གཅིག་རྗེས་གཅིག་ནོན་དུ་འོང་བ་ཆུའི་གཉེར་མ་ལྟ་བུ་ཡིན་པས་ཆོས་སྒྲུབ་པའི་ལོངས་སྐབས་ཨི་འོང་། རང་གིས་བློ་ཐག་ཆོད་ནས་འཇིག

རྐྱེན་གྱི་བྱ་བ་ནམ་བསྐྱུར་ཀྱང་དེའི་དུས་སུ་ཟིན་པ་ཡིན་ཏེ། ཀུན་མཁྱེན་ཆེན་པོས།

འཇིག་རྐྱེན་བྱ་བ་ཤི་ཤིར་ཟིན་དུས་མེད། །
ནམ་བཞག་དུས་ན་ཟིན་པ་ཆོས་ཉིད་ཡིན། །
ཞེས་དང་། བྱ་བྱེད་བྱིས་པའི་རྩེད་མོ་འདྲ། །
བྱས་ན་མི་ཟིན་བཞག་ན་ཟིན། །

ཞེས་གསུངས། དེས་ན་དམ་པའི་ཆོས་ལ་སྒྲུབ་འདོད་ཀྱི་བློ་ཞིག་སྐྱེས་པའི་ཚེ་མི་རྟག་པས་སྐལ་མ་བཏབ་སྟེ། ཆོས་ལེ་ལོ་དང་ཕྱི་བཤོལ་གྱི་དབང་དུ་སྐད་ཅིག་ཀྱང་མི་ལུས་པར་འཕྲལ་དང་འཕྲལ་དུ་ཆོས་ལ་འཇུག་པ་དེ་སྦྱོར་བའི་བརྩོན་འགྲུས་ཡིན།

ཆོག་པར་མི་འཛིན་པའི་བརྩོན་འགྲུས་ནི། རང་གི་མཚམས་དང་བསྙེན་སྒྲུབ་ཁ་ཏོན་དང་དགེ་སྦྱོར་ལ་སོགས་པ་ཅུང་ཟད་རེ་འགྲུབ་པའི་ཚེ། དེ་ཙམ་གྱིས་ཆོག་ཤེས་མི་བྱ་བར་ཚེ་དང་སྒྲུབ་པ་སྙོམས་པའི་དམ་བཅའ་བླངས་ནས་ཇི་སྲིད་རྫོགས་པའི་སངས་རྒྱས་ཀྱི་གོ་འཕང་མ་ཐོབ་བར་དུ་བརྩོན་པ་རྒྱུན་རིང་ལ་ཤུགས་དྲག་པོ་ཆུ་བོའི་རྒྱུན་ལྟ་བུ་ཞིག་དགོས་ཏེ། དམ་པ་གོང་མ་དག་གི་གསུངས་ལས་ཆོས་སྒྲུབ་པའི་དུས་གཡག་ལྟོག་གིས་རྩྭ་ཟ་བ་ལྟ་བུ་ཞིག་དགོས། ཞེས་གསུངས། གཡག་ལྟོག་གིས་རྩྭ་ཟ་བའི་ཚེ། ཁམ་སྟོན་མ་གཅོད་པའི་དུས་ནས་ཕྱི་མ་མིག་གིས་བལྟས་ནས་ཟ་བ་ལྟར། ཆོས་ཀྱི་བྱ་བ་སྟོན་མ་སྒྲུབ་པའི་དུས་ནས་འདི་འགྲུབ་པ་དང་འདི་བསྒྲུབ་སྙམ་དུ་བློས་བླངས་ཏེ། སྒོ་གསུམ་སོས་དལ་དང་ཆོས་མེད་དུ་སྐད་ཅིག་ཀྱང་མ་ལུས་པ་ཞིག་གི་ངང་ནས་ཉིན་རེ་བཞིན་ཡང་ཆོས་ལ་བརྩོན་པ་ཇེ་ཆེར་འབད་དགོས་ཏེ། རིག་འཛིན་འཇིགས་མེད་གླིང་པའི་ཞལ་ནས་ཀྱང་། འཆི་བ་ལ་ཇི་ཙམ་བཅར་བཞིན་དགེ་སྦྱོར་ལ་སྙིང་རུས་ཆེར་འགྲོ་བ་འདི་ཆོས་པ་སད་ཀྱིས་མ་ཁྱེར་བའི་རྟགས་ཡིན། ཞེས་གསུངས། ད་ལྟ་སྒོམ་ཆེན་

དང་བླ་མ་བཟང་པོར་གྲགས་པ་དག་ལ། གཞན་དག་ན་རེ། ད་ཁྱོད་ཆོས་ཕྱག་དང་ཁ་ཏོན་ཚོགས་བསགས་སྒྲིབ་སྦྱོང་སོགས་དགོས་དོགས་མེད་ཟེར་ཞིང་ངོ་བསྟོད་བྱེད་ལ། རང་རང་ནས་ཀྱང་ང་དེ་དང་དེ་ལྟ་བུ་ཡིན་པས་གང་ཡང་མི་དགོས་སྙམ་པ་འདུག་སྟེ། མཉམ་མེད་དྭགས་པོའི་ཞལ་ནས། མི་དགོས་སྙམ་པ་དེ་དགོས་བདོ་ཡིན་པའི་རྟགས་ཡིན་གསུངས། རྒྱ་གར་ཛོ་བོ་དྷི་པཾ་ཀ་རས་ཀྱང་ཉེན་རེ་བཞིན་ཕྱག་ས་ཁ་ལེ་སྣཚོགས་འདེབས་པ་ལ་བརྩོན། འཁོར་རྣམས་ཀྱིས་ཁྱེད་བླ་མ་ཆེན་པོ་ཞིག་ས་ལས་མཛད་པ་མིས་ཀྱང་འཕྱ་ཞིང་། ངོ་བརྒྱལ་བར་འདུག་པས་ངེད་རྣམས་ཀྱིས་བྱེད་པར་ཞུ་ཞུས་པས། ཅི་ཟེར་འོ་ན་ངའི་ཟན་ཀྱང་ཁྱེད་རྣམས་ཀྱིས་ཟའམ་གསུངས། དེས་ན་རྫོགས་པའི་སངས་རྒྱས་མ་ཐོབ་ཀྱི་བར་དུ་སྤྱང་བྱ་ལས་དང་བག་ཆགས་ཡོད་ཅིང་། ཐོབ་བྱ་གོང་མ་གོང་མའི་ཡོན་ཏན་ཡོད་པ་ཡིན་པས་དལ་ཁོམ་དང་རེས་འགའི་ཆོས་སུ་མ་སོང་བར་སྙིང་ཐག་པ་ནས་ཆོས་ལ་ཆོག་ཤེས་མེད་པ་འབད་དགོས། ལར་སངས་རྒྱས་ཀྱི་གོ་འཕང་ཐོབ་མི་ཐོབ་བརྩོན་འགྲུས་འདི་ཁོ་ན་རག་ལས་པ་ཡིན་པས། བརྩོན་འགྲུས་རྣམ་པ་གསུམ་པོ་འདི་ལ་འབད་དགོས་པ་ཡིན་ཏེ། ཤེས་རབ་རབ་ཅིག་ཡོད་ཀྱང་བརྩོན་འགྲུས་ཐ་མ་ཞིག་ལས་མེད་ན་ཆོས་པ་ཐ་མ་ཞིག་ལས་མི་འོང་། ཤེས་རབ་ཐ་མ་ཞིག་ལས་མེད་ཀྱང་། བརྩོན་འགྲུས་རབ་ཅིག་ཡོད་ན་ཆོས་པ་ཡང་རབ་ཞིག་འོང་། བརྩོན་འགྲུས་མེད་ན་ཡོན་ཏན་གཞན་ཡོད་ཀྱང་མི་ཕན་པ། ཀུན་མཁྱེན་འཇིགས་མེད་གླིང་པའི་ཞལ་ནས།

བརྩོན་འགྲུས་མེད་པའི་གང་ཟག་ལ། །
ཤེས་རབ་དང་ནི་དབང་འབྱོར་སྟོབས། །
གང་གིས་སྐྱོབ་པར་མི་ནུས་ཏེ། །
གྲུ་གཟིངས་ཡོད་པའི་དེད་དཔོན་ལ། །
སྐྱ་བས་རྟགས་པ་ཇི་བཞིན་ནོ། །

ཞེས་གསུངས། དེས་ན་དུས་དང་གནས་སྐབས་ཐམས་ཅད་དུ། སྔོ་ཚད་ལ་ཕབ། གཉིད་སྨྲང་ལ་གཅུར། རིག་པ་གཞུར་ལ་དྲངས་ནས། ཐང་ལྷོད་མེད་པའི་བརྩོན་འགྲུས་གཞུ་བརྟུངས་པ་ལྟ་བུ་ཞིག་མེད་ན། དལ་ཁོམ་རེས་འགའི་ཆོས་ཀྱིས་ནི་གར་ཡང་མི་ཕྱིན་ནོ། །

ལྔ་པ་བསམ་གཏན་གྱི་ཕ་རོལ་ཏུ་ཕྱིན་པ་ནི། དང་པོ་འདུ་འཛི་དང་རྣམ་གཡེང་ཐམས་ཅད་སྤངས་ནས་གནས་དབེན་པ་ཞིག་མ་བརྟེན་ན། བསམ་གཏན་རྒྱུད་ལ་སྐྱེ་མི་ནུས་པས། དང་པོ་རྣམ་གཡེང་སྤང་པ་གལ་ཆེ། དེ་ཡང་འདུས་པ་ནི་འབྲལ་བའི་ཆོས་ཅན་ཡིན་ཏེ། ཕ་མ་དང་། སྤུན་ཟླ། བཟའ་མི་དང་། གཉེན་གྲོགས། ཐ་ན་ལྷན་ཅིག་སྐྱེས་པའི་ལུས་ཀྱི་ཤ་རུས་ཀུང་སོ་སོར་འབྲལ་བའི་ཆོས་ཅན་ཡིན་ན། རྟག་པ་མེད་པའི་མཛའ་བཤེས་ལ་ཆགས་ནས་ཅི་བྱེད་སྙམ་དུ་བསམས་ནས། རྟག་ཏུ་གཅིག་པུར་གནས་པར་བྱ་དགོས་ཏེ། རས་པ་ཞི་བ་འོད་ཀྱིས། རང་ཉིད་གཅིག་པུ་སངས་རྒྱས་ཀྱི་ངང་། ཆོས་མཐུན་གྲོགས་པོ་དགེ་སྦྱོར་གྱི་རྟེན། གསུམ་བཞི་ཕན་ཆད་ཆགས་སྡང་གི་རྒྱུ། བདག་དེས་ཀྱང་གཅིག་པུར་བསྡད་པ་ཞིག་ལགས། ཞེས་གསུངས། འདོད་པ་ནི་ཉེས་པ་ཐམས་ཅད་ཀྱི་འབྱུང་ཁུངས། ཡོད་ཀུང་ཆོག་མི་ཤེས། ལོངས་སྤྱོད་དང་འབྱོར་པ་ཇི་ཙམ་ཡོད་བཞིན་སེར་སྣ་འཕེལ་བ་ཡིན་ཏེ། ཇི་སྐད་དུ། གང་ལ་ནོར་ཡོད་དེ་ལ་སེར་སྣ་ཡོད། །ཞེས་དང་། ཡོད་ཀྱིན་ཇི་དགོས་ཕྱུག་པོ་འདྲ། ཞེས་གསུངས། ནོར་མེད་ཙ་ན་དགྲ་དང་བྲལ། ཞེས་པ་ལྟར། རང་ལ་ཟས་ནོར་དང་ལོངས་སྤྱོད་ལ་སོགས་པ་ཇི་ཙམ་འབྱོར་པ་དེ་ཙམ་དུ་དགྲ་དང་ཇུན་པོ་ལ་སོགས་པས་ཡང་འཚེ་ཞིང་། དེ་ལ་བརྟེན་ནས་དུས་དང་རྣམ་པ་ཐམས་ཅད་དུ། དེ་ཉིད་གསོག་པ་དང་། སྲུང་བ་དང་། སྤེལ་བ་གསུམ་གྱིས་མི་ཚེ་ཟད་ལ། དེ་ཡང་སྡུག་བསྔལ་དང་སྡིག་པ་ཁོ་ན་མ་གཏོགས་མེད་པས་ན། འཕགས་པ་ཀླུ་སྒྲུབ་ཀྱིས་ཀུང་།

གསོག་དང་སྲུང་དང་སྤེལ་བས་ཉམ་ཐག་པས། །

ཉོར་ནི་ཕུང་ཁྲོལ་མཐའ་ཡས་ཤེས་པར་བྱ། །

ཞེས་གསུངས། སྣ་འཛམ་བུའི་གླིང་གི་རྒྱུ་རྫས་དང་ལོངས་སྤྱོད་ཐམས་ཅད་མི་གཅིག་ལ་ཡོད་ཀྱང་། དོན་དུ་ནི་མི་གཅིག་གི་ལྟོ་གོས་གཉིས་ལས་བྱེད་རྒྱུ་གཞན་མེད། འོན་ཀྱང་ཅི་ཙམ་འབྱོར་བཞིན་རང་གཅིག་པུ་ཙམ་གྱི་ཡང་ཁ་ལ་ཟ་མི་བྲ། རྒྱབ་ལ་གྱོན་མི་བྲ་བར་སྡིག་སྡུག་གཏམ་ངན་ཐམས་ཅད་ཁྲད་དུ་བསད་དེ་ཕྱི་མ་ཆུང་ལ་བསྐུར། ཚེ་འདི་སྡིག་དང་བསྡོས། རྒྱུ་རྫས་ཕྲ་མོ་རེའི་ཆེད་དུ་ཁྲིལ་དང་ངོ་ཚ་གཞུང་དང་ཕྱི་ཐག ཆོས་དང་དམ་ཚིག་ཐམས་ཅད་ཁྲད་དུ་གསོད། ཟ་སྙོམ། ཉེད་སྙོམ། ཐབ་སྙོམ་པོ་ནས་དུས་འདའ་བ་འབྱུང་པོས་གཏོར་མ་ཚོལ་བ་ལྟ་བུའི་ངང་དུ་ཉིན་གཅིག་གི་དལ་ཁོམ་དང་བདེ་སྐྱིད་ཀྱང་ཉམས་སུ་མ་མྱོང་བཞིན་དུ་མི་ཚེ་ཟད། མཐར་ལོངས་སྤྱོད་བསགས་བསགས་རང་གི་སྲོག་ལ་བབས་ནས། དེ་པོ་ནའི་ཆེད་དུ་གྲི་ཁ་དང་མཚོན་ཁར་འཆི། ཚེ་གཅིག་ཏུ་བསགས་པའི་རྒྱུ་རྫས་ལོངས་སྤྱོད་ནི། དགྲ་ལ་སོགས་པ་གཞན་གྱིས་ལོངས་སྤྱོད་དེ་ཚུད་ཐོས་པོ་ནར་འགྱུར། དེའི་ཆེད་དུ་བསགས་པའི་སྡིག་པའི་ཕུང་པོ་རི་རབ་ཙམ་ཞིག་ནི། རང་ཉིད་པོ་ནའི་སྐལ་བར་ཐོབ་སྟེ་ངན་སོང་བཟོད་པར་དཀའ་བའི་གཏིང་ནས་ཐར་པའི་དུས་མེད་པར་འཁྱམས་པ་དེ་ལྟ་བུ་ཡིན་པས། འབྱོར་པ་ཅུང་ཟད་རེ་ཡོད་ན་ད་ལྟ་རང་དབང་ཡོད་ཚེ་འདིར་ཕྱི་མའི་རྒྱགས་ཕྱེ་བཟང་པོ་རེ་ཚགས་སུ་ཚུད་པར་བྱས་ནས། ལྟོ་ཕྱི་ན་དང་གོས་ལྷག་སྐྱོབ་ཙམ་གྱིས་ཆོག་ཤེས་པར་བྱ། དེ་བཞིན་དུ་ཚེ་འདི་པོ་ན་དོན་དུ་གཉེར་བའི་མི་རྣམས་ནི་བྱིས་པའི་གྲོགས་པོ་ཞེས་བྱ་བ་ཡིན་ཏེ། དེ་དག་ནི་ཕར་ལ་ཕན་པར་བྱས་ཀྱང་། ཚུར་ལ་གནོད་པ་བྱེད་པས་བྱས་པ་མི་གཟོ་བ། ཇི་ལྟར་བྱས་ཀྱང་འཐད་པའི་དུས་མེད་པས་མགུ་བར་དཀའ་བ། པོ་བས་རང་ལྷག་ན་ནི་ཕྲག་དོག་བྱེད། རང་བས་པོ་ལྷག་ན་ནི་ཁྲད་དུ་གསོད་པ། ཇི་ཙམ་འགྲོགས་བཞིན་མི་དགེ་བ་འཕེལ་ཞིང་དགེ་བ་འགྲིབ་པ་ཡིན་པས་དེ་དག་རིང་དུ་སྤང་། ཚོང་དང་སོ་ནམ་བཟོ་དང་

རིག་ཤེས་ལ་སོགས་པ་ལ་བརྟེན་ནས་མང་པོ་དང་འབྲེལ་ཞིང་དོན་མང་པོའི་རྣམ་པར་གཡེང་བ་ནི། འདུ་འཛི་ཡིན་ཏེ། དེ་ཡང་རྟག་ཏུ་བྲེལ་ཞིང་དོན་ཆུང་བ་ཇི་ཙམ་བརྩོན་ཀྱང་སྙིང་པོ་མེད་པ། དགྲ་བཏུལ་ཀྱང་མཐའ་མེད་པ། གཉེན་བསྐྱངས་ཀྱང་མཐའ་མེད་པ། ཟིན་པའི་དུས་མེད་པའི་བྱ་བྱེད་དང་རྣམ་གཡེང་ཐམས་ཅད་མཆིལ་མའི་ཐལ་བ་བཞིན་དོར་ཏེ། ཕ་ཡུལ་རྒྱབ་ཏུ་བསྐྱུར། མི་ཡུལ་དང་དུ་བླངས། གནས་བྲག་རྩ་ཙ་བཟུང་། གྲོགས་རི་དྭགས་དང་འགྲོགས། བབ་ལུས་སེམས་ལ་བསྐུར། ཀྱོང་ལྟོ་གོས་གཏམ་གསུམ་ལ་བཏང་ནས། མི་མེད་ལུང་སྟོང་པོ་ནར་མི་ཚེ་བསྐྱལ་ཏེ། ཇི་སྐད་དུ། རྗེ་བཙུན་མི་ལ་རས་པའི་ཞལ་ནས།

མི་མེད་ལུང་པའི་བྲག་ཕུག་ན། །
སྐྱོ་ཚད་དེ་བ་ལ་སངས་དུས་མེད། །
བླ་མ་དུས་གསུམ་སངས་རྒྱས་ལ། །
ཡིད་དུང་དེ་བ་ལ་འབྲལ་བ་མེད། །

ཅེས་གསུངས་པ་ལྟར་བྱས་ན། ཡིད་སྐྱོ་བའི་གནས་སུ་བསམ་གཏན་འཕོར། ཟེར་བ་ཡིན་པས་ངེས་འབྱུང་དང་སྐྱོ་ཤས། དད་པ་དང་དག་སྣང་། བསམ་གཏན་དང་ཏིང་འཛིན་ལ་སོགས་ལམ་གྱི་ཡོན་ཏན་ཐམས་ཅད་རང་ཤུགས་ཀྱིས་སྐྱེ་བ་ཡིན་པས། དེ་ལྟ་བུ་ལ་ཅི་ནས་ཀྱང་འབད། དེ་བས་ན་དབེན་པའི་ནགས་ཁྲོད་ནི། སྔོན་གྱི་སངས་རྒྱས་དང་བྱང་ཆུབ་སེམས་དཔའ་རྣམས་ཀྱིས་ཀྱང་ཞི་བ་བརྙེས་པའི་གནས། འདུ་འཛི་དང་རྣམ་གཡེང་མེད་པ། ཚོང་དང་སོ་ནམ་མེད་པ། བྱིས་པའི་གྲོགས་དང་བྲལ་བ། བྱ་དང་རི་དྭགས་འགྲོགས་ན་བདེ། ཆུ་དང་ལོ་མ་དཀའ་ཐུབ་ཀྱི་ཟས་དང་མཐུན་པ། རིག་པ་ངང་གིས་དྭངས། ཏིང་ངེ་འཛིན་ཤུགས་ཀྱིས་འཕེལ་བའི་གནས། དེ་ན་དགྲ་མེད། གཉེན་མེད། ཆགས་སྡང་གི་སྒྲོག་ལས་གྲོལ་བ་ཡོན་ཏན་དུ་མ་དང་ལྡན་པའི་གནས་ཡིན་ཏེ། དེ་ལྟ་བུའི་དབེན་པའི་གནས

སྒྱུ་དངོས་སུ་ཕྱིན་ནས་སྟོད་པ་ལྟ་ཡང་ཅི་སྨོས། ཐ་ན་དབེན་པའི་གནས་དེར་འགྲོ་བསམས་ནས། དེའི་ཕྱོགས་སུ་གོམ་པ་བདུན་བོར་ཡང་། བསྐལ་པ་གང་གླུང་གི་བྱེ་མ་སྙེད་དུ་ཕྱོགས་བཅུའི་སངས་རྒྱས་ཐམས་ཅད་ལ་མཆོད་པ་ཕུལ་བ་ལས་ཀྱང་ཕན་ཡོན་ཆེ་བར། སངས་རྒྱས་བཅོམ་ལྡན་འདས་ཀྱིས་ཟླ་བ་སྒྲོན་མའི་མདོ་ལ་སོགས་པ་ལས་གསུངས། དེ་ལྟ་བུའི་གནས་སུ་ཇི་སྐད་དུ།

རི་ཁྲོད་དབེན་པའི་གནས་མཆོག་ན། །

སྤྱོད་ལམ་ཐམས་ཅད་དགེ་བ་ཡིན། །

ཞེས་པ་ལྟར། ཆེད་དུ་བརྩོན་འགྲུས་བརྩམས་ནས་དགེ་བ་མ་བསྒྲུབས་ཀྱང་། ངེས་འབྱུང་དང་སྐྱོ་ཤས། བྱམས་དང་སྙིང་རྗེ་ལ་སོགས་པ་ལམ་གྱི་ཡོན་ཏན་ཐམས་ཅད་ངམ་ངམ་ཤུགས་ཀྱིས་སྐྱེ་བས། སྤྱོད་ལམ་ཐམས་ཅད་ཀྱང་རང་བཞིན་གྱིས་དགེ་བ་འབའ་ཞིག་ཏུ་འགྱུར། འདུ་འཛིའི་གནས་སུ་འབད་ནས་བཀག་ཀྱང་མི་ཁེག་པའི་ཆགས་སྡང་དང་ཉོན་མོངས་པ་ཐམས་ཅད་ཀྱང་། དབེན་པའི་གནས་སུ་སླེབ་པ་ཙམ་གྱིས་རང་ཤུགས་ཀྱིས་ཆུང་དུ་འགྲོ། ལམ་གྱི་ཡོན་ཏན་ཐམས་ཅད་རང་རྒྱུད་ལ་སྐྱེད་པར་སླ་བ་ཡིན་ཏེ། འདི་དག་ནི་བསམ་གཏན་གྱི་སྔོན་དུ་འགྲོ་བའི་ཆོས་ཡིན་པས་ཅི་ནས་ཀྱང་གལ་ཆེ་བས་མེད་ཐབས་མེད་དོ། །

བསམ་གཏན་དངོས་ལ། བྱིས་པ་ཉེར་སྤྱོད་ཀྱི་བསམ་གཏན། དོན་རབ་འབྱེད་པའི་བསམ་གཏན། དེ་བཞིན་གཤེགས་དགེའི་བསམ་གཏན་དང་གསུམ་ཡིན། དེ་ཡང་བདེ་གསལ་མི་རྟོག་པའི་ཉམས་ལ་ཞེན་ནས། དེ་ཉིད་ལ་ཆེད་དུ་གཉེར་ཏེ་ཉམས་ཞེན་གྱི་རྩི་དང་བཅས་པར་སྒོམ་པའི་དུས་ན། བྱིས་པ་ཉེར་སྤྱོད་ཀྱི་བསམ་གཏན་ཞེས་བྱ། ཉམས་ཀྱི་ཞེན་པ་དང་བྲལ་ནས་བསམ་གཏན་གྱི་རོ་མྱོང་མེད་ཀྱང་སྟོང་འཛིན་གཉེན་པོའི་ཕྱོགས་ལ་ཞེན་ནས་སྒོམ་པའི་དུས་ན། དོན་རབ་འབྱེད་པའི་བསམ་གཏན་ཞེས་བྱ། སྟོང་འཛིན་གཉེན་པོའི་བློ་དང་བྲལ་ཏེ། ཆོས་ཉིད་རྣམ་པར་མི་རྟོག་པའི་ཏིང་ངེ་འཛིན་ལ་གནས་པ་ནི། དེ་བཞིན་

གཉིགས་དགེའི་བསམ་གཏན་ཟེར་བ་ཡིན། དེ་ལྟར་བསམ་གཏན་སྒོམ་པའི་དུས་ཐམས་ཅད་དུ་ལུས་ཀྱི་གནད་དུ་རྣམ་སྣང་ཆོས་བདུན་བྱེད་པ་དང་། མིག་གི་གནད་དུ་ལྟ་སྟངས་བྱེད་པ་སོགས་གལ་ཆེ་སྟེ། ལུས་དྲང་ན་རྩ་དྲང་། རྩ་དྲང་ན་རླུང་དྲང་། རླུང་དྲང་ན་སེམས་དྲང་ཟེར་བ་ཡིན་པས། ཉལ་བ་འཁྲུས་པ་ལ་སོགས་མི་བྱེད་པར་ལུས་དྲང་པོར་བསྲངས་ཏེ་ཡིད་གང་དུའང་མི་རྟོག ཅི་ཡང་མི་འཛིན་པའི་ངང་ལ་མཉམ་པར་འཇོག་པ་ནི། བསམ་གཏན་གྱི་ཕ་རོལ་ཏུ་ཕྱིན་པའི་ངོ་བོ་ཡིན།

དྲུག་པ་ཤེས་རབ་ཀྱི་ཕ་རོལ་ཏུ་ཕྱིན་པ་ལ། ཐོས་པའི་ཤེས་རབ། བསམ་པའི་ཤེས་རབ། སྒོམ་པའི་ཤེས་རབ་དང་གསུམ།

དང་པོ་ཐོས་པའི་ཤེས་རབ་ནི། ཆོས་ཀྱི་ཚིག་དོན་ཐམས་ཅད་བླ་མས་གསུངས། རང་གིས་ཉན་ཏེ་གསུངས་པ་བཞིན་གོ་བ་དེ་ཡིན། བསམ་པའི་ཤེས་རབ་ནི། བླ་མས་གསུངས་པའི་དོན་དེ་དག་ཐམས་ཅད་ཀུང་གོ་ལོ་དང་ཐོས་ལོར་མི་བཞག་པར། རང་རྒྱུད་ལ་གཤར་སྦྱངས་བྱས་ཏེ་རྟོག་དཔྱོད་དང་བསམ་གཞིག་གི་སྒོ་ནས་གཏན་ལ་ཕབ། མ་ཤེས་པ་གཞན་ལ་དྲི། དེ་ཡང་ཤེས་ལོ་དང་ཡིན་ལོ་ཙམ་གྱིས་ཆོག་ཤེས་མི་བྱ་བར་ངེས་པར་དབེན་པའི་རི་ཁྲོད་བཟུང་ནས་གཅིག་པུར་ཉམས་སུ་ལེན་པའི་དུས་སུ་ཉམས་ལེན་གྱི་གནད་གཞན་ལ་འདྲི་མི་དགོས་པར་ཉམས་ལེན་རང་རྐྱ་ཐུབ་ངེས་སུ་ཞུན་ཐར་བཅད་པ་དེ་ཡིན།

སྒོམ་པའི་ཤེས་རབ་ནི། ཤེས་ནས་ཉམས་སུ་བླངས་ཏེ་བསྒོམས་པས་གནས་ལུགས་དོན་གྱི་རྟོགས་པ་མ་ནོར་བ་རང་རྒྱུད་ལ་སྐྱེས། ཁོ་ཐག་ནང་ནས་ཆོད། ཡིན་མིན་གྱི་སྒྲོག་ལས་གྲོལ་ཏེ་གནས་ལུགས་ཀྱི་རང་ཞལ་མཐོང་བ་དེ་ཡིན། དེ་ཡང་དང་པོ་ཐོས་བསམ་གྱིས་སྒྲོ་འདོགས་བཅད་ནས། སྒོམ་པས་ཉམས་སུ་ལེན་པའི་དུས་སུ། འདི་ལྟར་ཕྱི་ཡུལ་ལྷའི་སྣང་བ་ཐམས་ཅད་མེད་བཞིན་འཁྲུལ་ངོ་ལ་སྣང་བ་རྨི་ལམ་ལྟ་བུ། རྒྱུ་རྐྱེན་རྟེན་འབྲེལ་ཚོགས་པ་ལས་སྒྱུ་བུར་དུ་སྣང་བ་སྒྱུ་མ་ལྟ་བུ། མེད་པ་ལ་ཡོད་པར་སྣང་བ་མིག་ཡོར་ལྟ་བུ། སྣང་བཞིན་བདེན་པར་

མ་གྲུབ་པ་སྒྱིག་རྒྱུ་ལྟ་བུ། སྒྱུ་ནང་གང་ལ་ཡང་མེད་བཞིན་སྣང་བ་བྲག་ཆ་ལྟ་བུ། རྟེན་དང་བརྟེན་པར་མེད་པས་དྲི་ཟའི་གྲོང་ཁྱེར་ལྟ་བུ། སྣང་ལ་རང་བཞིན་མེད་པས་གཟུགས་བརྙན་གྱི་སྣང་བ་ལྟ་བུ། མེད་སྣང་ཅི་ཡང་འཆར་བ་སྤྲུལ་པའི་གྲོང་ཁྱེར་ལྟ་བུ་སྟེ། དངོས་པོ་མེད་པའི་སྟོང་གཟུགས་སྒྱུ་མའི་དཔེ་བརྒྱད་དུ་བལྟས་པས་ཡུལ་གྱི་སྣང་བ་རྫུན་པའི་རང་བཞིན་དུ་གོ་ལ། དེ་ལྟར་སྣང་བའི་མཁན་པོ་ཡུལ་ཅན་སེམས་ཀྱི་གཤིས་ལུགས་ལ་བརྟགས་པས་ཡུལ་སྣང་མ་འགགས་ལ་ཡུལ་གྱི་འཛིན་རྟོག་ཞི། ཆོས་ཉིད་སྟོང་གསལ་ནམ་མཁའ་ལྟ་བུར་རྟོགས་པའི་ངང་དུ་འཇོག་པ་ནི་ཤེས་རབ་ཀྱི་ཕ་རོལ་ཏུ་ཕྱིན་པ་ཡིན་ནོ། །

དེ་ལྟར་ཕ་རོལ་ཏུ་ཕྱིན་པ་དྲུག་པོ་དེ་དག་ཀྱང་ཕར་བཀྱལ་ན་ཕ་རོལ་ཏུ་ཕྱིན་པ་རེ་རེ་ལ་ཡང་གསུམ་གསུམ་དུ་ཕྱེ་བའི་བཅོ་བརྒྱད་དེ་ལས་ཀྱང་ཟང་ཟིང་གི་སྦྱིན་པ་ལ་གསུམ་དུ་དབྱེ་བས་ཉི་ཤུ། དེའི་སྟེང་དུ་ཐབས་ཀྱི་ཕ་རོལ་ཏུ་ཕྱིན་པ་དང་ཉེར་གཅིག སྟོབས་ཀྱི་ཕ་རོལ་ཏུ་ཕྱིན་པ་དང་ཉེར་གཉིས། སྨོན་ལམ་གྱི་ཕ་རོལ་ཏུ་ཕྱིན་པ་དང་ཉེར་གསུམ། ཡེ་ཤེས་ཀྱི་ཕ་རོལ་ཏུ་ཕྱིན་པ་དང་ཉེར་བཞི་ཡིན་ལ། དེ་ལས་ཀྱང་རྒྱས་པར་དབྱེ་ན་ཕ་རོལ་ཏུ་ཕྱིན་པ་རེ་རེ་ལ་ཡང་དྲུག་དྲུག་ཏུ་དབྱེ་བས་སུམ་ཅུ་རྩ་དྲུག་ཏུ་འགྱུར་བ་ཡིན་ཏེ། དེ་ཡང་དཔེར་ན་སྦྱིན་པའི་ཕ་རོལ་ཏུ་ཕྱིན་པ་ལ་ཡར་ཆོས་ཀྱི་སྦྱིན་པ་ལྟ་བུ་ལ་མཚོན་ན། བཤད་མཁན་པོའི་བླ་མ། བཤད་རྒྱུའི་ཆོས། བཤད་ཡུལ་སློབ་མ་དང་གསུམ་འཛོམས་ནས་ཆོས་བཤད་པ་དེ་སྦྱིན་པའི་ཕ་རོལ་ཏུ་ཕྱིན་པ། དེ་ལྟར་བཤད་པའི་དུས་ན་རྙེད་པ་དང་བཀུར་སྟི་ལ་སོགས་མི་འདོད་ཅིང་། རང་གི་ཆེ་བ་འཕྱིན་པ་དང་། གཞན་ལ་ཟུར་ཟ་བ་སོགས་ཉོན་མོངས་པའི་དྲི་མ་དང་མ་འདྲེས་པར་འཆད་པ་དེ་ཚུལ་ཁྲིམས་ཀྱི་ཕ་རོལ་ཏུ་ཕྱིན་པ། ཚིག་གཅིག་གི་དོན་ཡང་ལན་གྲངས་མང་པོའི་བར་དུ་བསྐྱར་ཏེ་དཀའ་ཚེགས་དང་ངལ་བ་ཐམས་ཅད་ཁྱད་དུ་བསད་ནས་འཆད་པ་དེ་བཟོད་པའི་ཕ་རོལ་ཏུ་ཕྱིན་པ། ལེ་ལོ་དང་སྒྱི་བཤོལ་གྱི་དབང་དུ་མི་གཏོང་

བར་བཤད་པའི་དུས་ལས་མི་ཡོལ་བར་འཆད་པ་དེ་བརྩོན་འགྲུས་ཀྱི་ཕ་རོལ་ཏུ་ཕྱིན་པ། གང་བཤད་རྒྱུའི་ཚིག་དོན་དེ་ལས་སེམས་གཞན་དུ་མི་ཡེངས་པར་ནོར་འཁྲུལ་དང་ལྷག་ཆད་སྤངས་ནས་འཆད་པ་དེ་བསམ་གཏན་གྱི་ཕ་རོལ་ཏུ་ཕྱིན་པ། དེ་ལྟར་བཤད་པའི་དུས་ན་འཁོར་གསུམ་རྣམ་པར་མི་རྟོག་པའི་ཤེས་རབ་ཀྱི་རྒྱས་ཐེབས་པ་དེ་ཤེས་རབ་ཀྱི་ཕ་རོལ་ཏུ་ཕྱིན་པ་སྟེ་ཕར་ཕྱིན་དྲུག་ག་ཚང་བ་ཡིན། ཡང་ཟང་ཟིང་གི་སྦྱིན་པ་མར་སྤྲང་པོ་ལ་བཟའ་བཏུང་སྦྱིན་པ་ལྟ་བུར་མཚོན་ན། སྦྱིན་རྒྱུ་སྦྱིན་མཁན་སྦྱིན་ཡུལ་གསུམ་འཛོམས་ནས་སྦྱིན་པ་དེ་སྦྱིན་པ། དེ་ཡང་ངན་པ་དང་སྐྱོན་ཅན་སོགས་མི་སྦྱིན་པར་རང་གི་ཟ་རྒྱུའི་བཟའ་བཏུང་ནས་སྦྱིན་པ་ཚུལ་ཁྲིམས། ཡང་དང་ཡང་དུ་བསླངས་ཀྱང་ཁོང་མི་ཁྲོ་བ་བཟོད་པ། དགའ་ཚོགས་དང་ངལ་བ་ལ་མི་བསམ་ཞིང་ཡུན་དུ་མི་འགོར་བར་སྦྱིན་པ་དེ་བརྩོན་འགྲུས། དེ་ལས་སེམས་གཞན་དུ་མི་ཡེངས་པ་བསམ་གཏན། འཁོར་གསུམ་བདེན་མེད་དུ་ཤེས་པ་ཤེས་རབ་སྟེ། ཕ་རོལ་ཏུ་ཕྱིན་པ་དྲུག་ག་ཚང་ཞིང་དེ་བཞིན་དུ་ཚུལ་ཁྲིམས་ལ་སོགས་གཞན་ལ་ཡང་དེས་རིགས་འགྲེའོ། །ཡང་ཕ་རོལ་ཏུ་ཕྱིན་པ་དེ་དག་ཚུར་བསྡུ་ན། རྗེ་མི་ལས།

བདག་འཛིན་སྤངས་པའི་ཕ་རོལ་ན། །
སྦྱིན་པ་བྱ་བ་ཡོགས་ན་མེད། །
གཡོ་སྒྱུ་སྤངས་པའི་ཕ་རོལ་ན། །
ཚུལ་ཁྲིམས་བྱ་བ་ཡོགས་ན་མེད། །
དོན་ལ་མི་སྐྲག་ཕ་རོལ་ན། །
བཟོད་པ་བྱ་བ་ཡོགས་ན་མེད། །
ཉམས་ལེན་འབྲལ་མེད་ཕ་རོལ་ན། །
བརྩོན་འགྲུས་བྱ་བ་ཡོགས་ན་མེད། །

དང་ལ་གནས་པའི་ཕ་རོལ་ན། །
བསམ་གཏན་བྱ་བ་ཡོགས་ན་མེད། །
གནས་ལུགས་རྟོགས་པའི་ཕ་རོལ་ན། །
ཤེས་རབ་བྱ་བ་ཡོགས་ན་མེད། །
བྱས་ཚད་ཆོས་ཀྱི་ཕ་རོལ་ན། །
ཐབས་ཞེས་བྱ་བ་ཡོགས་ན་མེད། །
བདུད་བཞི་བཅོམ་པའི་ཕ་རོལ་ན། །
སྟོབས་ཞེས་བྱ་བ་ཡོགས་ན་མེད། །
དོན་གཉིས་འགྲུབ་པའི་ཕ་རོལ་ན། །
སྨོན་ལམ་བྱ་བ་ཡོགས་ན་མེད། །
ཉོན་མོངས་རང་མཚང་རིག་པ་ན། །
ཡེ་ཤེས་བྱ་བ་ཡོགས་ན་མེད། །

ཞེས་གསུངས། ཡང་ཁུ་རྗེ་ག་འབྲོམ་གསུམ་གྱིས། ཇོ་བོ་ལ། ལམ་གྱི་ཆོས་ཐམས་ཅད་ཀྱི་མཆོག་གང་ལགས་ཞུས་པས། ཇོ་བོའི་ཞལ་ནས། མཁས་པའི་མཆོག་བདག་མེད་ཀྱི་དོན་རྟོགས་པ་ཡིན། བཙུན་པའི་མཆོག་སེམས་རྒྱུད་དུལ་བ་ཡིན། ཡོན་ཏན་གྱི་མཆོག་ཕན་སེམས་ཆེ་བ་ཡིན། གདམས་ངག་གི་མཆོག་རྟག་ཏུ་རང་སེམས་ལ་ལྟ་བ་ཡིན། གཉེན་པོའི་མཆོག་གང་ཡང་རང་བཞིན་མེད་པར་ཤེས་པ་ཡིན། སྤྱོད་པའི་མཆོག་འཇིག་རྟེན་དང་མི་མཐུན་པ་ཡིན། དངོས་གྲུབ་ཀྱི་མཆོག་ཉོན་མོངས་པ་ཇེ་ཆུང་ལ་སོང་བ་ཡིན། གྲུབ་རྟགས་ཀྱི་མཆོག་འདོད་པ་ཇེ་ཆུང་ལ་སོང་བ་ཡིན། སྦྱིན་པའི་མཆོག་མ་ཆགས་པ་ཡིན། ཚུལ་ཁྲིམས་ཀྱི་མཆོག་སེམས་ཞི་བ་ཡིན། བཟོད་པའི་མཆོག་དམན་ས་བཟུང་བ་ཡིན། བརྩོན་

འགྲུས་ཀྱི་མཆོག་བྱ་བ་ཐོང་བ་ཡིན། བསམ་གཏན་གྱི་མཆོག་བློ་མ་བཅོས་པ་ཡིན། ཤེས་རབ་ཀྱི་མཆོག་གང་ལ་ཡང་དེར་འཛིན་མེད་པ་ཡིན། ཞེས་སོགས་གསུངས། ཡང་རིག་འཛིན་འཇིགས་མེད་གླིང་པའི་ཞལ་ནས་ཀྱང་།

ཆོག་ཤེས་ལ་སྦྱིན་པའི་ཕར་ཕྱིན་གནས། །
དེ་ཡི་ཪ་བོ་གཏོང་སེམས་ཡིན། །
དཀོན་ཅོག་གིས་མ་ཁྲིལ་ན་ཚུལ་ཁྲིམས་ཡོད། །
དྲན་རིག་མ་ཉམས་པ་བཟོད་པའི་མཆོག །
ཀུན་གྱི་གྲོགས་སུ་བརྩོན་འགྲུས་དགོས། །
སྣང་ཞེན་ལྷར་སྒོམ་བསམ་གཏན་ཏེ། །
འཛིན་ཞེན་རང་གྲོལ་ཤེས་རབ་བོ། །
དེ་ལ་བསམ་དང་བསམ་བྱེད་མེད། །
ཐ་མལ་མ་ཡིན་དེས་ཤེས་བྲལ། །
སྨྲ་དན་འདས་ཞི་དམ་པའོ། །
འདི་ནི་ཀུན་ལ་བརྗོད་མི་བྱ། །
སེམས་ཀྱིས་དམ་པར་ཟུང་ཞིག་གུ། །

ཞེས་གསུངས། དེ་ལྟར་ཕ་རོལ་ཏུ་ཕྱིན་པ་དྲུག་ལ་སོགས་པ་བྱང་ཆུབ་སེམས་དཔའི་གཞུང་ལམ་རྒྱ་ཆེན་པོ་དེ་ཐམས་ཅད་མདོ་རྟེལ་གྱིས་དྲིལ་ན་སྟོང་ཉིད་སྙིང་རྗེའི་སྙིང་པོ་ཅན་ཞིག་ལ་ཟུབ་ཀྱིས་འདུས་པ་ཡིན་ཏེ། དཔལ་ས་ར་ཧ་པའི་དོ་ཧ་ལས་ཀྱང་། སྙིང་རྗེ་དང་བྲལ་སྟོང་པ་ཉིད་ལྟ་བ། །དེས་ནི་ལམ་མཆོག་རྙེད་པ་མ་ཡིན་ཏེ། །གལ་ཏེ་སྙིང་རྗེ་འབའ་ཞིག་བསྒོམས་ན་ཡང་། །འཁོར་བ་འདིར་གནས་ཐར་པ་ཡོད་དམ་ཅི། །གང་ལ་གཉིས་པོ་ཡོད་པར་གྱུར་པ་དེ། །སྲིད་པར་

མི་གནས་མྱ་ངན་འདས་མི་གནས། །

ཞེས་གསུངས། སྲིད་པ་དང་མྱ་ངན་ལས་འདས་པ་གཉིས་ཀར་མི་གནས་པ་ནི། མི་གནས་པའི་མྱང་འདས་རྫོགས་པའི་སངས་རྒྱས་ཀྱི་གོ་འཕང་ཡིན་ནོ། །དེ་བཞིན་དུ་མགོན་པོ་ཀླུ་སྒྲུབ་ཀྱི་ཞལ་ནས།

སྟོང་ཉིད་སྙིང་རྗེའི་སྙིང་པོ་ཅན། །
བྱང་ཆུབ་སྒྲུབ་པ་ཁ་གཅིག་ལའོ། །

ཞེས་དང་། ཇོ་བོ་རྗེ་ལྷ་གཅིག་ལ་འབྲོམ་སྟོན་པས་ཆོས་ཐམས་ཅད་ཀྱི་མཐར་ཐུག་གང་ལགས། ཞུས་པས། ཆོས་ཐམས་ཅད་ཀྱི་མཐར་ཐུག་སྟོང་ཉིད་སྙིང་རྗེའི་སྙིང་པོ་ཅན་ཡིན་གསུངས། དཔེར་ན་འཛམ་གླིང་ན་སྨན་དཔའ་བོ་ཆིག་ཐུབ་བྱ་བ་ནད་ཐམས་ཅད་ཀྱི་གཉེན་པོར་འགྲོ་བ་ཞིག་ཡོད་པ་ཡིན། དཔེ་དེ་བཞིན་དུ་སྨན་དཔའ་བོ་ཆིག་ཐུབ་ལྟ་བུ། ཆོས་ཉིད་སྟོང་པ་ཉིད་ཀྱི་དོན་རྟོགས་ན་ཉོན་མོངས་པ་ཐམས་ཅད་ཀྱི་གཉེན་པོར་འགྲོ་བ་ཡིན་གསུངས། འོ་ན་སྟོང་ཉིད་རྟོགས་ཟེར་བ་ཀུན་གྱི་ཆགས་སྡང་ཁ་མ་བྲི་བར་གདའ་བ་ཅི་ལགས་ཞུས་པས། ཇོ་བོའི་ཞལ་ནས་དེ་ཀུན་ཁ་སྟོང་དུ་སོང་བ་ཡིན། སྟོང་པ་ཉིད་ཀྱི་དོན་གཤའ་མར་རྟོགས་ན། ལུས་ངག་ཡིད་གསུམ་རས་བལ་རྫོག་པས་མནན་པའམ། ཕྱེ་ཐུག་ལ་ཞོ་མར་སྐྱུར་བ་བཞིན་དུ་འགྲོ། སློབ་དཔོན་ཨཱརྱ་དེ་བའི་ཞལ་ནས། ཆོས་རྣམས་ཀུན་གྱི་གནས་ལུགས་སྟོང་པར་འདུག་གམ་མི་འདུག་སྙམ་དུ་ཐེ་ཚོམ་ཟོས་པ་ཙམ་གྱིས་ཀྱང་སྲིད་པ་རྡུལ་པོར་འགྲོ་བར་གསུངས། དེས་ན་སྟོང་པ་ཉིད་ཀྱི་དོན་ཕྱིན་ཅི་མ་ལོག་པ་ཞིག་རྟོགས་ན་སྨན་དཔའ་བོ་ཆིག་ཐུབ་དང་མཚུངས་ཏེ། ལམ་གྱི་ཆོས་ཐམས་ཅད་དེའི་ཁོང་ན་ཡོད་གསུངས། སྟོང་པ་ཉིད་རྟོགས་པའི་ཁོང་ན་ལམ་གྱི་ཆོས་ཐམས་ཅད་ཇི་ལྟར་ཡོད་ཞུས་པས། ཇོ་བོའི་ཞལ་ནས། ལམ་གྱི་ཆོས་ཐམས་ཅད་ཕ་རོལ་ཏུ་ཕྱིན་པ་དྲུག་ཏུ་འདུས་ཏེ། སྟོང་པ་ཉིད་ཀྱི་དོན་ཕྱིན་ཅི་མ་ལོག་ཞིག་རྟོགས་ན། ཕྱི་ནང་གི་དངོས་པོ་མཐའ་དག་ལ་ཞེ

འདོད་འཛིན་ཆགས་མེད་པས་སྦྱིན་པའི་ཕ་རོལ་ཏུ་ཕྱིན་པ་རྒྱུན་ཆད་མེད་པར་ཡོད། འཛིན་ཆགས་མེད་པ་ལ་མི་དགེ་བའི་དྲི་མས་མི་གོས་པས་ཚུལ་ཁྲིམས་ཀྱི་ཕ་རོལ་ཏུ་ཕྱིན་པ་རྒྱུན་ཆད་མེད་པར་ཡོད། དེ་ལ་ང་དང་ང་ཡིར་འཛིན་པའི་ཁོང་ཁྲོ་མེད་པས་བཟོད་པའི་ཕ་རོལ་ཏུ་ཕྱིན་པ་རྒྱུན་ཆད་མེད་པར་ཡོད། དེ་རྟོགས་པའི་དོན་ལ་སེམས་མངོན་པར་སྤྲོ་བ་དང་ལྡན་པས་བརྩོན་འགྲུས་ཀྱི་ཕ་རོལ་ཏུ་ཕྱིན་པ་རྒྱུན་ཆད་མེད་པར་ཡོད། དེ་ལ་དངོས་པོར་འཛིན་པའི་གཡེང་བ་དང་བྲལ་བས་བསམ་གཏན་གྱི་ཕ་རོལ་ཏུ་ཕྱིན་པ་རྒྱུན་ཆད་མེད་པར་ཡོད། གང་ལ་ཡང་འཁོར་གསུམ་དུ་རྟོག་པའི་ཡིད་དང་བྲལ་བས་ཤེས་རབ་ཀྱི་ཕ་རོལ་ཏུ་ཕྱིན་པ་རྒྱུན་ཆད་མེད་པར་ཡོད་གསུངས། འོ་ན་དོན་རྟོགས་པ་གཅིག་ལ་སྟོང་པ་ཉིད་ཀྱི་ལྟ་སྒོམ་ཁོ་ནས་སངས་རྒྱ་བ་ལགས་སམ་ཞུས་པས། འདི་ལྟར་སྣང་ཚོད་གྲགས་ཚོད་འདི་ཐམས་ཅད་རང་གི་སེམས་ལས་མ་བྱུང་བ་མེད། སེམས་རིག་པ་དང་སྟོང་པ་གཉིས་མེད་དུ་རྟོགས་པ་དེ་ལྟ་བ་ཡིན། དེ་ལ་མ་ཡེངས་པར་དྲན་པ་རྒྱུན་ཆགས་སུ་གནས་པ་དེ་སྒོམ་པ་ཡིན། དེའི་ངང་ནས་སྒྱུ་མ་ལྟ་བུའི་ཚོགས་གཉིས་གསོག་པ་དེ་སྤྱོད་པ་ཡིན། དེ་དེ་ལྟར་ཉམས་འོག་ཏུ་ཚུད་པ་ཞིག་ཡོད་ན་རྨི་ལམ་དུ་འོང་། རྨི་ལམ་དུ་བྱུང་ན་འཆི་ཁར་འོང་། འཆི་ཁར་བྱུང་ན་བར་དོར་འོང་། བར་དོར་བྱུང་ན་མཆོག་གི་དངོས་གྲུབ་ཐོབ་ངེས་པ་ཡིན་གསུངས། དེས་ན་རྒྱལ་བས་ཆོས་ཀྱི་སྒོ་མོ་བརྒྱད་ཁྲི་བཞི་སྟོང་གསུངས་པ་ཐམས་ཅད་ཀྱང་། བྱང་ཆུབ་ཀྱི་སེམས་སྟོང་ཉིད་སྙིང་རྗེའི་སྙིང་པོ་ཅན་འདི་རྒྱུད་ལ་སྐྱེ་བའི་ཐབས་སུ་གསུངས་པ་ཡིན། བྱང་ཆུབ་ཀྱི་སེམས་རིན་པོ་ཆེ་འདི་དང་བྲལ་ན། ལྟ་སྒོམ་གྱི་ཆོས་ཅི་ཙམ་ཟབ་ཟབ་འདྲ་ཡང་རྫོགས་པའི་སངས་རྒྱས་ཐོབ་པ་ལ་ཅི་ཡང་མི་ཕན། བསྐྱེད་རིམ་དང་རྫོགས་རིམ་ལ་སོགས་གསང་སྔགས་ཀྱི་ཉམས་ལེན་རྣམས་ཀྱང་། བྱང་ཆུབ་ཀྱི་སེམས་ཀྱིས་ཟིན་ན་ཚེ་འདིར་རྫོགས་པའི་སངས་རྒྱས་ཐོབ་པའི་རྒྱུར་འགྲོ་བ་ཡིན་ཀྱང་། བྱང་ཆུབ་ཀྱི་སེམས་དང་བྲལ་ན་མུ་སྟེགས་པའི་ལམ

དང་ཁྱད་པར་མེད། མུ་སྟེགས་པ་རྣམས་ལའང་ལྷ་བསྒོམ་པ་རྩུབ་བཟླ་བ། རྩ་རླུང་སྒོམ་པ། རྒྱུ་འབྲས་ལ་སྤང་བླང་བྱེད་པ་སོགས་དུ་མ་ཡོད་ཀྱང་། སྐྱབས་འགྲོ་དང་སེམས་བསྐྱེད་གཉིས་པོ་འདི་མེད་པས་འཁོར་བའི་གནས་ལས་ཐར་མི་ནུས་པ་ཡིན། དེས་ན་དགེ་བཤེས་ཁ་རག་སྒོམ་ཆུང་གི་ཞལ་ནས་ཀྱང་། སྐྱབས་འགྲོ་ནས་བཟུང་སྟེ་སྔགས་ཀྱི་བར་དུ་སྒོམ་པ་ཐམས་ཅད་བླངས་ཀྱང་འཇིག་རྟེན་པའི་ཆོས་ལ་བློ་མ་ལོག་ན་ཕན་མེད། དུས་རྒྱུན་དུ་གཞན་ལ་ཆོས་འཆད་ཀྱང་རང་གི་ང་རྒྱལ་མ་ཞི་ན་ཕན་མེད། ཡར་སྐྱེད་བརྟོན་ཀྱང་སྐྱབས་འགྲོའི་ཆོས་གཞུག་ཤོར་ན་ཕན་མེད། ཉིན་མཚན་མེད་པར་དགེ་སྦྱོར་ལ་འབད་ཀྱང་བྱང་ཆུབ་སེམས་ཀྱིས་མ་ཟིན་ན་ཕན་མེད། ཅེས་གསུངས། སྐྱབས་འགྲོ་དང་སེམས་བསྐྱེད་གཉིས་པོ་འདིའི་གཞི་ལེགས་པར་མ་ཟིན་པར་ཆོས་ལ་ཐོས་བསམ་སྒོམ་གསུམ་རྒྱ་གང་ཆེ་བྱེད་ལོ་བྱས་ཀྱང་། དཔེར་ན་དགུན་ཁའི་འཁྱགས་རོམ་གྱི་སྟེང་དུ་མཁར་བརྩེགས་དགུ་ཡོད་པ་བཞེངས་ཏེ། དེ་ལ་ཞལ་བ་དང་རི་མོ་ལ་སོགས་པའི་རྣམ་འགྱུར་བྱས་པ་དང་འདྲ་སྟེ་ཕུགས་སུ་སྙིང་པོ་ཅི་ཡང་མེད། དེས་ན་སྐྱབས་འགྲོ་དང་སེམས་བསྐྱེད་གཉིས་པོ་འདི་ཆོས་ངན་པའམ། ལས་དང་པོ་བའི་ཆོས་ཡིན་སྙམ་དུ་གལ་ཆུང་མི་བྱེད་པར། ལམ་ཐམས་ཅད་ཀྱི་སྦྱོར་དངོས་རྗེས་གསུམ་འདི་གའི་ཁོ་ནས་ཛོགས་པ་ཞིག་བྱེད་དགོས་པས། བཟང་ངན་མཐོ་དམན་ཐམས་ཅད་ནས་འདི་ཁོ་ན་ལ་རྩལ་དུ་བཏོན་ནས་སྦྱང་བར་བྱེད་པ་གལ་ཆེའོ། །

ཁྱད་པར་བླ་མ་དང་སེར་མོ་བ་ལྟ་བུ་དང་ཟས་དང་གཞིན་དཀོར་ཟ་བ་དང་། ཤི་པོའི་ཡར་འདྲེན་བྱེད་པ་རྣམས་ལ་ནི། རྒྱུད་ན་བྱང་ཆུབ་ཀྱི་སེམས་བཙོས་མ་མ་ཡིན་པ་ཞིག་མེད་པའི་ཐབས་མེད། བྱང་ཆུབ་ཀྱི་སེམས་དང་བྲལ་ན་ཚོ་ག་དང་སྒྲིབ་སྦྱོང་སོགས་ཇི་ལྟར་བྱས་ཀྱང་ཤི་གསོན་སུ་ལ་ཡང་ཕན་མི་ཐོགས། གཞན་དོན་ལྟར་སྣང་དེ་ཡང་ཤུགས་སུ་རང་འདོད་ཁོ་ན་དང་འདྲེས་པས། རང་ལ་ཡང་དཀོར་སྒྲིབ་དང་ཉེས་པ་མི་ཟད་པ་བསྐྱེད་ཅིང་ཕྱི་མ་ངན་སོང་དུ་འགྲོ་

བ་ལས་འོས་མེད་པ་ཡིན། དེས་ན་གང་ཟག་ཞིག་ལ་ཡང་། ནམ་མཁའ་ལ་བྱ་ལྟར་འཕུར་བ། ས་འོག་ཏུ་བྱི་ལྟར་འཛུལ་བ། རི་བྲག་ལ་ཟང་ཐལ་དུ་འགྲོ་བ། མངོན་ཤེས་ཐོགས་པ་མེད་པ། རྡོ་ལ་ཕྱག་ཞབས་ཀྱི་རྗེས་འཇོག་པ་ལ་སོགས་ངོ་མཚར་གྱི་རྣམ་གྲངས་ཇི་ལྟ་བུ་ཡོད་ཀྱང་རྒྱུད་ལ་བྱང་ཆུབ་ཀྱི་སེམས་མེད་པར་འདུག་ན། དེ་མུ་སྟེགས་པའམ་ཡང་ན་གདོན་ཆེན་པོ་ཞིག་གིས་རྒྱུད་བརླམས་པ་གཉིས་ལས་འགྲོ་ས་མེད། དེ་ལྟ་བུ་དེ་ལ་དང་པོ་བློན་དད་ཀྱིས་རྗེས་སུ་འབྲངས་ནས་མོས་གུས་དང་འབུལ་བ་སོགས་བྱས་ཀྱང་། མཐར་རང་གཞན་གཉིས་ཀ་ཕུང་བ་ལས་མེད། བྱང་ཆུབ་ཀྱི་སེམས་ཡང་དག་པ་ཞིག་རྒྱུད་ལ་ཡོད་པ་འདུག་ན། ཡོན་ཏན་གཞན་ཅི་ཡང་མེད་ཀྱང་དེ་ལ་གང་འབྲེལ་དོན་དང་ལྡན་པ་ཡིན། འོན་ཀྱང་བྱང་ཆུབ་སེམས་དཔའ་གང་ན་ཡོད་མི་ཤེས། ཤན་པ་དང་སྨད་འཚོང་མ་ལ་སོགས་པའི་ཁྲོད་ན་ཡང་ཐབས་ལ་མཁས་པའི་བྱང་ཆུབ་སེམས་དཔའ་དུ་མ་ཡོད་པར་གསུངས། དེས་ན་གང་ཟག་གཞན་གྱི་རྒྱུད་ན་བྱང་ཆུབ་ཀྱི་སེམས་ཡོད་པ་དང་མེད་པ་ཤེས་དཀའ་བས། བཅོམ་ལྡན་འདས་ཀྱིས་ཀྱང་། ང་དང་ང་འདྲ་བ་མ་གཏོགས་གང་ཟག་གི་ཚོད་གང་ཟག་གིས་མི་བཟུང་། ཞེས་གསུངས། དེས་ན་རང་རྒྱུད་ལ་བྱང་ཆུབ་ཀྱི་སེམས་གང་གིས་སྐྱེད་པའི་ལྷ་དང་བླ་མ་དགེ་བའི་གྲོགས་པོ་ལ་སོགས་པ་དེ་ལ་སངས་རྒྱས་དངོས་ཀྱི་འདུ་ཤེས་བཞག རང་རྒྱུད་ལ་ཡང་གནས་ལུགས་ཀྱི་དོན་རྟོགས་སྙམ་པ་དང་། མངོན་ཤེས་དང་། ཏིང་ངེ་འཛིན་ཐོབ་པ། ཡི་དམ་ལྷའི་ཞལ་མཐོང་བ་ལ་སོགས་པ་ལམ་རྟགས་ཀྱི་ཡོན་ཏན་ལྟར་སྣང་བ་ཅི་ལྟ་བུ་བྱུང་ཡང་དེ་ལ་བརྟེན་ནས་འཕོ་འགྱུར་མེད་པའི་བྱམས་སྙིང་རྗེ་བྱང་ཆུབ་ཀྱི་སེམས་གོང་འཕེལ་དུ་འགྲོ་བར་འདུག་ན། དེ་ཉིད་ཡོན་ཏན་ཡིན་པར་ཐག་བཅད། གལ་ཏེ་དེ་དག་ལ་བརྟེན་ནས་བྱམས་སྙིང་རྗེ་བྱང་ཆུབ་ཀྱི་སེམས་འགྲིབ་པར་འདུག་ན། ལམ་རྟགས་ལྟར་སྣང་བ་དེ་དག་ཀྱང་བདུད་ཀྱི་བར་ཆད་དམ་ཕྱིན་ཅི་ལོག་གི་ལམ་ཡིན་པར་གདོན་མི་ཟ། ཁྱད་པར་གནས་

ལུགས་ཀྱི་རྟོགས་པ་བཙོས་མ་མ་ཡིན་པ་དེ་རྒྱུད་ལ་སྐྱེས་ན། ཡུལ་གོང་མ་ལ་དད་པ་དང་དག་སྣང་། འོག་མ་ལ་བྱམས་དང་སྙིང་རྗེ་ལ་སོགས་པ་ཐུན་མོང་མ་ཡིན་པ་ཞིག་སྐྱེ་མི་འོང་བའི་ཐབས་མེད་དེ། མཉམ་མེད་དྭགས་པོ་རིན་པོ་ཆེས། རྗེ་བཙུན་མི་ལ་ལ། ཚོགས་པ་སྐྱོང་བའི་དུས་ནམ་ཡིན་ཞུས་པས། ཇི་ཞིག་ན་ཁྱེད་རང་གི་སེམས་ཀྱི་ངོ་བོ་ད་ལྟའི་འདི་མ་ཡིན་པ་ཐེ་ཚོམ་ཐམས་ཅད་དང་བྲལ་བ་ཞིག་ལྷག་གེར་མཐོང་འོང་སྟེ། དེའི་དུས་སུ་ཕ་རྒན་ང་ལ་ཡང་སངས་རྒྱས་དངོས་ཀྱི་འདུ་ཤེས་ཐུན་མོང་མ་ཡིན་པ་ཞིག་སྐྱེ་ཞིང་། སེམས་ཅན་ལ་བྱམས་སྙིང་རྗེ་ཡང་བཙོས་མ་མ་ཡིན་པ་ཞིག་སྐྱེ་ངེས་པས། དེའི་དུས་སུ་ཚོགས་པ་སྐྱོངས་ཤིག་གསུངས། དེས་ན་བྱམས་པ་དང་སྙིང་རྗེ་བྱང་ཆུབ་ཀྱི་སེམས་ལ་གཞི་བཙོལ་ནས་ཆོས་ལ་ཐོས་བསམ་སྒོམ་གསུམ་ཡ་མ་བྲལ་བར་ཉམས་སུ་ལེན་དགོས། དང་པོ་ཐོས་པས་སྒྲོ་འདོགས་མ་བཅད་ན་ཉམས་སུ་ལེན་མི་ཤེས་པས་ཇི་སྐད་དུ།

ཐོས་པ་མེད་པའི་སྒོམ་པ་དེ། །
ལག་རྡུམ་བྲག་ལ་འཛེགས་པ་འདྲ། །

ཞེས་གསུངས། ཐོས་པས་སྒྲོ་འདོགས་གཅོད་ཟེར་བ་དེ་ཡང་ཤེས་བྱའི་ཆོས་རྒྱ་ཆེ་ཞིང་གྲངས་མང་བ་ཐམས་ཅད་ཤེས་པར་བྱ་མི་དགོས་ཏེ། དེ་ཐམས་ཅད་སྙིགས་དུས་ཚེ་ཐུང་གཅིག་ལ་ཤེས་ཀྱང་མི་ནུས། དེས་ན་རང་གིས་གང་ཉམས་སུ་བླང་བར་བྱ་རྒྱུའི་ཆོས་དེ་ཐོག་མཐའ་བར་གསུམ་དུ་སྒྲུབ་པའི་ཚུལ་ཐམས་ཅད་མ་ནོར་བར་ཤེས་ཤིང་། དེ་ལ་བསམ་པས་སྒྲོ་འདོགས་ཐམས་ཅད་ཆོད་དགོས་པ་ཡིན། སྟོན་རྗེ་བོ་རྗེ་སྙེ་ཐང་ན་བཞུགས་པའི་ཚེ་ཞང་སྣ་ཆུང་སྟོན་པ་དང་། ཀུང་སྟོན་པ་དང་། ལྷང་ཚང་སྟོན་པ་གསུམ་གྱིས་ཚད་མའི་གྲུབ་མཐའ་ཞུས་པས། ཇོ་བོའི་ཞལ་ནས། ཕྱི་རོལ་མུ་སྟེགས་པ་དང་། ནང་པ་སངས་རྒྱས་པའི་གྲུབ་མཐའ་མང་དུ་ཡོད། དེ་ཐམས་ཅད་རྣམ་པར་རྟོག་པའི་ཕྲེང་བ་ཡིན། རྣམ་རྟོག་བགྲང་གིས་མི་ལང་དགོས་པ་མེད། ཚེ་ལ་ལོངས་མེད་པས་སྙིང་པོའི་དོན་བསྡུ་བའི་དུས

ཡིན་གསུངས། ཞང་སྣ་ཆུང་སྟོན་པས། སྙིང་པོའི་དོན་ཇི་ལྟར་བསྡུ་ཞུས་པས། ཇོ་བོའི་ཞལ་ནས། ནམ་མཁའ་དང་མཉམ་པའི་སེམས་ཅན་ཐམས་ཅད་ལ་བྱམས་དང་སྙིང་རྗེ་བྱང་ཆུབ་ཀྱི་སེམས་སྦྱང་། དེ་རྣམས་ཀྱི་དོན་དུ་ཚོགས་གཉིས་གསོག་པ་ལ་འབད་པར་གྱིས། དེ་ལས་བྱུང་བའི་དགེ་བའི་རྩ་བ་ཐམས་ཅད་སེམས་ཅན་ཐམས་ཅད་དང་། ཐུན་མོང་དུ་རྫོགས་པའི་བྱང་ཆུབ་ཏུ་བསྔོས། དེ་ཐམས་ཅད་ཀྱི་རང་བཞིན་སྟོང་པ་མཚན་ཉིད་རྨི་ལམ་སྒྱུ་མ་ལྟ་བུར་ཤེས་པར་གྱིས་གསུངས། དེ་ལྟར་ཉམས་ལེན་སྙིང་པོའི་གནད་དུ་བསྡུ་མ་ཤེས་ན་ཤེས་ཤེས་གོ་གོ་རིག་རིག་མང་པོས་ཕན་པ་ཅི་ཡང་མེད་དེ། སྔོན་ཇོ་བོ་རྗེ་ལྷ་ཅིག་བོད་དུ་ཕེབས་པའི་ཚེ། ལོ་ཆེན་རིན་ཆེན་བཟང་པོས་གདན་དྲངས་པས། ཇོ་བོས་ལོ་ཙྪ་བ་ལ། ཆོས་འདི་དང་འདི་ལྟ་བུ་མཁྱེན་ནམ་ཞེས་རིམ་པར་དྲིས་པས་མི་མཁྱེན་པ་མེད་པ་ལྟར་འདུག་པས། ཇོ་བོ་མགུ་སྟེ་ངོ་མཚར་ཆེ། ཁྱེད་དེ་ལྟ་བུའི་མཁས་པ་བོད་ན་བཞུགས་བཞིན་དུ་ང་བོ་བོད་དུ་འོང་མི་དགོས་པར་འདུག་གསུངས། སླར་ཡང་དེ་ཐམས་ཅད་སྟན་ཐོག་གཅིག་ཏུ་ཉམས་སུ་ལེན་ན་ཅི་ལྟར་བྱེད་གསུངས་པས། རང་རང་གི་གཞུང་ནས་ཇི་ལྟར་བཤད་པ་ལྟར་ཉམས་སུ་ལེན་པ་ཡིན་ཞུས་པས། ཇོ་བོ་མ་དགྱེས་ཏེ། ལོ་ཙྪ་བ་རུལ། ང་བོད་དུ་འོང་དགོས་པར་འདུག་གསུངས། འོ་ན་ཇི་ལྟར་བྱེད་ཞུས་པས། ཆོས་ཐམས་ཅད་གནད་གཅིག་ཏུ་བསྡུས་ནས་ཉམས་སུ་ལེན་དགོས་པ་ཡིན་གསུངས། དེས་ན་བླ་མའི་མན་ངག་གི་སྟེང་དུ་ཉམས་ལེན་གྱི་གནད་དྲིལ་བ་དེ་མ་ཤེས་པའི་ཐབས་མེད། དེ་ལྟར་ཤེས་ནས་ཉམས་སུ་མ་བླངས་ན་ཅི་ཡང་མི་ཕན་ཏེ། རྗེ་མི་ལའི་ཞལ་ནས་ཀྱང་། མི་ལྟོགས་པ་ལ་ཟན་གོ་བས་མི་ཚོག་ཟ་དགོས་པ་ལྟར། ཆོས་ཤེས་པས་མི་ཕན་ཉམས་སུ་བླངས་དགོས། ཞེས་གསུངས། དེ་ལྟར་ཉམས་སུ་མ་བླངས་པའི་དོན་པོ་རང་རྒྱུད་ཀྱི་ཉོན་མོངས་པ་དང་བདག་འཛིན་གྱི་གཉེན་པོར་སོང་བ་ཞིག་ཡོད་དགོས་ཏེ། རྗེ་མི་ལའི་ཞལ་ནས། ཐོས་མ་ཐོས་དམར་ཆུང་བྱེད་ལ་ཤེས། །ཟེར་བ་ལྟར། ཆོས་ཤེས་མ་ཤེས་དང་

ཉམས་སུ་བླངས་མ་བླངས་བདག་འཛིན་དང་། ཉོན་མོངས་པའི་གཉེན་པོར་སོང་མ་སོང་གིས་ཤེས་གསུངས། དེ་བཞིན་དུ་དགེ་བཤེས་སྟོན་པ་ལ། པུ་ཏོ་བས། ཆོས་དང་ཆོས་མ་ཡིན་པའི་གནས་ཐིག་གང་ལགས་ཞུས་པས། སྟོན་པའི་ཞལ་ནས། ཉོན་མོངས་པའི་གཉེན་པོ་འགྲོ་ན་ཆོས་ཡིན་མི་འགྲོ་ན་ཆོས་མིན། འཇིག་རྟེན་པ་ཀུན་དང་མི་མཐུན་ན་ཆོས་ཡིན། མཐུན་ན་ཆོས་མིན། བཀའ་ལུང་དང་མཐུན་ན་ཆོས་ཡིན། མི་མཐུན་ན་ཆོས་མིན། རྗེས་བཟང་ན་ཆོས་ཡིན། རྗེས་ངན་ན་ཆོས་མིན། གསུངས། ཡང་སློབ་དཔོན་ལྭ་སྒོམ་གྱི་ཞལ་ནས། ལས་རྒྱུ་འབྲས་ལ་ཡིད་ཆེས་པ་ནི། དབང་པོ་ཐ་མའི་ཡང་དག་པའི་ལྟ་བ་ཡིན། ཕྱི་ནང་གི་ཆོས་ཐམས་ཅད་སྣང་བ་དང་སྟོང་པ་དང་རིག་པ་དང་སྟོང་པ་ཟུང་འཇུག་བཞིར་རྟོགས་པ་ནི། དབང་པོ་འབྲིང་གི་ཡང་དག་པའི་ལྟ་བ་ཡིན། བལྟ་བྱ་ལྟ་བྱེད་རྟོགས་པ་གསུམ་དབྱེར་མེད་པར་རྟོགས་པ་ནི། དབང་པོ་རབ་གྱི་ཡང་དག་པའི་ལྟ་བ་ཡིན། དམིགས་པ་རྩེ་གཅིག་པའི་ཏིང་ངེ་འཛིན་ལ་གནས་པ་ནི། དབང་པོ་ཐ་མའི་ཡང་དག་པའི་སྒོམ་པ་ཡིན། ཟུང་འཇུག་བཞིའི་ཏིང་ངེ་འཛིན་ལ་གནས་པ་ནི། དབང་པོ་འབྲིང་གི་ཡང་དག་པའི་སྒོམ་པ་ཡིན། བསྒོམ་བྱ་སྒོམ་བྱེད་ཉམས་མྱོང་གསུམ་མེད་ཅིང་མི་དམིགས་པ་ནི། དབང་པོ་རབ་གྱི་ཡང་དག་པའི་སྒོམ་པ་ཡིན། ལས་རྒྱུ་འབྲས་མིག་གི་འབྲས་བུ་ལྟར་སྲུང་བ་ནི། དབང་པོ་ཐ་མའི་ཡང་དག་པའི་སྤྱོད་པ་ཡིན། ཆོས་ཐམས་ཅད་རྨི་ལམ་སྒྱུ་མ་ལྟ་བུའི་ཚུལ་གྱིས་སྤྱོད་པ་ནི། དབང་པོ་འབྲིང་གི་ཡང་དག་པའི་སྤྱོད་པ་ཡིན། གང་ཅི་ལ་ཡང་མི་སྤྱོད་པ་ནི། དབང་པོ་རབ་གྱི་ཡང་དག་པའི་སྤྱོད་པ་ཡིན། བདག་འཛིན་ཉོན་མོངས་རྣམ་རྟོག་སོགས་ཇེ་ཆུང་ཇེ་ཆུང་ལ་སོང་བ་ནི། དབང་པོ་རབ་འབྲིང་ཐ་མ་གསུམ་ཀའི་ཡང་དག་པའི་དྲོད་རྟགས་ཡིན། ཞེས་གསུངས་ཤིང་། མཉམ་མེད་དྭགས་པོའི་ལམ་མཆོག་རིན་པོ་ཆེར་ཡང་འདི་དང་མཐུན་པར་གསུངས། དེས་ན་ཆོས་ཐོས་པའི་དུས་སྙིང་པོའི་གནད་བསྡུ་ཤེས་དགོས་ཏེ། ཀུན་མཁྱེན་ཆེན་པོས། ཤེས་བྱ་ནམ་མཁའི་

གཟའ་སྐར་འདྲ། །བསླབ་དགོས་གནས་ལ་ཟད་པ་མེད། །ད་རེས་ཆོས་སྐུ་སྙིང་པོའི་དོན། །འགྱུར་མེད་བཙན་ས་བཟུང་ན་ལེགས། །ཞེས་གསུངས། བསམ་པའི་དུས་སྒོ་འདོགས་ཆོད་པ་དགོས་ཏེ། རྒྱ་གར་དམ་པ་སངས་རྒྱས་ཀྱི་ཞལ་ནས། བླ་མའི་གདམས་ངག་འཚོལ་བ་ལ་ཁྲ་ཚང་མས་གཟན་འཚོལ་བ་ལྟ་བུ་ཞིག་དགོས། ཆོས་ཉན་པའི་དུས་རི་དྭགས་སྒྲ་ལ་ཉན་པ་ལྟ་བུ་ཞིག་དགོས། སྒོམ་པའི་དུས་ལྐུགས་པས་རོ་མྱང་བ་ལྟ་བུ་ཞིག་དགོས། བསམ་པའི་དུས་བྱང་པས་ལུག་འཕྲིག་པ་ལྟ་བུ་ཞིག་དགོས། འབྲས་བུའི་དུས་ཉི་ཟླ་སྤྲིན་ལས་གྲོལ་བ་ལྟ་བུ་ཞིག་དགོས་གསུངས། དེས་ན་ཆོས་ལ་ཐོས་བསམ་སྒོམ་གསུམ་ཡ་མ་བྲལ་བ་དགོས་ཏེ། མཉམ་མེད་དྭགས་པོ་རིན་པོ་ཆེའི་ཞལ་ནས། ཆོས་ལ་ཐོས་བསམ་སྒོམ་གསུམ་དཀྲུག་མར་བྱེད་པ་ནི་གནད་མ་ནོར་བ་ཡིན་གསུངས། དེ་ལྟར་ཐོས་བསམ་སྒོམ་གསུམ་བྱས་པའི་འབྲས་བུ་ཡང་བྱམས་སྙིང་རྗེ་བྱང་ཆུབ་ཀྱི་སེམས་གོང་ནས་གོང་དུ་འཕེལ་ཞིང་། བདག་འཛིན་དང་ཉོན་མོངས་པ་ཇེ་ཆུང་ཇེ་ཆུང་ལ་སོང་བ་ཞིག་ནི་ངེས་པར་དགོས་པ་ཡིན་ནོ། །དེ་ལྟར་བྱང་ཆུབ་ཏུ་སེམས་བསྐྱེད་པའི་ཁྲིད་འདི་ནི་ཆོས་ཐམས་ཅད་ཀྱི་ཉིང་ཁུ། ལམ་ཐམས་ཅད་ཀྱི་སྙིང་པོ་ཡོད་ན་ངེས་ཚོག་ངེས་པ་དང་། མེད་ན་ཐབས་ཆགས་ངེས་པའི་ཆོས་ཡིན་པས་གོ་ལོ་དང་ཐོས་ལོར་མི་བཞག་པར་སྙིང་ཐག་པ་ནས་ཉམས་སུ་ལེན་པ་གལ་ཆེའོ། །

སེམས་མཆོག་བསྐྱེད་པར་རློམ་ཡང་སྐྱེས་པ་མེད། །
ཕྱིན་དྲུག་ལམ་ལ་བསླབས་ཀྱང་རང་འདོད་བཅས། །
བདག་དང་བདག་འདྲ་བློ་ཆུང་སེམས་ཅན་རྣམས། །
བྱང་ཆུབ་སེམས་མཆོག་འཁྲུངས་པར་བྱིན་གྱིས་རློབས། །

ལམ་ཐམས་ཅད་ཀྱི་རྩ་བ་ཐེག་པ་ཆེན་པོ་བྱང་ཆུབ་མཆོག་ཏུ་སེམས་བསྐྱེད་པའི་ཁྲིད་དོ། །

གསུམ་པ། རྡོར་རྗེ་སེམས་དཔའི་སྒོམ་བཟླས།

སྒྲིབ་གཉིས་དྲི་མས་དབེན་ཡང་སྦྱོང་ཚུལ་སྟོན། །
ལམ་མཆོག་མཐར་ཕྱིན་ངེས་ཀྱང་སློབ་པའི་ཚུལ། །
སྲིད་ཞིའི་མཐའ་ལས་འདས་ཀྱང་སྲིད་ན་སྣང་། །
མཚུངས་མེད་བླ་མའི་ཞབས་ལ་ཕྱག་འཚལ་ལོ། །

དོན་གསུམ་པ་སྒྲིབ་པ་སྦྱོང་བ་བླ་མ་རྡོར་རྗེ་སེམས་དཔའི་སྒོམ་བཟླས་ལ། ཆོས་གསན་པའི་ཚུལ་ལ་སོགས་པ་འདྲ།

1 སྡིག་པ་བཤགས་ན་དག་པའི་ཚུལ།

དངོས་གཞི་གསན་པར་བྱ་བའི་ཆོས་ལ། ཟབ་མོའི་ལམ་གྱི་ཉམས་རྟོགས་ཁྱད་པར་ཅན་སྐྱེ་བ་ལ་བར་དུ་གཅོད་པའི་གཙོ་བོ་ནི་སྡིག་སྒྲིབ་བག་ཆགས་ཡིན། དེ་ཡང་ཀུན་གཞིའི་མེ་ལོང་ལ་རྟོགས་པའི་གཟུགས་བརྙན་འཆར་བར་བྱེད་པ་ལ་སྒྲིབ་པ་སྦྱོང་བ་གལ་ཆེ་སྟེ། དཔེར་ན་མེ་ལོང་ལ་གཟུགས་བརྙན་འཆར་བར་བྱེད་པ་ལ་བྱི་དོར་བྱེད་པ་གལ་ཆེ་བ་ལྟར་ཡིན། དེའི་ཕྱིར་སྒྲིབ་པ་སྦྱོང་བའི་ཐབས་གྲངས་མེད་པ་ཞིག་རྒྱལ་བས་བསྟན་པ་ལས། དེ་དག་ཐམས་ཅད་ཀྱི་མཆོག་ཏུ་གྱུར་པ་ནི། བླ་མ་རྡོར་རྗེ་སེམས་དཔའི་སྒོམ་བཟླས་ཡིན། དེ་ཡང་སྤྱིར་སྡིག་པའི་ལས་གང་ཡང་བཤགས་པས་མི་དག་པ་མེད་དེ། སྔོན་གྱི་དམ་པ་དག་གི་ཞལ་ནས། སྤྱིར་སྡིག་པ་ལ་ཡོན་ཏན་མེད་ཀྱང་། བཤགས་པས་དག་པ་སྡིག་པའི་ཡོན་ཏན་ཡིན་གསུངས། དེས་ན་ཕྱི་སོ་ཐར་གྱི་སྡོམ་པ་དང་འགལ་བ། ནང་བྱང་ཆུབ་སེམས་ཀྱི་བསླབ་བྱ་དང་འགལ་བ། གསང་བ་སྔགས་ཀྱི་དམ་ཚིག་ཉམས་པ་སོགས་སྡིག་པའི་ལས་ཅི་ཙམ་ཚབས་ཆེ་ཡང་། བཤགས་

པས་མི་དག་པ་མེད་དེ། བྲམ་ཟེའི་ཁྱིའུ་མི་གདུང་བའམ་སོར་མོའི་ཕྲེང་བ་ཅན་གྱིས་མི་སྟོང་དགུ་བརྒྱ་གོ་དགུ་བསད་པ་ཡང་། བཤགས་པས་སོར་ཆུད་དེ་ཚེ་དེ་ལ་དགྲ་བཅོམ་པའི་གོ་འཕང་ཐོབ། རྒྱལ་པོ་མ་སྐྱེས་དགྲས་རང་གི་ཕ་བསད་པ་ཡང་ཕྱིས་བཤགས་པས་སོར་ཆུད་དེ། དམྱལ་བ་དར་གྱི་ཕོ་ལོང་བརྡབས་པ་ཙམ་མྱོང་ནས་ཐར་པ་སོགས་དུ་མ་ཛོགས་པའི་སངས་རྒྱས་ཀྱིས་མདོ་སྡེ་རྣམས་ལས་གསུངས། དེས་ན་མགོན་པོ་ཀླུ་སྒྲུབ་ཀྱི་ཞལ་ནས་ཀྱང་།

གང་ཞིག་སྔོན་ཆད་བག་མེད་གྱུར་པ་ལ། །
ཕྱིས་ནས་བག་དང་ལྡན་པར་གྱུར་པ་དེ། །
ཟླ་བ་སྤྲིན་བྲལ་ལྟ་བུར་རྣམ་མཛེས་ཏེ། །
དགའ་བོ་སོར་ཕྲེང་མཐོང་ལྡན་བདེ་བྱེད་བཞིན། །

ཞེས་གསུངས། དེ་ཡང་གཉེན་པོ་སྟོབས་བཞི་ཚང་བའི་སྒོ་ནས། སྡིག་ཐག་པ་ནས་ལེགས་པར་བཤགས་ན་དག་པ་ཡིན་གྱི། རང་བཞིན་དུ་ཁ་ཡེངས་མིག་ཡེངས། སེམས་རྣམ་རྟོག་གཞན་གྱི་རྗེས་སུ་འབྲངས་བཞིན་དུ། ངག་ནས་མཐོལ་ལོ་བཤགས་སོ་སོགས་བཤགས་ཚིག་ཙམ་ཁ་ཏོན་བྱེད་པ་དང་། ཕྱིས་ཀྱང་བཤགས་པས་ཆོག་པས་ཕྱིན་ཆད་སྡིག་པའི་ལས་བྱས་ཀྱང་མི་གནོད་དོ་སྙམ་པ་སོགས་ཀྱི་སྒོ་ནས་བཤགས་པ་བྱས་ཀྱང་མི་དག་སྟེ། རྗེ་མི་ལའི་ཞལ་ནས། སྡིག་བཤགས་པས་ཨེ་དག་སྙམ་པ་ན། །དགེ་བ་དྲན་ན་དག་པ་ཡིན། །ཞེས་གསུངས། དེས་ན་བཤགས་པ་གང་ལ་ཡང་གཉེན་པོ་སྟོབས་བཞི་ཚང་བ་ནི། ཅི་ནས་ཀྱང་གལ་ཆེ།

2 སྡིག་པ་བཤགས་པའི་ཐབས།

དེ་ལ་སྟོབས་བཞི་ནི། རྟེན་གྱི་སྟོབས། ཉེས་བྱས་སུན་འབྱིན་པའི་སྟོབས། སྡོམ་

པའི་སྟོབས། གཉེན་པོ་ཀུན་སྤྱོད་པའི་སྟོབས་དང་བཞི་ཡིན།

(1) རྟེན་གྱི་སྟོབས།

དང་པོ་རྟེན་གྱི་སྟོབས་ནི། སྐབས་འདིར་རྡོ་རྗེ་སེམས་དཔའ་ལ་སྐྱབས་སུ་བཟུང་ནས་སྨོན་འཇུག་གི་བྱང་སེམས་དང་ལྡན་པ་དེ་ཡིན། སྐབས་གཞན་དུ་ཡང་སྡིག་པ་བཤགས་པའི་ཡུལ་དེ་ཉིད་རྟེན་ཡིན་ཏེ། དཔེར་ན་ཕུང་པོ་གསུམ་པའི་དུས་སངས་རྒྱས་སོ་ལྔ་དང་། དེ་བཞིན་དུ་དགེ་བའི་བཤེས་གཉེན་ནམ། སྐུ་གསུང་ཐུགས་རྟེན་ལ་སོགས་པ་གང་གི་དྲུང་ནས་བཤགས་པར་བྱེད་ཀྱང་དེ་ཉིད་རྟེན་གྱི་སྟོབས་ཡིན། དེ་བཞིན་དུ་སྨོན་འཇུག་བྱང་ཆུབ་ཀྱི་སེམས་སྐྱེད་པ་ནི། སྡིག་པ་བཤགས་པ་ཐམས་ཅད་ལ་མེད་དུ་མི་རུང་། བྱང་ཆུབ་ཏུ་སེམས་བསྐྱེད་པ་མེད་ན་སྡིག་ལྟུང་སྟོབས་བཞི་ཚང་བས་བཤགས་ཀྱང་ཅུང་ཟད་སྲབ་ཏུ་འགྲོ་བ་ཙམ་ལས་རྩ་བ་ནས་དག་པར་མ་གསུངས། བྱང་ཆུབ་ཀྱི་སེམས་བཅོས་མ་མ་ཡིན་པ་དེ་རྒྱུད་ལ་སྐྱེས་ན། སྔོན་ཆད་སྡིག་པའི་ལས་ཅི་ཙམ་བྱས་པ་ཐམས་ཅད་རང་བཞིན་གྱིས་དག་པར་གསུངས་ཏེ། སྤྱོད་འཇུག་ལས། སྡིག་པ་ཤིན་ཏུ་མི་བཟད་བྱས་ན་ཡང་། །དཔའ་ལ་བརྟེན་ནས་འཇིགས་པ་ཆེན་པོ་ལྟར། །གང་ལ་བསྟེན་ནས་ཡུད་ཀྱིས་གྲོལ་འགྱུར་ན། །དེ་ལ་བག་ཅན་རྣམས་ཀྱིས་ཅིས་མི་བསྟེན། །དེས་ནི་དུས་མཐའི་མེ་བཞིན་སྡིག་ཆེན་རྣམས། །སྐད་ཅིག་གཅིག་གིས་ངེས་པར་སྲེག་པར་འགྱུར། །ཞེས་གསུངས།

(2) སུན་འབྱིན་པའི་སྟོབས།

ཉེས་བྱས་སུན་འབྱིན་པའི་སྟོབས་ནི། སྔར་བྱས་ཀྱི་སྡིག་པ་མི་དགེ་བའི་ལས་ཐམས་ཅད་ལ་འགྱོད་སེམས་བྱེད་པ་དེ་ཡིན། དེ་ལྟར་སྡིག་པ་ལ་སྡིག་ཏུ་མཐོང་ཞིང་། དེ་ལ་འགྱོད་སེམས་དྲག་པོའི་སྒོ་ནས་མི་འཆབ་པར་བཤགས་པ

མེད་ན་མི་དག་སྟེ། ཕུང་པོ་གསུམ་པ་ལས་ཀྱང་། མཐོལ་ལོ་བཤགས་སོ། །མི་འཆབ་བོ། །མི་སྦེད་དོ། །ཞེས་གསུངས། དེ་བཞིན་དུ་མཁས་གྲུབ་ཀརྨ་ཆགས་མེད་ཀྱིས་ཀྱང་། འགྱོད་པ་མེད་ན་བཤགས་པས་མི་དག་པས། །སྔར་བྱས་སྡིག་པ་ཁོག་ཏུ་དུག་སོང་ལྟར། །ངོ་ཚ་འཇིགས་སྐྲག་འགྱོད་པ་ཆེན་པོས་བཤགས། །

ཞེས་གསུངས།

(3) སྡོམ་པའི་སྟོབས།

སྡོམ་པའི་སྟོབས་ནི། རང་གིས་སྔར་བྱས་པའི་སྡིག་པའི་ལས་དེ་ཉིད་དྲན་ཏེ། ད་ཉི་མ་ཕྱིན་ཆད་སྲོག་དམར་པོ་འདི་ལ་བབ་ཀྱང་། དེ་ལྟ་བུའི་སྡིག་པའི་ལས་མི་བགྱིད་དོ་སྙམ་པ་དེ་ཡིན། ཕུང་པོ་གསུམ་པ་ལས་ཀྱང་། སླན་ཆད་ཀྱང་གཅོད་ཅིང་སྡོམ་པར་བགྱིའོ། །ཞེས་གསུངས་པ་དང་། དེ་བཞིན་དུ་བདེ་སྨོན་ལས་ཀྱང་།

ཕྱིན་ཆད་སྡོམ་སེམས་མེད་ན་མི་དག་པས། །
ཕྱིན་ཆད་སྲོག་ལ་བབ་ཀྱང་མི་དགེའི་ལས། །
ད་ནས་མི་བགྱི་སེམས་ལ་དམ་བཅའ་བཟུང་། །

ཞེས་གསུངས།

(4) གཉེན་པོ་ཀུན་ཏུ་སྤྱོད་པའི་སྟོབས།

གཉེན་པོ་ཀུན་ཏུ་སྤྱོད་པའི་སྟོབས་ནི། སྔར་བྱས་ཀྱི་སྡིག་པའི་གཉེན་པོར་དགེ་བའི་ལས་གང་འགྲུབ་སྒྲུབ་པ་དང་། ཁྱད་པར་རྒྱལ་བ་སྲས་དང་བཅས་པ་ལ་ཕྱག་འཚལ་བ། གཞན་གྱི་བསོད་ནམས་ལ་རྗེས་སུ་ཡི་རང་བ། དགེ་བའི་རྩ་བ་བྱང་ཆུབ་ཏུ་བསྔོ་བ། སྨོན་པ་དང་འཇུག་པའི་བྱང་ཆུབ་ཏུ་སེམས་བསྐྱེད་པ། གནས་ལུགས་མ་བཅོས་པའི་ངོ་བོ་སྐྱོང་བ་སོགས་ཡིན་ཏེ། སྔོན་མཉམ་མེད་དྭགས་པོ་རིན་པོ་ཆེའི་སློབ་མ་སྒོམ་པ་ཞིག་གིས། སྔར་གསུང་རབ་ཀྱི་ཀླུས་ཟློས

པ་དྲན་ནས་འཕྱོད་དེ་ཞུས་པས། གསུང་རབ་དེ་ཉིད་བཞེངས་ཤིག་གསུངས། གསུང་རབ་དེ་བཞེངས་པར་བརྩམས་པས་རྣམ་གཡེང་མང་དུ་བྱུང་། དེས་སུན་ནས་སྐུ་མདུན་དུ་ཕྱིན་ཏེ། གསུང་རབ་བཞེངས་པ་ལ་ཡང་རྣམ་གཡེང་མང་པོ་རང་བྱུང་། སྡིག་པ་བཤགས་པ་ལ་ཡང་ངོ་བོ་སྐྱོང་བ་རང་ལས་ཟབ་པ་མེད་དམ་ཞུས་པས། དགེས་པོ་རིན་པོ་ཆེ་དགྱེས་ཏེ། དོན་དུ་དེ་ག་རང་ཡིན། སྔར་བྱས་པའི་སྡིག་པའི་ཕུང་པོ་རི་རབ་ཙམ་ཡོད་ཀྱང་། ངོ་བོ་མཐོང་བའི་སྐད་ཅིག་ལ་དག་པ་ཡིན་གསུངས། དེས་ན་སྡིག་པ་སྦྱོང་བ་ལ་བྱང་ཆུབ་ཀྱི་སེམས་སྒོམ་པ་དང་གནས་ལུགས་མ་བཅོས་པའི་རྒྱུན་སྐྱོང་བ་གཉིས་ལས་ཟབ་པ་མེད་པས་འདིར་ཡང་དེ་གཉིས་དང་མ་བྲལ་བའི་སྒོ་ནས་རྡོ་རྗེ་སེམས་དཔའ་བསྒོམས་ཏེ་བདུད་རྩི་འབེབས་སྦྱོང་བྱེད་པ་དང་། ཡིག་བརྒྱ་བཟླ་བ་སོགས་ཡིན། དེ་ལྟར་གཉེན་པོ་སྟོབས་བཞིའི་དག་པ་དྲན་པའི་ངང་ནས། རྡོར་སེམས་སྒོམ་བཟླས་བྱེད་པ་དངོས་ནི།

3 རྡོར་སེམས་བསྒོམ་བཟླས་དངོས།

རང་ཉིད་ཐ་མལ་དུ་གནས་པའི་སྤྱི་བོར་མདའ་གང་ཙམ་གྱི་སྟེང་གི་ནམ་མཁའ་པདྨ་དཀར་པོ་འདབ་མ་སྟོང་བརྡལ་ཞིག་བསྒོམ། དེའི་སྟེང་དུ་ཟླ་བའི་དཀྱིལ་འཁོར་ཉ་གང་བ་ཞིག་བསྒོམ། ཉ་གང་ཞེར་བ་དེ་ཆེ་ཆུང་གི་ཚད་མ་ཡིན་གྱི། ཟླ་བའི་ཆ་ཤས་ཐམས་ཅད་ཁ་གང་བའི་ཚེས་བཅོ་ལྔའི་ཟླ་བ་ལྟ་བུ་ཕྱོགས་ཐམས་ཅད་ལ་ཡ་ཡོ་འཕྲུག་འཕྱོག་མེད་པར་ཀྱི་ལེར་ཡོང་བའི་དོན་ཡིན། དེའི་སྟེང་དུ་ཧཱུྃ་ཡིག་དཀར་པོ་འོད་ཟེར་བཀྲག་མདངས་དང་ལྡན་པ་ཞིག་སྒོམ། གཞན་མའི་ལུགས་ལ་ཧཱུྃ་ཡིག་དེ་ལས་འོད་ཟེར་སྤྲོ་བསྡུ་སོགས་ཡོད་ཀྱང་རང་ལུགས་ལ་མེད། དེ་ནས་སྐད་ཅིག་གིས་ཧཱུྃ་ཡིག་དེ་ཉིད་གནས་འགྱུར་ནས། ངོ་བོ་དུས་གསུམ་སངས་རྒྱས་ཐམས་ཅད་འདུས་པའི་ངོ་བོ་མཚུངས་མེད་ཐུགས་རྗེའི

གཏེར་མཛོད་དཔལ་ལྡན་རྩ་བའི་བླ་མ་ཡིན་པ་ལ། རྣམ་པ་ལོངས་སྤྱོད་རྫོགས་པའི་སྐུ་སྟོན་པ་རྡོ་རྗེ་སེམས་དཔའ་སྐུ་མདོག་དཀར་པོ་གངས་རིའི་ཕུང་པོ་ལ་ཉི་མ་འབུམ་གྱིས་འཕྲུད་པ་ལྟ་བུ། ཞལ་གཅིག་ཕྱག་གཉིས་ཕྱག་གཡས་རིག་སྟོང་གི་རྡོ་རྗེ་རྩེ་ལྔ་པ་ཐུགས་ཀར་གཏོད་པའི་ཚུལ་གྱིས་འཛིན་པ། གཡོན་སྣང་སྟོང་གི་དྲིལ་བུ་དཀུ་ལ་བརྟེན་པ། ཞབས་གཉིས་རྡོ་རྗེའི་སྐྱིལ་མོ་ཀྲུང་གིས་བཞུགས་པ། སྐུ་ལ་ལོངས་སྤྱོད་རྫོགས་པའི་རྒྱན་ཆས་བཅུ་གསུམ་གྱིས་སྤྲས་པ། དེ་ཡང་དར་གྱི་ཆས་གོས་ལྔ་དང་། རིན་པོ་ཆེའི་རྒྱན་བརྒྱད་ལས།

དང་པོ་དར་གྱི་ཆས་གོས་ལྔ་ནི། ཅོད་པན་དང་གཅིག སྟོད་གཡོག་དང་གཉིས། དར་དཔྱངས་དང་གསུམ། སྨུ་རིག་དང་བཞི། སྨད་དཀྲིས་དང་ལྔའོ། །

རིན་པོ་ཆེའི་རྒྱན་བརྒྱད་ནི། དབུ་རྒྱན་དང་གཅིག སྙན་རྒྱན་གཡས་གཡོན་གཉིས་གཅིག་ཏུ་བརྩིས་པ་དང་གཉིས། མགུལ་རྒྱན་དང་གསུམ། དཔུང་རྒྱན་གཉིས་གཅིག་ཏུ་བརྩིས་པ་དང་བཞི། དོ་ཤལ་དང་སེ་མོ་དོ་གཉིས་གཅིག་ཏུ་བརྩིས་པས་ལྔ། ཕྱག་གདུབ་གཉིས་གཅིག་ཏུ་བརྩིས་པས་དྲུག སོར་གདུབ་རྣམས་གཅིག་ཏུ་བརྩིས་པས་བདུན། ཞབས་གདུབ་གཉིས་གཅིག་ཏུ་བརྩིས་པས་བརྒྱད་དོ། །

ཡུམ་སྙེམས་མ་དཀར་མོ་དང་གཉིས་མེད་དུ་འཁྲིལ་བ། སྐུ་སྣང་ལ་རང་བཞིན་མ་གྲུབ་པ་སྣང་སྟོང་ཆུ་ཟླ་ལྟ་བུའམ། མེ་ལོང་དུ་གཟུགས་བརྙན་ཤར་བ་ལྟ་བུ་བཀྲ་ལམ་མེ་ཡོད་པ། རང་གི་སྤྱི་བོར་རང་གི་ཁ་ལྟ་ཕྱོགས་སུ་ཞལ་གྱུ་ནས་བཞུགས་ཡོད་པ་དེ་ལྟ་བུ་ཞིག་བསྒོམ་པ་དེ་རྟེན་གྱི་སྟོབས་ཡིན། དེ་ནས་དེ་ལྟར་གསལ་བཏབ་པ་དེ་ཡང་ཐང་སྐུ་དང་གྲུང་སྐུ་ལྟ་བུའི་ལེབ་ལ་བཙར་བཙར་པོ་ཡང་མ་ཡིན། ས་སྐུ་དང་གསེར་སྐུ་ལྟ་བུའི་དངོས་པོ་གདོས་བཅས་ཀྱི་རང་བཞིན་སེམས་མེད་བེམ་པོའི་རྣམ་པ་ལྟ་བུའང་མ་ཡིན། སྣང་ཆ་ནས་སྤྱན་གྱི་དཀར་ནག་ཚུན་ཆད་མ་འདྲེས་པར་གསལ་བ་ལ། སྟོང་ཆ་ནས་དངོས་པོ་གདོས་བཅས་ཤ་ཁྲག་ནང་ཁྲོལ་ལ་སོགས་པའི་རྣམ་པར་གྲུབ་པ་སྐྲ་ཙམ་ཡང་མེད་པ། ནམ་མཁར་

འཇའ་ཚོན་ཤར་བ་འདྲ། ཞལ་གྲུམ་དྲི་མ་མེད་པ་ལྟ་བུ། དྲིན་ཆེན་རྩ་བའི་བླ་མ་དང་མགོན་པོ་རྡོ་རྗེ་སེམས་དཔའ་གཉིས་སུ་མེད་པའི་རང་བཞིན་ཐུགས་ཡེ་ཤེས་ཀྱི་མཁྱེན་ཆ་དང་བཅས་པས། བདག་དང་སེམས་ཅན་ཐམས་ཅད་ལ་ཐུགས་བརྩེ་བ་ཆེན་པོས་རྗེས་སུ་དགོངས་ཏེ་བཞུགས་པའི་སྤྱན་སྔར། རང་གི་ཚེ་རབས་འཁོར་བ་ཐོག་མ་མེད་པ་ནས་བཟུང་སྟེ་དུས་ད་ལྟ་ལ་ཐུག་གི་བར་དུ། ལུས་ངག་ཡིད་གསུམ་གྱི་སྒོ་ནས་སྡིག་པ་མི་དགེ་བ་བཅུ། མཚམས་མེད་པ་ལྔ། ལྡི་བ་བཞི། ལོག་པ་བརྒྱད། ཕྱི་སོ་སོར་ཐར་པའི་སྡོམ་པ་དང་འགལ་བ། ནང་བྱང་ཆུབ་སེམས་དཔའི་བསླབ་བྱ་དང་འགལ་བ། གསང་བ་རིག་འཛིན་སྔགས་ཀྱི་དམ་ཚིག་དང་འགལ་བ། འཇིག་རྟེན་པའི་མནའ་ཟོས་པ། རྫུན་བཤད་པ། ཁྲིལ་དང་ངོ་ཚ་ཉམས་པ་ལ་སོགས་སྡིག་པའི་ལས་བསགས་ཚད་དངོས་སུ་དྲན་པ་ཐམས་ཅད་བློ་ལ་བླངས་ཏེ། བླ་མ་རྡོ་རྗེ་སེམས་དཔའི་སྤྱན་སྔར་རང་ཉིད་ངོ་ཚ་འཛེམ་གས་སྐྲག་འགྱོད་པ་དང་བཅས་པས་ཤ་ཐེང་སྨྱུ་ཐེང་བྱེད་ཅིང་མཐོལ་ལོ་བཤགས་སོ་སྙམ་པ་དང་། དེ་བཞིན་དུ་རང་གི་ཡིད་ལ་མི་དྲན་པའང་ཚེ་རབས་འཁོར་བ་ཐོག་མ་མེད་པའི་དུས་ཙམ་ཆད་ནས་བསགས་པ་དུ་མ་ཞིག་ཡོད་ངེས་པས། དེ་དག་ཐམས་ཅད་མི་འཆབ་བོ། །མི་སྦེད་དོ། །མཐོལ་ལོ་བཤགས་སོ། །བཟོད་པ་གསོལ་ལོ། །སྡིག་པ་དང་སྒྲིབ་པ་དེ་དག་ཐམས་ཅད་དུས་ད་ལྟ་ཉིད་དུ། མྱུར་བ་ཉིད་དུ། འདུག་ས་འདི་ཙ་ལྷག་མ་ཙམ་ཡང་མེད་པར་བྱང་ཞིང་དག་པ་ཞིག་ཐུགས་རྗེ་མ་ཆུང་སྙམ་པ་ནི་སུན་འབྱིན་པའི་སྟོབས། སྔོན་ཆད་ནི་བདག་མི་ཤེས་རྨོངས་པའི་དབང་གིས་སྡིག་པ་དང་མི་དགེ་བའི་ལས་དེ་དག་བསགས་པ་ལགས་ཀྱི། ད་ནི་དྲིན་ཆེན་གྱི་བླ་མའི་ཐུགས་རྗེ་ལ་བརྟེན་ནས་ལེ་ཉེན་ཤེས་པའི་རང་བཞིན་ཅན་ཡིན་པས། ད་ཕྱིན་ཆད་ནི་སྲོག་ལ་བབ་ཀྱང་སྡིག་པའི་ལས་དེ་ལྟ་བུ་མི་བགྱིད་དོ་སྙམ་པ་ནི་སྡོམ་པའི་སྟོབས་ཏེ། དེ་ལྟ་བུའི་དག་པ་དྲན་པའི་ངང་ནས།

ཨཱཿབདག་ཉིད་ཐ་མལ་སྐྱེ་བོ་ཙ། །སོགས་ནས། མ་ལུས་བྱང་བར་མཛད་དུ་

གསོལ། །ཞེས་བརྗོད། དེ་ནས་རྡོར་སེམས་ཡབ་ཡུམ་གཉིས་སུ་མེད་པའི་ཐུགས་ཀར་ཟླ་བའི་དཀྱིལ་འཁོར་ཡུངས་ཀར་སྒྲིབས་པ་ཙམ་གྱི་སྟེང་དུ་ཧཱུྃ་ཡིག་དཀར་པོ་སྦྲུས་བྲིས་པ་ལྟ་བུ་ཞིག་གསལ་ལ། ཨོཾ་བཛྲ་ས་ཏྭ་ས་མ་ཡ་སོགས། ཡི་གེ་བརྒྱ་པ་ཚར་གཅིག་བརྗོད་པས། ཧཱུྃ་གི་མཐའ་སྐོར་དུ་ཡི་གེ་བརྒྱ་པ་རྣ་ལྡངས་པ་ལྟ་བུ་གཅིག་ལ་གཅིག་མ་རེག་ཙམ་དུ་བསྐོར་བར་བསམ། དེ་ནས་རང་གི་ངག་ནས་ཡི་གེ་བརྒྱ་པ་གསོལ་འདེབས་ཀྱི་ཚུལ་དུ་བཟླས་པས། ཡིག་འབྲུ་རྣམས་ལས་ཐུགས་རྗེ་ཡེ་ཤེས་ཀྱི་བདུད་རྩི་འཁྲུགས་རོམ་མེས་ཞུ་བ་ལས་ཆུ་ཐིགས་པ་ལྟར། ཐིག་ཐིག་ཧྲམ་ཧྲམ་དུ་བབས་པ། སྐུའི་དབྱིབས་བརྒྱུད་ཡབ་ཡུམ་སྙོམས་པར་ཞུགས་པའི་སྦྱོར་མཚམས་ནས་ཐོན། རང་གཞན་སེམས་ཅན་ཐམས་ཅད་ཀྱི་སྤྱི་བོ་ནས་ཞུགས། ལུས་ཀྱི་ནང་གི་ནད་ཐམས་ཅད་ཁྲག་རུལ་རྣག་རུལ། གདོན་ཐམས་ཅད་སྲོག་ཆགས་སྦོམ་ཕྲིག་པ་སྦལ་པ་ཉ་སྦྲུལ་ལྕོང་མོ་ཤིག་ལ་སོགས་པའི་རྣམ་པ། སྡིག་སྒྲིབ་ཐམས་ཅད་དུད་ཁུ་སོལ་ཁུ་ཐལ་དུད་སྤྲིན་པ་ལྷྭངས་པའི་རྣམ་པར་ཆུ་སྣ་རྒྱུག་པས་ས་རྡོལ་དེད་པ་ལྟར་བདུད་རྩིའི་རྒྱུན་གྱིས་ཐོགས་པ་མེད་པར་དེད་དེ་རྐང་མཐིལ་འོག་སྒོ་བ་སྤུའི་བུ་ག་རྣམས་ནས་ནག་ཉིལ་གྱིས་ཕྱིར་ཐོན། རང་གི་འོག་ཏུ་ས་གས་པའི་མར་ཞབས་ན། འཆི་བདག་ལས་ཀྱི་གཤིན་རྗེ་ལ་འཁོར་ལན་ཆགས་བུ་ལོན་ཤ་འཁོན་གྱི་བདག་པོ་བདག་མོ་ཐམས་ཅད་ཀྱིས་བསྐོར་ཏེ་ཁ་ལག་སྦྲར་གསུམ་ཟེད་ནས་ཡོད་པའི་ནང་དུ་སོང་བར་བསམས་ལ་ཡིག་བརྒྱ་བཟླ། དེ་ཡང་དམིགས་པ་ཐམས་ཅད་གཅིག་ཆར་དུ་གསལ་ནུས་ན་དེ་ལྟར་བྱ། དེ་ལྟར་མི་ནུས་ན་རེས་འགའ་རྡོ་རྗེ་སེམས་དཔའི་སྐུ་ཞལ་ཕྱག་སོགས་ལ་དམིགས་པ་གཏད་དེ་བཟླ། རེས་འགའ་རྒྱན་ཆ་ལུགས་ལ་དམིགས་པ་གཏད་དེ་བཟླ། རེས་འགའ་བདུད་རྩིའི་རྒྱུན་གྱིས་ནད་གདོན་སྡིག་སྒྲིབ་བཀྲུ་བ་ལ་དམིགས་པ་གཏད་དེ་བཟླ། རེས་འགའ་འཇོག་པ་དང་སྡོམ་སེམས་དྲན་པར་བྱས་ཏེ་བཟླ། དེ་ནས་་མཐར་ས་འོག་ན་འཁོད་པའི་འཆི་བདག་ལས་ཀྱི་གཤིན་རྗེ་ལ་སོགས་

ལན་ཆགས་བུ་ལོན་ཤ་འགོན་གྱི་བདག་པོ་རྣམས་ཀྱང་ངོམས་ཤིང་ཚིམས། ལན་ཆགས་འཁོར། བུ་ལོན་སོད། ཤ་འགོན་བྱང་། སྡིག་སྒྲིབ་དག གཉིས་ཟྙེ་དེའི་ཁ་ལག་སྦྱར་གསུམ་ཡང་ཟུམ། ས་གས་པ་ཡང་སོས། རང་གི་ལུས་འདི་ཡང་ཕྱི་གསལ་ནང་གསལ་འོད་ཀྱི་རང་བཞིན་དུ་ཡོད་པའི་ལུས་དབུས་སུ་རྩ་དབུ་མ་དང་། དེ་ལས་གྱེས་པའི་འཁོར་ལོ་བཞི་པོ་གདུགས་ཀྱི་རྩིབས་མ་ལྟ་བུ། ལྟེ་བ་སྤྲུལ་པའི་འཁོར་ལོ་རྩ་འདབ་དྲུག་ཅུ་རྩ་བཞི་ཁ་ཡར་གྱུ་བ། སྙིང་ག་ཆོས་ཀྱི་འཁོར་ལོ་རྩ་འདབ་བརྒྱད་ཁ་མར་གྱུ་བ། མགྲིན་པ་ལོངས་སྤྱོད་ཀྱི་འཁོར་ལོ་རྩ་འདབ་བཅུ་དྲུག་ཁ་ཡར་གྱུ་བ། སྤྱི་བོར་བདེ་ཆེན་གྱི་འཁོར་ལོ་རྩ་འདབ་སུམ་ཅུ་རྩ་གཉིས་ཁ་མར་གྱུ་བ་དེ་ལྟར་གསལ་གདབ། སླར་ཡང་བདུད་རྩིའི་རྒྱུན་ཐུར་ལྟར་བབས་པས། རང་གི་ལུས་སྤྱི་བོར་བདེ་ཆེན་གྱི་འཁོར་ལོ་ནས་བཟུང་སྟེ་རྩ་འཁོར་ལོ་བཞི་པོ་ཐམས་ཅད་དང་། དེ་ལས་གྱེས་པའི་ལུས་ཀྱི་ནང་ཐམས་ཅད་རྐང་ལག་གི་སོར་མོའི་རྩེ་ཚུན་ཆད། ཤེལ་བུམ་འོ་མས་གང་བ་ལྟར་བདུད་རྩིའི་རྒྱུན་གྱིས་སྐྱེམ་མེ་གང་། བུམ་དབང་། གསང་དབང་། ཤེར་དབང་། ཚིག་དབང་རིན་པོ་ཆེ་སྟེ་དབང་བཞི་ཐོབ། ལས་ཀྱི་སྒྲིབ་པ། ཉོན་མོངས་པའི་སྒྲིབ་པ། ཤེས་བྱའི་སྒྲིབ་པ། བག་ཆགས་ཀྱི་སྒྲིབ་པ་སྟེ་སྒྲིབ་པ་བཞི་དག དགའ་བ། མཆོག་དགའ། ཁྱད་པར་གྱི་དགའ་བ། ལྷན་གཅིག་སྐྱེས་པའི་དགའ་བ་སྟེ་དགའ་བ་བཞིའི་ཡེ་ཤེས་རྒྱུད་ལ་སྐྱེས། སྤྲུལ་སྐུ། ལོངས་སྐུ། ཆོས་སྐུ། ངོ་བོ་ཉིད་སྐུ་སྟེ་སྐུ་བཞིའི་གོ་འཕང་རྒྱུད་ལ་བཞག་པར་བསམ། དེ་ནས། མགོན་པོ་བདག་ནི་མི་ཤེས་རྨོངས་པ་ཡིས། །སོགས་ནས། ཁྱོད་ཞིང་དག་པར་མཛད་དུ་གསོལ། ཞེས་གདོང་ཚིག་བརྗོད་མ་ཐག་ཏུ། བླ་མ་རྡོ་རྗེ་སེམས་དཔའ་དགྱེས་བཞིན་ཞལ་འཛུམ་པ་དང་བཅས་ཏེ། རིགས་ཀྱི་བུ་ཁྱོད་ཀྱི་སྡིག་སྒྲིབ་ཉམས་ཆགས་ཐམས་ཅད་དག་པ་ཡིན་ནོ། །ཞེས་གནང་བ་བྱིན་ཏེ་འོད་དུ་ཞུ་ནས་རང་ལ་ཐིམ་པའི་རྐྱེན་གྱིས་རང་ཉིད་སྔར་བསྐྱེད་པ་དང་འདྲ་བའི་རྡོ་རྗེ་སེམས་དཔའ་ལ་གནས་འགྱུར། དེའི་ཐུགས་ཀར་ཟླ་བའི་དཀྱིལ་

འཁོར་ཡུངས་འབྲུ་གླེབས་པ་ཙམ་གྱི་སྟེང་དུ། དབུས་སུ་ཧཱུྃ་མཐིང་ག དེའི་མདུན་དུ་ཨོཾ་དཀར་པོ། གཡས་སུ་བཛྲ་སེར་པོ། རྒྱབ་ཏུ་ས་དམར་པོ། གཡོན་དུ་ཏྭ་ལྗང་གུ་རྣམས་གསལ་ནས། ཨོཾ་བཛྲ་ས་ཏྭ་ཧཱུྃ། ཞེས་བཟླས་པ་དང་མཉམ་དུ་ཡིག་འབྲུ་ལྔ་པོ་ལས། འོད་ཟེར་ཁ་དོག་དཀར་སེར་དམར་ལྗང་མཐིང་ག་ལྔ་ཡར་འཕྲོས་པའི་རྩེ་ལ་སྒེག་སོགས་འདོད་ཡོན་གྱི་ལྷ་མོ་རྣམས་ཀྱི་ཕྱག་ན་བཀྲ་ཤིས་རྟགས་བརྒྱད། རྒྱལ་སྲིད་སྣ་བདུན། འཕན་གདུགས། རྒྱལ་མཚན། རླ་རེ། གསེར་གྱི་འཁོར་ལོ་རྩིབས་སྟོང་། དུང་དཀར་གཡས་སུ་འཁྱིལ་བ་ལ་སོགས་མཆོད་རྫས་དཔག་ཏུ་མེད་པ་སྦྲེས་ནས། ཕྱོགས་བཅུའི་ཞིང་ཁམས་རབ་འབྱམས་བསམ་གྱིས་མི་ཁྱབ་པ་ན་བཞུགས་པའི་རྒྱལ་བ་སྲས་དང་བཅས་པ་ཐམས་ཅད་ལ་ཐུགས་མཉེས་པའི་མཆོད་པ་ཕུལ། ཚོགས་རྫོགས་སྒྲིབ་པ་དག་ཐུགས་རྗེ་དང་བྱིན་རླབས་ཐམས་ཅད་འོད་ཟེར་ཁ་དོག་སྣ་ཚོགས་པའི་རྣམ་པར་བྱུང་ནས་རང་ལ་ཐིམ་པས། མཆོག་ཐུན་མོང་གི་དངོས་གྲུབ་ལམ་དང་འབྲེལ་བ་རིག་འཛིན་བཞི་དང་། མཐར་ཐུག་གི་འབྲས་བུ་མི་སློབ་ཟུང་འཇུག་གི་གོ་འཕང་མངོན་དུ་གྱུར་པར་བསམ་པ་དེ། རང་དོན་ཆོས་སྐུའི་རྟེན་འབྲེལ་བསྒྲིགས་པ་ཡིན། ཡང་ཡིག་འབྲུ་ལྔ་པོ་ལས་འོད་ཟེར་ཁ་དོག་སྣ་ཚོགས་བརྒྱ་སྟོང་གྲངས་མེད་པ་མར་འཕྲོས། ཁམས་གསུམ་རིགས་དྲུག་གི་སེམས་ཅན་ཐམས་ཅད་ལ་ཕོག དེ་རྣམས་ཀྱི་རྒྱུད་ལ་ཡོད་པའི་སྡིག་སྒྲིབ་སྡུག་བསྔལ་བག་ཆགས་དང་བཅས་པ་ཐམས་ཅད་སྦྱང་པར་ཉི་མ་ཤར་བ་ལྟར་སང་ངས་དག ཕྱི་སྣོད་ཀྱི་འཇིག་རྟེན་ཐམས་ཅད་མངོན་པར་དགའ་བའི་ཞིང་ཁམས་དང་། ནང་བཅུད་ཀྱི་སེམས་ཅན་ཐམས་ཅད་རྡོ་རྗེ་སེམས་དཔའ་དཀར་སེར་དམར་ལྗང་མཐིང་ག་ལྔའི་རང་བཞིན་དུ་གྱུར་ནས། དེ་ཐམས་ཅད་ཀྱི་ཞལ་ནས། ཨོཾ་བཛྲ་ས་ཏྭ་ཧཱུྃ། ཞེས་ཙུར་དི་རི་རི་སྒྲོགས་པར་བསམས་ནས་བཟླ་བ་ནི། གཞན་དོན་གཟུགས་སྐུའི་རྟེན་འབྲེལ་བསྒྲིགས་པ་ཡིན། དེ་ལྟར་ཡང་ཆོས་སྤྱོད་བག་ཆགས་རང་གྲོལ་ལས། འཕྲོ་འདུས་དོན་གཉིས་བྱས་

ནས་རྟོག་སྒྲིབ་སྦྱངས། ཞེས་གསུངས་པ་ཡང་འདི་ལྟ་བུའི་དམིགས་གནད་ལ་ཟེར་བ་ཡིན། དམིགས་པའི་གནད་འདི་ལྟ་བུ་ལ་བརྟེན་ནས་གསང་སྔགས་རྡོ་རྗེ་ཐེག་པ་ཐབས་མཁས་པའི་གནད་ཀྱིས་བསོད་ནམས་དང་ཡེ་ཤེས་ཀྱི་ཚོགས་བསམ་གྱིས་མི་ཁྱབ་པ་ཡང་སྐད་ཅིག་མ་རེ་ལ་རྫོགས་ཤིང་། ནམ་མཁས་གར་ཁྱབ་ཀྱི་སེམས་ཅན་གྱི་དོན་ཡང་མཉམ་དུ་སྒྲུབ་ནུས་པ་ཡིན།

དེ་ལྟར་བཟླས་པ་ཅི་རིགས་པ་བྱས་པའི་རྗེས་སུ་ཐུན་བསྡུ་རན་པ་ན། ཕྱི་སྣོད་ཀྱི་འཇིག་རྟེན་མངོན་དགའི་ཞིང་དུ་སྣང་བ་ཐམས་ཅད་ནང་བཅུད་ཀྱི་རྡོར་སེམས་རིགས་ལྔའི་ལྷ་ཚོགས་ལ་བསྡུ། དེ་རྣམས་ཀྱང་རིམ་གྱིས་འོད་དུ་ཡལ་ནས་རང་ལ་བསྡུ། རང་ཡང་མཐའ་ནས་རིམ་གྱིས་འོད་དུ་ཡལ་ནས་ཐུགས་ཀའི་ཨོཾ་ལ་ཐིམ། ཨོཾ་བཛྲ་ལ། བཛྲ་ས་ལ། ས་ཏྭ་ལ། ཏྭ་ཧཱུྃ་གི་ཞབས་ཀྱུ། འ་ཆུང་ཧ་ཁོག་མགོ་བོ་ཟླ་ཚེས་ཐིག་ལེ་ནཱ་དའི་བར་རིམ་བཞིན་ཐིམ་ནས། ནཱ་ད་ཡང་ནམ་མཁར་འཇའ་ཚོན་ཡལ་བ་ལྟར་མི་དམིགས་སྤྲོས་པ་དང་བྲལ་བའི་ངང་ལ་དར་ཅིག་ལྷོད་དེ་མཉམ་པར་བཞག དེ་ནས་ཡང་རྣམ་རྟོག་ཅིག་འཆར་བ་ཙམ་པ་ན། སླར་ཡང་སྣོད་བཅུད་ཐམས་ཅད་རྡོ་རྗེ་སེམས་དཔའི་ཞིང་ཁམས་སུ་བཀྲ་ལམ་གྱིས་གསལ་ལ། དགེ་བ་འདི་ཡིས་མྱུར་དུ་བདག ། རྡོ་རྗེ་སེམས་དཔའ་འགྲུབ་གྱུར་ནས། སོགས་བསྔོ་བ་དང་སྨོན་ལམ་བྱ།

དེ་ལྟར་རྡོར་སེམས་སྒོམ་བཟླས་བྱེད་པ་འདི་ལ་སོགས་པ་བཟླས་བརྗོད་གང་བྱེད་ཀྱི་དུས་སུ་སེམས་དམིགས་པ་ལས་གཞན་དུ་མ་ཡེངས་པ་དང་། བཟླས་བརྗོད་མི་ཚིག་གིས་བར་མཆོད་པ་ནི་ཅི་ནས་ཀྱང་གལ་ཆེ་སྟེ། རྒྱུད་ལས་ཀྱང་།

གལ་ཏེ་ཏིང་འཛིན་འདི་མེད་ན། །
རྒྱ་མཚོའི་འཇིང་གི་ཕ་བོང་བཞིན། །
བསྐལ་པར་བཟླས་ཀྱང་འབྲས་མི་འབྱིན། །

ཞེས་དང་། །

དེ་བཞིན་དུ་དག་དང་མ་དག་སྟོང་འགྱུར་ཡིན། །
ཏིང་འཛིན་ཡོད་མེད་འབུམ་འགྱུར་ཡིན། །

ཞེས་གསུངས། ཕྱུགས་དང་བསྙེན་པ་བཟླ་བའི་དུས་སུ་ཐ་མལ་མ་དག་པའི་ཡོང་གཏམ་གཞན་དང་བསྲེས་ནས་བཟླ་བ་ནི། ཕྱུགས་མ་དག་པ་ཡིན་ཏེ། དཔེར་ན་གསེར་དང་དངུལ་ལ་ར་གན་ནམ་ཟངས་ལ་སོགས་པ་ཅུང་ཟད་འདྲེས་ཀྱང་། གསེར་མིན་ནམ་དངུལ་ཡོག་ཏུ་གྲགས་ཏེ། དེས་གསེར་དངུལ་གྱི་གོ་མི་ཆོད་པ་དང་འདྲ། དེས་ན་ཨོ་རྒྱན་ཆེན་པོའི་ཞལ་ནས་ཀྱང་།

ལོ་གཅིག་འབད་བསྙེན་བྱས་པ་བས། །
ཟླ་གཅིག་སྨྲ་བཅད་བྱས་པ་དགའ། །

ཞེས་གསུངས། དེས་ན་ད་ལྟའི་དུས་གྲོང་ཆོག་པ་རྣམས་ཀྱང་ཚོགས་གྲལ་སོགས་སུ་འདོན་པ་དང་བཟླས་བརྗོད་ཀྱི་དུས་སྨྲ་བཅད་བྱེད་པ་ནི་ཅི་ནས་ཀྱང་གལ་ཆེ། ཐ་མལ་པའི་ངག་འཁྱལ་དང་འདྲེས་པའི་འདོན་བཟླས་སོགས་ལ་སྙིང་པོ་ཅི་ཡང་མེད་པ་དང་། ཁྱད་པར་གཤིན་པོ་སོགས་ཀྱི་དོན་ཡིན་ན། བར་དོ་ན་གནས་པའི་སེམས་ཅན་དེ། འཇིགས་སྐྲག་དང་སྡུག་བསྔལ་ལ་སོགས་པས་གདུང་བའི་ཚེ་ཕན་ཏུ་རེ་ནས་ཡོན་གནས་དང་བླ་མཆོད་ལ་སོགས་པའི་དྲུང་དུ་རྒྱུག དེའི་ཚེ་དེ་དག་གི་ཏིང་ངེ་འཛིན་མི་གསལ་བ་དང་། སྡོམ་པ་དང་དམ་ཚིག་མི་དག་པ་དང་ཆགས་སྡང་གི་གཏམ་དང་རྟོག་པ་ལ་སོགས་པ་འཆར་གྱིན་ཡོད་ན། བར་དོའི་འགྲོ་བ་དེ་མངོན་ཤེས་དང་ལྡན་པ་ཡིན་པས། དེ་དག་ཤེས་ནས་བླ་མཆོད་ལ་ལོག་ལྟའམ་ཞེ་སྡང་སྐྱེས་ནས་རྐྱེན་དེས་ངན་སོང་དུ་འགྲོ་བར་བཤད་པས། དེ་ལྟ་བུའི་བླ་མཆོད་ནི། ཡོད་པ་ལས་ཀྱང་མེད་པ་དགའ། ཁྱད་པར་གསང་སྔགས་རྡོ་རྗེ་ཐེག་པའི་ཆོ་ག་རྣམས་ནི། བསྐྱེད་རིམ་གསལ་འདེབས་བརྗོད་པ་ཚིག་གི་སྒོ། ཞེས་བསྐྱེད་རིམ་གྱི་གནད་དེ་དག་གསལ་འདེབས་པའི་ཚིག་ཙམ་

ཡིན་པ་ལ། གསལ་འདེབས་རྒྱུའི་བསྐྱེད་རྫོགས་ཀྱི་དོན་ལ་བློ་ཁ་ཙམ་ཡང་མི་ཕྱོགས་པར་ཁ་ཆོག་སྟོང་པ་ཞིག་གིས་གསལ་གསལ་བསྒོམ་བསྒོམ་དམིགས་དམིགས་ལ་སོགས་པ་ཚེ་གའི་ཚིག་རིགས་མང་པོ་ཞིག་གྱུར་མ་གྱུར་ཁྱུག་ཙུར་ཙུར་ཆེམ་ཆེམ་དུ་གྱུར་ཏེ། དོན་གྱི་སྙིང་པོ་ངག་གི་བཟླས་བརྗོད་བསྙེན་པ་དངོས་ལ་ཐུག་ཙ་ན། བློ་བག་གིས་ལྟོད་ཐ་ན་ལུས་ཚུགས་དྲང་པོ་ཞིག་ཡོད་པ་ཡན་ཆད་ཤིག་གི་བཤིག མི་དགེ་བ་བརྒྱ་ཕྲག་གི་འབྱུང་ཁུངས་ཐ་མ་ཁ་ལ་སོགས་པ་གཞིབ། ཕུ་མདའ་ལ་ཤོད་ཀྱི་གཏམ་འཕྲོལ་བ་མེད་པའི་ངག་འཁྱལ་མང་པོའི་གཏེར་སྒོ་ཕྱེ། ཕྲེང་བ་སྟོང་བགྲང་རྒྱུ་ནག་བདའ་བདའ་བྱེད་པས་དུས་འདའ། ཕྱི་འཕྲེད་ཙ་ན་གནམ་ལ་གཅིག་བལྟས་ནས། བཛྲ་པུཥྤ་ཧཱུྃ་པེ་ཟེར་ཞིང་རོལ་མོ་ཙུར་ཆེམས་སེ་གཏོང་བ་ནི། ཚེ་གའི་གཟུགས་བརྙན་ལས་ཀྱང་ཡང་བརྙན་ཐ་ཆད་པ་ཡིན་པས། དེ་ལྟ་བུ་ལས་ནི་བསམ་པ་རྣམ་པར་དག་པའི་སྒོ་ནས་ལྟུང་བཤགས་སམ་བཟང་སྤྱོད་ཚར་རེ་ཙམ་བཏོན་ན་དེ་དགའ་ངེས་སོ། །

དེ་ལྟར་མ་དག་པའི་བཟླས་བརྗོད་དང་ཚེ་གའི་གཟུགས་བརྙན་ལ་བརྟེན་ནས་གཤིན་པོ་ངན་སོང་དུ་འཕེན་པའི་བླ་མཆོད་དེས་ནི། གསོན་པོའི་སྐུ་རིམ་བྱས་ཀྱང་ཕན་ལས་གནོད་པ་ཆེ་བ་དེ་དང་འདྲ། དེ་ལྟ་བུ་དེས་དཀོར་ཟོས་པ་ཡང་ལྕགས་ཀྱི་ཐོ་ལུམ་མེ་འབར་བཟོས་པ་དང་འདྲ་ངེས་པ་དེ་ཡིན་ནོ། །

ངེས་ན་དད་ཟས་དང་གཤིན་དཀོར་ཟ་བ་རྣམས་ནི་བླ་མའམ་གྲྭ་པ་སུ་ཡིན་ཀྱང་འདྲ་སྟེ། ཤ་ཆེ་ཆུང་ཐུད་སྲབ་འཐུག་འབུལ་བ་བཟང་ངན་ཁོ་ན་ལ་ཐུགས་དམ་གྱི་མཐིལ་དུ་མི་བྱ་བར། ནད་པའམ་ཤི་པོ་སུ་ཡིན་ཀྱང་འདྲ་སྟེ་གལ་འགགས་ལ་བབ་སྟེ་སྡུག་ཐུག་པའི་སེམས་ཅན་སྐྱབས་དང་བྲལ་བ་དེ་ལ་ཕན་འདོད་ཀྱི་བྱམས་པ་དང་སྙིང་རྗེ་བྱང་ཆུབ་ཀྱི་སེམས་ཀྱིས་ཟིན་པར་བྱས་ནས། བསྐྱེད་རྫོགས་རང་གིས་གང་ཤེས་སྙིང་ཐག་པ་ནས་མ་ཡེངས་པར་འབད། དེ་ལྟར་མི་ཤེས་པ་རྣམས་ཀྱང་ཚིག་རྗེས་དོན་དྲན་ཙམ་མམ། ཐ་ན་ཡང་ཉམ་ཐག་པའི་

སེམས་ཅན་ལ་བྱམས་པ་དང་སྙིང་རྗེ་དཀོན་མཆོག་གསུམ་གྱི་བདེན་མཐུ་བསླུ་བ་མེད་པ་ལ་དད་པ་ངེས་ཤེས་སོགས་ལུས་ངག་ཡིད་གསུམ་ཆུན་གཅིག་དྲིལ་གྱིས་འབད་དེ། ཚ་ག་དང་བཟླས་བརྗོད་སོགས་སྒྲ་དག་སྒྲོས་གཙང་བ་རེ་འགྲུབ་ངེས་བྱས་ན། སྐྱབས་གནས་དཀོན་མཆོག་གསུམ་གྱི་ཐུགས་རྗེ་རྒྱུ་འབྲས་བསླུ་བ་མེད་པའི་ནུས་མཐུ་བྱང་ཆུབ་སེམས་ཀྱི་ཕན་ཡོན་ཚད་མེད་པ་རྣམས་ལ་བརྟེན་ནས། ནད་པ་དང་ཤི་པོ་གང་ཡིན་དེ་ལ་ཕན་ཐོགས་ངེས་ཤིང་། མིའི་སྨན་ཐོག་ནས་རང་གི་སྒྲིབ་པ་སྦྱོང་ཟེར་བ་ལྟར། རང་གཞན་གྱི་ཚོགས་གཉིས་མཉམ་དུ་རྫོགས། འབྲེལ་ཚད་ཐར་པའི་ལམ་ལ་འགོད་པ་ཡིན་པས་དེ་ལྟ་བུ་རེ་ལ་ཅི་ནས་ཀྱང་འབད་དགོས་སོ། །

ཡར་ད་ལྟའི་དུས་ན་བླ་མའམ་སེར་མོ་ཅུང་ཟད་བཟང་དུ་རེ་བ་རྒྱུ་འབྲས་ཤེས་པ་རྣམས་ནི། དཀར་གྱི་ཉེས་དམིགས་ཙམ་ལ་འཇིགས་ནས་ནད་པ་དང་ཤི་པོ་སྡུག་ཐུག་པའི་སེམས་ཅན་དེ་ལ། བྱིན་རླབས་དང་བསྔོ་སྨོན་ཙམ་ཡང་མི་བྱེད་པར་བྱམས་སྙིང་རྗེ་བྱང་ཆུབ་སེམས་ཀྱི་རྩ་བ་གཅོད། ཕལ་ཆེར་ནི་ཧ་ཅང་རང་འདོད་ཆེ་ཆེས་པས་སྦྱིན་བདག་གི་ཚོགས་གྲལ་དུ་འོང་། དེ་ཚང་ལ་དགོས་རྒྱུའི་འདོན་པ་དེ་མི་འདོན་པར། རང་གི་ཁ་ཧོན་ནག་ཐེབས་ཐེབས་ཞིག་བླངས་ཏེ་དེ་ཆགས་མི་ཉན་པའི་ཁུར་གྱིས་འདོན་ཚུལ་བྱེད་དེ་དག་སུ་ཡིན་ཀྱང་འདྲ་སྟེ་རང་དོན་གྱི་འདོན་པ་དང་བཟླས་བརྗོད་སོགས་ཅུང་ཟད་རེ་བྱེད་པ་དེ་ལ་གཟབ་གཟབ་ལྟ་བུ་རེ་བྱེད་ཅིང་། དེ་རང་གི་སྒྲིབ་སྦྱོང་ངམ་དཀར་སྦྱོང་ཡིན་ཁུལ་བྱེད། སྦྱིན་བདག་གི་འདོན་པ་མང་ཚོགས་ཀྱི་གྲལ་དུ་བྱེད་པ་དེ་ལ་ནི་ཁ་ཡེངས་མིག་ཡེངས་ཁྲལ་རྒྱུག་མ་བྱེད། གང་བསྐྱབ་པར་བྱ་རྒྱུའི་སེམས་ཅན་ཤི་གསོན་སུ་ཡིན་ཀྱང་། དེའི་དོན་ནི་བློ་ལ་མི་འཆར་བ་དེ་རྣམས་ནི་བྱམས་སྙིང་རྗེ་བྱང་ཆུབ་སེམས་ཀྱི་རྩ་བ་ཆད་པ་ཡིན་པས། རྗེས་ནས་དཀར་སྦྱོང་བྱས་ཀྱང་རང་འདོད་ཡིད་བྱེད་ཀྱི་བློ་ངན་ངེས་དཀར་སྒྲིབ་སྦྱོང་བ་ཡང་དཀའ། དང་པོ་ཉིད་ནས

བྱམས་སྙིང་རྗེ་བྱང་ཆུབ་ཀྱི་སེམས་ལ་གཞི་བཅོལ། བསྐྱེད་རྫོགས་སོགས་ཅི་ཞེས་ཅི་ནུས་ལ་སྙིང་ཐག་པ་ནས་འབད། སེམས་ཅན་ལ་ཕན་འདོད་ཀྱི་ཀུན་སློང་དང་མ་བྲལ་བ་བྱས་ན། རང་གི་ཁྱིམ་ནས་བསྐྱེད་རྫོགས་བསྒོམས་ཏེ་བཟླས་བརྗོད་བྱས་པ་དང་། གཞན་གྱི་ཁྱིམ་ནས་བསྐྱེད་རྫོགས་བསྒོམས་ཏེ་བཟླས་བརྗོད་བྱས་པ་ལ་ནི་ཁྱད་པར་སྤུ་ཙམ་ཡང་མེད་ཅིང་། གང་ལྟར་ཡང་རང་འདོད་ཀྱི་བློ་དང་བྲལ་ཏེ། གཞན་དོན་ལ་དམིགས་དགོས་པ་ནི་འདྲ་འདྲ་ཡིན་པས་དེ་ལྟ་བུ་རེ་ངེས་པར་དགོས་སོ། །

དེ་ལྟར་སེམས་དམིགས་པ་ལས་གཞན་དུ་མི་ཡེངས་ཤིང་ཐ་མལ་གྱི་སྣང་བ་དང་མ་འདྲེས་པར། དུས་གཅིག་ལ་ཡི་གེ་བརྒྱ་པ་ལན་བརྒྱ་རྩ་བརྒྱད་བཟླས་ན་སྔར་བྱས་ཀྱི་སྡིག་སྒྲིབ་དང་ཉམས་ཆགས་ཐམས་ཅད་ངེས་པར་དག་པ་བླ་མ་རྡོ་རྗེ་སེམས་དཔའི་ཞལ་གྱིས་བཞེས་པ་ཡིན་ཏེ། དྲི་མེད་བཤགས་རྒྱུད་ལས་ཀྱང་། བདེ་བར་གཤེགས་པ་ཐམས་ཅད་ཀྱི་ཐུགས་ཀྱི་ཡང་སྙིང་ཉམས་ཆགས་དང་སྡིག་སྒྲིབ་ཐམས་ཅད་སྦྱོང་བར་བྱེད་པ། ཡི་གེ་བརྒྱ་པ་ཞེས་བྱ་བ་བཤགས་པ་ཐམས་ཅད་ཀྱི་རྒྱལ་པོ་འདི་དུས་གཅིག་ལ་ལན་བརྒྱ་རྩ་བརྒྱད་དུ་བཟླས་ན་ཉམས་ཆགས་ཐམས་ཅད་བསྐངས་ཏེ། ངན་སོང་གསུམ་དུ་ལྟུང་བ་ལས་ཐར་བར་འགྱུར་རོ། །

རྣལ་འབྱོར་པ་གང་ཞིག་གིས་ཡི་དམ་དུ་བཅས་ནས་འདོན་ན། མི་དེ་ཚེ་འདི་ལའང་དུས་གསུམ་གྱི་སངས་རྒྱས་ཐམས་ཅད་ཀྱིས་སྲས་ཀྱི་དམ་པར་དགོངས་ནས་སྲུང་སྐྱོབ་མཛད་ལ། ཤི་འཕོས་ནས་ཀྱང་བདེ་བར་གཤེགས་པ་རྣམས་ཀྱི་སྲས་ཀྱི་ཐུ་བོར་འགྱུར་བ་གདོན་མི་ཟའོ། །ཞེས་གསུངས། དེ་བཞིན་དུ་གསང་སྔགས་རྡོ་རྗེ་ཐེག་པའི་སྒོར་ཞུགས་ནས་རྩ་བ་དང་ཡན་ལག་གི་དམ་ཚིག་ཉམས་ཆགས་གང་བྱུང་ཡང་། ཉིན་རེ་བཞིན་རྡོ་རྗེ་སེམས་དཔའ་བསྒོམས་ནས་ཡི་གེ་བརྒྱ་པ་ཉི་ཤུ་རྩ་གཅིག་རེ་བཟླས་ན། དེས་ལྟུང་བ་བྱིན་གྱིས་རློབས་པ་ཞེས

བྱ་སྟེ། ལྟུང་བ་བྱུང་བའི་རྣམ་སྨིན་གོང་ནས་གོང་དུ་འཕེལ་འགྲོ་རྒྱུ་མེད་པ་དང་། ཡི་གེ་བརྒྱ་པ་འབུམ་ཕྲག་གཅིག་བཟླས་ན་ལྟུང་བ་ཐམས་ཅད་རྩ་བ་ནས་དག་པར་སྙིང་པོ་རྒྱན་ལས་གསུངས་ཏེ།

པད་དཀར་ཟླ་བའི་གདན་གནས་པའི། །
རྡོ་རྗེ་སེམས་དཔའ་ཞིགས་དམིགས་ཏེ། །
ཡི་གེ་བརྒྱ་པ་ཚིག་བཞིན། །
ཉི་ཤུ་རྩ་རེ་བཟླས་གྱུར་ན། །
ལྟུང་སོགས་བྱིན་གྱིས་བརླབ་འགྱུར་ཕྱིར། །
འཕེལ་བ་ཏུ་ནི་མི་འགྱུར་ཞེས། །
གྲུབ་པ་མཆོག་རྣམས་ཀྱིས་བཤད་པས། །
རྟག་པར་དུས་ནི་ཉམས་སུ་བླང་། །
འབུམ་ཕྲག་གཅིག་ཏུ་བཟླས་གྱུར་ན། །
རྣམ་པར་དག་པའི་བདག་ཉིད་འགྱུར། །

ཞེས་གསུངས། དེའི་ཕྱིར་ན་ད་ལྟའི་དུས་འདིར་བོད་ཡུལ་འདི་ན་བླ་མ་སེར་མོ་མི་སྐྱ་ཕོ་མོ་ཡན་ཆད་དབང་རེ་ཐོབ་མ་མྱོང་བ་ནི་སུ་ཡང་མེད། དེས་ན་གསང་སྔགས་ཀྱི་སྒོར་མ་ཞུགས་པ་སུ་ཡང་མེད་པ་ཡིན་ལ། གསང་སྔགས་ཀྱི་སྒོར་ཞུགས་ཕྱིན་ཆད་ནི། དམ་ཚིག་མ་བསྲུངས་ན་དམྱལ་བ་དང་། བསྲུངས་ན་རྫོགས་པའི་སངས་རྒྱས་ཀྱི་གོ་འཕང་ཐོབ་པ་གཉིས་ལས་འགྲོ་ས་གཞན་མེད་པ། དཔེར་ན་སྦྲུལ་སྦུག་དོང་དུ་བཙུག་པ་ལྟ་བུར་གསུངས། སྦྲུལ་ཞིག་སྦུག་དོང་དུ་བཙུག་ན། ཡང་ན་དེ་ཡར་ཁ་དང་ཡང་ན་མར་ཞབས་གཉིས་ལས་འགྲོ་ས་མེད་པ་ལྟ་བུ་ཡིན། ཡོན་ཏན་མཛོད་ལས་ཀྱང་།

སྔགས་ལ་ཞུགས་པའི་སྐྱེས་བུ་ངན་སོང་དང་། །
སངས་རྒྱས་གཉིས་ལས་འགྲོ་ས་གསུམ་པ་མེད། །

ཞེས་གསུངས། དེས་ན་གསང་སྔགས་ཀྱི་དམ་ཚིག་ནི། ཕྲ་ཞིང་གྲངས་མང་ལ་སྲུང་དཀའ་བ་ཡིན་པས། ཛོ་བོ་རྗེ་ལྷ་ཅིག་ལྟ་བུས་ཀྱང་། སྔགས་ལ་ཞུགས་པའི་དུས་ཉེས་པ་ཅར་རྒྱག་ཤར་རྒྱག་བྱུང་གསུངས་ན། ད་ལྟ་རང་རེ་གཉེན་པོ་ཆུང་བ། དྲན་པ་ཉམས་པ། ཤེས་བཞིན་མེད་པ། ལྡང་བའི་རྣམ་གྲངས་ལེགས་པར་མི་ཤེས་པ་རྣམས་ལ་ནི། ལྟུང་བའི་རྣམ་གྲངས་ཆར་པ་བཞིན་འབབ་པར་གདོན་མི་ཟ་བས། དེ་དག་གི་གཉེན་པོར་དུས་དང་རྣམ་པ་ཐམས་ཅད་དུ་རྗེར་སེམས་སྒོམ་བཟླས་འདི་ལ་ཡི་དམ་དུ་བཟུང་ནས་ཐ་ན་ཡང་ཡིག་བརྒྱ་ཉེར་གཅིག་རེ་མ་ཆག་པར་བྱེད་པ་ནི་གལ་ཆེའོ། །

གལ་ཏེ་རང་ངོས་ནས་བསྐྱེད་རྫོགས་ཀྱི་གནད་ལ་མཁས་པ། དྲན་པ་དང་ཤེས་བཞིན་གསལ་བ་སོགས་ལ་བརྟེན་དམ་ཚིག་ཉམས་པའི་སྐྱོན་མ་བྱུང་ཡང་། གཞན་རྩ་བའི་དམ་ཚིག་ཉམས་པ་དག་དང་གཏམ་བསྲེ་བ་དང་། སྤྱོད་ལམ་གྱིས་འབྲེལ་བ། ཐ་ན་ལུང་པ་གཅིག་གི་ཆུ་ལ་བཏུང་བས་ཀྱང་ཟླས་ཉམས་དང་འཁོར་ཉམས་ཀྱི་ཉེས་པ་སྐྱེད་པ་ཡིན་པས་བཤགས་སྦྱོང་ལ་འབད་དགོས་ཏེ། རྒྱུད་ལས་ཀྱང་།

ཉམས་ལ་འགྲོགས་ཤིང་ཉམས་པ་སྐོང་བ་དང་། །
ཉམས་དང་སྣོད་མིན་རྣམས་ལ་ཆོས་བཤད་དང་། །
ཉམས་ལ་མི་འཇོམ་ཉམས་པ་དེ་དག་གི །
ཉམས་གྲིབ་སྐྱོན་གྱིས་གོས་པར་གྱུར་ཏོ་འཚལ། །
ཚེ་འདིའི་རྐྱེན་དང་ཕྱི་མའི་སྒྲིབ་གྱུར་རྣམས། །
རང་གཉོང་འགྱོད་པའི་སེམས་ཀྱིས་མཐོལ་ལོ་བཤགས། །

ཞེས་གསུངས། །ཚོགས་གྲལ་གཅིག་ན་དམ་ཚིག་ཉམས་པའི་མི་གཅིག་ཡོད་ཀྱང་། དེའི་ཉམས་གྲིབ་ཀྱིས་ཕོག་སྟེ་དམ་ལྡན་བརྒྱ་སྟོང་ཡོད་ཀྱང་སྒྲུབ་པའི་འབྲས་བུ་ཙུང་ཟད་ཀྱང་མི་འབྱིན་པ་འོ་མ་རུལ་པ་ཐིགས་པ་གཅིག་གིས་མ་རུལ་བ་ཟངས་གང་ཡང་རུལ་བར་བྱེད་པ་དང་། སྨྱལ་པ་རྨ་ཅན་གཅིག་གིས་སྨྱལ་པ་ཐམས་ཅད་རྨ་ཅན་དུ་བྱེད་པ་ལྟ་བུ་ཡིན་ཏེ། ཇི་སྐད་དུ།

ཇི་ལྟར་འོ་མ་ཐིགས་པ་གཅིག །
རུལ་བས་ཐམས་ཅད་རུལ་བ་ལྟར། །
རྣལ་འབྱོར་ཉམས་ཀྱུར་གཅིག་གིས་ནི། །
རྣལ་འབྱོར་ཅན་ཀུན་མ་རུངས་བྱེད། །

ཅེས་གསུངས། དེར་མ་ཟད་བླ་མ་སྐྱེས་བུ་དམ་པ་གྲུབ་པ་ཐོབ་པ་ཞིག་ཡིན་ཀྱང་ཉམས་གྲིབ་ཀྱིས་མི་གོས་པ་ནི་སུ་ཡང་མེད་དེ། འགྲོ་མགོན་གླིང་རྗེ་རས་པ་ལྟ་བུ་ཡང་ཙཱ་རིའི་གནས་ནང་དུ་ཞིང་སྐྱོང་གི་མཁའ་འགྲོས་བར་ཆད་བཙམས་ནས་ཉི་མའི་གུང་ལ་མུན་རུབ་སྟེ་སྐར་མ་ཁྲ་ཀྱི་ལི་འཆར་བའི་མུན་པ་བྱུང་ཡང་། ཐོགས་པ་མེད་པར་དམར་ནག་རཀྟའི་མཚོ་འགྲམ་དུ་ཕྱིན་ནས་རྡོ་རྗེའི་གླུ་བླངས་ཏེ་བྲོ་བརྡུངས་རྡོ་ལ་ཞབས་རྗེས་བཞག་པ་ད་ལྟ་ཡང་མཇལ་དུ་ཡོད་པ་དེ་ལྟ་བུའི་གྲུབ་ཐོབ་ཡིན་ཀྱང་། ཕྱིས་སློབ་མ་དམ་ཚིག་ཉམས་པ་ཞིག་མདུན་དུ་བྱུང་བས་ཉམས་གྲིབ་ཀྱིས་ཐུགས་སྨྱོས་ཏེ་གསུང་སྐྲ་མི་ཤེས་པར་གྱུར་པའི་ལོ་རྒྱུས་ཡོད། དེ་བཞིན་དུ་གྲུབ་ཐོབ་ཨུ་རྒྱན་པའི་མགུར་ལས་ཀྱང་།

གངས་ཅན་གྱི་སྤྲང་པོ་རིན་ཆེན་དཔལ། །
དགྲ་ཉམས་གྲིབ་མིན་པས་ཐུབ་མ་སྙོང་། །
གྲོགས་བླ་མ་མིན་པས་སྐྱོབ་མ་སྙོང་། །

ཞེས་གསུངས། དེས་ན་གསང་སྔགས་རྡོ་རྗེ་ཐེག་པའི་དམ་ཚིག་འདི་ནི

ཉམས་ན་ཉེས་པ་ཆེ་ཞིང་སྲུང་བར་ཡང་ཤིན་ཏུ་དཀའ་བས། རང་རྒྱུད་ལ་མི་བརྟགས་པར་ང་དམ་ལྡན་ཡིན་ནོ་སྙམ་ནས་ང་རྒྱལ་བྱས་པས་ནི་ཅི་ཡང་མི་འོང་སྟེ། སྔགས་གཞུང་དག་ལས། སྒོ་གསུམ་དཀྱིལ་འཁོར་གསུམ་གྱི་ཁྲིར་སོ་དང་སྐད་ཅིག་མ་གཅིག་བྲལ་ཀྱང་། གསང་བ་སྔགས་ཀྱི་དམ་ཚིག་ལས་འདས་པར་བཤད་པ་ཡང་ཡོད་པས། སྲུང་དཀའ་ཞིང་རྒྱས་པར་དབྱེ་ན་ས་མ་ཡ་འབུམ་སྡེའི་གྲངས་སུ་གསུངས་པས་རྣམ་གྲངས་མང་ལ་ཉམས་པའི་ཉེས་པ་ཡང་། རྒྱུད་ལས།

རྡོ་རྗེ་སྲིན་པོས་སྙིང་ཁྲག་འཐུང་བ་དང་། །
ཚེ་ཐུང་ནད་མང་ནོར་ཡལ་དགྲས་འཇིགས་དང་། །
མནར་མེད་དམྱལ་བ་ཤིན་ཏུ་སྨྲི་གཡའ་བར། །
སྡུག་བསྔལ་མི་བཟད་ཡུན་རིང་གནས་པར་འགྱུར། །

ཞེས་གསུངས་པ་ལྟར་ཡིན་པས། རང་གི་བློ་ལ་མངོན་པ་དང་མ་མངོན་པའི་ཉམས་ཆག་ཉེས་ལྟུང་ཐམས་ཅད་ཀྱི་གཉེན་པོར་དུས་དང་རྣམ་པ་ཐམས་ཅད་དུ་རྡོར་སེམས་སྒོམ་བཟླས་དང་ཡིག་བརྒྱའི་བཤགས་པ་བྱེད་པ་ལ་འབད་དགོས་ཏེ། སྔོན་གྱི་དམ་པ་དག་གི་ཞལ་ནས་ཀྱང་། དང་པོ་ནས་སྡིག་གིས་མ་གོས་པ་དང་། གལ་སྲིད་གོས་ན་བཤགས་པ་བྱེད་པ་གཙོ་ཆེ་བ་ཡིན་གསུངས། བཤགས་ན་དག་པ་ཡང་གསང་སྔགས་ཀྱི་དམ་ཚིག་ཉམས་པ་འདི་སླ་བ་ཡིན་ཏེ། ཉན་ཐོས་ཀྱི་ལུགས་ལ་རྩ་ལྟུང་སྐོར་གཅིག་བྱུང་ན་རྫ་བའུ་ཆག་པ་དང་འདྲ་སྟེ་སླར་གསོ་རུང་བའི་ཐབས་མེད་པར་གསུངས། བྱང་སྡོམ་རིན་པོ་ཆེའི་ཉེར་སྤྱད་ཆག་པ་དང་འདྲ་སྟེ། དཔེར་ན་རིན་པོ་ཆེའི་ཉེར་སྤྱད་ཆག་ན་མགར་བ་མཁས་པ་ལ་བརྟེན་ནས་བཅོས་སུ་ཡོད་པ་ལྟར། གཞན་རྐྱེན་དགེ་བའི་བཤེས་གཉེན་ལ་བསྟེན་ནས་གསོ་རུང་བར་གསུངས། གསང་སྔགས་ཀྱི་སྡོམ་པ་ནི་རིན་པོ་ཆེའི་ཉེར་སྤྱད་ཙུང་ཟད་ཞོམ་པ་དང་འདྲ་སྟེ། རང་ཉིད་ཀྱིས་ཀྱང་ལྷ་སྔགས་ཏིང་འཛིན་ལ་

བརྟེན་ནས་བཤགས་པ་བྱས་ཀྱང་ལྷག་མ་མེད་པར་དག་པར་གསུངས་པ་ཡིན། དེ་ཡང་འཕྲལ་དང་འཕྲལ་དུ་བཤགས་ན་དག་སླ་སྟེ། ཡུན་ལོན་ནས་ནི་ཉེས་པ་གོང་ནས་གོང་དུ་འཕེལ་བ་ཡིན་པས་བཤགས་ལྷག་པར་དཀའ་ཞིང་། ལོ་གསུམ་འདས་ཤན་ཆད་བཤགས་པའི་ཡུལ་ལས་འདས་པས་བཤགས་པ་བྱས་ཀྱང་མི་དག་པར་གསུངས་སོ། །

གཞན་ཡང་དག་ནུས་དང་བྱིན་རླབས་ཀྱི་སྒོ་ནས་གཞན་གྱི་སྲུང་སྐྱོབ་བྱེད་པ་དང་། སད་སེར་དང་ནད་ཡམས་གཅོད་པ། ནད་པ་དང་སྲིའུ་གསོ་བ་སོགས་རང་དོན་དང་གཞན་དོན་སྒྲེལ་མར་བྱེད་པ་རྣམས་ཀྱང་། ངག་ནུས་དང་བྱིན་རླབས་ཡོད་པར་བྱེད་པ་ལ། ངག་གི་སྒྲིབ་པ་དག་དགོས་ཤིང་། ངག་གི་སྒྲིབ་པ་དག་པར་བྱེད་པ་ལ་སྙིང་པོ་ཡི་གེ་བརྒྱ་པ་ལས་ལྷག་པ་སུ་ཡང་མེད་པས། དུས་དང་རྣམ་པ་ཐམས་ཅད་དུ་ཡིག་བརྒྱའི་བཟླས་པ་ལ་འབད་པ་གལ་ཆེ་སྟེ། རྗེ་བླ་མའི་ཞལ་ནས་ཀྱང་། ཞལ་ཀུལ་གྱི་ཚུལ་དུ། གཞན་ལ་སྲུང་སྐྱོབ་བྱེད་པ་དང་། དཀོར་ཟ་བ་རྣམས་ཀྱིས་དང་པོ་རང་གི་ངག་སྒྲིབ་སྦྱོང་བ་ལ་ཡིག་བརྒྱ་འབུམ་ཐེར་བརྒྱ་རེ་མ་ཐོན་པའི་ཐབས་མེད་ཅེས་གསུངས་ཏེ། རྗེའི་ཞལ་སློབ་ཏུ་གྱུར་པ་ལ། ཡིག་བརྒྱ་འབུམ་ཕྲག་ཉིས་བརྒྱ་རེ་དང་བརྒྱ་རེ་ཐུབ་པ་དུ་མ་ཡོད་ཅིང་། ཐ་མ་རྣམས་ཀྱང་ཡིག་བརྒྱ་འབུམ་ཕྲག་གཉིས་གསུམ་རེ་མ་སོང་བ་ནི་སུ་ཡང་མེད་པ་ལྟ་བུ་ཡིན་ནོ། །

དེས་ན་བླ་མ་རྡོ་རྗེ་སེམས་དཔའ་ནི། རིགས་བརྒྱ་རིགས་གཅིག་ཏུ་འདུས་པའི་རང་བཞིན། གསང་ཆེན་རིགས་གཅིག་རྡོ་རྗེ་སེམས་དཔའ་ཞེས་བྱ་སྟེ། ཡི་དམ་གྱི་ལྷ་ཞི་ཁྲོ་རབ་འབྱམས་བསམ་གྱིས་མི་ཁྱབ་པ་དག་ཀྱང་། རྡོ་རྗེ་སེམས་དཔའ་ལ་མ་འདུས་པ་མེད། ངོ་བོ་རྩ་བའི་བླ་མ་དང་དབྱེར་མེད་དུ་བསྒོམས་པས། བླ་མའི་རྣལ་འབྱོར་ཀྱང་ཀུན་འདུས་ནོར་བུའི་ལུགས་སུ་བསྒོམ་པ་ཞེས་ཤིན་ཏུ་ཟབ་པའི་མཐར་ཐུག་པ་ཡིན། སྔགས་ཀྱང་སྙིང་པོ་ཡི་གེ་བརྒྱ་པ་ལས་

ལྷག་པ་མེད་ཚུལ་སྟོར་བཤད་པ་ལྟར་ཡིན་པས། འདི་ལས་ཟབ་པའི་ཆོས་ནི་གང་ན་ཡང་མེད་པར་ཤེས་པར་བྱའོ། །ཕན་པའི་གདམས་ངག་ཐོས་ཀྱང་ཚིག་ཏུ་ལུས། །ཅུང་ཟད་ཉམས་སུ་བླངས་ཀྱང་གཡེང་བས་བསླུས། །བདག་དང་བདག་འདྲར་འཁྲུལ་གཟུགས་སེམས་ཅན་རྣམས། །བསྐྱེད་རྫོགས་སྙིང་པོ་ལོན་པར་བྱིན་གྱིས་རློབས། །སྒྲིབ་པ་སྦྱོང་བ་བླ་མ་རྡོ་རྗེ་སེམས་དཔའི་སྒོམ་བཟླས་ཀྱི་ཁྲིད་དོ། །

བཞི་པ། མཇུག

ཀུན་རྫོབ་རྫུན་པར་ཤེས་ཀྱང་ཚོགས་གཉིས་གསོག །
དོན་དམ་སྨྲ་མེད་རྟོགས་ཀྱང་མཉམ་པར་འཇོག །
བྲང་འཇུག་མངོན་དུ་གྱུར་ཀྱང་བརྩོན་འགྲུས་རྩོམ། །
མཚུངས་མེད་བླ་མའི་ཞབས་ལ་ཕྱག་འཚལ་ལོ། །
དོན་བཞི་པ་ཚོགས་བསགས་པ་མཇུག་གི་ཁྲིད་ནི།

1 ཚོགས་བསགས་པའི་དགོས་པ།

བསོད་ནམས་དང་ཡེ་ཤེས་ཀྱི་ཚོགས་གཉིས་མ་རྫོགས་ན། དག་པ་གཉིས་ལྡན་གྱི་སངས་རྒྱས་ཐོབ་པའི་ཐབས་མེད། དེ་བཞིན་དུ་ཚོགས་གཉིས་ཡོངས་སུ་མ་རྫོགས་པར། སྟོང་པ་ཉིད་ཀྱི་དོན་མ་ནོར་བ་དེ་ཡང་རྒྱུད་ལ་སྐྱེ་མི་ནུས་ཏེ། མདོ་ལས།

ཇི་སྲིད་ཚོགས་གཉིས་དམ་པ་དེ་ནི་མ་རྫོགས་པར། །
དེ་སྲིད་སྟོང་ཉིད་དམ་པ་དེ་ནི་རྟོགས་མི་འགྱུར། །
ཅེས་གསུངས། དེ་བཞིན་དུ་གཞན་ཡང་། །
དོན་དམ་ལྷན་ཅིག་སྐྱེས་པའི་ཡེ་ཤེས་ནི། །
ཚོགས་བསགས་སྒྲིབ་པ་དག་པའི་ལག་རྗེས་དང་། །
རྟོགས་ལྡན་བླ་མའི་བྱིན་རླབས་ཁོ་ན་ལས། །
ཐབས་གཞན་བསྟེན་པ་རྨོངས་པར་ཤེས་པར་བྱ། །

ཞེས་གསུངས། སྟོང་ཉིད་མངོན་དུ་རྟོགས་ནས་ཀྱང་། ད་དུང་ཇི་སྲིད་རྫོགས་པའི་སངས་རྒྱས་ཀྱི་གོ་འཕང་མ་ཐོབ་པར་ལམ་གོང་ནས་གོང་དུ་བགྲོད་དགོས་

པས་ན། བསོད་ནམས་དང་ཡེ་ཤེས་ཀྱི་ཚོགས་གཉིས་བསགས་པ་ལ་འབད་དགོས་ཏེ། རྣལ་འབྱོར་གྱི་དབང་ཕྱུག་ཏཻ་ལོ་པའི་ཞལ་ནས།

བུ་སྣང་བ་རྟེན་ཅིང་འབྲེལ་འབྱུང་འདི། །
དོན་སྐྱེ་བ་མེད་པར་མ་རྟོགས་པར། །
ཚོགས་གཉིས་ཤིང་རྟའི་འཕང་ལོ་དང་། །
འབྲལ་བར་མ་བྱེད་ནཱ་རོ་པ། །

ཞེས་དང་། རྣལ་འབྱོར་དབང་ཕྱུག་བིརྺ་པའི་དོ་ཧ་ལས་ཀྱང་།

ཀུན་རྫོབ་སངས་རྒྱས་མི་རེའི་གདིང་ཆེན་ལྡན་གྱུར་ཀྱང་། །
བསོད་ནམས་ཚོགས་ཆེན་མི་གཙོག་ཅི་ནུས་འབད་པར་བྱ། །

ཞེས་དང་། མཉམ་མེད་དྭགས་པོ་རིན་པོ་ཆེའི་ཞལ་ནས་ཀྱང་། བསགས་སྦྱང་རང་སར་དག་ཀྱང་ཚོགས་ཆུང་ངུ་ནས་བསགས་ཞེས་གསུངས། དེས་ན་ཚོགས་བསགས་པའི་ཐབས་ལ་བསམ་གྱིས་མི་ཁྱབ་པ་ཞིག་རྒྱལ་བ་ཐབས་མཁས་ལ་ཐུགས་རྗེ་ཆེ་བས་གསུངས་པ་ཡིན་ཀྱང་། དེའི་ནང་ནས་མཆོག་ཏུ་གྱུར་པ་ནི་མཎྜལ་འབུལ་བ་འདི་ཡིན་ཞིང་། རྒྱུད་ལས།

སངས་རྒྱས་ཞིང་ཁམས་ཐམས་ཅད་ལ། །
སྟོང་གསུམ་ཞིང་ཁམས་མ་ལུས་པ། །
འདོད་པའི་ཡོན་ཏན་བརྒྱན་པ་ཡི། །
མཆོད་ན་སངས་རྒྱས་ཡེ་ཤེས་རྫོགས། །

ཞེས་པ་ལྟར་དེ་ལ་མཎྜལ་འབུལ་བའི་དུས་སུ། རང་ལུགས་ཀྱི་ཕྱག་ལེན་ལ་སྒྲུབ་པའི་མཎྜལ་དང་མཆོད་པའི་མཎྜལ་གཉིས་ཡོད།

དེ་ལ་མཎྜལ་གྱི་རྒྱུ་ནི། རང་གི་འབྱོར་པ་དང་བསྟུན་ནས་རབ་གསེར་དངུལ་

ལ་སོགས་རིན་པོ་ཆེའི་མཎྜལ། འཁྲིད་ལཁར་བ་ལ་སོགས་རྒྱ་དག་པ། ཐ་ན་རྡོ་ལེབ་དང་ཤིང་ལེབ་ལ་སོགས་པའི་སྟེགས་འཛམ་པོས་ཀྱང་རུང་། དེ་ལ་འགོད་རྒྱུའི་ཚོམ་བུ་ནི། རབ་གཡུ། བྱི་རུ། མུ་མེན། མུ་ཏིག་ལ་སོགས་པ་རིན་པོ་ཆེ། འབྲིང་ཨ་རུ་ར། སྐྱུ་རུ་ར་ལ་སོགས་པའི་སྨན་གྱི་འབྲས་བུ། ཐ་མ་ནས། འབྲས། གྲོ་སྲན་མ་ལ་སོགས་འབྲུའི་རིགས་བྱེད། ཡང་ཐ་ཡང་རྡོ་དང་གསེག་མ། བྱེ་མ་ལ་སོགས་པས་ཀྱང་དམིགས་པའི་རྟེན་ཙམ་རུང་། གང་ལྟར་ཡང་མཎྜལ་གྱི་གཞི་དེ་བྱི་དོར་ལེགས་པར་བྱས་ལ།

2 སྒྲུབ་པའི་མཎྜལ།

དང་པོ་སྒྲུབ་པའི་མཎྜལ་ཚོམ་བུ་ལྔ་བཀོད། དེའི་དབུས་ཀྱི་ཚོམ་བུ་དེ་སངས་རྒྱས་རྣམ་པར་སྣང་མཛད་ལ་བུདྡྷ་རིགས་ཀྱི་ལྷ་ཚོགས་ཀྱིས་བསྐོར་བ། མདུན་གྱི་ཚོམ་བུ་དེ་སངས་རྒྱས་རྡོ་རྗེ་མི་བསྐྱོད་པ་ལ་རྡོ་རྗེ་རིགས་ཀྱི་ལྷ་ཚོགས་ཀྱིས་བསྐོར་བ། ལྷོའི་ཚོམ་བུ་དེ་སངས་རྒྱས་རིན་ཆེན་འབྱུང་ལྡན་ལ་རིན་ཆེན་རིགས་ཀྱི་ལྷ་ཚོགས་ཀྱིས་བསྐོར་བ། ནུབ་ཀྱི་ཚོམ་བུ་དེ་སངས་རྒྱས་སྣང་བ་མཐའ་ཡས་ལ་པདྨ་རིགས་ཀྱི་ལྷ་ཚོགས་ཀྱིས་བསྐོར་བ། བྱང་གི་ཚོམ་བུ་དེ་སངས་རྒྱས་དོན་ཡོད་གྲུབ་པ་ལ་ལས་ཀྱི་རིགས་ཀྱི་ལྷ་ཚོགས་ཀྱིས་བསྐོར་བ་བསམ། ཡང་ན་དབུས་ཀྱི་ཚོམ་བུ་དེ་རྩ་བའི་བླ་མ་དང་ཨོ་རྒྱན་ཆེན་པོ་དབྱེར་མེད་པ་ལ་རྫོགས་ཆེན་བརྒྱུད་པའི་བླ་མ་ཐམས་ཅད་ཐོ་བརྩེགས་སུ་བཞུགས་པ། མདུན་གྱི་ཚོམ་བུ་དེ་སངས་རྒྱས་ཤཱཀྱ་ཐུབ་པ་ལ་བསྐལ་པ་བཟང་པོའི་སངས་རྒྱས་སྟོང་རྩ་གཉིས་ཀྱིས་བསྐོར་བ། གཡས་ཀྱི་ཚོམ་བུ་དེ་ཉེ་བའི་སྲས་ཆེན་བརྒྱད་ལ་བྱང་སེམས་འཕགས་པའི་དགེ་འདུན་གྱིས་བསྐོར་བ། གཡོན་གྱི་ཚོམ་བུ་དེ་ཉན་ཐོས་མཆོག་གཉིས་ལ་ཉན་རང་འཕགས་པའི་དགེ་འདུན་གྱིས་བསྐོར་བ། རྒྱབ་ཀྱི་ཚོམ་བུ་དེ་འོད་ཀྱི་དྲྭ་མིག་གི་སྒྲོང་ན་ཆོས་དཀོན་མཆོག་གླེགས་བམ་བརྩེགས་པའི་རྣམ་པར་བཞུགས་པ་སྟེ།

སྐྱབས་འགྲོའི་ཚོགས་ཞིང་ལྟར་གསལ་གདབ། གང་ལྟར་ཡང་སྐྱབ་པའི་མཎྜལ་དེ་མཆོད་སྟེགས་ལ་སོགས་པར་དགོད། འབྱོར་ན་མཆོད་པ་སྣ་ལྔ་སོགས་ཀྱིས་བསྐོར། སྐུ་གསུང་ཐུགས་རྟེན་གྱི་མདུན་ནས་འབུལ་བའམ། མ་འབྱོར་ན་སྒྲུབ་པའི་མཎྜལ་མེད་ཀྱང་རུང་། ཚོགས་ཞིང་ཡིད་ཀྱིས་གསལ་གདབ།

3 མཆོད་པའི་མཎྜལ།

དེ་ནས་མཆོད་པའི་མཎྜལ་དེ་ལག་པ་གཡོན་གྱིས་བཟུང་། གཡས་ཀྱི་མཁྲིག་མས་ཡུན་རིང་ཕྱི་བཞིན་དུ་ཡིད་དམིགས་པ་ལས་མ་ཡེངས་པའི་སྒོ་ནས་ཡན་ལག་བདུན་པ་སོགས་བྱ། དེ་ཡང་མཎྜལ་ལ་མ་དག་པ་ཞིག་ཕྱི་རྒྱུ་ཡོད་པ་ཁོ་ནའི་དོན་གྱིས་ཕྱི་དོར་བྱེད་པ་མིན། རང་རྒྱུད་སྒྲིབ་གཉིས་ཀྱི་དྲི་མ་དག་པའི་ཆེད་དུ། དཀའ་ཚོགས་ཀྱི་སྒོ་ནས་མཎྜལ་ལ་ཕྱི་དོར་བྱེད་པ་ཡིན་པས་ན། སྔོན་གྱི་བཀའ་གདམས་པ་ཆེན་པོ་དག་གི་ཕྱག་གི་མཁྲིག་མའི་མདུན་ངོས་ཀྱིས་མཎྜལ་ཕྱིས་པས་བརྫོལ་ནས་རྨར་སོང་བའི་ཚེ།ཟུར་ངོས་ཀྱིས་ཕྱིས་ཤིང་། དེ་ཡང་བརྫོལ་བའི་ཚེ་རྒྱབ་ངོས་ཀྱིས་ཕྱིས་པ་སོགས་ཀྱི་ལོ་རྒྱུས་ཡོད་པ་ཡིན། དེས་ན་ཕྱི་དོར་བྱེད་པའི་ཚེ་ཡང་སྣམ་རས་སོགས་གཞན་གྱིས་མི་ཕྱི་བར། ལག་པའི་མཁྲིག་མ་ཁོ་ནས་ཕྱི་བ་སོགས་སྔོན་གྱི་བཀའ་གདམས་པ་ཆེན་པོ་དག་གི་ཕྱག་སྲོལ་ཡིན་པས་དེ་ལྟར་བྱ། དེ་ནས་ཨོཾ་བཛྲ་འགོད་པའི་ཚེ། མཎྜལ་སོ་བདུན་མ་འདི་ས་སྐྱའི་འགྲོ་མགོན་ཆོས་རྒྱལ་འཕགས་པས་མཛད་པ་སྟེ། འཇུག་པ་བདེ་བས་གསར་རྙིང་རིས་མེད་ལ་ཁྱབ་ཆེ་བས། སྐབས་འདིར་ཡང་དང་པོ་དེ་ལྟར་དབུལ་བའི་ཕྱག་སྲོལ་ཡོད་པས་དེ་ལྟར་བྱ།

གཞན་དུ་གསར་རྙིང་གང་ལ་ཡང་རང་རང་སོ་སོའི་ལུགས་ཀྱི་མཎྜལ་འབུལ་ཐབས་དུ་མ་ཡོད་ཅིང་། ཁྱད་པར་རྙིང་མའི་གཏེར་ཁ་རེ་རེ་ལ་ཡང་མཎྜལ་རེ་དང་། རང་ལུགས་འདིར་ཡང་། སྐུ་གསུམ་གྱི་མཎྜལ་རྒྱས་པར་འབུལ་བའི་ཚ་ག

ཀུན་མཁྱེན་ཆེན་པོའི་ཞལ་གསུང་མ་སྙིང་ཐིག་རྣམས་ན་དྲུ་མ་ཡོད་པ་ལྟར་ཡིན་པས་གང་ལྟར་དབུལ་ཡང་ཚོག་སོ་བདུན་མ་ལྟར་འབུལ་བའི་ཚེ།

དང་པོ། ཨོཾ་བཛྲ་ཧཱུཾ་མི་སོགས་ཀྱི་ཚེ་མཎྜལ་ལག་གཡོན་གྱིས་བཟུང་བཞིན་པ་ལ། གཡས་པས་བ་བྱུང་དང་དྲི་བཟང་གི་ཆུས་ཆག་ཆག་གདབ། དེ་ནས་གཡས་པའི་མཐེབ་སྲིན་གྱིས་མེ་ཏོག་གི་ཚོམ་བུ་ཞིག་བཟུང་སྟེ། ཨོཾ་བཛྲ་རེ་ཁེ་སོགས་ཀྱི་སྔགས་ཚིག་དང་སྦྲགས་ནས། མཎྜལ་གྱི་གཞི་ལ་གཡས་སུ་བསྐོར་ཞིང་མཐར་དབུས་སུ་བཞག བཟོས་པའི་ལྕགས་རི་འགོད་རྒྱུ་ཡོད་ན་ཡང་སྐབས་འདིར་དགོད། དེ་ནས་རི་ཡི་རྒྱལ་པོ་རི་རབ་ཞེས་བརྗོད་པའི་ཚེ། དབུས་སུ་མཎྜལ་ཚོམ་བུ་ཆེ་བ་གཅིག་དགོད། དེ་ནས་ཤར་ལུས་འཕགས་པོ་ལ་སོགས་པ་གླིང་བཞི་འགོད་པའི་ཚེ། ཤར་རང་ཕྱོགས་སམ་ཡང་ན་འབུལ་ཡུལ་གྱི་ཕྱོགས་གཉིས་གང་བྱས་ཀྱང་འདྲ། གང་ལྟར་ཡང་ཤར་ནས་རིམ་པས་གཡས་སྐོར་གྱིས་དགོད། ལུས་དང་ལུས་འཕགས་སོགས་གླིང་གཡོག་དགོད་པའི་ཚེ། གླིང་རང་རང་གི་ནུབ་དང་ཤར་དུ་གླིང་གཡོག་གཉིས་རེ་རིམ་པ་ལྟར་དགོད། དེ་ནས་རིན་པོ་ཆེའི་རི་བོ་ཤར། དཔག་བསམ་གྱི་ཤིང་ལྷོ། འདོད་འཇོའི་བ་ནུབ། མ་རྨོས་པའི་ལོ་ཏོག་བྱང་དུ་དགོད། དེ་ནས་རྒྱལ་སྲིད་བདུན་གཏེར་ཆེན་པོའི་བུམ་པ་དང་བཅས་རིམ་པས་ཕྱོགས་བཞི་དང་མཚམས་བཞིར་དགོད། དེ་ནས་སྒེག་མོ་ལ་སོགས་པའི་ཕྱི་སྒེག་བཞི་ཕྱོགས་བཞི་དང་། མེ་ཏོག་མ་ལ་སོགས་པའི་ནང་སྒེག་བཞི་མཚམས་བཞིར་དགོད། དེ་ནས་ཉི་མ་ཤར། ཟླ་བ་ནུབ། རིན་པོ་ཆེའི་གདུགས་ལྷོ། ཕྱོགས་ལས་རྣམ་པར་རྒྱལ་བའི་རྒྱལ་མཚན་བྱང་དུ་བཀོད་ལ། དེ་ནས་ལྷ་དང་མི་ཡི་ལོངས་སྤྱོད་མ་ཚང་བ་མེད་པ་ཞེས་པའི་ཚེ། དེ་དག་གི་སྟེང་དུ་གོ་མཚམས་མེད་པར་སྤུངས་ནས་ཏོག་ལ་སོགས་པ་ཡོད་ན་བཞག འདི་ཉིད་རྗེ་བཙུན་རྩ་བ་དང་བརྒྱུད་པར་བཅས་པའི་དཔལ་ལྡན་བླ་མ་དམ་པ་རྣམས་དང་། སངས་རྒྱས་དང་བྱང་ཆུབ་སེམས་དཔའི་ཚོགས་དང་བཅས་པ་རྣམས་ལ་དབུལ་བར་བགྱིའོ། །ཞེས་བརྗོད་དོ། །

འདི་སྐབས་སུ་ཁ་ཅིག་གིས་མ་ཚང་བ་མེད་པ། ཚང་ཞིང་ཡིད་དུ་འོང་བ་འདི་ཉིད་ཟེར་བ་ཡོད་ཀྱང་དེ་ནི་གཞུང་ན་མེད་པས་ལྷག་པ་ཡིན་ཞེས་རྗེ་བླ་མས་གསུངས། འདི་དག་གི་དམིགས་རིམ་རྣམས་རྗེ་བླ་མས་ཞལ་ཁྲིད་མཛད་དུས་འདི་ཙམ་ལས་གསུང་སྒྲོལ་མེད་པས་འདིར་ཡང་མ་བྲིས་ལ། འོན་ཀྱང་ཁྲིད་ཡིག་རྩ་བར་དགོངས་འདུས་རྣམ་བཤད་ལ་ཞལ་འཕང་མཛད་པ་ལྟར་རྒྱས་པར་ཤེས་འདོད་པ་དག་གིས་དེར་བལྟ་བར་བྱའོ། །

དེ་ནས་སྐུ་གསུམ་གྱི་མཆོད། རང་གཞུང་ལྟར་འབུལ་བ་ལ། དང་པོ་ཐུན་མོང་སྤྲུལ་སྐུའི་མཆོད། སྔར་ཚོམ་བུ་བཀོད་པའི་སྐབས་བཤད་པ་དེ་ལྟ་བུའི་གླིང་བཞི་རི་རབ་ཚངས་རིས་ཀྱི་ལྷ་གནས་དང་བཅས་པ་དེ་གཅིག་ལ་བརྩིས་ནས། དེ་འདྲ་བ་སྟོང་སོང་བའི་ཚེ། སྟོང་དང་པོ་སྤྱི་ཕུད་ཀྱི་འཇིག་རྟེན་ཞེས་བྱ། སྟོང་དང་པོ་སྤྱི་ཕུད་ཀྱི་འཇིག་རྟེན་ན། གླིང་བཞི་པའི་འཇིག་རྟེན་སྟོང་ཡོད་པ་དེ་གཅིག་ལ་བརྩིས་ནས། དེ་འདྲ་བའི་སྤྱི་ཕུད་ཀྱི་འཇིག་རྟེན་སྟོང་སོང་བའི་ཚེ།སྟོང་གཉིས་པ་བར་མའི་འཇིག་རྟེན་ཞེས་བྱ། སྟོང་གཉིས་པ་བར་མའི་འཇིག་རྟེན་དེ་གཅིག་ལ་བརྩིས་ནས། དེ་འདྲ་བ་སྟོང་སོང་བའི་ཚེ། སྟོང་གསུམ་གྱི་སྟོང་ཆེན་པོའི་འཇིག་རྟེན་གྱི་ཁམས་ཞེས་བྱ། དེ་ན་གླིང་བཞི་པའི་འཇིག་རྟེན་གྱི་ཁམས་བྱེ་བ་ཕྲག་བརྒྱ་ཡོད་པ་ནི། སངས་རྒྱས་སྤྲུལ་པའི་སྐུ་གཅིག་གི་གདུལ་ཞིང་ཡིན་ཏེ། དཔེར་ན་སངས་རྒྱས་ཤཱཀྱ་ཐུབ་པའི་ཞིང་ཁམས་མི་འཇེད་འཇིག་རྟེན་གྱི་ཁམས་ཞེས་པ་ལྟ་བུ་ཡིན། དེ་ལྟ་བུའི་ཞིང་ཁམས་གྲངས་མེད་བསམ་གྱིས་མི་ཁྱབ་པ་དག་ན་ལྷ་དང་མི་ཡི་ཡོ་བྱད་དམ་པ་རྒྱལ་སྲིད་རིན་པོ་ཆེ་སྣ་བདུན་ལ་སོགས་བདག་པོས་ཡོངས་སུ་བཟུང་བ་དང་མ་བཟུང་བ་ཇི་སྙེད་ཡོད་པ་དེ་དག་ཐམས་ཅད་བློས་བླངས་ནས། དེའི་སྟེང་དུ་རང་གི་ལུས་ལོངས་སྤྱོད། ཚེ་བསོད་ནམས། ཁ་རྗེ་དབང་ཐང་། དུས་གསུམ་དུ་བསགས་པའི་དགེ་བའི་རྩ་བ། །བདེ་སྐྱིད་བདེ་བའི་དངོས་པོ་དང་བཅས་པ། གཅེས་དགུ་ཕོངས་དགུ་ཐམས་ཅད་མ་ལུས་པ་མེད་པ

ཕྱུངས་ཏེ་ཆགས་པ་དང་ཞེན་པ་ཏིལ་འབྲུ་ཙམ་ཡང་མེད་པར་བླ་མ་སྤྲུལ་སྐུའི་ལྷ་ཚོགས་ལ་འབུལ་བ་ནི་ཐུན་མོང་སྤྲུལ་སྐུའི་མཎྜལ། དེའི་སྟེང་དུ་བཀོད་པ་ཆེན་པོ་ལྡིའི་ཞིང་ཁམས་ན་ཞིང་དང་གཞལ་མེད་ཁང་གི་བཀོད་པ་བསམ་གྱིས་མི་ཁྱབ་པ་དང་། སྣིག་སོགས་འདོད་ཡོན་གྱི་ལྷ་མོ་གྲངས་མེད་པས་བརྒྱན་པ་བློས་དཔག་ཏུ་མེད་པ་དག་སྤྲུལ་ནས། བླ་མ་ལོངས་སྐུའི་ལྷ་ཚོགས་ལ་འབུལ་བ་ནི་ཐུན་མིན་ལོངས་སྐུའི་མཎྜལ། ཆོས་དབྱིངས་སྐྱེ་བ་མེད་པ་མཎྜལ་གྱི་གཞིའི་ཚུལ་དུ་བཞག་ནས། སྣང་བཞི་ལ་སོགས་རྟོག་ཚོགས་གང་ཤར་ཐམས་ཅད་ཚོམ་བུའི་ཚུལ་དུ་བཀོད་དེ། བླ་མ་ཆོས་སྐུའི་ལྷ་ཚོགས་ལ་འབུལ་བ་ནི། ཁྱད་པར་ཆོས་སྐུའི་མཎྜལ་ཡིན་པས། དེ་ལྟ་བུའི་དམིགས་གནད་ཁོང་དུ་ཆུད་པའི་ངང་ནས། མོས་གུས་ཀྱི་གདུང་བ་དང་བཅས། ཨོཾ་ཨཱཿཧཱུྃ། སྟོང་གསུམ་འཇིག་རྟེན་བྱེ་བ་ཕྲག་བརྒྱའི་ཞིང་། །སོགས་བརྗོད། གྲངས་གསོག་པའི་ཚེ་ལག་གཡོན་གྱིས་མཎྜལ་དང་པོ་ཕུལ་བ་ལྟར་བཟུང་ནས། གཡས་ཀྱིས་མཎྜལ་ཚར་རེ་བཞིན་ཚོམ་བུ་རེ་དབུལ་ཞིང་གསག དེ་ལྟར་བྱས་པས་ལག་པ་གཡོན་པ་ཤིན་ཏུ་ན་སྟེ་མཎྜལ་གཏན་ནས་བཟུང་མི་ནུས་པ་ལྟ་བུར་མ་གྱུར་གྱི་བར་དུ་སྙིང་རུས་བསྐྱེད་དེ། མཎྜལ་ལག་པས་བཏེགས་ནས་བཟུང་། དེ་ཡང་ཆོས་ལ་དཀའ་སྤྱད་དང་སྙིང་རུས་བྱེད་ཟེར་བ་དེ་ཟ་མ་ཟ་རྒྱུ་མེད་པ་ཙམ་ཁོ་ན་ལ་མི་ཟེར་ཏེ། དུས་དང་གནས་སྐབས་ཐམས་ཅད་དུ་བསྒྲུབ་པར་དཀའ་བ་ཐམས་ཅད་ལ་སྙིང་རུས་བྱས་ནས་ཉམས་སུ་ལེན་པ་དེ་ཡིན་པས་ན། འདི་ཙམ་གྱིས་ཀྱང་བཟོད་པ་དང་བརྩོན་འགྲུས་ལ་བརྟེན་ནས་ཚོགས་རྫོགས་སྟོབས་ཆེ་བ་ཡིན་པས་ཉམས་སུ་བླང་། ཅིས་ཀྱང་བཟུང་མི་ནུས་པ་ན་མདུན་སྟེགས་ལ་སོགས་པའི་སྟེང་དུ་བཞག་སྟེ། ཚོམ་བུ་དབུལ་བཞིན་གྲངས་གསོག ཛ་སྐབས་ལ་སོགས་པར་མཚམས་ཐམས་ཅད་དུ་སྟར་དབུལ་བའི་བཀོད་པ་དེ་བསྡུས་ནས། ཚོམ་བུ་སོ་བདུན་མ་སྟར་ལྟར་དབུལ་ཞིང་གྲངས་གསོག་པ་སོགས་བྱ། དེ་ལྟ་བུའི་སྒོ་ནས་མཎྜལ་འབུམ་ཕྲག་ཅིག་འགྲོ་ངེས་བྱ

དགོས་ལ། སྐབས་འགར་སྐུ་གསུམ་གྱི་མཉལ་རྒྱས་པར་འབུལ་མི་ནུས་པ་དག་གིས། ས་གཞི་སྤོས་ཆུས་བྱུགས་ཤིང་སོགས། མཎྜལ་ཚོམ་བུ་བདུན་མ་ཁོ་ན་ཕུལ་ཀྱང་ཆོག གང་ལྟར་ཡང་དང་པོ་སྦྱོར་བ་སེམས་བསྐྱེད་ཀྱི་རྒྱས་ཟིན་པ་དང་། བར་དུ་དངོས་གཞི་དམིགས་པ་མེད་པ་དང་། ཐ་མར་མཇུག་བསྔོ་བའི་རྒྱས་ཡོངས་སུ་ཐེབས་པ་སྟེ། དམ་པ་གསུམ་གྱི་རྒྱས་ཟིན་པ་གལ་ཆེ་བ་ནི་ཐམས་ཅད་ལ་འདྲའོ། །

དེ་ལྟར་མཎྜལ་འབུལ་བ་འདིའི་སྐབས་སུ་ནས་དང་གྲོ་ལ་སོགས་པ་འབྲུའི་མཎྜལ་འབུལ་བའི་ཚེ། རང་ལ་འབྱོར་པ་ཡོད་ན་མཎྜལ་གྱི་མཆོད་འབྲུ་རྙིང་པ་ཡང་ཟློས་གཏན་ནས་མི་བྱ་ཞིང་། གསར་པ་ཁོ་ནས་དབུལ། དེ་ལྟར་ཕུལ་བ་དེ་ཡང་བྱ་བྱིའུ་དང་ལོང་སྤྲང་ལ་སོགས་པར་སྦྱིན་པར་གཏོང་བའམ། རྟེན་ལ་སོགས་པའི་དྲུང་དུ་སྤུངས་ཏེ་འཇོག་པ་སོགས་གང་རུང་བྱ་ཞིང་། རང་གིས་བདག་ཏུ་བཟུང་ནས་ལོངས་སྤྱོད་པ་སོགས་མི་བྱ། མ་འབྱོར་ན་ཅི་འབྱོར་བའི་ཚོད་དུ་མཆོད་འབྲུ་བརྗེ་བ་དང་། དབུལ་པོ་སོགས་ཡིན་ན་འབུལ་ཐེངས་གཅིག་གི་མཆོད་འབྲུ་ཁོ་ན་ཡང་ནས་ཡང་དུ་ཕུལ་ཀྱང་རུང་། གང་ལྟར་ཡང་ས་རྡུལ་དང་ཡུག་པོ་བྱ་བྲུན་ལ་སོགས་པ་ལྷད་ཐམས་ཅད་བསལ་ཏེ་དངོས་གཙང་བར་བྱ་ཞིང་། གུར་གུམ་ལ་སོགས་པ་དྲི་བཟང་པོའི་ཆུས་རླན་པབ་སྟེ་འབུལ། ཅི་ནས་ཀྱང་འབྱོར་པ་མེད་པའི་དབུལ་པོ་ལ་སོགས་པའི་རིགས་དང་། རྟུལ་གཅིག་སྟེང་ན་རྟུལ་སྙིང་གི་ཞིང་ཁམས་དངོས་སུ་བློས་སྤྲུལ་ཏེ་འབུལ་ནུས་པའི་དབང་རབ་རྣམས་ལ་དགོངས་ནས། ས་དང་གསེག་མ་ལ་སོགས་པས་ཀྱང་དབུལ་རུང་བར་གསུངས་པ་ཡིན་གྱི། རང་ལ་ཡོད་བཞིན་དུ་མཆོད་སྦྱིན་གྱི་ཕྱོགས་སུ་གཏོང་མི་བྲ་བར། སྟགས་དང་དམིགས་པ་ལ་སོགས་པའི་རྒྱུ་མཚན་བདེན་བདེན་ཡིན་མོ་མང་པོ་བཀོད་ནས། ཡིན་རློམ་བྱེད་པ་ནི་རང་མགོ་རང་གིས་བསྐོར་བ་ཡིན། དེར་མ་ཟད་རྒྱུད་དང་མན་ངག་ཐམས་ཅད་ནས། གཙང་ཞིང་གཙང་མར་སྤྲར་བའི་

མཆོད་པའི་ཚོགས། །ཞེས་དང་། གཙང་མར་སྦྱར་བའི་མཆོད་ཡོན་འདི། །ཞེས་སོགས་གསུངས་ཀྱི། བཙོག་ཅིང་བཙོག་པར་སྦྱར་བ་སོགས་མ་གསུངས་པས། རང་གི་ཁ་འཕྲོ་དང་སྣབས་བཙོག་སོགས་མཆོད་རྫས་སུ་བྱེད་པ་དང་། ནས་ཀྱི་འགོ་མ་རང་གི་ཟ་རྒྱུ་དང་། སྙིགས་མ་མཆོད་འབྱུ་དང་བཅའ་རྩམ་སོགས་བྱེད་པ་དང་། དེ་བཞིན་དུ་སྔོན་གྱི་བཀའ་གདམས་པ་དག་གི་ཞལ་ནས། བཟང་པོ་རང་གིས་བྱས་ཏེ་ཐུད་ཀྱི་སྔོ་ས་དང་། ལོ་མའི་སེར་ས་ནས་དཀོན་མཆོག་ལ་ཕུལ་བས་མི་འོང་གསུངས་པ་ལྟར། མར་ལ་སོགས་པའི་ཁ་ཚ་ས་དང་། ཐུལ་བ་ནས་བཅའ་མར་དང་མར་མི་འབུལ་ཞིང་། ལེགས་པ་ནས་རང་གི་ཟ་བ་སོགས་ནི་བསོད་ནམས་ཟད་པའི་རྒྱུ་ཡིན་པས་སྤང་དགོས། ཞལ་ཟས་དང་གཏོར་མ་ལ་སོགས་བཅའ་བའི་ཚེ་ཡང་། ཟན་གྱི་དཀའ་སླ་རང་གང་ཟ་བའི་ཚོད་ཙམ་བྱེད་དགོས་ཀྱི། བཟོ་སླ་བ་ལ་བསམས་ནས་གཏོར་ཟན་སླ་མོ་བྱེད་པ་ནི་མི་རུང་སྟེ། རྗེ་བོ་ལྷ་ཅིག་གི་ཞལ་ནས། བོད་ཕྱུག་པོ་མི་འོང་གཏོར་ཟན་སླ་མོ་བྱེད་ཀྱིན་འདུག་པ། ཞེས་གསུངས། དེ་བཞིན་དུ་རྗེ་བོའི་ཞལ་ནས། བོད་ན་བསོད་ནམས་བསགས་པ་ལ་ཆུ་གཅིག་པོས་ཀྱང་ཆོག་པར་འདུག རྒྱ་གར་ཚད་ཁུངས་ཆེ་བས་བོད་ཀྱི་ཆུ་འདི་འདྲ་བའི་ལེགས་པ་མེད་གསུངས་པ་ལྟར། རང་གིས་བརྩོན་འགྲུས་ནུས་ན་ཚོགས་བསགས་པ་ལ་ཆུ་གཙང་མས་ཡོན་ཆབ་ཕུལ་བ་ཡང་ཕན་ཡོན་བསམ་གྱིས་མི་ཁྱབ། ཡོན་ཆབ་དེ་ཡང་ཏིང་བདུན་སོགས་དབུལ་བའི་སྣོད་ཀྱང་ཅི་དོར་ལེགས་པར་བྱས། གྲལ་ལ་བསྒྲིག་པའི་ཚེ་ཡང་བར་ཡངས་དྲགས་པ་དང་དོགས་དྲགས་པ་སོགས་མེད་པའི་འཚམས་པ་དང་། ཡ་ཡོ་འཁྱུག་འཁྱོག་མེད་པ་དང་། ཆུ་ནང་དུ་འབྱུ་དང་སྤུ་རྫུལ་སྙིག་ཆགས་སོགས་མ་འདྲེས་པ་དང་། མ་གང་བ་དང་ཧ་ཅང་གང་དྲགས་པ་སོགས་མ་ཡིན་པར་མཆོད་སྣེགས་ཀྱི་སྟེང་དུ་ཆུ་ཐོ་བ་ལ་སོགས་ཀྱང་མེད་པར་མཛེས་ཤིང་ཡིད་དུ་འོང་བ་བྱ། དེ་བཞིན་དུ་བཟང་སྤྱོད་ལས་ཀྱང་། བཀོད་པ་ཁྱད་པར་འཕགས་པའི་མཆོག་རྣམས་ཀྱིས།

ཞེས་གསུངས་པ་ལྟར། མཆོད་པའི་རྣམ་པ་གང་ཡིན་ཀྱང་ཐ་ན་བཤམ་ཚུལ་དང་བཀོད་ཚུལ་ཡན་ཆད་མཛེས་ཤིང་ཡིད་དུ་འོང་བ་བྱས་ན། རྒྱལ་བ་སྲས་བཅས་ལ་གུས་པའི་རྒྱུ་རང་གི་བསོད་ནམས་ཀྱི་ཚོགས་རྒྱ་ཆེན་པོ་རྫོགས་པ་ཡིན་པས་ཅི་ནས་ཀྱང་འབད་པར་བྱ་དགོས་སོ། །

ཡང་རང་ལ་འབྱོར་པ་མེད་པ་དང་མི་ནུས་པ་སོགས་ཀྱིས་བསམ་པ་རྣམ་པར་དག་པའི་སྒོ་ནས་སྔགས་བཙུག་དང་དམན་པ་སོགས་དབུལ་མི་རུང་བ་ཡང་མ་ཡིན་ཏེ། རྒྱལ་བ་སྲས་བཅས་ལ་གཙང་སྦྱིའི་འཛིན་རྟོག་མེད་པས་ན། སྔོན་དབུལ་མོ་གྲོང་ཉུག་མས་བཅོམ་ལྡན་འདས་ལ་མར་མེ་ཕུལ་བའི་ལོ་རྒྱུས་དང་། དེ་བཞིན་དུ་མཛེ་མོ་ཞིག་གིས་སློང་མོ་བྱས་པས་འབྲས་ཁུ་ཞིག་རྙེད་པ། ཉན་ཐོས་འོད་སྲུང་ཆེན་པོ་ལ་ཕུལ་བའི་ཚེ། འབྲས་ཁུའི་ནང་དུ་སྦྲང་བུ་ཞིག་ལྷུང་བ་བསལ་བར་བརྩམས་པས། མཛེ་མོའི་མཛུབ་མོ་ཡང་འབྲས་ཁུའི་ནང་དུ་ཆད་ཀྱང་། འོད་སྲུང་ཆེན་པོས་དེའི་བསམ་པ་རྫོགས་པའི་ཕྱིར་གསོལ། དེས་ཉིན་གཅིག་གི་བསོད་སྙོམས་ཀྱི་གོ་ཡང་ཆོད་པར་མཛད་པས་མཛེ་མོ་ཡང་དགའ་སྟེ་སུམ་ཅུ་རྩ་གསུམ་པའི་ལྷ་ཡུལ་དུ་སྐྱེས་པ་ལྟ་བུ་ཡིན་ནོ། །དེས་ན་མཎྜལ་དབུལ་བའི་དུས་སུ་ཡང་བསམ་པ་རྣམ་པར་དག་པའི་སྒོ་ནས། རང་གིས་གང་འབྱོར་བ་དེ་དངོས་གཙང་ཞིང་ཡིད་འོང་བར་བྱས་ནས་དབུལ་བ་ནི་གནད་དམ་པ་ཡིན་ལ། དེ་ལྟ་བུའི་མཎྜལ་འབུལ་བ་ལ་སོགས་ཚོགས་གསོག་པའི་ཐབས་ལ་འབད་པ་འདི་ནི་ལམ་གྱི་གནས་སྐབས་ཐམས་ཅད་དུ་འདོར་དུ་མི་རུང་བའི་ཉམས་ལེན་ཡིན་ཏེ། རྒྱུད་ལས་ཀྱང་།

ཚོགས་མ་བསགས་ལ་དངོས་གྲུབ་མེད། །
བྱེ་མ་བཙིར་བས་མར་མི་འབྱུང་། །

ཞེས་གསུངས། ཚོགས་མ་བསགས་པར་དངོས་གྲུབ་འབྱུང་དུ་རེ་བ་ནི། ཆུ་ཁའི་བྱེ་མ་བཙིར་ནས་སྣུམ་སྒྲུབ་པ་དང་འདྲ་སྟེ། བྱེ་མ་ཡ་བརྒྱ་བཙིར་ཡང་དེའི་

ཡོད་ན་སྣུམ་གྱི་ཆ་ཕྲའི་རྩེ་མོ་ཙམ་ཡང་འོང་རྒྱུ་མེད། ཚོགས་བསགས་པ་ལས་དངོས་གྲུབ་འདོད་པ་ནི་ཏིལ་འབྲུ་བཙིར་ནས་སྣུམ་སྒྲུབ་པ་དང་འདྲ། ཏིལ་ཅི་ཙམ་བཙིར་ཡང་དེ་ཙམ་གྱི་ཏིལ་མར་འབྱུང་ལ། ཐ་ན་ཏིལ་འབྲུ་གཅིག་སེན་མོའི་སྟེང་དུ་བཙིར་ཡང་། དེས་སེན་མོའི་སྟེང་ཐམས་ཅད་སྣུམ་གྱི་ལེ་འོང་བ་ཡིན། དེ་བཞིན་དུ་ཚོགས་མ་བསགས་པར་དངོས་གྲུབ་འདོད་པ་ནི་ཆུ་དཀྲོགས་ནས་མར་སྒྲུབ་པ་དང་འདྲ་ལ། ཚོགས་བསགས་ནས་དངོས་གྲུབ་འདོད་པ་ནི་འོ་མ་དཀྲོགས་ནས་མར་འདོད་པ་དང་འདྲ། ཞེས་གསུངས། དེས་ན་མཐར་ཐུག་མཆོག་གི་དངོས་གྲུབ་ཐོབ་པ་ནི། ཚོགས་གཉིས་རྫོགས་པའི་འབྲས་བུ་མ་ནོར་བ་དེ་ཡིན་པས། བསོད་ནམས་དང་ཡེ་ཤེས་ཀྱི་ཚོགས་མ་རྫོགས་པར་དག་པ་གཉིས་ལྡན་གྱི་སངས་རྒྱས་ཐོབ་ཐབས་མེད་པ་སྔར་ཡང་བསྟན་ལ། མགོན་པོ་ཀླུ་སྒྲུབ་ཀྱི་ཞལ་ནས།

དགེ་བ་འདི་ཡིས་སྐྱེ་བོ་ཀུན། །
བསོད་ནམས་ཡེ་ཤེས་ཚོགས་རྫོགས་ནས། །
བསོད་ནམས་ཡེ་ཤེས་ལས་བྱུང་བ། །
དམ་པ་སྐུ་གཉིས་ཐོབ་པར་ཤོག །

ཅེས་གསུངས། དམིགས་བཅས་བསོད་ནམས་ཀྱི་ཚོགས་རྫོགས་པས་གཟུགས་སྐུ་དམ་པ་དང་། དམིགས་མེད་ཡེ་ཤེས་ཀྱི་ཚོགས་རྫོགས་པས་ཆོས་སྐུ་དམ་པ་ཐོབ་པ་ཡིན་ནོ། །

དེ་བཞིན་དུ་གནས་སྐབས་འཇིག་རྟེན་པའི་དངོས་གྲུབ་ཐམས་ཅད་ཀྱང་ཚོགས་རྫོགས་པ་ལས་བྱུང་གི། རང་གི་ཚོགས་མ་བསགས་པར་འབད་རྩོལ་ཅི་ཙམ་ཆེ་ཡང་ཕན་པ་མེད་དེ། དཔེར་ན་འཕྲལ་གྱི་ལོངས་སྤྱོད་ཟས་ནོར་མ་ལའང་སྔོན་གྱི་བསགས་རྒྱབ་ཀྱིས་འབྱོར་པ་ཁ་ཅིག་ནི་འབད་རྩོལ་ཅུང་ཟད་མ་བྱས་

ཀྱང་རང་བཞིན་གྱིས་ལོངས་སྤྱོད་ཀྱིས་མི་གཏོང་བ་དང་། ཡང་ཁ་ཅིག་ནི་ཚེ་གཅིག་ཏུ་ཚོང་དང་སོ་ནམ་ལ་སོགས་ཐབས་སྣ་ཚོགས་པའི་སྒོ་ནས་གསོག་སྒྲུན་གྱི་འབད་རྩོལ་ལ་བརྩོན་ཀྱང་ཕན་པ་ཏིལ་འབྲུ་ཙམ་ཡང་མེད་པར་མཐར་མུ་གེས་འཆི་བ་ལ་སོགས་པ་མཐོང་ཆོས་སུ་གྱུར་པས་ཀྱང་ཤེས་ལ། དེ་བཞིན་དུ་ནོར་ལྷ་དང་ཆོས་སྐྱོང་སོགས་བསྒྲུབས་ནས་དངོས་གྲུབ་འདོད་པ་ཡང་རང་ལ་སྔོན་བསགས་ཀྱི་སྦྱིན་འབྲས་མེད་ན་དེ་དག་གིས་སྦྱིན་མི་ནུས་ཏེ། སྔོན་རི་ཁྲོད་པ་ཞིག་འཚོ་བས་དབུལ་ནས་དམ་ཅན་བསྒྲུབས་པས་དངོས་སུ་གྲུབ་ནས་མི་དང་མི་ལབ་པ་བཞིན་བྱུང་ཡང་དངོས་གྲུབ་ཅི་ཡང་མ་བྱུང་བ་ལ་དམ་ཅན་ན་རེ། ཁྱོད་ལ་སྔོན་གྱི་སྦྱིན་འབྲས་ཙུང་ཟད་ཀྱང་མེད་པས། ཁོ་བོས་དངོས་གྲུབ་སྦྱིན་མི་ནུས་པར་འདུག་ཟེར། ཉིན་གཅིག་སྤྲང་པོ་མང་པོ་ཞིག་གི་གྲལ་དུ་ཐུག་པ་ཕོར་གང་རྙེད་དེ་སྐྱར་འོང་བས་དམ་ཅན་ན་རེ། དེ་རིང་ངས་ཁྱིད་ལ་དངོས་གྲུབ་བྱིན་པ་ཨེ་ཤེས་ཟེར། ཐུག་པ་ཕོར་གང་རྙེད་དེ་དེ་ནི་ང་མིན་ཀྱང་སྤྲང་པོ་ཐམས་ཅད་ལ་འདུག་ཁྱོད་ཀྱི་དངོས་གྲུབ་འམ་དེ་ནི་མ་ཤེས་བྱས་པས། ཐུག་པ་བླུད་པའི་ཚེ་ཁྱིད་རང་གི་ཕོར་པའི་ནང་དུ་ཚིལ་རྗོག་ཆེན་པོ་ཞིག་ལྷུང་བ་དེ་ངའི་དངོས་གྲུབ་ཡིན་པ་ལ་ཟེར་སྐད། དེ་བས་ན་རང་ལ་སྔོན་བསགས་མེད་ན་ནོར་སྒྲུབ་ལ་སོགས་པས་ཀྱང་དབུལ་བ་བསལ་མི་ནུས་ཏེ། འཇིག་རྟེན་པའི་ནོར་ལྷ་ལ་སོགས་པས་ལོངས་སྤྱོད་ཀྱི་དངོས་གྲུབ་སྟེར་ནུས་ན། རྒྱལ་བ་སྲས་དང་བཅས་པ་ཐམས་ཅད་དེ་དག་རྣམས་ལས་མཐུ་སྟོབས་དང་རྫུ་འཕྲུལ་བརྒྱ་སྟོང་འགྱུར་གྱིས་ཆེ་ཞིང་། མ་བཅོལ་པར་ཡང་སེམས་ཅན་ཐམས་ཅད་ལ་ཕན་པར་མཛད་པ་ཤ་སྟག་ཡིན་པས། དེ་དག་གིས་འཇིག་རྟེན་གྱི་ཁམས་འདིར་ལོངས་སྤྱོད་ཀྱི་ཆར་ཕབ་སྟེ་ཐམས་ཅད་ཀྱི་དབུལ་བ་ཅིག་ཅར་དུ་བསལ་བར་ངེས་པ་ལ་དེ་ལྟར་མ་མཛད་པའི་ཕྱིར་རོ། །

དེས་ན་ལོངས་སྤྱོད་དང་འཁོར་པ་ལ་སོགས་པ་རྣམས་ཀྱང་བསོད་ནམས་

བསགས་པའི་འབྲས་བུ་ཁོ་ན་ལས་འབྱུང་བ་ཡིན་པས་ན། འབད་རྩོལ་རི་བོ་ཙམ་བྱེད་པ་ལས། བསོད་ནམས་མེ་སྟག་ཙམ་གསོག་པ་དགའ་བ་ཡིན་ནོ། །

ལར་ད་ལྟའི་དུས་ན་རང་རེ་མཐའ་འཁོབ་ཀྱི་ཡུལ་ལ་ལྟོས་པའི་ལོངས་སྤྱོད་དང་དབང་ཐང་ཕྲ་མོ་ཙམ་རེ་སྐྱེས་པ་ལ། ཐམས་ཅད་ཀྱིས་བླ་མ་མཁྱེན་དེ་ཡི་ལྟ་བུ་ཞིག་ཡིན་ནམ་ཟེར་ནས་ཧ་ལས་དོགས་བྱེད་ཀྱང་། དེ་ཙམ་རེ་ལ་བསོད་ནམས་ཆེན་པོ་རང་བསགས་དགོས་པར་མི་འདུག་སྟེ། ཞིང་དང་བསམ་པ་དག་ན་མི་དབང་ང་ལས་ཉུས་སྨན་རྫོག་བདུན་གྱི་སྨིན་འབྲས་ཀྱིས། སུམ་ཙུ་རྩ་གསུམ་མན་ཆད་དབང་བྱས་པའི་ལོ་རྒྱུས་དང་། རྒྱལ་པོ་གསལ་རྒྱལ་ལྟ་བུའི་མངའ་ཐང་ཡང་ཟན་དྲོན་ལན་ཚྭ་མེད་པ་ཞིག་གི་སྨིན་འབྲས་སུ་གསུངས་པ་དང་། སྔོན་ཇོ་བོ་རྗེ་ལྷ་ཅིག་བོད་ལ་ཕེབས་པའི་དུས་བོད་ཡུལ་ཀུན་ད་ལྟ་ལས་ཆེས་འབྱོར་ཞིང་རྒྱས་པའི་དུས་ཡིན་ཀྱང་། ཇོ་བོའི་ཞལ་ནས། བོད་ཕྲེ་ཏ་པུ་རིའི་རྒྱལ་ཁམས་དངོས་སུ་འདུག བོད་ཡུལ་ན་ཞིང་དག་པ་ཞིག་ལ་ནས་ཁྲི་གང་སྨིན་པར་བཏང་བའི་སྨིན་འབྲས་ལ་ལོངས་སྤྱོད་མཁན་མི་འདུག་ཅེས་གསུངས། དེས་ན་འཕྲུལ་གྱི་ཟང་ཟིང་དང་དབང་ཐང་ཅུང་ཟད་རེ་ལ་ངོ་མཚར་ཆད་དུ་འཛིན་པ་ནི། གཅིག་ཏུ་རང་ཉིད་བློ་ཆུང་བ་དང་། གཉིས་སུ་འཇིག་རྟེན་འདིར་སྣང་གི་ཞེན་པ་ཆེ་བ་དང་། གསུམ་དུ་ལས་འབྲས་ཀྱི་འཕེལ་ཚུལ་སྟེར་ཨ་ཧོ་ཀའི་འབྲས་བུ་བསྟན་པ་སོགས་ཀྱི་གནད་ཇི་བཞིན་མ་གོ་བའམ། གོ་ཡང་ཡིད་མ་ཆེས་པའི་རྟགས་བསྟན་པ་ཡིན་པས། སྙིང་ནས་ངེས་འབྱུང་གི་བློ་བཙས་མ་མ་ཡིན་པ་རྒྱུད་ལ་སྐྱེས་ཞིག་ཡིན་ན། འཇིག་རྟེན་འདིར་སྣང་གི་ཕུན་ཚོགས་ཕྱུག་པོ་བླུ་ལྟ་བུ། མཐོན་པོ་གནམ་ལྟ་བུ། བཙན་པོ་ཐོག་ལྟ་བུ། ཕྱོར་པོ་འཇའ་ཚོན་ལྟ་བུ་ཡི་འདྲ་བ་མཐོང་ཡང་། དེ་ལ་རྟག་པ་དང་བརྟན་པ་སྙིང་པོ་ཏིལ་གྱི་ཤུན་པ་ཙམ་ཡང་མེད་པར་ཤེས་ནས། མཁྲིས་ནད་ཅན་ལ་བཙོ་ཟན་བྱིན་པ་ལྟར་ཞེ་ལོག་གེ་བ་ཞིག་དགོས་པ་ཡིན། དེར་མ་ཟད་ཚེ་འདིའི་ལོངས་སྤྱོད་ལ་སོགས་པ་ལ་ཆེད་དུ་རེ་ནས་ཚོགས་

བསགས་པ་ལ་འབད་པ་སོགས་ཀྱང་འཇིག་རྟེན་པ་ཕལ་པ་ལ་ཉུང་གི ། དེས་འབྱུང་གི་ཆོས་ཡང་དག་པ་ནི་ཕྱོགས་དང་ཉེ་བ་མ་ཡིན་ཏེ། ཐར་པའི་གོ་འཕང་ཐོབ་པའི་ཆོས་ཡང་དག་པ་འདོད་ན། སྔར་ཡང་ནས་ཡང་དུ་སྨོས་པ་ལྟར་འཇིག་རྟེན་ཚེ་འདིའི་ཞེན་པ་ཐམས་ཅད་མཆིལ་མའི་ཐལ་བ་བཞིན་དུ་བོར་ནས་ཕ་ཡུལ་རྒྱབ་ཏུ་བསྐྱུར། མི་ཡུལ་དང་དུ་བླངས། གནས་དབེན་པ་ཁོ་ན་བསྟེན་ཏེ་ན་དགའ་དང་ཤི་སྐྱིད་ཀྱི་ངང་ནས་བསྒྲུབ་པ་ཞིག་དགོས་ཏེ། མཉམ་མེད་དྭགས་པོ་རིན་པོ་ཆེ་ལ་སློབ་མ་ཞིག་གིས། ད་ལྟ་སྙིགས་མའི་དུས་འདིར་ཆོས་ཡང་དག་པ་ཞིག་སྒྲུབ་པ་ལ་ཟས་གོས་དང་ཡོ་བྱད་དཀའ་བར་འདུག་པས། ནོར་སྒྲུབ་དུམ་པ་རེ་བྱའམ། བཙུད་ལེན་བཟང་པོ་རེ་སློབ་བམ། ཡང་ན་ངེས་པར་འཆིར་འཇུག་ནུས་པ་ཞིག་དགོས་པ་ཡིན་ནམ། གང་ལགས་ཞུས་པས། ནོར་སྒྲུབ་བྱས་ཀྱང་རང་ལ་སྔོན་གྱི་སྦྱིན་འབྲས་མེད་ན་འོང་བ་ཡང་དཀའ་ཞིང་། སྙིང་ནས་ཆོས་བཞིན་བྱེད་པ་ལ་ཚེ་འདིའི་ཆེད་དུ་ནོར་སྒྲུབ་པ་ཡང་འགལ། བཙུད་ལེན་བྱས་ཀྱང་སྔོན་བསྐལ་པ་ཡར་དར་ལ་ས་རྗེ་ཆུ་ཤིང་ལ་སོགས་པའི་བཙུད་མ་ཤོར་བའི་དུས་ལྟ་བུ་དེང་སང་མི་འོང་པས། ད་ལྟའི་དུས་ན་ཕན་མེད། ངེས་པར་འཆིར་བཙུག་པ་ཡང་མི་འོང་སྟེ། དལ་འབྱོར་ཚང་བའི་ལུས་རྟེན་ད་རེས་ཀྱི་འདི་འདྲ་བ་ཕྱིན་ཆད་རྙེད་པར་དཀའ། འོན་ཀྱང་ངེས་པར་ཤི་མ་ཤི་མེད་པར་ཉམས་སུ་ལེན་ནུས་པའི་བློ་ཞིག་སྙིང་ཐག་པ་ནས་སྐྱེས་ན། ལྟོ་གོས་ཀྱིས་ཕོངས་པ་མི་འོང་སྟེ། ཆོས་པ་ནུ་གས་ཤི་བའི་དཔེ་མེད། བཅོམ་ལྡན་འདས་ཀྱིས་ཀྱང་ཕྱི་བྲི་རེ་ལ་ནུ་ཧྲིག་བྲི་རེ་འཇལ་བའི་ནུ་གུ་བྱུང་ཡང་སངས་རྒྱས་ཀྱི་རྗེས་འཇུག་ཟས་གོས་ཀྱིས་མི་ཕོངས་པར་གསུངས། ཞེས་གསུངས། དེས་ན་རྒྱལ་བའི་སྲས་པོ་བྱང་ཆུབ་སེམས་དཔའ་རྣམས་ནི་ཚོགས་བསགས་པ་དང་སྒྲིབ་སྦྱོང་གང་བྱེད་ཀྱང་། ནམ་མཁའི་མཐས་ཁྱབ་པའི་སེམས་ཅན་ཐམས་ཅད་ཀྱི་དོན་དུ་བྱེད་པ་ཉག་གཅིག་ཡིན་པས། རང་གི་ཚེ་འདིའི་ཆེད་དུ་སྒྲུབ་པ་ལྟ་ཡང་ཅི་སྨོས། རང་དོན་དུ་རྫོགས་པའི་སངས་རྒྱས་

ཀྱི་གོ་འཕང་ཐོབ་པར་འདོད་ཀྱང་ཐེག་པ་ཆེན་པོའི་ལམ་གཏན་ནས་མ་ཡིན་པས་ན། ཚོགས་བསགས་དང་སྒྲིབ་སྦྱོང་གང་དང་གང་བྱེད་ཀྱང་མཐའ་ཡས་པའི་སེམས་ཅན་ཐམས་ཅད་ཀྱི་དོན་དུ་དམིགས་པ་ལས། རང་འདོད་ཀྱི་བློ་དང་གཏན་ནས་མ་འདྲེས་པ་ཞིག་ཅིས་ཀྱང་གལ་ཆེའོ། །དེ་ལྟར་བྱས་ན་རང་དོན་དང་ཚེ་འདིའི་བདེ་སྐྱིད་སོགས་མི་འདོད་ཀྱང་ཞོར་ལ་འབྱུང་སྟེ། མེ་འབུད་པའི་ཚེ་དུད་པ་ཞོར་ལ་འབྱུང་བ་དང་། ནས་བཏབ་པས་སོག་མ་ཞོར་ལ་འབྱུང་བ་ལྟ་བུ་ཡིན་པས་ན། དེ་དག་ལ་ཆེད་དུ་གཉེར་བའི་བློ་ནི་དུག་བཞིན་དུ་སྤང་བར་བྱ་དགོས་སོ། །

ལྔ་པ། ཀུ་སཱ་ལིའི་ཚོགས་བསགས།

ལྔ་པ་བདུད་བཞི་གཅིག་ཅར་དུ་གཅོད་པ་ཀུ་སཱ་ལིའི་ཚོགས་གསོག་ནི། དེ་ལ་འདིར་ཀུ་སཱ་ལིའི་ཚོགས་གསོག་ཞེས་ལུས་སྦྱིན་ཙུང་ཙམ་ཞིག་འབྱུང་བ་འདི། སྤྱིར་སེམས་ཉིད་ངལ་གསོ་ནས་བླ་མའི་རྣལ་འབྱོར་དང་འབྲེལ་བར་འབྱུང་བས། བླ་མའི་རྣལ་འབྱོར་གྱི་ཆ་ལག་ཏུ་བྱས་ཀྱང་ཆོག་མོད་ཀྱི། ཚོགས་བསགས་པ་མཉྫལ་གྱི་ཡན་ལག་ཏུ་བྱས་ཀྱང་མི་འགལ་བས་ན། སྐབས་འདིར་སྦྲེལ་ཏེ་གསུངས་པ་བཀའ་སྲོལ་ལ་ཡོད་པ་བཞིན་འདིར་ཡང་འཆད་དོ། །

1 ལུས་སྦྱིན།

དེ་ལ་ཀུ་སཱ་ལི་ཞེས་པ་ནི། སྤྲང་པོའི་དོན་ཡིན་པས་ཆོ་ལྡོས་བཏང་གི་རྣལ་འབྱོར་རི་ཁྲོད་པ་ལྷ་བུ་ཚོགས་གསོག་པའི་ཡོངས་སྤྱོད་གཞན་མི་ཉེད་པ་རྣམས་ཀྱིས་དམིགས་པ་ལ་བརྟེན་ནས་རང་གི་ལུས་ཀྱི་མཆོད་སྦྱིན་བྱེད་པ་ཡིན། དེ་ཡང་དངོས་པོ་གཞན་ཐམས་ཅད་ཀྱང་རང་གི་ལུས་འདི་གསོ་བའི་ཆེད་དུ་འབད་རྩོལ་དང་རྩོལ་སྒྲུབ་གསོག་འཇོག་དང་གཅེས་སྲུས་སོགས་བྱེད་པ་ཡིན་ལ། ཡོངས་སྤྱོད་གཞན་ཐམས་ཅད་ལས་ཀྱང་རང་གི་ལུས་འདི་ཉིད་གཅེས་འཛིན་ཆེ་བར་ངེས་པས་ན། ལུས་ལ་གཅེས་འཛིན་བཅད་དེ་མཆོད་སྦྱིན་བྱ་བ་ནི། དངོས་པོ་གཞན་གྱི་མཆོད་སྦྱིན་བྱ་བ་ལས་ལྷག་པར་ཡང་ཕན་ཆེ་བ་ཡིན་ཏེ། ཇི་སྐད་དུ།

རྟ་དང་གླང་པོ་བརྒྱ་འགྱུར་ཡིན། །
བུ་དང་ཆུང་མ་སྟོང་འགྱུར་ཡིན། །
ལུས་ཀྱི་མཆོད་སྦྱིན་འབུམ་འགྱུར་ཡིན། །

ཞེས་དང་། མ་ཅིག་གི་ཞལ་ནས།

ཆགས་མེད་ལུས་སྦྱིན་བྱེད་པ་དེ། །
ཚོགས་གཉིས་ཡིན་པར་མ་ཤེས་ནས། །
ཕུང་པོ་གཅེས་འཛིན་བྱས་པ་དེ། །
མ་སྤྲུལ་པའི་སྐུ་ལ་མཐོལ་ལོ་བཤགས། །

ཞེས་གསུངས།

2 ལུས་སྦྱིན་དངོས།

དེ་ཡང་དང་པོ་རང་ཉིད་དམིགས་པ་ལ་གོམས་པོ་ཡོད་ན་རྣམ་ཤེས་ནམ་མཁར་སྤར་ཏེ། སྐད་ཅིག་གིས་ཁྲོས་མར་བསྐྱེད་ཀྱང་འདྲ། དེ་ལྟར་མིན་ན་རང་གི་སྙིང་དབུས་སུ་སེམས་རྣམ་པར་ཤེས་པའི་ངོ་བོ་མ་ཅིག་ཁྲོས་མ་ནག་མོ་གར་ཐབས་ལིང་ངེ་ཡོད་པ། ཕྱག་གཡས་གྲི་གུག་ནམ་མཁར་ཕྱར་ཞིང་གཡོན་ཐོད་ཁྲག་ཐུགས་ཀར་འཛིན་པ། རྣ་ལྟག་གཡས་སུ་ཕག་ཞལ་ནག་པོས་ཅུར་སྒྲ་སྒྲོགས་པ་ཁྲོ་མོའི་ཆ་བྱད་ཅན་དེ་ལྟ་བུ་ཞིག་བསྐྱེད་ལ། ཕཊ༔ཅེས་བརྗོད་པའི་ཚེ་རྩ་དབུ་མའི་ལམ་བརྒྱུད་སྤྱི་བོ་ཚངས་པའི་བུ་ག་ནས་རྒྱངས་ཀྱིས་ཐོན་པའི་མོད་ལ་རང་གི་ལུས་དེ་ཉིད་རོ་རུ་གྱུར་ནས་ལིང་གིས་འགྱེལ། དེ་ཡང་ད་ལྟའི་ལུས་འདི་ལྟ་བུ་མ་ཡིན་པར་ཆེ་བ་ཚོ་བ་སྣུམ་པ་སྟོང་གསུམ་གྱི་རྒྱ་ཁྱོན་དང་མཉམ་པ་གཅིག་ཏུ་བསམ། དེ་ནས་རང་ཉིད་མ་ཅིག་ཁྲོས་མ་ནག་མོར་གསལ་བའི་ཕྱག་གཡས་ཀྱི་གྲི་གུག་དེས་རང་གི་ལུས་བེམ་པོ་དེའི་སྤྱིན་མཚམས་སུ་ཚད་ཙམ་བྱས་པས་ཐོད་པ་སྐར་གྱིས་བཀོག ཐོད་པ་དེ་ཡང་ད་ལྟའི་འདི་ལྟ་བུ་མ་ཡིན་པ་སྟོང་གསུམ་གྱི་རྒྱ་ཁྱོན་དང་མཉམ་པ་གཅིག་ཏུ་བསམ། དེ་ནས་ཁྲོས་མའི་ཕྱག་གཡོན་པས་ཐོད་པ་དེ་བླངས་ནས་མི་མགོའི་སྒྱེད་པུ་རི་རབ་དང་མཉམ་པ་གསུམ་གྱི་སྟེང་དུ་དཔྲལ་བ་རང་ལ་བསྟན་ཏེ་བཀོད། ཡང་ཁྲོས་མའི་ཕྱག་གཡས་ཀྱི་གྲི་གུག་དེས་བམ་རོ་

དེ་ཉིད་ལིང་གིས་བླངས་ཏེ་ཐོད་པའི་ནང་དུ་བཞག དེ་ནས་ཐོད་པའི་སྟེང་གི་ནམ་མཁར་བདུད་རྩིའི་རང་བཞིན་ཧཱུྃ་ཡིག་དཀར་པོ་ཞིག་དང་། ཐོད་པའི་འོག་ཏུ་མེའི་རང་བཞིན་ཡི་གེ་ཨ་ཐུང་དུ་དམར་པོ་ཞིག་བསྒོམ། དེ་ནས། ཨོཾ་ཨཱཿཧཱུྃ་ཞེས་བརྗོད་པའི་ཚེ་ཨ་ཐུང་ལས་མེ་འབར་ཐོད་པ་དྲོས་ནང་གི་བམ་རོ་དེ་བདུད་རྩིའི་རང་བཞིན་དུ་སོ་རོ་རོ་ཞུ་ནས་ཁོལ་ཏེ་ཐོད་པའི་ཁ་གང་ནས་སྦུགས་བཙོག་དང་དྲི་མ་མ་དག་པའི་ཆ་ཐམས་ཅད་ལྦུ་བ་དང་སྦྲིས་མའི་རྣམ་པར་ཕྱིར་ལུད་དེ། ཧྲངས་པ་ཧཾ་ཡིག་ལ་ཐོག་པས་ཧཾ་ཡིག་ཀྱང་དྲོས་ཏེ་བདུད་རྩི་དཀར་དམར་གྱི་རྒྱུན་བབས་པ་ཡང་གཉིས་མེད་དུ་འདྲེས་ཤིང་མཐར་ཧཾ་ཡིག་ཀྱང་འོད་དུ་ལྟེམ་གྱིས་ཞུ་ནས་ཐོད་པའི་བདུད་རྩི་དང་གཉིས་མེད་དུ་ཐིམ་པར་བསམས་ལ། པཏཿལུས་གཅེས་འཛིན་སོགས་བརྗོད། རང་གིས་ཨོཾ་ཨཱ་ཧཱུྃ་ཞེས་བརྗོད་པའི་ཚེ། ཨོཾ་གྱིས་ཁ་དོག་དྲི་རོ་ལ་སོགས་པའི་སྐྱོན་ཐམས་ཅད་སྦྱངས། ཨཱཿཡིས་མང་པོར་སྤེལ། ཧཱུྃ་གིས་གང་ལ་གང་འདོད་ཀྱི་དངོས་པོར་བསྒྱུར་ཏེ། ཟག་མེད་ཡེ་ཤེས་ཀྱི་བདུད་རྩི་འདོད་རྒུ་ཡིད་བཞིན་གྱི་སྤྲིན་འཕྲོ་བའི་རོལ་པ་དང་རང་བཞིན་དུ་གྱུར་པར་བསམ། དེ་ནས་རང་གི་མདུན་གྱི་ནམ་མཁར་རིན་པོ་ཆེའི་ཁྲི་ཀྲང་དར་ཟབ་འཕོལ་བརྩེགས་དང་བཅས་པའི་སྟེང་དུ། དྲིན་ཅན་རྩ་བའི་བླ་མ་སྐུ་དངོས་སུ་བཞུགས་པ་དེའི་སྟེང་གི་ཆ་ལ་རྩ་བརྒྱུད་ཀྱི་བླ་མ། བར་གྱི་ཆ་ལ་ཡི་དམ་གྱི་ལྷ་ཚོགས། ཐོད་པའི་ཁའི་ཐད་ཀྱི་ནམ་མཁའ་ལ་དཔལ་མགོན་བདུན་ཅུ་རྩ་ལྔ་ལ་སོགས་ཡེ་ཤེས་དང་ལས་ལ་གྲུབ་པའི་ཆོས་སྐྱོང་སྲུང་མའི་ཚོགས་དང་ཡུལ་ལྷ་གཞི་བདག་ལ་སོགས་པ་འཁོད། དེའི་འོག་གི་ས་གཞིའི་སྟེང་དུ་བགེགས་རིགས་སྟོང་ཕྲག་བརྒྱད་ཅུ། བྱིས་པའི་གདོན་ཆེན་བཅོ་ལྔ་ལ་སོགས་བགེགས་རིགས་ལན་ཆགས་ཀྱི་མགྲོན་གཙོ་བོར་གྱུར་པའི། ཁམས་གསུམ་རིགས་དྲུག་གི་སེམས་ཅན་ཐམས་ཅད་ཉི་ཟེར་ལ་རྡུལ་འཁྲིགས་པ་ལྟར་བསྐྱེད། དེ་ནས་སྟེང་གི་རྩ་བརྒྱུད་ཀྱི་བླ་མ་སངས་རྒྱས་དང་བྱང་ཆུབ་སེམས་དཔའི་ཚོགས་དང་བཅས་

པ་ཐམས་ཅད་ཀྱི་ལྷགས་རྗེ་རྗེའི་སྦྲུ་གུ་ཅན་གྱིས་བདུད་རྩིའི་བཅུད་དྲངས་ཏེ་གསོལ། རང་གི་ཚོགས་རྫོགས། སྒྲིབ་པ་དག དམ་ཚིག་ཉམས་ཆགས་བྱང་། མཆོག་ཐུན་མོང་གི་དངོས་གྲུབ་ཐོབ་པར་བསམ། བར་ན་ཡི་དམ་རྒྱུད་སྡེ་བཞི་དྲུག་གི་ལྷ་ཚོགས་རྣམས་ཀྱི་ལྷགས་རང་རང་གི་ཕྱག་མཚན། རྡོ་རྗེ། འཁོར་ལོ། རིན་ཆེན། པདྨ། རྒྱ་གྲམ་ལ་སོགས་པའི་རྣམ་པ་ཅན་གྱི་སྦྲུ་གུས་བདུད་རྩིའི་བཅུད་དྲངས་ཏེ་གསོལ། རང་གི་ཚོགས་རྫོགས་སྒྲིབ་པ་དག དམ་ཚིག་ཉམས་ཆགས་བྱང་། མཆོག་དང་ཐུན་མོང་གི་དངོས་གྲུབ་ཐོབ་པར་བསམ། དཔའ་བོ་མཁའ་འགྲོ་ཆོས་སྐྱོང་སྲུང་མ་དཔལ་མགོན་བདུན་ཅུ་རྩ་ལྔ་དང་བཅས་པ་ལ་སོགས་པ་རྣམས་ཀྱི་ལྷགས་ཉི་ཟེར་གྱི་སྦྲུ་གུ་ཅན་གྱིས་བདུད་རྩིའི་བཅུད་དྲངས་ཏེ་གསོལ། རང་གི་ཚོགས་རྫོགས་སྒྲིབ་པ་དག དམ་ཆོས་བྱང་ཆུབ་སྒྲུབ་པའི་འགལ་རྐྱེན་བར་ཆད་ཐམས་ཅད་བསལ། མཐུན་རྐྱེན་སྨོན་པའི་ལེགས་ཚོགས་ཐམས་ཅད་སྤེལ་བར་བསམ། དེ་ཡར་མགྲོན་ལ་དགར་འགྲེད་ཡིན། དེ་ནས་རང་ཉིད་དམིགས་པ་ལ་གོམས་པོ་ཡོད་ན་རང་ཉིད་མ་ཅིག་ཁྲོས་མ་ནག་མོར་གསལ་བའི་ཐུགས་ཀ་ནས་ལས་བྱེད་ཀྱི་མཁའ་འགྲོ་མ་དཀར་སེར་དམར་ལྗང་མཐིང་ག་བརྒྱ་སྟོང་གྲངས་མེད་པ་ཉི་ཟེར་ལ་རྡུལ་འཕྲིགས་པ་ལྟ་བུ་ཞིག་སྤྲོས་ནས། དེ་དག་གིས་ཁམས་གསུམ་འགྲོ་བ་རིགས་དྲུག་གི་སེམས་ཅན་ཐམས་ཅད་ལ་སྣོད་ཡེ་ཤེས་ཀྱི་ཀ་པཱ་ལ་བཅུད་ཟག་མེད་ཀྱི་བདུད་རྩིས་གང་བ་རེ་རེ་བྱིན་པས་ངོམས་ཤིང་ཚིམས་པར་བསམ། ཡང་རང་ཉིད་དམིགས་པ་ལ་གོམས་པོ་མེད་ན། རང་ཉིད་ཁྲོས་མར་གསལ་བའི་ཕྱག་གཡོན་པའི་ཐོད་པ་དེ་ཉིད་ཀྱིས་ཐོད་པའི་བདུད་རྩི་གཅུས་ཤིང་གཏོར་བས་ཁམས་གསུམ་རིགས་དྲུག་གི་གནས་སུ་བདུད་རྩིའི་ཆར་བབས་པ་ལ་ཐམས་ཅད་ཀྱིས་འཐུང་བས་ངོམས་ཤིང་ཚིམས་པར་བསམ། དེ་ནི་མར་མགྲོན་ལ་དགར་འགྲེད་ཡིན། ཡང་བདུད་རྩི་ཁོལ་བའི་རླངས་པ་ལས་ཡར་མཆོད་ཡུལ་ལ་མཆོད་ཡོན། ཞབས་བསིལ། མེ་ཏོག བདུག་སྤོས། མར་མེ། དྲི་

ཆབ། ཞལ་ཟས། རོལ་མོ། བཀྲ་ཤིས་རྟགས་བརྒྱད། རྒྱལ་སྲིད་སྣ་བདུན། འཕན་གདུགས། རྒྱལ་མཚན། ན་རེ། གསེར་གྱི་འཁོར་ལོ་རྩིབས་སྟོང་། དུང་དཀར་གཡས་སུ་འཁྱིལ་བ་ལ་སོགས་པ་མཆོད་སྦྱིན་བསམ་གྱིས་མི་ཁྱབ་པ་སྦྱོར་ནས་མཆོད། རང་གཞན་སེམས་ཅན་ཐམས་ཅད་ཀྱི་ཚོགས་རྫོགས་སྒྲིབ་པ་དག་པར་བསམ། དེ་ཡར་མགྲོན་ལ་བྲ་འགྱེད་ཡིན། ཡང་མར་མགྲོན་རིགས་དྲུག་གི་སེམས་ཅན་ཐམས་ཅད་ལ་རང་རང་གང་ལ་གང་འདོད་ཅི་ལ་འདོད་ཀྱི་ཡོ་བྱད་ཐམས་ཅད་ཆར་བཞིན་དུ་བབས་པས་ཐམས་ཅད་དགའ་མགུ་ཚིམ་ཞིང་ཡི་རང་། ཁྱད་པར་རང་གི་ཚེ་འཁོར་བ་ཐོག་མ་མེད་པ་ནས་བཟུང་སྐྱེ་ཐ་མ་ད་ལ་ཐུག་གི་བར་དུ། བསད་པ་ཚེ་ཐུང་བའི་ལན་ཆགས། འཕྲོག་པ་ནོར་དབུལ་བའི་ལན་ཆགས། བརྡུང་བ་ནད་མང་བའི་ལན་ཆགས། གོང་མས་བསྐྱབས་པའི་ལན་ཆགས། འོག་མས་བཀུར་བའི་ལན་ཆགས། བར་མ་མཛའ་བའི་ལན་ཆགས། མཐོ་བ་མཁར་གྱི་ལན་ཆགས། དམའ་བ་ས་ཞིང་གི་ལན་ཆགས། གཉེན་གྲོགས་སྲིད་སྡེའི་ལན་ཆགས། བུ་ཚ་ཕྲུགས་ཀྱི་ལན་ཆགས། བཟའ་བ་ཟས་ཀྱི་ལན་ཆགས། བགོ་བ་གོས་ཀྱི་ལན་ཆགས། བུ་ལོན་འབྲེལ་གྱི་ལན་ཆགས། ཉོ་བཙོས་པའི་ལན་ཞགས། ཁལ་བཀལ་བའི་ལན་ཆགས། རྫོ་རྫོས་པའི་ལན་ཆགས། བེད་དུ་སྤྱོ་པའི་ལན་ཆགས་ལ་སོགས་ཚེ་ལན་སྲོག་ལན། ཤ་ལན། རུས་ལན་ཆགས་པའི་ལན་ཆགས་བུ་ལོན་ཤ་འཁོན་གྱི་བདག་པོ་བདག་མོ་ཐམས་ཅད་སྟོད་བཟུང་སྟེ་བུ་ལོན་བསླག་པ་ལྟར་དུ་འདུས་པ་ལ། དེ་དག་ཐམས་ཅད་ལ་རང་རང་གང་ལ་གང་འདོད། ཅི་ལ་ཅི་འདོད། ཟས་འདོད་པ་ལ་ཟས། གོས་འདོད་པ་ལ་གོས། ལོངས་སྤྱོད་འདོད་པ་ལ་ལོངས་སྤྱོད། སྐྱིད་ཚལ་འདོད་པ་ལ་སྐྱིད་ཚལ། བཞོན་པ་འདོད་པ་ལ་བཞོན་པ། གནས་ཁང་འདོད་པ་ལ་གནས་ཁང་། གཉེན་གྲོགས་འདོད་པ་ལ་གཉེན་གྲོགས་ལ་སོགས་འདོད་དགུའི་ལོངས་སྤྱོད་ཟད་པ་མེད་པའི་གཏེར་དུ་གྱུར་ནས་ཆར་ལྟར་བབས་པ་ལ། རང་རང་གིས་ལོངས་སྤྱོད་ནས་ལན་ཆགས་འཁོར། བུ་

ལོན་སོད། ཤ་འཁོན་བྱུང་། སྡིག་སྒྲིབ་དག ཐམས་ཅད་ཀྱང་ངོམས་ཤིང་ཚིམས་ཏེ་དགའ་བར་བསམ། ཡང་དེ་དག་གི་ལྷག་མ་ཁས་ཞན་པ། དབང་ཆུང་བ། ན་བོ། ལོང་བ། འོན་པ། ལྐུགས་པ་ལ་སོགས་རིགས་དྲུག་གི་སེམས་ཅན་སྡུག་བསྔལ་གྱིས་གདུང་བ་ཉམ་ཐག་པ་ཐམས་ཅད་ལ་རང་རང་གང་ལ་གང་འདོད་ཀྱི་དངོས་པོ། སྐྱབས་མེད་པ་ལ་སྐྱབས། མགོན་མེད་པ་ལ་མགོན། དཔུང་གཉེན་མེད་པ་ལ་དཔུང་གཉེན། གཉེན་གྲོགས་མེད་པ་ལ་གཉེན་གྲོགས། སྲིད་སྲེ་མེད་པ་ལ་སྲིད་སྲེ། ནད་པ་ལ་གསོ་བའི་སྨན། འཆི་བ་སྐྱོང་བའི་བདུད་རྩི། ན་བོ་ལ་རྫུ་འཕྲུལ་གྱི་རྐང་པ། ལོང་བ་ལ་ཡེ་ཤེས་ཀྱི་སྤྱན། འོན་པ་ལ་ཟག་མེད་ཀྱི་རྣ་བ། ལྐུགས་པ་ལ་ཤེས་རབ་ཀྱི་ལྕེ་ལ་སོགས་པར་གྱུར་ཏེ་ལོངས་སྤྱོད་པས་ཐམས་ཅད་ངོམས་ཤིང་ཚིམས། རིགས་དྲུག་སོ་སོའི་ལས་སྣང་སྡུག་བསྔལ་བག་ཆགས་ཐམས་ཅད་དང་བྲལ་ཏེ། ཕོ་ཐམས་ཅད་འཕགས་པ་སྤྱན་རས་གཟིགས་ཀྱི་གོ་འཕང་། མོ་ཐམས་ཅད་རྗེ་བཙུན་འཕགས་མ་སྒྲོལ་མའི་གོ་འཕང་ཐོབ་སྟེ། ཁམས་གསུམ་འཁོར་བ་དོང་ནས་སྤྲུགས་པར་བསམ། དེ་ནི་མར་མགྲོན་ལ་ཁྲ་འགྱེད་ཡིན། དེ་ལྟར་དམིགས་པ་མ་ཟིན་བར་དུ་ཨོཾ་ཨཱཿཧཱུྃ་ཁོ་ན་བརྗོད། དེ་ནས། ཕཊཿཡར་མཆོད་ཡུལ་མགྲོན་གྱི་སོགས། གཤིས་རྫོགས་པ་ཆེན་པོ་མ་བཅོས་ཨཿཞེས་བརྗོད་ཅིང་། མཆོད་བྱ་མཆོད་བྱེད་མཆོད་ཡུལ་དང་བཅས་པ་ཐམས་ཅད་མི་དམིགས་པའི་ངང་ལ་མཉམ་པར་བཞག སྤྱིར་གཅོད་གཞུང་རྣམས་ལས། དཀར་འགྱེད་དམར་འགྱེད་ཁྲ་འགྱེད་ནག་འགྱེད་དེ་འགྱེད་ཆེན་བཞི་བཤད་ཀྱང་། འདིར་དཀར་འགྱེད་དང་ཁྲ་འགྱེད་གཉིས་ལས་དམར་འགྱེད་དང་ནག་འགྱེད་མེད་པ་ཡིན། ལར་ད་ལྟའི་དུས་ན་གཅོད་བྱེད་པར་རློམ་པ་རྣམས་ནས། གཅོད་ཟེར་རྒྱུ་དེ་ལྷ་འདྲེ་མ་རུངས་པ་དག་བསད་བཅད་གཏུབ་བརྡུངས་བསྒྲད་ནས་ཧྲག་པར་བྱེད་པའི་དྲག་ཤུལ་གྱི་ལས་ཤིག་ཡིན་པར་བཟུང་། དེས་ན་གཅོད་པ་ཟེར་བ་དེ་ཡང་དུས་དང་རྣམ་པ་ཐམས་ཅད་དུ་ཡང་ཁྲོས་འཁྲུགས་ཇམ་སྐྱེ་ཞེ་སྡང་དང་ང་རྒྱལ་

ཁོ་ནས་དཔའ་བསྐྱེད་དེ་ཡོད་པ། གཤིན་རྗེའི་ལས་མཁན་ལྟ་བུ་ཞིག་ཡོད་དགོས་སྙམ་ཞིང་ནད་པ་སོགས་ལ་གཙོད་བྱེད་པའི་ཚེ་ཡང་། ཁྲིམས་འཁྲུགས་ཟམས་པའི་དྲག་ཤུལ་གྱི་དཔའ་བསྐྱེད་དེ་སྣང་མིག་ཕོར་པ་ཙམ་རེ་བསྒྲད། ཁུ་ཚུར་དང་ཁ་ཕོ་མཉམ་རྗེག་བྱེད་ཅིང་། རྟུང་རྗེག་སྒྲར་མོ་བཏབ་ནས་ནད་པའི་རྒྱབ་ལ་གྱོན་པའི་གོས་རྟུལ་ཡན་ཆད་གཏིད་དེ། དེས་ལྷ་འདྲེ་འདུལ་བར་རློམ་པ་འདུག་ཀྱང་། དེ་འདྲ་བའི་ཆོས་ལུགས་དེ་ནོར་བ་ཡིན་ཏེ། མ་ཅིག་གི་ཞལ་ནས་ཀྱང་། ཐོག་མ་མེད་པའི་དུས་ནས་ལས་ངན་གྱི་རྒྱུ་བྱས། རྐྱེན་ནང་གི་རླུང་གིས་དེད། འཁྲུལ་སྣང་དང་སྡུག་བསྔལ་ཁོ་ན་ལ་ཁོར་མོ་ཡུག་ཏུ་སྤྱོད། ཤི་ཙམ་ན་ངན་སོང་གི་གཏིང་རྗེ་ལས་འགྲོ་ས་མེད་པའི་ལྷ་འདྲེ་གདུག་པ་ཅན་དེ་དག་ངས་སྙིང་རྗེའི་ཐུགས་ཀྱིས་བཟུང་སྟེ། རང་གི་ཤ་དྲོན་མོ་དང་ཁྲག་དྲོན་མོ་ཟས་སུ་བྱིན་ནས། བྱམས་སྙིང་རྗེ་བྱང་ཆུབ་སེམས་ཀྱིས་སྣང་བ་བསྒྱུར་ཏེ། རང་གི་འཁོར་དུ་བསྡུ་བ་ཡིན་པ་ལ། མ་འོངས་པའི་གཅོད་མཁན་ཆེན་པོ་དེ་དག་གིས་ངའི་སྙིང་རྗེའི་ཐུགས་ཀྱིས་བཟུང་བའི་ནོར། ལྷ་འདྲེ་མ་རུངས་པ་དེ་དག་བསད་པ་དང་། སྲོད་པ་དང་། རྟུང་བར་རློམ་པ་ནི་གཅོད་ལོག་བདུད་ཀྱི་བསྟན་པ་དར་བའི་རྟགས་ཡིན་པར་གསུངས་ཤིང་། དེ་བཞིན་དུ་ནག་པོ་དགུ་སྐྲུག་གི་གཅོད་པ་ལ་སོགས་པ་གཅོད་ལོག་ཇི་སྙེད་ཅིག་འབྱུང་བར་གསུངས་པ་ཐམས་ཅད་ཀྱང་བྱམས་སྙིང་རྗེ་བྱང་ཆུབ་ཀྱི་སེམས་དང་བྲལ་ནས་དྲག་ཤུལ་གྱིས་ལྷ་འདྲེ་འདུལ་བར་རློམ་པ་ཁོ་ནར་འདུག་པའི་ཕྱིར་རོ། །

དེ་ལྟ་བུ་དེས་འབྱུང་པོ་ཕྲ་མོ་ནུས་པ་ཆུང་བ་རེ་རེ་གཉིས་གཉིས་འདུལ་ནུས་པ་ལྟར་འདུག་ཀྱང་། ལྷ་འདྲེ་མ་རུངས་པ་གདུག་པ་ཅན་དག་དང་འཕྲད་ན་སླར་ལ་རང་གི་སྲོག་ལ་རྒོལ་བ་ཡང་ཡོད་དེ་དུ་མ་ཞིག་མཐོང་ཆོས་སུ་གྱུར་པས་མཚོན་ལ། ཁྱད་པར་ཆོས་རྣམ་དག་སྒྲུབ་པའི་གང་ཟག་ཞིག་ལ་འདྲེ་འདུལ་བྱེད་ཐབས་ལ་སོགས་སྐྱེས་པ་ལམ་རྟགས་ཀྱི་ཡོན་ཏན་ཡིན་ནམ། བདུད་ཀྱི་བར་ཆད་

ཡིན་ཞེས་དཀའ་སྟེ། ལྷ་འདྲེ་མ་རུངས་པ་དག་གིས་རྒྱུད་བརླམས་པ་ཕལ་མོ་ཆེ་མངོན་ཤེས་དང་རྫུས་པ་སོགས་ཡོད་པ་ལྟར་སྣང་ཡང་། ཕུགས་སུ་ཡང་དག་པའི་ཆོས་དང་རྗེ་འགལ་ལ་འགྲོ་ཞིང་མཐར་དགེ་སེམས་ཉི་ལ་གྱི་འབྲུ་ཙམ་ཡང་མེད་པར་འགྱུར། དཀོར་ནམ་སྨིན་གྱི་བུ་ལོན་རི་བོ་ཙམ་ཞིག་གི་ཁུར་གྱིས་ནོན་ཀྱང་། ཉེད་པས་ཚེ་འདི་ཙམ་ལ་ཡང་ཕན་མི་འདོགས་པར་མཐར་འཚོ་བའི་ཟས་གོས་ཙམ་ཡང་མི་རྙེད་པའམ། མི་བྲ་བར་གྱུར་ནས་འཆི་བ་དེ་དག་ནི། སྔར་བཤད་པ་ལྟར་ཉི་ཚེ་བའི་དམྱལ་གནས་ལ་སོགས་པར་སྐྱེ་བར་ངེས་པ་ཡིན་ནོ། །

3 གཅོད་ཀྱི་གོ་དོན།

དེས་ན་གཅོད་པས་འདུལ་རྒྱུའི་ལྷ་འདྲེ་ནི། ཕྱི་ན་སུ་ཡང་མེད་པར་ནང་ན་ཡོད་དེ། ཕྱི་འཁྲུལ་སྣང་ལྷ་འདྲེའི་གཟུགས་སུ་སྣང་བ་དེ་ཐམས་ཅད་ཀྱང་ནང་ངང་བདག་ཏུ་འཛིན་པའི་སྙེམས་བྱེད་ཀྱི་རྩ་བ་མ་ཆོད་པ་ལས་བྱུང་བ་ཡིན་ཏེ། མ་ཅིག་གི་ཞལ་ནས་ཀྱང་།

ཐོགས་བཅས་བདུད་དང་ཐོགས་མེད་བདུད། །
དགའ་བྲོད་བདུད་དང་སྙེམས་བྱེད་བདུད། །
དེ་ཡང་སྙེམས་བྱེད་བདུད་ལ་ཐུག །

ཅེས་གསུངས། དེས་ན་འདྲེ་ཞེས་བྱ་བ་བདག་འཛིན་སྙེམས་བྱེད་ཀྱི་བདུད་ཡིན་ལ། དེ་ཡང་གཞན་དུ།

འདྲེ་མང་པོ་བྱ་བ་འདུ་ཤེས་ཡིན། །
འདྲེ་ངར་མ་བྱ་བ་ངར་འཛིན་ཡིན། །
འདྲེ་ཁྲོད་པོ་བྱ་བ་རྣམ་རྟོག་ཡིན། །
འདྲེ་དེ་དག་ཆོད་ན་གཅོད་པ་ཟེར། །

ཞེས་བྱ་སྟེ། རྗེ་མི་ལས་བྲག་སྲིན་མོ་ལ་གསུངས་པ་ལས་ཀྱང་།

འདྲེ་ཁྱོད་ལས་ཐུ་བ་ངར་འཛིན་ཡིན། །

འདྲེ་ཁྱོད་ལས་མང་བ་འདུ་ཤེས་ཡིན། །

འདྲེ་ཁྱོད་ལས་ལངས་ཤོར་རྣམ་རྟོག་ཡིན། །

ཞེས་སོགས་གསུངས། དེ་བཞིན་དུ་གཅོད་ཀྱི་དབྱེ་བ་གསུངས་པ་ཡང་།

གཉན་ས་རི་ཁྲོད་འགྲིམ་པ་ཕྱི་ཡི་གཅོད། །

ཕུང་པོ་གཟན་དུ་བསྒྱུར་བ་ནང་གི་གཅོད། །

ཉག་གཅིག་རྩད་ནས་གཅོད་པ་དོན་གྱི་གཅོད། །

གཅོད་དེ་གསུམ་དང་ལྡན་པའི་རྣལ་འབྱོར་པ་ལགས་ཏེ།

ཞེས་གསུངས། དེས་ན་གཅོད་བྱེད་པ་ཐམས་ཅད་ཀྱང་མ་རིག་པ་དང་འཁྲུལ་སྣང་ཐམས་ཅད་ཀྱི་རྩ་བ་བདག་འཛིན་རྩད་ནས་གཅོད་པ་ལ། ཉག་གཅིག་རྩད་ནས་གཅོད་པ་དོན་གྱི་གཅོད་ཅེས་བྱ་བ་ཡིན་པས། དེ་མ་བཅད་པར་ཕྱི་འཁྲུལ་སྣང་གི་འདྲེ་བསད་པས་མི་སོད། བཏུང་བས་མི་ཐུབ། མནན་པས་མི་ནོན། བསྐྲད་པས་མི་འགྲོ་སྟེ། དཔེར་ན་མེ་མ་སྤངས་པར་དུ་བ་སྤང་དུ་མི་ནུས་པ་ལྟར་ནང་སྒོམས་བྱེད་ཀྱི་རྩ་བ་མ་ཆོད་པར་དེའི་རྩལ་ལས་བྱུང་བའི་ཕྱི་འཁྲུལ་སྣང་གི་ལྷ་འདྲེ་མེད་པར་བྱེད་མི་ནུས་ཏེ། བྲག་སྲིན་མོས་ཀྱང་། རྗེ་བཙུན་ལ།

འདྲེ་སེམས་ཀྱི་རྩ་བར་མ་ཤེས་ན། །

འདྲེ་ང་བས་མི་ཚད་གཞན་ཡང་ཡོད། །

ཁྱོད་སོང་ཞིག་བྱས་པས་ང་མི་འགྲོ། །

ཞེས་སོགས་ཞུས་པ་ལྟར་དང་། རྗེ་བཙུན་གྱི་ཞལ་ནས་ཀྱང་།

འདྲི་འདྲི་རུ་བཟུང་ན་གནོད་པ་ཡིན། །

འདྲི་སེམས་སུ་ཤེས་ན་གྲོལ་བ་ཡིན། །

འདྲི་སྟོང་པར་རྟོགས་ན་ཆོད་པ་ཡིན། །

ཞེས་དང་།

གདོན་གནོད་སྦྱིན་པོ་མོའི་སྣང་བ་འདི། །

མ་རྟོགས་དུས་ན་བདུད་ཡིན་ཏེ། །

ཐོ་འཚམས་བར་དུ་གཅོད་པར་བྱེད། །

རྟོགས་ན་བདུད་ཀྱང་ལྷ་ཡིན་ཏེ། །

དངོས་གྲུབ་ཐམས་ཅད་ཁྱོད་ལས་འབྱུང་། །

ཞེས་སོགས་གསུངས་པ་ལྟར། ནང་འདྲེར་འཛིན་གྱི་རྟོག་པ་རྩད་ནས་གཅོད་པ་ལ་གཅོད་གསུངས་པ་ཡིན་གྱི། འདྲེ་གསོད་པ་མིན། འདྲེ་རྦད་བ་མིན། འདྲེ་བསྐྲད་པ་མིན། འདྲེ་མནན་པ་མིན། འདྲེ་རྣག་པ་མིན། དེས་ན་གཅད་བྱ་ཕྱི་ན་མེད་དེ་ནང་ན་ཡོད་པ་ཤེས་པར་བྱ་དགོས་སོ། །

ཡར་ཆོས་གཞན་ཕལ་ཆེ་བའི་ལུགས་ལ་ཕྱིན་ལས་ཀྱི་རྣོ་སོ། དྲག་ཤུལ་གྱི་ནུས་མཐུ། མདའ་རྡེ་མདུང་རྡེ་ཐམས་ཅད་ཕྱིར་ལ་བསྐོར་ནས་ཕྱི་དགྲ་བགེགས་ཀྱི་སྟེང་དུ་ཕྲིན་ལས་སྟོན་པ་ཡིན་ཀྱང་། རང་རེའི་ཆོས་ལུགས་འདི་ལ། རྗེ་བཙུན་མི་ལའི་ཞལ་ནས་ཀྱང་། ངའི་ཆོས་ལུགས་འདི་བདག་འཛིན་རྩད་ནས་བཅད་དེ་ཆོས་བརྒྱད་ རླུང་ལ་བསྐུར་ནས་བདུད་བཞི་ཁ་སྐྱེངས་སུ་འཇུག་པའི་ཆོས་ལུགས་ཡིན་གསུངས་པ་ལྟར། ཉམས་སུ་བླངས་ཚད་ཀྱི་ཁ་ནང་ལ་ལོག་ནས་ནང་ངར་འཛིན་གྱི་སྟེང་དུ་མཐུ་རྩལ་ནུས་པ་ཐམས་ཅད་ཡོད་དགུ་རྩལ་སྤྲུགས་སུ་བྱེད་པ་ཡིན། དེས་ན་སྨུངས་ཤིག་སྐྱོབས་ཤིག་བརྒྱ་ཟེར་བ་ལས་ཀྱང་། ཐོ་ཞིག་ཁྲེར་ཅིག་གཅིག་གིས་དགའ། ལྷ་སྲུང་བརྒྱ་ར་མདར་སྲུན་པ་ལས་ཀྱང་། ལྷ་འདྲེ་བརྒྱར་ཟ་

འཇུག་པ་དགའ་སྟེ། ཇི་སྐད་དུ།

ནད་པ་འདྲེ་ལ་གཏད་པ་ཡིན། །
སྐྱེལ་མ་དགྲ་ལ་བཅོལ་བ་ཡིན། །
སྲུངས་ཤིག་སྐྱོབས་ཤིག་བརྒྱ་ལས་ཀྱང་། །
ཟོ་ཞིག་ཁྲེར་ཅིག་གཅིག་གིས་དགའ། །
ཨ་མ་ཇོ་མོའི་ཆོས་ལུགས་ཡིན། །

ཞེས་གསུངས། དེས་ན་ནང་འདྲེར་འཛིན་གྱི་རྩ་བ་བཅད་ན་སྣང་བ་དག་པར་ཤར་ནས་བདུད་རིགས་ཆོས་སྐྱོང་དུ་གནས་འགྱུར། ཆོས་སྐྱོང་སྤྲུལ་སྐུར་ཞལ་བསྒྱུར་བ་ཞེས་བྱ་བ་དེ་འབྱུང་བ་ཡིན་པ་ལ། དེ་ལྟར་མ་ཤེས་པར་དུ་ལྟ་གཅོད་བྱེད་པར་རློམ་པ་རྣམས་ནས་ལྷ་འདྲེ་ཕྱི་ན་ཡོད་པར་བསམས་ཏེ། རྟག་ཏུ་འདྲེར་འཛིན་གྱི་སྣང་བ་དང་མ་བྲལ་བར་བསྟོད་པས་སྣང་བ་ཐམས་ཅད་འདྲེ་དང་རྒྱལ་འགོང་དུ་ཤར་ཏེ། རང་ཉིད་ཀྱང་བློ་སོས་མི་དལ་ཞིང་། གཞན་ལ་ཡང་ཕུ་ཡ་གི་ན་འདྲེ། མདའ་མ་གི་ན་འདྲེ། འདྲེ་དེ་རེད། བདུད་དེ་རེད། བཙན་དེ་རེད། ངས་རིག་ཡོད། ངས་བཟུང་ཡོད། ངས་བསད་ཡོད། ཁྱོད་ལ་འཇབ་ཀྱིན་འདུག ངས་བསྒྲད་ཡོད། ཕྱི་མིག་གཅིག་བལྟས་བྱུང་། ཟེར་བ་ལ་སོགས་རྫུན་གྱི་མགོ་སྐོར་ཁོ་ན་གཏོང་ཞིང་ཕོ་བྱུས་བྱུས་མོའི་དཔའ་སྐད་འདོན། དེ་ཙ་ལྷ་འདྲེ་དང་ཡི་དྭགས་རྣམས་ཀྱིས་ཀྱང་དེའི་རྒྱུས་ལོན་ཏེ། དེ་གར་སོང་དུ་འགྲོ་ཞིང་། བུད་མེད་བླ་ཡངས་མ་ལ་སོགས་པ་རྣམས་ཀྱི་རྒྱུད་ལ་བརླམས་ཏེ། ང་ལྷ་ཡིན་ང་འདྲེ་ཡིན། ང་ཤི་བོ་ཡིན། ང་ཁྱོད་ཀྱི་ཕ་རྒན་ཡིན། མ་རྒན་ཡིན་བྱ་བ་ལ་སོགས་པ་བདེན་བདེན་དང་། ཡིན་ཡིན་མོ་དུ་མ་བཤད། ཁ་ཅིག་ཏུ་ང་ལྷ་ཡིན། ང་ཆོས་སྐྱོང་ཡིན་ང་དམ་ཅན་ཡིན་ལ་སོགས་པ་ཟེར་ཞིང་རྫུན་ལུང་དང་མངོན་ཤེས་དུ་མ་སྒྲོགས་པར་བྱེད་དེ། འདྲེས་བླ་མ་མགོ་གཡོགས། བླ་མས་ཡོན་

བདག་མགོ་གཡོགས་པ་ནི། འཇིག་རྟེན་པའི་ཁ་སྐད་ལ། ཕ་མགོ་བུས་གཡོགས་བུ་མགོ་དགྲས་གཡོགས་ཟེར་བ་ལྟར། སྙིགས་མའི་རང་རྟགས་མངོན་དུ་གྱུར་ནས། རྒྱལ་ཁམས་བདུད་ཀྱི་དབང་བྱེད་པ་ཡིན་ཏེ། ཨོ་རྒྱན་ཆེན་པོའི་ལུང་བསྟན་ལས།

སྙིགས་མའི་དུས་ན་སྐྱེས་པའི་སྙིང་ལ་ཕོ་འདྲེ་འཇུག །

བུད་མེད་སྙིང་ལ་མོ་འདྲེ་འཇུག །

བྱིས་པའི་སྙིང་ལ་ཐེའུ་རང་འཇུག །

བཙུན་པའི་སྙིང་ལ་དམ་སྲི་འཇུག །

བོད་མི་རེའི་སྙིང་ལ་འདྲེ་རེ་འཇུག །

ཞེས་པ་ལྟར་དང་། ཐེའུ་རང་ལྷ་རུ་མཐོང་བའི་དུས་བོད་སྡུག་པའི་དུས་ལ་བབས་པ་ཡིན། ཞེས་གསུངས་པའི་ལུང་བསྟན་ཐོག་ཏུ་བབས་པ་ཡིན་ནོ། །

དེས་ན་ཕྱི་འཁྲུལ་སྣང་ལྷ་འདྲེ་བགེགས་ཀྱི་རྣམ་པ་ལྟར་སྣང་བ་ལ་བདེན་བདེན་དང་ཡིན་ཡིན་གྱི་རྒྱབ་སྐྱོར་མི་བྱ་བར། ཐམས་ཅད་ཀུན་རྫི་ལམ་དང་སྒྱུ་མ་ལྟ་བུའི་རྣམ་རོལ་དུ་རྩལ་སྦྱོང་། གནས་སྐབས་སུ་གནོད་བྱ་དང་གནོད་བྱེད་ལྟར་སྣང་བའི་ལྷ་འདྲེ་དང་ནད་པ་གཉིས་ཀ་ཡང་། ལས་ངན་དང་འཁྲུལ་སྣང་གི་རྒྱུ་ལས་བྱུང་ཞིང་གནོད་བྱ་དང་གནོད་བྱེད་དུ་འབྲེལ་བ་ཡིན་པས་ན་ཉེ་རིང་དང་ཆགས་སྡང་མི་བྱ་བར། གཉིས་ཀ་ལ་བྱམས་པ་དང་སྙིང་རྗེ་བྱང་ཆུབ་ཀྱི་སེམས་བསྒོམ། རང་གི་གཅེས་འཛིན་དང་བདག་འཛིན་རྩ་བ་ནས་བཅད་དེ་ལུས་སྲོག་ཕོངས་པ་མེད་པར་ལྷ་འདྲེའི་གཟན་དུ་སྟེར། རྒྱུད་ཞི་སྡང་དང་གདུག་རྩུབ་ཞི་སྟེ་ཤེས་རྒྱུད་དམ་པའི་ཆོས་ལ་འཕོལ་བའི་ཆོས་བཤད་དང་སྨོན་ལམ་ལ་སོགས་པ་སྙིང་ཐག་པ་ནས་བྱེད། མཐར་ཐུག་གནོད་བྱ་དང་གནོད་བྱེད། ལྷར་སྣང་དང་འདྲེར་སྣང་། བདག་གཞན་གཉིས་སུ་འཛིན་པའི་རེ་དོགས་དང་ཆགས་

སྣང་། བཟང་ངན་དང་དགའ་སྡུག་གི་རྟོག་པ་ཐམས་ཅད་རྩ་གདར་བཅད་དེ། ཇི་སྐད་དུ།

ལྟ་མེད་འདྲི་མེད་ལྟ་བུའི་གདེང་། །
ཡིངས་མེད་འཛིན་མེད་སྒོམ་པའི་གནད། །
བླང་མེད་དོར་མེད་སྤྱོད་པའི་གནད། །
རེ་མེད་དོགས་མེད་འབྲས་བུའི་གནད། །

ཟེར་བ་ལྟར། གཅད་བྱ་གཅོད་བྱེད་ཐམས་ཅད་ཆོས་ཉིད་མཉམ་པ་ཉིད་ཀྱི་ཀློང་དུ་གདལ་ན། ནང་སྐྱེམས་བྱེད་གདོན་གྱི་རྩ་བ་ཆོད་དེ་མཐར་ཐུག་དོན་གྱི་ཆོད་ཚད་མངོན་དུ་འགྱུར་བ་ཡིན་ནོ། །

བདག་མེད་གོ་ཡུལ་ཡོད་ཀྱང་བདག་རྟོག་རགས། །གཉིས་འཛིན་སྤོང་བློ་བྱས་ཀྱང་རེ་དོགས་ལྡངས། །བདག་དང་བདག་འདྲ་བདག་ལྟའི་སེམས་ཅན་རྣམས། །བདག་མེད་གནས་ལུགས་རྟོགས་པར་བྱིན་གྱིས་རློབས། །ཚོགས་བསགས་པ་མཇལ་གྱི་ཁྲིད་དོ། །

དྲུག་པ། བླ་མའི་རྣལ་འབྱོར།

དང་པོ་བླ་མ་མཆོག་བསྟེན་བཀའ་བཞིན་བསྒྲུབས། །

བར་དུ་དགའ་བ་སྐྱེད་དེ་ཉམས་སུ་བླངས། །

ཐ་མ་དགོངས་པ་དབྱེར་མེད་བརྒྱུད་སྤྲོལ་ཟིན། །

མཚུངས་མེད་བླ་མའི་ཞབས་ལ་ཕྱག་འཚལ་ལོ། །

དྲུག་པ་རྟོགས་པའི་ཡེ་ཤེས་རང་རྒྱུད་ལ་སྐྱེད་པའི་ཐབས་ཐམས་ཅད་ཀྱི་མཐར་ཐུག་པ། བྱིན་རླབས་ཀྱི་འཇུག་སྒོ་བླ་མའི་རྣལ་འབྱོར་གྱི་ཁྲིད་ཡིན། དེ་ཡང་སྤྱིར་ཆོས་ཡང་དག་པ་ཞིག་ཉམས་སུ་ལེན་ན།

1 བླ་མའི་རྣལ་འབྱོར་གྱི་དགོས་པ།

དང་པོར་མཚན་ཉིད་ཐམས་ཅད་དང་ལྡན་པའི་བླ་མ་དགེ་བའི་བཤེས་གཉེན་ཡང་དག་པ་ཞིག་བཙལ་ཏེ། དེས་ཅི་གསུང་སྒྲུབ་པ་དང་སངས་རྒྱས་དངོས་ཀྱི་འདུ་ཤེས་ཀྱིས་སྙིང་ཐག་པ་ནས་གསོལ་བ་འདེབས་པ་ནི་གལ་ཆེ་སྟེ། མདོ་ལས་ཀྱང་། དོན་དམ་པ་ནི་དད་པས་རྟོགས་པར་བྱ་བ་ཡིན་ནོ། །ཞེས་གསུངས། དེ་བཞིན་དུ་ཛོ་བོ་རྗེ་ལྷ་ཅིག་གི་ཞལ་ནས་ཀྱང་། གྲོགས་དག་བྱང་ཆུབ་མ་ཐོབ་བར་དུ་བླ་མ་དགོས་པས་བཤེས་གཉེན་དམ་པ་བསྟེན། །གནས་ལུགས་མ་རྟོགས་བར་དུ་ཐོས་པ་དགོས་པས་བླ་མའི་གདམས་ངག་ཉོན། །བདེ་བ་ཐམས་ཅད་བླ་མའི་བྱིན་རླབས་ལགས་པས་དྲིན་དུ་གཟོ་བར་མཛོད། །

ཅེས་དང་། དགེ་བཤེས་ཁ་རག་སྒོམ་ཆུང་གི་ཞལ་ནས། བླ་མ་འཇིག་རྟེན་དང་འཇིག་རྟེན་ལས་འདས་པའི་དངོས་གྲུབ་ཐམས་ཅད་ཀྱི་བྱེད་པ་པོར་ངོ་ཤེས་དགོས་ཞེས་དང་། སྡེ་སྣོད་གསུམ་ཤེས་ཀྱང་བླ་མ་ལ་མོས་གུས་མེད་ན་ཕན་མེད། ཅེས་གསུངས། ཁྱད་པར་གསང་སྔགས་རྡོ་རྗེ་ཐེག་པའི་ལམ་ཐམས་ཅད་ནི། བླ་མ་

ཁོ་ན་གལ་ཆེ་བ་ཡིན་པས། བླ་མའི་རྣལ་འབྱོར་སྒོམ་པ་ཡང་རྒྱུད་སྡེ་ཐམས་ཅད་ནས་གསུངས་ཤིང་། དེ་ཉིད་བསྐྱེད་རྫོགས་སྒོམ་པ་ཐམས་ཅད་ལས་ཀྱང་ལྷག་པར་གསུངས་ཏེ། རྒྱུད་ལས།

གང་གིས་བསྐལ་པ་བྱེ་བ་རུ། །
ལྷ་སྐུ་འབུམ་ཕྲག་བསྒོམས་པ་ལས། །
བླ་མ་སྐད་ཅིག་དྲན་པ་མཆོག །

ཅེས་གསུངས། ཡང་དགོས་རང་བཞིན་རྫོགས་པ་ཆེན་པོ་སྙིང་ཐིག་རྡོ་རྗེ་སྙིང་པོའི་ཐེག་པ་འདི་ལས་ནི། ཐེག་པ་འོག་མ་ལྟར་རྟོག་དཔྱོད་དང་གཏན་ཚིགས་ལ་སོགས་པའི་སྒོ་ནས་ཟབ་མོའི་དོན་གཏན་ལ་འབེབས་པ་ཡང་མ་གསུངས། རྒྱུད་སྡེ་འོག་མ་ལྟར་ཐུན་མོང་གི་དངོས་གྲུབ་ལ་མ་བརྟེན་ནས་མཐར་ཐུག་མཆོག་ལ་སྦྱོར་བར་ཡང་མ་གསུངས། རྒྱུད་སྡེ་གོང་མ་གཞན་ལྟར་དབང་གསུམ་པའི་དཔེའི་ཡེ་ཤེས་ལ་བརྟེན་ནས་དོན་གྱི་ཡེ་ཤེས་ངོ་སྤྲོད་པ་ཡང་རྩལ་དུ་བཏོན་ནས་མ་གསུངས་ཏེ། བརྒྱུད་པ་གསེར་གྱི་ཞག་ཐག་ལ་དམ་སེལ་གྱི་གཡའ་ཡིས་མ་གོས་པའི་རྟོགས་པ་མཆོག་ལྡན་གྱི་བླ་མ་ཁོ་ན་ལ། སངས་རྒྱས་དངོས་ཀྱི་འདུ་ཤེས་བཞག ཡིད་ཁྱིད་ཤེས་ཀྱི་མོས་གུས་དྲག་པོས་གསོལ་བ་འདེབས་པ་ལ་བརྟེན་ནས་ཐུགས་ཡིད་དབྱེར་མེད་དུ་འདྲེས་ཏེ། བྱིན་རླབས་འཕོ་བའི་སྟོབས་ཀྱིས་རྟོགས་པ་རྒྱུད་ལ་སྐྱེ་བར་བཞེད་པ་ཡིན་ཏེ་ སྔར་དྲངས་པ་ལྟར།

དོན་དམ་ལྷན་ཅིག་སྐྱེས་པའི་ཡེ་ཤེས་ནི། །
ཚོགས་བསགས་སྒྲིབ་པ་དག་པའི་ལག་རྗེས་དང་། །
རྟོགས་ལྡན་བླ་མའི་བྱིན་རླབས་ཁོ་ན་ལས། །
ཐབས་གཞན་བསྟེན་པ་རྨོངས་པར་ཤེས་པར་བྱ། །

ཞེས་དང་། ས་ར་ཧས་ཀྱང་།

བླ་མས་སྨྲས་པ་གང་གི་སྙིང་ཞུགས་པ། །

ལག་པའི་མཐིལ་ན་གནས་པའི་གཏེར་མཐོང་འདྲ། །

ཞེས་གསུངས། དེ་བཞིན་དུ་ཀུན་མཁྱེན་ཆོས་ཀྱི་རྒྱལ་པོས་སྒྱུ་མ་ངལ་གསོ་ལས་ཀྱང་། བསྐྱེད་རིམ་དང་རྫོགས་རིམ་སྒོམ་པ་ལ་སོགས་པ་རྣམས་ནི་རང་གི་ལམ་གྱི་ངོ་བོ་དེས་མི་གྲོལ་ཏེ། དེ་ཡང་སྤྱོད་པ་དང་བོགས་འདོན་སོགས་ལ་བརྟེན་པ་ཡིན། བླ་མའི་རྣལ་འབྱོར་ནི་རང་གི་ལམ་གྱི་ངོ་བོ་འདི་ཁོ་ནས་གནས་ལུགས་ཀྱི་རྟོགས་པ་རྒྱུད་ལ་སྐྱེས་ཏེ་གྲོལ་བ་ཡིན་པས་ན། ལམ་ཐམས་ཅད་ལས་བླ་མའི་རྣལ་འབྱོར་ཟབ་པ་ཡིན། ཞེས་གསུངས། དེ་སྐད་དུ།

དམ་ཚིག་བཀོད་པའི་རྒྱུད་ལས་ཀྱང་། །

མཚན་དང་དཔེ་བྱད་ལྡན་པའི་ལྷ། །

བསྐལ་པ་འབུམ་དུ་བསྒོམ་པ་བས། །

བླ་མ་སྐད་ཅིག་དྲན་པ་མཆོག །

བསྙེན་སྒྲུབ་བཟླས་པ་ས་ཡ་བས། །

བླ་མའི་གསོལ་འདེབས་ལན་གཅིག་མཆོག །

ཅེས་དང་། ཨ་ཏི་བཀོད་པ་ལས།

དྲིན་དང་ལྡན་པའི་བླ་མ་དེ། །

སྤྱི་བོའི་གཙུག་གམ་སྙིང་གི་དཀྱིལ། །

ཡན་ལག་མཐིལ་དུ་གང་བསྒོམས་པ། །

སངས་རྒྱས་སྟོང་གི་དངོས་གྲུབ་ཀྱང་། །

གང་ཟག་དེ་ཡིས་འཛིན་པར་འགྱུར། །

ཞེས་དང་། རྫེ་རྒོད་ཚང་པའི་ཞལ་ནས།

བླ་མའི་རྣལ་འབྱོར་བསྒོམ་པ་ན། །
སྒྲིབ་ཟད་ཡོན་ཏན་རྫོགས་པར་འགྱུར། །

ཞེས་དང་།

བསྐྱེད་རིམ་བསྒོམ་པ་མང་ལགས་ཀྱང་། །
བླ་མ་སྒོམ་པའི་གོང་ན་མེད། །
རྫོགས་རིམ་བསྒོམ་པ་མང་ལགས་ཀྱང་། །
བློ་ཁེལ་ཞིང་བསྒྱུར་གོང་ན་མེད། །

ཅེས་གསུངས།

དེ་བཞིན་དུ་འབྲི་གུང་སྐྱོབ་པ་རིན་པོ་ཆེས་ཀྱང་།
བླ་མ་སྐུ་བཞིའི་གངས་རི་ལ། །
མོས་གུས་ཀྱི་ཉི་མ་མ་ཤར་ན། །
བྱིན་རླབས་ཀྱི་ཆུ་རྒྱུན་མི་འབབ་པས། །
སེམས་མོས་གུས་འདི་ལ་ནན་ཏན་མཛོད། །

ཅེས་དང་།

རྗེ་བཙུན་རང་རིག་རས་པའི་ཞལ་ནས་ཀྱང་།
རྗེ་ལ་གསོལ་བ་མི་འདེབས་པའི། །
མི་རྟོག་ཡེ་ཤེས་འདོད་པ་དེ། །
བྱང་བསྟན་ཕུག་པར་ཉི་སྒུག་འདྲ། །
སྣང་སེམས་འདྲེས་དུས་དེ་ལ་མེད། །

ཅེས་གསུངས། དེས་ན་གནས་ལུགས་མ་བཅོས་པའི་རྟོགས་པ་རྒྱུད་ལ་སྐྱེ་བ་

ནི། མོས་གུས་བླ་མའི་རྣལ་འབྱོར་པོ་ན་ལ་བརྟེན་ནས་རྒྱུད་ལ་སྐྱེ་བ་མ་གཏོགས་ཐབས་གཞན་གང་གིས་ཀྱང་རྟོགས་མི་ནུས་པས་ན། རྗེ་ནཱ་རོ་པ་ཡང་། ཐེག་པ་གསུམ་ལ་མཁས་པའི་པཎྜི་ཏར་གྱུར། མུ་སྟེགས་ཀྱི་རྒོལ་བ་ཐམས་ཅད་ཚར་བཅད་དེ། བི་ཀྲ་མ་ཤཱི་ལའི་བྱང་སྒོ་སྲུང་བའི་པཎྜི་ཏ་མཛད་པའི་དུས་སུ་ཡང་། ཡེ་ཤེས་ཀྱི་མཁའ་འགྲོ་མས་ཁྱོད་ཚིག་ལ་མཁས་པ་ཡིན་གྱི་དོན་ལ་མཁས་པ་མ་ཡིན་པས་ན། ད་དུང་ཡང་བླ་མ་བསྟེན་དགོས་སོ་ཞེས་ལུང་བསྟན་པ་ལྟར། དཀའ་བ་དུ་མའི་སྒོ་ནས་ཏཻ་ལོ་པ་བསྟེན་པའི་ཚེ། ཏཻ་ལོ་པའི་ཞལ་ནས། འདི་ཙམ་བསྟན་ཡང་མི་གོ་བ་ཞེས་གསུངས་ཏེ་མཆིལ་ལྷམ་གྱིས་དཔྲལ་བར་བསྣུན་པས་གནས་ལུགས་ཀྱི་རྟོགས་པ་སྐྱེས་ཏེ་བླ་མ་དང་དགོངས་པ་མཉམ་པར་གྱུར་པ་དང་། སློབ་དཔོན་འཕགས་པ་ཀླུ་སྒྲུབ་ཀྱིས་ངར་སྣབས་ཅིག་དོར་བ་ཀླུའི་བྱང་ཆུབ་ཀྱིས་ཅན་གྱིས་བླངས་ནས་ཡོངས་སྤྱད་པས་མཆོག་གི་དངོས་གྲུབ་ཐོབ་པར་བཤད་པ་དང་། དེ་བཞིན་དུ་རིག་འཛིན་འཇིགས་མེད་གླིང་པའི་ཞལ་ནས་ཀྱང་། ཁོ་བོས་ཀྱང་རྒྱལ་བ་གཉིས་པའི་གསུང་རབ་མཐོང་ནས། སངས་རྒྱས་དངོས་ཀྱི་འདུ་ཤེས་བཅོས་མ་མ་ཡིན་པ་རྒྱུད་ལ་སྐྱེས་ཏེ་ཕུར་ཚུགས་སུ་གསོལ་བ་བཏབ་པས། ཡེ་ཤེས་ཀྱི་སྐུས་རྗེས་སུ་བཟུང་སྟེ་རང་བྱུང་གི་རྟོགས་པ་རྒྱུད་ལ་སྐྱེས། དུས་དེ་ནས་བཟུང་སྟེ་ཞུ་བ་པོ་བརྒྱ་ཕྲག་ཐལ་བ་ལ་ཁྲིད་བཏབ་པ་ཡིན་ཏེ། བརྩོན་འགྲུས་ཅན་འཇིག་རྟེན་པའི་བསམ་གཏན་ལས་ན་མི་འཕར། ཤེས་རབ་ཅན་རྟོག་དཔྱོད་ཀྱི་ཕྱོགས་སུ་མི་གོལ། དོན་དམ་པའི་རྟོགས་ཚུལ་མོས་གུས་ཀྱི་སྤྲང་ལ་ཐེག་པ་ཤ་སྟག་བྱུང་ངོ་། །ཞེས་གསུངས། དེ་བཞིན་དུ་ལོ་ཆེན་བཻ་རོ་ཙ་ན་རྒྱལ་མོ་ཚ་བའི་རོང་དུ་སྦྱུགས་པའི་ཚེ། སྤང་རྒན་མི་ཕམ་མགོན་པོ་ཞེས་བྱ་བ་རྒན་པོ་ལོ་བརྒྱད་ཅུ་འགྲོ་བ་ཤིན་ཏུ་རྒས་ཤིང་འཁོགས་པ་ཞིག་ལ། སྒོམ་ཐག་ལུས་ལ་བཅིངས། སྒོམ་རྟེན་སྐེད་ལ་བཙུགས་ཏེ་བྱིན་རླབས་བླ་མའི་ལམ་ཁྱེར་འདི་བསྟན་པས། ཀ་དག་ཁྲེགས་ཆོད་ཀྱི་དགོངས་པ་མ་ནོར་བ་རྒྱུད་ལ་སྐྱེས་ཏེ་ལུས་རྟུལ་ཕྲན་དུ་དེངས་

ནས་སངས་རྒྱས་པ་སོགས་ཡིན་པས། འདི་ལས་ལྷག་པའི་ཟབ་ལམ་ནི་ཐེག་པ་རིམ་པ་དགུའི་ཆོས་ཞལ་བསྒྱུར་ཀྱང་མི་རྙེད་དེ་མིང་དུ་སྔོན་འགྲོར་བཏགས་ཀྱང་། དོན་དུ་དངོས་གཞིའི་ལམ་ཐམས་ཅད་ཀྱི་གནད་འགག་མཐར་ཐུག་པ་དེ་ཡིན་པས། དུས་དང་རྣམ་པ་ཐམས་ཅད་དུ་འདི་ཁོ་ན་ལ་ཉམས་ལེན་གྱི་མཐིལ་བཙལ་ན། ཉམས་ལེན་གཞན་ཅི་ཡང་མེད་ཀྱང་ཆོག་པ་ཡིན་པས་སྙིང་ཐག་པ་ནས་འབད་པ་ཅི་ནས་ཀྱང་གལ་ཆེའོ། །

2 བླ་མའི་རྣལ་འབྱོར་སྒོམ་ཚུལ།

དེ་ལྟ་བུའི་ཟབ་ལམ་བླ་མའི་རྣལ་འབྱོར་དེ་ཉིད་ཉམས་སུ་བླང་བ་ལ་དོན་གསུམ་སྟེ། ཚོགས་ཞིང་གསལ་གདབ་པ། ཡན་ལག་བདུན་པ་འབུལ་བ། ཞུར་ཚུགས་སུ་གསོལ་བ་གདབ་པ་ལས།

(1) ཚོགས་ཞིང་གསལ་འདེབས་པ།

དང་པོ་ཚོགས་ཞིང་གསལ་འདེབས་པ་ནི། ཞིང་ཁམས་སྦྱོང་བ་སེམས་སྟོབས་ཆེན་པོའི་སྤྱོད་ཡུལ་ཡིན་པས་སྣང་བས་གར་ཁྱབ་ཐམས་ཅད་པདྨ་འོད་ཀྱི་ཕོ་བྲང་བཀོད་པ་མཚན་ཉིད་ཐམས་ཅད་ཡོངས་སུ་རྫོགས་པར་གསལ་བའི་དབུས་སུ། རང་ཉིད་དབང་གི་སྟོད་དུ་ཅུང་བ་དང་། བདེ་སྟོང་གི་ཡེ་ཤེས་སྐྱེད་པ་དང་། རྗེས་སུ་འཛིན་པའི་རྟེན་འབྲེལ་གྱི་ཁྱད་པར་ལས། ངོ་བོ་མཁའ་འགྲོ་ཡེ་ཤེས་མཚོ་རྒྱལ་ཡིན་པ་ལ། རྣམ་པ་རྗེ་བཙུན་རྡོ་རྗེ་རྣལ་འབྱོར་མ་སྐུ་མདོག་དམར་མོ་ཞལ་གཅིག་ཕྱག་གཉིས་སྤྱན་གསུམ་བླ་མའི་ཐུགས་ཀར་རིངས་པའི་ཚུལ་གྱིས་གཟིགས་པ། དེ་ཡང་རིངས་པའི་ཚུལ་ཟེར་བ་དེ་བླ་མ་མཇལ་བ་ལ་གཅིག་ཏུ་དགའ་བའི་བྲེལ་ལངས་པ་ལྟ་བུའི་རྣམ་འགྱུར་ལ་ཟེར་བ་ཡིན། ཕྱག་གཡས་ན་མ་རིག་གཏི་མུག་གི་གཉིད་ལས་སློང་བར་བྱེད་པའི་ཐོད་པའི་ཌ་མ་

ཧཱུ་ནམ་མཁའི་དབྱིངས་སུ་འཁྲོལ་བ། གཡོན་དུག་གསུམ་རྩད་ནས་གཅོད་པའི་གྲི་གུག་དཀུར་བརྟེན་པ། སྐུ་གཅེར་མོ་ཧཱུས་པའི་རྒྱན་ཅན་མེ་ཏོག་གི་ཆུན་འཕྱང་ཅན་སྣང་ལ་རང་བཞིན་མེད་པ་ནམ་མཁར་འཇའ་ཚོན་ཤར་བ་ལྟ་བུ་ཞིག་བསྒོམ། དེའི་སྤྱི་བོར་མདའ་གང་ཙམ་གྱི་སྟེང་གི་ནམ་མཁར་རིན་པོ་ཆེ་སྣ་ཚོགས་ལས་གྲུབ་པའི་པདྨ་འདབ་མ་འབུམ་བརྒྱལ་ཞིག་བསྒོམ། དེའི་སྟེང་དུ་ཉི་མའི་དཀྱིལ་འཁོར། དེའི་སྟེང་དུ་ཟླ་བའི་དཀྱིལ་འཁོར། དེའི་སྟེང་དུ་ངོ་བོ་དུས་གསུམ་སངས་རྒྱས་ཐམས་ཅད་འདུས་པའི་ངོ་བོ་མཚུངས་མེད་ཐུགས་རྗེའི་གཏེར་མཛོད་དཔལ་ལྡན་རྩ་བའི་བླ་མ་ཡིན་པ་ལ། རྣམ་པ་ཨོ་རྒྱན་རྡོ་རྗེ་འཆང་ཆེན་པོ་སྐུ་མདོག་དཀར་ལ་དམར་བའི་མདངས་ཆགས་པ། ཞལ་གཅིག་ཕྱག་གཉིས་ཞབས་གཉིས་རྒྱལ་པོ་རོལ་པའི་སྟབས་སུ་བཞུགས་པ། སྐུ་ལ་ཟ་བེར་ཆོས་གོས་ཕོད་ཀ་གསོལ་བ། དབུ་ལ་པད་ཞུ་མནབས་པ། ངེ་ཡང་ཨོ་རྒྱན་རིན་པོ་ཆེའི་དབུ་ཞྭ་འདི་ལ་མི་འདྲ་བ་གསུམ་ཡོད་དེ། ཨོ་རྒྱན་སངས་རྒྱས་གཉིས་པ་དེ་ཉིད་ལྷོ་ནུབ་འོ་མ་ཅན་གྱི་རྒྱ་མཚོ་ལས་ཕ་ཡི་རྒྱུ་ལས་མ་བསྐྱེད། མ་ཡི་རྐྱེན་ལས་མ་གྲུབ། པདྨ་གེ་སར་གྱི་སྡོང་པོར་རིག་པ་ཐོལ་སྐྱེས་སུ་འཁྲུངས་སྣང་སྲིད་གཞིར་བཞེངས་སུ་རྫོགས་དུས། མཁའ་འགྲོ་མ་རྣམས་ཀྱིས་རིགས་བདག་གི་ཚུལ་དུ་གསོལ་བ་ལ་པདྨ་ཁ་འབུས་ཞེས་བྱ། དུར་ཁྲོད་ཆེན་པོ་བརྒྱད་དུ་བརྟུལ་ཞུགས་ཀྱི་སྤྱོད་པ་མཛད་དེ། སྤྱོད་པ་ལེགས་ཉེས་ཀྱི་མཐའ་སྟོང་པའི་དུས་སུ་མཁའ་འགྲོ་མ་རྣམས་ཀྱིས་ཆེ་རྟགས་ཀྱི་ཚུལ་དུ་གསོལ་བ་ལ་ཤྭ་བའི་མཉེན་ཞུ་ཞེས་བྱ། ཟ་ཧོར་རྒྱལ་པོ་གཙུག་ལག་འཛིན་གྱིས་གསོན་བསྲེགས་མཛད་པའི་ཚེ། རྡོ་རྗེའི་སྐུ་ལ་འབྱུང་བ་མེ་ཡི་གནོད་པས་མ་ཚུགས་ཏེ་ངོ་མཚར་པདྨའི་དབུས་ན་སྐུ་གཅེར་བུ་གྲང་གྲང་བསིལ་བསིལ་ལྟར་བཞུགས་པའི་ཚེ། རྒྱལ་པོ་ངོ་མཚར་དང་དད་པ་སྐྱེས་ནས། ཟ་འོག་བེར་མཛོད་གསར་པའི་སྣོ་ཕྱིས་ལ། ། ང་ཡི་ཞྭ་གོས་ཐམས་ཅད་ཁྱེར་ལ་ཤོག ཅེས་ཟེར་ཏེ་སྐུ་ཆས་ཐམས་ཅད་དང་རྒྱལ་སྲིད་འབངས་འཁོར་དང་བཅས་པ་

འབུལ་དུས་ཀྱི་དབུ་ཞྭ་དེ་ལ་པདྨ་མཐོང་གྲོལ་ཟེར་བ་ལས། འདིར་པདྨ་མཐོང་གྲོལ་ལམ་འདབ་ལྡན་རིགས་ལྔ་འདི་ཉིད་ཡིན་ཏེ། དེ་ཡང་བསྐྱེད་རྫོགས་ཟུང་འཇུག་མཚོན་པའི་ཕྱི་ནང་རིམ་པ་གཉིས། སྐུ་གསུམ་མཚོན་པས་ཡར་རྩེ་གསུམ། སྐུ་ལྔའི་འགྲོ་དོན་མཛད་པ་མཚོན་པས་ཁ་དོག་ལྔ། ཐབས་དང་ཤེས་རབ་མཚོན་པས་ཉི་མ་དང་ཟླ་བ། དམ་ཚིག་ལ་མུ་མཐའ་མེད་པས་མུ་ཁྱུད་མཐིང་ག ཏིང་ངེ་འཛིན་གཡོ་འགྱུལ་མེད་པས་རྡོ་རྗེའི་ཏོག ལྟ་བའི་ཡང་རྩེ་རྟོགས་ཤིང་སྒྲུབ་པ་མཐའ་རུ་ཕྱིན་པས་རྒོད་ཀྱི་རྩེ་སྒྲོས་བརྒྱན་པ། དེ་ལྟ་བུ་ཞིག་ཡིན། ཕྱག་གཡས་གསེར་གྱི་རྡོ་རྗེ་ཐུགས་ཀར་སྡིགས་མཛུབ་ཀྱིས་འཛིན་པ། གཡོན་མཉམ་བཞག་གི་སྟེང་ན་ཀ་པཱ་ལ་འཆི་མེད་ཡེ་ཤེས་ཀྱི་བདུད་རྩིས་བཀང་བའི་ཚེའི་བུམ་པ་དཔག་བསམ་ལྗོན་ཤིང་གི་ཁ་རྒྱན་དང་བཅས་པ་འཛིན་པ། མཆན་ཁུང་གཡོན་ན་ཡུམ་ལྷ་ལྕམ་མཁའ་འགྲོའི་དབང་ཕྱུག་སྦས་པའི་ཚུལ་གྱི་ཁ་ཊྭཾ་ག་འཛིན་པ། ཁ་ཊྭཾ་དེ་ཡང་ངོ་བོ་རང་བཞིན་ཐུགས་རྗེ་གསུམ་མཚོན་པའི་ཡར་རྩེ་གསུམ། ཆོས་སྐུ་ལོངས་སྐུ་སྤྲུལ་སྐུ་གསུམ་མཚོན་པའི་ཐོད་པ་རྣམ་རློན་རྙིང་གསུམ། ཐེག་པ་རིམ་པ་དགུ་མཚོན་པའི་རྣ་ལ་ལྕགས་ལུང་དགུ། ཡེ་ཤེས་ལྔ་མཚོན་ཕྱིར་དར་ཚོན་སྣ་ལྔ། དུར་ཁྲོད་ཆེན་པོ་བརྒྱད་དུ་བརྟུལ་ཞུགས་ཀྱི་སྤྱོད་པ་མཛད་དེ་མ་མོ་དང་མཁའ་འགྲོ་དབང་དུ་བསྡུས་པའི་བརྟར་ཤེ་སྐྲ་དང་གསོན་སྐྲ་ལ་སོགས་པས་བརྒྱན་པ་དེ་ལྟ་བུ་ཞིག་གསལ་གདབ། དེའི་མཐའ་སྐོར་དུ་འོད་ལྔའི་དྲྭ་བ་མིག་མང་རིས་སུ་ཤར་བའི་ནང་ཁོད་འཇའ་འོད་ཀློང་འཁྱིལ་དབུས་ན། རྒྱ་གར་གྱི་རིག་འཛིན་བརྒྱད་བོད་ཀྱི་རྗེ་འབངས་ཉེར་ལྔ་ལ་སོགས་རྩ་གསུམ་དམ་ཅན་རྒྱ་མཚོ་ཐ་མལ་གྱི་སྣང་བ་རང་འགགས་སུ་འགྲོ་བ་ཞིག་གསལ་གདབ། སྤྱིར་བླ་མའི་རྣལ་འབྱོར་པ་སྒོམ་པ་འདི་ལ་སྒོམ་ལུགས་མི་འདྲ་བ་གསུམ་ཡོད་པ་ལས། སྐབས་འགྲོའི་དུས་ཚོགས་ཞིང་དེ་བླ་མ་གཙོ་བཙུགས་སུ་བསྒོམ་པར་བྱ་བ་ཡིན་ཏེ། ཨོ་རྒྱན་ཆེན་པོའི་དབུ་གཙུག་ན་རྫོགས་ཆེན་བརྒྱུད་པའི་བླ་མ་ཐམས་ཅད་ཐོ་

བསྟེགས་སུ་གསལ་འདེབས་པ་ཡིན། ཇོར་སེམས་སྒོམ་བཟླས་ཀྱི་དུས་ཀྱི་དེ་ཀུན་འདུས་ནོར་བུའི་ལུགས་སུ་བསྒོམ་པར་བྱ་བ་ཡིན་ཏེ། རྩ་བརྒྱུད་ཀྱི་བླ་མ་ཐམས་ཅད་བླ་མ་རྡོ་རྗེ་སེམས་དཔའ་གཅིག་ལ་འདུས་པར་སྒོམ་པ་ཡིན། བླ་མའི་རྣལ་འབྱོར་གྱི་སྐབས་ཀྱི་འདི་བླ་མ་ཁྲིམ་ཚོགས་སུ་སྒོམ་པར་བྱ་བ་ཡིན་ཏེ། རྫོགས་ཆེན་བརྒྱུད་པའི་བླ་མ་ཐམས་ཅད་དང་། རྩ་གསུམ་དམ་ཅན་རྒྱ་མཚོ་ཐམས་ཅད་ཡོ་རྒྱན་ཆེན་པོའི་སྐུའི་མཐའ་སྐོར་ན་ཁྲིམ་ཚོགས་པ་ལྟར་བཞུགས་པ་ཡིན། དེ་ནས། ཨེ་མ་ཧོ་རང་སྣང་ལྷུན་གྲུབ་དག་པ་རབ་འབྱམས་ཞིང་། །སོགས་ནས། གསལ་སྟོང་མཉམ་གནས་ཆེན་པོའི་ངང་དུ་གསལ། །ཞེས་ཚིག་དོན་འབྲེལ་ཆགས་པར་གསལ་བཏབ་ལ། དེ་ནས་མོས་གུས་ཀྱི་གདུང་བ་དྲག་པོ་བསྐྱེད་དེ། ཧཱུྃ། ཨུ་རྒྱན་ཡུལ་གྱི་ནུབ་བྱང་མཚམས། །སོགས་ནས། གུ་རུ་པདྨ་སི་དྡྷི་ཧཱུྃ། ཞེས་བརྗོད་མཐག་ཏུ་ཟངས་མདོག་དཔལ་གྱི་རི་བོ་པདྨ་འོད་ཀྱི་ཕོ་བྲང་རྟེན་དང་བརྟེན་པར་བཅས་པ་ཐམས་ཅད་དངོས་སུ་བྱོན་ཏེ། རང་གིས་བསྐྱེད་པའི་དམ་ཚིག་པ་ལ་ཆུ་ལ་ཆུ་བཞག་པ་ལྟར་གཉིས་སུ་མེད་པར་ཐིམ་པར་བསམ།

(2) ཡན་ལག་བདུན་པ།

གཉིས་པ་ཡན་ལག་བདུན་པ་འབུལ་བ་ནི། འདི་ལྟར་རྡོ་རྗེ་ཐེག་པའི་ལམ་ཐབས་མང་བ་དང་། དཀའ་བ་མེད་པ་དང་། དབང་པོ་རྣོན་པོའི་སྤྱོད་ཡུལ་ཡིན་པས། སེམས་སྟོབས་ཆེན་པོས་ཚོགས་བསགས་པ་ལ་རྒྱུན་ཆགས་སུ་བསླབས་པས། ཕ་རོལ་ཏུ་ཕྱིན་པའི་བསྐལ་པ་ཆེན་པོའི་ཚོགས་འདིར་སྐད་ཅིག་མ་ལ་འདུས་ནས་ཚེ་གཅིག་ལ་སོགས་པར་གྲོལ་བ་ཡིན་ནོ། །

དེའི་ཕྱིར་གསང་བ་བླ་ན་མེད་པའི་ཚོགས་ཞིང་གི་རབ་དང་ཞུལ་ཏུ་གྱུར་པ་ཡང་རྡོ་རྗེ་སློབ་དཔོན་ཉག་གཅིག་ཏུ་ངེས་པས་བླ་མའི་རྣལ་འབྱོར་དང་རྗེས་སུ་འབྲེལ་བར་བྱུང་ལ། དེ་ལ་ཚོགས་གསོག་པའི་སྒོ་མཐའ་ཡས་པ་ཡན་ལག་བདུན་

དུ་འདུ་བ་ལས།

དང་པོ་ང་རྒྱལ་གྱི་གཉེན་པོ་ཕྱག་འཚལ་བའི་ཡན་ལག་ནི། རང་གི་ལུས་བགྲང་སྟོང་གྲངས་མེད་པ་ཞིག་གི་རྡུལ་གྱི་གྲངས་སྙེད་ཅིག་སྤྲུལ་ཏེ་ནམ་མཁའི་མཐའ་དང་མཉམ་པའི་སེམས་ཅན་ཐམས་ཅད་ཀྱང་རང་དང་ལྷན་དུ་ཕྱག་འཚལ་བར་བསམ་ཞིང་། ཧྲཱིཿ བདག་ལུས་ཞིང་གི་རྡུལ་སྙེད་དུ། །རྣམ་པར་འཕྲུལ་བས་ཕྱག་འཚལ་ལོ། །ཞེས་བརྗོད། དེ་ཡང་སྤྱིར་ཁྲིད་སྦྱང་འབུམ་ལྔ་མ་ཚང་ཙམ་བྱེད་པ་རྣམས་ནས་སྐྱབས་འགྲོ་སོགས་དང་སྦྲེལ་ཏེ་ཕྱག་འཚལ་ཀྱང་ཉུང་བས་དེ་ལྟར་བྱེད་པའི་ཕྱག་ལེན་ཀྱང་ཡོད་མོད། འོན་ཀྱང་ཕྱག་གི་ཁྲིད་དངོས་འདི་ཡིན་པས་བླ་མའི་རྣལ་འབྱོར་དང་འབྲེལ་བར་ཕྱག་འཚལ་ན་ནི་ཕུན་སུམ་ཚོགས་པར་འགྱུར་རོ། །

དེ་ཡང་ཕྱག་འཚལ་བའི་ཚེ་ལུས་ཀྱི་སྒོ་ནས་ཕྱག་འཚལ་བ། ངག་གིས་ཕྱག་འཚལ་དང་གསོལ་འདེབས་ཀྱི་ཚིག་འདོན་པ། ཡིད་ཀྱིས་ཅི་མཛད་མྱེད་ཤེས་དང་བློ་གཏད་ལིང་བསྐྱུར་གྱི་མོས་གུས་དང་བཅས། བདག་དང་སེམས་ཅན་ཐམས་ཅད་ལྷན་ཅིག་ཕྱག་འཚལ་བའི་དམིགས་པ་སོགས་ལུས་ངག་ཡིད་གསུམ་ཚུལ་གཅིག་དྲིལ་དུ་བྱེད་པ་ནི་གནད་ཆེ་ལ། དེ་ལྟར་མ་ཡིན་པར་ཁ་ཡེངས་མིག་ཡེངས་སེམས་ཕྱི་རོལ་གྱི་ཡུལ་གྱི་རྗེས་སུ་འབྲངས། གཡས་ཕྱོགས་ནས་འགྲོ་འདུག་དང་སྨྲ་བརྗོད་བྱེད་པ་བྱུང་ན་མིག་དང་ཤེས་པ་དེ་ཕྱོགས་སུ་གཡེང་ཞིང་ཐལ་མོ་འགྲམ་པ་གཡོན་གྱི་སྟེང་དུ་སླེབ། གཡོན་ཕྱོགས་སུ་དེ་བཞིན་བྱུང་ན་མིག་དང་ཤེས་པ་དེ་ཕྱོགས་སུ་གཡེང་ཞིང་འགྲམ་པ་གཡས་ཀྱི་སྟེང་དུ་ཐལ་མོ་སླེབ་པ་ལྟ་བུ། སེམས་རྣམ་གཡེང་གི་དབང་དུ་བཏང་། ལུས་དེ་ཁོ་ནས་ཁྱོ་རོ་རོ་ཕྱག་འཚལ་འདོགས་བྱེད་པ་ལ་ནི། རང་གི་གཟུགས་པོར་སྡུག་གཏད་པ་ཙམ་ལས་སྙིང་པོ་ཅི་ཡང་མེད་པར་ཤེས་པར་བྱའོ། །

དེར་མ་ཟད་ཕྱག་འཚལ་ཚེ་ཡང་ཐལ་མོ་ཁོང་སྟོང་དུ་པདྨ་ཁ་འབུས་པ་ལྟ་

བྱུར་དགོས་ཀྱི། ཐལ་མོ་ལ་ནང་ཁོང་སྟོང་མེད་པར་ལག་མཐིལ་གཉིས་སྦྱད་དེ་བཅའ་བ་དང་། སོར་རྩེ་ཐུག་ཙམ་བྱེད་པ་སོགས་ནི་མི་རུང་སྟེ། ཐར་པ་ཆེན་པོའི་ཕྱོགས་སུ་རྒྱས་པའི་མདོ་ལས།

པདྨ་ཁ་འབུས་ཕྱེ་འདྲ་བ། །

ལག་གཉིས་སྤྱི་བོར་ཐལ་སྦྱར་ཏེ། །

ལུས་དཔག་མེད་པའི་སྤྲིན་ཚོགས་བཅས། །

ཕྱོགས་བཅུའི་སངས་རྒྱས་ལ་ཕྱག་འཚལ། །

ཞེས་དང་། ཡོན་ཏན་མཛོད་ལས་ཀྱང་།

བབ་ཅོལ་གོམས་པ་མིན་པའི་ལུས་བཏུད་ནས། །

སྙིང་གར་གུས་བཅས་མདོན་རྫོགས་ངོམ་པ་ལ། །

མེ་ཏོག་དོགས་པས་རབ་བཟུང་སྙིམ་པའི་སྟོད། །

ག་བུ་ཆུང་གི་བརྟུལ་ཞུགས་འཛིན་པ་ཡིན། །

ཞེས་གསུངས། དེ་ནས་རིམ་བཞིན་ཐལ་མོ་སྤྱི་བོར་སྦྱར་བས་ལུས་ཀྱི་སྒྲིབ་པ་དག མགྲིན་པར་སྦྱར་བས་ངག་གི་སྒྲིབ་པ་དག སྙིང་གར་སྦྱར་བས་ཡིད་ཀྱི་སྒྲིབ་པ་དག དེ་ནས་ལུས་ཀྱི་མ་ལྔ་ས་ལ་ཕབ་ཞེས་བྱ་བ། དཔྲལ་བ་དང་གཅིག ལག་མཐིལ་གཉིས། པུས་མོ་གཉིས་དང་ལྔ་པོ་ས་ལ་ཕབ་སྟེ་ཕྱག་བྱས་པས། ཉོན་མོངས་པ་དུག་ལྔའི་སྒྲིབ་པ་དག་པ་དང་། སྐུ་གསུང་ཐུགས་ཡོན་ཏན་ཕྲིན་ལས་ལྔའི་བྱིན་རླབས་ཐོབ་པ་ལ་སོགས་པའི་དགོས་པ་ཡོད་པས་དེ་ལྟར་བྱ། དེ་ནས་ཡར་ལངས་པའི་ཚེ་ཡང་རྐེད་པ་དྲང་པོར་བསྲངས་ཏེ་ཐལ་མོ་བཅའ་ནས་ཡང་སྟར་ལྟར་ཕྱག་འཚལ་དགོས་པ་ཡིན་གྱི། ཐལ་མོ་ལེགས་པར་མི་བཅའ་བར་ལག་པ་གཡུག་ཙམ་བྱེད་པ་དང་། པུས་མོ་དང་དཔྲལ་བ་ས་ལ་མི་རེག་པར་སྒུར་ཙམ་བྱེད་པ་དང་། ཡར་ལྡང་བའི་ཚེ་རྐེད་པ་ལེགས་པོར་མི་བསྲང་བར་སྒུར་

ཕྱག་བྱེད་པ་སོགས་ནི་མ་གུས་པའི་རྣམ་འགྱུར་ཡིན་པས་གཏན་ནས་མི་རུང་། སྔར་ཕྱག་བྱས་པའི་རྣམ་སྨིན་གྱིས་ཀྱང་རོ་ཁྱུར་ཞེས་བྱ་བ་རྒྱབ་ཏུ་ལྦ་བ་ཆེན་པོ་ཡོད་པའི་མིའུ་ཐུང་སྔར་ཏེ་འགྲོ་བ་དེ་ལྟ་བུའི་ལུས་ལེན་པར་གསུངས་པས་ན། ཕན་ཡོན་ཡོད་དུ་རེ་ནས་ཕྱག་འཚལ་བ་ཡིན་གྱི། ལུས་ངན་ལེན་བྱེད་དུ་ཕྱག་འཚལ་ཀྱང་མི་དགོས་པར་འདུག་པས། གྲངས་མང་པོ་རང་མ་ཐུབ་རུང་གང་ཐུབ་དེ་དངོས་གཙང་ཞིང་རྣམ་པར་དག་པ་རེ་ཨེ་ཐོན་ལྟ་བ་ལ་འབད་དགོས། དེས་ན་འཚལ་སླ་བ་ལ་བསམས་ནས་རི་ངོས་ལྟ་བུའི་གཟར་ལ་གཏད་པ་དང་། གད་འཁྲིས་ལ་སོགས་པ་ནས་ཕྱག་འཚལ་བ་ལ་ནི་སྙིང་པོ་ཅུང་ཟད་ཀྱང་མེད་དོ། །དེར་མ་ཟད་ད་ལྟའི་དུས་བླ་མ་ལ་སོགས་པའི་དྲུང་དུ་མཇལ་བའི་ཚེ། ཕྱག་ཅུང་ཟད་ལེགས་པ་གཅིག་བཙལ་ནས། དེ་ནས་སྔར་ཙམ་གཉིས་བྱེད་ཅིང་། དེ་ཉིད་མི་དྲག་གི་ཕྱག་ཡིན་པ་སྐད་བྱེད་དེ། ཤེས་མེད་ཕལ་མོ་ཆེས་དེའི་རྗེས་སུ་སློབ་པ་ནི་ཤིན་ཏུ་ཐ་ཆད་པ་ཡིན། ཆོས་ཞུས་པའི་དོན་པོ་ཐ་ན་ཕྱག་གཅིག་གི་འཚལ་ལུགས་ཚུན་ཆད་མ་ཤེས་པ་བླ་མ་ལས་ཉན་ནས་ཤེས་པར་བྱ་ཞིང་། གང་ཤེས་དེ་དུས་དང་རྣམ་པ་ཐམས་ཅད་དུ་མ་བརྗེད་པར་ཉམས་སུ་ལེན་དགོས་རྒྱུ་ཡིན་པ་ལ། བྱ་སླ་བ་དང་ཤེས་སླ་བ་དེ་ཙམ་ཡང་ཉམས་སུ་མི་ལེན་ན་ཆོས་ཞུས་པ་ལ་དོན་འབྲས་ཅི་ཡང་མེད་པའི་ཕྱིར་རོ། །

དེས་ན་ཆོས་ཞུས་པའི་དོན་པོ་ཕྱག་རྫོག་གཅིག་གི་འཚལ་ལུགས་ཚུན་ཆད་ཆོས་མི་ཤེས་པ་རྣམས་ལས་ཁྱད་པར་འཕགས་པ་ཞིག་དགོས་ཏེ། སྟོན་རྗེ་བཙུན་མི་ལ་བླ་མ་རྗོག་པའི་དྲུང་དུ་ཆོས་ཞུར་ཕེབས་པའི་ཚེ་བླ་མ་རྗོག་པས་གྲྭ་པ་མང་པོ་ལ་རྒྱུད་བརྟགས་གཉིས་གསུང་གིན་འདུག་པ་རྗེ་བཙུན་གྱིས་རྒྱང་རིང་པོ་ནས་མཇལ་ཏེ་ཕྱག་འཚལ་བས། བླ་མ་རྗོག་པ་ཡང་དགྱེས་ཏེ། དབུ་ཞྭ་ཕུད་ནས་ཕྱག་ལན་མཛད་ཅིང་། ཆོས་མཚམས་ཀྱི་རྟེན་འབྲེལ་ཀྱང་ལེགས། ཕ་གི་ན་ཕྱག་འཚལ་བ་འདི་སྨོ་ཕྲག་མར་པའི་སློབ་བརྒྱུད་ཀྱི་ཕྱག་འཚལ་ལུགས་སུ་འདུག་པས་ཁོང་

སུ་ཡིན་དྲིས་ཤོག་གསུངས། ལར་བླ་མ་བསྟེན་ནས་ཆོས་ཞུས་པ་དེ་སྣམ་བུ་ཆོས་ལ་འཕངས་པ་ལྟར་སྔར་གྱི་དེ་དང་ཡེ་མི་འདྲ་བ། བླ་མ་དམ་པ་དེའི་མཛད་སྤྱོད་ཅི་འདྲ་བ་དེ་འདྲ་བའི་རྗེས་སུ་སློབ་པ་ཞིག་དགོས་རྒྱུ་ཡིན། དཔེར་ན་སྣམ་བུ་ཆོས་སུ་བཙུག་པ་དེ་ལ་ཆོས་ཁ་ལེགས་ཉེས་ཙམ་ཡོད་པ་སྲིད་ཀྱང་། སྔར་ཆོས་སུ་མ་བཙུག་པའི་དུས་ལས་མདོག་གཞན་དུ་གཏན་ནས་མ་འགྱུར་བ་ག་ལ་སྲིད། ད་ལྟའི་དུས་ན་ཆོས་ལན་གྲངས་བརྒྱར་ཞུས་ཀྱང་ཤེས་རྒྱུད་སྔར་གྱི་དེ་ལས་སྒྱུ་གང་གིས་བཟང་དུ་མ་སོང་ཞིང་བྱ་བྱེད་སྤྱོད་པ་ཐམས་ཅད་འཇིག་རྟེན་པ་ལས་ཅུང་ཟད་ཀྱང་མ་ལོག་པ་ནི་ཆོས་དྲེད་དམ་ཉམས་ཀྱི་རྒྱུར་སོང་བ་ཞེས་བྱ། དེ་འདྲ་དེ་ནི་སྡིག་ཅན་ཆོས་ཀྱིས་ཐུལ་ཀྱང་ཆོས་དྲེད་ཆོས་ཀྱིས་མི་ཐུལ། ཀྲོང་པོ་སྣུམ་གྱིས་ཐུལ་ཀྱང་མར་སྐོགས་སྣུམ་གྱིས་མི་ཐུལ། གསུངས་པ་ལྟར་དགེ་བའི་ཕན་ཡོན། སྡིག་པའི་ཉེས་དམིགས། སངས་རྒྱས་ཀྱི་ཡོན་ཏན་ཅི་ལྟ་བུ་ཐོས་ཀྱང་། དེ་འདྲ་ཟེར་དར་སྐམ་པ་ཙམ་ལས་བློ་སྣ་འགྱུར་བའི་ངེས་ཤེས་དང་དད་པ་ཅུང་ཟད་ཀྱང་སྐྱེར་མ་བཏུབ་པས་ན། རྫོགས་པའི་སངས་རྒྱས་དངོས་སུ་བྱོན་ཀྱང་དེ་ལ་ཕན་གདགས་མི་ནུས་ཏེ། ཨོ་རྒྱན་ཆེན་པོའི་ཞལ་ནས་ཀྱང་།

ཆོས་སྨྲས་ཀོ་དྲེད་ཁྱེར་བའི་འཁོར་མི་བརྟེན། །
དམ་ཚིག་ཚོད་ཡོད་བྱེད་པའི་གྲོགས་མི་འགྲོགས། །

ཞེས་གསུངས། དེས་ན་ཆོས་ཚིག་གཅིག་གི་དོན་ཤེས་ཀྱང་དེ་ཉིད་རང་གི་རྒྱུད་ལ་འདྲིས་ཙ་ཤེས་པར་ཉམས་སུ་ལེན་དགོས། བླ་མ་བསྟེན་པའི་དོན་པོ་བླ་མ་དེའི་སྐུ་གསུང་ཐུགས་ཀྱི་མཛད་སྤྱོད་ལ་བལྟ་ཞིང་དེའི་རྗེས་སུ་སློབ་དགོས་ཏེ། འཇིག་རྟེན་པའི་ཁ་སྐད་ལ་ཡང་།

བྱ་བ་ཐམས་ཅད་ལད་མོ་ཡིན། །
ལད་མོའི་ནང་གི་གང་མཁས་ཡིན། །

ཟེར་བ་ལྟར་བླ་མ་དེའི་ཕྱི་ནང་གསང་གསུམ་གྱི་ཡོན་ཏན་གང་ཡོད་པ་རང་རྒྱུད་ལ་བླངས་ནས། དཔེར་ན་སླ་ཚ་བརྐོས་ཕོར་ནས་བཏོན་པ་ལྟ་བུ་ཞིག་དགོས་པ་ཡིན་ནོ། །

སྤྱིར་ཕྱག་འཚལ་ཞེས་པ་ཞེ་ས་དང་གུས་པའི་རྣམ་འགྱུར་ཙམ་ཡིན་པས། ཕྱག་འཚལ་ཚུལ་ཡང་མང་ཞིང་ཡུལ་སོ་སོའི་ཡུལ་སྲོལ་ལ་ངེས་པ་མེད་ཀྱང་། འདིར་རྒྱལ་བའི་བཀའ་ལུང་དང་མཐུན་པའི་ཕྱག་གི་འཚལ་ལུགས་བླ་མས་གསུངས། རང་གིས་གོ་ཞིང་ཤེས་བཞིན་དུ་སླ་ཚོས་སམ། ཆེ་འགྲིང་གི་དབང་གིས་ལེགས་པར་མི་འཚལ་བ་ནི། ཕྱག་འཚལ་ཡུལ་ལ་མ་གུས་པའི་བརླས་བཙོས་ཀྱི་རྣམ་འགྱུར་ཡིན་པས། ཁྲལ་ཕྱག་དེ་འདྲས་ནི་ཉེས་པ་སྐྱེད་པ་ཙམ་ལས་དགོས་དོན་ཅི་ཡང་མེད་པར་ཤེས་དགོས་སོ། །

དེ་ལྟར་མ་ཡིན་པར་ཚུལ་བཞིན་དུ་ཕྱག་འཚལ་བ་ནི། ཕན་ཡོན་ཚད་མེད་དེ། སྔོན་དགེ་སློང་ཞིག་བཅོམ་ལྡན་འདས་ཀྱི་དབུ་སྐྲ་དང་སེན་མོའི་མཆོད་རྟེན་ལ་ཕྱག་འཚལ་བ་ལ། ཀུན་དགའ་བོས་དེའི་ཕན་ཡོན་བཅོམ་ལྡན་འདས་ལ་ཞུས་པས། ཕྱག་ལན་གཅིག་འཚལ་བས་རང་གི་ལུས་ཀྱིས་ཅི་ཙམ་ནོན་པའི་དབང་ཆེན་གསེར་གྱི་ས་གཞི་ལ་མ་ཐུག་གི་བར་རྡུལ་ཅི་ཙམ་ཡོད་པ་དེའི་གྲངས་ཀྱི་འཁོར་ལོས་སྒྱུར་བའི་རྒྱལ་སྲིད་ཉམས་སུ་མྱོང་ཡང་ད་དུང་དེའི་ཕན་ཡོན་གྱི་མཐའ་མི་ཐུག་པར་གསུངས། དེ་བཞིན་དུ་མདོ་ལས། བཅོམ་ལྡན་འདས་ཀྱི་དབུའི་གཙུག་ཏོར་ལྟར་མི་མངོན་པ་ནི། བླ་མར་བྱ་བའི་སྐྱེ་བོ་ལ་གུས་པར་བཏུད་དེ་ཕྱག་འཚལ་བ་ལས་བྱུང་ངོ་། །ཞེས་གསུངས་ཏེ། མཐར་ཐུག་རྫོགས་པའི་སངས་རྒྱས་ཀྱི་དབུའི་གཙུག་ཏོར་བལྟར་མི་མངོན་པ་འགྲུབ་པའི་རྒྱུར་འགྱུར་བ་ཡིན་ནོ། །

གཉིས་པ་མཆོད་པ་འབུལ་བའི་ཡན་ལག་ནི། དངོས་སུ་རང་གིས་ཅི་འབྱོར་པའི་མཆོད་པ་སྣར་མཆལ་གྱི་དུས་བཤད་པ་ལྟར་དངོས་གཙང་ཞིང་རྣམ་པར་

དག་པ་སེར་སྣས་མ་བཅིངས་ཤིང་ཚུལ་འཆོས་དང་ངོམ་ཆོས་སུ་མ་སོང་བར་བཤམས་ལ་དེས་དམིགས་རྟེན་ཙམ་བྱས་ཏེ། ཡིད་ཀྱིས་ནམ་མཁའ་དང་ས་གཞི་ཐམས་ཅད་ལྷ་མིའི་མཆོད་རྫས། མེ་ཏོག བདུག་སྤོས། མར་མེ། དྲི་ཆབ། ཞལ་ཟས་ལ་སོགས་པ་དང་། གཞལ་མེད་ཁང་དང་། ཡུལ་མཁར། ཀུན་དགའ་ར་བ། རྒྱལ་སྲིད་བདུན། བཀྲ་ཤིས་རྟགས་བརྒྱད། རྫ་རྫེའི་ལྷ་མོ་བཅུ་དྲུག་སོགས་པས་གླུ་གར་དང་རོལ་མོའི་ཁྱད་པར་བྱང་ཆུབ་སེམས་དཔའ་ཀུན་ཏུ་བཟང་པོའི་མཆོད་པའི་རྗེས་སུ་འགྲོ་བ་སྤྲུལ་དགོས་ཏེ། དེ་ཡང་བྱང་ཆུབ་སེམས་དཔའ་ཀུན་ཏུ་བཟང་པོའི་ཏིང་ངེ་འཛིན་གྱི་མཐུ་ལས། རང་གི་ཐུགས་ཀ་ནས་འོད་ཟེར་ཁ་དོག་མི་འདྲ་བ་བྱེ་བ་བརྒྱ་སྟོང་སངས་རྒྱས་ཀྱི་ཞིང་གྲངས་མེད་པའི་རྡུལ་དང་མཉམ་པར་སྤྲོས། འོད་ཟེར་དེ་རེ་རེའི་རྩེར་ཡང་བྱང་ཆུབ་སེམས་དཔའ་ཀུན་ཏུ་བཟང་པོ་རང་འདྲ་བ་རེ་རེ་སྤྲུལ། དེ་རེ་རེའི་ཐུགས་ཀ་ནས་སྔར་དང་འདྲ་བའི་འོད་ཟེར་སྤྲོ་ཞིང་། དེའི་རྩེར་ཀུན་ཏུ་བཟང་པོ་སྤྲུལ་པ་སོགས་གྲངས་མེད་བསམ་གྱིས་མི་ཁྱབ་པའི་བར་སྤྲོས་ཏེ། དེ་དག་རེ་རེས་ཀྱང་དཔག་ཏུ་མེད་པའི་མཆོད་རྫས་ཀྱི་རྣམ་གྲངས་བསམ་གྱིས་མི་ཁྱབ་པས་ཕྱོགས་བཅུའི་རྒྱལ་བ་སྲས་དང་བཅས་པ་ལ་མཆོད་པ་ནི། འཕགས་པ་ཀུན་ཏུ་བཟང་པོའི་མཆོད་པའི་སྤྲིན་ཕུང་ཞེས་བྱ་སྟེ། དེ་འདྲ་བ་རང་གི་བློས་ཅི་ལྕོག་ཏུ་སྤྲུལ་ཏེ་འབུལ་ཞིང་།

དངོས་བཤམས་ཡིད་སྤྲུལ་ཏིང་འཛིན་གྱིས། །

སྣང་སྲིད་མཆོད་པའི་ཕྱག་རྒྱར་འབུལ། །

ཞེས་བརྗོད། དེ་ཡང་རང་འབུལ་བའི་ནུས་པ་ཡོད་ན། རྒྱལ་བ་སྲས་བཅས་ལ་བཞེས་པའི་ནུས་པ་ཡོད་པ་ཡིན་པས། འཇིག་རྟེན་གྱི་ཁམས་ན་བདག་པོས་མ་བཟུང་བའི་ལྷ་དང་མིའི་ལོངས་སྤྱོད་ཇི་སྙེད་ཡོད་པ་ཐམས་ཅད་ཀུང་བློས་བླངས་ནས་འབུལ་ཞིང་། ཡིད་ཀྱིས་ཅི་ཙམ་སྤྲུལ་ནུས་པ་དེ་ཙམ་དུ་སྤྲུལ་ནས་ཕུལ་ན་ཚོགས་རྫོགས་པ་ལ་དངོས་སུ་འབྱོར་པ་དང་ཁྱད་པར་སྤུ་ཙམ་ཡང་མེད་

པས། མཆོད་པ་འབུལ་བ་ལ་ཡོ་བྱད་མེད་སྙམ་མི་དགོས་ཤིང་། དེས་ན་དུས་དང་རྣམ་པ་ཐམས་ཅད་དུ་རང་དང་གཞན་གྱི་ཡོ་བྱད་ཅི་ཡོད་པ་དང་ཅི་མཐོང་པ་ཐམས་ཅད་ལ་དང་པོར་དཀོན་མཆོག་གསུམ་མཆོད། ཟ་བརྒྱུད་ཀྱི་བླ་མ་མཆོད་སྙམ་པའི་བློ་སྔོན་དུ་གཏོང་ཞིང་། ཐ་ན་ལམ་ཀ་ཞིག་ན་ཆུ་དྭངས་མོ་ཞིག་འབབ་པའམ། མེ་ཏོག་གི་ཐང་ཞིག་འདུག་པ་ཙུན་ཆད་ཡིད་ལ་འབབས་པའི་དངོས་པོ་གང་མཐོང་ཐམས་ཅད་རང་གི་བློས་བླངས་ཏེ་དཀོན་མཆོག་གསུམ་མཆོད་སྙམ་པ་ཡིད་ལ་བྱས་ན་ཚོགས་ཞར་དང་ཞོར་ལ་རྫོགས་པ་ཡིན་པས་དེ་ལྟར་བྱ་དགོས་སོ། །

གསུམ་པ་སྡིག་པ་བཤགས་པའི་ཡན་ལག་ནི། ཚེ་འཁོར་བ་ཐོག་མ་མེད་པ་ནས་དེ་རིང་ཡན་ཆད་དུ་དྲན་པ་དང་མི་དྲན་པའི་སྡིག་ལྟུང་། ལུས་ངག་ཡིད་གསུམ་གྱི་སྒོ་ནས་མི་དགེ་བ་བཅུ་མཚམས་མེད་པ་ལྔ། དེ་དང་ཉེ་བ་ལྔ། ཕྱི་བ་བཞི། ལོག་པ་བརྒྱད། དཀོན་མཆོག་གི་དཀོར་ལ་སྤྱག་པ་སོགས་ཁ་ན་མ་ཐོ་བའི་ལས་ཅི་བསགས་པ་ཐམས་ཅད་གནོང་འགྱོད་དྲག་པོས་མཐོལ་ལོ་བཤགས་སོ། །

སྐབས་ཆད་མི་བགྱིད་དོ་སྙམ་པ་ལ་སོགས་སྟར་རྫོར་སེམས་སྒོམ་བཟླས་ཀྱི་དུས་སུ་བཤད་པ་ལྟར་གཉེན་པོ་སྟོབས་བཞིའི་དག་པ་དྲན་པའི་ངང་ནས་བཤགས། སྡིག་སྒྲིབ་ཐམས་ཅད་རང་གི་ལྕེ་ཐོག་ཏུ་ནག་ཐུང་གིས་འདུས་པ་ལ། ཚོགས་ཞིང་ལྷ་ཚོགས་ཀྱི་སྐུ་གསུང་ཐུགས་ལས་འོད་ཟེར་བྱུང་བ་ཕོག་པས་དྲི་མ་བཀྲུས་པ་བཞིན་དག་པར་བསམས་ནས། སྒོ་གསུམ་མི་དགེའི་ལས་རྣམས་ཀུན། །འོད་གསལ་ཆོས་སྐུའི་ངང་དུ་བཤགས། །ཞེས་བརྗོད།

བཞི་པ་ཕྲག་དོག་གི་གཉེན་པོ་རྗེས་སུ་ཡི་རང་བའི་ཡན་ལག་ནི། རྒྱལ་བ་རྣམས་ཀྱིས་སེམས་ཅན་གྱི་དོན་དུ་ཆོས་ཀྱི་འཁོར་ལོ་ཆེན་པོ་བསྐོར་བ་དང་། བྱང་ཆུབ་སེམས་དཔའ་རྣམས་ཀྱི་སྤྱོད་པ་རླབས་པོ་ཆེ། སེམས་ཅན་རྣམས་ཀྱི་བསོད་ནམས་དང་ཐར་པ་ཆ་མཐུན་གྱི་དགེ་བ། རང་གིས་སྔར་བྱས་པ། ད་ལྟ་བྱེད་

བཞིན་པ། ཕྲིས་བྱེད་པར་ངེས་པ་ཐམས་ཅད་ལ་སྙིང་ཐག་པ་ནས་དགའ་བ་ཆེན་པོས་རྗེས་སུ་ཡི་རང་བ་བསྒོམ་ཞིང་།

བདེན་པ་གཉིས་ཀྱིས་བསྡུས་པ་ཡི། །
དགེ་ཚོགས་ཀུན་ལ་རྗེས་ཡི་རང་། །

ཞེས་བརྗོད། དེ་ཡང་ཀུན་རྫོབ་ཀྱི་བདེན་པ་དང་དོན་དམ་གྱི་བདེན་པ་གཉིས་ལ་མ་འདུས་པའི་ཆོས་ནི་ཐེག་པ་རིམ་པ་དགུ་ལ་སོགས་པ་གང་ན་ཡང་མེད་པས། དེ་གཉིས་ཀྱིས་བསྡུས་པའི་རང་གཞན་ཐམས་ཅད་ཀྱི་དགེ་བ་ཟག་བཅས་དང་ཟག་པ་མེད་པ་ཐམས་ཅད་ལ་རྗེས་སུ་ཡི་རང་བ་ཡིན་ནོ། །

དེ་ལྟ་བུའི་རྗེས་སུ་ཡི་རང་ནི་ཕན་ཡོན་ཚད་མེད་དེ། སྔོན་རྒྱལ་པོ་གསལ་རྒྱལ་གྱིས་བཅོམ་ལྡན་འདས་འཁོར་དང་བཅས་པ་ལ་ཟླ་བ་བཞིར་གདུགས་ཚོད་ལ་སྤྱན་དྲངས་ཏེ་ལོངས་སྤྱོད་ཐམས་ཅད་ཀྱིས་མཆོད་པའི་ཚེ། སློང་མོ་བྱེད་པའི་དབུལ་མོ་ཞིག་ཡོད་པ་དེས་བསམ་པ་ལ། རྒྱལ་པོ་གསལ་རྒྱལ་འདི་སྔོན་ཡང་བསོད་ནམས་བསགས་པའི་མཐུས་ལོངས་སྤྱོད་དང་འབྱོར་པ་འདི་ཙམ་གྱི་བདག་པོ་གྱུར། སྔོན་པ་ཁྱད་པར་ཅན་འདི་འདྲ་བའི་བསོད་ནམས་ཀྱི་ཞིང་དང་མཇལ། ད་དུང་ཡང་བསོད་ནམས་ཀྱི་ཚོགས་རྒྱ་ཆེན་པོ་འདི་ལྟ་བུ་བསགས་པ་ནི་ངོ་མཚར་ཆེའོ་སྙམ་དུ་སྙིང་ཐག་པ་ནས་རྗེས་སུ་ཡི་རང་བ་ཁོ་ན་བསྒོམས་པས་བསོད་ནམས་ཚད་མེད་པ་ཐོབ་པ་བཅོམ་ལྡན་འདས་ཀྱིས་མཁྱེན་ནས། དགོང་མོ་ཡོན་བསྔོ་མཛད་པའི་ཚེ། རྒྱལ་པོ་ལ་ཁྱོད་ཀྱིས་བསོད་ནམས་བསགས་པའི་དགེ་རྩ་འདི་ཁྱེད་རང་ལ་བསྔོའམ། ཁྱོད་ལས་ཆེས་བསོད་ནམས་ཐོབ་པ་དེ་ལ་བསྔོ་གསུངས་པས། རྒྱལ་པོས་དགེ་རྩ་སུ་ཆེ་ཡང་དེ་ལ་བསྔོ་བ་མཛད་པར་ཞུས་པས། དབུལ་མོ་དེའི་མིང་ནས་བཟུང་སྟེ་ཡོན་བསྔོ་བར་མཛད། ཞག་གསུམ་གྱི་བར་དུ་དེ་ལྟར་མཛད་པས་རྒྱལ་པོ་མ་དགའ་སྟེ། དེ་ལྟར་མི་མཛད་པའི་ཐབས་བློན་པོ་རྣམས་དང་བགྲོས་པས་སང་ཉིན་ཐུབ་པ་འཁོར་བཅས་ལ་བསོད་སྙོམས

འདྲེན་པའི་ཚེ། བཟའ་བ་དང་བཅའ་བ་ལ་སོགས་སྔོད་ཀྱི་ཕྱི་རོལ་དུ་མང་པོ་འཕོ་ནས། དེ་དག་སློང་མོ་བ་རྣམས་ཀྱིས་ལེན་པ་ན་རྒྱབ་རྟུང་མང་པོ་བྱས་ཏེ་ལེན་མ་བཅུག་ན། དེས་ཕན་ནམ་ཟེར། དེ་ལྟར་བྱས་པས་སྤྱི་སོར་རྗེས་སུ་ཡི་རང་འབུལ་མཁན་གྱི་དབུལ་མོ་དེ་ཡང་ཁ་ཟས་བོ་བ་རྣམས་ལེན་དུ་འོང་བ་ལ་ལེན་མ་བཅུག་པར་རྒྱབ་རྟུང་བྱས་པས། དབུལ་མོ་ཁོང་ཁྲོ་སྐྱེས་པས་དགེ་རྩ་འཇོམས་ཏེ། དེ་ཉིན་རྒྱལ་པོའི་མིང་ནས་བཟུང་སྨོ་ཡོན་བསྔོ་མཛད་པ་ཡིན། དེས་ན་མི་དགེ་བ་དང་དགེ་བའི་རྣམ་གྲངས་ལུས་ངག་གི་ལག་ལེན་གྱི་སྟེང་ན་ཙུང་ཟད་ཀྱང་མེད་དེ་རང་གི་བསམ་པ་ཁོ་ནས་བཞག་པ། སྔར་ཡང་ནས་ཡང་དུ་སྨོས་པ་ལྟར་ཡིན་པས་ན། གཞན་གྱི་དགེ་བ་བྱེད་པ་ལ་འགྲན་སེམས་དང་། ངས་དེ་ལྟ་བུའི་དགེ་བ་བྱས་སོ་སྙམ་དུ་ང་རྒྱལ་བ་ལ་སོགས་པ་འཇིག་རྟེན་ཚེ་འདིའི་འོ་དོད་དང་ཆོས་བརྒྱད་ཀྱི་དུག་གིས་ཁྱབ་པའི་དགེ་བ་རྒྱ་གང་ཆེ་བྱེད་ཁུལ་བྱེད་པ་ལས། བསམ་པ་རྣམ་པར་དག་པའི་སྒོ་ནས་གཞན་གྱིས་དགེ་བ་བྱེད་པ་ཐམས་ཅད་ལ་བལྟས་ཏེ་སྙིང་ཐག་པ་ནས་རྗེས་སུ་ཡི་རང་བ་སྒོམ་ཞིང་དེའི་དགེ་རྩ་རྫོགས་པའི་བྱང་ཆུབ་ཏུ་བསྔོས་ན་དེ་ཁོ་ན་ཚོགས་ཆེ་བ་ཡིན་ཏེ་བཅོམ་ལྡན་འདས་ཀྱིས་རྒྱལ་པོ་ལ་གདམས་པའི་མདོ་ལས་རྒྱས་པར་གསུངས་སོ། །དེ་བཞིན་དུ་ཆགས་མེད་རིན་པོ་ཆེས་ཀྱང་།

གཞན་གྱིས་དགེ་བ་བྱེད་པ་ཐོས་པའི་ཚེ།
དེ་ལ་ཕྲག་དོག་མི་དགེའི་སེམས་སྤངས་ནས། །
སྙིང་ནས་དགའ་བས་རྗེས་སུ་ཡི་རང་ན། །
དེ་ཡི་བསོད་ནམས་མཉམ་དུ་ཐོབ་པར་གསུངས། །

ཞེས་དང་། སྡུད་པ་ལས་ཀྱང་། སྟོང་གསུམ་རི་རབ་སྲང་ལ་གཞལ་བས་ཚད་བཟུང་ཙུང་། །རྗེས་སུ་ཡི་རང་དགེ་བ་དེ་ནི་དེ་ལྟ་མིན། །ཞེས་སོགས་གསུངས་

པས་ན་རྗེས་སུ་ཡི་རང་བ་འདི་བྱ་སླ་ལ་ཆོད་ཆེ་བའི་ཆོས་ཡིན་པས་དུས་དང་རྣམ་པ་ཐམས་ཅད་དུ་ཉམས་སུ་བླང་ངོ་། །

ལྔ་པ་ཆོས་ཀྱི་འཁོར་ལོ་བསྐོར་བར་སྐུལ་བའི་ཡན་ལག་ནི། སངས་རྒྱས་དང་བྱང་ཆུབ་སེམས་དཔའ་བླ་མ་དགེ་བའི་བཤེས་གཉེན་ལ་སོགས་པ་གཞན་དོན་རླབས་པོ་ཆེའི་ཁུར་བཟོད་པ་རྣམས། འགྲོ་བའི་ལོག་སྒྲུབ་དང་སྐྱོ་ངལ་གྱིས་ཐུགས་སུན་ནས་ཆོས་མི་གསུང་བར་ཞི་བདེར་གཞོལ་བ་དག་གི་དྲུང་དུ། བདག་ཀྱང་ལུས་བྱེ་བ་བརྒྱ་སྟོང་གྲངས་མེད་པར་སྤྲུལ་ནས། འཁོར་ལོ་དང་ནོར་བུ་ལ་སོགས་པ་ཕུལ་ནས་ཆོས་ཀྱི་འཁོར་ལོ་བསྐོར་བར་གསོལ་བ་གདབ་པར་བསམ་ཞིང་། ཐེག་གསུམ་ཆོས་འཁོར་བསྐོར་བར་བསྐུལ། །ཞེས་བརྗོད། དེ་ཡང་ཕྱིར་ཉན་ཐོས་རང་རྒྱལ་བྱང་ཆུབ་སེམས་དཔའི་ཐེག་པ་གསུམ་དུ་རྒྱལ་བའི་ཆོས་ཐམས་ཅད་འདུས་པས་དེའམ། ཡང་ན་ཕྱི་ཀུན་འབྱུང་འདྲེན་པའི་ཐེག་པ་ཉན་ཐོས་རང་རྒྱལ་བྱང་སེམས་གསུམ། ནང་དཀའ་ཐུབ་རིག་བྱེད་ཀྱི་ཐེག་པ་ཀྲི་ཡ་ཨུ་པ་ཡོ་ག་གསུམ། གསང་བ་དབང་སྒྱུར་ཐབས་ཀྱི་ཐེག་པ་མ་ཧཱ་ཨ་ནུ་ཨ་ཏི་གསུམ་སྟེ། ཐེག་པ་གསུམ་ལ་ནང་གསེས་དགུར་དབྱེ་བ་དེ་དག་གདུལ་བྱ་གང་ལ་ཆོས་གང་གིས་འདུལ་བ་དེ་ལྟ་བུའི་ཆོས་འཁོར་བསྐོར་བར་གསོལ་བ་འདེབས་པ་ཡིན་ནོ། །

དྲུག་པ་མྱ་ངན་ལས་མི་འདའ་བར་གསོལ་བ་འདེབས་པའི་ཡན་ལག་ནི། ཞིང་ཁམས་འདི་དང་གཞན་དག་ཏུ་བླ་མ་དང་སངས་རྒྱས་བྱང་ཆུབ་སེམས་དཔའ་གང་དག་སེམས་ཅན་གྱི་དོན་མཛད་ཟིན་ནས་མྱ་ངན་ལས་འདའ་བར་བཞེད་པ་དག་གི་མདུན་དུ། སྔོན་དགེ་བསྙེན་ཙུནྡས་གསོལ་བ་བཏབ་པ་ལྟར། བདག་གི་ལུས་མང་པོར་སྤྲུལ་ཏེ་གསོལ་བ་བཏབ་པས། འཁོར་བ་མ་སྟོང་གི་བར་དུ་བཞུགས་ནས་སེམས་ཅན་གྱི་དོན་མཛད་པར་བསམས་ལ།

ཇི་སྲིད་འཁོར་བ་མ་སྟོངས་བར། །
མྱ་ངན་མི་འདའ་བཞུགས་གསོལ་འདེབས། །

ཞེས་བརྗོད།

བདུན་པ་བསྔོ་བའི་ཡན་ལག་ནི། ད་ལྟར་གྱི་དགེ་བས་མཚོན་ནས་རང་གཞན་གྱི་དུས་གསུམ་དང་འབྲེལ་བར་བསགས་པའི་དགེ་བ་ཐམས་ཅད་སེམས་ཅན་ཐམས་ཅད་ཀྱི་དོན་དུ་འཇམ་དཔལ་གཞོན་ནུས་ཡོངས་བསྔོ་ལྟར་དམིགས་པ་མེད་པའི་ཤེས་རབ་ཀྱི་རྒྱས་འདེབས་པ་དང་བཅས། དུས་གསུམ་བསགས་པའི་དགེ་རྩ་ཀུན། །བྱང་ཆུབ་ཆེན་པོའི་རྒྱུ་རུ་བསྔོ། །ཞེས་བརྗོད། དེ་ལྟ་བུའི་བསྔོ་བ་འདི་ནི་དུས་དང་རྣམ་པ་ཐམས་ཅད་དུ་དགེ་རྩ་ཆེ་ཕྲ་གང་བྱས་ཀྱི་མཇུག་ཏུ་མ་བརྗེད་པར་ཉམས་སུ་ལེན་དགོས་ཏེ། དེ་ལྟར་མ་བསྔོས་ན་དགེ་བའི་རྩ་བ་གང་འགྲུབ་དེ་དགེ་འབྲས་ལན་ཅིག་སྨིན་ནས་ཟད་པར་འགྱུར་ལ། མཐར་ཐུག་བྱང་ཆུབ་ཐོབ་པའི་རྒྱུར་བསྔོས་ན། དགེ་འབྲས་ལན་བརྒྱར་སྨྱངས་ཀྱང་དགེ་རྩ་དེ་རྫོགས་པའི་སངས་རྒྱས་ཀྱི་གོ་འཕང་མ་ཐོབ་བར་མི་ཟད་ཅིང་གོང་ནས་གོང་དུ་འཕེལ་བར་འགྱུར་བ་ཡིན་ཏེ། བློ་གྲོས་རྒྱ་མཚོས་ཞུས་པའི་མདོ་ལས།

ཇི་ལྟར་ཆུ་ཐིགས་རྒྱ་མཚོ་ཆེ་ནང་ལྷུང་། །
རྒྱ་མཚོ་མ་ཟད་བར་དུ་དེ་མི་འཛད། །
དེ་བཞིན་བྱང་ཆུབ་ཡོངས་བསྔོས་དགེ་བ་ཡང་། །
བྱང་ཆུབ་མ་ཐོབ་བར་དུ་དེ་མི་འཛད། །

ཅེས་གསུངས། དེ་བཞིན་དུ་རང་གིས་མཐར་ཐུག་ཉན་ཐོས་རང་རྒྱལ་རྫོགས་པའི་བྱང་ཆུབ་ལ་སོགས་པའི་གོ་འཕང་ཐོབ་པར་འདོད་པའམ། དེ་བཞིན་དུ་མངོན་མཐོ་ལྷ་མིའི་ལུས་རྟེན་ཐོབ་པར་འདོད་པའམ། གཞན་ཡང་ཚེ་རིང་བ་དང་གཟུགས་བཟང་བ་ལ་སོགས་པ་གནས་སྐབས་ཀྱི་འབྲས་བུ་རྣམས་གང་རུང་ལ་དམིགས་ནས་དགེ་རྩ་ཞིག་བསྒྲུབས་ཀྱང་། དེ་ཉིད་དེའི་ཆེད་དུ་བསྔོ་དགོས་ཏེ། འབྲི་གུང་སྐྱོབ་པ་རིན་པོ་ཆེའི་ཞལ་ནས།

ཚོགས་གཉིས་ཡིད་བཞིན་ནོར་བུ་ལ། །
སྨོན་ལམ་གྱིས་ཕྱི་དོར་མ་བྱས་ན། །
དགོས་འདོད་ཀྱི་འབྲས་བུ་མི་འབྱུང་བས། །
མཇུག་བསྔོ་བ་འདི་ལ་ནན་ཏན་མཛོད། །

ཅེས་གསུངས། དེས་ན་རང་གི་དགེ་བ་བྱས་པ་ཇོགས་པའི་བྱང་ཆུབ་ཀྱི་རྒྱུར་འགྱུར་མི་འགྱུར་བསྔོ་བའི་དབང་ལས་འབྱུང་བ་ཡིན། འདུས་བྱས་ཀྱི་དགེ་བ་ཅི་ཙམ་རྒྱ་ཆེ་བ་བསགས་ཀྱང་བསྔོ་བས་ཁ་མ་བསྒྱུར་ན་ཐར་པའི་ལམ་དུ་མི་འགྲོ་སྟེ། དགེ་བཤེས་ཁམས་པ་ལུང་པའི་ཞལ་ནས། འདུས་བྱས་ཀྱི་དགེ་བ་ཐམས་ཅད་ལུང་མ་བསྟན་ཡིན་པས། སེམས་ཅན་གྱི་དོན་དུ་སྨོན་ལམ་རྒྱ་ཆེན་པོ་ཐོབ། ཅེས་གསུངས། དེ་བཞིན་དུ་རང་གི་ཕ་མ་དང་ཉེ་འབྲེལ་ལ་སོགས་པའི་ཆེད་དུ་དགེ་བ་བྱེད་པ་དང་། ཤི་བོ་ལ་སོགས་པའི་དོན་དུ་དགེ་བ་བྱེད་པ་ཡང་མ་བསྔོས་ན་མི་ཐོབ་ལ། བསྔོས་ན་ཇི་ལྟར་བསྔོས་པ་དེ་ལྟར་ཐོབ་སྟེ། སྔོན་ཡངས་པ་ཅན་གྱི་གྲོང་ཁྱེར་ན་ཡོད་པའི་སྐྱེ་བོ་རྣམས་ཀྱིས་བཅོམ་ལྡན་འདས་སང་ཉིན་གྱི་གདུགས་ཚོད་ལ་སྤྱན་དྲངས་ཏེ། སྤྱན་འདྲེན་པ་དག་སྣར་སོང་བའི་རྗེས་སུ་ཡི་དྭགས་ལྔ་བརྒྱ་འོངས་ནས། བཅོམ་ལྡན་འདས་ལ་སང་ཉིན་ཡངས་པ་ཅན་པ་དག་གིས་བཅོམ་ལྡན་འཁོར་བཅས་ལ་བསོད་སྙོམས་ཕུལ་བའི་དགེ་རྩ་དེ་ངེད་རྣམས་ལ་བསྔོ་བར་ཞུ་ཟེར། བཅོམ་ལྡན་འདས་ཀྱིས་མཁྱེན་བཞིན་དུ་ཁྱེད་རྣམས་སུ་ཡིན། ཡངས་པ་ཅན་པའི་དགེ་རྩ་དག་ཁྱེད་རྣམས་ལ་ཅིའི་ཕྱིར་བསྔོ། གསུངས་པས། ངེད་རྣམས་ཡངས་པའི་གྲོང་གི་སྐྱེ་བོ་འདི་དག་གི་ཕ་མ་རྣམས་ཡིན་ཏེ། སེར་སྣའི་ལས་ཀྱིས་ཡི་དྭགས་སུ་སྐྱེས་པ་ཡིན་ཟེར། འོ་ན་སང་ཉིན་བསྔོ་བ་བྱེད་པའི་དུས་སུ་ཁྱེད་རྣམས་ཀྱང་ཤོག་ཅིག་དང་བསྔོ་བར་བྱའོ་གསུངས་པས། ངེད་རྣམས་ལུས་ངན་འདི་ལྟ་བུ་བླངས་པས་ངོ་ཚ་ནས་འོང་མི་ཕོད་པར་འདུག་ཟེར།

བཅོམ་ལྡན་འདས་ཀྱི་ཞལ་ནས། ཁྱེད་རྣམས་ལས་ངན་བསགས་པའི་དུས་སུ་ངོ་ཚ་དགོས་རྒྱུ་ཡིན་པ་ལ། དེ་དུས་ངོ་མ་ཚ་ནས་ད་ལུས་ངན་བླངས་ཚར་སྐྱེང་ངོ་ཚ་བས་ཅི་ཕན། མི་འོང་ན་བསྐྱོ་བའི་ཐབས་མེད་གསུངས། འོ་ན་འོང་ལགས་ཟེར་ནས་སོང་། སང་ཉིན་བསྐྱོ་བའི་དུས་ཡི་དྭགས་རྣམས་བསྐྱོ་བ་ཞུ་བ་ལ་འོང་བས། ཡངས་པ་ཅན་གྱི་སྐྱེ་བོ་རྣམས་སྐྲག་ནས་བྲོས་པ་ན། བཅོམ་ལྡན་འདས་ཀྱི་ཞལ་ནས་ཁྱེད་རྣམས་སྐྲག་མི་དགོས། འདི་དག་ཁྱེད་རང་ཚོའི་ཕ་མ་རྣམས་ཡི་དྭགས་སུ་སྐྱེས་པ་ཡིན་ཏེ། འདི་དག་གིས་འདི་ལྟར་ཟེར་བར་འདུག་པས། དགེ་རྩ་བསྔོའམ་མི་བསྔོ་གསུངས། འོ་ན་ཅིས་ཀྱང་བསྔོ་བར་ཞུས་པས། བཅོམ་ལྡན་འདས་ཀྱིས།

སྦྱིན་པ་འདི་ཡི་དགེ་རྩ་གང་། །
དེ་དག་ཡི་དྭགས་རྗེས་སུ་སོང་། །
ཡི་དྭགས་ལུས་ངན་མེད་པ་དང་། །
མཐོ་རིས་བདེ་བ་ཐོབ་པར་ཤོག །

གསུངས་པས་ཡི་དྭགས་དེ་དག་ཚེ་འཕོས་ཏེ། སུམ་ཅུ་རྩ་གསུམ་གྱི་ལྷ་ཡུལ་དུ་སྐྱེས་པར་གསུངས། དེ་བཞིན་དུ་རྗེ་བཙུན་མི་ལའི་ཞལ་ནས་ཀྱང་།

རི་ལ་སྒོམ་པའི་སྒོམ་ཆེན་དང་། །
འཚོ་བ་སྦྱོར་བའི་ཡོན་བདག་གཉིས། །
སངས་མཉམ་པོར་རྒྱ་བའི་རྟེན་འབྲེལ་ཡོད། །
རྟེན་འབྲེལ་གྱི་སྙིང་པོ་བསྔོ་བ་ཡིན། །

ཞེས་གསུངས། དེ་ལྟར་བསྔོ་བ་བྱེད་པ་དེ་ཡང་རྫོགས་པའི་བྱང་ཆུབ་ཀྱི་རྒྱུར་བསྔོ་བ་བྱེད་པ་ལ་ནི། འཁོར་གསུམ་དམིགས་པ་མེད་པའི་ཤེས་རབ་ཀྱི་རྒྱས་ཟིན་དགོས་ཏེ། དེ་ལྟར་མ་ཡིན་པར་འཁོར་གསུམ་ལ་བདེན་ཞེན་གྱི་དྲི་མས་བསླད་

ན་བསྔོ་བ་དུག་ཅན་པ་ཞེས་བྱ་སྟེ། སྡུད་པ་ལས། ཇི་ལྟར་དུག་དང་འདྲེས་པའི་ཁ་ཟས་བཟང་ཟ་བ། དཀར་པོའི་ཆོས་ལ་དམིགས་པའང་དེ་འདྲར་རྒྱལ་བས་གསུངས། །ཞེས་སོ། །

དེ་ཡང་འཁོར་གསུམ་ནི། གང་བསྔོ་རྒྱུའི་དགེ་རྩ། སུའི་ཆེད་དུ་བསྔོ་བའི་གང་ཟག ཅིའི་ཕྱིར་བསྔོ་བའི་དམིགས་ཡུལ་དང་གསུམ་ཡིན་ཏེ། དེ་གསུམ་ལ་བདེན་མེད་རྟོགས་པའི་ཤེས་རབ་ཀྱིས་ཟིན་པའི་བསྔོ་བ་དུག་མེད་དངོས་དེ་སོ་སོའི་སྐྱེ་བོའི་ས་འདིར་མི་འོང་བས་ན། སྔོན་གྱི་སངས་རྒྱས་དང་བྱང་ཆུབ་སེམས་དཔའ་དག་གིས་ཇི་ལྟར་བསྔོས་པ་དེ་ལྟར་བསྔོའོ་སྙམ་ནས་བསྔོས་ན། འཁོར་གསུམ་ཡོངས་དག་གི་བསྔོ་བའི་གོ་ཆོད་དེ། ལུང་བཤགས་ལས་ཀྱང་། ཇི་ལྟར་འདས་པའི་སངས་རྒྱས་བཅོམ་ལྡན་འདས་རྣམས་ཀྱིས་ཡོངས་སུ་བསྔོས་པ་དང་། ཇི་ལྟར་མ་བྱོན་པའི་སངས་རྒྱས་བཅོམ་ལྡན་འདས་རྣམས་ཀྱིས་ཡོངས་སུ་བསྔོ་བར་འགྱུར་བ་དང་། ཇི་ལྟར་ད་ལྟར་བཞུགས་པའི་སངས་རྒྱས་བཅོམ་ལྡན་འདས་རྣམས་ཀྱིས་ཡོངས་སུ་བསྔོ་བར་མཛད་པ་དེ་བཞིན་དུ་བདག་གིས་ཀྱང་ཡོངས་སུ་བསྔོ་བར་བགྱིའོ། །ཞེས་དང་བཟང་སྤྱོད་ལས་ཀྱང་།

འཇམ་དཔལ་དཔའ་བོས་ཇི་ལྟར་མཁྱེན་པ་དང་། །
ཀུན་ཏུ་བཟང་པོ་དེ་ཡང་དེ་བཞིན་ཏེ། །
དེ་དག་ཀུན་གྱི་རྗེས་སུ་བདག་སློབ་ཅིང་།
དགེ་བ་འདི་དག་ཐམས་ཅད་རབ་ཏུ་བསྔོ། །

ཞེས་གསུངས། དེ་བས་ན་དགེ་བ་རྫོགས་པའི་བྱང་ཆུབ་ཀྱི་རྒྱུར་འགྱུར་བའི་གནད་མ་འཆུག་པ་ནི་མཇུག་བསྔོ་བའི་རྒྱས་ཡོངས་སུ་ཐེབས་པ་འདི་ཁོ་ན་ལ་རག་ལས་པ་ཡིན་པས་ན་རྣམ་པ་ཀུན་ཏུ་འབད་པར་བྱའོ། །

(3) གསོལ་བ་ཕུར་ཚུགས་སུ་འདེབས་པ།

གསུམ་པ་ཕུར་ཚུགས་སུ་གསོལ་བ་འདེབས་ཤིང་རྒྱུ་རྡོ་རྗེ་བཞིའི་ངོ་བོར་སྨྲུབ་པ་ནི། འདི་ལྟར་དཔལ་མགོན་བླ་མ་དམ་པ་ནི། དཀྱིལ་འཁོར་གང་དུ་ཧེ་རུ་ཀའི་ངོ་བོར་དབང་རྫོགས། མཐོང་བ་དང་ཐོས་པ་དང་དྲན་པ་དང་རེག་པ་ཙམ་གྱིས་ཐར་པའི་ས་བོན་འདེབས་ཤིང་། སངས་རྒྱས་ཐམས་ཅད་དང་ཕྲིན་ལས་ཀྱི་བྱེད་པ་གཅིག་པས་དཀོན་མཆོག་བཞི་པར་བྱོན། རང་ངོར་ཚེ་གཅིག་ལུས་གཅིག་ལ་སྨིན་གྲོལ་ཟབ་མོའི་ལམ་དང་ཐུགས་རྗེའི་བྱིན་རླབས་ཀོ་ནས་རྡོ་རྗེ་འཆང་གི་སར་བཙན་ཐབས་སུ་བསྐོད་པས་སངས་རྒྱས་ལས་ཀྱང་བཀའ་དྲིན་མཆོག་ཏུ་ལྷག་ཅིང་། ཡོན་ཏན་གྱི་སྒོ་ནས་གཞལ་ན་དགོངས་པ་ནམ་མཁའ་ལྟར་རྒྱ་ཆེ། མཁྱེན་བརྩེ་རྒྱ་མཚོ་ལྟར་ཚད་མེད། ཐུགས་རྗེ་ཆུ་ཀླུང་ལྟར་ཤུགས་དྲག རང་བཞིན་རི་རྒྱལ་ལྟར་ཐུགས་བརྟན། འགྲོ་བར་ཕ་མ་ལྟར་ཐུགས་སྙོམས་ཤིང་། ཡོན་ཏན་རེ་རེའི་ཆ་ཡང་དཔག་ཏུ་མི་ནུས་ལ། གསོལ་བ་བཏབ་པ་ཙམ་གྱིས་ཅི་འདོད་ཀྱི་དངོས་གྲུབ་ཐམས་ཅད་འབད་མེད་དུ་འབྱུང་བ་ཡིད་བཞིན་གྱི་ནོར་བུ་རིན་པོ་ཆེ་ཁྱེད་ལ་བརྟེན། ཁྱེད་ལ་རེ། ཁྱེད་གཅིག་བསྒྲུབ་སྙམ་པའི་མོས་གུས་མཆི་མ་འཁྲུགས་པ་དང་བཅས།

དང་པོ་དངོས་གྲུབ་སྒྲུབ་པའི་དུས་སུ། རྗེ་བཙུན་གུ་རུ་རིན་པོ་ཆེ། །ཁྱེད་ནི་སངས་རྒྱས་ཐམས་ཅད་ཀྱི། །སོགས་ནས། རྗེ་བཙུན་ཆེན་པོ་པད་འབྱུང་མཁྱེན། །བར་སོང་ནས། གསོལ་འདེབས་རྒྱུད་བསྐུལ་གྱི་འཇབ་བཟླ་གུ་རུ་ཀོ་ན་ལ་འབད། སིདྡྷི་བརྒྱ་རེ་སོང་མཚམས། རྗེ་བཙུན་གུ་རུ་རིན་པོ་ཆེ། །ལ་སོགས་པ་སྔར་ལྟར་བྱ། དེ་ལྟར་བསྙེན་པ་ཅི་ཙམ་བཟླས་པའི་ཕྱེད་ཙམ་སོང་ནས། དངོས་གྲུབ་སྐུལ་བའི་དུས་སུ། སིདྡྷི་ཕྲེང་སྐོར་རེའི་མཚམས་སུ། བདག་ལ་རེ་ས་གཞན་ན་མེད། །སོགས་ནས། སྙིགས་མའི་སྡུག་བསྔལ་བཟོད་དཀའ་ཚུལ། ཡུན་ཆད་ཚར་རེ་བྱ།

(4) དབང་བཞི་ལེན་པ།

དེ་ནས་དངོས་གྲུབ་ཞུ་བའི་དུས་སུ་དབང་བཞི་ལེན་པའི་དམིགས་པ་བྱ་བ་ནི། གུ་རུའི་སྨིན་མཚམས་ནས་ཨོཾ་ཡིག་ཆུ་ཤེལ་ལྟ་བུ་འཚེར་བ་ལས་འོད་ཟེར་འཕྲོས། རང་གི་སྤྱི་བོ་ནས་ཞུགས། ལུས་ཀྱི་ལས་སྲོག་གཅོད་མ་བྱིན་ལེན་པ་འདོད་པས་ལོག་པར་གཡེམས་པ་གསུམ་དང་། ལུས་སྐྱེད་བྱེད་རྩ་ཡིན་པས་རྩའི་སྒྲིབ་པ་དག སྐུ་རྡོ་རྗེའི་བྱིན་རླབས་ཞུགས་པ་སོགས་ནས། སྤྲུལ་སྐུའི་གོ་འཕང་ཐོབ་པའི་སྐལ་བ་རྒྱུད་ལ་བཞག་པར་བསམ། ཡང་མགྲིན་པ་ནས་ཨཱཿཡིག་པདྨ་རཱ་ག་ལྟར་འབར་བ་ལས་འོད་ཟེར་འཕྲོས། རང་གི་མགྲིན་པ་ནས་ཞུགས། ངག་གི་ལས་རྫུན་ཕྲ་མ་ཚིག་རྩུབ་ངག་ཀྱལ་བཞི་དང་། ངག་འཕེལ་བྱེད་རླུང་ཡིན་པས་རླུང་གི་སྒྲིབ་པ་དག གསུང་རྡོ་རྗེའི་བྱིན་རླབས་ཞུགས། སོགས་ནས། ལོངས་སྤྱོད་རྫོགས་སྐུའི་གོ་འཕང་གི་སྐལ་བ་རྒྱུད་ལ་བཞག་པར་བསམ། ཡང་ཐུགས་ཀའི་ཧཱུྃ་ཡིག་ནམ་མཁའི་མདོག་ཅན་ལས་འོད་ཟེར་འཕྲོས། རང་གི་སྙིང་ག་ནས་ཞུགས། ཡིད་ཀྱི་ལས་བརྣབ་སེམས་གནོད་སེམས་ལོག་ལྟ་གསུམ་དང་། ཡིད་འཕེལ་བྱེད་ཐིག་ལེ་ཡིན་པས་ཐིག་ལེའི་སྒྲིབ་པ་དག ཐུགས་རྡོ་རྗེའི་བྱིན་རླབས་ཞུགས་སོགས་ནས། ཆོས་སྐུའི་གོ་འཕང་གི་སྐལ་བ་རྒྱུད་ལ་བཞག་པར་བསམ། སླར་ཡང་ཐུགས་ཀའི་ཧཱུྃ་ཡིག་གཉིས་པ་ཞིག་སྐར་མདའ་འཕངས་པ་བཞིན་དུ་ཆད། རང་སེམས་དང་ཐ་དད་མེད་པར་འདྲེས། སྒོ་གསུམ་གྱི་རྟེན་གཞི་ཀུན་གཞིའི་ལས་དང་ཤེས་བྱའི་སྒྲིབ་པ་དག ཡེ་ཤེས་རྡོ་རྗེའི་བྱིན་རླབས་ཞུགས་སོགས་ནས། མཐར་ཐུག་གི་འབྲས་བུ་ངོ་བོ་ཉིད་སྐུའི་གོ་འཕང་གི་སྐལ་བ་རྒྱུད་ལ་བཞག་གོ། །ཞེས་བརྗོད་ཅིང་བསམས་ཏེ། མཐར་ཐུག་ཡིད་དབྱེར་མེད་དུ་བསྲེས་ནས་མཉམ་པར་བཞག ཐུན་བསྡུ་བའི་ཚེ། ནམ་ཞིག་ཚེ་ཡི་དུས་བྱས་ཚེ། །སོགས་ནས། བསམ་དོན་འགྲུབ་

པར་མཛད་དུ་གསོལ། །ཞེས་བརྗོད་པ་དང་མཉམ་དུ་མོས་གུས་དྲུང་དྲུང་པ་ཞིག་བྱས་པས། གུ་རུ་རིན་པོ་ཆེའི་ཞལ་འཛུམ་པ་དང་སྤྱན་རྗེས་ཆགས་སུ་གཡོ་བའི་ངང་ནས་ཐུགས་ཀ་ནས་འོད་ཟེར་དམར་པོ་རྡོད་ཚ་ལམ་གྱིས་འཕར་བ་ཞིག་འཕྲོན། རང་རྡོ་རྗེ་རྣལ་འབྱོར་མར་གསལ་བའི་སྙིང་གར་རིག་པའི་མོད་ལ་འོད་ཀྱི་གོང་བུ་སྲན་མ་ཙམ་དུ་གྱུར། དེ་ཉིད་མཐར་མེ་སྟག་ཡར་བ་བཞིན་དུ་ཐག་སྒྲ་དང་བཅས་གུ་རུ་རིན་པོ་ཆེའི་ཐུགས་ཀར་འདྲེས་པའི་ངང་ལ་མཉམ་པར་བཞག རྗེས་སུ་སྣང་སྲིད་ཐམས་ཅད་བླ་མའི་རྣམ་རོལ་དུ་གསལ་ཞིང་། དགེ་བ་འདི་ཡིས་མྱུར་དུ་དག །དཔལ་མགོན་བླ་མ་འགྲུབ་གྱུར་ནས། །སོགས་བསྔོ་བ་དང་། ཟངས་མདོག་དཔལ་རིའི་སྨོན་ལམ་འདོན་པར་བྱའོ།

དེ་ལྟ་བུའི་བླ་མའི་རྣལ་འབྱོར་དེ་ཡང་འགྲོ་བའི་ཚེ་ཕྲག་པ་གཡས་ཀྱི་ནམ་མཁར་བསྒོམ། དེ་བསྐོར་བ་བྱེད་པའི་རྟེན་ཡིན། འདུག་པའི་ཚེ་སྤྱི་བོའི་གཙུག་གི་ནམ་མཁའ་ལ་བསྒོམ། དེ་གསོལ་བ་འདེབས་པའི་རྟེན་ཡིན། ཟ་འཐུང་བྱེད་པའི་ཚེ་མགྲིན་པའི་དབུས་སུ་བསྒོམ། དེ་ཅི་ཟ་ཅི་འཐུང་གི་ཕུད་མཆོད་ས་ཡིན། ཉལ་བའི་ཚེ་སྙིང་གི་དབུས་སུ་བསྒོམ། དེ་ཤེས་བྱ་བུམ་འཇུག་གི་གནད་བསྟུས་པ་ཡིན། མདོར་ན་དུས་དང་རྣམ་པ་ཐམས་ཅད་དུ་གང་དུ་འདུག་པའི་གནས་ཟངས་མདོག་དཔལ་གྱི་རི་བོ་དངོས་ཡིན་སྙམ་པའི་དྲན་འཛིན་དང་། སྣང་བ་ཐམས་ཅད་བླ་མའི་སྐུར་སྦྱངས་ཏེ་མོས་གུས་བྱ། ན་ཚ་དང་གདོན་བགེགས་མི་འདོད་པ་ལ་སོགས་པ་བྱུང་ན་བདག་གི་ལས་ངན་འཛད་པའི་ཐབས་སུ་བླ་མའི་ཐུགས་རྗེས་གནང་བ་ཡིན་སྙམ་དུ་དགའ་བ་བསྒོམ་ཞིང་སྤང་བློ་མི་བྱ། སྐྱིད་ལ་ཟོས་བདེ་དགེ་སྦྱོར་འཕེལ་བ་ལ་སོགས་བྱུང་ན། དེ་དག་ཀྱང་བླ་མའི་ཐུགས་རྗེར་ཤེས་ཏེ། ང་རྒྱལ་དང་དགའ་སྤྲོད་མེད་པར་བྱ། ཏིང་ངེ་འཛིན་བསྒོམ་པས་སྐྱོ་དུབ་དང་བྱིང་རྒོད་ལ་སོགས་པ་བྱུང་ན། བླ་མའི་ཐུགས་དང་རང་གི་རིག་པ་དབྱེར་མེད་དུ་བསྲེས་ཏེ་གནས་ལུགས་ལྟ་བའི་རང་མདངས་བསྐྱངས་ཤིང་། གསོལ་འདེབས

བསྙེན་པ་བཛྲ་གུ་རུ་ལ་ཆིག་དྲིལ་བྱ། དེ་ལྟར་བྱས་ན་སྣང་བ་ཐམས་ཅད་ལྷ་དང་བླ་མར་འཆར་ཞིང་། སྤྱོད་ལམ་ཐམས་ཅད་དགེ་བར་འགྱུར་བ་ཡིན་ཏེ། རྗེ་མི་ལའི་ཞལ་ནས།

ང་འགྲོ་ན་སྣང་བ་ལམ་དུ་འཁྱེར། །
ཚོགས་དྲུག་རང་གྲོལ་གྱི་འགྲོ་ལུགས་ཡིན། །
སྡོད་ན་མ་བཅོས་ རྣལ་མར་སྡོད། །
སྙིང་པོ་དོན་གྱི་སྡོད་ལུགས་ཡིན། །
ཟ་ན་སྟོང་ཉིད་ཀྱི་ཟས་ལ་ཟ། །
གཟུང་འཛིན་སྤངས་པའི་ཟ་ལུགས་ཡིན། །
འཐུང་ན་དྲན་ཤེས་ཀྱི་ཆབ་ལ་འཐུང་། །
རྒྱུན་ཆད་མེད་པའི་འཐུང་ལུགས་ཡིན། །

ཞེས་གསུངས། དེར་མ་ཟད་གསང་སྔགས་རྡོ་རྗེ་ཐེག་པའི་ལམ་ལ་ཞུགས་ནས། དམ་ཚིག་ཉམས་ཆག་བྱུང་ན་གསོ་བ་དང་། བསྐྱེད་རྫོགས་རྫོགས་ཆེན་ལ་སོགས་པའི་ལམ་ཐམས་ཅད་བསྒོམ་པ་ལ་དབང་བ་དང་། གེགས་དང་གོལ་ས་མི་འབྱུང་བ་དང་། ཡོན་ཏན་གྱི་ཚོགས་གོང་ནས་གོང་དུ་འཕེལ་བ་ལ་སོགས་པ་ཐམས་ཅད་ཀྱང་རྩ་བ་སྨིན་བྱེད་ཀྱི་དབང་ལ་ཐུག་པ་ཡིན་ཏེ། ཇི་སྐད་དུ། གསང་སྔགས་དབང་ལ་མ་བསྟེན་འགྲུབ་པར་མི་འགྱུར་ཏེ། དཔེར་ན་མཉན་པ་ལག་སྐྱ་མེད་པ་བཞིན། ཞེས་དང་།

དབང་མ་བསྐུར་ལ་དངོས་གྲུབ་མེད། །
བྱེ་མ་བཙིར་ལ་མར་མི་འབྱུང་། །

ཞེས་གསུངས། དེ་ཡང་དང་པོ་མཚན་ཉིད་ལྡན་པའི་རྡོ་རྗེ་སློབ་དཔོན་

གྱིས། དཀྱིལ་འཁོར་དུ་བཅུག་ནས་དབང་བསྐུར་བ་དེ་གཞིའི་དབང་ཡིན་ལ། བླ་མའི་རྣལ་འབྱོར་ལ་བརྟེན་ནས་གཞན་རྐྱེན་ལ་ལྟོས་པ་མེད་པར་རང་ཉིད་ཀྱིས་དབང་བཞི་ལེན་པ་ནི་ལམ་དབང་ཡིན། མཐར་ཐུག་འབྲས་དུས་འོད་ཟེར་ཆེན་པོའི་དབང་ངམ་ཟབ་གསལ་གཉིས་མེད་ཀྱི་དབང་བསྐུར་ཐོབ་ནས། མངོན་པར་རྫོགས་པ་སངས་རྒྱས་པ་འབྲས་བུའི་དབང་ངོ་། །

དེ་ལ་ཡང་དག་རྫོགས་སྨིན་གསུམ་གྱི་ཟབ་གནད་བསམ་གྱིས་མི་ཁྱབ་པ་དང་ལྡན་པ་ཡིན་པས། དངོས་གཞི་ཉམས་སུ་ལེན་པའི་ཚེ་ཡང་སྤྱིར་སྔོན་འགྲོའི་ཆོས་ཐམས་ཅད་འདོར་མི་རུང་མོད་ཀྱང་། ཁྱད་པར་བསྐྱེད་རྫོགས་སོགས་སྒོམ་པའི་ཚེ་བླ་མའི་རྣལ་འབྱོར་ལ་བསྟེན་ནས་ལམ་དབང་བླང་བ་འདི་ཐུན་རེའི་མགོར་ཡང་མ་ཆག་པར་བྱ་བ་ནི་གནད་དམ་པའོ། །

དེ་ལྟར་ན་མོས་གུས་དང་དམ་ཚིག་རྣམ་པར་དག་པ་གང་ཞིག་འདི་ཡན་ཆད་ཀྱི་ལམ་མཐར་ཕྱིན་པས་ཀྱང་དངོས་གཞི་ལ་མི་ལྟོས་པར་ཇ་ཡབ་དཔལ་གྱི་རི་བོར་དབུགས་དབྱུང་། དག་པའི་ཞིང་ཁམས་དེར་རིག་འཛིན་རྣམ་པ་བཞིའི་ལམ་ཉི་ཟླའི་བགྲོད་པ་ལས་ཀྱང་མྱུར་བས་ཀུན་ཏུ་བཟང་པོའི་ས་ལ་ཕྱིན་པར་འགྱུར་རོ། །

3 ནང་རྒྱུད་སྡེ་གསུམ་གྱི་བརྒྱུད་སྲོལ།

འདི་དག་གི་སྐབས་སུ་ཉན་པ་པོ་སྤྲོ་བ་སྐྱེད་པ་ལ་སོགས་པའི་ཆེད་དུ་ནང་རྒྱུད་ཡོ་ག་གསུམ་གཙོ་བོར་གྱུར་པའི་བསྟན་པའི་བྱུང་ཚུལ་ལོ་རྒྱུས་ཀྱི་སྒོ་ནས་རྒྱས་བསྡུས་འཚམས་པ་རེ་གསུང་སྲོལ་ཡོད་པ་འདིར་ཡང་ཅུང་ཟད་འགོད་ན། དེ་ཡང་སྔ་འགྱུར་ནང་པ་བསྐྱེད་རྫོགས་རྫོགས་ཆེན་གསུམ་མ་ཧཱ་ཨ་ནུ་ཨ་ཏི་གསུམ་དུ་གྲགས་པའི་རྒྱུད་སྡེ་འདི་དག་གི་བསྟན་པའི་བབས་ཚུལ་ལ་གསུམ་སྟེ། རྒྱལ་བ་དགོངས་པའི་བརྒྱུད་པ། རིག་འཛིན་བརྡ་ཡི་བརྒྱུད་པ། གང་ཟག

སྙན་ཁུང་དུ་བརྒྱུད་པ་དང་གསུམ་མོ། །དང་པོ་རྒྱལ་བ་དགོངས་པས་བརྒྱུད་པ་ནི། གདོད་ནས་ཡེ་སངས་རྒྱས་པའི་སྟོན་པ་ཀུན་ཏུ་བཟང་པོ་ཉིད་ཀྱི་ཐུགས་རྗེའི་རྣམ་པར་འཕྲུལ་པ་ཚད་མེད་པ་ལས། སངས་རྒྱས་ཐམས་ཅད་ཀྱི་ཞིང་ཁམས་དང་གནས་དང་སྟོན་པ་སྐུ་བཞིར་སྣང་སྟེ། ཉིད་ལས་མི་གཞན་པའི་འཁོར་སྐུ་ལྔ་ལྷུན་གྲུབ་ཀྱི་རིག་འཛིན་དང་། རྒྱལ་བ་རྒྱ་མཚོའི་ཚོགས་བསམ་གྱིས་མི་ཁྱབ་པ་རྣམས་ལ་ཆོས་ཐམས་ཅད་ཚིག་དང་བརྡའི་སྒོ་ནས་མ་གསུངས་ཀྱང་། ཐུགས་རྗེ་ཆེན་པོ་རང་རིག་པ་ཡེ་ཤེས་ཀྱི་རང་གདངས་འགག་མེད་ལྷུན་གྲུབ་ཏུ་གསལ་བ་ཉིད་ལས་སྟོན་པས་མི་གསུང་བར་གསུངས་པ་ན། འཁོར་རྣམས་ཀྱིས་དོན་གྱི་དགོངས་པ་ཕྱིན་ཅི་མ་ལོག་པའི་དོན་མངོན་དུ་གྱུར་ཏེ་སྤངས་རྟོགས་ཀྱི་ཡོན་ཏན་དབྱེར་མེད་པར་གྱུར་པའོ། །

དེ་ཉིད་གོ་རྟོགས་ཀྱི་སྐལ་བ་དང་མི་ལྡན་པ་རྣམས་ལ་ལམ་སྐྱེགས་ཀྱི་ཐེག་པ་གཞན་གསུངས་པའི་ཚུལ་ནི། སྤྱིར་འཇིག་རྟེན་གྱི་ཁམས་བསམ་གྱིས་མི་ཁྱབ་པར་གང་ལ་གང་འདུལ་གྱི་སྤྲུལ་པ་གྲངས་མེད་དུ་སྤྲུལ་ནས་འགྲོ་བའི་དོན་མཛད་ལ། བྱེ་བྲག་ཏུ་རིགས་དྲུག་གི་གདུལ་བྱ་རྣམས་ལ་སྤྲུལ་སྐུ་ཐུབ་པ་དྲུག་གི་ཚུལ་གྱིས་འདུལ་བར་མཛད། ཁྱད་པར་འཛམ་བུའི་གླིང་འདིར་སངས་རྒྱས་ཤཱཀྱ་ཐུབ་པ་དེ་ཉིད་ཀྱིས་ལྷ་དང་མི་ཡུལ་དུ་ཆོས་ཀྱི་འཁོར་ལོ་རིམ་པ་གསུམ་བསྐོར་ཏེ། རྒྱུ་མཚན་ཉིད་ཀྱི་ཐེག་པ་འདུལ་བ་མདོ་སྡེ་མངོན་པ་རྣམས་དང་། སྔགས་ཕྱི་པ་ཀྲི་ཡ་ཨུ་པ་ཡོ་ག་ལ་སོགས་པ་གསུངས་པ་སྟེ། དེ་ཡང་ཇི་སྐད་དུ།

ཉོན་མོངས་འདོད་ཆགས་འདུལ་བའི་གཉེན་པོ་རུ། །
འདུལ་བའི་སྡེ་སྣོད་ཉི་ཁྲི་ཆིག་སྟོང་གསུངས། །
ཉོན་མོངས་ཞེ་སྡང་འདུལ་བའི་གཉེན་པོ་རུ། །
མདོ་སྡེའི་སྡེ་སྣོད་ཉི་ཁྲི་ཆིག་སྟོང་གསུངས། །

ཉོན་མོངས་གཉིས་མུག་འདུལ་བའི་གཉེན་པོ་རུ། །

མཛོད་པའི་སྡེ་སྣོད་ཉི་ཁྲི་ཆིག་སྟོང་གསུངས། །

དུག་གསུམ་ཆ་མཉམ་འདུལ་བའི་གཉེན་པོ་རུ། །

སྡེ་སྣོད་བཞི་པ་ཉི་ཁྲི་ཆིག་སྟོང་གསུངས། །

ཞེས་པ་ལྟར་རོ། །གཉིས་པ་རིག་འཛིན་བརྡ་ཡིས་བརྒྱུད་པ་ཇི་ལྟར་བྱུང་བ་ནི། བཅོམ་ལྡན་འདས་ཤཱཀྱ་ཐུབ་པ་ཉིད་ཀྱིས་མྱ་ངན་ལས་འདའ་ཁར་གསང་སྔགས་བླ་ན་མེད་པའི་བསྟན་པ་ཕྱིས་འབྱུང་བར་ལུང་བསྟན་ཏེ།

ང་ནི་འདི་ནས་མི་སྣང་ནས། །

ལོ་ནི་བརྒྱ་དང་ཉི་ཤུའི་ཚེ།

ལྷ་གནས་གསུམ་དུ་གྲགས་པ་ཡི། །

བསྟན་པའི་སྙིང་པོ་དམ་པ་ཞིག །

འཛམ་གླིང་ཤར་གྱི་ཕྱོགས་མཚམས་ཀྱི། །

མི་ལས་སྐལ་ལྡན་རིགས་ཅན་ཏེ། །

རྒྱལ་པོ་ཛ་ཞེས་བྱ་བ་ལ། །

སྔོན་ལྟས་བཟང་པོ་སྣང་བར་འགྱུར། །

དྲག་ཤུལ་ཅན་ཞེས་བྱ་བའི་རིང་། །

གྲོགས་ཀྱི་སེམས་ཅན་དམན་པའི་རིགས། །

ལང་ཀའི་བདག་པོ་ལ་སོགས་པར། །

ལག་ན་རྡོ་རྗེས་སྟོན་པར་འགྱུར། །

ཞེས་ལུང་བསྟན་ནས་སྐུ་མྱ་ངན་ལས་འདའ་ཚུལ་བསྟན། དེ་ནས་ལུང་

བསྟན་པ་དང་མཐུན་པར་ནང་པ་བླ་མེད་ཀྱི་བསྟན་པ་བསྐྱེད་རྫོགས་གསུམ་བྱུང་སྟེ། ཆོས་མ་ནུ་ཡོ་གའི་རྒྱུད་རྣམས་སྟོན་པ་གཤེགས་ནས་ལོ་ཉི་ཤུ་རྩ་བརྒྱད་ན། རྒྱལ་པོ་ཛ་ལ་རྨིས་ལྟས་བདུན་བྱུང་སྟེ། རང་གི་ཁང་སྟེང་དུ་རིན་པོ་ཆེ་གསེར་གྱི་གླེགས་བམ་ལ་བཻཌཱུརྱ་ཞུན་མས་ཡི་གེར་བྲིས་པའི་གསང་སྔགས་རྒྱུད་སྡེའི་པུ་ཏི་མང་པོ་དང་། ཕྱག་རྡོར་གྱི་སྐུ་ཁྲུ་གང་པ་ཞིག་རྙེད་དོ། །

གསོལ་བ་བཏབ་པས་རྡོ་རྗེ་སེམས་དཔའ་ཞལ་མཐོང་གི་ལེའུ་ཤེས་ནས་དེ་དང་ཕྱག་རྡོར་གྱི་སྐུ་ལ་བསྟེན་ཏེ་ཟླ་བ་དྲུག་བསྒྲུབས་པས། རྡོ་རྗེ་སེམས་དཔའི་ཞལ་མཇལ་བྱིན་གྱིས་བརླབས་པས། གླེགས་བམ་རྣམས་ཀྱི་དོན་མ་ལུས་པ་མཁྱེན་ཏེ་དེ་ལས་རིམ་པར་དར་རོ། །ལུང་ཨ་ནུ་ཡོ་གའི་བྱུང་ཚུལ་ནི། ཡང་དུས་དེའི་ཚེ་དམ་པའི་རིགས་ཅན་དྲུ་མ་ལྷས་རི་མ་ལ་ཡའི་རྩེ་མོར་ཕྱོགས་བཅུའི་བུདྡྷ་ཐམས་ཅད་ཡིད་ལ་བྱས་ཏེ།

ཀྱི་མ་ཀྱི་ཧུད་ཀྱི་མ་གླྀང་། །

སྟོན་པའི་གསལ་བྱེད་འོད་ནུབ་ན། །

འཇིག་རྟེན་མུན་པ་གང་གིས་སེལ། །

ཞེས་པ་ལ་སོགས་པའི་གདུང་ཚིག་ཉེར་གསུམ་བརྗོད་པས། དེ་བཞིན་གཤེགས་པ་ཐམས་ཅད་ཀྱིས་གསང་བའི་བདག་པོ་ལ་བསྐུལ་ཏེ།

གསང་བའི་བདག་པོ་ཁྱོད་ཉོན་ཅིག །

སྟོན་གྱི་གོ་ཆ་ཡལ་ལམ་ཅི། །

ལོ་ཀའི་སྡུག་བསྔལ་མི་ཤེས་སམ། །

སྙིང་རྗེས་ས་ལ་བབས་ནས་ཀྱང་། །

ལོ་ཀའི་གདུང་བ་སེལ་བར་གྱིས། །

ཞེས་བསྐུལ་བས། གསང་བདག་གིས་གསུངས་པར་ཞལ་གྱིས་བཞེས་ཏེ།

ཐོག་མ་ཐ་མ་མེད་པ་རུ། །
བདག་གིས་དམ་བཅའ་མི་འདོར་བས། །
སྐྱོལ་བའི་དུས་ནི་གང་བྱུང་བ། །
བདག་ཀྱང་དེ་བཞིན་ཚེ་འཕྲུལ་སྟོང་། །

ཞེས་གསུངས་ནས་རི་མ་ལ་ཡའི་རྩེར་དམ་པའི་རིགས་ཅན་ལྔ་ལ་མདོ་དགོངས་འདུས་ལ་སོགས་པ་གསུངས། ནུབ་ཕྱོགས་ཨོ་རྒྱན་གྱི་ཡུལ་ཧྥ་ན་ཀོ་ཥའི་གླིང་དུ་ལག་ན་རྡོ་རྗེས་སྤྲུལ་པའི་སྐུ་དགའ་རབ་རྡོ་རྗེ་ལ་དཔལ་གསང་བའི་རྒྱུད་དང་། མན་ངག་དང་། ཕྱུར་པ་དང་མ་མོའི་རྒྱུད་ལ་སོགས་པ་གསུངས་ཏེ། དེ་དག་ཀྱང་ཨོ་རྒྱན་པདྨ་ཐོད་ཕྲེང་ལ་བཀའ་བབས་ནས་རིམ་པར་དར། ཁྱད་པར་མན་ངག་ཨ་ཏི་ཡོ་གའི་བསྟན་པ་བྱུང་ཚུལ་ནི། དང་པོ་ལྷའི་ཡུལ་དུ་དར་ཏེ། དེ་ཡང་སུམ་ཅུ་རྩ་གསུམ་ལྷའི་གནས་ན་ལྷ་དེ་བ་བཟང་སྐྱོང་ལ་ཡིད་ལ་སྐྱེས་པའི་བུ་ལྔ་བརྒྱ་ཙམ་ཡོད་པའི་ཆེ་བ་ཀུན་དགའ་སྙིང་པོ་ཞེས་བྱ་བ་སྐྱེས་ཟླ་གཞན་ལས་བློ་གྲོས་དང་སྒྱུ་རྩལ་ཁྱད་པར་འཕགས་པ་ཞིག་བྱུང་སྟེ། བསམ་གཏན་གྱི་ཁང་པ་ན་གཅིག་པུར་སྡོད་ཅིང་རྡོ་རྗེའི་བཟླས་པ་ལ་དགའོ། །དེ་ལ་ལྷའི་བུ་སེམས་ལྷག་ཅན་ཞེས་གྲགས་སོ། །

ལྷའི་བུ་དེ་ལ་ཆུ་མོ་གླང་གི་ལོར་རྨི་ལྟས་བཞི་རྨིས་ཏེ། སངས་རྒྱས་འོད་ཟེར་ཕྱོགས་བཅུར་འཕྲོས་ཏེ། འོད་ཟེར་ཐུབ་པ་དྲུག་གིས་སེམས་ཅན་ལ་བསྐོར་བ་བྱས་ཏེ་དབུ་གཙུག་ཏུ་ཐིམ་པ་རྨིས། གཉིས་པ་ལ་ཚངས་པ་དང་། ཁྱབ་འཇུག་དང་། ཀུ་ལང་དང་གསུམ་ཁྱུར་མིད་བྱས་པ་རྨིས། གསུམ་པ་ལ་ནམ་མཁའི་ཉི་ཟླ་གཉིས་རང་གི་ལག་ཏུ་བྱུང་ནས་ལོ་ཀ་སངས་འོད་ཀྱིས་གང་བ་རྨིས། བཞི་པ་ལ་ནམ་མཁར་སྤྲིན་རཏྣའི་ཁ་དོག་ཅན་ལས་བདུད་རྩིའི་ཆར་བབས་ཏེ་རྩི་ཐོག་དང་། ནགས་ཚལ་དང་། རིན་པོ་ཆེའི་སྦུ་གུ་དང་། མེ་ཏོག་དང་། འབྲས་བུ་ཐམས་

ཅད་དུས་གཅིག་ལ་རྒྱས་པ་རྨིས། ནངས་པར་ལྷའི་དབང་པོ་ལ་བཟླས་པས། ལྷའི་དབང་པོ་ཀཽ་ཤི་ཀས་བསྟོད་པ།

ཨེ་མ་ཧོ། སྙིང་པོ་རྩོལ་མེད་བསྟན་པ་འབྱུང་བའི་དུས། །རྒྱལ་བའི་སྤྲུལ་པ་དུས་གསུམ་བྱང་ཆུབ་སེམས། །ས་བཅུའི་དབང་ཕྱུག་ལོ་ཀའི་སྒྲོན་མེ་མཆོག ། ལྷ་གནས་རྒྱན་གྱུར་ཁྱེད་ནི་ངོ་མཚར་ཆེ། །ཞེས་གསུངས་སོ། །རྨི་ལམ་དང་པོ་ནི། སངས་རྒྱས་ཐམས་ཅད་ཀྱི་དགོངས་པ་ཡོན་ཏེ་རྒྱལ་ཚབ་བྱེད་པའི་རྟགས་སོ། །གཉིས་པ་ནི་བདུད་ཐམས་ཅད་དབང་དུ་བསྡུས་ཤིང་དུག་གསུམ་རྩད་ནས་གཅོད་པའི་རྟགས་སོ། །

གསུམ་པ་ནི་གདུལ་བྱའི་བློ་མུན་སེལ་ཞིང་བསྟན་པའི་སྒྲོན་མེ་བྱེད་པའི་རྟགས་སོ། །

བཞི་པ་ནི་རང་བྱུང་ཨ་ཏིའི་བདུད་རྩིའི་ཆུས་ཉོན་མོངས་པའི་ཚ་གདུང་སེལ་ཞིང་། རྩོལ་མེད་འབྲས་བུ་ཨ་ཏིའི་ཐེག་པ་ལྷུན་གྱིས་གྲུབ་པའི་རྟགས་སོ། །ཡང་དུས་གསུམ་སངས་རྒྱས་ཐམས་ཅད་འདུས་ནས།

དཔལ་རྡོ་རྗེ་སེམས་དཔའ་ལ་བསྐུལ་ལོ། །
རིན་ཆེན་འཕྲུལ་གྱི་ཐབས་ལྡན་པ། །
གདུལ་བྱའི་གང་འདོད་སྣ་ཚོགས་ནས། །
རྩོལ་མེད་དབྱིག་དང་ལྡན་པར་མཛོད། །

ཅེས་བསྐུལ་བས་ཤྲཱི་བཛྲ་ས་ཏྭའི་ཐུགས་ཀ་ནས་རིན་པོ་ཆེ་རང་འབར་གྱི་འཁོར་ལོ་བྱུང་སྟེ། སེམས་དཔའ་རྡོ་རྗེ་ལ་གཏད་དེ་འདི་སྐད་དོ། །

གཉིས་མེད་ཡེ་ཤེས་གསང་བའི་དོན། །
བྱར་མེད་རྩོལ་མེད་ཡེ་སངས་རྒྱས། །
དབུ་མ་ཆེན་པོ་གྲགས་པའི་ལམ། །

འདུས་པའི་འཁོར་ལ་བསྟན་པར་གྱིས། །

ཞེས་བསྐུལ་བས་སེམས་དཔའ་རྡོ་རྗེས་བཤད་པར་དམ་བཅས་པ།

བཛྲ་ས་ཏྭ་ནམ་མཁའ་ཆེ། །

ཆོག་སྤྱོད་ཡུལ་མ་ཡིན་པ་ལ། །

བདག་གིས་སྨྲོགས་པར་ཤིན་ཏུ་དཀའ། །

མ་རྟོགས་པ་ལ་ཆོག་སྨོ་ནས། །

མཚོན་པས་རྟོགས་པར་བྱ་བའི་ཕྱིར། །

ཅི་རིགས་པ་ཡིས་རྣལ་འབྱོར་སྤྲོལ། །

ཞེས་ཞལ་གྱིས་འཆེས་ནས། དེའི་ཕྱག་ན་རྡོ་རྗེ་ཤར་ཕྱོགས་སུ་རྡོ་རྗེ་སྣང་བའི་ཞིང་དུ་དེ་བཞིན་གཤེགས་པ་རྡོ་རྗེ་གསང་བ་ལ་སོགས་པ་རྡོ་རྗེའི་རིགས་རྣམས་དང་། ལྷོ་ཕྱོགས་ལོ་ཀའི་ཁམས་རིན་པོ་ཆེའི་སྣང་བར་ཏ་ཐཱ་ག་ཏ་རིན་པོ་ཆེའི་ཞབས་ལ་སོགས་པ་རཏྣའི་རིགས་རྣམས་དང་། ནུབ་ཕྱོགས་པདྨ་བརྩེགས་པར་ཧྲཱ་ག་ལྷུན་པདྨའི་འོད་ལ་སོགས་པདྨའི་རིགས་བསམ་གྱིས་མི་ཁྱབ་པ་རྣམས་དང་བྱང་ཕྱོགས་རྣམ་དག་གྲུབ་པར་ཏ་ཐཱ་ག་ཏ་གྲུབ་པར་སྣང་བ་ལ་སོགས་པ་ལས་ཀྱི་རིགས་མཐའ་ཡས་པ་དང་། དབུས་ཕྱོགས་མཐར་དང་བྲལ་བའི་ཞིང་ཁམས་སུ་ཏ་ཐཱ་ག་ཏ་ཤྲཱི་བཻ་རོ་ཙ་ན་ལ་སོགས་པ་དེ་བཞིན་རིགས་ཀྱི་རྒྱལ་བ་མང་པོ་རྣམས་ལས། རྨད་བྱུང་བསྟན་པའི་སྙིང་པོ་རྩོལ་མེད་རང་བྱུང་གི་དགོངས་པ་རྒྱུ་འབྲས་ལས་འདས་པའི་ཆོས་ཨ་ཏི་ཡོ་གའི་དོན་རྣམས་སྒྲོ་འདོགས་བཅད་ཅིང་། རྒྱལ་བ་ཐམས་ཅད་ཀྱི་དགོངས་པའི་བཅུད་བླངས་ནས། སུམ་ཅུ་རྩ་གསུམ་གྱི་གནས་རྣམ་པར་རྒྱལ་བའི་ཁང་བཟང་གི་དབུ་རྩེའི་སྲོག་ཤིང་རྡོ་རྗེ་རྩེ་དགུ་པ་དང་བཅས་པའི་དབུས་ཁང་ན་ལྷའི་བུ་སེམས་ལྷག་ཅན་ཡོད་པ་དེ་ལས་དང་སྐལ་བར་ལྡན་པར་མཁྱེན་ཏེ་མདུན་དུ་བྱོན། སྲོག་ཤིང་གི་རྡོ་རྗེ་རྩེ་དགུ་པའི་སྟེང་

ཏུ་རིན་པོ་ཆེར་འབར་བའི་ཁྲིའི་ཁར་ཕྱག་ན་རྡོ་རྗེ་བཞུགས། རཏྣ་སྣ་ཚོགས་ལས་གྲུབ་པའི་གདུགས་ཕུབ། ལྷ་རྫས་ཀྱི་མཆོད་པ་མང་པོས་མཆོད་དེ། སེམས་ལྷག་ཅན་ལ་རྒྱལ་ཐབས་སྤྱི་བླུགས་རྫོགས་པའི་དབང་བཏའི་སྒོ་ནས་བསྐུར། མན་ངག་འཕྲུལ་གྱི་ལུང་བཅུ་ཕོག གཞན་དབང་བདུན་མན་ངག་ལྔ་དང་། ཏནྟྲ་དང་མན་ངག་མང་པོ་དུས་མཐའི་སྐད་ཅིག་ལ་རྫོགས་པར་བསྟན་ནས། རྒྱལ་ཚབ་དམ་པར་དབང་བསྐུར་ཏེ། རྫད་བྱུང་བསྟན་པའི་སྙིང་པོ་འདི། །ལྷ་གནས་གསུམ་དུ་གྲགས་གྱུར་ནས། །ཡང་སྤྲུལ་གང་ཟག་ཐུགས་སྲས་ཀྱིས། །འཛམ་གླིང་དབུས་སུ་རྒྱས་པར་ཤོག །ཅེས་གསུངས་ཏེ་བསྟན་པ་ལྷ་གནས་གསུམ་དུ་རྒྱས་པར་གྱུར་ཏོ། །

དེ་ནས་མི་ཡུལ་དུ་བྱུང་བའི་ལོ་རྒྱུས་ནི། རྒྱ་གར་ནུབ་ཕྱོགས་ཨོ་རྒྱན་མཁའ་འགྲོ་མའི་ཡུལ། ཧྣ་ན་ཀོ་ཤའི་གླིང་། མཚོ་ཀུ་ཧའི་འགྲམ། རྡོ་རྗེ་གླིང་ཕུག་གི་གནས། མེ་ཏོག་བཀྲ་བའི་ཚལ་ཉམས་དགའ་བ་དེ་ན། ཡབ་རྒྱལ་པོ་ཨུ་པ་རཱ་ཙ་དང་། ཡུམ་སྣང་གསལ་འོད་ལྡན་མ་གཉིས་ལ། སྲས་མོ་མེ་ཏོག་གསལ་ཞེས་བྱ་བ་མཚན་དང་ལྡན་པ། དགེ་སེམས་དང་བྱང་སེམས་ལྷག་པར་ཆེ་བ། གཡོ་སྒྱུ་དང་བག་མེད་སྤངས་ཏེ་རབ་ཏུ་བྱུང་བ་དགེ་སློང་མའི་ཁྲིམས་སྐྱོན་བྲལ་རྣམ་པར་དག་པ་སྲུང་ཞིང་དགེ་སློང་མ་ལྔ་བརྒྱའི་འཁོར་དང་བཅས་ནས་གནས་པ་ལ། ཤིང་མོ་གླང་གི་ལོ་དབྱར་ཟླ་ར་བའི་ཚེས་བརྒྱད་ཀྱི་ཐོ་རེངས་རྨི་ལམ་ན། ཏ་ཐཱ་ག་ཏ་ཐམས་ཅད་ལས་འོད་ཟེར་འཕྲོས་ཏེ་ཉི་ཟླ་གཉིས་སུ་གྱུར་པ། ཉི་མ་སྤྱི་བོ་ནས་མར་ཐིམ། ཟླ་བ་རྐང་མཐིལ་ནས་ཡར་ཐིམ་པ་རྨིས། ནངས་པར་རྫོགས་པ་སྐྱེས་ཏེ་མཚོ་ཀུ་ཧའི་འགྲམ་དུ་ཁྲུས་བྱས་ནས་འདུག་པ་ལ། ཕྱག་ན་རྡོ་རྗེ་བྱའི་རྒྱལ་པོ་ངང་པ་ཞིག་ཏུ་སྤྲུལ་ནས་སེམས་ལྷག་ཅན་། ཡི་གེ་ཧཱུྃ་དུ་བསྡུས་ནས་སྤྲུལ་པ་ལ་ངང་པ་བཞིར་སྤྲུལ། ནམ་མཁའ་ལས་བབས་ཏེ་ཁྲུས་བྱས་ནས་གསུམ་སྣར་ནམ་མཁའ་ལ་འཕུར། གསང་བདག་གི་སྤྲུལ་པའི་བྱ་དེས་སྲས་མོའི་ཐུགས་ཀར་མཆུ་ལན་གསུམ་གཏུགས་ནས་ཧཱུྃ་འོད་འབར་བ་ཞིག་ཐུགས་ཀར་བསྟིམས་ཏེ་འཕུར་

སོང་། དེར་མོ་ཡ་མཚན་སྐྱེས་ཏེ་ཡབ་དང་འཁོར་རྣམས་ལ་ལོ་རྒྱུས་བསྐྱད་པས། ཡབ་རྒྱལ་པོ་ཡ་མཚན་ཞིང་དགྱེས་ཏེ་སངས་རྒྱས་ཀྱི་སྤྲུལ་པ་ཞིག་འབྱུང་ངམ་གསུངས། བྱ་དགའ་དང་རིམ་གྲོ་ཆེར་མཛད། དེར་སྦྲུམ་མའི་རྣམ་པ་མེད་པར་ལོ་དུས་ན་ཐུགས་ཀ་ནས་རྡོ་རྗེ་རྩེ་དགུ་འོད་འབར་བ་ཞིག་བྱུང་སྟེ་ཞུ་བ་ལས་ཁྱེའུ་ཚུང་མཚན་དཔེས་བརྒྱན་པ་ཕྱག་གཡས་པ་རྡོ་རྗེ་དང་གཡོན་རིན་པོ་ཆེའི་ཕྱག་ཤིང་ཐོགས་པ། རྡོ་རྗེ་སེམས་དཔའ་ནམ་མཁའ་ཆེ་ལ་སོགས་པ་ཞལ་འདོན་དུ་མཛད་པ་ཞིག་བྱུང་ངོ་། །དེར་ཐམས་ཅད་དགྱེས་ནས་བྲམ་ཟེས་མཚན་མཁན་ལ་བསྟན་པས། བྲམ་ཟེ་ཤིན་ཏུ་ངོ་མཚར་བར་གྱུར་ཏེ། འདི་ནི་སྤྲུལ་པའི་སྐུ་ཐེག་པ་མཆོག་གི་བསྟན་པའི་བདག་པོ་ཞིག་འབྱུང་བར་འདུག་ཟེར་རོ། །ཐམས་ཅད་དགའ་བའི་རབ་ཏུ་གྱུར་ཅིང་ཕྱག་ན་རྡོ་རྗེ་བསྣམས་པས་མཚན་ཡང་དགའ་རབ་རྡོ་རྗེ་ཞེས་བཏགས། ཐམས་ཅད་ཀུན་དགྱེས་པས་དགྱེས་པ་རྡོ་རྗེ། བཞད་པས་བཞད་པ་རྡོ་རྗེར་བཏགས། རྒྱལ་སྲིད་བཟུང་བ་ལ་ཕྱག་ན་རྡོ་རྗེ་མངོན་སུམ་དུ་བྱོན་ཏེ་རྒྱལ་ཐབས་སྤྱི་བླུགས་རྫོགས་པ་ལ་སོགས་པའི་དབང་རྣམས་བསྐུར། གློང་དགུ་བམ་པོ་ཉི་ཁྲི་ལ་སོགས་པ་རྒྱུད་དང་མན་ངག་ཐམས་ཅད་དུས་མཐའི་སྐད་ཅིག་ལ་རྫོགས་པར་མཛད། དགའ་རབ་རྡོ་རྗེ་ཉིད་ལ་བསྟན་པའི་བདག་པོར་དབ་¯བསྐུར། དམ་ཅན་རྣམས་ལ་གྲོགས་མཛོད་ཅིག་ཅེས་བསྟན་པའི་སྲུང་མར་གཏེར་གཏད་ཅིང་བསྔོས་སོ། །

དེར་དགའ་རབ་རྡོ་རྗེ་ཉིད་རྩོལ་མེད་རྫོགས་པ་ཆེན་པོའི་ས་ལ་སྐད་ཅིག་གིས་སངས་རྒྱས་སོ། །དེའི་དུས་ན་རྒྱ་གར་འཕགས་པའི་ཡུལ་ན་ཕ་བྲམ་ཟེ་བདེ་སྐྱོང་དང་མ་ཀུ་ཧ་ན་གཉིས་ལ་འཕགས་པ་འཇམ་དཔལ་གྱི་སྤྲུལ་པའི་བུ་བྲམ་ཟེ་སྙིང་པོ་གྲུབ་པའམ་བདེ་མཆོག་སྙིང་པོ་ཞེས་བྱ་བ་ཞིག་ཡོད་པ་ཕྱིས་རབ་ཏུ་བྱུང་ནས་པཎྜི་ཏ་ལྔ་བརྒྱའི་གཙོ་བོར་གྱུར་ཅིང་། སློབ་དཔོན་འཇམ་དཔལ་བཤེས་གཉེན་ཞེས་གྲགས་པ་ལ། འཕགས་པ་འཇམ་དཔལ་གྱིས་ལུང་བསྟན་ཏེ་

འདི་ནས་ནུབ་ཕྱོགས་ཨོ་རྒྱན་གྱི་ཡུལ་མཚོ་ཀོ་ཤའི་འགྲམ་དུར་ཁྲོད་གསེར་གླིང་ཏེ་ཆེན་བརྙལ་བའི་དབུས་རྡོ་རྗེ་གླིང་ཕུག་གི་གནས་ན། རྡོ་རྗེ་སེམས་དཔའི་སྤྲུལ་པ་སངས་རྒྱས་ཐམས་ཅད་ཀྱི་རྩོལ་མེད་བསྟན་པའི་བདག་པོ། རྒྱལ་བ་ཐམས་ཅད་ཀྱིས་དབང་བསྐུར་བ། སྤྲུལ་པའི་སྐུ་དགའ་རབ་རྡོ་རྗེ་ཞེས་བྱ་བ་བཞུགས་ཀྱི། ཁྱོད་དེ་རུ་སོང་ལ་ཟུང་འབྲུང་བསྟན་པའི་སྙིང་པོ་ཨ་ཏི་ཡོ་ག་ཞེས་བྱ་བ་རྩོལ་མེད་དུ་འཚང་རྒྱ་བའི་ཆོས་ཡོད་པ་དེ་ཞུས་ལ་སྤྲུལ་པའི་སྡུད་པ་པོ་ཡང་གྱིས་ཤིག་ཅེས་ལུང་བསྟན་པས། འཇམ་དཔལ་བཤེས་གཉེན་གྱིས་པཎྜི་ཏ་གཞན་རྣམས་ལ། ནུབ་ཕྱོགས་ཨོ་རྒྱན་གྱི་ཡུལ་ན་རྒྱུ་འབྲས་ལས་འདས་པའི་ཆོས་སྟོན་པ་ཞིག་ཡོད་པར་འདུག་པས་དེ་ཚར་གཅོད་པ་ལ་འདོང་དགོས་གསུངས་ནས་གྲོས་བྱས་ཏེ། ཐུ་བོ་ནཱ་ཛ་ཧ་སྟི་ལ་སོགས་པ་བདུན་གྱིས་ཨོ་རྒྱན་གྱི་གནས་བགྲོད་དཀའ་བར་ཕྱིན། རྒྱུ་དང་འབྲས་བུ་གསང་སྔགས་ཕྱི་ནང་གི་ཆོས་གང་ནས་བརྩད་ཅིང་བགྲོ་གླེང་བྱས་ཀྱང་དགའ་རབ་རྡོ་རྗེ་མ་ཐུབ་ནས། འཇམ་དཔལ་བཤེས་གཉེན་གྱིས་གྲོགས་རྣམས་ལ་སྤྲུལ་པའི་སྐུ་ལ་རྒྱུ་འབྲས་ལས་འདས་པའི་ཆོས་ཞུའམ་ཞེས་དྲིས་པས། ཐུ་བོ་ནཱ་ཛ་ཧ་སྟིས་ནི་ཞུ་བར་སྙམ་ཀྱང་འོ་སྐོལ་གྱིས་བརྙས་པ་བྱས་པས་ཞུ་མི་སྤོབས་ཟེར། ལ་ལ་ནི་འོ་ཅག་ཀྱང་ངེས་པར་འགྱུར་བས་ཞུའོ་ཟེར། བཤགས་པ་བྱེད་པར་གྲོས་བྱས་ནས། ལ་ལས་ནི་ཕྱག་དང་བསྐོར་བ་བྱས། ལ་ལས་ནི་དུ་ཞིང་མཆི་མ་བྱུང་། འཇམ་དཔལ་བཤེས་གཉེན་གྱིས་ཕྱག་བཙལ་ནས་སྨྲེ་སྔགས་བཏོན། སྤྲུལ་པའི་སྐུ་ལ་བདག་གིས་བརྙས་པ་ཤོར། རྩོད་པའི་ཚིག་མང་པོ་བྱུང་རྒྱལ་དུ་སྨྲས་པས། རང་གི་ལྕེ་འདི་བཅད་ལ་བཤགས་པ་བྱ་དགོས་སྙམ་སྤུ་གྲི་བཙལ་བ་ན། སྤྲུལ་པའི་སྐུས་དགོངས་ཏེ་ཁྱོད་ཀྱི་ལྕེ་བཅད་པས་སྡིག་པ་མི་དག་གི། རྒྱུ་འབྲས་ཀྱི་ཆོས་ལས་ཁྱད་པར་དུ་འཕགས་པའི་ཆོས་ཤིག་རྩོམས་ཤིག དེས་དག་པར་འགྱུར་རོ་གསུངས་ཏེ། ལས་དང་སྐལ་བར་མི་ལྡན་པ་རྣམས་ནི་སླར་ལོག འཇམ་དཔལ་བཤེས་གཉེན་ནི་བཟ་བསྟན་པ་ཙམ་ལ་སྐད་ཅིག་གིས་

རྟོགས་པས་ཆོས་ཐམས་ཅད་ཁོང་དུ་ཆུད། བསྟན་པ་ཡོངས་སུ་རྫོགས་ཕྱིར་རྒྱལ་ཐབས་སྤྱི་བླུགས་ཀྱི་དབང་བསྐུར། ཀློང་དགུ་བམ་པོ་ཉི་ཁྲི་ལ་སོགས་པ་རྒྱུད་དང་མན་ངག་ཐམས་ཅད་ཡོངས་སུ་རྫོགས་པ་གཏད། འཇམ་དཔལ་བཤེས་གཉེན་ཞེས་མཚན་བཏགས། དེ་ནས་སྤྲུལ་པའི་སྐུ་དགའ་རབ་རྡོ་རྗེས་གདམས་པའི་དོན་རྣམས་ཁྲིས་ནས་བཀའ་སྩལ་པ།

སེམས་ཀྱི་རང་བཞིན་ཡེ་ནས་བུདྡྷ་སྟེ། །
སེམས་ལ་སྐྱེ་འགག་མེད་པ་ནམ་མཁའ་འདྲ། །
ཆོས་ཀུན་མཉམ་ཉིད་ཡང་དག་དོན་རྟོགས་ན། །
དེ་ཉིད་མ་བཙལ་བཞག་ན་སྒོམ་པ་ཡིན། །

ཞེས་གསུངས། འཇམ་དཔལ་བཤེས་གཉེན་གྱིས་རྟོགས་པའི་དོན་ཁོང་དུ་ཆུད་ནས་རྟོགས་པ་བརྗོད་པ།

བདག་ནི་འཇམ་དཔལ་བཤེས་གཉེན་ཏེ། །
གཤིན་རྗེ་གཤེད་ཀྱི་དངོས་གྲུབ་ཐོབ། །
འཁོར་འདས་མཉམ་པ་ཆེན་པོར་རྟོགས། །
སརྦ་ཛྙཱ་ཡེ་ཤེས་ཤར། །

ཞེས་གསུངས། བྱང་སེམས་རྡོ་ལ་གསེར་ཞུན་བཤགས་པར་བརྩམས། སྤྲུལ་པའི་བཀའི་སྡུད་པ་པོའང་མཛད་དོ། །

འཇམ་དཔལ་བཤེས་གཉེན་ལ་ཤྲཱི་སིཾ་སེ་ཧས་ཞུས་ཏེ། དེ་ཡང་རྒྱ་ནག་ཤོ་ཤའི་གླིང་དུ་ཡབ་དགེ་ལྡན་དང་ཡུམ་སྣང་གསལ་མའི་སྲས་སུ་འཁྲུངས། སློབ་དཔོན་ཧ་སྟི་བྷ་ལ་ལས་སྒྲ་ཚད་རྩིས་སོགས་རིག་གནས་ལྔ་ལ་མཁས་པར་སྦྱངས། ལོ་ཉི་ཤུ་རྩ་ལྔ་ལ་སློབ་དཔོན་འཇམ་དཔལ་བཤེས་གཉེན་དང་མཇལ་ཏེ། ཟབ་མོ་ཨ་ཏིའི་བསྟན་པ་རྒྱུད་ལུང་མན་ངག་དང་བཅས་པ་རྫོགས་པར་ཞུས་ཏེ། སྦྱོར་

བྲལ་མཆོག་གི་རྟོགས་པ་མངོན་དུ་གྱུར། ཤྲཱི་སིཾ་ཧེ་ཧ་ལས། ཨོ་རྒྱན་སངས་རྒྱས་གཉིས་པ། མཁས་པ་ཛྙཱ་ན་སུ་ཏྲ། པཎ་ཆེན་བི་མ་ལ་མི་ཏྲ། ལོ་ཆེན་བཻ་རོ་ཙ་ན་རྣམས་ཀྱིས་ཞུས་པ་སྟེ། དེ་ཡན་ཆད་ནི་རིག་འཛིན་བརྡའི་བརྒྱུད་པའོ། །

4 བསྟན་པ་བོད་དུ་དར་ཚུལ།

དེ་ནས་བོད་ཁ་བ་ཅན་གྱི་ཡུལ་འདིར་སྙིང་པོའི་བསྟན་པ་ཇི་ལྟར་དར་ན། སྟོན་བཅོམ་ལྡན་འདས་ཞལ་བཞུགས་པའི་ཚེ་བོད་ཡུལ་འདིར་མིའི་འགྲོ་བ་མེད་པ་ལ་ཕྱིས་སུ་འཕགས་པ་སྤྱན་རས་གཟིགས་ཀྱིས་སྤྲུལ་པའི་སྤྲེའུ་བྲག་སྲིན་གཉིས་ལས་མིའི་འགྲོ་བ་མཆེད། དེ་ཡང་ཆོས་མེད་ཁྲིམས་མེད་གོང་ན་དཔོན་མེད་མགོ་མེད་ཧ་སིག་ཏུ་ཡོད་དུས། རྒྱ་གར་གྱི་རྒྱལ་པོ་དམག་བརྒྱ་པ་ལ་སྲས་གཅིག་འཁྲུངས་པ་དེ། རྐང་ལག་ཐམས་ཅད་ངང་པ་བཞིན་འབྲེལ་པ། སྤྱན་བྱ་མིག་ལྟར་ཡས་འགེབས་པ། དེ་ལྟ་བུ་ཞིག་འདུག་ནས་ཡབ་ཀྱིས་འདི་མི་མ་ཡིན་གྱི་བུ་ཞིག་ཡིན་འདུག་པས་སྤྱུགས་བཏང་བ་གྲགས་ཟེར་ནས་སྲས་ཅུང་ཟད་ནར་སོན་པ་ན་སྤྱུགས་བཏང་བས་ལས་དབང་གིས་རྐང་འགྱུར་ཏེ་བོད་ཡུལ་དུ་ཕེབས། །

ཕྱུགས་རྫི་འགའ་ཞིག་དང་འཕྲད་དེ། གང་ནས་འོང་སུ་ཡིན་དྲིས་པས་གནམ་ལ་མཛུབ་མོ་བསྒྲེངས་པས། གནམ་གྱི་ལྷ་ཡིན་སྙམ་ནས་ཐམས་ཅད་ཀྱི་གཉའ་བར་ས་རྫོ་ཁུར་ནས་ཁྲི་བཙུགས་ཏེ་དཔོན་དུ་མངའ་གསོལ་བ་དེ་རྒྱལ་པོ་ལ་སྔ་བ་གཉའ་ཁྲི་བཙན་པོ་ཞེས་གྲགས་ཏེ་བྱང་ཆུབ་སེམས་དཔའ་སྒྲིབ་པ་རྣམ་སེལ་གྱི་སྤྲུལ་པ་ཡིན། དེ་ནས་རྒྱལ་རབས་མང་ཞིག་སོང་བའི་ཚེ། འཕགས་པ་ཀུན་ཏུ་བཟང་པོའི་སྤྲུལ་པ་ལྷ་ཐོ་ཐོ་རི་སྙན་བཙན་གྱི་རིང་ལ་ཕོ་བྲང་ཡུམ་བུ་བླ་མཁར་གྱི་སྟེང་དུ་སྤྱི་རྟེན་ཙིནྟ་མ་ཎིའི་སྒྲུ་དང་། གསུང་གི་རྟེན་མདོ་སྡེ་ཟ་མ་ཏོག་བཀོད་པ་དང་། སྤང་སྐོང་ཕྱག་བརྒྱ་པ་རྣམས་དང་། ཐུགས་ཀྱི་རྟེན་ཤེལ་གྱི་མཆོད་རྟེན་ཁྲུ་གང་པ་རྣམས་བྱུང་སྟེ། དམ་པ་ཆོས་ཀྱི་དབུ་བརྙེས། དེ་

ནས་རྒྱལ་རབས་ལྔ་ན་འཕགས་པ་སྤྱན་རས་གཟིགས་ཀྱི་སྤྲུལ་པ་རྒྱལ་པོ་སྲོང་བཙན་སྒམ་པོ་བྱུང་སྟེ། མཐའ་འདུལ་དང་ཡང་འདུལ་གྱི་གཙུག་ལག་ཁང་རྣམས་དང་། ལྷ་སའི་གཙུག་ལག་ཁང་བཞེངས། རྗེ་བཙུན་སྒྲོལ་མའི་སྤྲུལ་པ་རྒྱ་བཟའ་ཀོང་ཇོ་དང་། ཇོ་མོ་ཁྲོ་གཉེར་ཅན་གྱི་སྤྲུལ་པ་བལ་བཟའ་ཁྲི་བཙུན་གཉིས་ཁབ་ཏུ་བསུས་པའི་ཇོ་ངས་སུ་ཇོ་བོ་རྣམ་པ་གཉིས་སྤྱན་དྲངས། ཐོན་མི་སཾ་བྷོ་ཊས་བོད་ཡི་གེ་མེད་པ་ལ་ཡི་གེའི་སྲོལ་བཏོད། རྒྱ་གར་པཎྜི་ཏ་ལྷ་རིག་པའི་སེང་གེ་ལས་སྒྲ་བསླབས་ཏེ། མདོ་སྡེ་དཀོན་མཆོག་སྤྲིན་ལ་སོགས་པའི་འགྱུར་གྱི་མགོ་བཙུགས། རྒྱལ་པོའི་སྨིན་མཚམས་ནས་སྤྲུལ་པའི་དགེ་སློང་ཨ་ཀར་མ་ཏི་ཞེས་བྱ་བར་སྤྲུལ་ཏེ། རྒྱ་གར་ཡུལ་གྱི་མུ་སྟེགས་པའི་རྒྱལ་པོ་བཏུལ། རྒྱ་གར་དང་ཟངས་གླིང་གི་མཚམས་བྱེ་མའི་གླིང་ཙནྡན་སྤྲུལ་གྱི་སྙིང་པོའི་ཁོང་ནས་རབ་བྱུང་འཕགས་པ་མཆེད་ལྔ་སྤྱན་དྲངས། ལྷ་སའི་བཅུ་གཅིག་ཞལ་ཁྲུད་པར་དུ་འཕགས་པ་བཞེངས། རྒྱལ་པོ་འདིའི་རིང་ལ་སངས་རྒྱས་ཀྱི་བསྟན་པའི་སྲོལ་བཏོད། དེ་ནས་རྒྱལ་རབས་ལྔ་ན་འཕགས་པ་འཇམ་དཔལ་གྱི་སྤྲུལ་པ་རྒྱལ་པོ་ཁྲི་སྲོང་ལྡེའུ་བཙན་འཁྲུངས་ཏེ། དགུང་ལོ་བཅུ་གསུམ་ལོན་པའི་ཚེ་ཡབ་གཤེགས། བཅུ་བདུན་གྱི་བར་དུ་ངམ་ཏ་ར་ཀླུ་གོང་དང་། ལྷ་བཟང་ཀླུ་དཔལ་ལ་སོགས་པའི་བློན་པོ་རྣམས་དང་བགྲོས་ནས་དམག་དྲག་གི་སྒོ་ནས་ཡུལ་ཁམས་མང་པོ་བཏུལ་ཏེ་མངའ་འོག་ཏུ་བཙུད། དེ་ནས་ཡབ་མེས་ཀྱི་ཡིག་ཚང་གཟིགས་པས་ལྷ་ཐོ་ཐོ་རི་སྙན་ཤལ་གྱི་རིང་ལ་དམ་པ་ཆོས་ཀྱི་དབུ་བརྙེས། སྲོང་བཙན་སྒམ་པོས་སྲོལ་བཏོད་པ་སོགས་ཡབ་མེས་གོང་མ་ཐམས་ཅད་ཆོས་ཁོ་ན་མཛད་པར་འདུག་པས། བདག་གིས་དམ་ཆོས་ཁོ་ན་དར་ཞིང་རྒྱས་པ་ཞིག་མཛད་དགོས་དགོངས་ནས། ཆོས་བློན་འགོས་པད་མ་གུང་བཙན་དང་གྲོས་བྱས། བློན་པོ་གཞན་ལ་ཐབས་ཀྱིས་གདམ་ངག་བསླུལ་ཏེ་གཙུག་ལག་ཁང་ཞིག་བཞེངས་པར་ཀུན་གྲོས་མཐུན་ནས། ས་འདུལ་མཁན་གྱི་བླ་མཆོད་བཙལ་བའི་ཚེ། རྒྱལ་པོའི་

མཆོད་གནས་ཉང་ཏིང་འཛིན་བཟང་པོ་བསམ་ཡས་མཆིམས་ཕུ་ན་བཞུགས་པ་ལ་ཞུས་པས། རྒྱ་གར་ཤར་ཕྱོགས་ཟ་ཧོར་གྱི་ཡུལ་ན་ཆོས་རྒྱལ་གོ་མ་དེ་ཝི་བྱ་བའི་སྲས་པོ་མཁན་ཆེན་ཞི་བ་འཚོ་བཞུགས་པ་ཞི་གནས་ཀྱི་གསལ་སྣང་གིས་མཁྱེན་ཏེ། རྒྱལ་པོ་ལ་གསུངས་པས་སྤྱན་དྲངས་ས་བཏུལ་ཡང་ཨུཙྪ་པདྨ་ལོའི་གླིང་ན་ཀླུ་གནས་པའི་སེ་ཕུང་ཞིག་ཡོད་པ་གཙོད་པར་ཤེས་ནས་ཀླུ་དེས་ལྷ་འདྲེ་ཐམས་ཅད་ར་མདར་སློག དགེ་བསྙེན་ཉེར་གཅིག་མི་དང་མི་མ་ཡིན་རྣམས་ཀྱི་དམག་དཔུང་བསྟུས། ཉིན་མིས་བརྩིགས་པ་རྣམས་མཚན་མོ་ལྷ་འདྲེས་བཤིགས་ཏེ་ས་རྡོ་ཐམས་ཅད་རང་གནས་སུ་བསྐྱལ། དེར་རྒྱལ་པོས་མཁན་པོ་ལ་འདི་ལྟར་ཡོང་བ་བདག་སྒྲིབ་པ་ཆེའམ་མཁན་པོས་བྱིན་གྱིས་མ་བརླབས་སམ། བསམ་པ་མི་འགྲུབ་པ་ལགས་སམ་ཞེས་ཞུས་པས། མཁན་པོའི་ཞལ་ནས། བདག་གིས་བྱང་ཆུབ་སེམས་འབྱོངས་ཀྱང་ལྷ་འདྲེ་རྣམས་ཞི་བས་མི་ཐུལ་དྲག་པོས་འདུལ་དགོས་པར་འདུག ད་ལྟ་རྒྱ་གར་རྡོ་རྗེ་གདན་ན། ཨོ་རྒྱན་པདྨ་འབྱུང་གནས་ཞེས་བྱ་བ། སྐུ་རྫུས་སྐྱེས་སུ་འཁྲུངས་པ། རིག་པའི་གནས་ལྔ་ལ་མཁས་པ། དོན་དམ་གྱི་རྩལ་འབྱོངས་པ། མཆོག་ཐུན་མོང་གི་དངོས་གྲུབ་བརྙེས་པ། བདུད་བཙོམ་སྡེ་བརྒྱད་བྲན་དུ་ཁོལ་བ། ལྷ་འདྲེ་ཐམས་ཅད་འདར་ཞིང་འབྱུང་པོ་འདུལ་བ་ཞིག་བཞུགས་པ་དེ་སྤྱན་དྲངས་ན། ལྷ་འདྲེ་ཐམས་ཅད་འཚུ་མི་ནུས་ཏེ། རྒྱལ་པོའི་ཐུགས་དགོངས་མཐར་ཕྱིན་པར་འགྱུར་རོ་གསུངས། རྒྱལ་པོས་དེ་འདྲ་སྤྱན་འདྲོང་ངམ་ཞུས་པས། སྔོན་གྱི་སྨོན་ལམ་ཡོད་པས་སྤྱན་འདྲོང་སྟེ། སྔོན་བལ་ཡུལ་དུ་བྱ་རྫི་གསལ་ལེའི་བུ་མོ་བདེ་མཆོག་མ་ལ་ཧ་རྫི། ཕག་རྫི་བྱ་རྫི་ཁྱི་རྫི་བཞིས་བཤོས་པའི་བུ་བཞིར་གྱུར་དུས་མཆོད་རྟེན་བྱ་རུང་ཁ་ཤོར་བཞེངས་ཏེ་སྨོན་ལམ་བཏབ་པའི་ལོ་རྒྱུས་རྣམས་གསུངས་ཏེ། སྲ་ཁྲི་བཞེར། རྡོ་རྗེ་བདུད་འཇོམས། མཆིམས་ཤཱཀྱ་བྲ་ལྷ། ཤུད་བུ་དཔལ་གྱི་སེང་གེ་རྣམས་ལ་གསེར་ཕྱེ་བྲེ་རེ། གསེར་གྱི་པ་ཏྲ་རེ་བསྐུར་ནས་རྒྱ་གར་ལ་བཏངས། དེ་རྣམས་ཀྱིས་སློབ་དཔོན་པོད་ཡུལ་

དུ་གཙུག་ལག་ཁང་གི་ས་གཞི་བྱིན་གྱིས་རློབ་པར་འབྱོན་དགོས་པའི་ཞུ་བ་ཕུལ་བས་ཞལ་གྱིས་བཞེས་ཏེ་རིམ་བཞིན་ཕྱིན་ནས། ལམ་དུ་བཙན་མ་བཅུ་གཉིས། སྐྱོང་མ་བཅུ་གཉིས། དགེ་བསྙེན་ཉེར་གཅིག་ལ་སོགས་པ་བོད་ཡུལ་གྱི་ལྷ་འདྲེ་ཐམས་ཅད་དམ་ལ་བཏགས་ནས་བྲག་དམར་དུ་ཕེབས། གཙུག་ལག་ཁང་གི་ས་བརྟུལ་ཏེ། བསམ་ཡས་ལྷུན་གྱིས་གྲུབ་པའི་གཙུག་ལག་ཁང་དབུ་རྩེ་རིམ་གསུམ། གླིང་བཞི། གླིང་ཕྲན། ཡག་ཤ་ལྕག་འོག་ཉི་མ་དང་ཟླ་བ། ལྕགས་རི་མུ་ཁྱུད་ཀྱིས་བསྐོར་བ་བཞེངས། མཁན་པོ་དང་། སློབ་དཔོན་པདྨ་བི་མ་ལ་མི་ཏྲ་གསུམ་གྱིས་རབ་གནས་མེ་ཏོག་ལན་གསུམ་དུ་འཐོར། ངོ་མཚར་གྱི་ལྟས་དང་ཆོ་འཕྲུལ་མང་དུ་བྱུང་། དེ་ནས་མཁན་པོས་འདུལ་བ་དང་། མདོ་ལུགས་ཀྱི་སྲོལ་བཟུང་། སློབ་དཔོན་པདྨ་དང་། བི་མ་མི་ཏྲས་སྔགས་ཀྱི་བསྟན་པ་བཙུགས། དེའི་དུས་སུ་ཨོ་རྒྱན་སངས་རྒྱས་གཉིས་པ་དང་། པཎ་ཆེན་བི་མ་མི་ཏྲ་གཉིས་ཀྱིས། ཐུགས་སྲས་རྗེ་འབངས་གྲོགས་གསུམ། ཉང་བན་ཏིང་འཛིན་བཟང་པོ་ལ་སོགས་པ་སྣོད་དང་སྐལ་བར་ལྡན་པ་རྣམས་ལ་ཤན་འབྱེད་ལ་བཟླ་རང་གྲོལ་མངོན་སུམ་དུ་སྟོན་པ་རྫོགས་ཆེན་ཨ་ཏི་ཡོ་ག་ལ་སོགས་པ་ནང་རྒྱུད་ཡོ་ག་གསུམ་གྱི་ཆོས་ཀྱི་འཁོར་ལོ་བསྐོར་ཏེ། དེ་ཕྱིན་ཆད་ཀྱི་བརྒྱུད་པ་ལ་གང་ཟག་སྙན་བརྒྱུད་དུ་གྲགས། དེར་མ་ཟད་ཨོ་རྒྱན་སངས་རྒྱས་གཉིས་པས་རྗེ་འབངས་སྐལ་བ་དང་ལྡན་པ་རྣམས་ལ་རང་རང་ལས་འཕྲོས་དབང་བའི་ཆོས་བཀའ་བསམ་གྱིས་མི་ཁྱབ་པ་ཞིག་གནང་སྟེ་དཔེ་རྒྱུད་ཤོག་སེར་ལ་བྲིས་ནས་གཏེར་དུ་སྦས། མ་འོངས་རྗེས་འཇུག་གི་དོན་དུ་སྨོན་ལམ་གཏད་རྒྱ་དང་བཅས་ཏེ་མཛད་པ། ཕྱིས་ལུང་བསྟན་དུས་ལ་བབས་པ་ན་སྔོན་གྱི་སྨོན་ལམ་ལ་དབང་བའི་གྲུབ་ཐོབ་སྤྲུལ་པའི་སྐུ་སྐྱོ་བུར་བ་རེ་ཕྱིན་ཏེ་ཟབ་མོ་གཏེར་གྱི་སྒོ་ཕྱེས་ལས་ཅན་གྱི་གང་ཟག་མང་པོ་རྗེས་སུ་བཟུང་སྟེ་འགྲོ་དོན་མཛད་པ་རྣམས་ལས་བརྒྱུད་པ་ནི། བརྒྱུད་པ་དྲུག་ལྡན་ནམ་དགུ་ལྡན་ལ་སོགས་པར་གྲགས་པ་ཡིན་ནོ། །

དེ་ལྟར་སྤྲུལ་སྐུ་གཏེར་སྟོན་གྲངས་མེད་པ་འབྱུང་བ་ལས་འདིར་རིག་འཛིན་འཇིགས་མེད་གླིང་པ་ནི་འཕགས་པ་སེམས་ཉིད་ངལ་གསོ་དངོས་སུ་དགེ་བའི་བཤེས་གཉེན་གྱི་ཚུལ་བཟུང་ནས། ཨོ་རྒྱན་སངས་རྒྱས་གཉིས་པ། པཎ་ཆེན་བི་མ་མི་ཏྲ། ཀུན་མཁྱེན་ཀློང་ཆེན་རབ་འབྱམས་ལ་སོགས་པ་ལས་དགོངས་བརྡ་སྙན་བརྒྱུད་ཀྱི་བརྒྱུད་གསུམ་ཆིག་རྫོགས་སུ་བླངས་ཏེ། ལས་དང་སྐལ་བར་ལྡན་པའི་གང་ཟག་རྣམས་ལ་བསྟན་པ་ཡོངས་རྫོགས་ཀྱི་ཆོས་འཁོར་བསྐོར་ཞིང་མངོན་པར་རྫོགས་པའི་སངས་རྒྱས་སུ་བཞུགས་པ་ཡིན་ཏེ། ཇི་སྐད་དུ།

ལུས་ནི་གང་ཟག་ལྷ་མི་ཡང་། །

དགོངས་པ་དམ་པ་སངས་རྒྱས་དངོས། །

ཞེས་པ་ལྟར་རོ། །དེས་ན་རྗེ་བླ་མའི་ཞལ་ནས་ཀྱང་། ཁྱེད་རྣམས་ཀྱིས་ཉམས་སུ་ལེན་ཅིང་གསོལ་བ་འདེབས་ནུས་ན། ང་ཡི་བླ་མ་རྡོ་རྗེ་འཆང་རྗེ་བཙུན་འགྲོ་བའི་མགོན་པོ་དེ་ཉིད་བསྟོད་འདོད་དང་མོས་གུས་ཀྱི་དབང་གིས་བཞག་པ་ཙམ་མ་ཡིན་པར་ངེས་པར་རྫོགས་པའི་སངས་རྒྱས་རྡོ་རྗེ་འཆང་ཆེན་པོ་ཉིད་གང་ཟག་མི་ཡི་ཚུལ་བཟུང་སྟེ་སེམས་ཅན་གྱི་དོན་དུ་བྱོན་པ་ཞིག་ཡིན་ལ། དེ་དང་ཁྱེད་ཚོའི་བར་ན་ང་མ་གཏོགས་བརྒྱུད་པ་གཞན་གྱིས་ཆོད་པ་མེད། ངས་ཀྱང་བླ་མ་རྡོ་རྗེ་འཆང་དང་པོ་མཇལ་ནས་བཟུང་སྟེ་ཅི་གསུང་བཀའ་བཞིན་བསྒྲུབས། མཉེས་པ་གསུམ་གྱི་སྒོ་ནས་བསྙེན་པ་མ་གཏོགས་ཐ་ན་སྨྲུན་ལོག་ཅིག་གཟིགས་པ་ཙམ་གྱི་ཡང་ཐུགས་ལ་མི་འབབ་པའི་བྱ་བ་བྱེད་མ་མྱོང་བས་ན། བརྒྱུད་པ་གསེར་གྱི་ཉག་ཐག་ལ་དམ་སེལ་གྱི་གཡའ་མ་གོས་པ་ཞིག་ངེས་པར་ཡིན་པས་བྱིན་རླབས་ཀྱི་བརྒྱུད་པ་གཞན་དང་མི་འདྲ་བ་ཞིག་ཡིན། ཞེས་གསུངས། དེ་དག་ཀྱང་རྒྱུད་ཉི་ཟླ་ཁ་སྦྱོར་ལས།

ལོ་རྒྱུས་དོན་གྱིས་མ་བཤད་ན། །

གསང་ཆེན་ངེས་པའི་བཀའ་འདི་ལ། །
ཡིད་མི་ཆེས་པའི་སྐྱོན་དུ་འགྱུར། །

ཞེས་པ་ལྟར། བརྒྱུད་པ་ཁུངས་ལ་ཐུག་པའི་ཆེ་བ་དང་། ལོ་རྒྱུས་བཤད་པས་རྗེས་འཇུག་ཡིད་ཆེས་བསྐྱེད་པའི་དགོས་པ་ཡོད་པ་ཡིན་པས་ན། འདིར་བླ་མའི་རྣལ་འབྱོར་དང་འབྲེལ་ནས་བཤད་པ་ཡིན་ནོ། །

དེ་ལྟ་བུའི་བླ་མའི་རྣལ་འབྱོར་གྱི་བསྙེན་པའི་ཚད་ཀྱང་འབུམ་ཐྲག་བརྒྱ་ཐམ་པ་ཁོ་ན་ཡིན་ཏེ་ཅི་ནས་ཀྱང་འགྲོ་ངེས་པར་བྱ་དགོས་སོ། །

དེ་ལྟར་མ་བྱས་པར་སྔོན་འགྲོའི་ཆོས་འདི་དག་ལ་དེ་ཙམ་གལ་མི་ཆེའོ་སྙམ་པའམ། དངོས་གཞིའི་ཆོས་ཀྱི་ཟབ་ཟབ་མོའི་ཁ་སྐད་ལ་རེ་ནས་སྔོན་འགྲོ་ཉམས་སུ་ལེན་ལོང་མེད་པར་བསྐྱེད་རྫོགས་སོགས་བསྒོམ་ལོ་བྱེད་པ་རྣམས་ནི། འཇིག་རྟེན་པའི་ཁ་སྐད་ལ། །

མགོ་མ་ཆོས་གོང་ལྡེ་སྐབས། །
མལ་མ་རྫོས་གོང་རྫོག་པ་རྐྱོང་། །

ཟེར་བ་ལྟར། སྔོན་འགྲོའི་ཆོས་གཞུག་ཤོར་བའི་ཉམས་ལེན་ལ་སྙིང་པོ་ཉིལ་འབྲུ་ཙམ་ཡང་མེད་ཅིང་། རྫོད་རྟགས་གློ་བུར་བ་ཙུང་ཟད་སྐྱེས་ཀྱང་བརྟན་པ་མེད་པ་རྩིག་རྨང་མ་བླངས་པའི་མཁར་དང་འདྲའོ། །

གལ་ཏེ་སྔོན་འགྲོའི་དུས་སྦྱངས་པ་སོགས་བྱེད་ཁུལ་བྱས་ཀྱང་། དངོས་གཞིའི་དུས་དེ་དག་སྔོན་འགྲོའི་ཆོས་ཡིན་པས་ད་ནི་མི་དགོས་སོ་སྙམ་དུ་འདོར་བ་ཡང་དེ་དང་འདྲ་སྟེ། ལམ་གྱི་གཞི་རྟེན་སྔོན་འགྲོའི་ཆོས་དོར་བས་གྲུང་མེད་པའི་རི་མོ་ལྟར་ཆོས་ཀྱི་རྩ་བ་ཆད་པ་ཡིན་པས་ན། དུས་དང་རྣམ་པ་ཐམས་ཅད་དུ་སྔོན་འགྲོའི་ཆོས་འདི་དག་ལ་ངེས་ཤེས་བཅོས་མ་མ་ཡིན་པ་རེ་སྐྱེས་སྐྱེས་སུ་འབད་ཅིང་། ཁྱད་པར་བྱིན་རླབས་ཀྱི་འཇུག་སྒོ་བླ་མའི་རྣལ་འབྱོར་འདི་ཁོ་ན་ལ

ཉམས་ལེན་གྱི་མཐིལ་གཏད་དེ་འབད་པ་ནི་གནད་དམ་པ་ཡིན་ནོ། །

དྲིན་ཆེན་བླ་མ་སངས་རྒྱས་དངོས་མཐོང་ཡང་། །
རང་གཞིས་སྐྱིད་བས་དམ་པའི་བཀའ་ལས་འགོངས། །
ཁམས་གསུམ་སེམས་ཅན་ཕ་མར་གོ་ན་ཡང་། །
གདུག་རྩུབ་ཆེ་བས་མཆེད་ལ་ཚིག་རྩུབ་ཤོར། །
བདག་དང་བདག་འདྲ་ལས་ངན་སེམས་ཅན་རྣམས། །
སྐྱེ་བ་འདི་དང་ཚེ་རབས་ཐམས་ཅད་དུ། །
ཞི་དུལ་དེས་ཤིང་མཉེན་ལྷུགས་ལྡན་པ་ཡིས། །
དགེ་བའི་བཤེས་གྲོགས་བསྟེན་པར་བྱིན་གྱིས་རློབས།
རྟོགས་པའི་ཡེ་ཤེས་བཙན་ཐབས་སུ་བསྐྱེད་པ། །
བྱིན་རླབས་ཀྱི་འཇུག་སྒོ་བླ་མའི་རྣལ་འབྱོར་གྱི་ཁྲིད་དོ། །

ཉི་ཤུ་འཕོ་བའི་རིམ་པ།

སྐྱོང་བའི་འགྲོ་ལ་ཐུགས་རྗེ་ལྷག་པར་འཇུག །
སྡིག་པོ་ཆེ་ལ་རྗེས་སུ་ལྷག་པར་འཛིན། །
གདུལ་དཀའི་ཁམས་ལ་ཐབས་མཁས་ལྷག་པར་སྟོན། །
མཚུངས་མེད་བླ་མའི་ཞབས་ལ་ཕྱག་འཚལ་ལོ། །

དེ་ནས་འདའ་ཀ་མའི་མན་ངག འཕོ་བ་མ་བསྒོམས་སངས་རྒྱས་ཀྱི་ཁྲིད་ནི། སྤྱིར་འཕོ་བ་ལ་དབྱེ་ན་ལྔ་སྟེ། རབ་ཆོས་སྐུ་ལྟ་བ་རྒྱས་འདེབས་ཀྱི་འཕོ་བ། འབྲིང་ལོངས་སྐུ་བསྐྱེད་རྫོགས་ཟུང་འཇུག་གི་འཕོ་བ། ཐ་མ་སྤྲུལ་སྐུ་ཚད་མེད་ཐུགས་རྗེའི་འཕོ་བ། ཐ་མལ་པ་འདུ་ཤེས་གསུམ་ལྡན་གྱི་འཕོ་བ། གཤིན་པོ་རྗེས་འཛིན་ཐུགས་རྗེ་ལྕགས་ཀྱུའི་འཕོ་བ་དང་ལྔ་ཡོད་དེ།

དང་པོ། རབ་ཆོས་སྐུའི་འཕོ་བ།

དེ་ལ་དང་པོ་རབ་ཆོས་སྐུ་ལྟ་བ་རྒྱས་འདེབས་ཀྱི་འཕོ་བ་ནི། ཚེ་འདིར་གནས་ལུགས་མ་བཅོས་པའི་ལྟ་བ་མ་ནོར་བ་རྒྱུད་ལ་སྐྱེས་ཤིང་གོམས་འདྲིས་བྱེད་པ་རྣམས། འཆི་ཁའི་ཚེ་ཀ་དག་ཁྲེགས་ཆོད་ཀྱི་གསང་ལམ་ནས་དབྱིངས་དང་རིག་པའི་གནད་ལ་བརྟེན་ཏེ་ཆོས་སྐུའི་ཀློང་དུ་འཕོ་བ་དེ་ཡིན།

གཉིས་པ། འབྲིང་ལོངས་སྐུའི་འཕོ་བ།

འབྲིང་ལོངས་སྐུ་བསྐྱེད་རྫོགས་ཟུང་འཇུག་གི་འཕོ་བ་ནི། བསྐྱེད་རྫོགས་དབྱེར་མེད་ཀྱི་རྣལ་འབྱོར་ལ་གོམས་འདྲིས་བྱས་ཤིང་སྒྱུ་མ་ལྟ་བུའི་ལྷ་སྐུ་ལ་རྩལ་འབྱོངས་པ་དག་འཆི་བའི་ཚེ་བར་དོར་འཕྲུལ་བའི་སྣང་བ་འཆར་བ་དང་མཉམ་དུ་ཟུང་འཇུག་ཡེ་ཤེས་ཀྱི་སྐུར་འཕོ་བ་དེ་ཡིན།

གསུམ་པ། ཐ་མ་སྤྲུལ་སྐུའི་འཕོ་བ།

ཐ་མ་སྤྲུལ་སྐུ་ཚད་མེད་ཐུགས་རྗེའི་འཕོ་བ་ནི། གསང་སྔགས་སྨིན་བྱེད་ཀྱི་དབང་ཐོབ་ཅིང་། དམ་ཚིག་ལ་སྐྱོན་མ་ཞུགས། བསྐྱེད་རྫོགས་ལ་མོས་པ་བྱེད་ཅིང་བར་དོའི་གདམས་ངག་དང་ལྡན་པ་རྣམས། ཇི་སྐད་དུ།

མངལ་སྒོ་དགག་ནས་ཏུ་ལོག་དྲན་པར་བྱ། །

སྙིང་རུས་དག་སྣང་དགོས་པའི་དུས་གཅིག་ཡིན། །

ཞེས་གསུངས་པ་ལྟར། །མ་དག་པའི་མངལ་སྒོ་ངན་པ་བཀག་ཅིང་། སྙིང་རྗེ་ཆེན་པོའི་འཕེན་པ་དང་། སྐྱེ་བ་སྤྲུལ་པའི་ལམ་ཁྱེར་ལ་བརྟེན་ནས་ཞིང་དག་པའི་སྐྱེ་གནས་སུ་འཕོ་བ་དེ་ཡིན།

བཞི་པ། ཐ་མལ་པ་འདུ་ཤེས་གསུམ་ལྡན་གྱི་འཕོ་བ།

ཐ་མལ་པ་འདུ་ཤེས་གསུམ་ལྡན་གྱི་འཕོ་བ་ནི། རྩ་དབུ་མ་ལ་ལམ་གྱི་འདུ་ཤེས། སེམས་རྣམ་ཤེས་ཀྱི་ཐིག་ལེ་ལ་མགྲོན་པོའི་འདུ་ཤེས། གནས་བདེ་ཆེན་དག་པའི་ཞིང་ལ་འགྲོ་སའི་འདུ་ཤེས་བྱས་ཏེ་འཕོ་བ་ཡིན།

ལྔ་པ། གཉིས་པོ་རྗེས་འཛིན་གྱི་འཕོ་བ།

གཉིས་པོ་རྗེས་འཛིན་ཐུགས་རྗེ་ལྕགས་ཀྱུའི་འཕོ་བ་ནི། རྟོགས་པ་མཆོག་ལྡན་གྱི་གང་ཟག་སྣང་སེམས་ལས་སུ་རུང་སྟེ། བར་དོའི་ཤེས་རྒྱུད་མཁྱེན་པའི་རྣལ་འབྱོར་པས་གཞན་འཆི་ཀ་མའམ་བར་དོ་ན་ཡོད་པ་ལ། འཕོ་བ་འདེབས་པ་དེ་ཡིན། དེ་ཡང་སྤྱིར་གཉིས་པོ་ལ་འཕོ་བ་འདེབས་པ་ལ། མཐོང་ལམ་ཐོབ་པ་ཞིག་དེས་པར་དགོས་ཏེ། རྗེ་མི་ལའི་ཞལ་ནས་ཀྱང་།

མཐོང་ལམ་གྱི་བདེན་པ་མ་མཐོང་བར། །

གཉིས་པོ་ལ་འཕོ་བ་མ་འདེབས་ཤིག །

ཅེས་གསུངས། འོན་ཀྱང་འཕོ་བ་གདབ་པའི་དུས་མ་ནོར་བ་དེ་ཕྱི་དབུགས་ཆད་ནས། ནང་དབུགས་མ་ཆད་པའི་དུས་དེ་ཡིན་ཏེ། དེ་ལྟ་བུའི་དུས་ངེས་པ་ཅན་དང་འཕྲད་ན་འཕོ་བའི་མན་ངག་ལ་ཅུང་ཟད་གོམས་འདྲིས་ཡོད་པ་གང་ཉུང་ཉུང་གིས་འཕོ་བ་བཏབ་ན་ཡང་། ཕན་ཐོགས་ཆེ་ཞིང་ངན་སོང་གི་སྐྱེ་གནས་ལ་སོགས་པ་དགག་པར་ནུས་ཏེ། མགྲོན་པོ་ལམ་དུ་ཞུགས་པ་ལ་གྲོགས་ཀྱིས་སྐྱུར་བ་དང་འདྲ། དེ་ལྟར་མ་ཡིན་པར་ལུས་སེམས་བྲལ་ཚར་ནས་ནི་འཕོ་བ་དཀའ་སྟེ། དེ་འདྲ་དེ་ལ་འཕོ་བ་འདེབས་པ་ལ་བར་དོའི་སྐྱེ་གནས་མཁྱེན་པ་ཞིག་དང་། སེམས་ལ་དབང་ཐོབ་པ་ཞིག་དགོས། དེ་ལྟ་བུའི་རྣལ་འབྱོར་པ་ཞིག་ཡིན་ན་བར་དོ་གདོས་བཅས་ཀྱི་ལུས་དང་བྲལ་བ་དེ་རྐྱེན་གྱིས་སྐྱུར་བར་སླ་བ་ཡིན་པས། བར་དོ་རང་ནས་འཕོ་བ་བཏབ་ན་རྣམ་ཤེས་དག་པའི་ཞིང་དུ་སྤར་ནུས་པ་ཡིན་ཀྱི། ཤི་ཚར་ནས་ཀྱང་ཕུང་པོ་ལ་རྣམ་ཤེས་བཀུག་སྟེ་འཕོ་བར་རློམ་པ་ལ་ནི་སྙིང་པོ་ཅི་ཡང་མེད་གསུངས། དེ་བས་ན་ད་ལྟ་བླ་མའམ་སྤྲུལ་སྐུ་ལ་སོགས་པའི་མིང་ཙམ་བཏགས་པ་ཕལ་མོ་ཆེས་གཞན་པོ་ལ་འཕོ་བ་འདེབས་པ་ནི། བྱམས་སྙིང་རྗེ་བྱང་ཆུབ་སེམས་ཀྱིས་ཀུན་ནས་བསླངས་ཏེ་རང་འདོད་ཀྱི་འཕྲིས་རྩ་བ་ནས་མེད་ན་ནི། བྱང་ཆུབ་སེམས་ཀྱི་ཀུན་སློང་ལས་གཞན་པོ་ལ་ཡང་ཕན་ཐོགས་ཤས་ཆེ་ཞིང་རང་ལ་སྒྲིབ་པར་མི་འགྱུར་མོད། དེ་ལྟ་མ་ཡིན་པར་རང་གི་རྙེད་ཚོལ་གྱི་ཆེད་དུ་ངག་འདོན་ཙམ་ཤེས་པ་ལ་བརྟེན་ནས་འཕོ་བ་འདེབས་ཤིང་། གཞན་པོའི་འཕོ་ཧྲ་སོགས་ལེན་པ་ནི་ཤིན་ཏུ་ཐ་ཆད་པ་ཡིན་ཏེ། ཇི་སྐད་དུ།

རང་ཐར་བའི་སྐམ་སར་མ་ཕྱིན་པར། །
མི་གཞན་གྱི་འདྲེན་སྟོན་བྱེད་པ་དེ། །
དེ་གཉིས་ཀྱང་ཅུང་ཟད་ཆ་མ་མཐུན། །

དཔེ་ཆུས་ཁྱེར་མི་ལ་མིས་འཇུས་འདྲ། །

ཞེས་པ་ལྟར་དང་། སྔོན་རྗེ་ཡོན་ཀུན་བསྟན་འཛིན་ཆོས་འཕེལ་ཏྭ་རེར་བྱོན་པའི་སྐབས་ཞིག་ཁོང་གི་སྣང་བ་ལ་སྤྲུ་སོར་ཁོང་རང་ནས་འཕོ་བ་བཏབ་སྟེ། འཕོ་ཏྟ་བླངས་པའི་མི་ཞིག་ཡོད་པ་དེས་ཁྲག་མཚོ་དམར་པོ་ཞིག་གི་ནང་ནས་མགོ་མཐོང་ཙམ་བྱས་ཏེ། ཁོང་གི་མཚན་ནས་འབོད་ཅིང་ང་ཅི་བྱེད་དགོས་རྒྱུ་ཡིན་ཟེར་བ་ལ། ཁོང་སྐྲག་ནས་ངས་ཏྭ་རི་བསྐོར་བ་ཁྱོད་ལ་བྱིན་པ་ཡིན་བྱས་པས་མི་སྣང་བར་གྱུར་སྐད། དེར་མ་ཟད་རྗེས་པ་མཆོག་ལྡན་གྱིཿགང་ཟག་སྐྱེས་བུ་དམ་པ་ཡིན་ཀྱང་ཤི་པོའི་འབུལ་བ་བླངས་ནས་གསུང་ཆོག་སོགས་མ་བྱས་ན་ས་ལམ་ལ་སྒྲིབ་པ་ཡིན་ཏེ། སྔོན་རྗེ་གས་ཆེན་རིན་པོ་ཆེ་འགྱུར་མེད་ཐེག་མཆོག་བསྟན་འཛིན་ཞིང་གཤེགས་པའི་ཚེ་དྲི་མེད་ཞིང་སྐྱོང་མགོན་པོ་གདུང་ཆོག་ལ་སྤྱན་དྲངས་པས་ཉིན་གང་གི་རིང་ལ་ཁྲུས་ཆོག་དང་དགུག་པ་ཁོ་ན་མཛད་ནས་ཡང་དང་ཡང་འཕོ་བ་བཏབ་སྟེ། གང་ཟག་ཕལ་པ་ཞིག་ལ་བྱེད་པ་ལྟར་མཛད་པ་ལ། གྲྭ་པ་རྣམས་ནས་དེ་ལྟར་མཛད་པའི་རྒྱུ་མཚན་དྲིས་པས། སྔོན་ཁོང་གིས་གཤིན་པོ་རྟ་ནག་པོ་འབུལ་མཁན་ཞིག་ལ་གསུང་ཆོག་དང་བསྔོ་སྨོན་སོགས་མ་མཛད་འདུག་པ། དེ་ཤིན་ཏུ་ སྡིག་ཅན་གྱི་གང་ཟག་ཅིག་ཏུ་འདུག་པས་ཁོང་གི་ས་ལམ་ལ་ཅུང་ཟད་སྒྲིབ་པར་འདུག་ཀྱང་། ད་ལྟ་ངེད་རྣམ་གཉིས་མཐུ་བསྔོངས་དཔུང་བསྔོངས་བྱས་ཏེ་ཕན་ཐོགས་པར་བྱུང་སོང་གསུངས་ཏེ། དེ་མགོ་ཡོག་བསྟན་འཛིན་ཟེར་བ་ཡིན་སྐད། དེས་ན་བླ་མ་དང་སྤྲུལ་པའི་སྐུ་ཆེན་པོའི་གོ་སར་ཡོད་པ་རྣམས་ནས་ཀྱང་། གཤིན་པོའི་འབུལ་བ་བཞེས་པའི་ཚེ་ཐུགས་བསྐྱེད་དང་བསྔོ་སྨོན་གསུང་ཆོག་སོགས་གནད་དུ་འགྲོ་ངེས་རེ་མ་མཛད་ན། ང་དེ་དང་དེ་ལྟ་བུ་ཡིན་ནོ་སྙམ་པ་ཙམ་གྱིས་ནི་གང་ཡང་མི་འོང་སྟེ། དམ་པ་གོང་མའི་སྐྱེ་སྲིད་འཁྲུལ་མེད་དུ་ཞལ་གྱིས་བཞེས་པའི་སྤྲུལ་པའི་སྐུ་མཆོག་རྣམས་ནས་ཀྱང་། དང་པོ་ཀ་ཁ་ག་ང་ནས་བཙམས་ཏེ་ཡི་གེའི་ཀློག་སྦྱང་ཚུན་ཆད་པལ་

པའི་གང་ཟག་རྣམས་དང་ཁྱད་མེད་དུ་སློབ་དགོས་ཀྱིན་འདུག་པས། གོང་མའི་དུས་མཁྱེན་པའི་ཡི་གེའི་ཕྱོག་འདོན་བཟེད་ནས་བསྐྱེད་རྫོགས་ཀྱི་རྣལ་འབྱོར་མ་བཟེད་པར་ལུས་མེད་ངེས་ཡིན་པས། ཆིབས་གོང་ཐུབ་ཙམ་ནས་དགོར་ལ་མི་འབྱོན་པར་ཐུགས་བསྐྱེད་དང་མཚམས་སྦྱབ་རེ་ལ་ཙུང་ཟད་སློབ་དགོས་སམ་སྙམ་མོ། །

དེ་ལ་ད་རེས་ཀྱི་སྐབས་སུ་འཆད་རྒྱུའི་འཕོ་བ་འདི་ནི། ཐ་མལ་པ་འདུ་ཤེས་གསུམ་ལྡན་གྱི་འཕོ་བའམ། རྣམ་ཤེས་ཕླ་མའི་འཕོ་བ་ཞེས་བྱ་སྟེ། དྲི་མེད་བཤགས་རྒྱུ་ལས། འདའ་ཀ་འོད་ཀྱི་གོང་བུ་སྦྲ་ཡིས་འཕོ། །ཞེས་པ་དང་ཡང་མཐུན། འདི་ལྟ་བུའི་འཕོ་བ་འདི་རྫོགས་པ་མཆོག་ལྡན་གྱི་གང་ཟག་ལ་ནི་མི་དགོས་ཏེ། དེ་འདྲ་དེ་རྒྱུད་ལས།

འཆི་བ་ཞེས་བྱ་རྣམ་རྟོག་སྟེ། །
མཁའ་སྤྱོད་གནས་སུ་ཁྲིད་པར་བྱེད། །

ཅེས་དང་། གཞན་ཡང་།

འཆི་བ་འཆི་བ་ཞེས་བྱ་བ། །
རྣལ་འབྱོར་སངས་རྒྱུང་རྒྱ་བ་ཡིན། །

ཞེས་གསུངས་པ་ལྟར། ཚེ་འདིར་བཙན་ས་ཟིན་པའི་གང་ཟག་སྐྱེ་འཆིའི་རང་དབང་ཐོབ་པ་རྣམས་ནི། འཆི་བ་ལྟར་སྣང་ཡང་ད་ལྟ་གནས་གཅིག་ནས་གཅིག་ཏུ་འགྲོ་བ་ལྟ་བུ་ལས་མེད་ལ། བསྐྱེད་རྫོགས་ཀྱི་གནད་ལ་གོམས་པ་རྣམས་ནི། སྔར་བཤད་པ་ལྟར་སྐྱེ་འཆི་བར་དོའི་ཉམས་ལེན་གསུམ་གྱིས་སྐུ་གསུམ་དུ་འཕོ་བ་ཡིན་ནོ། །དེས་ན་ཇི་སྐད་དུ། ལམ་སྦྱངས་པ་དམན་ན་འཕོ་བས་བསྒྲུ། །གསུངས་པ་ལྟར། ལམ་བརྟན་པ་མ་ཐོབ་པའི་རིགས་ཅན་དང་། གང་ཟག་སྡིག་པོ་ཆེ་ལ་སོགས་པ་ལ་གནད་འདི་དགོས་པ་ཡིན། འདི་ལྟ་བུའི་མན་ངག་དང་ལྡན་ན་ཅི་

ཙམ་དུ་ སྡིག་པོ་ཆེ་ཡིན་ཀྱང་ ངན་སོང་གི་སྐྱེ་སྒོ་ཁོག་ངེས་ལ། མཚམས་མེད་པའི་ལས་ངན་བསགས་པ་ལྟ་བུ་མར་གྱི་ཟང་ཐལ་དུ་འགྲོ་བ་རྣམས་ཀྱང་ གདམས་པ་འདི་དང་འཕྲད་ན། ངན་སོང་གི་སྐྱེ་གནས་སུ་འགྲོ་མི་དགོས་ངེས་པ་ཡིན་ཏེ། རྒྱུད་ལས།

ཉིན་བཞིན་ཁྲམ་ཟེ་གསོད་པ་དང་། །
མཚམས་མེད་ལྔ་ནི་བྱེད་པ་ཡང་། །
འདི་ཡི་ལམ་གྱིས་གྲོལ་འགྱུར་ཏེ། །
སྡིག་གིས་གོས་པར་མི་འགྱུར་རོ། །

ཞེས་པ་ཡང་།

བུ་ག་དགུ་ཡི་སྟེང་ཕྱོགས་སུ། །
ཡིད་ཀྱིས་བསམས་ཏེ་འཕོ་བྱེད་ན། །
སྡིག་གིས་གོས་པར་མི་འགྱུར་ཏེ། །
དག་པའི་ཞིང་དུ་སྐྱེ་བར་འགྱུར། །

ཞེས་དང་། གཞན་ཡང་ཇི་སྐད་དུ།

གནས་སྤྱི་གཙུག་ཉི་ཟླའི་གདན་སྟེང་ན། །
པ་མཚན་ལྡན་གྱིས་བླ་མའི་ཞབས་རྡུང་དུ། །
རྩ་དར་དཀར་གྱི་ལམ་ལ་འགྲོ་ཤེས་ན། །
མཚམས་མེད་ལྔ་པོ་བྱས་ཀྱང་གྲོལ། །

ཞེས་གསུངས། དེས་ན་ལམ་ཟབ་མོ་འཕོ་བའི་གདམས་པ་འདི་ནི་མ་བསྒོམས་པར་སངས་རྒྱས་པའི་ཆོས། སྡིག་པོ་ཆེ་བཙན་ཐབས་སུ་གྲོལ་བའི་གསང་ལམ་ཡིན་ཏེ། སངས་རྒྱས་རྡོ་རྗེ་འཆང་གི་ཞལ་ནས།

ཉིན་བཞིན་བྲམ་ཟེ་གསོད་པ་དང་། །
མཚམས་མེད་ལྔ་པོ་བྱེད་པ་ཡང་། །
གདམས་པ་འདི་དང་འཕྲད་གྱུར་ན། །
གྲོལ་འགྱུར་འདི་ལ་ཐེ་ཚོམ་མེད། །

ཅེས་དང་། ཨོ་རྒྱན་ཆེན་པོའི་ཞལ་ནས་ཀྱང་།

བསྒོམས་ཏེ་སངས་རྒྱས་ཀུན་ལ་ཡོད། །
མ་བསྒོམ་ཆོས་ནི་ང་ལ་ཡོད། །

ཞེས་དང་། པཎ་ཆེན་ནཱ་རོ་པས།

སྒོ་དགུ་འཁོར་བའི་སྐར་ཁུང་ཅན། །
སྒོ་གཅིག་ཕྱག་རྒྱ་ཆེན་པོའི་སྒོ། །
སྒོ་དགུ་བཅད་ནས་སྒོ་གཅིག་ཕྱེ། །
ཐར་པའི་ལམ་ལ་ཐེ་མི་ཚོམ། །

ཞེས་དང་།

ལྷོ་བྲག་མར་པ་ལོ་ཙྪའི་ཞལ་ནས།
ངས་ད་ལྟའི་དུས་སུ་འཕོ་བ་སྦྱངས། །
སྦྱངས་ཤིང་སྦྱངས་ཤིང་ཡང་ཡང་སྦྱངས། །
ཐ་མལ་འཆི་ཡང་ཉམ་ང་མེད། །
སྔར་འདྲིས་བྱས་པའི་གདེང་ཞིག་ཡོད། །

ཅེས་དང་།

རྗེ་བཙུན་བཞད་པ་རྡོ་རྗེས།

བསྐྱེ་འཕོ་མཚམས་སྦྱོར་གྱི་གདམས་ངག་འདི། །
གནད་བར་དོ་འཛོམས་པའི་ལམ་མཁན་ཡིན། །
ལམ་འདི་དང་ལྡན་པའི་མི་ཡོད་དམ། །
སྡིག་རྫོལ་དབུ་མར་ཚུད་པའི་མི་རེ་བདེ། །

ཆོས་ཀྱི་དབྱིངས་སུ་སླེབ་པ་འདི་ཨེ་མ་ཧོ། །

ཞེས་གསུངས།

ངེ་ལྟ་བུའི་གདམས་པ་ངེ་ལ་དང་པོར་སྦྱོང་བ་དང་། ལས་སུ་སྦྱར་བ་གཉིས་ཡོད།

1 སྦྱོང་བ།

དང་པོ་སྦྱོང་བ་ནི། ད་ལྟ་རང་ཉིད་ཀྱིས་འཕོ་བའི་ཁྲིད་ཞུས་ཏེ། ཡང་དང་ཡང་དུ་སྦྱང་ཞིང་རྟགས་མ་ཐོན་གྱི་བར་དུ་འབད་པ་དེ་ཡིན། དེ་ཡང་ད་ལྟ་རང་ཉིད་ལུས་ཀྱི་རྩ་རླུང་ཐིག་ལེའི་ཆ་ཐམས་ཅད་མ་ཉམས་ཤིང་དར་བའི་དུས་ན་འཕོ་བ་ལ་བརྟེན་ནས་དངོས་སུ་འཕོ་བ་ཙུང་ཟད་དཀའ་ཞིང་། འཆི་ཀའི་དུས་ལ་བབས་པའམ། ཤིན་ཏུ་རྒས་འཁོགས་པའི་དུས་ན་ནི་འཕོ་སླ་བ་ཡིན་ཏེ། དཔེར་ན་ཤིང་ཏོག་དང་འབྲས་བུ་སོགས་དབྱར་ཁ་དར་ལ་བབས་པའི་དུས་ན་ནི་བཏུ་དཀའ་ལ། སྟོན་ཀ་སྨིན་ནས་ལྷུང་ལ་ཉེ་བའི་ཚེ་གོས་འདར་ཙམ་རེག་ཀྱང་ལྷུང་འོང་བ་དང་འདྲ་བ་ཡིན་ནོ། །

2 ལས་ལ་སྦྱར་བ།

དེ་ནས་ལས་ལ་སྦྱར་བ་ནི། རང་ཉིད་ལ་འཆི་ལྟས་བྱུང་སྟེ་ཅིས་ཀྱང་མི་བཟློག་པར་ཤེས་ཤིང་ཐིམ་རིམ་ལ་སོགས་པ་བྱུང་བའི་ཚེ་བྱ་དགོས་ཀྱི། དེ་ལས་

གཞན་དུ་མི་རུང་སྟེ། རྒྱུད་ལས།

དུས་ལ་བབས་ན་འཕོ་བྱ་སྟེ། །
དུས་མིན་ལྷ་རྣམས་གསོད་པར་འགྱུར། །

ཞེས་གསུངས། དེ་ལ་སྤྱིར་ཐིམ་རིམ་ལ་མང་དུ་ཡོད་ཀྱང་གོ་བདེ་བའི་དབང་དུ་བྱས་ན། དབང་པོ་ལྔ། འབྱུང་བ་བཞི། སྣང་མཆེད་ཐོབ་གསུམ་གྱི་ཐིམ་རིམ་རྣམས་ཡོད་པ་ལ། དང་པོ་ནི་རང་གི་སྤྱས་མགོར་སེར་འཚོགས་ལྟ་བུ་ཡོད་ན། དེ་དག་གི་འདོན་པ་གསུངས་པའི་སྒྲ་ལ་ཉན་ན་ཝུར་དིར་དིར་ཙམ་ལས་ཚིག་གི་འབྲུ་ཐོས་རྒྱུ་མེད་ཙ་ན་རྣ་བའི་ཤེས་པ་འགགས་པ་ཡིན། དེ་ལྟར་མིན་ཀྱང་གཞན་གྱི་སྒྲ་བརྗོད་ཀྱི་གཏམ་ལ་སོགས་པ་ལ་ཡང་རྒྱང་ནས་གྲགས་པ་ལྟར་སྒྲ་ཙམ་ཐོས་ཀྱང་ཚིག་འབྲུ་མི་ཐོས་པ་ཡིན། དེ་བཞིན་དུ་མིག་གིས་གཟུགས་ལ་བལྟས་པས་ཀྱང་ལོང་ངེ་ལོང་ངེ་ཞིག་ལས། རང་བཞིན་ཅི་ཡིན་པ་མི་མཐོང་བའི་ཚེ་མིག་གི་ཤེས་པ་འགགས། དེས་མཚོན་ནས་སྣས་དྲི། ལྕེས་རོ། ལུས་ཀྱིས་རེག་བྱ་ལ་སོགས་མི་མྱོང་བར་འགྱུར་བའི་ཚེ་ཐིམ་རིམ་ཕྱི་མ་ཡིན་པས་འདི་དུས་ངོ་སྤྲོད་གདབ་དགོས་ཤིང་། འཕོ་བ་འདེབས་མཁན་ཡོད་ན་འདེབས་པའི་དུས་མ་ནོར་བ་ཡིན། དེ་ནས་ཤ་ཡི་ཁམས་ས་ལ་ཐིམ་པས་ལུས་དོང་དུ་ལྷུང་བ་དང་། རི་བོས་ནོན་པ་ལྟ་བུ་ཡི་སྣང་འཆར་ཏེ། ད་ལྟ་མི་འཆི་ཀ་མ་འགའ་རེས་ང་ཡར་ལ་འཐེན་ཟེར་བ་དང་། ངའི་སྤྱས་འདི་མཐོ་རུ་རྩུག་ལ་སོགས་ཟེར་བ་དེ་ཡིན། དེ་ནས་ཁྲག་གི་ཁམས་ཆུ་ལ་ཐིམ་དུས་ཁ་ཆུ་དང་སྣ་ཆུ་ལ་སོགས་པ་འཛག དེ་ནས་དྲོད་ཀྱི་ཁམས་མེ་ལ་ཐིམ་དུས་ཁ་སྣ་ཐམས་ཅད་སྐམ་པ་དང་། ལུས་ཀྱི་དྲོད་མཐའ་ནས་སྡུད་དེ་ཁ་ཅིག་ལ་སྤྱི་བོ་ནས་རླངས་པ་ཕྱུ་རུ་རུ་འོང་བ་དེ་ཡིན། དབུགས་ཀྱི་ཁམས་རླུང་ལ་ཐིམ་པའི་ཚེ། གྱེན་རྒྱུ། ཐུར་སེལ། མེ་མཉམ། ཁྱབ་བྱེད་ཀྱི་རླུང་ཐམས་ཅད་སྲོག་འཛིན་གྱི་རླུང་ལ་འདུས་ནས་དབུགས་ནང་དུ་སྡུད་དཀའ་ཞིང་། དབུགས་ཀྱི་གནས་སྐྱོ་བ་ནས་ལམ་མེད་པ་དཀར་ནག་བརྒྱུད་དེ་དབུགས་ཕྱིར་

ལ་བསྟེགས་པ་དེ་ཡིན། དེ་ནས་ལུས་ཀྱི་ཁྲག་ཐམས་ཅད་སྲོག་རྩར་འདུས་ཏེ་སྙིང་དབུས་སུ་ཁྲག་གི་ཐིགས་པ་གསུམ་རིམ་པར་བརྒྱབ་པས་དབུགས་རིང་པོ་གསུམ་ཕྱིར་ལ་འཕེན་ཞིང་ཕྱི་དབུགས་ཁྲིག་གིས་ཆད། དེའི་དུས་སུ་སྤྱི་བོ་ནས་ཕ་ལས་ཐོབ་པའི་ཐིག་ལེ་དཀར་ཆ་ཐུར་དུ་རྒྱུག་སྟེ། ཕྱི་རྟགས་སུ་ནམ་མཁའ་གཡའ་དག་པ་ལ་ཟླ་འོད་ཤོག་པ་ལྟ་བུའི་དཀར་ལམ་འཆར། ནང་རྟགས་སུ་ཤེས་པ་གསལ་ཉམས་དང་ལྡན་ཞིང་ཞེ་སྡང་གི་རྟོག་པ་སོ་གསུམ་འགགས། དེ་སྣང་བ་ཟེར་བ་ཡིན། ལྟེ་བ་ནས་མ་ལས་ཐོབ་པའི་རཀྟ་དམར་ཆ་གྱེན་དུ་རྒྱུག་པས་ཕྱི་རྟགས་སུ་ནམ་མཁའ་དག་པ་ལ་ཉི་འོད་ཤོག་པ་ལྟ་བུ་དམར་ལམ་འཆར། ནང་རྟགས་སུ་ཤེས་པ་བདེ་ཉམས་ཆེ། འདོད་ཆགས་ཀྱི་རྟོག་པ་བཞི་བཅུ་འགགས། དེ་མཆེད་པ་ཟེར་བ་ཡིན། དེ་ནས་དཀར་དམར་གཉིས་སྙིང་དབུས་སུ་འཕྲད་པའི་བར་དུ་རྣམ་ཤེས་ཚུད་ནས་ཕྱི་རྟགས་སུ་ནམ་མཁའ་གཡའ་དག་པ་ལ་སྨག་གིས་ཁྱབ་པ་ལྟ་བུའི་ནག་ལམ་དང་། ནང་རྟགས་སུ་ཤེས་པ་མི་རྟོག་པའི་ཉམས་འཆར་ཞིང་དེ་ནས་ནག་ཐུམ་གྱིས་བརྒྱལ་འགྲོ། དེ་ཉེར་ཐོབ་ཟེར་བ་ཡིན། དེ་ནས་ཅུང་ཟད་བརྒྱལ་སངས་ནས་ནམ་མཁའ་སྐྱོང་བྱེད་ཀྱི་རྐྱེན་གསུམ་དང་བྲལ་བ་ལྟ་བུའི་གཞི་དུས་ཀྱི་འོད་གསལ་འཆར་བ་དེ་རང་ངོ་ཤེས་ནས་མཉམ་པར་བཞག་ན་རབ་ཆོས་སྐུར་འཕོ་བ་ཞེས་བྱ་བ་ཡིན་ཏེ་བར་དོ་མེད་པར་སངས་རྒྱ་བ་ཡིན། དེ་ནས་རིམ་པས་ཆོས་ཉིད་དང་སྲིད་པའི་བར་དོ་སོགས་འཆར་བ་ཡིན་ཏེ། དེ་དག་དངོས་གཞིའི་ཁྲིད་ཀྱི་ཆ་ལག་ཡིན་པས་འདིར་མི་སྤྲོའོ། །

དེ་ལས་ལམ་ལ་གོམས་འདྲིས་ཆུང་བ་དག་འཕོ་བ་ལས་ལ་སྦྱར་བའི་དུས་མ་ནོར་བ་ནི་ཐིམ་རིམ་རྣམས་འཆར་བའི་མགོ་རྩོམ་པའི་དུས་དེར་ཡིན་ཏེ། དེའི་དུས་སུ་ཚེ་འདིའི་ཞེན་པ་ཐམས་ཅད་ཐད་ཀྱིས་བཅད། ད་རེས་འཆི་བ་འདི་བླ་མའི་གདམས་ངག་ལ་བརྟེན་ཏེ་དག་པའི་ཞིང་ཁམས་སུ་དཔག་ཆེན་གྱི་མདའ་འཕངས་པ་ལྟར་འགྲོ་བ་ཡིན་པས་ང་རེ་དགའ་སྙམ་དུ་སེམས་ཀྱི་དཔའ་བསྐྱེད།

འཕོ་བའི་དམིགས་པ་སོགས་རང་གི་ཡིད་ལ་གསལ་དཀའ་ཞིང་གསལ་འདེབས་ནུས་པའི་གྲོགས་ཡོད་ན་གསལ་འདེབས་སུ་འཇུག གང་ལྟར་ཡང་སྐབས་འདིར་སྔར་སྦྱངས་པ་ལྟར་ལམ་ཟབ་མོ་འཕོ་བའི་གདམས་པ་ལ་བསྟེན་ཏེ་བཙན་ཐབས་སུ་འཕོ་དགོས་པ་ཡིན་ནོ། །དེ་ལྟར་སྦྱོང་བ་དང་ལས་ལ་སྦྱར་བ་གང་གི་ཚེ་ཡིན་ཡང་འདྲ་སྟེ།

3 འཕོ་བའི་སྒོམ་རིམ།

འཕོ་བའི་གདམས་པ་དངོས་བསྒོམ་པའི་རིམ་པ་ནི། སྟན་བདེ་བ་ལ་རྡོ་རྗེའི་སྐྱིལ་མོ་ཀྲུང་ལ་སོགས་པ་བཅའ་ཞིང་། ལུས་དྲང་པོར་བསྲང་། སྔོན་འགྲོ་བླ་མ་རྒྱུད་འབོད་ནས་བཟུང་སྟེ་བླ་མའི་རྣལ་འབྱོར་གྱི་བསྡུ་རིམ་དང་བཅས་ཡོངས་སུ་རྫོགས་པ་གསལ་ལ་རྒྱས་པར་བྱ།

དེ་ནས་དངོས་གཞིའི་དམིགས་པ་ནི། རང་གི་གཞི་ལུས་ཀྱི་ཕུང་པོ་འདི་ཉིད་སྐད་ཅིག་གིས་རྡོ་རྗེ་རྣལ་འབྱོར་མ་སྐུ་མདོག་དམར་མོ་ཞལ་གཅིག་ཕྱག་གཉིས། ཞབས་གཉིས་མཉམ་པའི་འདོར་སྟབས་ཅན། སྤྱན་གསུམ་ནམ་མཁར་གཟིགས་ཤིང་། འཕོ་ཡུལ་གྱི་དུས་འདིར་ཙུང་ཟད་ཞི་མ་ཁྲོའི་ཉམས་ཆགས་པ་ཞིག་བསྒོམ། ཕྱག་གཡས་མ་རིག་གཏི་མུག་གི་གཉིད་ལས་སློང་བའི་ཐོད་པའི་ཌ་མ་རུ་ནམ་མཁའི་དབྱིངས་སུ་འཁྲོལ་བ། གཡོན་དུག་གསུམ་རྩད་ནས་གཅོད་པའི་གྲི་གུག་དཀར་བརྟེན་པ། སྐུ་གཅེར་མོ་རུས་པའི་རྒྱན་དང་མེ་ཏོག་གི་ཆུན་འཕྱངས་ཅན། སྣང་ལ་རང་བཞིན་མེད་པ་དར་དམར་ཀྱི་གུར་ཕུབ་པ་ལྟ་བུ་ཞིག་བསྒོམ། དེ་ཕྱི་ལུས་ཀྱི་སྟོང་ར་ཡིན། དེའི་ལུས་ཀྱི་དབུས་དྲང་པོ་ན་རྩ་དབུ་མ་ཁང་སྟོང་ནང་ཀ་བ་བཙུགས་པ་ལྟར་བསྒོམ་དགོས་ཏེ། དེ་ཡང་གཡས་གཡོན་གང་དུ་འང་མ་ཡོ་བར་ལུས་ཀྱི་དབུས་དྲང་པོ་ན་ཡོད་པའི་དོན་གྱིས་དབུ་མ་ཟེར་བ་ཡིན། དེ་ཡང་ཆོས་སྐུ་འགྱུར་བ་མེད་པ་མཚོན་པའི་བཟར་མཐིང་གི་ཤུན་པ

ལྟར་སྔོ་བ། བག་ཆགས་ཀྱི་སྒྲིབ་པ་སྦྱབ་པའི་བཙར་པདྨའི་འདབ་མ་ལྟར་སྦྱབ་པ། མ་རིག་པའི་མུན་པ་བསལ་བའི་བཙར་ཏིལ་གྱི་མར་མེ་ལྟར་གསལ་བ། ལམ་དམན་པ་དང་ལམ་ལོག་པར་མི་འགྲོ་བའི་ཆེད་དུ་ཆུ་ཤིང་གི་ལྡེམ་བུ་ལྟར་དྲང་བ་སྟེ། མཚན་ཉིད་བཞི་དང་ལྡན་པ། མཐོ་རིས་དང་ཐར་པའི་ལམ་མཚོན་པའི་ཆེད་དུ་ཡར་སྣེ་སྤྱི་བོ་ཚངས་པའི་བུ་ག་ན་རྒྱ་མཐོངས་ཁ་ཕྱེ་བ་ལྟར་ཧྲད་པོར་ཡོད་པ། འཁོར་བ་དང་ངན་སོང་གི་སྒོ་འགེགས་པ་མཚོན་པའི་མར་སྣེ་ལྡེ་འོག་སོར་བཞིའི་ཐད་ན་རྩ་ཕུག་རྟགས་སུ་ཁ་ཟུམ་པ། དེ་ལྟ་བུ་ཞིག་གསལ་གདབ། དེ་ནང་རྩའི་སྟོང་ར་ཡིན། དེ་ནས་རྩ་དབུ་མ་དེའི་ནང་སྙིང་གའི་ཐད་ན་སྣུག་མ་ཚོགས་ཀྱིས་འགགས་པ་ལྟ་བུའི་ཚོགས་ཤིག་ཡོད་པར་བསམ། དེའི་སྟེང་དུ་རླུང་གི་ཐིག་ལེ་ལྷང་སྐྱ་འགྱུལ་བ་དང་འཁྲིགས་པའི་རྣམ་པ་ཅན་ཞིག་བསྒོམ། དེའི་སྟེང་དུ་རང་གི་སེམས་རྣམ་ཤེས་ཀྱི་ངོ་བོ་ཡི་གེ་ཧྲཱིཿཡིག་དམར་པོ་རིང་ཆ་ཚོག་དྲག་དང་བཅས་པ་དར་ལྕོགས་རླུང་གིས་བཏབས་པ་ལྟར་འཕར་འདར་ཧྲི་ལི་ལི་ཡོད་པ། དེ་ལྟ་བུ་ཞིག་བསྒོམས་ཏེ། དེ་རིག་པ་སེམས་ཀྱི་རྟེན་གཞི་ཡིན། དེ་ནས་རང་གི་སྤྱི་བོར་ཁྲུ་གང་ཙམ་གྱི་སྟེང་གི་ནམ་མཁར་ཟླ་བ་ཆེན་པོ་བརྒྱད་ཀྱིས་བརྟེགས་པའི་རིན་པོ་ཆེའི་ཁྲིའི་སྟེང་དུ་སྣ་ཚོགས་པདྨ་དང་ཉི་མ་ཟླ་བའི་གདན་སུམ་བརྩེགས་ཀྱི་སྟེང་ན། ངོ་བོ་དུས་གསུམ་སངས་རྒྱས་ཐམས་ཅད་འདུས་པའི་བདག་ཉིད་མཚུངས་མེད་ཐུགས་རྗེའི་གཏེར་མཛོད་དཔལ་ལྡན་རྩ་བའི་བླ་མ་ཡིན་པ་ལ། རྣམ་པ་སངས་རྒྱས་བཅོམ་ལྡན་འདས་མགོན་པོ་འོད་དཔག་ཏུ་མེད་པ་སྐུ་མདོག་དམར་པོ་པདྨ་རཱ་གའི་ལྷུན་པོ་ལ་ཉིན་བྱེད་འབུམ་གྱིས་འཁྱུད་པ་ལྟ་བུ། ཞལ་གཅིག་ཕྱག་གཉིས་མཉམ་བཞག་གི་སྟེང་ན་འཆི་མེད་ཡེ་ཤེས་ཀྱི་བདུད་རྩིས་གང་བའི་ལྷུང་བཟེད་འཛིན་པ་མཆོག་གི་སྤྲུལ་སྐུ་ཚངས་པར་སྤྱོད་པའི་ཆ་ལུགས་ཅན། སྐུ་ལ་ཆོས་གོས་རྣམ་གསུམ་གསོལ་ཞིང་དབུ་ལ་གཙུག་ཏོར་དང་ཞབས་ལ་འཁོར་ལོ་ལ་སོགས་མཚན་བཟང་པོ་སུམ་ཅུ་རྩ་གཉིས་དང་། དཔེ་

བྱེད་བཟང་པོ་བརྒྱད་ཅུས་བརྒྱན་པ། འོད་དང་འོད་ཟེར་མུ་མཐའ་མེད་པར་འཕྲོ་བ་དེ་ལྟ་བུ་ཞིག་གསལ། དེའི་གཡས་སུ་རྒྱལ་བ་ཀུན་གྱི་སྙིང་རྗེའི་རང་གཟུགས་འཕགས་པ་སྤྱན་རས་གཟིགས་དབང་ཕྱུག་སྐུ་མདོག་དཀར་པོ་ཞལ་གཅིག་ཕྱག་བཞིའི་དང་པོ་གཉིས་ཐུགས་ཀར་ཐལ་མོ་སྦྱར་བ། གཡས་འོག་མས་ཤེལ་དཀར་གྱི་ཕྲེང་བ་འདྲེན་པ། གཡོན་འོག་མས་པདྨ་དཀར་པོའི་ཡུ་བ་ནས་འཛིན་པའི་མེ་

ཏོག་གི་འདབ་མ་སྙན་གྱི་ཐད་ཀར་ཁ་བྱེ་བ། འོད་དཔག་མེད་ཀྱི་གཡོན་དུ་རྒྱལ་བ་ཐམས་ཅད་ཀྱི་མཐུ་སྟོབས་ནུས་པའི་བདག་ཉིད་གསང་བའི་བདག་པོ་ཕྱག་ན་རྡོ་རྗེ་སྐུ་མདོག་མཐིང་ག་ཕྱག་གཉིས་རྡོ་རྗེ་དང་དྲིལ་བུ་བསྣོལ་སྟབས་སུ་འཛིན་པ། དེ་གཉིས་ཀའང་ལོངས་སྤྱོད་རྫོགས་པའི་རྒྱན་ཆས་བཅུ་གསུམ་གྱིས་སྤྲས་པ། དེ་ཡང་འོད་དཔག་མེད་སྤྲིད་ཞིའི་མཐའ་ལ་མི་གནས་པའི་བརྟར་ཞབས་རྡོ་རྗེའི་སྐྱིལ་མོ་ཀྲུང་དང་། སེམས་དཔའ་གཉིས་འགྲོ་དོན་སྐྱོ་དུབ་དང་བྲལ་བའི་བརྟར་ཞབས་བཞེངས་པའི་སྟབས་ཀྱིས་བཞུགས་པ། གཙོ་བོ་དེ་གསུམ་གྱི་མཐའ་སྐོར་དུ་ལམ་ཟབ་མོ་འཕོ་བ་བརྒྱུད་པའི་བླ་མ་ཐམས་ཅད་དྭངས་པའི་མཁའ་ལ་སྤྲིན་ཕུང་འཁྲིགས་པ་ལྟར་བཞུགས་ནས། རང་གཞན་སེམས་ཅན་ཐམས་ཅད་ལ་བརྩེ་བའི་ཞལ་གྱིས་གཟིགས། འཛུམ་པའི་སྤྱན་གྱིས་གཟིགས། དགྱེས་པའི་ཐུགས་ཀྱིས་དགོངས་ནས་རང་གཞན་སེམས་ཅན་ཐམས་ཅད་འཁོར་བ་དང་ངན་སོང་གི་སྡུག་བསྔལ་ལས་བསྒྲལ་ཏེ། བདེ་ཆེན་དག་པའི་ཞིང་དུ་འདྲེན་པའི་དེད་དཔོན་ཆེན་པོར་བཞུགས་པར་བསམས་ལ། རང་ཉིད་གཞི་ལུས་རྡོ་རྗེ་རྣལ་འབྱོར་མ་སོགས་ནས། སྤྱན་གསུམ་ནམ་མཁར་གཟིགས། དེའི་ཕོང་དབུས་རྩ་དབུ་མ་སོགས། མཚན་དཔེ་རྫོགས་པའི་ཕུང་པོར་གསལ། ཞེས་གསལ་གདབ། དེ་ནས་ཡིད་ཁྲིད་ཤེས་ཀྱི་དད་པའི་སྒོ་ནས་ལུས་བ་སྤུ་གཟེངས། མིག་མཆི་མ་འཁྲུགས་པ་དང་བཅས། བཅོམ་ལྡན་འདས་དེ་བཞིན་གཤེགས་པ་དགྲ་བཅོམ་པ་ཡང་དག་པར་རྫོགས་པའི་སངས་རྒྱས་མགོན་པོ་འོད་དཔག་ཏུ་མེད་པ་ལ་ཕྱག་

འཚལ་ལོ། །

མཆོད་དོ་སྐྱབས་སུ་མཆིའོ། །ཞེས་ལན་ཅི་མང་བརྗོད་མཐར། ཨེ་མ་ཧོ། གནས་རང་སྣང་དོན་གྱི་འོག་མིན་ན། །སོགས་ནས། དབྱིངས་ཆོས་སྐུའི་རྒྱལ་ས་ཟིན་པར་ཤོག །བར་ཐམས་ཅད་ཚང་བར་ཚར་གསུམ། རྗེས་མ་ལ་ཡིད་མོས་གུས་མན་ཆད་ཚར་གསུམ། དེའི་ཡང་རྗེས་མ་ལ། དབྱིངས་ཆོས་སྐུའི་རྒྱལ་ས་ཟིན་པར་ཤོག །ལན་གསུམ་བརྗོད། དེ་དག་གི་ཚེ་བླ་མ་དང་མགོན་པོ་འོད་དཔག་མེད་ལ་མོས་གུས་མཆི་མ་འཁྲུགས་པ་ལྟ་བུའི་ངང་ནས་རིག་པ་སེམས་ཀྱི་རྟེན་གཞི་ཧྲཱིཿཡིག་ཁོ་ན་ལ་སེམས་བཟུང་། དེ་ནས་སྦྱར་ཚིག་གི་ཚེ་ཕན་གྱི་ཞུགས་ནས་ཧྲཱིཿཧྲཱིཿཞེས་ལྔ་ཚར་བརྗོད་པ་དང་མཉམ་དུ་རིག་པ་སེམས་ཀྱི་རྟེན་གཞི་ཡི་གེ་ཧྲཱིཿདམར་པོ་དེ་རླུང་གི་ཐིག་ལེ་ལྷང་སྐྱོ་གཡོ་བའི་རྣམ་པ་ཅན་དེས་བཏེགས་ཏེ་འདར་ཕྲི་ལི་ལི་བྱེད་ཅིང་ཛེ་མཐོ་ཛེ་མཐོར་སོང་། སྤྱི་བོ་ཚངས་པའི་བུ་གར་ཐོན་པ་དང་མཉམ་དུ་ཧི་ཀ་ཞེས་བརྗོད་པས། དཔག་ཆེན་གྱི་མདའ་འཕངས་པ་ལྟར་ཡར་ཏེ་སངས་རྒྱས་འོད་དཔག་མེད་ཀྱི་ཐུགས་ཀར་ཐིམ་པར་བསམ། ཡང་སྙིང་གར་ཧྲཱིཿཡིག་གསལ་ལ། དམིགས་པ་སྔར་ལྟར་བཅས་ཧི་ཀ་སྦྲ་བདུན་ནམ་ཉེར་གཅིག་སོགས་བརྗོད། ལུགས་གཞན་ལ་ཧི་ཀ་བརྗོད་ནས་སྦྱར་ཞིང་ཀ་བརྗོད་པས་མར་འབེབས་པའི་དམིགས་པ་བྱ་སྲོལ་ཡོད་ཀྱང་། འདིར་ཀ་བརྗོད་ནས་མར་འབེབས་སྲོལ་མེད། ཡང་བཅོམ་ལྡན་འདས་མགོན་པོ་འོད་དཔག་ཏུ་མེད་པ་སོགས་ནས། གསོལ་འདེབས་དང་སྦྱར་ཚིག་སོགས་སྔར་ལྟར་བཅས་ཇི་ཙམ་འཚམས་པར་སྦྱང་། དེ་ནས་ཡང་བཅོམ་ལྡན་འདས་སོགས་ནས། མཆོད་དོ་སྐྱབས་སུ་མཆིའོ། །

ལན་བདུན་ནམ་གསུམ་ལ་སོགས་པའི་མཐར། གཏེར་སྟོན་ཉི་ཟླ་སངས་རྒྱས་ཀྱི་འཕོ་བ་འཇག་འཇུགས་མ་ཇོགས་ཆེན་ནས་བརྒྱུད་པ་ལྟར་གྱི་གསོལ་འདེབས་བསྡུས་པ།

སངས་རྒྱས་འོད་དཔག་མེད་ལ་ཕྱག་འཚལ་ལོ། །
ཨོ་རྒྱན་པདྨ་འབྱུང་གནས་ལ་གསོལ་བ་འདེབས། །
དྲིན་ཆེན་རྩ་བའི་བླ་མས་ཐུགས་རྗེས་བཟུང་། །
རྩ་བ་བརྒྱུད་པའི་བླ་མས་ལམ་སྣ་དྲོངས། །
ཟབ་ལམ་འཕོ་བ་འབྱོངས་པར་བྱིན་གྱིས་རློབས། །
མྱུར་ལམ་འཕོ་བས་མཁའ་སྤྱོད་བགྲོད་པར་བྱིན་གྱིས་རློབས། །
བདག་སོགས་འདི་ནས་ཚེ་འཕོས་གྱུར་མ་ཐག །
བདེ་བ་ཅན་དུ་སྐྱེ་བར་བྱིན་གྱིས་རློབས། །

ཞེས་ལན་གསུམ་གྱི་རྗེས་མ་ལ། བདེ་བ་ཅན་དུ་སྐྱེ་བར་བྱིན་གྱིས་རློབས། །ཞེས་པ་ལན་གསུམ་བྱ་ཞིང་། ཕྱར་ཚིག་སོགས་ཕྱར་ལྷར་དེ་དག་ཇི་ལྟར་འཚམས་པར་སྦྱངས་ནས་ཡང་། བཅོམ་ལྡན་འདས་དེ་བཞིན་གཤེགས་པ་སོགས་ཕྱར་ལྷར་དང་། གནམ་ཆོས་ཀྱི་འཕོ་བ་དཔལ་ཡུལ་ནས་བརྒྱུད་པའི་གསོལ་འདེབས།

ཨེ་མ་ཧོ།

ཤིན་ཏུ་ངོ་མཚར་འོད་དཔག་མེད་མགོན་དང་། །
ཐུགས་རྗེ་ཆེན་པོ་ཕྱག་རྡོར་མཐུ་ཆེན་ཐོབ། །
བདག་སོགས་རྩེ་གཅིག་ཡིད་ཀྱིས་གསོལ་བ་འདེབས། །
ཟབ་ལམ་འཕོ་བ་འབྱོངས་པར་བྱིན་གྱིས་རློབས། །
བདག་སོགས་ནམ་ཞིག་འཆི་བའི་དུས་བྱུང་ཚེ།
རྣམ་ཤེས་བདེ་ཆེན་འཕོ་བར་བྱིན་གྱིས་རློབས། །

ལན་གསུམ་གྱི་ཚིག་ཀང་རྗེས་མ་ཡང་བསྐྱར་དང་། ཕྱར་ཚིག་སོགས་ཕྱར་ལྷར་ཡིན། གསོལ་འདེབས་རྗེས་མ་གཉིས་པོ་འདི་ཀློང་ཆེན་སྙིང་ཐིག་གི་ཁྲིད་

གཞུང་མ་ཡིན་པས། རིག་འཛིན་འཇིགས་མེད་གླིང་པ་ནས་བརྒྱུད་པ་མིན་ཀྱང་། རྫོགས་ཆེན་རིན་པོ་ཆེ་དང་། སྨོ་ཆེན་སོགས་ནས་བརྒྱུད་དེ། སྐྱབས་རྗེ་རྡོ་གྲུབ་རིན་པོ་ཆེ་ལ་ཆུ་བོ་གཅིག་འདྲེས་སུ་བཞུགས་པ་དེས་གསུང་སྒྲོལ་ལྟར། རྗེ་བླ་མས་ཀྱང་གསུང་བར་འདུག་ལ། འོན་ཀྱང་གྲུབ་རྗེ་རིན་པོ་ཆེ་ལ་དྭགས་པོ་ནས་བརྒྱུད་པའི་བཀའ་བརྒྱུད་ཀྱི་འཕོ་བའི་ཁྲིད་རྒྱུན་ཀྱང་བཞུགས་པས་འཕོ་བའི་ངག་འདོན་གྲུབ་རྗེའི་བསྒྲིགས་མར་དེ་ཉིད་ཀྱི་གསོལ་འདེབས་ཀྱང་ཡོད་མོད་ཀྱང་། རྗེ་བླ་མས་གསུང་སྒྲོལ་མེད་ལ། གང་ལྟར་ཡང་བརྒྱུད་སྒྲོལ་མི་འདྲ་བ་ཐམས་ཅད་དམིགས་རིམ་སོགས་ལ་ཁྱད་པར་མེད་པས་ཁྲིད་རྒྱུན་ཆུ་བོ་གཅིག་འདྲེས་སུ་སོང་བར་ངེས་ཤིང་། སྐྱབས་རྗེ་རྡོ་གྲུབ་རིན་པོ་ཆེའི་དྲུང་ནས་རྗེ་བླ་མས་ལན་གྲངས་དུ་མར་གསན་པ་བཅས་རྗེ་བླ་མ་ནས་འཕོ་ཁྲིད་ཐོབ་པ་རྣམས་ཀྱིས་ཀྱང་། བཀའ་བརྒྱུད་ཀྱི་འཕོ་ལུང་ཡང་ཐོབ་པར་བྱས་ནས་བརྒྱུད་འདེབས་སོགས་བཏོན་ཀྱང་ཆོག་པར་སེམས་སོ། །གསོལ་འདེབས་བསྡུ་མ་འདི་གཉིས་ཀྱང་གྲུབ་རྗེའི་བསྒྲིགས་མ་ལྟ་བུ་ཡིན་ནམ། གང་ལྟར་ཡང་གཞན་རྣམས་དང་ཅུང་ཟད་མི་འདྲ་ཙམ་འདུག་པས། འདི་རྗེའི་གསུང་རྒྱུན་ལྟར་བྲིས་པ་ཡིན་ནོ། །

ཡང་གནམ་ཆོས་འཕོ་ལུང་གི་དུས་རྗེ་བླ་མས་མང་ཚོགས་ལ་འཕོ་བ་གདབ་པའི་དུས། འདི་རྣམས་ནམ་ཞིག་ཚེ་ཡི་དུས་བྱས་ཚེ། ཞེས་གསུང་སྒྲོལ་ཡོད་པ་བརྡ་མ་འཕྲོད་པར་བཟུང་ནས། ད་ལྟ་ཁ་ཅིག་གིས་འདིར་སྣང་ནམ་ཞིག་དང་། འདི་ནས་ནམ་ཞིག་སོགས་སུ་འདོན་པ་ནི། ཅུང་ཟད་མ་དག་གམ་སྙམ་མོ། །

དེ་ལྟར་ཡང་དང་ཡང་དུ་སྦྱངས་པ་སོང་ནས་མཐར་འཇོག་ཁར། སྐུ་ལྷའི་དབྱིངས་སུ་རྒྱས་གདབ་པའི་ཆེད་དུ། ཕཊ༔ཧཱུྃ་ཕྱུགས་སུ་བརྗོད་ཅིང་། གནས་ལུགས་སྤྲོས་པ་དང་བྲལ་བའི་ངང་དུ་མཉམ་པར་བཞག དེ་ནས་སྤྱི་གཙུག་གི་བརྒྱུད་པའི་བླ་མ་ཐམས་ཅད་གཙོ་བོ་གསུམ་ལ་ཐིམ། སེམས་དཔའ་གཉིས་ཀྱང་འོད་དཔག་མེད་ལ་ཐིམ། འོད་དཔག་མེད་འོད་དུ་ཞུ་ནས་རང་ལ་ཐིམ་པས། རང་

ཉིད་སྐད་ཅིག་གིས་བཅོམ་ལྡན་འདས་མགོན་པོ་ཚེ་དཔག་ཏུ་མེད་པ་སྐུ་མདོག་དམར་པོ་ཞལ་གཅིག་ཕྱག་གཉིས་ཞབས་གཉིས་རྡོ་རྗེ་སྐྱིལ་ཀྲུང་གིས་བཞུགས་པ། ཕྱག་གཉིས་མཉམ་བཞག་གི་སྟེང་ན་འཆི་མེད་ཡེ་ཤེས་ཀྱི་བདུད་རྩིས་གང་བའི་ཚེ་བུམ་དཔག་བསམ་ལྗོན་ཤིང་གི་ཁ་རྒྱན་ཅན་འཛིན་པ། སྐུ་ལ་ལོངས་སྤྱོད་རྫོགས་པའི་རྒྱན་ཆས་བཅུ་གསུམ་གྱིས་སྤྲས་པ་དེ་ལྟ་བུ་ཞིག་ཏུ་བསྒོམས་ལ། ཨོ་ཨ་མཱ་ར་ཎི་ཛཱི་ཝན་ཏི་ཡེ་སྭཱ་ཧཱ། ཞེས་བརྒྱ་རྩ་དང་ཚེ་གཟུངས་སོགས་འདོན། དེས་ཚེ་ལ་མི་གནོད་ཅིང་རྟེན་འབྲེལ་གྱི་བདེན་པས་ཚེ་གེགས་ཀྱང་ཞི་བ་ཡིན། དེས་ན་གཞན་ཤི་བོ་དང་འཆི་ཀ་མ་ལ་གདབ་པ་དང་རང་ཉིད་འཆི་བའི་ཚེ་ལས་ལ་སྦྱར་བའི་དུས་འདི་མི་དགོས། དེ་ལྟར་སྦྱངས་པས་འགྲོངས་པའི་རྟགས་ཀྱང་གཞུང་ལས།

མགོ་ན་ཚུ་སེར་ཟྲིལ་པ་ཕྲོམ། །

འཇག་མ་དལ་གྱིས་ཚུགས་སོགས་འབྱུང་། །

ཞེས་པ་ལྟ་བུའི་རྟགས་མ་ཐོན་གྱི་བར་དུ་ནན་ཏན་གྱིས་སྦྱང་དགོས་པ་ཡིན་ནོ། །མཇུག་དགེ་བ་བསྔོ་ཞིང་། བདེ་བ་ཅན་དུ་སྐྱེ་བའི་སྨོན་ལམ་ལ་སོགས་པ་འདོན་པར་བྱའོ། །

དེ་ལྟར་ཟབ་ལམ་འཕོ་བའི་གདམས་པ་འདི་ནི་བསྐྱེད་རྫོགས་ཀྱི་རྣམ་གྲངས་གཞན་ལྟར་དུས་ཡུན་རིང་དུ་སྦྱང་མི་དགོས་པར་བདུན་ཕྲག་གཅིག་ཙམ་སྦྱངས་ན་ངེས་པར་རྟགས་ཐོན་དུ་འགྲོངས་པས། མ་བསྒོམ་པར་འཚང་རྒྱ་བའི་ཆོས་ཞེས་པའང་གསུངས་པ་ལྟར་ཡིན་པས་མྱུར་ལམ་བླ་ན་མེད་པ་འདི་ལྟ་བུ་ལ་ཐམས་ཅད་ཀྱིས་ཡི་དམ་དུ་བྱ་བར་རིགས་སོ། །རང་མགོ་མི་ཐོན་རོ་མགོར་ཙ་ཙོ་སྒྲོགས། །ཉམས་སུ་མི་ལེན་བཤད་རྒྱངས་གདུགས་ལྟར་ཕུབ། །བདག་དང་བདག་འདྲ་ཟོག་པོའི་རིགས་ཅན་རྣམས། །སྐྱབ་ལ་སྙིང་རུས་ནུས་པར་བྱིན་གྱིས་རློབས། །འཕོ་བ་མ་བསྒོམས་སངས་རྒྱས་ཀྱི་ཁྲིད་དོ། །

ཁྲིད་ཆང་གནད་བསྡུས།

དེ་ལྟར་དལ་འབྱོར་རྙེད་པར་དཀའ་བ་ལ་བསམས་ནས་དལ་བའི་རྟེན་ལ་སྙིང་པོ་བླང་། ཚེ་མི་རྟག་པའི་ཚུལ་ལ་བསམས་ནས་བརྩོན་འགྲུས་ཀྱི་ལྕག་གིས་བྲབས། འཁོར་བ་མཐའ་དག་སྡུག་བསྔལ་གྱི་རང་བཞིན་དུ་ཤེས་ནས་ངེས་འབྱུང་དང་སྙིང་རྗེའི་བློ་བསྐྱེད། རྒྱུ་འབྲས་ཀྱི་རྣམ་གྲངས་ཤེས་ནས་དགེ་སྡིག་ལ་སྤང་བླང་དུ་བྱ། ཐར་པའི་ཕན་ཡོན་དྲན་པས་འབྲས་བུ་ལ་བྲོད་པ་བསྐྱེད། ཡང་དག་པའི་དགེ་བའི་བཤེས་གཉེན་བསྟེན་ནས་དགོངས་སྤྱོད་བསླབ་པ་སྟེ། ཐུན་མོང་གྱིའི་སྔོན་འགྲོ་ཁྲིད་ཆང་དྲུག་དང་། དཀོན་མཆོག་གསུམ་ལ་སྐྱབས་སུ་བཟུང་ནས་ཐར་པའི་ལམ་གྱི་རྟེན་གཞི་བཙལ། བྱང་ཆུབ་མཆོག་ཏུ་སེམས་བསྐྱེད་དེ་རྒྱལ་སྲས་ཀྱི་སྤྱོད་པ་རྒྱ་མཚོའི་ཁོག་ཕུབ། རྡོ་རྗེ་སེམས་དཔའི་སྒོམ་བཟླས་ལ་བསྟེན་ནས་ཉེས་པ་ཐམས་ཅད་ཀྱི་རྩ་བ་སྡིག་ལྟུང་སྟོབས་བཞིའི་སྒོ་ནས་བཤགས། སྐུ་གསུམ་གྱི་ཞིང་ཁམས་མཎྜལ་དུ་ཕུལ་ཏེ། ཡོན་ཏན་ཐམས་ཅད་ཀྱི་རྩ་བ་བསོད་ནམས་དང་ཡེ་ཤེས་ཀྱི་ཚོགས་བསགས། བྱིན་རླབས་ཐམས་ཅད་ཀྱི་འབྱུང་གནས་བླ་མ་ལ་གསོལ་བ་བཏབ་སྟེ། རྟོགས་པའི་ཡེ་ཤེས་རང་རྒྱུད་ལ་སྐྱེད་པ་སྟེ། ཐུན་མིན་ནང་གི་སྔོན་འགྲོ་ཁྲིད་ཆང་ལྔ་དང་། ལམ་མཐར་མ་ཕྱིན་པར་འཆི་བ་ཐོག་བབ་ཏུ་བྱུང་ན་དག་པའི་ཞིང་དུ་མཚམས་སྦྱོར་བ་འཕོ་བ་མ་བསྒོམ་སངས་རྒྱས་ཏེ་ཁྱོན་ཁྲིད་ཆང་བཅུ་གཉིས་ཡིན་ལ། དེ་དག་ཀྱང་སྔོན་འགྲོ་བློ་ལྡོག་བཞི་དང་། ཐར་པའི་ཕན་ཡོན་ལ་བརྟེན་ཏེ་བཙོས་མ་མ་ཡིན་པའི་ངེས་འབྱུང་བསྐྱེད་ཅིང་ལམ་ཐམས་ཅད་ཀྱི་སྒོ་ཕྱེ། ཡོན་ཏན་ཐམས་ཅད་ཀྱི་འབྱུང་གནས་དགེ་བའི་བཤེས་གཉེན་བསྟེན་ཏེ་ལམ་གྱི་རྟེན་འབྲེལ་བསྒྲིག

སྐྱབས་འགྲོས་གཞི་བཟུང་། བྱང་ཆུབ་མཆོག་ཏུ་སེམས་བསྐྱེད། ཕྱིན་དྲུག་གི་ལམ་ལ་བསླབས་ནས་རྣམ་པ་ཐམས་ཅད་མཁྱེན་པ་རྫོགས་པའི་སངས་རྒྱས་ཀྱི་ལམ་ཡང་དག་པ་ལ་ཁྲིད་པར་བྱེད་པ་སྟེ། ཁྲིད་ཚུལ་གཞན་དུ། སྣང་བ་གསུམ་

དང་། སྐྱེས་བུ་གསུམ་དང་། ཕྱག་ཆེན་མདོ་ལུགས་སུ་ཁྲིད་པར་གྲགས་པ་ལ་སོགས་པ་ཐམས་ཅད་ཀྱི་ལམ་གནད་ཡོངས་སུ་རྫོགས་པ་འདི་ཙམ་དུ་འདུས་པ་ཡིན་ལ། ཐབས་བླ་ན་མེད་པ་རྗོར་སེམས་དང་མནྜལ་ལ་བརྟེན་པའི་བསགས་སྦྱོང་གཉིས་དང་། ཟབ་མོ་བྱིན་རླབས་ཀྱི་གསང་ལམ་བླ་མའི་རྣལ་འབྱོར་དང་། མ་བསྒོམ་པར་སངས་རྒྱས་པ་འཕོ་བའི་གདམས་པ་རྣམས་ནི། ཁྲིད་ཚུལ་འདིའི་ཁྱད་པར་གྱི་ཆོས་བླ་ན་མེད་པ་ཡིན། ད་དུང་ཡང་སྙིང་ཐིག་རྫོ་རྗེ་སྙིང་པོའི་ལམ་གྱི་དངོས་གཞི་ཐུན་མོང་མ་ཡིན་པའི་སྔོར་འཇུག་པ་ལ་ནི། ཁྱད་པར་གྱི་སྔོན་འགྲོའི་སྒོ་ནས་སྒྲུ་གསུམ་དང་སེམས་རིག་གི་སྒྲ་ཁྲིད་དེ། དོན་གྱི་ངོ་སྤྲོད་རིག་པ་རྩལ་གྱི་དབང་བསྐུར་ནས་གཟོད་ཉམས་ཁྲིད་དམར་བཅར་དུ་འདེབས་པ་ཡིན་ནོ། །

དེ་ལྟར་བཤད་པ་ཐམས་ཅད་ཀྱང་ཚིག་གི་སླད་ཆ་དང་སྤེལ་སྦྱོར་གཙོ་བོར་མ་བཏོན་པར། རྗེ་བླ་མའི་གསུང་སྒྲོས་ཞལ་གདམས་ཀྱི་གསུང་ངག་ཇི་ལྟར་ཡོད་པ་ལྟར་ལ། རང་ཚིག་གི་བསྲེ་བསླད་ཅི་ནུས་སུ་སྤངས་ཏེ་གོ་སླ་བ་དང་སེམས་ལ་ཕན་པ་ཕོ་ན་གཙོ་བོར་བཏོན་ནས་བྲིས་ཤིང་། དེ་ལས་ཀྱང་མཚང་འདོན་གྱི་ཞལ་གདམས་དམིགས་ཀྱིས་བཀར་ནས་གསུངས་པ་དུ་མ་ཡོད་པ་རྣམས་ཀྱང་རང་གིས་གང་ཟིན་ཐམས་ཅད་སྐབས་ཅི་རིགས་པར་འཕྲོས་དོན་གྱི་ཚུལ་དུ་བཀོད་པ་ཡིན་ལ། དེ་དག་ཀྱང་གཞན་སྐྱོན་ལྟ་བའི་མིག་སྔར་ནི་མི་བཟུང་སྟེ། ཁ་ནང་དུ་ལོག་ནས་རང་སྐྱོན་ལྟ་བའི་མེ་ལོང་དུ་བྱས་ནས། སྐྱོན་མཚང་དེ་དག་རང་ལ་ཡོད་དམ་མེད་ལེགས་པར་བརྟག ཡོད་པར་འདུག་ན་སྐྱོན་ངོས་བཟུང་། མཚང་ཡུལ་ནས་ཕུད་དེ་ཡང་དག་པའི་ལམ་ལ་བློ་ལྡན་གྱིས་འགྲོ་བ་ཞིག་ཏུ་རང་གིས་རང་རྒྱུད་འཚོས་དགོས་པ་ཡིན་པས་ན། ཇོ་བོ་རྗེ་ལྷ་གཅིག་གི་ཞལ་ནས། དགེ་བའི་བཤེས་གཉེན་གྱི་མཆོག་མཚང་ལ་རྒོལ་བ་ཡིན། གདམས་ངག་གི་མཆོག་མཚང་ཐོག་ཏུ་འབེབས་པ་ཡིན། གྲོགས་ཀྱི་མཆོག་དྲན་པ་དང་

ཤེས་བཞིན་ཡིན། སྐུལ་མའི་མཆོག་དགྲ་བགེགས་དང་ནད་ཚ་སྡུག་བསྔལ་ཡིན། ཐབས་ཀྱི་མཆོག་བཅས་བཅོས་མེད་པ་ཡིན། ཞེས་གསུངས་པ་ལྟར་གདམས་ངག་མཚང་ཐོག་ཏུ་ཕབ། ཆོས་དང་རང་སེམས་ཞུ་དག་བྱས། རྒྱུན་དུ་དྲན་པ་དང་ཤེས་བཞིན་གྱིས་བཟུང་སྟེ་ལེ་ལན་ཐམས་ཅད་རང་ལ་གདའ་ཞིང་། ཀུན་རྟོག་ངན་པ་ཞིག་སྐྱེས་པ་ཚུན་ཆད། ཁ་ཡན་ཏུ་མི་གཏོང་བར་རང་རྒྱུད་ཆོས་ཀྱིས་འདུལ་བ་ནི་གནད་དམ་པ་ཡིན་ནོ། །

དེ་ལྟར་བྱས་ན་རང་དྲིན་རང་ལ་ཆེ། ཆོས་ཀྱིས་སེམས་ལ་ཕན། བླ་མ་བསྟེན་པ་ལ་དོན་གོ་ཕྱུང་བ་ཡིན་ཏེ། རྗེ་བོའི་ཞལ་ནས། ཕན་བཏགས་པའི་མཆོག་ཆོས་ལ་བཙུད་པ་ཡིན། ཕན་ཐོགས་པའི་མཆོག་ཆོས་ལ་བློ་སྣ་འགྱུར་བ་ཡིན་གསུངས། མདོར་ན་ད་རེས་དལ་འབྱོར་གྱི་མི་ལུས་ཐོབ། མཚན་ལྡན་གྱི་བླ་མ་མཇལ། ཟབ་མོའི་གདམས་ངག་ཐོབ། ཆོས་ཐེག་པ་རིམ་དགུ་ཉམས་སུ་བླངས་ནས་སངས་རྒྱས་རང་ལ་བསྒྲུབ་ཏུ་ཡོད་པའི་སྐབས་འདིར། ཚེ་རབས་གཏན་གྱི་ཆུས་ཚུགས་ན་ད་རེས་མ་ཚུགས་ན་ད་རེས་བློ་ལེགས་ན་ད་རེས་ཉེས་ན་ད་རེས། འདུན་མ་གཏན་ལེགས་དང་གཏན་ཉེས་ཀྱི་ས་མཚམས་ཚེ་གང་དུས་བརྒྱའི་ཟླ་མ་ལན་གཅིག་ཡིན་པས། རང་མགོ་ཉེ་མ་ཆོས་ཀྱིས་བཏོན་ནས་དུས་རྟག་ཏུ་འཆི་བའི་སྐུལ་མ་གདབ། ཚེ་འདིའི་བློ་སྣ་བསྒྱུར། བརྩོན་འགྲུས་སྒྲིག་དང་བསྡོམས་ནས་དགེ་སྒྲུབ་དང་སྡིག་སྤོང་ལ་འབད། མཚན་ཉིད་ཀུན་ལྡན་གྱི་བླ་མ་བསྟེན་ནས་ཅི་གསུང་དང་དུ་བླང་། བློ་སྙིང་བྲང་གསུམ་དཀོན་མཆོག་གསུམ་ལ་གཏད་དེ། སྐྱིད་ན་དཀོན་མཆོག་གི་ཐུགས་རྗེ། སྡུག་ན་སྔོན་བསགས་ཀྱི་ལས་འཁོར་ཤེས་ཤིང་། བསམ་པ་བཟང་པོ་བྱང་ཆུབ་ཀྱི་སེམས་དང་ལྡན་པའི་ངང་ནས་ཉམས་ལེན་བསགས་སྦྱོང་གཉིས་ལ་འབད་དེ། མཐར་ཐུག་མོས་གུས་དང་དམ་ཚིག་རྣམ་པར་དག་པའི་སྒོ་ནས། བརྒྱུད་ལྡན་གྱི་བླ་མ་མཆོག་དང་ཐུགས་ཡིད་དབྱེར་མེད་དུ་འདྲེས་ཏེ། ཚེ་འདིར་བཙན་ས་ཟིན་པར་བྱ་ཞིང་། མ་རྒན་སེམས་ཅན་

ཐམས་ཅད་འཁོར་བའི་བཙོན་དོང་ནས་འདོན་པའི་བློ་སྟོབས་ཀྱི་ཁུར་ཁྱེར་བ་ནི། གདམས་ངག་གི་གནད་ཐམས་ཅད་བསྡུས་པ་ཡིན་ནོ། །

མཇུག་རྫོགས།

དེ་ལྟར་བརྒྱུད་གསུམ་མན་ངག་བདུད་རྩིའི་སྙིང་། །
བརྒྱུད་ལྡན་བླ་མའི་ཞལ་ཆབ་མངར་མོའི་བཅུད། །
རིམ་དགུའི་ཐེག་པའི་ཉམས་ལེན་སྙིང་པོའི་གནད། །
མ་ནོར་ཡོངས་སུ་བསྡུས་པ་འདི་ཁོ་ན། །
སྤྲོས་བཤད་ཚིག་གི་སྤྲུན་པ་ཡོངས་དོར་ནས། །
ཡང་ཟབ་ཉམས་ལེན་གནད་ཀྱི་རོ་བསྡེབས་ཏེ། །
ཉམས་མྱོང་ཞལ་གྱི་གདམས་པས་བཅོས་པའི་བཅུད། །
ལེགས་བཤད་འདི་ནི་གཡོས་ལེགས་ཁ་ཟས་འདྲ། །
གཉིས་ངན་དུག་གསུམ་སྤྱོད་པའི་ཟ་རྐོད་ལ། །
མཚང་འདོན་ཞལ་གདམས་རྡོ་རྗེའི་ཐོང་བཙུགས་ཏེ། །
ཡང་དག་དམ་ཆོས་རྣལ་གྱིས་འདེབས་མཁས་པ། །
ལེགས་བཤད་འདི་ནི་ཐབས་མཁས་ཞིང་པ་འདྲ། །
ངེས་འབྱུང་བློ་སྣ་གཉེན་པོའི་ཞིང་ས་ལ། །
བྱང་ཆུབ་སེམས་ཀྱི་ས་བོན་ལེགས་བཏབ་ནས། །
བསགས་སྦྱོང་ཐབས་ཀྱིས་ཡོན་ཏན་འབྲས་སྨིན་པ། །

ལེགས་བཤད་འདི་ནི་སྐལ་བཟང་ལོ་ཏོག་འདྲ། །
རང་སྐྱོན་མཐོང་ནས་བྲུས་ཏེ་དྲུངས་འབྱིན་ཞིང་། །
ཡོན་ཏན་ཐབས་མཁས་ངག་གིས་ལན་བརྒྱར་འདོམས། །
རྟག་ཏུ་ཕན་པ་འབའ་ཞིག་ལྷུར་ལེན་པ། །
ལེགས་བཤད་འདི་ནི་མ་མ་སྨྱུག་གུ་འདྲ། །
ཚིག་ཙམ་མ་ཡིན་དོན་གྱི་ཟབ་ཁྱད་ཅན། །
མཚུངས་མེད་དམ་པའི་ཞལ་ཧླངས་མ་ཡལ་བ། །
ལེགས་བཤད་འདི་འདྲ་སྙིང་གི་ནོར་བུ་རུ། །
ཐོབ་རྣམས་ཡང་དག་ལམ་གྱིས་ཟིན་པར་ངེས། །
ཕན་དང་སྒྲུབ་པ་ལྷུར་ལེན་དམ་པའི་གཞུང་། །
སྒྲ་དང་སྙན་ངག་ཚིག་གིས་མ་ཡིན་ཏེ། །
ཕལ་དང་གྲོང་པའི་ངག་གིས་ཡང་དག་ལམ། །
ལེགས་འདོམས་སེམས་དཔའ་རྣམས་ཀྱི་ཁྱད་ཆོས་ཡིན། །
གཞུང་བཤད་ཚིག་གི་སྤྲོས་པ་རྒྱ་ཆེ་ཡང་། །
བློ་རྫོངས་ཡིད་ཀྱི་ཁང་བུར་འཇུག་དཀའ་ཞིང་། །
དོན་ཟབ་ལྷ་གྲུབ་མཐོན་པོའི་ཁ་སྐད་ཀྱང་། །
སྙིགས་སྤྱོད་བློ་ཆུང་སྐྱེ་བོས་ཉམས་ལེན་དཀའ། །
དེ་སླད་གཞུང་འདི་ཤེས་སླ་དོན་དུ་འདུས། །
བློ་ཆུང་བློ་ཡི་ཁུང་བུར་གསེར་གྱི་བཅུད། །
བློ་དམན་ཡིད་ཀྱི་མུན་པར་མར་མེ་བཞིན། །

དོན་བཟང་རང་གསལ་ཕྲོ་མེད་སློབ་དཔོན་ཡིན། །
བཤད་ཡམ་ཚིག་ལ་ཞེན་པའི་མཁས་པ་དང་། །
གཞུང་ལུགས་གདམས་པར་མ་ཤར་སྟོན་ཆེན་ཀྱང་། །
དམ་པའི་མན་ངག་བཅུད་འདི་འཐུངས་དང་གཟོད། །
ཉམས་ལེན་གནད་ཀྱི་ལུས་ཟུངས་ལོས་ཀྱང་རྒྱས། །
སྟོང་སྒོམ་མུན་རྫོ་འཕེན་པའི་སྒོམ་ཆེན་དང་། །
དགེ་སྦྱོར་བྱས་ཡུས་འདྲེན་པའི་སྒྲུབ་པ་པོ། །
རང་རྒྱུད་ཚོད་མ་ལོངས་པའི་གྲུབ་བརྫུ་རྣམས། །
ལམ་འདི་མཐོང་ན་སྙིང་གི་ཐུར་མ་བྱེད། །
བཤད་ཡམ་ཚིག་གི་སྦྱོས་གཞུང་མང་ཐོས་ཤིང་། །
སྙན་ཚིག་འཇའ་ཚོན་རི་མོ་འབྲི་མཁས་ཀྱང་། །
དྲིན་ལྡན་བླ་མའི་ཞལ་རྒྱུན་མ་ལགས་པ། །
རང་བཟོའི་ཚིག་རིས་བསྲེས་པ་འདི་ལ་མེད། །
མཚུངས་མེད་བླ་མ་སངས་རྒྱས་དངོས་བྱོན་ཏེ། །
གངས་ལྗོངས་འཛིག་རྟེན་སྐལ་པ་བཟང་པོ་ཏུ། །
གྱུར་པའི་དུས་ཚོད་དེ་ལས་འགྱངས་མིན་པས། །
ད་དུང་རྗེ་རྫེའི་མཆེད་བཞུགས་འདི་ལ་དབང་། །
དེ་སྐད་ཡང་དག་བཀའ་ཡི་བསྟུ་བ་ཏུ། །
བརྗོད་པའི་རྒྱུ་ཡང་དམ་པའི་དྲིན་ལས་ཏེ། །
མོས་གུས་བསམ་པ་བཟང་པོའི་ལག་རིས་ལ། །

ཡི་རངས་ལྷུར་བཅས་མཆེད་ཀྱིས་སྐུལ་བར་རིགས། །
སླད་ནས་བློན་པའི་སྐལ་བཟང་གང་ཟག་ཀུང་། །
ཚུལ་འདི་མཐོང་ན་བླ་མ་སངས་རྒྱས་དེ། །
དངོས་སུ་མཇལ་བའི་མོས་གུས་སྐྱེད་ཅིག་དང་། །
གསུང་གི་གནད་ལ་ནོར་འཁྲུལ་མེད་དམ་སྙམ། །
དེ་འདྲ་དེ་ལས་གང་ཞིག་ཐོབ་པ་ཡི། །
དགེ་བ་དེ་ཡང་མར་གྱུར་འགྲོ་བ་ཀུན། །
བཤེས་གཉེན་དམ་པས་ཟིན་ནས་དམ་པའི་གསུང་། །
སྒྲུབ་པའི་འབྲས་ལེགས་མཐོང་བའི་རྒྱུ་རུ་བསྔོ། །
ཁྱད་པར་མཚུངས་མེད་བླ་མ་རྗོགས་སངས་རྒྱས། །
དེ་ཡི་ཞལ་གྱི་བདུད་རྩིས་བསྐྱངས་མཐའ་དག །
ཚོམ་བུ་གཅིག་ཏུ་མངོན་པར་སངས་རྒྱས་ནས། །
འགྲོ་བའི་འདྲེན་པར་ཆས་པའང་མཐོང་གྱུར་ཅིག །
དམ་པའི་ལེགས་བཤད་བདུད་རྩིའི་བཅུད་གསོལ་ཏེ། །
གདམས་པའི་སྨོས་གླུས་སྐལ་བཟང་ཡིད་འགུགས་པའི། །
དྲིན་ཆེན་བླ་མའི་རྒྱལ་ཚབ་མཆོག་རྣམས་ཀུང་། །
ཞབས་པད་རྡོ་རྗེའི་ཁྲི་ལ་བརྟན་གྱུར་ཅིག །
བདག་ཀུང་དེང་ནས་ཚེ་རབས་ཐམས་ཅད་དུ། །
བླ་མ་མཆོག་དང་དེ་ཡི་རྗེས་འཛུག་གི །
ཐུན་ཏུ་གྱུར་ནས་ཅི་གསུང་བཀའ་སྒྲུབ་ཅིང་། །

མཉེས་པས་རྗེས་སུ་འཛིན་པ་ཡོད་གྱུར་ཅིག །
འཁོར་བའི་མཐའ་དང་ལུས་ཅན་མཐའ་དེ་སྲིད། །
ལུས་དང་ལོངས་སྤྱོད་དགེ་བ་ཀུན་སྤུངས་ཏེ། །
ཉམ་ཐག་མ་རྒན་རྣམས་ཀྱི་གཡོག་བགྱིད་ཅིང་། །
དེ་ཀུན་རྫོགས་སངས་རྒྱས་པའི་ཆོས་འཛིན་ཤོག །
གནས་སྐབས་སུ་ཡང་བརྒྱུད་པ་རིན་པོ་ཆེའི། །
བྱིན་རླབས་ཉི་མ་སྙིང་ལ་ལེགས་འཆར་ཞིང་། །
དབེན་པའི་གནས་སུ་ཚེ་འདི་མཐར་བྱས་ཏེ། །
མཚུངས་མེད་བླ་མའི་དྲུང་དེར་འགྲོ་བར་ཤོག །

དེ་ལྟར་ཀློང་ཆེན་སྙིང་གི་ཐིག་ལེའི་ཐུན་མོང་ཕྱི་ནང་གི་ཁྲིད་ཡིག་མཚུངས་མེད་བླ་མ་དམ་པའི་ཞལ་རྒྱུན་ལྟར་བྲིས་པ་འདི་ཡང་། སྔ་སོར་རྗེ་བླ་མའི་ཞལ་སློབ་སྟོམ་བརྩོན་དམ་པ་སྨྲོན་མ་ཚེ་རིང་ནས་ཁོང་རང་གི་ཐུགས་ལ་གང་ངེས་ཟིན་རིས་སུ་བྲིས་ནས་ཕྱིན་ཏེ། འདི་ལ་གཞི་བྱས་ནས་ཁྱེད་ཀྱིས་རྗེའི་ཞལ་རྒྱུན་བཅོས་མེད་ཀྱི་ཁྲིད་ཡིག་ཅིག་ཅིས་ཀྱང་བྲིས་ཤིག་ཅེས་ནན་ཏན་གྱིས་བསྐུལ་བ་དང་། ཁྱད་པར་རྗེ་བཙུན་བླ་མ་མཆོག་གི་སྨིན་གྲོལ་གྱི་བསྟན་པ་འཛིན་པའི་རྒྱལ་ཚབ་སྤྲུལ་པའི་སྐུ་རིན་པོ་ཆེ་ཀུན་བཟང་ཐེག་མཆོག་རྡོ་རྗེའི་ཞལ་སྔ་ནས་འབྲི་གཞིའི་ཤོག་བུ་དང་བཅས་པ་གནང་ནས་ལན་གྲངས་གཉིས་གསུམ་གྱི་བར་དུ་གསུང་གིས་བསྐུལ་བ་དང་། སླར་ཡང་སྐྱབས་མགོན་བླ་མ་དམ་པའི་གདམས་ངག་གི་བརྒྱུད་པ་འཛིན་པའི་ཐུགས་སྲས་ཡོངས་ཀྱི་ཐུ་བོ་ཡོངས་རྫོགས་བསྟན་པའི་མངའ་བདག་སྐུ་ཞབས་རིན་པོ་ཆེ་གཞན་ཕན་མཐའ་ཡས་འོད་ཟེར་ནས། རྗེ་བླ་མའི་ཞལ་རྒྱུན་གསུང་སྒྲོས་ལྟར་ཡི་གེར་བྲིས་ན། བླ་མ་དྲན་པའི་མོས་གུས་ཀྱི་གསོས་སུ་འདུག་པས་ཅིས་ཀྱང་བྲིས་ཤིག་ཅེས་གསུང་གིས་དབུགས་དབྱུང་

གནང་བ་དང་། གཞན་ཡང་ཇི་སྲིད་བྱང་ཆུབ་སྙིང་པོའི་མཐས་གཏུགས་པ་དེ་སྲིད་དུ་མི་མར་གྱི་འོད་དང་སྡོང་བུ་ལྟར་འགྲོགས་པར་ངེས་པ། དཔྲལ་བའི་མིག་ལྟར་བརྩེ་བའི་ཇོ་ཇོའི་མཆེད་པོ་དུ་མས་ལེགས་སོའི་དབུགས་དབྱུང་དང་བློ་གྲོས་ཀྱི་ཟུར་གསོས་ཐོབ་པ་ལ་བརྟེན་ནས། མཚུངས་མེད་གྲུབ་བརྒྱའི་གཙུག་རྒྱན་རིག་འཛིན་བྱང་ཆུབ་ཇོ་ཇོའི་ཞལ་སྔ་ནས། ཨོ་རྒྱན་འཇིགས་མེད་ཆོས་ཀྱི་དབང་པོ་ཞེས་མིང་གི་ཅོད་པན་བྱིན་པ་ཡིན་ན་ཡང་། དོན་དུ་དུག་ལྔ་མི་འབར་ཨ་བུ་ཧྲལ་པོར་འབོད་པའི་གདོལ་སྤྱོད་མཁན་དེ་ཉིད་ཀྱིས། རྟ་དམ་ཨོ་རྒྱན་བསམ་གཏན་ཆོས་གླིང་གི་ཡང་དབེན་འཇིགས་བྱེད་དུས་དགྲའི་དབང་པོའི་ཕོ་བྲང་དབེན་པའི་ཡོན་ཏན་མ་ཚང་བ་མེད་པའི་རྒྱན་གྱིས་བརྫིད་ཆགས་པར་སྤྲས་ཤིང་། དྲོད་བཅུད་ཉི་ཟེར་གྱི་འོད་སྣང་སྤྱི་བོས་ལེན་ལ། བསིལ་བཅུད་བདུད་རྩིའི་ཐིགས་པ་རྐང་པས་འཐུངས་པའི་ལྗོན་ཤིང་དང་། འཁྲི་ཤིང་དང་། ལྕུག་མ་དང་། ཕང་ཕུང་དང་། ལྗུམ་བུ་དང་། སྔོན་པོའི་བྱེ་བྲག་རིགས་མི་གཅིག་པ་དུ་མའི་ཡལ་ག་དང་། ལོ་མ་དང་། མེ་ཏོག་དང་། འབྲས་བུ་འཕྱངས་འཕྱུལ་དྲ་བ་དང་། དྲ་བ་ཕྱེད་པར་བྲེས་པའི་ཁོང་སེང་ནས་སྔོ་བསངས་ནམ་མཁའི་བུ་མོའི་འཛུམ་ཟེར་གྱི་བདུད་རྩིས་སྙིང་ལ་སིམ་པ་ཅེར་ཡང་སྤྲིན་པའི་གནས་སུ། ལེགས་པར་གྲུབ་པར་བགྱིས་པ་འདིས་ཀྱང་མཐའ་ཡས་པའི་སེམས་ཅན་ཐམས་ཅད་ལམ་མཆོག་འདི་ལ་བརྟེན་ནས་གདོད་མའི་མགོན་པོའི་གཞི་གླིང་དུ་རྣམ་པར་གྲོལ་བའི་རྒྱུར་གྱུར་ཅིག །ཨོཾ་སྭ་སྟི་སིདྡྷཾ། །

གྲོལ་བ་དྲུག་ལྡན་ཀུན་བཟང་དགོངས་པའི་གཏེར། །
ཀློང་ཆེན་ནམ་མཁའི་རྣལ་འབྱོར་ཕྱུག་རྒྱས་བཀྲོལ། །
ཀློང་ཆེན་སྙིང་ཐིག་ཅེས་གྲགས་གྲུབ་གཉིས་དཔལ། །
འདོད་རྒྱུར་སྨིན་ལ་མཐུ་དང་རླབས་ཆེ་བ། །

གང་དེའི་སྔོན་འགྲོའི་ཆོས་བཤད་ཐོས་ཙམ་གྱིས། །
ཡིད་ཅན་བློ་སྣ་བཙན་ཐབས་སྒྱུར་ནུས་པ། །
འཇིགས་མེད་རྒྱལ་བའི་མྱུ་གུའི་ཞལ་གྱི་ལུང་། །
ཨོ་རྒྱན་ཆོས་ཀྱི་དབང་པོའི་ལེགས་གསུང་བཅུད། །
གཏན་པ་མེད་པའི་ཆོས་སྦྱིན་སྒོ་འབྱེད་ཕྱིར། །
སྡེ་བཞི་དགེ་བ་བཅུ་ལྡན་ཆོས་སྲིད་ཀྱི། །
གཉེར་ཆེན་པདྨ་ལེགས་གྲུབ་དད་འབྱོར་ནི། །
རྫོགས་ལྡན་སྤྲིན་ལས་མི་ཟད་ཆོས་ཆར་ཕབ། །
དགེ་བས་འོད་གསལ་རྡོ་རྗེ་རྩེ་མོའི་བསྟན། །
སྲིད་པ་གསུམ་དུ་དར་རྒྱས་ཡུན་རིང་གནས། །
འབྲེལ་བཅས་འགྲོ་རྣམས་གདོད་མའི་རྒྱལ་སྲིད་ཆེར། །
མྱུར་དུ་སྤྱོད་ཅིང་དོན་གཉིས་ལྷུན་གྲུབ་ཤོག །

ཅེས་པའང་ཕྱི་མོའི་ཞུ་དག་དང་ཆབས་ཅིག་དག་པའི་སྣང་བ་རིས་སུ་མ་ཆད་པ་བློ་གྲོས་མཐའ་ཡས་པའི་སྤེས་ཆེད་དུ་བརྗོད་པ་ལ་བརྗོད་བྱའི་ཚིག་ཕྲད་ཙུང་ཟད་བསྒྱུར་བའོ། །

བྱང་རྒྱན།

སྔོན་འགྲོའི་དམིགས་རིམ་བསྡུས་པ།

ན་མོ་ས་མནྟ་བྷ་དྲ་ཡེ། བསིལ་ལྡན་ལྗོ་བདེའི་སྣུག་གིས་དམན་པ་ལས། །གྲངས་མེད་ཐུགས་བསྐྱེད་ཆེན་པོའི་ཤིང་རྟ་ཡིས། །གསང་སྔགས་བསྟན་པའི་ཉིན་བྱེད་སྤེལ་མཛད་པ། ཨོ་རྒྱན་ཆོས་ཀྱི་རྒྱལ་པོ་ཡང་ཡང་དྲན། །སྒྱུ་འཕྲུལ་རྡོ་རྗེ་ཐེག་པའི་དགོངས་པའི་བཅུད། །གཅིག་བསྡུས་མཁའ་འགྲོའི་སྙིང་ཁྲག་དྭངས་མའི་ཐིགས། །ཚུལ་བཞིན་ཆོས་ཉིད་རང་རྩལ་ཤར་བའི་མཛོད། །སྤེལ་མཛད་ཆོས་བདག་བླ་མ་དེས་སྐྱོངས་ཤིག །དྲུག་ལྡན་རིག་འཛིན་བླ་མའི་དགོངས་ཟབ་ཆེར། །གསང་ཆེན་བུམ་པ་གཅིག་ཏུ་བསྡུས་པའི་བཅུད། །འཇོད་མེད་སྐལ་ལྡན་སྨིན་གྲོལ་ངོམས་བྱེད་པ། དྲིན་ཅན་བླ་མ་བྱང་ཆུབ་བར་དུ་བསྟེན། །ཞེས་མཆོད་པར་བརྗོད་པས་མདུན་བསུས་ཏེ། བྲི་བར་བྱ་བ་ནི། ཀློང་ཆེན་སྙིང་ཐིག་གི་ཐུན་མོང་ཕྱི་ནང་གི་ཁྲིད་ཀྱི་དམིགས་རྐང་ཕྱོགས་གཅིག་ཏུ་བཀོད་པ་ལས། །སྐྱབས་འགྲོའི་སྐབས་སུ་རང་ཉིད་འདུག་པའི་ས་ཕྱོགས་འདི་དག་ཐམས་ཅད་རིན་པོ་ཆེ་སྣ་ཚོགས་ལས་གྲུབ་པའི་ཞིང་ཁམས་མཛེས་ཤིང་ཡིད་དུ་འོང་བ་ལ་ལྟུང་འབར་འབུར་གཤང་གཞོང་གི་རྣམ་པ་མེད་པ། མེ་ལོང་གི་ངོས་ལྟར་འཇམ་པ། དེའི་དབུས་སུ་རང་གི་མདུན་དུ་དཔག་བསམ་གྱི་སྡོང་པོ་ཡལ་ག་ལྔ་པ་ལོ་འདབ་མེ་ཏོག་འབྲས་བུ་རྣམས་ཀྱིས་ཤར་ལྷོ་ནུབ་བྱང་གི་ནམ་མཁའི་དབྱིངས་ཐམས་ཅད་ཁྱབ་པ། དབུས་ཚུང་ཟད་མཐོ་བའི་སྟེང་དུ་སེང་གེ་ཆེན་པོ་བརྒྱད་ཀྱིས་བཏེགས་པའི་རིན་པོ་ཆེའི་ཁྲི་པདྨ་ཉི་མ་ཟླ་བའི་གདན་གསུམ་བརྩེགས་ཀྱི་སྟེང་དུ་ངོ་བོ་དུས་གསུམ་སངས་རྒྱས་ཐམས་ཅད་འདུས་པའི་ངོ་བོ་མཚུངས་མེད་ཐུགས་རྗེའི་གཏེར་མཛོད་དཔལ་ལྡན་རྩ་བའི་བླ་མ་ཡིན་པ་ལ་རྣམ་པ་ཨོ་རྒྱན་རྡོ་རྗེ་འཆང་ཆེན་པོ་སྐུ་མདོག་དཀར་ལ་དམར་བའི་མདངས་ཆགས་པ། ཞལ་གཅིག

ཕྱག་གཉིས་རྒྱལ་པོ་རོལ་པའི་སྟབས་སུ་བཞུགས་པ། ཕྱག་གཡས་གསེར་གྱི་རྡོ་རྗེ་རྩེ་ལྔ་པ་སྡིག་པའི་ཚུལ་གྱིས་འཛིན་ཅིང་། གཡོན་མཉམ་བཞག་གི་སྟེང་ན་ཀཱ་པ་ལ་བདུད་རྩིས་བཀང་བ་འཆི་མེད་ཚེའི་བུམ་པ་འཆི་མེད་ཡེ་ཤེས་ཀྱི་བདུད་རྩིས་གང་བ་དཔག་བསམ་ཤིང་གིས་ཁ་རྒྱན་དང་བཅས་པ་འཛིན་པ་ཡུམ་ཡེ་ཤེས་མཚོ་རྒྱལ་དཀར་མོ་གྲི་ཐོད་འཛིན་པ་དང་གཉིས་མེད་དུ་འཁྲིལ་བ་སྐུ་ཟབ་བེར་ཆོས་གོས་ཕོད་ཀ་གསོལ་བ་དབུ་ལ་པད་ཞྭ་མནབ་པ་དེའི་མདུན་གྱི་ཡལ་གའི་སྟེང་དུ་སངས་རྒྱས་ཤཱཀྱ་ཐུབ་པ་ལ་འཁོར་བསྐལ་པ་བཟང་པོའི་སངས་རྒྱས་སྟོང་གིས་བསྐོར་བ། ཐམས་ཅད་ཀྱང་སྐུ་མདོག་དཀར་སེར་དམར་ལྗང་མཐིང་ག་མཆོག་གི་སྤྲུལ་སྐུ་ཚངས་པར་སྤྱོད་པའི་ཆ་བྱད་ཅན་དབུ་ལ་གཙུག་ཏོར་དང་ཞབས་ལ་འཁོར་ལོ་ལ་སོགས་མཚན་བཟང་པོ་སུམ་ཅུ་རྩ་གཉིས་དང་དཔེ་བྱད་བཟང་པོ་བརྒྱད་ཅུས་སྤྲས་པ། ཐམས་ཅད་ཀྱང་ཞབས་རྡོ་རྗེ་སྐྱིལ་ཀྲུང་གིས་བཞུགས་པ། གཡས་ཀྱི་ཡལ་ག་ལ་བྱང་ཆུབ་སེམས་དཔའ་ཉེ་བའི་སྲས་ཆེན་བརྒྱད་ལ་འཁོར་བྱང་སེམས་འཕགས་པའི་དགེ་འདུན་གྱིས་བསྐོར་བ་ཐམས་ཅད་འགྲོ་དོན་སྐྱོ་དུབ་དང་བྲལ་བའི་བཛར། ཞབས་གཉིས་མཉམ་པའི་སྟབས་ཀྱིས་བཞེངས་པ། ཡོངས་སྤྱོད་རྫོགས་སྐུའི་ཆས་བཅུ་གསུམ་གྱིས་བརྒྱན་པ། གཡོན་གྱི་ཡལ་གའི་སྟེང་དུ་ཉན་ཐོས་མཆོག་གཉིས་ལ་ཉན་རང་འཕགས་པའི་དགེ་འདུན་གྱིས་བསྐོར་བ། ཚངས་པར་སྤྱོད་པའི་ཆ་བྱད་ཅན། རྒྱབ་ཀྱི་ཡལ་གའི་སྟེང་དུ་འཇའ་འོད་ཀྱི་དྲ་མིག་གི་གློང་དུ་དམ་པའི་ཆོས་དཀོན་མཆོག་གླེགས་བམ་བརྩེགས་པའི་རྣམ་པ་ཅན་ལ་ཨཱ་ལི་ཀཱ་ལིའི་སྒྲ་སྒྲོགས་པ། རྫོགས་པ་ཆེན་པོའི་རྒྱུད་འབུམ་ཕྲག་དྲུག་ཅུ་རྩ་བཞི་སྟེང་མ་བྱས་ཏེ་བཞུགས་པ། ཨོ་རྒྱན་ཆེན་པོའི་དབུ་གཙུག་ཏུ་ཆོས་སྐུ་ཀུན་ཏུ་བཟང་པོ་ནས་བཟུང་སྟེ་དྲིན་ཆེན་རྩ་བའི་བླ་མ་ལ་མ་ཐུག་གི་བར་གྱི་རྫོགས་ཆེན་བརྒྱུད་པའི་བླ་མ་རྣམས་གོང་མའི་གདན་ཁྲི་ལ་འོག་མའི་དབུ་མ་རེག་ཙམ་དུ་བཞུགས་པ། ཨོ་རྒྱན་ཆེན་པོའི་སྐུའི་མཐའ་བསྐོར་

དུ་སྙིང་གི་ཆ་ལ་རྩ་བརྒྱད་ཀྱི་བླ་མ། བར་གྱི་ཆ་ལ་ཡི་དམ་ལྷ་ཚོགས། འོག་གི་ཆ་ལ་མ་དང་མཁའ་འགྲོ། དེ་དག་གི་བར་མཚམས་ཀུན་ཏུ་ཡེ་ཤེས་དང་ལས་ལ་གྲུབ་པའི་ཆོས་སྐྱོང་ཕོ་རྒྱུད་ཐམས་ཅད་ཞལ་ཕྱིར་ཕྱོགས་ནས་དམ་ཆོས་བྱང་ཆུབ་བསྒྲུབ་པའི་འགལ་རྐྱེན་བར་ཆད་ཐམས་ཅད་ཟློག་པ་དང་ཕྱིའི་བར་ཆད་ནང་དུ་མི་གཏོང་བའི་ཕྲིན་ལས་མཛད་པ། ཆོས་སྐྱོང་མོ་རྒྱུད་ཐམས་ཅད་ཞལ་ནང་དུ་ཕྱོགས་པས་དམ་ཆོས་བྱང་ཆུབ་བསྒྲུབ་པའི་འགལ་རྐྱེན་བར་ཆད་ཐམས་ཅད་སྲུང་བ་དང་། ནང་གི་དངོས་གྲུབ་ཕྱིར་མི་ཏང་བའི་ཕྲིན་ལས་མཛད་པར་བསམ། རང་གི་གཡས་སུ་སྐྱེ་བ་ད་རེས་ཀྱི་ཕ། གཡོན་དུ་མ། མདུན་དུ་གང་རང་ལ་སྡང་བར་བྱེད་པའི་དགྲ། གནོད་པར་བྱེད་པའི་བགེགས་གཉིས་ཀྱི་ཐོག་དྲངས་ཁམས་གསུམ་འགྲོ་བ་རིགས་དྲུག་གི་སེམས་ཅན་ཐམས་ཅད་ས་གཞིའི་ངོས་ན་ཁྲིམ་ཚོགས་པ་བཞིན་དུ་འཁོད་དེ། ལུས་གུས་པས་ཕྱག་འཚལ། ངག་གུས་པའི་སྒོ་ནས་སྐྱབས་འགྲོ་བརྗོད། ཡིད་གུས་པའི་སྒོ་ནས་མཐོ་རུ་གཏོང་ངམ། དམའ་རུ་གཏོང་ངམ། སྐྱིད་སྡུག་ལེགས་ཉེས་ཅི་མཛད་རུང་དེ་རིང་ནས་བཟུང་སྟེ། བློ་ཕ་ལ་མི་དྲི། གྲོས་མ་ལ་མི་བྱེད། ཐག་རང་གིས་བཅད། སྐྱབས་གནས་དཀོན་མཆོག་གསུམ་པོ་ཁྱེད་ལ་བསྟེན། ཁྱེད་ལ་འབུལ། ཁྱེད་ཅིག་བསྒྲུབ་སྙམ་དུ་གདུང་བ་དྲག་པོས་ཅི་མཛད་ཁྱེད་ཤེས་བློ་གཏད་ཡིད་བསྐུར་དང་བཅས་ཏེ། དཀོན་མཆོག་གསུམ་དངོས་སོགས་མདུན་དུ་འདོན་པ་བཞག་སྟེ་སྐྱབས་ཡུལ་ལྷ་ཚོགས་ལ་མོས་གུས་དུང་དུང་བ་ཞིག་བྱས་པས་སྐྱབས་ཡུལ་ལྷ་ཚོགས་རྣམས་ཀྱི་སྐུ་ལས་འོད་ཟེར་དཀར་སེར་དམར་ལྗང་མཐིང་གའི་རྣམ་པ་གྲངས་མེད་པ་སྤྲོས། བདག་དང་སེམས་ཅན་ཐམས་ཅད་ལ་ཕོག་པས་ཐོག་མ་མེད་པ་ནས་བསགས་པའི་ལས་ཉོན་བག་ཆགས་སྡིག་སྒྲིབ་དང་བཅས་པ་མུན་ཁུང་དུ་ཉི་མ་ཤར་བ་བཞིན་དུ་སང་སང་དག་ནས་བདག་དང་སེམས་ཅན་ཐམས་ཅད་བྱ་ཁྱུ་ཚུར་རྫོང་དཀྲུགས་པ་ལྟར་ཚུར་དེར་གྱིས་སྐྱབས་ཡུལ་ལྷ་ཚོགས་རྣམས་ལ་ཐིམ། སྐྱབས་ཡུལ་རྣམས་

ཀུན་རིམ་པར་འོད་དུ་ཞུ་ནས་མདུན་གྱི་སངས་རྒྱས་ཐམས་ཅད་ཤཱཀྱ་ཐུབ་པ་ལ་ཐིམ། གཡས་ཀྱི་བྱང་སེམས་ཐམས་ཅད་འཕགས་པ་སྤྱན་རས་གཟིགས་ལ་ཐིམ། གཡོན་གྱི་ཉན་རང་འཕགས་པའི་དགེ་འདུན་ཐམས་ཅད་ཤཱ་རིས་བུ་ལ་ཐིམ། དེ་ཐམས་ཅད་རྒྱབ་ཀྱི་ཆོས་ལ་ཐིམ་ཆོས་དཀོན་མཆོག་ཐམས་ཅད་ཀུན་ཨོ་རྒྱན་ཆེན་པོ་ལ་ཐིམ། མཐའ་བསྐོར་གྱི་བླ་མ་ཡི་དམ་ཆོས་སྐྱོང་སྲུང་མའི་ཚོགས་དང་བཅས་པ་ཐམས་ཅད་ཀུན་ཨོ་རྒྱན་ཆེན་པོ་ལ་ཐིམ། བླ་མ་ཡང་མཐའ་ནས་རིམ་པར་འོད་དུ་ཡལ་ཏེ་མི་དམིགས་པའི་ངང་ལ་དར་ཙམ་མཉམ་པར་བཞག དེ་ལས་ལང་བ་ན་སྣང་སྲིད་ཐམས་ཅད་སྐྱབས་ཡུལ་ལྷ་ཚོགས་ཀྱི་སྐུར་བཀྲ་ལམ་གྱིས་གསལ་ལ་བསྔོ་བ་བྱ། །

སེམས་བསྐྱེད་ཀྱི་དུས་སྐྱབས་ཡུལ་ལྷ་ཚོགས་རྣམས་སྔར་ལྟར་བསྡུས་ལ། ཨོ་རྒྱན་ཆེན་པོ་རང་ཉིད་ལ་བསྒོམས་པས་སྐྱབས་ཡུལ་དེ་དག་གི་ཐུགས་རྒྱུད་ན་བཞུགས་པའི་དོན་དམ་བྱང་ཆུབ་སེམས་ཤེས་རྒྱུད་ལ་ལྷང་གིས་སྐྱེ་བར་བསམ། ཟབ་མོའི་ལམ་གྱི་ཉམས་རྟོགས་ཁྱད་པར་ཅན་སྐྱེ་བ་ལ་བར་དུ་གཅོད་པ་ནི་སྡིག་སྒྲིབ་བག་ཆགས་ཡིན་ལ། དེ་སྦྱོང་བར་བྱེད་པ་བླ་མ་རྡོ་རྗེ་སེམས་དཔའི་སྒོམ་བཟླས་ལས་ཟབ་པ་མེད་པས། དེ་སྒོམ་ཚུལ་ནི། རང་ཉིད་ཐ་མལ་དུ་གནས་པའི་སྤྱི་བོར་མདའ་གང་ཙམ་གྱི་སྟེང་གི་ནམ་མཁའ་ལ་པད་མ་ཟླ་བའི་གདན་གྱི་སྟེང་དུ་ཧཱུྃ་ཡིག་དཀར་པོ་ཡོངས་སུ་གྱུར་པ་ལས་ངོ་བོ་དུས་གསུམ་སངས་རྒྱས་ཐམས་ཅད་འདུས་པའི་ངོ་བོ་མཚུངས་མེད་ཐུགས་རྗེའི་གཏེར་མཛོད་དཔལ་ལྡན་རྩ་བའི་བླ་མ་ཡིན་པ་ལ། རྣམ་པ་ལོངས་སྤྱོད་རྫོགས་པའི་སྐུ་རྡོ་རྗེ་སེམས་དཔའ་སྐུ་མདོག་དཀར་པོ་གངས་རིའི་ཕུང་པོ་ལ་ཉི་བྱེད་འབུམ་གྱིས་འཕྲུད་པ་ལྟ་བུ། ཞལ་གཅིག་ཕྱག་གཉིས་ཕྱག་གཡས་རིག་སྟོང་རྡོ་རྗེ་ཐུགས་ཀར་གཏོད་ཚུལ་གྱིས་འཛིན་པ། གཡོན་སྣང་སྟོང་གི་དྲིལ་བུ་དཀུར་བརྟེན་པ། ཞབས་གཉིས་རྡོ་རྗེའི་དཀྱིལ་མོ་ཀྲུང་གིས་བཞུགས་པ་ཡུམ་སྙེམ་མ་དཀར་མོ་དང་གཉིས་མེད་དུ

འཁྲིལ་བ་སྐུ་སྣང་ལ་རང་བཞིན་མེད་པར་གསལ་བའི་ཐུགས་ཀར་ཟླ་བའི་དཀྱིལ་འཁོར་ཉ་གང་བའི་སྟེང་དུ་ཧཱུྃ་ཡིག་དཀར་པོ་སྤུས་ཐྲིས་པ་ལྟ་བུ་ལ་ཡི་གེ་བརྒྱ་པའི་སྔགས་ཕྲེང་རྣ་ལང་བ་ལྟ་བུས་གཡས་བསྐོར་དུ་བསྐོར་བ་ལ་སེམས་གཏད་ནས་སྟོབས་བཞི་ཚང་བའི་སྒོ་ནས་ཡིག་བརྒྱ་བཟློད་པས། ཡི་གེ་བརྒྱ་པའི་སྔགས་ཕྲེང་གི་ཡིག་འབྲུ་རྣམས་ལས་བདུད་རྩི་བྱང་ཆུབ་སེམས་དཀར་པོའི་རྒྱུན་བབས། སྐུའི་དབྱིབས་སུ་བརྒྱུད། ཡུམ་གྱི་སྦྱོར་མཚམས་ནས་ཐོན། རང་གི་སྤྱི་བོ་ཚངས་པའི་བུ་ག་ནས་ཞུགས་ཏེ། ལུས་ཀྱི་ནང་ཐམས་ཅད་བཀྲུས། ནད་ཐམས་ཅད་རྣག་ཁྲག་གདོན་ཐམས་ཅད་ཉ་སྦྲུལ་སྦལ་ལྡིང་སྲོམ་སྡིག་གྲོག་བུར། སྡིག་པ་ཐམས་ཅད་དུད་ཁུ་སོལ་ཁུ། ཐལ་དུད་སྒྲིབ་པ་ཧྲངས་པའི་རྣམ་པ་འོག་སྒོ་གཉིས་དང་རྐང་མཐིལ་བ་སྤུའི་སྒོ་རྣམས་ནས་ཐོན་ཏེ། རང་གི་འོག་ཏུ་དབང་ཆེན་གསེར་གྱི་ས་གཞི་ཁ་གས་པའི་འོག་ཏུ་འཆི་བདག་གཤིན་རྗེའི་རྒྱལ་པོ་ལ་ལན་ཆགས་བུ་ལོན་ཤ་འཁོན་གྱི་བདག་པོ་བདག་མོ་ཐམས་ཅད་ཀྱིས་བསྐོར་ཏེ་ཁ་ལག་སྦྲར་གསུམ་རང་ལ་ཟེད་ནས་ཡོད་པའི་ཁ་ལག་སྦྲར་གསུམ་དུ་སོང་། ཐོག་མ་མེད་པ་ནས་བསགས་པའི་ལན་ཆགས་བུ་ལོན་སོད། ཤ་འཁོན་བྱང་། སྡིག་སྒྲིབ་དག མཐར་དེ་ཐམས་ཅད་ཀྱི་ཁ་ལག་སྦྲར་གསུམ་ཡང་བཙུམ། ས་གཞི་གས་པའང་སོས། རང་གི་ལུས་ཀྱི་ནང་ཐམས་ཅད་ཤེལ་བུམ་དྲི་མ་མེད་པ་ལྟར་ཕྱི་གསལ་ནང་གསལ་དུ་གྱུར་པའི་སྤྱི་བོ་བདེ་ཆེན་གྱི་འཁོར་ལོ་རྩ་འདབ་སུམ་ཅུ་རྩ་གཉིས་ཐུར་དུ་ལྟ་བ། མགྲིན་པ་ལོངས་སྤྱོད་ཀྱི་འཁོར་ལོའི་རྩ་འདབ་བཅུ་དྲུག་གྱེན་དུ་ལྟ་བ། སྙིང་ག་ཆོས་ཀྱི་འཁོར་ལོའི་རྩ་འདབ་བརྒྱད་ཐུར་དུ་བསྟན་པ། ལྟེ་བ་སྤྲུལ་པའི་འཁོར་ལོའི་རྩ་འདབ་དྲུག་ཅུ་རྩ་བཞི་གྱེན་དུ་ལྟ་བ་སྟེ། རྩ་འཁོར་བཞིའི་ནང་ཐམས་ཅད་བདུད་རྩི་བྱང་ཆུབ་སེམས་ཀྱིས་སྐྱ་ལྟེམ་གྱིས་གང་། བུམ་པ་གསང་བ་ཤེས་རབ་ཡེ་ཤེས་ཚིག་དབང་རིན་པོ་ཆེ་སྟེ་དབང་བཞི་ཐོབ། ལས་ཀྱི་སྒྲིབ་པ། ཉོན་མོངས་པའི་སྒྲིབ་པ། ཤེས་བྱའི་སྒྲིབ་པ། བག་ཆགས་ཀྱི་སྒྲིབ་པ་སྟེ། སྒྲིབ་

པ་བཞི་དག སྤྲུལ་སྐུ་ལོངས་སྐུ་ཆོས་སྐུ་ངོ་བོ་ཉིད་སྐུ་སྟེ་སྐུ་བཞིའི་གོ་འཕང་ཐོབ། བླ་མ་རྡོ་རྗེ་སེམས་དཔའ་དགྱེས་བཞིན་དུ་ཞལ་འཛུམ་པ་དང་བཅས། རིགས་ཀྱི་བུ་ཁྱོད་ཀྱི་སྡིག་སྒྲིབ་ཉམས་ཆགས་ཐམས་ཅད་དག་པ་ཡིན་ནོ། །ཞེས་གནང་བ་བྱིན་ནས་རྡོ་ཚན་སྟེང་དུ་མར་བཞག་པ་བཞིན་འོད་དུ་ཞུ་སྟེ་རང་ལ་ཐིམ་པས་རང་ཡང་བསྐྱེད་པ་དང་འདྲ་བའི་རྡོ་རྗེ་སེམས་དཔར་གསལ་བའི་ཐུགས་ཀར་ཟླ་བའི་དཀྱིལ་འཁོར་ཡུངས་དཀར་གླེབ་པ་ལྟ་བུ། དེའི་སྟེང་དུ་དབུས་སུ་ཧཱུྃ་མཐིང་ག་མདུན་དུ་ཨོཾ་དཀར་པོ་གཡས་སུ་བཛྲ་སེར་པོ། རྒྱབ་ཏུ་ས་དམར་པོ། གཡོན་དུ་ཧྰ་ལྗང་གུ་རྣམས་གསལ་ལ་སྔགས་བཟླས་པས་སྔགས་འབྲུ་རྣམས་ལས་འོད་ཟེར་ཁ་དོག་སྣ་ཚོགས་པ་དཔག་ཏུ་མེད་པ་འཕྲོས། ཕྱོགས་བཅུའི་རྒྱལ་བ་སྲས་དང་བཅས་པ་རྣམས་ལ་ཐུགས་མཉེས་པའི་མཆོད་པ་ཕུལ། སྐུ་གསུང་ཐུགས་ཀྱི་བྱིན་རླབས་ཐམས་ཅད་འོད་དང་འོད་ཟེར་གྱི་རྣམ་པར་བསྡུས་ནས། རང་ལ་ཐིམ་པས་མཆོག་དང་ཐུན་མོང་གི་དངོས་གྲུབ་ཐམས་ཅད་ཐོབ་པར་བསམ་པ་ནི་རང་དོན་ཆོས་སྐུའི་རྟེན་འབྲེལ་བསྒྲིགས་པ་ཡིན་ལ། ཡང་འོད་ཟེར་འཕྲོས་ཁམས་གསུམ་རིགས་དྲུག་གི་སེམས་ཅན་ཐམས་ཅད་ལ་ཕོག་པས་ལས་ཉོན་བག་ཆགས་སྡིག་སྒྲིབ་ཐམས་ཅད་བྱང་ཞིང་དག་སྣོད་ཀྱི་འཇིག་རྟེན་ཐམས་ཅད་མངོན་པར་དགའ་བའི་ཞིང་ཁམས། བཅུད་ཀྱི་སེམས་ཅན་ཐམས་ཅད་རྡོ་རྗེ་སེམས་དཔའ་དཀར་སེར་དམར་ལྗང་མཐིང་ག་ལྔའི་རང་བཞིན་དུ་གྱུར་ཏེ་དེ་དག་ཐམས་ཅད་ཀྱི་ཞལ་ནས་ཨོཾ་བཛྲ་ས་ཏྭ་ཧཱུྃ་ཞེས་པའི་སྔགས་ཀྱི་སྒྲ་ཙུར་དི་རི་རི་བསྒྲགས་པར་བསམ་ལ་བཟླས་པ་ནི་གཞན་དོན་གཟུགས་སྐུའི་རྟེན་འབྲེལ་སྒྲིགས་པ་ཡིན་ཏེ་འགྲོ་འདུས་དོན་གཉིས་བྱས་ནས་རྫོགས་སྒྲིབ་སྦྱངས། ཞེས་པ་ལྟར་ཡིན། ཐུན་བསྡུ་ཁར་ཕྱི་སྣོད་ཀྱི་མངོན་དགའི་ཞིང་ཐམས་ཅད་ནང་བཅུད་ཀྱི་རྡོ་རྗེ་སེམས་དཔའ་ལ་ཐིམ། ནང་བཅུད་ཀྱི་རྡོ་རྗེ་སེམས་དཔའ་ཐམས་ཅད་ཀྱང་རང་གཙོ་བོ་རྡོ་རྗེ་སེམས་དཔའ་ལ་ཐིམ། རང་ཉིད་ཀྱང་མཐའ་ནས་རིམ་པར་འོད་དུ་ཡལ་

ཏེ་ཐུགས་ཀའི་ཨོཾ་ལ་ཐིམ། ཨོ་བཛྲ་ལ། བཛྲ་ས་ལ། ས་ཏྭ་ལ། ཏྭ་ཧཱུྃ་ཡིག་ལ་ཧཱུྃ་ཡིག་ཀྱང་ཞབས་ཀྱུ། འ་ཆུང་ཧ་ཁོག མགོ་བོ། ཐྰ་ཚེས་ཐིག་ལེ་ན་དཱའི་བར་བསྡུས་ནས་ནཱ་ད་ཡང་མི་དམིགས་པའི་ངང་ལ་ཅུང་ཟད་མཉམ་པར་བཞག དེ་ལས་ལང་བ་ན་སྣོད་བཅུད་ཐམས་ཅད་མངོན་པར་དགའ་བའི་ཞིང་རྟེན་དང་བརྟེན་པར་གསལ་བཏབ་ལ། བསྔོ་བ་བྱའོ།

བཞི་པ་ཚོགས་བསགས་པ། མཎྜལ་གྱི་ཁྲིད་ནི། དང་པོ་བསྒྲུབ་པའི་མཎྜལ་ཚོམ་བུ་ལྔ་བཀོད་ལ་དབུས་ཀྱི་ཚོམ་བུ་དེ་སངས་རྒྱས་རྣམ་པར་སྣང་མཛད་ལ་བུདྡྷའི་རིགས་ཀྱི་ལྷ་ཚོགས་ཀྱིས་བསྐོར་བ། ཤར་གྱི་ཚོམ་བུ་དེ་སངས་རྒྱས་རྡོ་རྗེ་སེམས་དཔའ་ལ་རྡོ་རྗེའི་རིགས་ཀྱི་ལྷ་ཚོགས་ཀྱིས་བསྐོར་བ། ལྷོའི་ཚོམ་བུ་དེ་སངས་རྒྱས་རིན་ཆེན་འབྱུང་ལྡན་ལ་རིན་ཆེན་རིགས་ཀྱི་ལྷ་ཚོགས་ཀྱིས་བསྐོར་བ། ནུབ་ཀྱི་ཚོམ་བུ་དེ་སངས་རྒྱས་སྣང་བ་མཐའ་ཡས་ལ་པདྨའི་རིགས་ཀྱི་ལྷ་ཚོགས་ཀྱིས་བསྐོར་བ། བྱང་གི་ཚོམ་བུ་དེ་སངས་རྒྱས་དོན་ཡོད་གྲུབ་པ་ལ་ལས་ཀྱི་རིགས་ཀྱི་ལྷ་ཚོགས་ཀྱིས་བསྐོར་བར་གསལ་བཏབ། ཡང་ན་དབུས་ཀྱི་ཚོམ་བུ་དེ་རྩ་བའི་བླ་མ་ཨོ་རྒྱན་ཆེན་པོ་ལ་རྫོགས་ཆེན་བརྒྱུད་པའི་བླ་མ་རྣམས་ཐོ་བརྩེགས་སུ་བཞུགས་པ། མདུན་གྱི་ཚོམ་བུ་ལ་སངས་རྒྱས་ཤཱཀྱ་ཐུབ་པ་ལ་འཁོར་བསྐལ་བཟང་རྫོགས་པའི་སངས་རྒྱས་སྟོང་གིས་བསྐོར་བ། གཡས་ཀྱི་ཚོམ་བུ་དེ་བྱང་སེམས་ཉེ་བའི་སྲས་བརྒྱད་ལ་བྱང་སེམས་འཕགས་པའི་དགེ་འདུན་གྱིས་བསྐོར་བ། གཡོན་གྱི་ཚོམ་བུ་དེ་ཉིད་ཉན་ཐོས་མཆོག་ཟུང་ལ་ཉན་རང་འཕགས་པའི་དགེ་འདུན་གྱིས་བསྐོར་བ། རྒྱབ་ཀྱི་ཚོམ་བུ་དེ་དམ་པའི་ཆོས་དཀོན་མཆོག་གླེགས་བམ་བརྩེགས་པའི་རྣམ་པ་ཅན་ཏེ་སྐྱབས་ཡུལ་ལྷ་ཚོགས་གསལ་བཏབ་ལ་མཆོད་པའི་མཎྜལ་དང་པོ་ཁྲི་ཤིང་ཨོཾ་བཛྲ་བྷཱུ་མི་ཨ་ཧཱུྃ་སོགས་རིམ་པར་བཀོད་ལ་གླིང་བཞི་རི་རབ་ལྷུགས་རི་དང་བཅས་པ་སྟོང་ཕྲག་གཅིག་ལ་སྟོང་དང་པོ་སྤྱི་ཕུད་ཀྱི་འཇིག་རྟེན། དེ་གཅིག་ཏུ་བརྩིས་ནས་དེ་འདྲ་བ་སྟོང་ལ་སྟོང་གཉིས་པ

བར་མའི་འཇིག་རྟེན་དེ་གཅིག་ཏུ་བསྡེབས་ནས་དེ་འདྲ་བ་སྟོང་ལ་སྟོང་གསུམ་གྱི་སྟོང་ཆེན་པོ་འཇིག་རྟེན་གྱི་ཁམས་ཞེས་བྱ་སྟེ་གླིང་བཞི་བྱེ་བ་ཕྲག་བརྒྱ་དེ་དག་ན་ལྷ་དང་མིའི་ལོངས་སྤྱོད་ཇི་སྙེད་ཡོད་པ་ཐམས་ཅད་བློས་བླངས་ཏེ་བླ་མ་སྤྲུལ་སྐུའི་ལྷ་ཚོགས་ལ་འབུལ་བ་ནི་ཐུན་མོང་སྤྲུལ་སྐུའི་མཎྜལ། འོག་མིན་སྟུག་པོ་བཀོད་པའི་ཞིང་ན་རང་སྣང་ལོངས་སྐུའི་ཞིང་གི་བཀོད་པ་བསམ་གྱིས་མི་ཁྱབ་པ་དང་། སྒེག་སོགས་འདོད་ཡོན་གྱི་ལྷ་མོ་གྲངས་མེད་པ་དང་བཅས་པ་བླ་མ་ལོངས་སྐུའི་ལྷ་ཚོགས་ལ་འབུལ་བ་ནི་ཐུན་མིན་ལོངས་སྐུའི་མཎྜལ། ཆོས་དབྱིངས་སྐྱེ་བ་མེད་པ་མཎྜལ་གྱི་གཞིའི་ཚུལ་དུ་བཀོད་ནས་སྣང་ཞེན་ལ་སོགས་རྟོགས་ཚོགས་གང་ཤར་ཐམས་ཅད་ཚོམ་བུའི་ཚུལ་དུ་བྱས་ཏེ་བླ་མ་ཆོས་སྐུའི་ཚོགས་ལ་འབུལ་བ་ནི་ཁྱད་པར་ཆོས་སྐུའི་མཎྜལ་ཡིན་ནོ། །

ལྔ་པ་ཀུ་སུ་ལུའི་ཚོགས་བསགས་ནི། རང་ཉིད་ཐ་མལ་དུ་གནས་པའི་མདུན་གྱི་ནམ་མཁའ་སེང་གེ་སྣང་ཆེན་རྨ་བྱ་ཤང་ཤང་རྟ་མཆོག་རྣམས་ཀྱིས་བཏེགས་པའི་རིན་པོ་ཆེའི་ཁྲི་ཀྲང་ཉི་ཟླ་པདྨ་སོགས་དང་དར་ཟབ་འཕོལ་བརྩེགས་ཀྱི་གདན་དང་། གཞན་ཡང་པད་ཉི་བམ་རོ་ལ་སོགས་གདན་གྱི་བྱེ་བྲག་བསམ་གྱིས་མི་ཁྱབ་པ་རྣམས་ལ། སྟེང་ན་རྩ་བརྒྱུད་ཀྱི་བླ་མ། བར་ན་ཡི་དམ་གྱི་ལྷ་ཚོགས། འོག་ན་མ་དང་མཁའ་འགྲོ། འདབ་འཁོར་ན་ཆོས་སྐྱོང་སྲུང་མ། འོག་ན་ཁམས་གསུམ་རིགས་དྲུག་གི་སེམས་ཅན་རྣམས་འཁོད་པར་བསམ་ལ། རང་ཉིད་བསྐྱེད་རིམ་ལ་གོམས་པོ་ཡོད་ན་ཕཊ༔ཅེས་བརྗོད་པ་དང་མཉམ་དུ་རང་གི་རྣམ་པར་ཤེས་པ་དབུ་མའི་ལམ་ནས་ཕྱར་ཏེ་སྤྱི་གཙུག་ཏུ་ཐོན་པ་དང་། མཉམ་དུ་ཁྲོས་མའི་སྐུར་གྱུར་པར་བསམ་གོམས་པོ་མེད་ན་རང་སེམས་ཁྲོས་མ་ཚོན་གང་བར་བསྒོམས་ཏེ་ཕཊ༔ཅེས་སྤྱི་བོར་ཕྱར་ཞིང་། གང་ལྟར་ཡང་། རང་སེམས་རྣམ་ཤེས་ཀྱི་ངོ་བོ་མ་གཅིག་ཁྲོས་མ་ནག་མོ་ཞལ་གཅིག་ཕྱག་གཉིས་ཕྱག་གཡས་པས་དུག་གསུམ་རྩད་ནས་གཅོད་པའི་གྲི་གུག་ནམ་མཁར་ཕྱར་བ། དེ་ཉིད་ཀྱིས་རང་གི་

ལུས་བམ་རོ་ཆེ་བ་ཚ་བ་རླུམ་པ་སྟོང་གསུམ་གྱི་རྒྱ་ཁྱོན་དང་མཉམ་པ་དེ་ཉིད་ཀྱི་དཔྲལ་ཐབར་ཚད་ཙམ་བྱས་པས་ཐོད་པ་ལིང་གིས་གོག སྟོང་གསུམ་གྱི་རྒྱ་ཁྱོན་དང་མཉམ་པར་གྱུར་དེ་ཉིད་ཕྱག་གཡོན་པས་བླངས་ཏེ་མི་མགོའི་སྒྱེད་པུ་རི་རབ་དང་མཉམ་པ་གསུམ་གྱི་སྟེང་དུ་བཀོད་ནས་ཡང་གཡས་ཀྱི་གྲི་གུག་དེའི་བམ་རོ་དེ་ཉིད་ལིང་གིས་བླངས་ཏེ། ཀཱ་པཱ་ལའི་ནང་དུ་བཞག དེའི་འོག་ཏུ་ཨ་ཐུང་དམར་པོ་མེའི་རང་བཞིན་རེག་བྱ་ཚ་བ་དང་། སྟེང་དུ་ཧཱུྃ་ཡིག་དཀར་པོ་བདུད་རྩིའི་རང་བཞིན་ཅན་གཉིས་བསྒོམ། ཨ་ཐུང་ལས་མེ་འབར་ཐོད་པའི་ནང་གི་བམ་རོ་དེ་ཉིད་བདུད་རྩིའི་རང་བཞིན་དུ་མེར་གྱིས་ཞུ་སྐྱེ་མ་དག་པའི་སྒྲིབས་བཙོག་ཐམས་ཅད་ལྦུ་བ་དང་སྦྲིས་མའི་རྣམ་པར་ཕྱིར་ལུད། མེའི་དྲོད་ཀྱིས་ཧཱུྃ་ཡིག་ཀྱང་ཞུ་བ་ལས་བདུད་རྩིའི་རྒྱུན་བབས། ཧཱུྃ་ལས་འོད་ཟེར་འཕྲོས་པས་རྒྱལ་བ་སྲས་བཅས་ཀྱི་ཐུགས་རྗེ་བྱིན་རླབས་ཐམས་ཅད་ཡེ་ཤེས་ཀྱི་བདུད་རྩི་འོད་ཟེར་མཐིང་གའི་རྣམ་པར་ཐོད་པའི་བདུད་རྩི་ལ་ཐིམ། མཐར་ཧཱུྃ་ཡིག་ཀྱང་འོད་དུ་ལྟེམ་གྱིས་ཞུ་སྟེ་ཐོད་པའི་བདུད་རྩི་ལ་ཐིམ་པས་ཡེ་ཤེས་ཀྱི་བདུད་རྩི་དཀར་ལ་དམར་བའི་མདངས་ཅན་དུ་ཁོལ་བའི་རླངས་པ་ལ་བཀྲ་ཤིས་རྟགས་བརྒྱད། རྒྱལ་སྲིད་སྣ་བདུན། འཕན་གདུགས་རྒྱལ་མཚན་བླ་བྲེ། གསེར་གྱི་འཁོར་ལོ་རྩིབས་སྟོང་། དུང་དཀར་གཡས་སུ་འཁྱིལ་བ་སོགས་མཆོད་རྫས་བསམ་གྱིས་མི་ཁྱབ་པ་སྤྲིས་ཏེ་ཡར་མཆོད་ཡུལ་རྣམས་ལ་མཆོད་པ་ཕུལ། ཡི་དམ་དཔའ་བོ་མཁའ་འགྲོ་ཆོས་སྐྱོང་སྲུང་མ་དང་བཅས་པ་རྣམས་ལ་རང་རང་དགྱེས་པའི་མཐུན་རྫས་སུ་གྱུར་ཏེ་མཆོད་པས་མཉེས་པར་བྱས་ཤིང་། མར་རིགས་དྲུག་གི་འགྲོ་བ་ལ་གང་ལ་གང་འདོད། ཅི་ལ་ཅི་འདོད། ཟས་འདོད་པ་ལ་ཟས། གོས་འདོད་པ་ལ་གོས། གནས་ཁང་འདོད་པ་ལ་གནས་ཁང་ལ་སོགས་འདོད་དགུའི་ཡོ་བྱད་དུ་གྱུར་ཏེ་ཐམས་ཅད་ཚིམ་པར་བསམ་པ་ནི་ཁྲ་འགྱེད་ཡིན། དེ་ནས་སྟེང་ན་རྩ་བརྒྱུད་ཀྱི་བླ་མ་སངས་རྒྱས་བྱང་སེམས་བསམ་གྱིས་མི་ཁྱབ་པ

བཞུགས་པ་དེ་དག་གིས་ལྕགས་རྡོ་རྗེའི་སྦུ་གུ་ཅན་གྱིས་བདུད་རྩིའི་བཅུད་དྲངས་ཏེ་གསོལ་བས་དགྱེས་ཤིང་ཚིམས། རང་གི་ཚོགས་རྫོགས་སྒྲིབ་པ་དག མཆོག་ཐུན་མོང་གི་དངོས་གྲུབ་ཐམས་ཅད་ཐོབ་པར་བསམ། ཡི་དམ་དཀྱིལ་འཁོར་གྱི་ལྷ་ཚོགས་རྣམས་ཀྱི་ལྕགས་རང་རང་གི་ཕྱག་མཚན་རྡོ་རྗེ་འཁོར་ལོ་པད་མ་རྒྱ་གྲམ་གྱི་སྦུ་གུ་ཅན་གྱིས་གསོལ། རང་གི་ཚོགས་རྫོགས་སྒྲིབ་པ་དག མཆོག་ཐུན་མོང་གི་དངོས་གྲུབ་ཐམས་ཅད་ཐོབ་པར་བསམ། ཐོད་པའི་ཁའི་བར་སྣང་ལ་ཡེ་ཤེས་དང་ལས་ལ་གྲུབ་པའི་ཆོས་སྐྱོང་རྣམས་ཀྱིས་ལྕགས་ཀྱི་ཟེར་གྱིས་སྦུ་གུ་ཅན་གྱིས་གསོལ། རང་གི་དམ་ཚིག་བྱང་ཆུབ་སྒྲུབ་པའི་འགལ་རྐྱེན་བར་ཆད་ཐམས་ཅད་སྲུང་བར་བསམ། དེ་ནས་རང་ཉིད་དམིགས་པ་གོམས་པོ་ཡོད་ན་ལས་བྱེད་ཀྱི་མཁའ་འགྲོ་གྲངས་མེད་བསམ་གྱིས་མི་ཁྱབ་པ་སེམས་ཅན་གྱི་གྲངས་དང་མཉམ་པ་སྤྲོས་ཏེ། དེ་ཐམས་ཅད་ལ་སྣོད་ཡེ་ཤེས་ཀྱི་ཀ་པཱ་ལ་བཅུད་ཡེ་ཤེས་ཀྱི་བདུད་རྩིས་གང་བ་རེ་རེ་བྱིན་པའམ་ཡང་ན་རང་ཉིད་ཁྲོས་མས་ཕྱག་གི་ཀ་པཱ་ལ་དེ་ཉིད་ཀྱིས་བདུད་རྩི་གཅུས་ཤིང་གཏོར་བས་དེ་དག་ཐམས་ཅད་དགའ་མགུ་ཚིམ་ཞིང་ཡི་རང་སྟེ་རིགས་དྲུག་སོ་སོའི་ལས་སྣང་སྡུག་བསྔལ་བག་ཆགས་དང་བཅས་པ་བྱང་ཞིང་དག ཁྱད་པར་ལན་ཆགས་བུ་ལོན་ཤ་འཁོན་གྱི་བདག་པོ་བདག་མོ་ཚེ་རབས་ཐོག་མ་མེད་པ་ནས། བསད་པ་ཚེ་ཐུང་བའི་ལན་ཆགས་བརྡུང་བ་ནད་མང་བའི་ལན་ཆགས། བརྐུས་བརྐུས་དབུལ་བའི་ལན་ཆགས། གོང་མས་སྐྱབས་པའི་ལན་ཆགས། འོག་མས་བཀུར་བའི་ལན་ཆགས། བར་པ་མཛའ་བའི་ལན་ཆགས། མཐོ་བ་མཁར་གྱིས་ལན་ཆགས། དམའ་བ་ས་ཞིང་གི་ལན་ཆགས། ལན་ཆགས་བུ་ལོན་ཤ་འཁོན་གྱི་བདག་པོ་བདག་མོ་ཐམས་ཅད་ཚིམ་ཞིང་མགུ་ནས་ལན་ཆགས་འཁོར། བུ་ལོན་སོད། ཤ་འཁོན་བྱང་། སྡིག་སྒྲིབ་དག་ནས་ཕོ་ཐམས་ཅད་འཕགས་པ་སྤྱན་རས་གཟིགས་ཀྱི་གོ་འཕང་དང་། མོ་ཐམས་ཅད་རྗེ་བཙུན་སྒྲོལ་མའི་གོ་འཕང་ཐོབ་སྟེ་སངས་རྒྱས་པར་བསམ་ལ་ཕཊ༔ཅེས་

བརྗོད་དེ་མཆོད་བྱ་མཆོད་བྱེད་མཆོད་ཡུལ་ཐམས་ཅད་མི་དམིགས་པའི་ངང་ལ་བཞག་པ་ནི་དཀར་འགྱེད་ཡིན་ནོ། །

དྲུག་པ་རྫོགས་པའི་ཡེ་ཤེས་རང་རྒྱུད་ལ་སྐྱེད་པ་བླ་མའི་རྣལ་འབྱོར་གྱི་ཁྲིད་ནི། ཞིང་ཁམས་སྦྱོང་བ་སེམས་སྟོབས་ཆེན་པོའི་སྤྱོད་ཡུལ་ཡིན་པས་སྣང་བས་གར་ཁྱབ་ཐམས་ཅད་པདྨ་འོད་ཀྱི་ཞིང་ཁམས་རྒྱ་ཁྱོན་བཀོད་པ་ཐམས་ཅད་ཡོངས་སུ་རྫོགས་པའི་དབུས་སུ་རང་ཉིད་དབང་གི་སྟོད་དུ་ཙུང་བ་དང་། རྗེས་སུ་འཛིན་པའི་རྟེན་འབྲེལ་དང་ཨོ་རྒྱན་ཆེན་པོའི་བདེ་སྟོང་གི་ཡེ་ཤེས་བསྐྱེད་པའི་གྲོགས་ཡིན་པས་ངོ་བོ་མཁའ་འགྲོ་ཡེ་ཤེས་མཚོ་རྒྱལ་ཡིན་པ་ལ། རྣམ་པ་རྗེ་བཙུན་རྡོ་རྗེ་རྣལ་འབྱོར་མ་སྐུ་མདོག་དམར་མོ་ཞལ་གཅིག་ཕྱག་གཉིས་སྤྱན་གསུམ་སྤྱི་བོའི་བླ་མའི་ཐུགས་ཀར་རིངས་པའི་ཚུལ་གྱིས་གཟིགས་པ། ཕྱག་གཡས་མ་རིག་གཏི་མུག་གི་གཉིད་ལས་སློང་བར་བྱེད་པའི་ཐོད་པའི་ཌ་མ་རུ་ནམ་མཁའི་དབྱིངས་སུ་འཁྲོལ་བ། གཡོན་པས་དུག་གསུམ་རྩད་ནས་གཅོད་པའི་གྲི་གུག་དཀུར་བརྟེན་པ། སྐུ་གཅེར་མོ་རྒྱས་པའི་རྒྱན་ཅན། མེ་ཏོག་གི་འཕྱུང་འཕྲུལ་ཅན་སྣང་ལ་རང་བཞིན་མེད་པ་མེ་ལོང་གི་གཟུགས་བརྙན་ལྟ་བུར་གསལ་བཏབ། དེའི་སྤྱི་བོར་མདའ་གང་ཙམ་གྱི་སྟེང་གི་ནམ་མཁའ་ལ་པདྨ་འབུམ་བརྡལ་ཞིག་བསམ། དེའི་སྟེང་དུ་ཉི་མའི་གདན། དེའི་སྟེང་ཟླ་བའི་གདན་ཏེ་གསུམ་བརྩེགས་ཀྱི་སྟེང་དུ། ངོ་བོ་དུས་གསུམ་སངས་རྒྱས་ཐམས་ཅད་འདུས་པའི་ངོ་བོ་མཚུངས་མེད་ཐུགས་རྗེའི་གཏེར་མཛོད། དཔལ་ལྡན་རྩ་བའི་བླ་མ་ཡིན་པ་ལ་རྣམ་པ་ཨོ་རྒྱན་རྡོ་རྗེ་འཆང་ཆེན་པོ་ཞལ་གཅིག་ཕྱག་གཉིས། ཕྱག་གཡས་གསེར་གྱི་རྡོ་རྗེ་རྩེ་ལྔ་པ་ཐུགས་ཀར་འཛིན་ཅིང་། གཡོན་པའི་སྙིང་ན་ཀ་པཱ་ལ་བདུད་རྩིས་གང་བ་ཚེའི་བུམ་པ་འཆི་མེད་ཡེ་ཤེས་ཀྱི་བདུད་རྩིས་གང་བ་དཔག་བསམ་ཤིང་གི་ཁ་རྒྱན་དང་བཅས་པ་འཛིན་པ། མཆན་ཁུང་གཡོན་ན་ཡུམ་ལྷ་ལྕམ་སྤྲས་པའི་མཚོན་བྱེད་ཁ་ཊྭཱཾ་རྩེ་གསུམ་འཛིན་པ་སྟེ། དེ་ཡང་ངོ་བོ་རང་བཞིན་

ཐུགས་རྗེ་གསུམ། མཚོན་པའི་ཡར་རྩེ་གསུམ་སྐུ་གསུམ་མཚོན་པའི་ཐོད་པ་སྐམ་རློན་རྙིང་གསུམ་ཐེག་པ་རིམ་པ་དགུ་མཚོན་པའི་རྣ་ལ་ལྷུགས་ལྷུང་དགུ་ཡིས་བརྒྱད་པ་དུར་ཁྲོད་ཆེན་པོ་བརྒྱད་དུ་བརྟུལ་ཞུགས་ཀྱི་སྤྱོད་པ་བསྐྱངས་ནས་མ་མོ་དང་མཁའ་འགྲོ་དབང་དུ་བསྡུས་པའི་བརྡ། ཤེ་སྐྲ་དང་གསོན་སྐྲས་བརྒྱན་པ། དབུ་ལ་པད་ཞུ་གསོལ་བ། སྐུ་ལ་ཟབ་བེར་ཆོས་གོས་ཕོད་ཀ་གསོལ་བ། ཞབས་གཉིས་རྒྱལ་པོ་རོལ་པའི་སྟབས་སུ་བཞུགས་པ། དེའི་ཕྱི་རོལ་འོད་ལྔའི་དྲྭ་བ་མིག་མང་རིས་སུ་བྲིས་པའི་དབུས་སུ་རྒྱ་གར་གྱི་རིག་འཛིན་བརྒྱད་དང་། བོད་ཀྱི་རྗེ་འབངས་ཉེར་ལྔ་རྩ་གསུམ་དམ་ཅན་རྒྱ་མཚོ། ཐ་མལ་གྱི་སྣང་བ་རང་འགགས་སུ་འགྲོ་བ་ཞིག་གསལ་བཏབ་ལ་ཧཱུྃ་ཨོ་རྒྱན་ཡུལ་གྱི་ནུབ་བྱང་མཚམས་སོགས་ནས་གུ་རུ་པདྨ་སི་དྡྷི་ཧཱུྃ་ཞེས་བརྗོད་པས་ཟངས་མདོག་དཔལ་རི་རྟེན་དང་བརྟེན་པར་བཅས་པ་སྤྱན་དྲངས་ཏེ་བསྐྱེད་པའི་ལྷ་ཚོགས་རྣམས་ལ་ཐིམ་པར་བསམ། དེ་ནས་རང་གི་ལུས་ཞིང་གི་རྡུལ་སྙེད་དུ་སྤྲུལ་ཏེ། ཕྱག་འཚལ་བ་དང་། དངོས་སུ་འབྱོར་བ་དང་། ཡིད་ཀྱིས་སྤྲུལ་པའི་མཆོད་པ་བསམ་གྱིས་མི་ཁྱབ་པ་འབུལ་བ། ཐོག་མེད་ནས་བསགས་པའི་སྡིག་སྒྲིབ་ཐམས་ཅད་བཤགས་པ་དང་ཆབས་ཅིག་རང་གི་ལུས་ངག་ཡིད་གསུམ་གྱི་སྡིག་སྒྲིབ་བག་ཆགས་ཐམས་ཅད་ལྕེ་ཐོག་ཏུ་ནག་བུང་གིས་འདུས་པ་ལ་ཚོགས་ཞིང་ལྷ་ཚོགས་ཀྱི་ཐུགས་ཀའི་འོད་ཟེར་གྱིས་དག་པར་བསམ་པ་དང་ཀུན་རྫོབ་དང་དོན་དམ་པ་གཉིས་ཀྱིས་བསྡུས་པའི་དགེ་ཚོགས་ཀུན་ལ་རྗེས་སུ་ཡི་རང་བ་དང་། ཐེག་པ་གསུམ་གྱི་ཆོས་ཀྱི་འཁོར་ལོ་བསྐོར་བར་བསྐུལ་བ་དང་། ཇི་སྲིད་འཁོར་བ་མ་སྟོང་གི་བར་དུ་མྱ་ངན་ལ་མི་འདའ་བར་གསོལ་བ་གདབ་པ་དང་། དུས་གསུམ་བསགས་པའི་དགེ་རྩ་རྣམས་བྱང་ཆུབ་ཆེན་པོའི་རྒྱུ་རུ་བསྔོ་བ་རྣམས་སོང་ནས་དངོས་གྲུབ་བསྐུལ་བའི་དུས་སུ་སི་དྡྷི་བརྒྱ་ཕྲག་རེའི་མཚམས་སུ་རྗེ་བཙུན་གུ་རུ་རིན་པོ་ཆེ་སོགས་ནས་རྗེ་བཙུན་ཆེན་པོ་པད་འབྱུང་མཁྱེན་པར་དང་། བྱིན་རླབས་བསྐུལ་བའི་དུས་ན་

ཡང་སི་ཧྲི་བརྒྱ་ཕྲག་རེའི་མཚམས་སུ། བདག་ལ་རེ་ས་གཞན་ན་མེད་སོགས་ནས་སྒྲིབ་གཉིས་སྦྱོངས་ཤིང་ནུས་མཐུ་ཅན། ཞེས་པའི་བར་བརྗོད་ནས་ཡང་སིཧྲི་བཟླས་མཇུག་དངོས་གྲུབ་ཞུ་བའི་དུས་སུ་གུ་རུའི་སྙིན་མཚམས་ནས་སོགས་དབང་བཞི་ལེགས་པར་སོང་ཚེས་རང་གི་མོས་གུས་དུང་དུང་བ་ཞིག་བྱས་འཕྲལ། བླ་མ་ཡང་ཐུགས་རྗེས་ཆགས་ཀྱིས་རྣམ་པས་ཞལ་འཛུམ་པ་དང་སྤྱན་གཡོ་བ་སོགས་དང་བཅས་ཐུགས་ཀ་ནས་འོད་དམར་པོ་དྲོད་ཚ་ལམ་པ་ཞིག་འཕྲོས། བདག་རྡོ་རྗེ་རྣལ་འབྱོར་མར་གསལ་བའི་སྙིང་གར་རེག་པ་ཙམ་གྱིས་འོད་དམར་པོ་སྲན་མ་ཙམ་ཞིག་ཏུ་ཞུ་སྟེ་ཐག་སྒྲ་དང་བཅས་ཏེ་ཡར་ནས་བླ་མའི་ཐུགས་ཀར་ཐིམ་པར་བསམ་ཞིང་བླ་མ་ཡང་མི་དམིགས་སྤྲོས་བྲལ་ཆོས་སྐུ་སྐྱེ་བ་མེད་པའི་ངང་ལ་མཉམ་པར་བཞག །

བསྔོ་བ་བྱའོ། །དགེའོ།། །།

图书在版编目（CIP）数据

普贤上师言教 ：藏文 /（清）巴珠仁波切著. -- 拉萨 ：西藏藏文古籍出版社，2013.1
ISBN 978-7-80589-230-6

Ⅰ. ①普… Ⅱ. ①巴… Ⅲ. ①佛教－基本知识－藏语 Ⅳ. ①B94

中国版本图书馆 CIP 数据核字（2012）第 125107 号

普贤上师言教

作　　者　巴珠仁波切
责任编辑　索朗次旦
策　　划　天利文化
出　　版　西藏藏文古籍出版社
社　　址　拉萨市色拉南路　　邮政编码　850000
印　　刷　北京中艺彩印包装有限公司
经　　销　全国新华书店
开　　本　16 开（710×1000）
印　　张　27.5
版　　次　2013 年 2 月第 1 版第 1 次印刷
标准书号　ISBN 978-7-80589-230-6
定　　价　48.00 元